JN434927

관광자원론

박종찬·김성동 공저

남두도서

남두(南斗) : 남두육성(南斗六星)

은하의 중심인 사수자리에 있는 국자모양의 여섯 개의 별로서, 인간의 탄생을 결정하는 별로 알려져 있다.

머·리·말

인간이 살아가는 데는 많은 자원을 필요로 한다. 인류는 생존을 위하여 가능한 모든 자원을 이용해왔으며, 그 활용의 극대화를 위해 많은 기술과 산업을 발전시켜왔다, 그 결과로 인류의 생계유지에 필요한 물자를 확보하는 데는 성공하였으며, 안전하고 편리한 삶을 위한 생활환경을 구축하였지만 반대급부로 환경이 극도로 황폐화되어 최소한의 생존조건마저도 위협하는 지경에 이르고 말았다. 이에 따라 근래에는 환경의 보호와 보전이 인류의 최우선 당면과제로 떠오르게 되었다. 이러한 시대적 여건 변화에 힘입어 무공해산업과 자원절약형 산업이 각광을 받게 되었다.

관광산업은 다른 산업에 비해 새로운 자원을 요구하지도 않고 물질자원을 크게 소모하지도 않는 자원절약형 산업이며 환경친화적 산업이다. 이로 인하여 오늘날 세계 많은 나라들은 관광산업을 국가의 전략산업으로 채택하고 있다.

관광산업의 기초는 관광자원이다. 우리나라는 유구한 역사 속에서 만들어진 무수한 문화자원이 전국에 산재해 있을 뿐만 아니라 4계절이 뚜렷한 기후조건으로 인하여 사시사철 색다른 경관을 볼 수 있는 우수한 자연자원을 보유하고 있다. 또한 3면이 바다로 둘러싸여 무궁무진한 해양자원을 활용할 수 있는 여건마저 갖추고 있어, 그야말로 잠재적 관광자원의 보고인 셈이다. 그러나 풍부한 잠재적 자원을 보유했다고 해서 그것이 적절히 관리되고 보전되지 않는다면 관광자원으로서의 가치를 상실하게 될 것이다.

저자들은 평소 이러한 시대적 상황에 부응하기 위해서 관광자원의 효율적인 개발과 관리가 무엇보다도 중요하다고 보고 있으며, 이를 위해 관광자원의 영역과 범주구분에 대한 새로운 시각이 절실하다고 생각하고 있다. 관광자원의 종류는 자원의 종류가 다양한 만큼 광범위하고 다양하다. 시대적·기술적 상황에 따라 관광자원에 대한 인식이 달라지기도 하고 그 분류 또한 매우 다양하다. 이 책에서는 관광자원을 자연적·문화적·사회적·산업적 그리고 위락적 측면에서 각각의 분류영역과 특성을 새롭게 조망하려고 시도하였다. 끊임없이 새로운 것들이 개발되고 분화되어 가고 있는 관광자원의 영역과 범주를 체계적으로 구성하고, 각 범주의 기능과 역할을 명확히 설정하여 관광자원에 대한 이론체계를 다지려고 노력하였다. 특히 대부분의 관광자원 관련교재가 자연적 관광자원과 문화적 관광자원에 편중되어 있음에 반해 이 책은 절기와 명절, 풍속 등과 육상·해양·항공·위락자원 등 위락적 관광자원과 사회적 관광자원 부분을 대폭 보강하여 자원 설명에 균형이 이루어질 수 있도록 노력하였다.

또한 관광자원의 소개서에 그치지 않도록 하기 위하여 환경친화성을 바탕으로 한 관광자원의 보전과 관리, 세계유산·세계기록유산·세계무형유산 등에 대하여 설명하였고, 대안관광, 지속가능한 관광자원의 이용, 환경친화적 관광자원의 활용 등 관광자원의 이용에 있어서의 새로운 조류를 가능한 한 상세히 설명하려고 노력하였다.

비록 처음 의도한 것과는 달리 저자들의 천학비재로 인하여 많은 부족함이 있음을 부인할 수는 없으나, 이러한 부분에 대해서는 향후 여러 훌륭하신 선후배 제위의 조언을 얻어 지속적으로 보강해나갈 것을 약속드리는 바이다.

아무쪼록 이 책이 학문을 연구하는 관광학도와 관광관련 종사자 여러분께 조금이나마 도움이 되길 바라며, 책의 내용 중 사전에 저자의 동의를 얻지 못하고 전재된 부분이 있다면 순수한 학문적 열의에서 비롯된 것으로 이해해주시기를 바라는 바이다.

저자 일동

차 · 례

제 1 장 관광자원의 기초개념

제 2 장 자연적 관광자원

제 3 장 문화적 관광자원

제 4 장 사회적 관광자원

제 5 장 산업적 관광자원

제 6 장 위락적 관광자원

제 7 장 관광자원의 이용

제 8 장 세계유산·무형유산·기록유산

제 9 장 관광자원의 개발

제 10 장 관광자원 조사

제 1 장

관광자원의 기초개념

■ 관광자원의 개념
■ 관광자원의 분류

제 1 절 관광자원의 개념

1. 자원의 개념

자원이란 인간이 살아가기 위하여 필요에 따라 이용할 수 있는 모든 것을 의미한다. 따라서 자원이란 우주와 같이 거대한 것에서부터 미생물에 이르기까지 그 크기가 다양하며, 특정한 형태를 지니고 있는 것도 있고 형태가 없는 것도 있다. 또한 자연상태에서 생성된 것도 있고 인간에 의해 만들어진 것도 있다. 중요한 것은 그것이 어떠한 형태로든 인간의 이용을 전제로 하며 인간의 욕구를 충족시킬 수 있는 것이어야 한다.

과거에는 보편적으로 존재하는 것은 인간의 욕구를 충족시키지 않는다고 보아 자원으로 간주하지 않는 시각도 있었다. 즉 공기와 같이 늘 접할 수 있고 언제든지 얻어낼 수 있는 것들은 자원으로 간주하지 않았다. 그러나 인간의 욕구에 대한 이해가 깊어지고 여건이 변화함에 따라 자원의 범주는 보다 넓게 규정되고 있다. 전체 인간의 잠재되어 있는 욕구는 동일하지만 활성화된 욕구는 개인적으로 차이가 있고 집단별로도 차이를 보이므로 어느 한 개인이나 집단에게는 욕구 충족의 대상이 될 수 없는 것도 다른 개인이나 집단에게는 욕구를 충족시켜줄 수 있다면 그것은 그 개인이나 집단에 있어서는 자원이 될 것이다. 이런 관점에서 보면 자원은 대단히 광범위해질 수밖에 없는 것이다.

자원현상에 대하여 기능론적 접근을 시도한 짐머만(E.S. Zimmeman)은 "자원은 존재하는 것이 아니라 산출되는 것"이라 하고 있다. 이것은 관광자원이 관광객을 유인하는 요소와 그 요소의 상대적 가치를 내포하고 있어야 한다는 뜻으로 단순한 물리적 존재만으로는 자원이라 할 수 없으며, 인간의 욕망을 충족시켜줄 수 있는 잠재력에 대한 주관적 평가에 의해서만 자원이 될 수 있다는 것이다.

또한 채프만(J.D. Chapman)은 "자원은 물리적 세계의 전부도 아니고, 인간세계의 전부도 아니며, 이 두 가지의 상호작용의 결과이다"라고 하였는데, 이는 자원이 공간(space), 시간(time), 자원이용을 위해 필요한 기술(technology)의 세 가지 요인에 의한 상호작용의 결과로 산출됨을 의미한다.

이러한 자원은 형태 · 생성원인 · 이용 등의 측면에 따라 구분한다. 형태 측면에서 자원은 유형자원과 무형자원으로 분류하거나 인적 자원과 비인적 자원으로 분류한다. 생성원인 측면에서는 자연자원과 인문자원으로 분류한다. 인간생활에의 이용 측면에서는 가공되지 않은 소재로부터 가공된 물자에 이르기까지의 단계에 따라 분류한다. 즉, 인간생활의 기초가 되는 구리 · 철 · 납 · 석탄 · 석유 등의 광물자원(지하자원)과 인간생활의 터전인 토지자원 및 일상생활을 뒷받침하는 수자원의 3가지 자원을 기초자원이라고 한다. 기초자원 외에 산림자원 · 동물자원 · 수산자원 등을 일괄하여 천연자원이라고 한다(넓게는 기초자원도 포함하여 천연자원이라고 함). 기초자원과 천연자원을 인간이 가공하여 생산하는 식량자원 · 공업원료자원 · 에너지자원 등을 제1차 자원이라고 한다. 이들을 다시 가공한 것을 제2차 자원 · 제3차 자원이라고 하며, 이밖에 노동력이나 기술을 인적 자원이라고 한다.

2. 관광자원의 개념

관광자원(tourism resources)이란 관광객의 욕구를 해소하기 위한 관광행동의 대상이 될 수 있는 모든 유 · 무형의 자원으로, 관광객의 욕구나 동기를 충족시키는 대상일 뿐만 아니라, 욕구를 자극하여 관광행동을 하도록 동기를 부여하는 역할을 수행한다.

관광자원은 관광산업에 있어서는 경제적 가치를, 관광객에 있어서는 위락적, 문화적 가치를 가지며, 나아가 매력성과 유인성을 지녀 관광주체인 관광객을 유인하는 기능을 가지고 있다.

이러한 관광자원은 세상에 존재하는 모든 것들을 포함한다고 할 수 있을 만큼 다양하다. 종래까지는 관광의 대상이 될 수 없었던 자원도 관광객의 욕구변화와 기술의 발전 등에 따라 새로운 관광대상으로 가치를 가져 관광자원으로서 각광을 받기도 하며, 또한 그와 반대로 관광자원으로서 매력을 점차 상실해가는 자원도 있다. 그러나 그것이 유형물이든 무형물이든 관광객을 유인할 수 있고, 또 관광수입을 올릴 수 있는 산업성을 띄고 있다면 관광자원이 되는 것이다.

즉, 인간에게 가치를 지닌 세상에 존재하는 모든 유 · 무형의 존재들을 자원이라고 한다면, 이 자원이 관광분야에 이용될 때 관광자원이라고 할 수 있는 것이다.

한편 현재 관광행동의 대상이 되고 있는 자원을 '관광자원'이라고 하고, 아직 관광자원으로서 활용되고 있지는 않지만 관광자원으로서의 잠재적 가치를 지니고 있으며, 여건(경제적 · 기술적 · 사회적 욕구)의 변화에 따라 관광자원으로 활용될 수 있는 자원을 '잠재적 관광자원'이라고 한다.

한편 관광현상은 관광객이 욕구를 충족시키기 위한 과정에서 발생하는 현상이다. 인간은 내면에 구분하기조차 어려운 수많은 잠재된 욕구들을 가지고 있는데 그러한 욕구들이 자극(내적, 외적)을 받아 활성화되어 특정수준(점화수준)에 이르게 되면 구체적인 행동(목표지향적 행동)을 유발하는 이유(원인)인 동기라고 부르게 된다. 어떤 욕구가 활성화되어 관광행동으로 이어지는지는 개인에 따라 다르고 상황에 따라 다르므로 명확하게 규정할 수가 없다.

그러나 최소한 욕구충족을 위한 수단으로 개인이 관광을 선택한 것이 관광행동과 관광수요를 불러일으키고, 이것이 모여 관광수요시장을 형성하는 일련의 관계는 의심할 여지가 없을 것이다. 기본적으로 공급은 수요에 따른다. 수요의 변화에 맞추어 공급량, 공급의 종류, 공급의 질 등이 결정되는 것이다. 관광자원은 공급에 해당하는 부분이고 관광객 욕구는 수요의 원천이 되므로 관광객의 욕구가 다양하고 변화무쌍한 만큼 요구되는 관광자원 또한 다양할 수밖에 없는 것이다.

그로 인하여 과거에는 자연적 자원을 대상으로 한 관광의 수요가 대부분이었으므로 관광자원에 대한 공급과 인식이 자연적 관광자원에 국한하기도 하였다. 그러나 욕구의 변화는 인문적 자원을 바탕으로 한 관광수요를 불러일으켰고, 현재는 인문적 자원도 중요한 관광자원으로 간주되고 있는 것이다. 더불어 관광자원에 대한 인식도 바뀌어 자연적·인문적 자원 모두를 포함하여 관광자원으로 간주하고 심지어 유형·무형의 모든 가용한 자원을 관광자원으로 여기게 되는 포괄적 인식이 일반화되기에 이른 것이다.

이처럼 최근 들어 관광자원을 포괄적으로 인식하려는 경향이 강해지고 있는데, 여러 학자들의 주장을 통해 다음과 같이 관광자원의 특징을 정리할 수 있다.

- 관광자원은 관광객의 욕구나 동기를 일으키는 매력성을 지니고 있다.
- 관광자원은 관광객의 행동을 끌어들이는 유인성을 지니고 있다.
- 관광자원은 개발을 통해서 관광대상이 된다.
- 관광자원은 자연과 인간의 상호작용의 결과이다.
- 관광자원의 범위는 자연자원과 인문자원, 유형자원과 무형자원 등 아주 다양하고 넓다.
- 관광자원은 사회구조나 시대에 따라 그 가치가 변한다.

버카트와 메들릭(Burkart & Medlike)은 관광자원의 가치는 접근성(accessibility), 매력성, 이미지, 관광시설(tourism facilities), 하부구조(infrastructure), 유형 등에 의해서 결정된다고 하였다. 접근성은 관광객의 거주지에서 목적지까지의 근접성에 근거한 개념으로 관광객의 행동에 크게 영향을 주는데, 보통 관광객은 물리적인 거리보다는 시간거리와 비용에 의한 경제적 거리를 더 중요하게 생각한다. 매력성은 관광자원의 특성을 의미하며, 관광목적지의 유인력 또는 흡인력과 직접적인 연관을 가지며 관광사업의 성격에 영향을 미친다. 관광자원의 이미지는 한 사람 또는 집단이 관광대상에 대해 갖고 있는 일련의 신념으로서 관광객의 여행참여를 유도하는 역할을 하게 된다.

관광시설은 편의시설 · 숙박시설 · 위락시설 등이 있는데, 이러한 시설들은 관광객들에게 즐거움을 줄 수 있는 요소들이다. 그러므로 관광시설은 주로 목적지 관광자원의 가치를 향상시키는 역할을 하지만 때로는 그 자체가 관광객을 유인하기도 한다. 하부구조는 관광객이 관광지나 관광자원에 접근하는 데 이용되는 교통수단과 시설, 그리고 관광지에서 관광편의를 제공하는 전기 · 통신시설 · 상하수도시설 · 의료시설 등이 여기에 해당된다. 하부구조 역시 관광시설과 같이 관광여행의 주된 목적대상은 아니지만 관광객에게 가장 기초적인 편의를 제공하여준다.

관광자원은 있는 그대로의 상태만으로도 나름대로의 가치를 발휘하는 경우도 있지만, 그보다는 개발에 의해서 관광자원의 역할을 제대로 수행할 수 있게 되며, 개발에 의해 이상의 여섯 가지 요소가 갖추어진 관광자원이 이상적인 관광자원이라 할 수 있을 것이다.

한편 하아티(Haahti)는 관광자원의 요건으로서 관광객에게 색다른 경험과 접근성 및 경제성을 지적하고, 그 내용으로서 화폐가치, 접근성, 스포츠시설, 심야 유흥 및 오락, 평화롭고 조용한 휴가, 친절하고 친근한 사람들, 자연공원, 추적 및 캠핑, 문화적 경험, 아름다운 풍경, 새로운 목적지 등을 들고 있다. 또한 로빈스(H. Robinson)은 관광자원의 중요한 구성요소로 기후, 경관, 위락시설, 역사, 문화유적, 접근성, 숙박시설을 들고 있다.

이러한 측면에서 볼 때 일반적으로 관광자원으로서 갖추어야 할 요건을 다음과 같이 정리할 수 있다.

- 관광자원은 색다른 경험이 가능한 여건을 갖추어야 한다. 즉 관광자원은 스포츠활동, 야간활동, 아름다운 풍경 감상, 문화적 체험, 캠핑, 조용하고 아늑한 분위기, 주민들의 친절 등 일상과 다른 새롭고 다양한 경험을 제공할 수 있어야 한다.
- 관광자원은 접근성과 경제성을 만족시킬 수 있어야 한다. 아무리 훌륭한 매력물이라 할지라도 쉽게 접근할 수 없을 때는 자원으로서 가치를 지닐 수 없으며, 또한 경제성이 결여되면 자연히 관광객을 제한하는 장애요소로 등장하게

된다. 따라서 누구나 다양한 방법으로 쉽게, 편하게, 안전하게 접근할 수 있고, 저렴하게 관광할 수 있는 대상이어야 한다.

- 관광객이 원하는 혜택을 제공할 수 있어야 한다. 관광활동은 관광객의 관광동기 또는 욕구를 충족시키는 과정이며, 관광객은 이러한 자신의 욕구를 충족시킬 수 있다고 생각되는 대상을 선택하게 된다. 따라서 관광자원은 해당 관광객들에게 그들이 원하는 혜택을 제공할 수 있어야 한다.

그러나 이러한 관점은 관광자원에 있어서 가장 중요한 것은 관광객들의 욕구 충족이라고 보고, 그 욕구충족을 얼마나 강하게 그리고 원활하게 할 수 있느냐 하는 것에서부터 관광자원의 가치판단을 시작하고 있는 것이다. 신기성을 갖추어 관광객들에게 색다른 경험을 제공할 수 있도록 하는 것이나, 접근성(지리적 접근성)과 경제성(경제적 접근성)이 있어야 한다는 것이나, 관광객에게 원하는 혜택을 제공하여야 한다는 것이나 모두 관광객의 욕구충족을 강하고 원활하게 하기 위한 조건으로 보는 것이다.

즉 관광자원을 관광주체인 관광객 욕구 충족의 수단으로 간주하는 것으로 이러한 관점에서 중요한 것은 매력성과 접근성이 된다. 관광자원 자체가 강력한 매력성을 가지고 있고 지리적으로 접근이 원활하며, 저렴한 비용이 들어 관광객에 대한 유인력이 높은 자원이 가치가 큰 자원이라는 것이다.

그런데 이러한 관점은 관광현상이 단순한 양상을 보이던 관광발전 초기단계의 것으로 현대관광은 이러한 관점만으로 자원의 요건을 규정하기에는 너무 복잡한 양상을 보이고 있다.

관광현상이 대중관광 · 대량관광의 단계를 넘어서서 새로운 유형의 관광이 등장하고 있으며, 관광산업이 제1산업으로서의 위치를 굳혀가고 있을 만큼 거대화되어 가고 있다. 더욱이 관광에 대한 인식이 소비 · 향락산업이 아닌 복지구현의 수단으로서 정착되어가고 있으며, 세계적으로 관광을 자국의 주력산업으로 채택하고 있는 경우가 늘어나고 있다. 이러한 조류와 함께 이제 관광은 정치 · 경제 · 사회 · 문화 등 사회 전반에 지대한 영향을 미치는 실정이다. 따라서 관광자원에 대한 관점 또한 달라져야 하며, 그 기능에 대한 요구가 확대되어야 할 필요가 있다고 하겠다.

우선 사업성에 대한 고려로서 지역사회나 개발자 또는 사업자에게 경제적인 혜택을 줄 수 있어야 하며, 다음으로 건전성을 확보하여야 할 것이다.

본질적인 의미에서 보면 관광자원에 있어서 사업성은 사실 의미가 없다고 볼 수도 있다. 관광사업이 개입하지 않더라도 관광현상이 발생하지 않는 것은 아니기 때문이다. 그러나 굳이 관광이 사회 전체 시스템의 하위 시스템으로서 사회에 기여해야 한다는 책임론을 거론하지 않더라도, 단지 관광객들의 욕구를 충족함에 있어서 그 수준의 문제를 고려하기만 해도 사업성은 큰 의미를 부여받게 된다. 지역사회나 개발자 또는 사업자에게 경제적인 혜택을 줄 수 있을 때 더 많은 가치부여 노력을 이끌어낼 수 있고, 이를 통하여 관광객 만족과 편의가 제고되는 것이기 때문이다.

건전성의 문제는 자원 자체가 가지고 있는 속성이라기보다는 관광전반에 대하여 요구되는 사항으로서 관광자원 특히 인문적 자원에 대하여 요구된다고 볼 수 있을 것이다.

3. 관광 시스템과 관광자원

관광을 하나의 독립된 산업으로 간주하느냐의 문제는 많은 논란의 여지가 있다. 물론 현재의 추세는 산업으로 간주하려는 경향이 강하고 일부에서는 이를 기정사실화하고 있으나 아직까지 이에 대하여 회의적인 입장을 고수하고 있는 사람도 있다.

그것은 다양한 산업으로 구성된 복합산업이라는 관광산업의 구조적 특성에 기인한 것으로 하나의 독립된 개별산업이 아닌 시스템과 현상으로 파악하고자 하는 시각인 것이다. 이러한 입장에서는 관광은 하나의 사회 시스템일 뿐이다. 따라서 관광산업이라는 용어 대신 관광 시스템이라는 용어를 사용한다.

베르넥커가 관광의 구조를 관광주체와 관광객체로 2분화한 이래 관광주체, 관광객체, 관광매체로 3분화하는 과정을 거쳐 관광주체, 관광객체, 관광매체, 정부 및 공공단체로 4분화하기도 하고, 건(Clare A. Gunn)과 같이 관광객, 관광대상, 서비스 및 시설, 교통기관, 정보 및 지도의 5가지 구성요소를 제시하기도 하고 있다.

관광 시스템의 구조에 대한 가장 기본적인 시각은 관광주체 · 관광객체 · 관광매체의 세 가지 구성요소로 이루어진다는 것이다.

관광주체는 관광욕구를 가진 관광객으로서 관광에 참여하여 관광활동을 하고, 관광수요를 발생시키는 구성요소이다. 관광객체는 관광객의 관광활동의 대상이 되는 자원과 시설을 지칭하는 것으로 관광공급요소에 해당한다.

관광매체는 관광이 원활하게 이루어지도록 하고 관광에 필요한 서비스를 제공하는 사업과 시설을 말한다.

관광객체는 관광자원에 해당하는 부분이다. 관광객체에는 관광자원과 관광시설이 있는데 관광시설은 넓은 의미에서 인위적인 관광자원에 해당하므로 관광객체는 광의의 관광자원을 지칭한다고 보아도 좋을 것이다.

제 2 절 관광자원의 분류

1. 제학자 및 단체의 분류

(1) 안종윤의 분류

안종윤 교수는 오늘날 관광자원의 범위가 무한히 확대되는 추세에 있다고 하고, 관광자원을 자연자원, 문화자원, 인적 자원, 새로운 관광자원 및 기타 토산물로 구분하였다. 자연자원은 산악, 평원, 해안, 도서, 하천, 호소, 폭포, 계곡, 지질, 기상, 온천, 동식물 등을, 문화자원 미술공예품, 건축물, 조각 등을, 인적 자원은 국민생활, 풍속, 습관, 인정, 가정생활 등을, 기타 새로운 관광자원으로 공장, 생산공장, 공원, 음식, 토산품 등을 들고 있다.

〈표 1-1〉 안종윤의 관광자원 분류

유 형	구 성 요 소
자 연 자 원	산악, 평원, 해안, 도서, 하천, 호수, 폭포, 계곡, 지질, 기상, 온천, 동·식물
문 화 자 원	미술 공예품, 건축물, 조각
인 적 자 원	국민생활, 풍속, 습관, 인정, 가정생활
새로운 관광자원 및 기타 토산물	공장, 생산공장, 기술, 공원, 음식

(2) 이장춘의 분류

이장춘 교수는 유형의 관광자원 못지않게 무형의 관광자원의 상대적 중요성을 강조하였는데, 관광자원을 유형의 것과 무형의 것으로 대별하고, 인간의 힘이 가해졌는가에 따라 유형관광자원을 자연관광자원과 인문관광자원으로, 무형관광자원을 인적 관광자원과 비인적 관광자원으로 구분하였다.

또한 자연관광자원을 자연보전특별지구, 자연보존지구, 휴양지보전지구 등으로, 인문관광자원을 문화관광자원과 관광동기 충족산업시설로 세분하였다.

〈표 1-2〉 이장춘의 관광자원 분류

- 관광자원
  - 유형관광자원
    - 자연관광자원
      - 자연보전특별지구
      - 자연보전지구
      - 휴양지보전지구
    - 인문관광자원
      - 문화관광자원
      - 관광동기 충족산업시설
  - 무형관광자원
    - 인적 관광자원
    - 비인적 관광자원

(3) 김진섭의 분류

김진섭 교수는 관광자원을 자연적 관광자원, 문화적 관광자원, 사회적 관광자원, 산업적 관광자원 등 네 가지로 구분하였다. 자연적 관광자원으로는 지질, 지형, 천문, 기상, 동식물 등을, 문화적 관광자원으로는 유형 · 무형문화재, 기념물, 민속자료 등을, 사회적 관광자원으로는 인정, 풍속, 행사, 생활, 예절, 음식물, 예술, 예능, 스포츠, 교육, 사회 · 문화시설 등을, 산업적 관광자원으로는 공장시설, 농장시설, 사회공공시설, 견본시, 전람회, 전시회 등을 들었다.

〈표 1-3〉 김진섭의 관광자원 분류

유 형	구 성 요 소
자연적 관광자원	지질, 지형, 천문, 기상, 동식물
문화적 관광자원	유형 · 무형문화재, 기념물, 민속자료
사회적 관광자원	인정, 풍속, 행사, 생활, 예절, 음식물, 예술, 예능, 스포츠, 교육, 사회 · 문화시설
산업적 관광자원	공장시설, 농장시설, 사회공공시설, 견본시, 전람회, 전시회

* 자료 : 김진섭, 『관광학개론』(서울 : 남영문화사, 1981), pp.170～184

(4) 김병문의 분류

김병문 교수는 생산과정에 의한 분류방식을 통하여 관광자원을 자연적 관광자원과 인위적 관광자원으로 크게 나누고, 인위적 관광자원을 문화관광자원, 사회관광자원, 산업관광자원으로 세분화시키고 있다.

자연적 관광자원으로는 산악, 구릉, 호수, 하천, 계곡, 폭포, 산림, 해안, 지질, 동·식물, 온천 등을 들고 있으며, 인위적 관광자원 중 문화관광자원은 유형·무형문화재, 기념물, 민속자료 등을, 사회관광자원으로는 생활관습, 음식, 사회형태, 생활형태 등을, 산업관광자원으로는 농림업관계, 어업관계, 공업관계, 산업관계 등을 들었다.

〈표 1-4〉 김병문의 관광자원 분류

<table>
<tr><th colspan="3">유 형</th><th>구 성 요 소</th></tr>
<tr><td colspan="3">자연적 관광자원</td><td>산악, 구릉, 호수, 하천, 계곡, 폭포, 평원, 산림, 해안, 지질, 동·식물, 온천</td></tr>
<tr><td rowspan="3">인위적</td><td rowspan="3">관광자원</td><td>문화관광자원</td><td>유형·무형문화재, 기념물, 민속자료</td></tr>
<tr><td>사회관광자원</td><td>생활관습, 음식, 사회형태, 생활형태</td></tr>
<tr><td>산업관광자원</td><td>농림업관계, 어업관계, 공업관계, 산업관계</td></tr>
</table>

* 자료 : 김병문, 『관광지리학』(서울 : 형설출판사, 1984), pp.216～224

(5) 한국관광공사의 분류

1983년 국민관광종합개발계획 수립시 한국관광공사에서 분류한 관광자원의 유형을 살펴보면, 우선 관광자원을 유형과 무형으로 대별하고, 유형관광자원을 자연적 관광자원, 문화적 관광자원, 사회적 관광자원, 산업적 관광자원, 관광 레크리에이션 자원으로, 무형관광자원을 인적 관광자원과, 비인적 관광자원으로 분류하였다.

이때 자연적 관광자원은 천연자원, 천문자원, 동·식물 등을, 문화적 관광자원은 고고학적 유적, 사적, 사찰공원 등을, 사회적 관광자원은 풍속, 행사, 생활, 예술, 교육, 스포츠 등을, 산업적 관광자원은 공업단지, 유통단지, 광업소, 농장, 목장, 백화점 등을, 관광 레크리에이션 자원은 캠프장, 수영장, 놀이시설, 어린이공원 등을 포함하는 것으로 규정하였다. 인적 관광자원은 국민성, 풍속, 관습, 예절 등을, 비인적 관광자원은 고유종교, 사상, 철학, 역사, 음악, 가곡 등을 포함하였다.

〈표 1-5〉 한국관광공사의 관광자원 분류

유 형		구 성 요 소
유형 관광자원	자연적 관광자원	천연자원, 천문자원, 동·식물
	문화적 관광자원	고고학적 유적, 사적, 사찰공원
	사회적 관광자원	풍속, 행사, 생활, 예술, 교육, 스포츠
	산업적 관광자원	공업단지, 유통단지, 광업소, 농장, 목장, 백화점
	관광 레크리에이션 자원	캠프장, 수영장, 놀이시설, 어린이공원
무형 관광자원	인적 관광자원	국민성, 풍속, 관습, 예절 등
	비인적 관광자원	고유종교, 사상, 철학, 역사, 음악, 가곡 등

* 자료 : 한국관광공사, 『국민관광장기진흥개발계획』(서울 : KNTC, 1983), p.166

(6) 국제관광기념행사협회의 분류

일본 국제관광기념행사협회는 1967년 '세계관광의 해'를 맞이하여 관광 대상으로서의 관광자원을 자연적 관광자원과 문화적 관광자원으로 구분하고, 이를 다시 유형과 무형으로 구분하였다.

이때 자연적 자원 중 무형적인 것으로는 기후, 풍토 등을, 유형적인 것으로는 지형, 지질, 기상, 생물 등을 들고 있으며, 문화적 관광자원 중 무형적인 것으로는 생활, 민속, 분위기, 행사, 예능, 공예기술 등을, 유형적인 것으로는 사적, 도시, 정원, 문화재, 향토음식, 산업, 시설 등을 들고 있다.

〈표 1-6〉 국제관광기념행사협회의 관광자원 분류

유 형		구 성 요 소
자연적 관광자원	무 형	기후, 풍토 등
	유 형	지형, 지질, 기상, 생물 등
문화적 관광자원	무 형	생활, 민속, 분위기, 행사, 예능, 공예 기술
	유 형	사적, 도식, 정원 문화재, 향토음식, 산업, 시설

* 자료 : 國際觀光記念行事協會, 『觀光と觀光事業』(東京 : 1967), pp.86～87

(7) 교토대학 조원학 연구실 분류

일본 교토대학 조원학 연구실은 기존의 분류체계와는 다르게 관광자원을 이용의 성격에 따라 동적 이용자원과 정적 이용자원으로 나누고, 이를 세분화하는 방법을 취하고 있다. 동적 이용자원으로는 공원, 명승, 경승지 등의 자연자원, 도시공원, 오락시설, 유원지, 온천 등의 시설자원을 포함시키고, 정적 이용자원으로는 유형, 무형문화재, 민속자료, 매장 문화재 등의 역사자원, 국가지정 천연기념물 등의 자연자원을 포함시켰다.

〈표 1-7〉 교토대학 조원학 연구실의 관광자원 분류

유 형 별		구 성 요 소
동적 이용자원	자연자원	공원, 명승, 경승지
	시설자원	도시공원, 오락시설, 유원지, 온천
정적 이용자원	역사자원	유형 · 무형 문화재, 민속자료, 매장 문화재
	자연자원	국가지정 천연기념물

* 자료 : 김운, 『관광한국지리』(서울 : 형운출판사, 1986), p.126

(8) 오카모도의 분류

오카모도는 관광대상을 관광자원과 관광시설로 나누고, 관광자원을 자연관광자원, 인문관광자원, 복합형관광자원으로 분류하였다. 자연관광자원에는 유형관광자원, 무형관광자원, 인문관광자원에는 사적, 성곽, 정원, 축제, 행사 등을 복합형관광자원에는 대도시, 농 · 산 · 어촌 향토경관, 역사경관 등을 포함시키고 있다.

(9) 쓰다 노보루의 분류

쓰다 노보루(津田昇)는 관광자원 분류의 용이성을 목적으로 자연적 관광자원, 문화적 관광자원, 사회적 관광자원, 산업적 관광자원으로 나누고 있다. 그리고 자연적 관광자원으로는 기후, 풍토, 온천, 천연자원, 동 · 식물, 도시공원 등을, 문화적 관광자원으로는 유형문화재, 무형문화재, 민속자원, 기념물 등을, 사회적 관광자원으로는 인정, 풍속, 행사, 국민성, 생활, 예술, 문화교육 등을, 산업적 관광자원으로는 공장시설, 농 · 목장, 사회공공시설, 견본시 등을 들고 있다. 이러한 쓰다 노보루의 분류는 간단하고 명료하여 우리나라에서 비교적 널리 받아들여지고 있는 분류법이다.

〈표 1-8〉 오카모도의 관광자원 분류

유 형 별		구 성 요 소
관광자원	자연관광자원 인문관광자원 복합형 관광자원	유형 관광자원 · 무형 관광자원 사적, 성곽, 정원, 축제, 행사 대도시, 농 · 산 · 어촌 향토경관, 역사경관
관광시설	숙박시설 음식시설 물품판매시설 레크리에이션시설 문화 · 교육시설 관광안내시설 공공서비스시설	토산품판매점, 쇼핑센터 옥외시설, 옥내시설 야외박물관, 민속자료관 관광안내소, 가이드 치안, 보건, 물, 에너지

〈표 1-9〉 쓰다 노보루의 관광자원

유 형	구 성 요 소
자연적 관광자원	기후, 풍토, 풍경, 온천, 천연자원, 동 · 식물, 도시공원
문화적 관광자원	유형문화재, 무형문화재, 민속자원, 기념물
사회적 관광자원	인정, 풍속, 행사, 국민성, 생활, 예술, 문화교육
산업적 관광자원	공장시설, 농 · 목장, 사회 공공시설, 견본시(見本市)

* 자료 : 津田昇, 『國際觀光論』(東京 : 東洋經濟新聞社, 1964).

(10) 스즈끼의 분류

스즈끼(鈴木忠義)는 관광대상을 관광자원과 관광시설과 관광자원으로 구분하고, 관광자원을 자연자원과 인문자원으로 세분하였다.

자연자원에는 산악, 고원, 호수, 계곡, 폭포, 하천, 해안, 섬, 암석, 동 · 식물, 온천, 자연현상 등을, 인문자원에는 사적, 사원, 정비, 공원, 비, 동상 등을, 관광대상시설에는 관람시설, 오락시설, 레저시설, 산업시설, 생활시설, 연중행사, 예능, 공예기술 등을 들었다.

〈표 1-10〉 스즈끼의 관광자원 분류

유 형	구 성 요 소
자 연 자 원	산악, 고원, 호수, 계곡, 폭포, 하천, 해안, 섬, 암석, 동·식물, 온천, 자연현상
인 문 자 원	사적, 사원, 정원, 공원, 비, 동상
관광대상시설	관람시설, 오락시설, 레저시설, 산업시설, 생활시설, 연중행사, 예능, 공예기술

* 자료 : 山村順次, '人文觀光資源', 鈴木忠義 ,『現代觀光論』(東京 : 有斐閣, 1974), p.64

(11) 마에다의 분류

마에다(前田勇)는 관광대상을 크게 관광자원과 관광시설로 구분하고, 관광자원을 자연관광자원, 문화관광자원, 복합형관광자원으로, 관광시설을 숙박시설, 음식시설, 물품판매시설, 레크리에이션시설, 문화·교육시설, 관광안내시설, 공공서비스시설 등으로 나누었다.

〈표 1-11〉 마에다의 분류

- 관광대상
  - 관광자원
    - 자연관광자원
    - 문화관광자원
    - 복합형관광자원
  - 관광시설
    - 숙박시설
    - 식음시설
    - 물품판매시설
    - 레크리에이션시설
    - 문화·교육시설
    - 관광안내시설
    - 자연관광자원

(12) 자파리의 분류

자파리(Jafari)는 관광자원에 바구니 개념(basket concept)을 적용하여 바구니에는 바구니 자체와 그 안에 담긴 내용물이 있듯이 바구니에 담긴 내용물을 제품(product)으로, 바구니 자체를 관광배경요소(background tourism elements : BTEs)로 비유하였다. 즉, 관광시설과 교통은 내용물이고, 자연적, 사회·문화적, 인공적 관광배경요소가 이를 둘러싸고 있어 관광객을 유인한다고 하였다.

자파리는 자연적 관광배경요소는 수자원, 기후조건, 숲, 산, 기타 자연자원과 풍경자원을 총칭하는 의미이고, 사회·문화적 관광배경요소는 축제, 행사, 역사, 종교, 정치, 예술 등 제반 사회문화적 환경과 활동을 의미하며, 인공적 관광배경요소는 역사적 건물, 종교사원, 기념물, 건축물 등을 의미한다고 한다.

이 개념은 현대 마케팅이나 상품론에서 제품을 설명함에 있어 핵심제품(중요속성), 유형제품(물리적 속성), 확장제품(부가서비스)이 결합되어 제품을 형성한다는 개념과 유사하다.

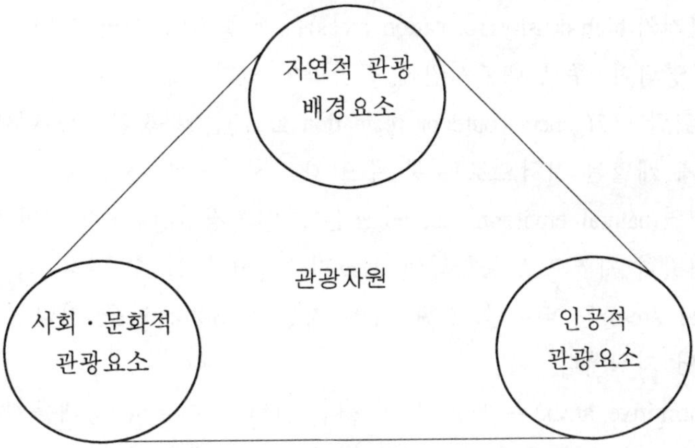

〔그림 1-1〕 관광배경요소의 구성

(13) 피어스의 분류

피어스(Pearce)는 관광자원을 관광객 유인요소로 보고 자연자원, 인공자원, 인문자원으로 구분하고, 자연자원으로 지형, 동·식물 등을, 인공자원으로 사원, 카지노, 기념물, 역사적 건축물, 위락공원 등을, 인문자원으로 언어, 음악, 민속, 무용 등을 들었다.

〈표 1-12〉 피어스의 관광자원 분류

유 형	구 성 요 소
자연자원	지형, 동·식물 등
인공자원	사원, 카지노, 기념물, 역사적 건축물, 오락공원 등
인문자원	언어, 음악, 민속, 무용

* 자료 : Douglas G. Pearce, *Tourist Development* (N.Y. : Longman, 1981), pp.6～10.

(14) 미국 ORRC의 분류

미국 옥외 레크리에이션 자원평가위원회(Outdoor Recreation Resources Review Commission)는 레크리에이션 자원을 물리적 자원특성, 개발과 관리의 실태, 이용 정도, 예상행동패턴 등에 근거하여 고밀도위락지역, 일반 옥외 레크리에이션지역, 독특한 자연지역, 원시지역, 역사·문화지역으로 나누고 있다.

고밀도위락지역(high-density recreation areas)은 집중적인 개발 지역으로 대규모 이용을 위해 운영되며, 주로 대도시권에 근접되어 있다.

일반 옥외위락지역(general outdoor recreation areas)은 특정한 레크리에이션 이용을 위해 다양하게 개발된 지역으로 보통 주요 대도시권에서 어느 정도 떨어져 있다.

자연환경지역(natural environm ent areas)은 자연환경 내에서 레크리에이션을 위해서 알맞게 개발한 지역으로 복합적인 레크리에이션을 할 수 있다. 독특한 자연지역(unique natural areas)은 뛰어난 경관 미와 자연적 불가사의를 지니고 있어 과학적 중요성을 지닌 자원이다.

원시지역(primitive areas)은 도로가 없으며, 자연 그대로의 상태를 지닌 지역으로 야생경험을 제공할 수 있을 만큼 대규모적이고 원거리에 위치하고 있다.

역사·문화적 지역(historic and cultural sites)은 중요한 역사·문화적 중요성을 지닌 장소로서 역사적 사건의 발생지나 고고학적 유적지 등이 여기에 해당된다.

(15) 건의 분류

건(C.A. Gunn)은 관광자원을 토지이용단위(land units)와 관광행동유형에 따라 각각 관광자원을 분류하였다. 토지이용단위에 따라서는 자연자원, 문화자원, 혼합형자원으로 구분(1978)하고, 관광행동유형에 따라는 주유형(touring type) 관광자원과 체재형(destination type) 관광자원으로 구분(1979)하였다.

〈표 1-13〉 ORRC의 레크리에이션자원 분류의 특징

구 분	특 징	시설·활동의 종류	입 지	이용시기	비 고
1 고밀도 위락지역	대단위투자가 필요하며, 행락활동의 범위가 다양함. 집약적 개발	도로망, 주차지구, 일광욕, 해수욕장, 인공호수, 운동장, 음주지역	대도시와 인접, 도시공원 내에 위치	1일 및 주말이용(연중이용)	도, 시, 또는 국가 관리의 형태가 대부분
2 일반옥외 위락지역	이용밀도가 1.보다 낮으며, 규모와 활동유형이 상당히 큼. 덜 집약적	캠핑, 피크닉, 낚시, 등반, 야외운동	공원 및 산림지, 스키장 계곡, 호수, 해안, 수렵지	휴가 주말	민간과 공공기관이 대등하게 운영관리
3 자연환경 지역	동상자연을 있는 그대로 즐기도록 유도하는 지역, 대규모임	하이킹, 수렵, 캠핑, 피크닉, 카누, 관광	도립공원, 국립공원	주말, 휴가	민간소유지의 개발이 권장됨. 공공소유지가 대부분
4 독특한 자연지역	경관이 수립한 지역, 자연경관이 특별히 유명한 지역	관광, 관찰, 학습과 같은 소극적 행락 활동	경관, 명소	주말, 휴가	경관적 가치를 갖는 동일한 지역을 관리하는 공공기구가 필요함
5 원시지역	자연 자체, 야생상태	사냥, 관찰, 야생경험	원격지, 국립공원	휴가	국가가 자연보호적 측면에서 관리
6 역사·문화지역	주요역사·문화적 유적	역사유적	도시, 지역별 골고루 분포	평일, 주말 휴가	공공기관, 민간, 국가가 관리

* 자료 : Outdoor Recreation Resources Review Commission, Outdoor Recreation for America(Washington, DC : US Department of Interior, 1962), pp. 85～100(재작성)

주유형 관광자원은 숙박을 하지 않고 관광객이 지역과 지역을 이동하는 과정에서 보고 즐길 수 있는 여건을 가진 자원을 말하고, 체재형은 특정장소에 머물며 즐길 수 있는 여건을 가진 자원을 말한다. 물론 양자는 정도의 차이일 뿐이지 뚜렷하게 구분된다고 볼 수는 없을 것이다.

〈표 1-14〉 토지이용단위별 관광자원의 종류

유 형	종	류
자연자원 (natural resources)	1. 해변	2. 피크닉 장소
	3. 자연캠핑지역	4. 일반경관지역(general scenic areas)
	5. 경관지역(scenic spectaculars)	6. 암석채취지역
	7. 화석채취지역	8. 사냥지역
	9. 낚시지역	10. 스키, 동계스포츠지역
	11. 스노우모빌지역	12. 보트장, 카누장, 항해장
	13. 동계휴양지(북부)	14. 동계휴양지(남부)
	15. 하계휴양지	16. 캠프, 조직, 단체
	17. 마리나, 항만, 보트계류장	18. 야생생물
	19. 동물관찰지역	20. 수로(waterways)
	21. 휴가지 가정	22. 전망대
	23. 산림 골재지역	24. 트레일연결지역(trail bike areas)
	25. 자연오솔길지역(도보, 승마)	26. 조류관찰지역
	27. 동물연구(spelunking)지역	28. 스쿠버 · 해저탐험지역
	29. 마리나축제, 보트계류장	30. 관광지(자연관광자연중심형)
문화자원 (cultural resources)	1. 고고학적 유적	2. 박물관
	3. 역사유적, 유령도시	4. 최초의 사건발생지
	5. 특수인종적 문화	6. 공학적 · 과학적 불가사의
	7. 제조공정	8. 장엄한 건물
	9. 성지, 성역지	10. 문화적 관광지
	11. 관광목장(dude ranches)	12. 전설 유래지역
혼합형 자원 (natural or (cultural resources)	1. 콘서트, 드라마, 연극장	2. 공예품전시장
	3. 도시 캠핑지역	4. 스포츠센터
	5. 골프장	6. 오락공원
	7. 쇼핑센터	8. 나이트클럽
	9. 호텔, 모텔	10. 관광음식점
	11. 정보센터, 휴식처	12. 놀이터
	13. 친척 · 친구집	
	14. 축제, 퍼레이드, 더비경마장(derby areas)	
	15. 회의장	16. 운동장

* 자료 : Clare A. Gunn, *Tourism Planning*, 1978, pp.58～59.

〈표 1-15〉 관광행동특성에 따른 관광자원 분류

구 분	종 류	
주유형관광자원	1. 도로변 경관지 2. 자연 캠핑지 3. 축제장소와 농가 4. 사당과 문화적 장소 5. 역사적 건물과 유적지 6. 쇼핑지역 7. 테마공원 8. 도시	9. 수려한 자연지역 10. 친구와 친척의 집 11. 독특한 관습 12. 토속음식과 위락지 13. 민족 특유의 장소 14. 특수공예 전승지 15. 2차관광대상
체재형관광자원	1. 휴양지 2. 집단 캠프장 3. 도박중심지 4. 낚시 · 사냥 · 해안 · 수상스포츠지역 5. 관광목장	6. 운동경기장 7. 캠프장 8. 휴가지 가정 9. 친구와 친지의 집 10. 회의 중심지

(16) 버카트와 메들릭의 분류

버카트(Burkart)와 메들릭(Medlik)은 지리학자들의 자원분류 결과를 응용하여 관광자원을 자원중심형(resource-based)과 이용중심자형(user-oriented)으로 나누고, 이 양자는 종류의 문제가 아니라 정도의 문제로서 서로 배타적으로 양분되지 않는다고 하였다.

〈표 1-16〉 버가트와 메들릭의 관광자원의 분류

유 형	초 점	특 징
자원중심형	자원의 질	절경, 해안, 고대유적, 역사적 건축물, 산악, 강
이용자중심형	접근성	도시공원, 스포츠광장

＊자료 : A.J. Burkart and Medlik, *Tourism : Past, Present and Future*, 2nd.(London : Heinmann, 1982), pp.226～227

자원중심형 자원의 중요성은 지역과 관계없이 관광의 동기를 일으키는 자원의 질(quality)에 달려 있다. 이러한 자원의 특징은 원거리 이용객을 유인하는 데 유용하며, 지역 내 관광객들보다는 국제 관광객들의 관광대상으로서 인기가 있다는 점이다.

반면 이용자중심형 자원은 그 자원의 질보다는 접근성(accesibility)이 중요하다. 이런 유형의 관광자원은 잠재적 이용자가 시간과 거리에 관계없이 쉽게 접근할 수 있어야 한다. 대표적인 예로는 스포츠센터, 공유지, 공원, 산림 등이 있다.

(17) 맥킨토쉬의 분류

〈표 1-17〉 맥킨토쉬의 관광자원 분류

- 관광공급의 구성요소
  - 자연관광 : 공기, 기후, 토지, 지질, 동·식물, 수질, 해안 경관지 등
  - 환대·문화자원 : 예술, 문학, 역사, 무용, 쇼핑 등
  - 상부구조
  - 하부구조(기반시설)
  - 교통수단 및 시설
- 관광자원
  - 자연적 관광자원(natural tourism resources) : 산악, 내수면, 해안, 온천, 동굴, 지형, 지질, 천문기상, 도서
  - 문화적 관광자원(cultural tourism resources) : 고고학적 유적, 사적, 무형문화재, 기념물, 민속자료, 박물관, 미술관, 기타 문화시설
  - 사회적 관광자원(social tourism resources) : 풍속, 행사, 생활, 예술, 교육, 종교, 철학, 음악, 미술, 스포츠, 국민성, 음식, 사회형태, 인정, 예절
  - 산업적 관광자원(industrial tourism resources) : 공업단지, 유통단지, 관광목장, 백화점, 견본시, 공업시설 및 생산공정
  - 위락적 관광자원(natural tourism resources) : 수영장, 놀이시설, 레저타운, 수렵장, 낚시터, 카지노, 보트장, 승마장, 나이트클럽, 주제공원

맥킨토쉬(Mckintosh)는 관광공급요소로 자연자원, 환대·문화자원, 하부구조, 상부구조, 교통수단 및 시설을 들고 있으며, 관광자원을 크게 자연자원과 환대·문화자원으로 구분하고 있다.

자연자원(natural resources)은 기후대(temperature zone)와 입지(location) 및 자원의 질이 중요시된다. 자연자원은 관광공급요소 가운데 가장 기초적인 요소로 공기, 기후, 토지, 지질, 식물, 수질, 해안 경관미를 들 수 있다.

환대 · 문화자원(hospitality and cultural resources)은 관광객을 유인하게 되는 일정 지역의 문화유산이다. 이것은 관광객에 대한 지역주민의 예의바른 태도, 친근성, 그리고 예술, 문화, 역사, 음악, 극예술, 무용, 쇼핑들을 말한다.

(18) 피터스의 분류

피터스(Peters)는 관광매력물을 관광의 가장 중요한 요소로 보고, 관광매력물이 존재하므로 관광객들이 특정장소를 방문하도록 동기화된다고 보았다.

그는 관광매력물인 관광자원을 문화자원, 전통, 오락, 경관, 기타로 대별하고, 문화자원으로는 고고학적 유적, 역사유적, 박물관, 현대문화, 정치 · 교육기관, 종교 등을, 전통으로는 국민축제, 예술, 음악, 민속, 토속생활 및 관습 등을, 경관으로는 자연미, 국립공원, 야생동물, 동 · 식물, 해변휴양지 등을, 오락으로는 스포츠 참가 및 관전, 레크리에이션 공원, 동물원, 수족관, 연화 · 연극, 야간유흥, 유람 등을, 기타로서는 기후, 휴양지, 온천, 독특한 자원 등을 들었다.

〈표 1-18〉 피터스의 관광자원 분류

유 형	구 성 요 소
문 화 자 원	고고학적 유적, 역사유적, 박물관, 현대문화, 정치 · 교육기관, 종교
전 통	국민축제, 예술, 음악, 민속, 토속생활 및 관습
경 관	자연미, 국립공원, 야생동물, 동 · 식물, 해변 휴양지
오 락	스포츠의 참가 · 관전, 레크리에이션 공원, 동물원, 수족관, 영화 · 연극, 야간유흥, 유람
기타 대상	기후, 휴양지, 온천, 독특한 자원

* 자료 : M. Peters, *International Tourism*(London : Hutchinson, 1969), pp.148～149.

(19) 종합고찰

이상의 여러 학자들의 관광자원의 분류방법은 각각 그들의 지론에 따라 독특한 성격을 가지고 있다. 한국과 일본은 유형과 무형으로, 자연과 인문으로 크게 분류되는 형태로, 구미의 경우는 관광개발을 전제로 관광자원의 범위를 시설, 교통, 상부구조와 하부구조 등이 결합된 포괄적인 영역까지 확대하고 있으며, 특히 자원의 생성과정에 따라 분류하려는 경향도 보이고 있다.

종래에는 관광객의 행위대상이 자연적 관광자원에 치중되었으나, 근래에 와서는 국가간 · 지역간 왕래의 용이성으로 인하여 문화적 · 사회적 관광자원의 비중이 커지고 있으며, 산업의 발달과 무역의 확대로 산업시설을 관광자원에 포함시키는 경우가 많아지고 있다.

또 관광객의 행동 패턴이 정태적 · 감상적 패턴에서 동태적 · 활동적 패턴으로 점진적 변화를 보임에 따라 최근에는 관광레크리에이션 시설이 관광자원의 중요한 요소가 되고 있다.

여러 학자들과 기관의 분류를 살펴보면 결국 다음과 같은 분류법을 따르고 있음을 알 수 있다.

〈표 1-19〉 관광자원의 분류법

구 분	자 원 분 류
2분법	무형자원/유형자원 인적자원/비인적자원 자연자원/인문자원 주유형자원/체재형자원 자연자원/환대 · 문화자원 자원중심형/이용자중심형 자연자원/문화자원
3분법	인적 자원/비인적 자원/복합자원 자연자원/인문자원/복합자원 자연자원/문화자원/복합자원 자연적/사회 · 문화적/인공적
4분법	자연자원/문화자원/사회자원/산업자원
5분법	문화/전통/경관/오락/기타 자연적자원/사회적자원/문화적자원/산업적자원/위락적자원
6분법	자연적자원/사회적자원/문화적자원/산업적자원/상업적자원/위락적자원
혼합법	자연자원(유형, 무형)/인문자원/복합자원 자연자원(유형, 무형)/문화자원(유형, 무형) 유형자원(자연, 문화, 사회, 산업, 관광레크리에이션)/무형자원(인적, 비인적) 동적 이용자원(자연, 시설)/정적 이용자원(역사, 자연) 자연자원/인위자원(문화, 사회, 산업) 유형자원(자연, 인문)/무형자원(인적/비인적)

그러나 여러 학자들의 분류방법과 관광자원의 발전방향, 관광객의 기호 변화와 관광자원의 상대적 중요성의 변화, 새로운 관광자원의 지속적인 출현 등을 감안하

여 다음과 같은 관광자원 분류가 폭넓은 지지를 얻고 있다.

〈표 1-20〉 관광자원의 분류

구 분	내 용
자연적 관광자원 (natural tourism resources)	산악, 내수면, 해안, 온천, 동굴, 지형, 지질, 천문, 기상, 도서
문화적 관광자원 (cultural tourism resources)	고고학적 유적, 사적, 무형문화재, 기념물, 민속자료, 미술관, 기타문화시설
사회적 관광자원 (social tourism resources)	풍속, 행사, 생활, 예술, 교육, 종교, 철학, 음악, 미술, 스포츠, 국민성, 음식, 사회형태, 인정, 예절
산업적 관광자원 (industrial tourism resources)	공업단지, 유통단지, 관광목장, 백화점, 쇼핑센터, 견본시, 공업시설 및 생산공정
위락적 관광자원 (recreational tourism resources)	수영장, 보트장, 놀이시설, 레저타운, 수렵장, 낚시터, 카지노, 승마장, 나이트클럽, 주제공원

다만 우리는 관광자원의 분류에 좀더 많은 유연성을 가져야 할 것이다. 즉 끊임없이 변하고 새로운 것들이 주요자원으로 각광을 받게 된다는 관광자원이 갖는 가장 큰 특성을 고려할 때 이러한 분류는 의견을 달리할 수도 있다는 것을 염두에 두어야 할 것이다.

제 2 장

자연적 관광자원

- 자연적 자원의 개념과 구성요소
- 기후 · 지형 · 식생
- 산악 관광자원
- 내수면 관광자원
- 온천 관광자원
- 동굴 관광자원
- 해양 관광자원

제 1 절 자연적 자원의 개념과 구성요소

1. 자연적 관광자원의 개념

자연적 관광자원은 인간의 삶의 터전이자 관광대상의 성격상 최대의 자원이다. 하지만 모든 자원이 관광의 매력요소가 되는 것은 아니다. 즉 관광대상으로서의 자연적 관광자원은 관광객의 욕구를 충족시키며 관광객에게 쉽게 접근할 수 있어야 한다는 것이다.

다시 말하면 자연적 자원 그 자체가 관광자원이 될 수 없다는 뜻이다. 인간의 입장에서 다수의 조건들이 복합적으로 작용될 때에 비로소 자연적 관광자원으로서의 가치를 갖게 되는 것이다.

따라서 이러한 내용을 종합해볼 때 자연적 관광자원이란 관광객의 욕구를 충족시킬 수 있는 관광대상으로서의 기능을 가진 자연적 자원을 의미한다고 할 수 있다.

2. 자연적 관광자원의 구성요소

자연적 관광자원에 포함되는 요소로는 산악, 하천, 호수, 강, 온천, 동굴, 기후, 기상, 일조, 토양, 동·식물 등이다. 따라서 이러한 자연적 관광자원은 여러 가지 요인에 의하여 구성되어 있다. 일반적으로 이러한 요인은 기후, 지질, 지형, 수문, 토양, 식생, 야생동물 등이다.

3. 자연적 관광자원의 성격

자연적 관광자원은 비록 각 자원의 다양성과 변화성에 따라서 관광객의 욕구충족 정도의 차이는 있지만 실제로는 관광자원들을 둘러싸고 있는 각종의 자연적 요소가 연출하는 조화의 효과에 의해 관광활동의 질과 경험이 결정된다. 자연적 관광자원은 다음과 같은 일반적 성격을 가지고 있다.

첫째, 자연적 관광자원은 비이동성을 가지고 있다. 자연적 관광자원은 다른 일반 소비상품과는 달리 관광객이 이동하여야 그들의 욕구를 충족시킬 수 있는 대상으로서 존재한다.

둘째, 자연적 관광자원은 계절성을 띠고 있다. 자연적 관광자원은 봄, 여름, 가을, 겨울 등의 계절에 따라서 다양하게 변화되는 것이다.

셋째, 자연적 관광자원은 다양성을 가지고 있다. 자연적 관광자원은 동일한 것도 없고, 동일한 질서를 갖춘 것도 없기 때문에 다양한 특징을 가지고 있다.

넷째, 자연적 관광자원은 변동성을 가지고 있다. 자연적 관광자원은 인문지리적, 환경적, 역사적, 사회적 요인에 의해 훼손 내지 파괴, 조성 등의 변화가 나타난다.

다섯째, 자연적 관광자원은 저장불능성을 가지고 있다. 자연적 관광자원은 일종의 서비스적인 요소이므로 신비스러운 자연적 관광자원을 저장할 수 없으며, 이동판매나 재고판매도 불가능하다.

제 2 절 기후 · 지형 · 식생

아시아대륙 동쪽 끝에 있는 우리나라는 일본열도와 동지나해를 향해 남쪽으로 길게 뻗은 반도국으로 압록강 · 두만강을 경계로 중국 및 연해주와 접해 있으며, 나머지 삼면은 바다로 둘러싸여 있다. 경위도상으로는 동경 124～132°, 북위 33～43°에 위치하고 있다.

〈표 2-1〉 우리나라의 4극

극 동	경상북도 울릉군 독도 동단	131° 52′ 42″ E
극 서	평안북도 용천군 마안도 서단	124° 11′ 00″ E
극 남	제주도 남제주군 마라도 남단	33° 06′ 44″ N
극 북	함경북도 온성군 자포진 북단	43° 00′ 39″ N

우리나라의 국토는 동서가 짧고 남북이 긴 반도국으로서 대륙적 성격과 해양적 성격을 고루 갖추고 있다. 남북 간 최장거리가 1,070km, 동서간 최단거리가 175km,

도서 3,962개, 총면적 약 22.1만 ㎢, 남한만의 면적은 약 9.9㎢에 해당한다.

따라서 국토가 협소하고 주변국의 자연적 및 사회적 환경에 비해서 불리할 수도 있지만, 반도국의 특징을 살리면 다양한 문화를 흡수하고 수륙 양방면으로 발전할 수 있는 좋은 위치라 할 수 있다.

한반도의 위치와 접근성으로 인하여 한국관광의 가장 큰 시장으로서 기존에는 일본이, 최근에는 중국이 부상되고 있다. 다음으로 인도를 포함한 동남아시아 지역과 통일이 되었을 때 육로로 접근이 가능한 러시아와 유럽대륙이 큰 시장이 될 전망이다. 미주지역은 정치·경제적인 면에서 지속적인 관광객 송출국으로서의 역할을 담당할 것으로 전망된다.

세계관광의 동향을 기초로 추론해본다면 경제대국 일본과 12억 이상의 인구를 가진 중국대륙 및 육로로 접근이 가능한 러시아를 비롯한 유럽대륙은 향후 우리나라의 큰 시장으로서의 역할을 수행할 것이다. 결국 접근성의 면에서는 한·중·일을 주축으로 한 관광패턴이 형성되며, 한반도를 기점으로 하고 영국 런던이 종점이 되는 육로형 국제관광 루트가 형성될 수 있다.

한반도가 통일이 되면 역내 관광시장 점유율은 유럽지역이나 미주지역에 버금가는 입지성을 확보하게 될 것이다. 세계관광시장 점유율의 면에서도 한반도의 국토·자원·역사·문화를 감안한다면 국제관광 루트의 질서가 재편되는 새로운 관광현상이 태동할 것이다.

1. 기 후

인간활동의 정신적 최적온도는 3.3℃ 이하로 내려가지 않고, 육체적 활동의 최적온도는 18.3℃ 이상 올라가지 않을 경우가 가장 이상적이다.

우리나라 남부지방의 연평균기온은 12~15℃이고, 제주도는 14.7℃로 가장 온화한 기후조건을 구비하고 있다. 중부지방의 연평균기온은 10~12℃, 북부지방의 연평균기온은 5~10℃로서 관광활동에 큰 장애를 주지는 않으나 좋은 편에 속하지는 못한다.

한반도의 기온특색은 여름에 무덥고, 겨울은 추운 삼한사온으로 지역간의 큰 기온차이를 나타내고 있다. 이와 같이 지역별 기온의 차이는 4계절의 변화와 더불어 관광자원의 가치를 상승시켜주는 역할을 수행하고 있지만 반대로 극복해야 할 과제도 있다. 특히 하계형 관광활동에 가장 큰 장애요인으로 작용하는 태풍과 장마는 실내형 공연관광과 같은 상품개발로 극복해야 할 요소로 지적되고 있다.

관광활동을 하는 데 봄 · 가을은 정신적 최적온도와 육체적 최적온도를 충족시키고 있으며, 하계형 관광상품은 삼면이 바다이며, 3,962개의 도서를 가지고 있어 지형성에서 충분한 잠재력을 지니고 있다. 다만, 동계는 동계형 관광개발을 하기에 충분한 여건을 지니지 못한 것으로 평가된다.

2. 지 형

지형은 산지중심으로 볼 때 국토면적의 66.2%를 점하는 산악국의 특성을 지니고 있다. 산계(山系)는 동서로 배열되어 있다.

한반도는 이와 같은 산계를 기본으로 하여 마식령 · 멸악산맥 이북지방을 북부지방, 마식령 · 멸악산맥부터 소백산맥 북부와 차령산맥 서부까지 중부지방, 소백산맥 · 차령산맥 이남지방으로 구분하고 있다. 낭림산맥 · 마천령산맥 · 태백산맥은 남북으로 자리잡고 있으며, 이 산맥들을 기점으로 하여 동서로 산맥이 갈라진다.

남으로 내려오면 광주산맥 · 차령산맥 · 노령산맥이 입지하고 있다. 산악경관 중에서 관광성을 대변하는 산악은 한라산 · 설악산 · 속리산 · 지리산 · 계룡산 · 가야산 · 내장산 · 주왕산 · 오대산 · 소백산 · 월악산 등이고, 북으로 올라가면 묘향산 · 금강산 · 칠보산 · 백두산 · 구월산 등이 있다.

대부분의 산악경관은 문화 · 유물 · 유적과 전적지의 흔적을 가지고 있어 관광성을 배가시키는 요인이 되고 있다.

한반도의 지도를 보면 평야지역으로 표기된 곳은 적고, 산지는 하천 · 호수와 조화되어 관광잠재력을 지니고 있다. 실제로 국립공원으로 지정된 곳도 대부분이 산지임을 부인할 수 없다. 산악 · 호수경관으로 가장 빼어난 곳은 삼일포 · 화진포 · 경포 · 영랑호 지역으로 대변되는 석호지역과 설악산 · 금강산으로 대변되는 산악경관, 화산분출로 대변되는 백두산 · 한라산 · 울릉도가 손꼽히고 있다.

국토개발의 결과 소양호 · 충주호 · 대청호는 인공호로서 스위스의 래만 호수보다 뛰어난 경관을 지니고 있으며, 북한은 운봉호 · 수풍호 · 태평호 · 낭림호 등을 형성하여 양어장으로 이용하고 있다.

관광적 측면에서 가치가 있는 하천은 남한강과 북한강이 합쳐진 한강 · 낙동강 · 영산강, 북한지역의 압록강 · 대동강 · 두만강 등이다.

〈표 2-2〉 한반도의 지형적 특성과 관광

구 분		남 한	북 한
산악형 관광자원	남북산맥	태백산맥	낭림산맥, 마천령산맥
	동서산맥	광주산맥, 노령산맥, 소백산맥	강남산맥, 적유령산맥, 묘향산맥, 멸악산맥, 마식령산맥, 함경산맥, 장백산맥
	산악	한라산, 설악산, 속리산, 덕유산, 지리산, 가야산, 내장산, 주왕산, 오대산, 소백산, 월악산 등	묘향산, 금강산, 백두산, 칠보산, 구월산 등
내수면형 및 내륙형 관광자원	호수	소양호, 충주호, 대청호	운봉호, 수풍호, 태평호, 낭림호
	하천	한강, 금강, 낙동강, 영산강	압록강, 대동강, 두만강
	온천	온양, 덕산, 도고, 유성, 수안보, 오색, 척산, 백암, 덕구	주울, 경성, 온보, 백천, 신천, 용강, 양덕
	동굴	고씨, 고수, 성류, 온달, 종유굴, 마장굴, 협재굴, 대호, 백농	금강굴, 풍혈, 운포, 용원, 상초, 돈산, 동룡굴, 백룡골
	화산	한라산, 울릉도, 강원도 철원	백두산, 개마고원, 황해도 신계, 고산
해안형 관광자원	남해안	충무도남, 화원반도(관광단지), 한려해상(국립공원), 도서지역	
	동해안	남한 : 죽서루, 울진 망향정, 청간정, 의상대, 해수욕장 등 북한 : 이원군의 학사대, 적벽강, 남송정, 명천군의 해칠보지역, 금강의 해금강, 원산의 명사십리	
	서해안	태안반도 · 변산반도(국립공원), 도서지역 및 철새 도래지(희귀동 · 식물)	

* 자료 : 이장춘, 『통일과 관광개발』, 1994

내국인의 휴식공간으로 자리를 잡고 있는 온천지는 남부지역지대에서 발견되는 해운대 · 부곡 · 창녕 등이 있고, 중부 저온지대에서 발견되는 온양 · 덕산 · 도고 · 유성 · 수안보 · 오색 · 척산 · 백암 · 덕구온천 등이 있으며, 북부 저열지대에서 발견되는 주을 · 경성 · 온보 · 백천 · 신천 · 용강 · 양덕 온천 등이 있다.

한반도의 관광성을 배가시킬 수 있는 자원은 해안지형이다. 삼면이 바다이며, 3,800개 이상의 도서를 가지도 있는 해안은 제주 중문, 해남 화원, 인천 용유 · 무의도 일대를 관광단지로 개발중에 있으며, 태안해안 · 변산반도 · 한려해상 등은 국립공원으로 지정하였고, 최근에는 남해안 일대를 관광벨트로 지정하여 종합적인 개발을 시도하고 있다.

동해안은 조류의 영향이 강하여 관광성이 강한 해식애 · 사주 · 석호 · 육계도 등이 나타나고 있으며, 청간정 · 의상대는 대표적인 해식애로 나타난 동해안의 절경이며, 삼척의 죽서루와 울진의 망향정 등도 빼놓을 수 없는 명승지이다. 함경남도 명천군에 있는 칠보산의 해칠보지역, 금강산의 해금강, 원산의 명사십리가 관광성이 있는 것으로 보인다.

서남해안은 도서지역의 발달과 청정지역 및 철새 도래지로서 관광성을 지니고 있다. 어촌지역 및 각종 도서지역에 존재하고 있는 무형문화재, 민속놀이, 향토문화재, 희귀동 · 식물군 등은 개발가능한 관광자원으로서 가치를 지니고 있다.

3. 식 생

식생 분포는 기후 · 지형 · 토양과 밀접한 관계를 가지는데, 우리나라는 산지가 많고, 수림이 우거져 있으며, 삼면이 바다로 둘러싸여 있어서 동 · 식물이 풍부하다. 특히 식물은 기후 환경이 복잡하여 다양하고 복잡한 식생 분포를 보인다.

북부지방은 한서의 차가 크고 겨울이 길어 침엽수의 고산성 단순림이 주로 분포하여 훌륭한 산림자원을 이룬다.

중부지방은 남부와 북부의 점이지대로 본래 낙엽활엽수의 혼합림이 널리 분포하여 수려한 산악경관을 형성하고 있다.

남부지방은 난온대성 상록활엽수림이 분포하고, 특히 남부 해안지방에서는 문주란 · 한란 · 녹나무 등 난대식물을 비롯하여 식물의 수직적인 변화를 볼 수 있다.

식생 분포는 기후 · 지형 · 토양과 밀접한 관계를 가지는데, 우리나라는 산지가 많고, 수림이 우거져 있으며, 삼면이 바다로 둘러싸여 있어서 동 · 식물이 풍부하다. 특히 식물상은 기후의 영향을 나타내는 기후환경이 복잡한 우리나라는 다양하고 복잡한 식생 분포를 보인다.

우리나라의 대표적인 산악인 설악산 · 오대산 · 덕유산 · 지리산 · 한라산 등에는 훼손되지 않은 원시림이 분포하고, 이들 식생자원은 아름다운 산수와 계곡 · 폭포 · 기암 등과 조화를 이루어 중요한 관광자원 및 학술자료가 되고 있다.

현재 우리나라에는 동물 18,052종, 식물 8,271종, 균류 · 원생생물 등 3,528종으로 총 29,851종의 생물종이 있는 것으로 조사되었다.

〈표 2-3〉 우리나라의 생물종

<table>
<tr><th colspan="2">대분류군</th><th colspan="2">소분류군</th><th colspan="2">종 수</th><th colspan="2">대분류군</th><th>소분류군</th><th>종 수</th></tr>
<tr><td rowspan="12">동 물
18,052</td><td rowspan="4">척추동물
1,463</td><td colspan="2">포 유 류</td><td colspan="2">100</td><td rowspan="12">식 물
8,271</td><td rowspan="5">고등식물
4662</td><td>단자엽식물</td><td>842</td></tr>
<tr><td colspan="2">어 류</td><td colspan="2">905</td><td>쌍자엽식물</td><td>2,815</td></tr>
<tr><td colspan="2">양서 · 파충류</td><td colspan="2">41</td><td>양치 · 나자식물</td><td>314</td></tr>
<tr><td colspan="2">조 류</td><td colspan="2">417</td><td>선태류</td><td>691</td></tr>
<tr><td rowspan="8">무척추동물
13,564</td><td>해면</td><td>204</td><td>자포</td><td>224</td><td>규조류</td><td>1,512</td></tr>
<tr><td>편형</td><td>123</td><td>윤형</td><td>159</td><td rowspan="7">하등식물
3,609</td><td rowspan="2">편모조류</td><td rowspan="2">316</td></tr>
<tr><td>구두</td><td>1</td><td>내항</td><td>1</td></tr>
<tr><td>태형</td><td>145</td><td>완족</td><td>9</td><td rowspan="2">담수녹조류</td><td rowspan="2">1,064</td></tr>
<tr><td>성구</td><td>9</td><td>연체</td><td>997</td></tr>
<tr><td>환형</td><td>380</td><td>완보</td><td>49</td><td rowspan="2">윤조류</td><td rowspan="2">27</td></tr>
<tr><td>절지</td><td>1,028</td><td>모악</td><td>39</td></tr>
<tr><td>극피</td><td>107</td><td>미색</td><td>89</td><td>해조류</td><td>690</td></tr>
<tr><td rowspan="3"></td><td rowspan="3">무척추동물
213,025</td><td colspan="2" rowspan="2">곤 충</td><td colspan="2" rowspan="2">11,853</td><td colspan="2">균류(지의류포함)</td><td rowspan="3">3,528</td><td>1,625</td></tr>
<tr><td colspan="2">원생생물</td><td>736</td></tr>
<tr><td colspan="2">거 미</td><td colspan="2">1,172</td><td colspan="2">원핵생물</td><td>1,167</td></tr>
<tr><td colspan="10">총 29,851 종</td></tr>
</table>

* 자료 : 『국내 생물종 문헌조사연구』(1996, 환경부), 『한국동물명집』(1997, 한국동물분류학회)
* 조류는 조수보호 및 수렵에 관한 법률에 의한 고시종수(2001)

제 3 절 산악 관광자원

1. 산악 관광자원의 특성

관광의 대상인 관광자원 가운데 가장 먼저 활용되기 시작하였고 가장 원천적인 것이 자연적 관광자원이며, 자연적 관광자원 중 인간의 삶과 가장 밀접한 관련을 가지고 있는 것이 산지라고 할 수 있다. 산악관광지는 기암 · 절벽과 아름다운 계곡, 폭포, 울창한 산림과 호수, 사계절의 변화, 토양, 그 속에서 살아가는 동 · 식물의 생태 등이 대표적 형태로 자연적 관광자원의 압권이라 할 수 있으며, 이러한 자연의 신비성을 경험하기 위한 많은 관광객들의 관광대상이 되어왔다. 예로부터 산은 신성한 곳으로 여겨져 몸과 마음을 단련하고 정화시키는 장소이기도 하였고, 신앙의 대상이 되어왔을 뿐만 아니라, 그 자체의 경관미와 더불어 관광목적에 따라 피서지 및 휴양지, 등산·하이킹·스키·캠핑 등 각종 스포츠의 장소로, 또한 고산 동·식물의 연구에 목적을 둔 학술연구와 종교연구의 대상지 역할 등을 수행하고 있다.

관광자원으로서 산악의 가치는 그 산이 가지고 있는 지형, 조망, 지표, 문화, 접근성, 시설, 원시성 등의 조건에 따라 결정된다.

- 지형조건 : 산악관광지의 기본이 되는 것으로서 산 봉오리의 높이와 계곡, 능선, 절벽, 폭포 등 지형 형성이 풍부하고 경관이 아름답고 조화가 잘 이루어져 있어야 한다.
- 조망조건 : 자연적 관광자원이 외부로 나타나는 것으로서 시야에 펼쳐지는 여러 가지 미적인 경관들이다. 여기에는 바다, 평야, 도시, 하늘, 국경선 등의 주변 조건들도 포함된다.
- 지표조건 : 지표상에 분포하고 있는 동·식물과 암석 등이 한데 어울려 자연경관을 이룬 화산이나 온천, 동굴 등의 부수적인 요소이다.
- 문화조건 : 산악 관광자원 내에 천연기념물, 기타 역사적 건축양식 등의 문화유산이 산재하고 있는 것을 말한다.
- 접근성조건 : 이용자가 용이하게 접근 할 수 있는 조건은 대단히 중요하다. 접근성 조건을 향상시키기 위해서는 줄사다리, 줄다리, 케이블카, 리프트 등의 장비가 필요하다. 이러한 시설을 설치하기 위해서는 자연을 훼손하지 않는 범위 내에서 해야 한다.
- 시설조건 : 관광객들에게 지형의 장애를 극복시켜주기 위해서 타워시설이나 산지 내부의 동선시설, 안전, 보건, 위생시설 등을 위시한 각종 편의시설조건을 갖추어야 한다.
- 원시성조건 : 보존가치가 뛰어난 사람의 발자취가 전혀 없었던 지역으로서 1차적인 자연지역을 말한다. 또한 장기간 타지역과 고립된 상태로 형성된 생활상도 포함된다. 따라서 이러한 생태적 조건들의 조화로서 가치성과 매력성 등으로 관광지가 개발되어질 때에 다양한 관광활동이 이루어질 수 있다.

오늘날에는 특히 아름답고 가치가 높은 산악 관광자원을 국립공원이나 도립공원, 군립공원으로 지정하여 적극적으로 개발·관리·보호하고 있다. 국립공원이란 국민의 보건, 교화, 학술, 휴양 등에 도움을 주기 위하여 국가가 법에 의하여 지정, 관리하는 공원으로 대외적으로는 그 나라의 대표적인 명승지를 선정하는 관광지이다.

국립공원의 시초는 미국으로서 1872년에 세계 최초로 옐로스톤 국립공원(Yellowstone National Park)을 지정한 이후 현재 50개의 국립공원을 조성하고 있으며, 미국 국립공원 관리청(National Park Service)에서 보호 관리하고 있다.

미국의 국립공원운동은 동북아시아 지역에도 크게 영향을 미쳐서 일본과 대만의 경우, 각기 그들 나름대로의 모범적인 국립공원 체계를 발전시켜왔으며, 특히 자연환경해설을 위한 각종 서비스를 방문객에게 제공해왔다.

일본의 경우에는 자연공원 체계에서 현재 2백만ha에 달하는 면적을 가진 28개소의 국립공원을 지정하였다. 1950년대 말부터 시작된 일본의 경제호황으로 야외휴양에 대한 수요가 폭발적으로 증가함에 따라 국립공원은 국민을 위한 자연자원의 합리적인 개발·이용 및 관리경영이라는 관점과 공익적과의 만남의 기회를 제공하는 프로그램을 개발해왔다.

대만의 경우는 지난 1970년대부터 불기 시작한 세계적인 국립공원운동에 영향을 받아 1972년 국립공원법이 제정되었다. 1982년 캔팅 국립공원이 대만에서는 첫번째로 지정되고, 1985년에 유산, 양밍산, 타로코 국립공원이 지정되었으며, 1991년에는 다섯번째 국립공원인 시파 국립공원이 지정되었다.

우리나라는 1967년에 지리산을 최초로 국립공원으로 지정한 이래 우리나라의 풍경을 대표할 만한 수려한 자연경관지구를 설정하여 국립공원으로 지정하고 있다. 자연상태의 경관을 잘 보존하여 인공물의 침해를 최대한으로 억제하고 자연을 보호함으로써 휴식과 레크리에이션 장소로, 또한 학술연구를 위한 장소로, 야외활동을 통한 교화의 장소가 되도록 하고 있으며, 국민의 보건증진을 위하여 자연의 모습 그대로 보존한다든가, 혹은 보건증진에 적합한 시설을 하여 넓은 의미의 관광지로 조성하여 현재 20개소의 국립공원이 지정되어 있는데, 그 중 16개소가 산악중심지이다. 또한 도립공원은 1970년 금오산이 처음 지정된 이후 22개소의 도립공원 가운데 18개소가 산지를 대상으로 하고 있어 역시 산지의 관광성이 높음을 알 수 있다. 우리나라 국립공원은 전체 면적 6,448㎢(육지 : 3,801㎢, 해상 : 2,647㎢)로 육지 면적의 경우 전 국토의 3.8%를 차지하고 있다.

2. 산악 관광자원의 유형

산악관광지는 등산, 하이킹, 캠프, 스키, 피서, 경관, 보건, 휴양 등의 목적으로 이용된다. 그리고 산악관광지의 시설로는 호텔, 별장, 스키장, 캠프장, 온천장 등의 시설로 형성된다. 유럽에서는 19세기에 들어오면서 등산 활동이 활발하게 진행되었는데 알프스의 여러 봉오리들이 등산객들의 주요 관광대상지였다.

도시화, 산업화의 진전에 따라 자연에 대한 회귀본능은 커져나갔으며, 일부러 시간을 내서 자연을 찾는 일이 생겨나게 된 것이다. 그 중 하나로 산을 찾아 자연을 즐기는 등산이 대중화되기에 이르렀다. 특히 교통기간의 발달로 수천 미터 높이까지 쉽게 접근할 수 있고, 고산지대에서도 숙박시설이 잘 갖추어져 있어서 산악관광을 활성화시키는 데 도움을 주고 있다. 이러한 추세는 유럽과 미국 일본은 물론 우리나라에서도 현저하게 나타나고 있다. 산악은 그 지형이 주는 미적인 가치에 대해서 계절성, 시간성, 접근성의 차이로 가치의 차이가 있을 수 있다.

1) 등산기지형

관광활동이 등산을 중심으로 이루어지는 것을 말한다. 히말라야, 알프스, 록키, 후지산, 피레네 등의 산들과 우리나라의 한라산, 지리산, 설악산 등이 여기에 속한다.

2) 스포츠형(겨울)

주로 겨울에 이루어지는 등산, 스키 등을 말하는데 일본에 아소산, 우리나라의 덕유산, 천마산, 대관령, 진부령, 한계령 등이 해당된다.

3) 종교형

예로부터 산악은 인간에게 영감을 주고 피곤한 영혼들을 구제해준다고 믿어 숭배의 대상이 되어왔다. 우리나라의 마니산, 용문산, 계룡산, 북한산, 금강산, 백두산, 등이 여기에 속하고, 외국에는 이스라엘의 시내산, 중국의 태산, 케냐의 킬리만자로산 등이 대표적인 산이다.

4) 교육 및 레크리에이션형

산악들의 고원 혹은 분지가 청소년들의 레크리에이션 교육장소로 이용되어왔다. 특히 우리나라는 설악산과 오대산, 덕유산 등에 캠프장이 잘 갖추어져 있다. 이러한 곳은 비교적 교통, 상하수도 시설이 잘 되어 있다.

5) 혼합형

수도권 및 광역권 도시 주변의 산악으로 온천, 폭포, 문화적 역사적 자원이 풍부하게 분포되어 있는 지역으로서 호텔 및 독특한 관광시설이 종합적으로 잘 개발되어 있는 곳이다.

3. 우리나라의 산악 관광자원

한반도는 중생대 말엽에 대보 조산운동과 그 후의 장기간 침식작용과 신생대 제3기의 지괴운동으로 형성되었다. 한반도의 지체구조는 조산운동과 화산활동으로 복잡하게 되어 있으나 주요산맥은 지질구조에 따라서 한국방향산계, 중국방향산계, 랴오뚱방향산계 등으로 구분되고 있다. 이러한 산맥의 경계는 교통의 장애요소가 되어 지역마다 독특한 생활양식으로 나타나, 지역성으로 발전하게 되었다.

우리나라는 국토의 약 70%가 산지인 산악국가로서 산악을 중심으로 한 관광이 필연적이라고 볼 때 산악의 특수성을 알아볼 필요가 있다고 하겠다. 즉 우리나라의 산들은 큰 산맥으로 연결되어 있으며, 주요 능선상의 산봉과 계곡의 기복이 낮아서 등산로의 발달이 용이하다. 능선을 오르고, 능선을 가로지르는 횡단, 산 정상을 도는 순환등과 같은 등산로로서 최적의 조건을 갖추고 있을 뿐만 아니라 태백, 소백, 노령, 광주 등 주요 산맥을 통하여 관광요소로서의 충분한 가치가 있는 특수성을 지니고 있다고 하겠다. 특히 우리나라의 주요 문화재가 산지를 중심으로 이루어져 있음을 고려하면 등산로를 통하여 국토 순례와 같은 관광루트를 개발한다면 미래의 관광산업에도 주된 역할을 할 수 있으리라 확신한다.

그리고 우리나라의 산봉우리는 화강암이 분포되어 풍화침식을 받아서 수직 또는 수평으로 발달되어 있다. 풍화작용을 통하여 기반암이 지상에 노출되어 있는 산봉우리들이 많이 있는데 대표적인 곳이 설악산 계조암의 흔들바위, 경남 남해 금산의 흔들바위, 강원도 원성군의 흔들바위, 충북 영동군 영국사의 흔들바위 등이다. 그 외에도 노출되어 있는 기반암들이 전국 곳곳의 산정상 봉우리들에서 찾아볼 수 있다. 산사면은 산지의 산봉우리와 평지 사이에 경사가 나 있는 산록을 말하는데, 산사면의 토지는 원래 농업과 임업, 목축업 등에 이용되어왔으나 최근에 들어와서는 스키장, 골프장, 수렵장, 관광농업단지 등의 관광지로 변모하고 있다.

(1) 산

전술하였듯이 우리나라는 산이 많은 지리적 특색을 가지고 있으므로, 자연적 관광자원에서 산이 차지하는 비중은 대단히 크다. 그리고 그러한 산중에서 풍광이 아름다운 산들은 자연공원법에 근거하여 국립·도립·군립 공원으로 지정하여 보호·관리하고 있다. 따라서 자연적 관광자원으로 활용할 만한 수준의 산들은 대부분 이들 세 가지 공원에 포함되어 있다.

〈표 2-4〉 우리나라의 주요명산

지 역	주 요 명 산
서 울	북한산, 관악산
경 기	강씨봉, 검단산, 관악산, 국망봉, 귀목봉, 낙가산, 명성산, 백둔봉, 백운산, 북배산, 석룡산, 소리산, 수덕산, 주금산, 중미산, 중원산, 청계산, 축령산, 칼봉, 화야산
강 원	가리산, 금학산, 두위봉, 마대산, 민둥산, 사자산, 삼악산, 설악산, 치악산, 태백산
전 라	강천산, 내장산, 달마산, 덕룡산, 동악산, 두륜산, 방장산, 백아산, 백운산, 사자산, 선운산, 성수산, 월출산, 장안산, 적상산, 제암산, 종남산, 천관산, 추월산, 팔영산, 모악산
경 상	금산, 금원산, 대야산, 도장산, 부봉, 비슬산, 승무산, 와룡산, 운달산, 의상봉, 장성봉, 주왕산, 주흘산, 지리산, 천주산, 청화산, 화왕산, 황매산, 황장산
충 청	가령산, 가야산, 가은산, 갈모봉, 계룡산, 구담산 옥순봉, 군자산, 금수산, 꾀꼬리봉, 낙영산, 덕가산, 도락산, 도명산, 만수봉, 마패봉, 문수봉, 민주지산, 박쥐봉, 백악산, 백화산, 보개산, 북바위산, 사봉, 석문봉, 소백산, 속리산, 신선봉, 오서산, 용두산, 용마산, 월악산, 월항삼봉, 작은군자산, 제비봉, 주론산, 천태산, 칠보산, 팔봉산, 포암산, 하설산
제 주	한라산

1) 국립공원

우리나라는 1967년에 지리산을 최초로 국립공원으로 지정한 이래 우리나라의 풍경을 대표할 만한 수려한 자연경관지구를 설정하여 국립공원으로 지정하고 있다. 현재 20개소의 국립공원이 지정되어 있는데, 그 중 16개소가 산악중심지이다.

우리나라 국립공원의 전체면적은 6,448K㎡(육지 : 3,801K㎡, 해상 : 2,647K㎡)이고, 이 중 육지의 면적만 해도 전 국토의 3.8%를 차지하고 있다. 지리산, 설악산, 치악산, 한라산, 오대산, 속리산, 가야산, 계룡산, 내장산, 덕유산, 주왕산, 북한산, 월악산, 소백산, 월출산, 변산반도 등 16개소는 산악형 국립공원, 한려해상, 태안해안, 다도해해상 등 3개소는 해상·해안형 국립공원, 경주는 사적형 국립공원으로 분류한다.

〈표 2-5〉 우리나라 국립공원 현황

지정순위	공원명	위 치	지정일자	면 적	공원보호구역면적	비 고
1	지 리 산	전남·북, 경남	1967.12.29	440.517	35.119	
2	경 주	경북	1968.12.31	138.594	-	
3	계 룡 산	충남, 대전	1968.12.31	59.418	2.189	
4	한려해상	전남, 경남	1968.12.31	510.323	35.010	해상 345.960
5	설 악 산	강원	1970. 3.34	371.346	4.315	
6	속 리 산	충북, 경북	1970. 3.24	275.109	0.55	
7	한 라 산	제주	1970. 3.24	147.652	2.041	
8	내 장 산	전남·북	1971.11.17	71.285	11.898	
9	가 야 산	경남·북	1972.10.13	74.943	5.405	
10	덕 유 산	전북, 경남	1975. 2. 1	228.893	-	
11	오 대 산	강원	1975. 2. 1	291.044	1.98	
12	주 왕 산	경북	1976. 3.30	105.596	0.831	
13	태안해안	충남	1978.10.20	328.450	0.09	해상 290.3
14	다도해해상	전남	1981.12.23	2,341.360	-	해상 2,001.397
15	북 한 산	서울, 경기	1983. 4. 2	80.669	-	
16	치 악 산	강원	1984.12.31	181.327	2.334	
17	월 악 산	충북, 경북	1984.12.31	284.205	3.219	
18	소 백 산	충북, 경북	1987.12.14	320.5	-	
19	변산반도	전북	1988. 6.11	155.924	-	해상 9.481
20	월 출 산	전남	1988. 6.11	40.702	15.557	

총면적 : 6,447.857(1,950), 공원보호구역면적 : 120.538(36),
육 지 : 3,800.719(3.8%), 해면 : 2,647.138(2.7%)

2) 도립공원

도립공원은 국립공원에 준하는 자연풍경을 보호하고 이용할 목적으로 자연공원법에 따라 지정한 자연공원이다. 공원 지정 목적은 자연보호를 중심으로 하되 관광자원으로도 이용하여 경제적 측면에서 국제수지를 개선하고 고용효과를 이끌어내며 지방자치단체의 세금원을 확보하는 것이다. 사회문화적 측면에서는 관광객의 왕래로 지역주민과의 교류를 돕는 것도 주요 목적 가운데 하나이다. 도립공원은 1970년 금오산이 처음 지정된 이후 22개소의 도립공원 가운데 18개소가 산지를 대상으로 하고 있어 역시 산지의 관광성이 높음을 알 수 있다.

우리나라의 도립공원은 강원도 낙산·경포·태백산, 경기도 남한산성, 경상남도 가지산·연화산, 경상북도 금오산·팔공산·문경새재·청량산, 전라남도 무등산·

조계산 · 두륜산 · 팔영산 · 천관산, 전라북도 모악산 · 대둔산 · 마이산 · 선운산, 충청남도 덕산 · 칠갑산 · 대둔산 등 22개이다.

〈표 2-6〉 우리나라 도립공원 현황

공 원 명	위 치	면 적	지정일자
금 오 산	경 북	37.910	1970. 6. 1
남한산성	경 기	36.447	1971. 3. 17
모 악 산	전 북	42.220	1971. 12. 2
무 등 산	광주, 전남	30.230	1972. 5. 22
덕 산	충 남	21.045	1973. 3. 6
칠 갑 산	충 남	32.542	1973. 3. 6
대 둔 산	전 북	38.100	1977. 3. 23
낙 산	강 원	9.100	1979. 6. 22
마 이 산	전 북	16.900	1979. 10. 16
가 지 산	경남, 울산	105.463	1979. 11. 5
조 계 산	전 남	27.380	1979. 12. 26
두 륜 산	전 남	33.390	1979. 12. 26
선 운 산	전 북	43.700	1979. 12. 27
팔 공 산	대구, 경북	122.080	1980. 5. 13
대 둔 산	충 남	24.860	1980. 5. 22
문경새재	경 북	5.300	1981. 6. 4
경 포	강 원	9.471	1982. 6. 26
청 량 산	경 북	48.760	1982. 8. 21
연 화 산	경 남	22.260	1983. 9. 29
태 백 산	강 원	17.440	1989. 5. 13
팔 영 산	전 남	9.881	1998. 8. 4
천 관 산	전 남	7.594	1998. 10. 13
계	22개소	742,026	

* 자료 : 환경부, 자연보전국 자연공원과

3) 군립공원

군립공원은 시 · 군 및 자치구의 자연생태계나 경관을 대표할 만한 지역으로서 공원위원회의 심의를 거쳐 시 · 도지사의 승인을 얻어 군수가 지정한 공원을 말한다. 1981년 전북 순창에 있는 강천산이 군립공원으로 지정된 이래 현재 31개소가 지정되어 있다. 역시 상당수가 산으로 되어 있다.

〈표 2-7〉 우리나라 군립공원 현황

공 원 명	위 치	면 적	지정일자
강 천 산	전북 순창군	15.694	1981. 1. 7
천 마 산	경기 남양주시	12.714	1983. 8. 29
보 경 사	경북 포항시	8.509	1983. 10. 1
불 영 계 곡	경북 울진군	25.140	1983. 10. 5
덕 구 온 천	경북 울진군	6.053	1983. 10. 5
상 족 암	경남 고성군	5.106	1983. 11. 10
호 구 산	경남 남해군	6.584	1983. 11. 12
고 소 성	경남 하동군	3.144	1983. 11. 14
봉 명 산	경남 사천시	2.645	1983. 11. 14
거 열 산 성	경남 거창군	4.252	1984. 11. 17
기 백 산	경남 함양군	2.011	1983. 11. 18
황 매 산	경남 합천군	17.988	1983. 11. 18
웅 석 봉	경남 산청군	18.200	1983. 11. 23
신 불 산	울산 울주군	11.660	1983. 12. 2
운 문 산	경북 청도군	16.200	1983. 12. 29
화 왕 산	경남 창녕군	31.283	1984. 1. 11
구 천 계 곡	경남 거제시	5.871	1984. 2. 4
입 곡	경남 함안군	0.995	1985. 1. 28
비 슬 산	대구 달성군	13.000	1986. 2. 22
제 주 조 각	제주 남제주군	0.370	1986. 5. 30
장 안 산	전북 장수군	6.380	1986. 8. 18
빙 계 계 곡	경북 의성군	0.840	1987. 9. 25
고 복 저 수 지	충남 연기군	1.949	1990. 1. 20
아 미 산	강원 인제군	3.982	1990. 2. 23
명 지 산	경기 가평군	12.730	1991. 10. 9
방 어 산	경남 진주시	2.588	1993. 12. 16
대 이 리	강원 삼척시	6.590	1996. 10. 25
마 라 해 양	제주 남제주군	49.228	1997. 8. 19
성 산 일 출 해 양	제주 남제주군	16.156	1997. 8. 19
추 자	제주 북제주군	95.292	1900. 8. 31
우 도 해 양	제주 북제주군	25.863	1900. 8. 31
계	31개소	429.017	

(2) 자연휴양림

자연휴양림은 경관이 수려하고 다수의 국민들이 이용하기 편리한 장소에 자연생태계를 최대한 보장하면서 조성할 목적으로 1988년에 3개소를 시작으로 2001년까지 97개소를 조성하였고, 2007년까지는 총 157개소가 계획되어 있다.

현재까지 조성된 자연휴양림 97개소는 국유림에 31개, 공유림에 51개, 사유림에 15개소가 각각 조성되어 있다. 자연휴양시설은 기본시설로서 진입로, 주차장, 산책로, 잔디밭 조성, 야영장, 벤치, 운동시설, 상하수도, 오물처리장, 수련장 등이며, 특수시설로서는 농산물판매장, 낚시터, 수렵장, 과수원, 사육장, 경마연습장 등을 설치할 수 있다.

<표 2-8> 자연휴양림 조성지역

구분	휴양림명	개장(조성)	면적(ha)	소재지	구분	휴양림명	개장(조성)	면적(ha)	소재지
대구	비슬산	1995	341	달성군	전북	고 산	1998	692	완주군
대전	만인산	1990	185	동구		덕유산	1993	744	무주군
	장태산	1991	80	서구		성수산	1996	414.55	임실군
울산	간 월	1991	60	울주군		세 심	1998	101.45	임실군
	신불산폭포	1998	828	울주군		와 룡	1992	104	장수군
경기	국망봉	1997	255	포천군		운장산	2000	1,958	장수군
	산 음	2000	2,140	양평군		회문산	1998	289	순창군
	설매재	1999	69.9	양평군		남원홍부골	(1998)	100	남원시
	유명산	1989	89.2	가평군		반딧골	(2000)	117	무주군
	중미산	1991	403	양평군		방화동	(2001)	101	장수군
	축령산	1995	799	남양주시		대 아	(1998)	150	완주군
	우 인	(1993)	31	가평군	전남	가학산	1998	100	해남군
강원	가 곡	1994	9,969	삼척시		방장산	2000	674	장성군
	가리산	1998	700	홍천군		백아산	1991	100	화순군
	가리왕산	1993	9,147	정선군		백운산	1998	120	광양시
	대관령	1989	2,808	강릉시		사 평	1996	1,000	화순군
	둔 내	1995	600	횡성군		안양산	1997	1,000	화순군
	미천골	1993	12,445	양양군		유 치	1992	100	장흥군
	방태산	1997	9,388	인제군		제암산	1993	151	보성군
	삼 봉	1992	2,140	홍천군		천관산	1995	833	장흥군
	용 대	1994	1,472	인제군		팔영산	1994	187	고흥군
	주천강 강변	1999	230	횡성군		한 천	2000	148	화순군
	집다리골	1994	720	춘천시		낙안민속	(2001)	287	순천시

강원	청태산	1993	402	횡성군	경북	검마산	1997	7,866	영양군
	치악산	1994	170	원주시		계명산	2001	250	안동시
	매월대	(1998)	2,960	철원군		구수곡	1998	2,500	울진군
	두릉산	(1996)	53	홍천군		불 정	1997	275	문경시
	안인진임해	(2000)	116	강릉시		성주봉	2001	412	상주시
	태백고원	(2001)	140	태백시		옥녀봉	1998	117	영주시
충북	계명산	1997	255	충주시		운 문	2000	1961	청도군
	박달재	1991	170	제천시		군위 · 장곡	1997	261	군위군
	봉 황	1996	174	충주시		청 송	1997	211	청송군
	속리산말티제	2000	374	보은군		청옥산	1991	10,053	봉화군
	운 암	(1997)	136	청원군		칠보산	1993	10,971	영덕군
	조 동	(2000)	180	영동군		토함산	1997	123	경주시
	장용산	1992	156	옥천군		통고산	1992	15,071	울진군
	조령산	1995	766	괴산군		학가산우래	2000	133	예천군
충남	금 강	1997	237	공주시		금 봉	(2001)	380	의성군
	남 이	1996	658	금산군	경남	거 제	1993	120	거제시
	만수산	1991	130	부여군		금원산	1993	130	거창군
	성주산	1993	500	보령시		남해편백	1998	227	남해군
	안면도	1992	175	태안군		오도산	2002	277	합천군
	영인산	1997	130	아산시		용 추	1993	159	봉산면
	오서산	2001	164	보령시		원 동	1993	75	양산시
	용봉산	1993	188	홍성군		중 산	1997	46	산청군
	진 산	1996	3,000	금산군		지리산	1996	142	함양군
	칠갑산	1990	75	청양군	제주	서귀포	1995	350	서귀포시
	희리산	1998	143	서천군		제주절물	1997	300	제주시
	태학산	(1998)	101	천안시	계	97 개소		126,980	

* 자료 : 문화관광부, 「관광동향에 관한 연차보고서」, 2002

(3) 계 곡

계곡은 너비보다도 길이가 현저하게 길고, 그 속으로 하천이 흘러내리는 경우가 많다. 계곡의 모양은 침식영력(浸蝕營力), 암석의 성질, 침식윤회(浸蝕輪廻)의 시기 등에 의해서 결정된다. 그 성인에 따라 침식곡 · 구조곡, 발달단계에 따라 유년곡 · 장년곡 · 노년곡, 산맥의 방향과의 관계에 따라 종곡과 횡곡, 땅 위에 존재하는 경우와 바닷속에 있는 경우에 따라서 육지의 골짜기와 해곡 등으로 구분된다.

침식곡은 하천 · 빙하 등의 외적 영력에 의해서 이루어진 것으로, 그 형성 초기에는 비가 내리는 때만 물이 흐르는 건곡을 이루다가, 점차적으로 깊이 패어서 곡저가 지하수면에 이르면 항상 물이 흐르는 계곡이 된다. 건조지역에서는 강우시에만 흐르는 간헐하천, 즉 단속하천을 이루는 계곡이 많다.

계곡이 발달하는 초기에는 하천이 하각작용(하방침식)을 하여 V자형의 계곡을 만들고, 곡상에는 폭포나 급류가 많은 유년곡을 이루게 된다. 또 굳은 암석지역에서는 양쪽 기슭이 거의 수직적인 벼랑을 이루는 협곡을 만든다. 침식이 진전되어 어떤 시기에 이르면 곡저에서 폭포나 급류는 소실되고 평형하천을 이루게 되며, 하각작용보다 측방침식이 우세하게 작용하여 골짜기의 너비가 넓어져서 범람원을 이루게 되면 드디어 하천은 사행하게 된다. 이 시기의 계곡을 장년곡이라고 한다.

다시 침식이 진전되면 골짜기는 현저하게 넓어지고 하천은 더욱 완만하게 곡류하여 넓은 계곡을 만드는데, 이 시기를 노년곡이라고 한다. 구조곡은 지구 내부의 영력, 다시 말해서 단층과 습곡작용을 강하게 받아 이루어진 것으로, 단층에 의해서 내려앉거나 또는 단층의 파쇄대 부분이 빠른 속도로 침식되어 요지를 이루게 되면 계곡을 형성하게 된다. 이와 같이 단층선에 따라 형성된 계곡을 단층곡이라 한다.

또 습곡 향사부의 요지가 그대로 계곡을 이루고 있는 것을 향사곡이라고 하고, 배사부가 침식되어 계곡을 이룬 것을 배사곡이라고 한다. 산맥의 주향과 거의 평행하게 뻗은 계곡을 종곡이라 하고, 산맥의 주향을 거의 직각으로 가로지르는 계곡을 횡곡이라고 한다.

이상과 같이 육상에 발달한 각종 계곡을 총칭해서 육지의 계곡이라고 하며, 해곡과 구별한다. 해곡에는 대륙붕에 발달한 것과 대륙 비탈면에 발달한 것이 있으며, 전자는 육지의 계곡이 침수되어 이루어진 것이 많으나, 후자는 육지와 관계없이 발달한 것이 많다.

계곡은 예로부터 중요한 교통로로 이용되어왔으며, 특히 협곡이나 빙식곡 등은 아름다운 자연경관으로 관광지를 이루는 곳이 많다. 또한 곡저의 경사와 협곡의 지형을 이용해서 댐이 건설되어 수력발전에 이용되기도 한다.

계곡은 반드시 산지에만 발달하는 것이 아니므로 산악 관광자원으로 분류하기에는 적절치 않은 면이 있다. 그러나 우리나라의 계곡은 주로 산지를 배경으로 발달하고 있어 산악 관광자원에 해당하는 것이 대부분이다.

〈표 2-9〉 우리나라의 주요계곡

지역	계 곡 명
부산	화명동 대천천계곡
울산	작천정계곡, 천전리각석계
경기	경반계곡, 고기리계곡, 고동산계곡(고동계곡), 깊이울계곡, 귀목계곡, 녹수계곡, 동막계곡, 명지계곡, 물안골계곡(칼봉산계곡), 백운계곡, 비금계곡, 사나사계곡, 선유담계곡, 송추계곡, 수동계곡, 수입리계곡, 약사동계곡, 어비계곡, 용계계곡, 용소계곡(소리산계곡), 용추계곡, 유명계곡, 유명산계곡, 익근리계곡, 입근지계곡, 장재울계곡, 조종천계곡, 중원계곡, 현등사계곡, 화악계곡(광악골)
강원	가리왕산이끼계곡, 가야동계곡, 경수골계곡, 건봉사계곡, 고원통계곡, 공수전계곡, 광덕계곡, 구곡담계곡(쌍폭동계곡), 구룡계곡(구룡소계곡), 구룡사계곡, 구만동계곡, 구문소·당골계곡, 금당계곡, 김삿갓계곡(와석계곡), 남전계곡, 내리계곡, 내린천계곡, 내평계곡, 노동리계곡, 뇌운계곡, 단경골계곡, 덕풍계곡(덕품계곡), 도수암계곡, 동활계곡, 둔전계곡(진전계곡), 마천골계곡(오대천), 막동계곡, 만산골계곡, 만산동계곡, 무릉계곡, 물골안계곡,명개리계곡, 미산계곡(모래소계곡), 미시령계곡, 미천골계곡, 백년계곡, 백담계곡, 백운동계곡, 법수치리계곡, 병지방리계곡, 봉산계곡, 부용계곡(냉장골), 부연동계곡, 삼일계곡, 상원사계곡, 소금강계곡, 송천계곡, 서봉사계곡, 수렴동계곡, 수타사계곡, 수하계곡, 수항계곡, 숙암계곡(단임골계곡), 순담계곡, 신기계곡, 신대계곡(대관대첩협곡), 탕수동계곡(12선녀탕계곡), 안개자니계곡, 어성전계곡, 어라연계곡, 염둔천계곡(염둔천), 엄둔계곡, 연하계곡,(연하폭포골), 연하동계곡, 용소계곡, 용소골계곡, 용수동계곡, 용연동계곡, 원당계곡(느릅골), 유포리계곡, 음지동계곡, 응봉산 용소골계곡, 입고지계곡, 장전계곡, 주전골계곡, 지암계곡, 진동계곡, 제추골계곡, 퇴곡 청학계곡, 피아시계곡, 천불동계곡, 천은사계곡, 천미계곡, 천평리계곡, 청평사계곡, 추대계곡, 칠랑이계곡, 행구동계곡, 회동계곡, 홍정계곡
충북	갈론계곡, 남천계곡, 능강계곡, 다리안계곡, 덕동계곡, 만수계곡, 물한계곡, 서원계곡, 선암계곡, 송계계곡, 쌍곡계곡, 어의계곡(새밭계곡), 중화사계곡, 천동계곡, 화양계곡
충남	갑사계곡, 광덕사계곡, 명대골계곡, 수락계곡, 심연동계곡, 용현계곡, 작천 계곡, 화장골계곡
전북	강천사계곡, 구룡계곡, 구천동계곡, 금선계곡, 달궁계곡, 덕산계곡, 백운동계곡, 선운산계곡, 운일암 반일암계곡, 방화동계곡, 심원계곡, 원적계곡, 지지계곡, 칠연계곡(칠연암동), 토옥동계곡
전남	금릉경포대계곡, 남창계곡, 백운산 동곡계곡, 선암사계곡, 어치계곡, 월봉계곡(도림사계곡), 용지동계곡, 중대리계곡, 중산리계곡, 피아골계곡, 화엄사계곡
경북	광천계곡, 고선계곡, 덕구계곡, 반야계곡, 백운대계곡, 백천계곡, 본신계곡, 병암계곡, 불영사계곡, 빙계계곡, 사미정계곡, 수하계곡, 신성계곡, 쌍용계곡, 석천계곡, 선시골계곡(신선계곡), 선유동계곡, 옥계계곡, 옥양동계곡, 용유계곡, 운달계곡, 울진 소광리계곡, 월외계곡, 절골계곡, 포천계곡, 하옥계곡
경남	고운동계곡, 내원사계곡, 대원사계곡, 달천동계곡, 송계사계곡, 백운동계곡, 용추계곡, 월성계곡, 작천정계곡, 장유계곡, 중산리계곡, 찰비계곡, 천전리각석계곡, 칠선계곡, 통도사계곡 한신계곡(백무동계곡), 호박소계곡, 홍류동계곡, 화림동계곡(안의계곡)
제주	안덕계곡

(4) 폭 포

우리나라는 산악국가로 불릴 만큼 산이 많은 나라이다. 따라서 주로 산을 배경으로 발달한 폭포가 많다. 우리나라 산은 노년기에 접어들어 구릉이 낮고 경사가 완만하여, 폭포 또한 크고 웅장하기보다는 작고 아기자기한 특성을 보이고 있다.

〈표 2-10〉 우리나라의 주요폭포

구 분	폭 포 명
서 울	용마산공원인공폭포, 양화교인공폭포, 구파발인공폭포
울 산	파래소폭포, 홍류폭포
경 기	광악폭포, 등룡폭포, 명지폭포, 무명폭포, 무우폭포, 무운폭포, 무운폭포, 무주채폭포, 무지개폭포(가평), 바름폭포, 백년폭포, 복호등폭포, 복희동폭포, 수락폭포, 용소폭포, 용추폭포, 운계폭포, 원효폭포, 은계폭포, 은류폭포, 임산폭포, 재인폭포, 정암폭포, 중원폭포, 표범폭포
강 원	가령폭포(개령폭포), 간헐폭포, 감로폭포, 관음폭포, 구곡폭포, 구룡폭포(소금강), 구성폭포, 대승폭포, 도덕폭포(도적소), 독주폭포, 두몽폭포, 등선폭포(삼악산), 무당골계곡, 미인폭포, 박달폭포, 비룡폭포, 비와야폭포, 백암폭포, 삼부연폭포, 삼포암폭포, 선암폭포(매월대폭포), 설악폭포, 숙암계곡, 소승폭포, 십이폭포, 쌍폭포, 양폭포/음폭포, 여심(여신)폭포, 연화폭포, 오장폭포, 옥녀폭포, 옥류폭포, 용소폭포, 용추폭포, 육담폭포, 이천폭포, 자연폭포, 직연폭포, 직탕폭포, 천당폭포, 치마폭포, 토왕성폭포, 팔랑폭포, 오련폭포
충 북	수옥폭포(수옥정폭포), 옥계폭포(박연폭포), 용담폭포, 용추폭포(용새골), 죽령폭포, 팔봉폭포
충 남	12폭포, 군지폭포, 보석사12폭포, 선녀폭포, 용문폭포, 은선폭포,
전 북	구룡폭포(용호구곡), 금선폭포, 도덕폭포, 만연폭포, 몽계폭포, 벼락폭포, 삼거리폭포, 선계폭포, 수락폭포, 용동폭포, 용추폭포, 위봉폭포, 절골폭포, 죽담폭포, 직소폭포(분옥담/선녀탕), 천일폭포, 칠연폭포
전 남	구시폭포, 구암폭포, 내연폭포, 만연폭포, 몽계폭포, 사세암폭포, 사평폭포, 수락폭포, 용추폭포
경 북	감천폭포, 관창폭포, 구룡폭포, 달기폭포, 대혜폭포(명금폭포), 보경사12폭포, 봉래폭포, 수도폭포, 양금폭포, 오송폭포, 옥양폭포, 용추폭포, 용화폭포, 장각폭포, 주왕산제1폭포, 주왕산제2폭포, 주왕산제3폭포, 청수폭포, 팔수곡폭포, 하옥폭포, 화매폭포, 희방폭포
경 남	구만폭포, 대륙폭포, 마폭포, 무지개폭포, 불일폭포, 삼층폭포, 선유동폭포, 수월폭포, 용추폭포, 칠선폭포, 파래소폭소, 홍룡폭포, 홍류폭포, 황계폭포, 한신폭포, 무명폭포
제 주	소정방폭포, 엉또폭포, 정방폭포, 천제연폭포, 천지연폭포

(5) 약수터

우리나라의 약수터는 환경부에서 우물 등과 함께 먹는물 공동시설로 지정하여 관리하고 있다. 현재 먹는물 공동시설로 지정되어 수질검사 등의 관리를 받고 있는 약수터만 약 1,700여 개소에 이르고 있으며, 관리대상에서 제외되어 있으나 많은 사람들이 애용하는 약수터가 전국 곳곳에 무수히 산재해 있어 그 숫자를 헤아리기조차 어렵다.

1) 개인약수터

개인약수는 강원 인제군 상남면 미산 1리에서 소개인동과 대개인동 계곡을 따라 들어가는 개인산 중턱에 있다. 1891년 함경도 사람 지덕삼씨가 발견했다고 전한다. 해발 1,000여m에 위치하고 있고, 주변에는 300~400년 묵은 가문비나무, 전나무, 피나무, 주목 등 고목들이 우거져 용출하는 약수의 시원한 물맛을 더해준다. 개인약수는 암수 한 쌍이 나란히 있는데 암컷 쪽은 물이 고이지 않고 그냥 흘려보내며 잘 마시지 않는 내력이 있다. 또 약수를 마시기 전에 나쁜 짓을 한 경우 물이 흐려진다는 이야기도 전해온다. 약수의 성분은 탄산음료처럼 톡 쏘는 맛이 있고, 철분 등이 함유되어 있어 위장병과 당뇨병 등에 효과가 있다는 것인데, 장기간 머물며 약수를 마신 요양인들의 당 수치가 많이 내려가는 경험을 했다고 한다. 입구인 미산계곡과 개인산 일대는 주변으로 방태산과 구룡덕봉 등이 함께 어우러지며 원시림 그대로인 수림대와 맑은 계곡물들이 내린천으로 흘러들며 빼어난 경관을 자아내 여름철 피서지는 물론 휴양지로 더할 나위 없다. 특히 겨울철 개인산의 설경은 한 폭의 신선도 같다고 표현한다. 인근지역의 특산물로 토종꿀, 고로쇠수액, 자작나무수액, 박달나무수액, 표고버섯 등 각종 산나물 등이 있다.

2) 갈천약수터

갈천약수터는 강원 양양군 서면 갈천리에 있는 약수터로 양양에서 서남쪽으로 28km 떨어져 있다. 성분이 오색약수와 비슷하고, 오래전부터 진부의 방아다리 약수와 함께 명성이 높다. 농도가 짙어서 특히 위장병에 좋다고 하며, 56번 국도변에서 약 2km 떨어져 있어 약 30분 정도 걸어서 들어가야 한다. 가을철 구룡령 단풍이 좋아서 걸어갈 만하다.

3) 오색약수터

오색약수터는 강원 양양군 서면 오색리에 있는 약수터로 양양에서 서쪽으로 20km, 한계령에서 동남쪽으로 7.5km 가면 개울가 암반 세 곳에서 철분과 탄산수의 성분을 가진 약수가 솟아오르는 오색약수터가 있다. 특히 철분이 많아 위장병, 빈혈증, 신경통에 특효가 있으며, 하루 분출량이 1,500리터에 달한다. 약수터까지의 경관과 설악산 정상에 이르는 길목이라는 위치 때문에 더욱 유명해진 약수터이다. 주변에서 산채비빔밥, 은어회(튀김), 오색약수돌솥밥정식, 오색약수백숙 등의 향토음식을 즐길 수 있다. 인근지역 특산품으로는 산채, 건어물, 송이버섯 등이 있으며, 시기를 잘 맞추면 현산문화제, 송이축제, 연어축제민속행사 등의 이벤트행사에 참여할 수 있다. 주변연계 관광지로는 낙산사, 설악산국립공원, 오대산국립공원, 통일전망대, 경포해수욕장, 알프스 스키장 등이 있다.

4) 화개약수터

경남 하동군 화개면 탑리에 위치한 화개약수터는 하동의 쌍계사로 들어가는 길목에 있으며, 화개천 가운데 돌바닥이 있고 그 바위에서 유황천이 넘친다. 냇물 한가운데 있는 약수터로서, 강물 속에 또 다른 물이 솟는 특이한 현상이다. 부근에는 쌍계사, 칠불사 등의 고찰이 있으며, 주변관광지로는 하동포구공원, 아라리호, 최참판댁, 평사리공원, 화개장터, 쌍계사 차 시배지 등이 있다.

5) 방아다리약수터

강원 평창군 진부면 척천리 영동고속도로 진부나들목에서 북쪽으로 12km에 있는 이 약수터는 조선의 숙종조 이래 알려진 역사 깊은 약수터다. 약수에는 탄산, 철분 등 30여 종의 무기질이 들어 있는데, 특히 많이 함유된 철분은 위장병, 빈혈증, 신경통에 특효가 있다고 알려져 있다. 주변 250만 평에 전나무 100만 그루를 비롯하여 잣나무, 소나무, 가문비나무, 박달나무, 주목나무 등 70여종의 나무들이 빽빽이 우거져 있어 산림욕에 좋으며, 경관이 좋아 여름 한철 피서를 겸할 수 있다. 특히 입구부터 약수터로 가는 약 1km 구간은 전나무숲이 울창하여 산책을 즐기기에도 적격이다. 주변관광지로는 계방산지구먹거리촌, 오대산국립공원, 한국자생식물원, 용평리조트, 수항계곡래프팅 등이 있다.

6) 무주 신풍령약수터

전북 무주군 무풍면에 위치한 신풍령약수터는 무주군에서 1994년에 개발하여 먹는 물 관리법에 의하여 지정 관리하고 있는 시설이다. 신풍령 약수터는 무주군민은 물론 구천동 탐방객 및 인근 경남 거창군, 경북 김천시, 대전광역시, 충남지역, 대구광역시 등 여러 지역 사람들이 연중 이용하고 있다. 물맛이 좋기로 널리 알려져 이용객 수가 날로 증가하고 있으며, 찾는 사람들이 안심하고 이용할 수 있도록 약수터 주변 환경관리 및 수질검사를 철저히 실시하고 있다. 특히 신풍령약수터는 수려한 주변 자연환경과 어우러져 청정 무주를 한껏 뽐내며 찾는 이들에게 몸과 마음 모두를 맑고 깨끗하게 할 수 있는 최고의 자연 쉼터가 되고 있다. 주변명소로는 덕유산, 관광단지, 구천동 33경, 양수발전소, 민주지산, 칠연계곡, 내도리유원지, 부남 금강유원지, 덕유산자연휴양림, 자연학습원, 한풍루, 진안 마이산, 무주리조트 등이 있다.

7) 함박산약수터(영산 약천)

경남 창녕군 영산면에 위치한 영산 호국공원 앞에서 약수터 입구인 작약교까지 우회도로가 개설되어 있으며, 작약교에서 함박산 정상을 향해 400m 가량 올라가면 약수터가 있다. 약수터 200m 아래 영산 석빙고(사적 제169호)가 있다. 이 약수는 함박산의 중턱에 있는 약물의 샘으로 근처의 경치도 좋거니와 약수가 위장병에 효력이 있다 하여 원근의 각지에서 많은 사람들이 모여든다.

이 약수터는 신라시대 효성이 지극한 나무꾼에 의해 발견되었다는 전설이 『동국여지승람』에 기록된 유명한 약수터로 일명 영산 약천이라 불린다. 이 약수로 세수하면 버짐과 피부병이 없어진다는 이야기도 전해진다. 이곳에서 함박산 정상으로 하여 부곡온천까지 등산로가 개설되어 있으며, 인근에는 부곡온천과 문화유적지도 많아 관광코스로도 좋다.

신라 경덕왕 때 정직하고도 지극한 효성으로 노모를 봉양하던 나무꾼이 살았는데, 어느 해 노모가 우연히 체증(위장병)에 걸려 여러 가지 약을 썼으나 효과도 없이 날로 쇠약해져만 갔다. 효자는 정성을 다하여 간호를 했지만 소용이 없어 목욕재계하고 어머니의 병환이 쾌유하기를 빌었다. 기도한 지 7일째 되는 날 밤에 홀연히 기품이 있는 백발노인이 나타나 함박꽃이 있는 곳으로 오라고 하여 가봤지만 약을 구하지는 못하였다. 실망한 효자는 갈증을 없애려고 함박꽃이 둘러싸인 계곡에서 솟아나는 청수를 마셨는데 활명수와도 같은 느낌을 받고 가슴이 시원해짐을 느꼈다. 그래서 그 물을 어머니께 떠다 드리니 며칠을 복용한 후에 노모의 병을 고칠 수가 있었다고 한다. 이 물은 반드시 효성이 지극한 사람만이 효험을 얻는다고 전해지며, 때로는 산신령이 나타나 불효를 훈계하기도 한다고 전한다.

주변에 만년교(보물 제564호), 영산 석빙고(사적 제169호), 연지못, 호국공원, 영축산성(문화재자료 제85호), 영산 신(辛)씨 고가(문화재자료 제109호), 영산향교(유형문화재 제213호), 법화암다층석탑(유형문화재 제69호), 문호장 발자국, 부곡온천, 화왕산군립공원, 우포늪, 주남저수지 등이 있다.

8) 용천약수터(정상약수터)

경북 청도군 운문면 정상리 구룡산 아래쪽에 위치한 이 용천약수의 수질은 알칼리성으로 산성체질에서 오는 동맥경화증 예방과 고혈압, 당뇨, 비만체질 개선에 효험이 있을 뿐 아니라 위산과다와 만성위장병에도 특효가 있는 것으로 알려져 있다. 약수터 안내판에는 일부 성분이 과다하게 함유되어 있으나 음용수로 부적합하다거나 적합하다는 판단을 내릴 수는 없다는 내용이 적혀 있기도 하다. 마을 사람들은 특히 위장병에 효험이 있다고 이야기하고 있으며 주말에는 부산, 대구 등에서 많은 사람들이 찾고 있다. 먼 옛날 구룡산에서 아홉 마리의 용이 승천하면서 지상과의 이별을 아쉬워하며 흘린 눈물이 떨어져 약수가 되었다는 전설을 간직하고 있다.

용천약수는 하루 생산량 800리터 정도로 가뭄을 타지 않고 1년 내내 약수생산량이 일정한 것이 특징이다. 약간의 황색을 띤 용천약수는 강한 철 냄새가 나고 맛은 약간 떫으면서도 단백하다. 이 약수로 닭백숙을 만들면 기름도 별로 뜨지 않은 채 맛이 담백하다고 한다. 정상리에는 구룡의 전설 외에 몰락한 김씨 일가의 전설과 옛지명 등 재미있는 이야기들이 전해오는 곳이다. 옛 지명과 전설에 대해서는 약수터 옆의 '정상가든' 주인 황문석씨가 한가할 때면 자세히 설명해주기도 한다. 주변 명소로는 운문댐, 운강고택, 운문사, 청도 용암온천, 경산온천, 경주국립공원 단석산지구 등이 있다.

4. 북한의 산악 관광자원

북한지역은 전체면적의 약 80% 이상이 산악으로 되어 있으며 남쪽지방보다 높은 산이나 고봉준령, 계곡 등이 많이 있다. 북한의 동해안지역은 급격한 산세와 암벽이 많고 특히 기암절벽, 기암괴석이 많아서 해안이 아름답게 잘 조성되어 있다. 내륙지방은 높은 산과 푸른 숲, 맑은 물이 흐르는 계곡, 고원 등의 자연자원으로서는 최고라고 할 수 있을 만큼 환경을 갖추고 있다.

〈표 2-11〉 북한의 대표적인 경관지역

구 분	특 징	대표적 경관지역	
		지 역	관 광 명 소
산	산세가 수려하고 기암괴석이 많음.	평 양 개 성 평안북도 자 강 도 양 강 도 황해남도 황해북도 함경북도 강 원 도	대성산, 용악산, 모란봉 송악산 묘향산, 약산 오가산 백두산 구월산, 장수산, 수양산 정방산 칠보산 금강산
폭포 및 계곡	골이 깊고 수량이 풍부함.	개 성 평안북도 자 강 도 양 강 도 황해남도 함경남도 함경북도	박연폭포 천신폭포, 용연폭포, 동림폭포 용수폭포 이명수폭포 석담구곡, 장수산십이곡 백악폭포 부령팔댐, 천상수아혼아홉굽이
동굴	석회암 층이 넓게 분포되어 석회동굴이 많음. 동해안에는 조수 간만작용에 의해 해식동굴이 많음.	평안남도 평안북도 함경남도 강 원 도	개천 꽃동굴 용문대굴, 백령대굴 상초동굴, 용원돌굴 운포동굴 금강굴

* 자료 : 한국관광공사(1993)

유명한 자연자원 경관지역으로는 관동팔경(강원도 통천군의 시중대와 총석정, 고성군의 삼일포와 남한 고성군 간성의 청간정, 남한 양양군의 낙산사와, 강릉시의 경포대, 삼척군의 죽서루, 울진군의 망양정)과 관서팔경(평안도 만포시의 세검정, 강계시의 인풍루, 의주군의 통군정, 선천군의 동림과 강선루, 영변군의 약산동대, 안주군의 백상루, 평양시의 덕광정 또는 연광정이라고도 함)이 있고, 유명한 산으로서는 백두산(2,744), 묘향산(1,909), 구월산(954), 금강산(1,638), 북수백산(2,522), 장수산(747), 칠보산(906), 삼방협, 명사십리, 몽금포 등이 있으며, 이외에도 북한지역은 수많은 산악 관광자원들이 여기저기에 자리잡고 있다.

백두산의 특산물로서는 소나무의 일종인 미인송과 약재로 사용될 수 있는 오미자, 대황, 불로초, 들쭉, 산삼 등의 해발 1,800~2,300m의 고산지대에서 자생하는 홍경천, 그리고 해발 500~1,400m의 혼효림지대의 저계곡과 강변, 급경사지에 자생하고 있는 가시오가피 등이 있다. 또한 들쭉나무 열매와 잎으로 만드는 들쭉술은 북한의 전지역에 보급되어 있을 만큼 유명하다. 간장병 치료와 강장제로 이용되는 자작나무 수액 또한 이 일대에서 자생하는 약용이라고 할 수 있겠다.

북한의 관광개발정책은 주민을 위한 휴식과 휴양에 중점을 두고 있다. 그러나 여가생활과 관광을 즐길 수 있을 만큼 충분한 시간과 여가가 부여되지 않기 때문에 미흡한 실정이라고 할 수 있겠다.

제 4 절 내수면 관광자원

1. 내수면 관광자원의 특성

내수면 관광자원은 강, 소규모 하천, 호수, 호소, 저수지, 댐 등 다양한 형태로 내륙에 존재하는 물을 바탕으로 한 관광자원을 말한다. 물은 인간의 생존과 삶에 필수불가결하고도 절대적인 요소로서 인간의 생체를 유지하기 위한 것에서부터 가정, 농업, 공업, 관광, 교통, 스포츠 등과 같이 다방면에서 다양한 용도로 사용되고 있는 물의 가치는 다음과 같이 요약해볼 수 있다.

- 물은 우리 인간의 생명과 직결되는 식수로서 중요하다.
- 지상과 수중의 모든 동·식물의 생존에 필요한 기본적인 요소이다.
- 공업과 농업에 있어서 물은 절대적으로 필요하다.
- 물을 이용한 수력이나 조력발전을 통하여 에너지를 공급한다.
- 물을 이용한 보트놀이, 수상스키, 수영, 윈드서핑 등 관광자원으로 활용된다.
- 하천이나 운하를 이용한 인간에게 편리한 교통수단으로 이용될 수 있다.

전통적으로 내수면 관광자원은 자연적으로 형성된 강과 호수를 위주로 발전해왔다. 그러나 근래에 들어 산업적인 목적으로 대규모의 인공적 저수지나 댐이 건설되면서 중요한 관광자원으로 활용되고 있다.

물을 이용한 관광은 수변(물가), 수상(물위), 수중(물속)에 존재하는 다양한 자원들을 바탕으로 발달될 수가 있는데, 내수면에서는 해양과 다르게 주로 수변의 경치를 위주로 발전해왔으며, 내수면은 인간의 생활환경과 밀접하게 연관되고 있으므로 다양한 개발이 우선적으로 이루어지는 반면에 관광자원으로 활용하는 데 제약을 받는다는 특성을 가지고 있다.

2. 내수면 관광자원의 유형

(1) 하 천

하천은 지상과 지하를 포함한 육상을 흐르는 물줄기 자체와 그 주변의 경관과 식생을 포함한 자원을 말한다. 육지에 유입되는 모든 물의 집결지이자 이동로의 기능을 수행하는 하천은 거대한 강에서부터 소규모의 시내에 이르기까지 다양한 크기로 존재한다. 이러한 하천은 흐름을 전제로 하고 있으므로 교통수단으로 활용되기도 하고, 식수를 얻기 위한 식수원으로 가치를 지니기도 하며, 관광자원으로서도 대단히 중요한 가치를 지니고 있다.

하(河)는 큰 강, 천(川)은 작은 강을 뜻하고, 우리나라에서는 큰 강을 강, 작은 강을 천 또는 수(水)로 나타내고 있으나 오늘날에는 혼용하는 경우가 많다. 서울을 보면 한강에 청계천, 중랑천, 안양천 등의 작은 지류가 흘러들고 있어서 대체로 본래의 뜻이 지켜지고 있다고 볼 수 있다. 지표면에 내린 비나 눈은 일부는 지표면이나 수면에서 증발하고, 일부는 식물체를 거쳐 증산(蒸散)하여 대기 중에 되돌아가고, 일부는 지하수가 된다.

그 나머지는 표류수가 되어 항상 낮은 곳을 향해서 흐르는데, 표류수는 사면에서 최대경사의 방향을 따라 흐르므로 자연 그 흐름의 길이 생기게 된다. 이 유수의 통로가 되는 좁고 긴 요지(凹地)를 하도(河道)라 하고 하도에서의 물의 흐름을 하류라고 하며, 하도와 하류를 합쳐서 하천이라고 부른다. 하천은 수목처럼, 줄기에 해당하는 본류와 가지에 해당하는 지류로 구성된다. 본류에 합류하는 것이 지류이며, 이와 반대로 본류에서 갈라져서 흐르는 것을 분류라고 한다.

(2) 민물낚시터

낚시터는 낚시를 할 수 있는 수변지역을 말하는데, 오늘날의 관광객들은 기존의 보고 즐기는 관광을 탈피하여 관광객들이 직접 참여하여 체험하고 역경을 견디어 나가면서 만족해하는 스포츠 레저를 찾아다닌다. 따라서 낚시도 그 방법의 일환으로서 현대인들에게 인기의 대상이 되고 있다. 낚시터는 민물낚시터와 바다낚시터로 나누게 되는데, 민물 낚시터는 주로 호수와 저수지, 강에 발달된다.

장소에 따라 민물낚시와 바다낚시로 나눌 수 있으나, 방법에 따라 대낚시 · 릴낚시 · 견지낚시 · 루어낚시 등으로 구분할 수도 있다. 민물낚시는 계곡 · 강 · 호수 · 저수지 등에서 붕어 · 잉어 · 쏘가리 · 은어 · 향어 · 송어 등 민물고기를 목표로 하는 낚시이고, 바다낚시는 해안가의 모래밭 · 갯바위 · 방파제나 배 · 보트 등을 타고 바다로 나가서 하는 낚시로서, 가자미 · 넙치 · 감성돔 · 노래미 · 참돔 등 바닷고기를 목표로 하는 낚시이다.

민물낚시에는 붕어낚시 · 계류낚시 · 강낚시 · 얼음낚시 등으로 나눌 수 있고, 도구의 형태로 나누면 민물루어낚시 · 민물대낚시 · 민물릴낚시 등으로 나눌 수 있다. 바다낚시를 세분하면 갯바위낚시 · 던질낚시 · 방파제낚시 · 배낚시 · 트롤링 등이 있다.

민물낚시의 주종을 이루고 있는 것은 붕어낚시로, 붕어는 힘이 센데다 낚시에 걸리면 힘을 다해서 좌우로 솟구치는 바람에 당기는 스릴이 강하다. 대형 댐이 많이 생겼지만 강 · 저수지 · 수로 · 웅덩이 등이 모두 민물낚시터가 된다.

강과 바닷물이 합쳐지는 합수머리에서는 많은 어종들이 낚이며, 계곡의 계류에서는 산천어 · 은어 등이 낚이는데 이것을 계류낚시라고 한다. 붕어의 미끼는 떡밥 · 지렁이 · 새우 등이고, 잉어의 미끼는 원자탄 · 떡밥 · 짜개, 메기 · 뱀장어 · 가물치 등은 지렁이 등 동물성을 좋아한다.

강낚시는 생미끼를 달지 않고 속임수 미끼인 루어로 쏘가리 · 끄리 · 꺽지 · 누치 등을 낚는다. 견지낚시의 미끼는 주로 구더기를 쓰며, 잉어낚시에는 짜개와 원자탄을 주로 사용한다. 겨울이면 호수의 얼음에 구멍을 뚫고 하는 구멍치기 낚시도 일반화되었는데 그 미끼는 지렁이이며, 대상어종은 붕어 · 잉어 등이다.

해변가나 섬의 바위에서 하는 갯바위낚시의 대상어종은 돌돔 · 흑돔 · 참돔 · 농어 · 방어 · 자바리(다금바리) 등이 있다. 동 · 남해안의 백사장에서 멀리 던져서 낚는 던질낚시의 대상어류는 가자미 · 황어 · 장어 · 보구치 · 게르치 · 감성돔 등이 있는데, 던질낚시에는 반드시 던질낚싯대를 사용하여야 한다.

방파제의 밑돌과 테트라포드는 어선들이 잡아온 고기 등을 처리하고 난 찌꺼기를 버리기 때문에 물고기들이 살기 좋은 집이고 또 먹이도 많은 곳이다. 서해 쪽 방파제낚시의 대상어종은 우럭 · 농어 · 노래미 · 장어 · 보구치 등이 대종이고, 감성돔 · 참돔 · 삼치 등도 계절에 따라 낚인다.

동해 쪽에서는 감성돔 · 벵에돔 · 가자미 · 보리멸 · 망상어 · 학공치 · 황어 · 노래미 · 볼락 · 열기 등이 낚이고, 남해 쪽에서는 감성돔 · 농어 · 볼락 · 보리멸 · 삼치 등이 낚인다. 배낚시는 삼면이 바다인 한국 연안에서 많이 하는데, 대상어종은 우럭 · 민어 · 농어 등이다. 서해안에서는 2.1m나 2.4m급의 튜블러 낚싯대, 즉 속이 빈 낚싯대를 애용한다.

트롤링은 달리는 뱃머리에서 릴의 줄을 풀어서 바다 중층 · 해면에서 대어를 낚아내는 것으로 미국 · 뉴질랜드에서 성행한다. IGFA(International Game Fish Association)에서는 트롤링을 게임피싱으로 정식 채택하고 있는데, 고기에 따라 급(級)을 정하고, 사용하는 낚싯줄 · 루어 등을 엄격하게 규제 · 규격화하고 있다. 생선을 미끼로 쓰기도 하지만 대부분 루어를 사용한다.

(3) 댐

댐은 식수나 용수의 확보, 전력생산 등을 위하여 인위적으로 강을 막아 만들어진 저수시설을 말한다. 댐은 하천 관광자원의 일부로 분류되기도 하고 산업적 관광자원으로 분류되기도 한다.

한국은 옛날부터 벼농사 용수공급을 위하여 소류지(小溜池)나 저수지를 하천 계곡이나 凹형 지대에 건설할 때, 취수보(取水洑)나 제방이라는 이름으로 소규모 흙댐을 축조한 것을 『삼국사기(三國史記)』에서 볼 수 있으며, 토목기술을 일본에 전하기도 하였다.

한편, 인도 · 스리랑카에서는 옛날에 대규모로 흙댐을 축조하였는데, 그 중 일부는 오늘날까지 남아 있다. 콘크리트 중력(重力)댐이 세계에서 처음으로 축조된 것은 16세기 말 에스파냐 남동쪽 티비 계곡의 알만자댐(높이 약 20m)이며, 계속해서 알리칸트댐(높이 41m)이 1594년에 완공되었다.

그 후 댐의 구조가 점차 발달되어 관개용수, 수도나 수차(水車), 나아가서는 발전수력 · 홍수조절 등의 목적으로 응용범위가 확대됨에 따라 근래에 와서는 각종 용수의 수요증대를 위하여 대규모 · 대용량의 댐이 건설되고 있다. 댐건설의 척도는 그 나라의 국력과도 관련되며, 해마다 국제댐회의까지 개최되고 있다.

댐은 목적과 유량 제어방법, 구성재료, 설계구조 및 형태, 높낮이 등에 따라 구분하고 있다. 목적에 따라 분류하면, 저수댐 · 취수댐 · 사방댐 등으로 구분된다. 저수댐은 상류로부터의 유입량이 사용수량에 크게 영향을 미치지 않을 만큼 규모가 크며, 홍수량 조절을 목적으로 하므로 관개 · 상수도 · 공업용수 · 발전 등의 용수공급 · 홍수조절 · 어류양식 등 여러 용도에 사용된다. 비교적 댐의 높이가 높으며, 흔히 댐이라고 말할 때는 저수댐을 가리키는 경우가 많다.

저수댐에서 한 가지 목적에만 사용되는 것을 전용댐이라 하고, 두 가지 이상의 용도를 위하여 만들어진 것을 다목적댐이라고 한다. 소양강댐 · 안동댐 · 대청댐 · 충주댐 등 대부분은 다목적댐들이다.

취수댐은 수로식 발전소의 취수 등, 하천에서 물을 댈 목적으로 취입지점에서 물을 저수하기 위해 만든 것이며, 사방댐은 하천의 흐름과 함께 산지에서 흘러들어오는 다량의 유출토사를 막기 위해 하천의 상류부에 설치하는 낮은 댐이다.

유량제어방법에 따라서는, 고정댐(fixed dam)과 가동댐(movable dam)으로 구분한다. 고정댐에는 댐마루에 수문을 설치하여, 여기서 수위조절과 동시에 홍수 때에는 이것을 개방하여 홍수를 방지하는 월류형댐(越流型 : over flow dam), 별도로 홍수여수로(flood spillway)를 설치하여 댐마루에서의 월류를 시키지 않는 비월류형댐이 있다.

가동댐은 홍수가 발생하였을 때 홍수량을 안전하게 처리하거나 홍수량을 조절하여 상류, 하류의 피해를 경감시키는 목적으로 설치한다.

구성재료에 따라서는 콘크리트댐, 록필댐(rockfill dam, 사력(砂礫)댐이라고도 함), 흙댐(earth dam), 철재댐(steel dam) 등으로 분류하며, 역학적 구조에 따라서는 중력댐(gravity dam), 아치댐(arch dam), 중공댐(中空 : buttress dam, 扶壁댐이라고도 함) 등으로 분류된다. 높낮이에 따라서는 하천관리 행정상 30m를 넘을 경우를 높은댐으로 분류하고 안전에 대한 기준을 강화하고 있다.

(4) 호 소

호소는 내륙의 오목하게 패어 웅덩이가 된 땅에 있는 물의 총칭으로 호수, 늪, 소택, 습원으로 분류된다. 호수란 연안식물의 침입을 허용할 수 없을 만큼의 깊이를 갖는 것으로 가장 깊은 곳이 5m 이상 되는 것을 말한다. 늪은 얕으며 침수식물(沈水植物 : 몸 전체가 물속에 잠겨 있는 수생식물)이 무성하고 가장 깊은 곳의 깊이는 5m 이하이다. 소택은 아주 얕으며 도처에 정수식물(挺水植物 : 물속의 땅에 내리고 잎이나 줄기 따위는 물 위로 뻗어 있는 식물)이 무성하며 가장 깊은 곳은 1m 이하이다. 습원은 물이라고도 할 수 없을 정도로 습지식물에 덮여 있는 곳을 말한다. 이들은 점이적 관계, 즉 하나가 다른 것으로 변해가는 과정의 연장선상에 있으며, 지명으로서의 명칭은 반드시 이 분류와 일치되지는 않는다. 또 바다와 일부가 연결되어 있는 기수호(汽水湖 : 염분이 다소 포함되어 있는 석호 등)도 호소라고 할 경우가 있다.

세계의 호소를 살펴보면 주위의 지형 · 기후 · 식생에 의해서 각각 특징을 보인다. 즉 내륙 건조지역에는 함호(鹹湖), 무구호(無口湖) 외에 우기에만 물이 고이는 건호

(乾湖)도 있다. 열대지방의 호소는 일반적으로 생물의 활동이 왕성하여 어족의 종류도 많다. 또 고위도지방에는 투명도가 높은 호수가 많다. 호소는 관광지로서도 중요하나 용수조절 및 관개용수 등 천연의 저수지로 이용되고 수산방면에도 이용된다. 한편 호소는 폐쇄된 하나의 세계로서 그 속에서 일어나는 자연현상은 과학적으로 흥미있는 대상이다.

세계 최대의 호수는 카스피해로 43만 6400㎢이다. 가장 깊은 호수는 바이칼호로 1,741m이다. 한국에는 호소가 비교적 적은데 그 중 가장 큰 것은 함남의 광포로서 13.3㎢이고, 가장 깊은 호수는 천지로 314m이다.

(5) 저수지

저수지는 인공으로 둑을 쌓아 물을 모아두는 못으로 유수를 저장하여 물의 과다 또는 과소를 조절하는 인공시설이다.

하천 다음으로 중요한 지표수 용수원(用水源)으로 때에 따라 자연적인 호소도 이에 포함된다. 저수지는 하천에서 충분한 용수를 확보할 수 없을 때 중요한 용수원으로 이용된다. 하천용수보다 시설비가 비싸고 수질이 떨어지는 결점이 있으나, 풍부한 수량을 확보할 수 있고 수온도 흐르는 물보다는 높은 경우가 많아 농업용수로서 보다 유리하다. 또 저수지의 물은 지표수 유량을 조절하여 수력발전 · 상수도 등의 용수로 사용할 수 있고, 관광용지로도 개발할 수 있는 다목적성을 띠어 수자원의 종합적 개발을 추진할 수 있는 이점이 있다. 댐이나 호수도 저수지로 간주한다.

3. 우리나라의 내수면 관광자원

(1) 하 천

우리나라의 하천은 그 규모 면에서 그다지 큰 편에 속하는 것은 아니다. 우리나라의 하천은 북고남저와 동고서저의 산맥으로 이루어져 있으며 유로가 대부분 짧고, 퇴적작용으로 하상계수가 높은 하천이 많다. 그리고 계절에 따라서 수량의 변화가 극심하고, 특히 겨울에는 결빙 등으로 하천을 이용한 관광활동에 불리하다. 또한 자체적으로 빼어나게 아름다운 경관을 형성하고 있다고 보기도 어렵다. 우리나라의 주요하천은 한강, 낙동강, 금강, 영산강, 섬진강, 임진강, 안성천, 삽교천, 만경강, 동진강, 탐진강, 형산강, 태화강 등이 있으나, 하천관광은 주로 5대강(한강, 낙동강, 금강, 영산강, 섬진강)을 이용한 것들이 대부분이며 댐을 통해서 만들어진 인공호와 도시를 가로지르는 강변, 그리고 강하구를 중심으로 이루어지고 있으며, 부분적으로 낚시터와 유원지가 주변에 발달해 있기도 하다.

〈표 2-12〉 우리나라의 하천현황

수계별	유역 면적 (k㎡)	간선 유로 연장 (km)	하 천 연 장 (km)							
			계		국가하천		지방1급하천		지방2급하천	
			개소	연 장	개소	연 장	개소	연 장	개소	연 장
계	91,677.4 (99,931.6)	-	3,896	30,217.32	62	2,795.01	55	1,333.80	3,779	26,088.71
한 강	26,218.6 (북한포함) 34,473.2	481.7	710	7,159.15	15	778.58	12	566.67	683	5,813.37
낙동강	23,817.3	521.5	801	7,385.10	10	824.16	10	191.00	781	6,369.94
금 강	9,810.4	395.9	492	3,760.21	11	389.41	20	358.73	461	3,012.07
영산강	3,455.0	129.5	170	1,436.06	5	191.33	2	46.20	163	1,198.53
섬진강	4,896.5	212.3	284	2,073.85	3	237.30	1	22.00	280	1,814.55
안성천	1,699.6	66.4	103	606.37	4	87.60	-	-	99	518.77
삽교천	1,611.7	58.6	100	606.04	3	63.73	2	29.30	95	513.01
만경강	1,572.1	77.4	83	599.96	3	67.80	2	26.00	78	506.16
동진강	1,129.3	46.0	88	456.17	4	69.80	1	19.80	83	366.57
형산강	1,143.1	63.9	30	281.75	1	36.00	-	-	29	245.75
태화강	626.4	41.5	61	326.42	1	11.60	1	13.90	59	300.92
탐진강	505.5	55.0	37	233.08	1	27.32	-	-	36	205.76
기 타	13,459.36	-	937	5,293.16	1	10.38	4	60.00	932	5,222.78

* 자료 : 한국수자원공사, 2001.

1) 한 강

우리나라의 하천 중 가장 유역의 면적이 넓으면서도 종합개발이 가장 잘 되어 있는 강으로서 총길이가 481.7km이며, 본류인 남한강과 지류인 북한강으로 구분되며, 남한강과 강원도 태백시 금대산에서 발원하여 경기도 남양주군 와부읍 경계에서 북한강과 합류하고, 팔당과 서울을 거쳐서 서해로 유입된다.

2) 낙동강

낙동강은 하폭이 넓고 평평하며, 토사의 퇴적이 심하여 하류는 천정천이 형성되어 흐르고 있고, 하구 부근에는 삼각주를 형성하고 있으며, 총길이는 521.5km로서 강원도 태백시 태백산의 북쪽 천의봉에서 발원하여 황지천, 동계천, 안동시의 반변천, 대구의 금호강, 고령의 회천, 창령의 청도천, 밀양천, 낙동강을 지나서 남해로 유입된다. 낙동강은 또한 철새도래지로서 을숙도가 자리잡고 있어 관광자원으로서 가치가 큰 것으로 평가받고 있다.

3) 금 강

금강은 군산과 장항 사이에 금강 하구언이 완성되어 농업종합개발사업과 더불어 관광지로서 새로운 기대지역으로 떠오르고 있다. 총길이는 395.9km로서 전북 장수군 마이산에서 발원하여 무주, 충북의 영동, 옥천, 충남의 공주, 부여를 거쳐서 군산에 이른다.

4) 영산강

영산강은 타지역에 비하여 한해와 수해가 많은 지역이라서 자연재해로부터 보호하기 위하여 상류에 댐들이 집중되어 있는 편이다. 그리고 하류에는 하구언을 조성하여 홍수와 한해를 막을 뿐만 아니라 전라도 지방에 풍부한 용수를 공급하고 있다. 총길이는 129.5km로서 전남 담양군 월산면 병풍산에서 발원하여 장성, 나주, 영암, 목포시를 거쳐서 남해로 유입된다.

5) 섬진강

섬진강은 인근에 문화적인 관광자원이 많은 지역이다. 화엄사, 쌍계사, 남원의 민속관광자원, 지리산과 인접해 있는 한려해상국립공원 등이 자리잡고 있어서 그 어떠한 하천보다도 관광지로서 가장 적합한 조건을 가지고 있다. 총길이는 212.3km로서 전북 진안에서 발원하여 임실, 순창, 남원, 곡성, 구례를 거쳐서 광양만으로 유입된다.

(2) 민물낚시터

국내 낚시인구는 500만 명 정도로 추산되고 있다. 민물낚시터는 강, 호수, 저수지 등을 배경으로 발달하는데, 우리나라의 민물낚시터는 전국적으로 고르게 퍼져 있으며, 잘 알려진 곳만도 290여 개에 이르고 있다. 특히 충청도와 전라도, 경상도 지방에 많이 발달해 있다.

1) 신갈 저수지

경기도 용인시 기흥읍 고매리·공세리·하갈리에 걸쳐 있는 저수지로 1954년에 준공되었으며 고삼지, 송전지와 함께 3대 경기호 저수지로 불리고 있다. 전체적으로 수심이 얕은 편이며 수초가 많은데, 사철 고른 조황을 보인다. 상류권은 4계절 내내 낚시하기 좋고, 중류권은 여름 밤낚시로 안성맞춤이며, 하류권은 물이 마를 때에도 붕어와 잉어의 입질이 좋은 곳으로 유명하다. 미끼는 봄, 가을에는 지렁이, 여름에는 떡밥, 깻묵이 좋다. 60여 개의 방갈로형 좌대가 갖춰져 있어 대낚보다는 좌대보트낚시가 호황을 이룬다.

2) 송전저수지

송전저수지는 경기도 3대 저수지 중 하나로 98만여 평의 넓은 면적을 자랑한다. 수상좌대에서의 낚시가 운치 있고, 잡은 고기로 좌대에서 음식을 해먹는 재미가 특별해서 많은 사람들이 찾는다. 특히 주말에는 예약을 해야 좋은 좌대를 잡을 수 있다.

3) 고삼저수지

경기도 안성시 고삼면 월향리에 위치하며 1960년 9월에 준공된 오랜 역사를 가지고 있는 고삼저수지는 물풀이 많아 붕어, 잉어가 많은 곳으로 유명하다. 70여 개의 방갈로형 좌대와 50여 척의 낚시배 및 편의시설을 갖추고 있으며, 경관이 좋아 가족단위로 많이 찾는 지역이다. 우측은 고삼지 제방 하류. 민물새우가 있다.

4) 팔당호

경기도 광주시 퇴촌면·남종면에 걸쳐 있는 인공호수인 팔당댐은 남한강과 북한강이 만나는 곳으로부터 8km쯤 떨어진 수력발전용 댐으로 1973년 3만7천kw의 규모로 가동되었다. 덕소부터 시작하여 강변인 도곡리, 팔당리 일대에 유원지가 형성되어 있으며, 서울 시민의 가족단위 소풍지로 적합할 뿐 아니라 서울의 상수원으로도 중요한 역할을 담당하고 있다.

5) 기산저수지

파주시 광탄면 영장 삼거리에서 우회전해 제법 가파른 고개를 넘으면 경기도 양주군 백석면 기산리에 있는 기산저수지에 앞서 하늘빛이 가득 담긴 마장저수지에 닿는다. 기산저수지보다 규모는 작지만 더 깨끗하고 맑아 기분이 상쾌해지는 곳이다. 이 마장 저수지가 끝나는 지점에서부터 기산저수지 카페촌에 버금가는 먹거리촌인 향토관광마을이 시작된다. 청동오리 전문점인 '하'와 '산천초가', 콩비지와 쌈밥 전문인 '청산유수', 인형의 방같이 앙증맞은 방갈로를 자랑하는 전원 카페 '작은 폭포' 등이 있는 향토관광마을은 토속음식점이 대부분인 먹거리촌으로, 지금은 없어졌지만 한참 인기있던 SBS 드라마 '임꺽정'의 세트장이 있던 곳으로도 유명하다.

6) 청평호

경기도 가평군 설악면 회곡리에 있는 인공호수로 주변에 안전 · 산장 · 자연 · 밤나무골 등 유원지가 많고, 호수에서 모터보트와 수상스키 등 수상 스포츠를 즐길 수 있으며, 유람선이 운항되어 주말이면 행락객으로 붐빈다. 가평시내에서 청평유원지행 시내버스가 운행되며, 매년 4월 1일부터 11월 30일까지 청평댐에서 홍천군 마곡유원지까지 유람선이 운항된다. 승용차로 가려면 구리시 교문4거리에서 6번 국도를 타고 덕소를 지나 팔당댐을 거쳐 양수교를 건넌 뒤, 363번 지방도를 타고 청평댐을 지나 오른쪽 37번 국도를 타면 호수로 갈 수 있다.

7) 일직저수지

경기도 광명시 일직동에 있는 면적 3ha, 총저수량 7,000㎥의 저수지로, 광명시를 남동쪽으로 흐르다가 안양천으로 흘러드는 양지천에 의해 생겨났다. 주변 일대에 농업용수를 공급하며, 안양시 경계에 있어 교통도 편리하고 잉어가 많이 잡혀 1일 130명, 연간 3,200명 정도가 낚시를 즐기는 일직낚시터로도 잘 알려진 곳이다.

8) 애룡저수지

경기도 파주시 법원읍 삼방리에 있는 전체면적 32ha, 저수면적 27ha의 저수지로, 계곡형 저수지의 맑은 물과 빼어난 주변 경치 때문에 유원지로 더 많이 알려져 있다. 저수지에서 보트도 탈 수 있고, 붕어 · 잉어 · 가물치 등 각종 담수어가 풍부하여 낚시터로도 이름이 높다. 통일로 주변에 있어 교통이 편리하고, 주위에 음식점과 방갈로가 많아 1박 2일 코스의 유원지로도 적당하다.

9) 화천댐

강원도 화천군 화천읍 동촌리와 간동면 구만리 사이의 북한강에 있는 댐으로 춘천·의암·청평·팔당 등 하류 발전소로 이어지는 북한강 수원의 발원지이며, 수력발전을 위하여 설치된 댐 가운데 국내 최대의 규모이다. 댐이 준공되어 생긴 파로호는 면적 38.89㎢에 이르는 큰 호수로, 주변 경관이 뛰어나며 잉어·쏘가리 등의 담수어가 많이 서식한다.

10) 춘천댐

강원도 춘천시 신북읍 용산리에 축조된 춘천댐에 의하여 조성된 면적 17㎢. 저수량 1억 5000만 톤의 인공호수이다. 춘천 시가지에서 북쪽으로 약 12km떨어진 곳에 댐이 있으며, 1965년 2월에 완성된 이 댐의 물로 용량 5만 7600kw의 발전기가 돌아간다. 춘천호에 담긴 물은 북한강 상류지역을 호수화하여 멀리 화천군 파로호 부근에까지 미치고 있는데, 호수 주위의 산수가 아름답고 댐을 중심으로 하여 호반에 유원지 시설도 들어서 있어서 휴양객이나 낚시꾼이 많이 찾는다. 관광도로도 개설되어 있다.

11) 화진포호

강원도 지방기념물 제10호인 화진포호는 강원도 고성군 현내면과 거진읍에 걸치는 동해 연안의 면적 2.3㎢, 호안선 길이 16km의 석호이다. 경승지여서 수복 전에는 김일성의 별장이 있었다. 담염호로, 연어·숭어·도미 등 서식어가 많아 낚시터로서도 유명하며, 겨울에는 백조(천연기념물 201)가 찾아든다. 호수와 바다 사이의 백사장은 해수욕장으로 이용된다

12) 경포호

강원도 강릉시 저동에 있는 호수로 경호라고도 한다. 시의 중심가에서 북쪽으로 약 6km 지점에 있으며, 서쪽으로는 유천 등의 작은 하천들이 흘러든다. 본래 주위가 12km에 달하는 큰 호수였다고 하나, 현재는 흘러드는 토사의 퇴적으로 주위가 4km로 축소되고, 수심도 1~2m 정도로 얕아졌다. 호반 서쪽의 작은 언덕 위에 세워진 경포대는 예로부터 경포호를 배경으로 한 관동8경 가운데 하나로 유명하다. 경포호는 호수 주위의 오래된 소나무 숲과 벚나무가 유명하며, 경포호를 동해로부터 분리시키고 있는 해안사주는 경포대해수욕장을 이루고 있다.

13) 영랑호

강원도 속초시 북쪽영랑동 · 장사동 · 금호동 · 동명동 일대에 있는 석호인 영랑호는 척산 · 오색 · 장수대 · 백담사 · 낙산사 · 송지호 · 삼포 · 문암 · 진부령 등과 함께 설악산 관광권에 속한다. 호수 둘레에 나 있는 8km 호반 순환도로에는 범바위 · 관음암 등 기암괴석이 많다. 금장대 · 충혼비가 있으며, 동남쪽 푸른 송림으로 우거진 조그마한 골짜기에는 영랑호변 중에서도 가장 경관이 아름다운 보광사가 있다. 호수의 하구에 모래틀이 넓어 해수의 유입이 감소하고 담수화되었는데, 영랑호를 비롯해 삼일포 · 감호 · 시중호 등 담수호는 청정호수로서 염분성분이 섞여 있는 검은 진흙으로도 유명하다. 고니 · 청둥오리 등의 철새도래지이며, 민물고기인 잉어 · 붕어 · 가물치와 하구에서 올라온 전어 · 광어 · 흑돔 등의 바닷물고기까지 서식하여 낚시터로도 유명하였다.

14) 춘천호

강원도 춘천시 신북읍 용산리에 축조된 춘천댐에 의하여 조성된 인공호수이다. 호수 주위의 산수가 아름답고 댐을 중심으로 하여 호반에 유원지 시설도 들어서 있어서 휴양객이나 낚시꾼이 많이 찾는다. 관광도로도 개설되어 있다.

15) 소양호

강원도 춘천시 · 양구군 · 인제군에 걸쳐 있는 한국 최대의 인공호수로 면적과 저수량에서 한국 최대의 크기라서 내륙의 바다라고도 한다. 수상교통로로 소양강댐에서 양구읍 석현리 선착장까지 27km 거리를 30분 만에 달리는 관광쾌속선이 있고, 인제군 부평리 선착장까지 64km 거리를 2시간에 달릴 뿐만 아니라 내설악의 경관까지 즐길 수 있는 관광쾌속선이 매년 5월에서 10월까지 하루 2회 운항되고 있다. 드문드문 떠 있는 섬 사이로 가두리 양식장과 향어 · 송어 · 잉어 · 뱀장어 · 빙어 등 50여 종의 담수어가 사는 호수 주변의 계곡에서는 낚시를 즐길 수 있다.

16) 파로호

강원도 화천군과 양구군에 걸쳐 있는 호수로 깊은 물에 잉어 · 붕어 · 메기 · 쏘가리 등 담수어가 풍부히 서식하는 낚시터로서 각광을 받고 있다. 한국전쟁의 화천전투 때 북한군과 중공군 수만 명을 수장한 곳이라 하여 당시의 이승만 대통령이 파로호라고 명명하였다. 8 · 15광복 직후에는 38선으로 막혀 있었으나 한국전쟁 때 수복한 지역이다.

17) 수하계곡

강원도 평창군 미탄면 한탄리·기화리·마하리를 흐르는 계곡으로 청옥산(1,256m)에서 발원한 계류가 8km에 걸쳐 기암괴석과 협곡을 흘러 동강으로 유입된다. 수려한 자연경관에 둘러싸여 있으며, 1급수 계류에서는 담수어를 낚을 수 있고, 자갈밭에서 야영도 할 수 있다. 매년 7~8월이면 마을관리 휴양지로 운영되고 있으며, 동강 래프팅의 출발점으로 매년 많은 관광객이 찾고 있다.

18) 예당저수지

충청남도 예산군의 대흥면과 응봉면 사이에 있는 관개면적이 3만7,400㎢에 달하는 충남 유수의 저수지로, 상류의 집수면적이 넓어 담수어의 먹이가 풍부하게 흘러 들어오기 때문에 오래전부터 낚시터로서도 유명하다

19) 논산저수지

충청남도 논산시 가야곡면과 부적면에 걸쳐 있는 면적 152만 2,100평, 제방길이 573m, 높이 17m의 저수지로 탑정저수지라고도 한다. 1941년에 착공하여 1944년에 준공하였다. 논산천 유역 평야를 관개하며, 저수지 남쪽으로 호남고속도로가 지나고 있어 교통이 편리하고 최근에는 낚시터로도 이용된다. 논산읍과의 거리가 5km 내외인 데다가 북쪽에 계룡산국립공원, 서쪽에 관촉사 은진미륵불이 있어 관광객이 많이 찾는다. .

20) 고복저수지

충청남도 연기군 서면 고복리에 있는 저수지로 1990년 1월 20일 군립공원으로 지정되었다. 면적은 1,949㎢로 주말이면 전국에서 낚시꾼들이 몰려든다. 농업용수를 공급하기 위해 만들었지만 저수지에 가물치·붕어·잉어·메기 등 어류가 풍부해 전국에서 많은 낚시꾼이 몰려들자 군립공원으로 지정하였다. 저수지 한편에 이화여자대학교 미술대 교수 강태성이 조성한 야외조각공원이 있어 방문객들에게 볼거리를 제공한다. 저수지 중간에 있는 '민락정'이라는 정자에서 저수지를 내려다보는 경치도 아름답다. 저수지 주변에 오리요리와 메기매운탕을 전문으로 하는 음식점 등이 흩어져 있어 주말에 이를 즐기려는 관광객도 많이 찾는다.

21) 홍양저수지

충청남도 홍성군 홍성읍 구룡리, 금마면 장성리·송암리·용흥리, 홍동면 신기리 일대에 있는 면적 85.7ha, 관개면적 511.2ha의 저수지로 1945년 3월 31일 준공되었다. 저수지를 만들기 전에 현재의 저수지 중간 부분에 보를 막아 홍성읍 구룡리 앞의 뺏들 벌판으로 농업용수를 대주었기 때문에 빼뽀저수지라고도 한다. 주위 경관이 아름답고, 편의시설이 잘 갖추어져 있으며, 저수지에는 붕어·잉어·피라미·메기·가물치 등 어종이 풍부해 연중 낚시터로 각광받고 있다.

22) 괴산댐

충청북도 괴산군 칠성면에 있는 댐유역면적 671㎡, 총저수용량 1532만 9000㎥, 길이 171m, 너비 45m, 높이 28m의 댐으로 상시만수위는 해발 135.7m에 달한다. 남한강 지류인 달천을 가로질러 만든 댐으로 1952년 11월에서 1957년 2월까지 축조되었다. 댐의 축조로 이루어진 칠성호가 괴산군 칠성면·문광면·청천면의 3개 면에 걸쳐 있다. 인근에서는 수전지라고도 부르며, 댐의 북쪽에 도덕사가 있다.

23) 의림저수지

충청북도 제천시 모산동에 있는 저수지로 의림지 주변은 수백 년 묵은 노송과 수양버들이 둘러싸고 있고 영호정·경호루 등의 정자도 있어 제천시민의 휴식처로서 큰 몫을 차지한다. 또한 해빙기에 산란을 하러 이곳에 모이는 빙어도 유명하다.

24) 충주호

충청북도 충주시·제천시·단양군에 걸쳐 있는 면적 67.5㎢, 높이 97.5m, 길이 464m, 저수량 27억 5000톤의 인공호수로, 1985년 충주시 종민동·동량면 사이의 계곡을 막아서 만든 충주댐으로 인해 조성되었다. 육지 속의 바다로 불릴 만큼 소양호(29억 톤) 다음으로 담수량이 큰 호수이다. 주변 경관이 뛰어나고, 풍부한 수량과 넓은 수면, 심한 굴곡과 경사도로 인해 붕어·잉어·향어·백연·떡붕어·송어 등의 어종이 풍부해 사철 낚시꾼으로 붐빈다

25) 통동저수지

충청북도 음성군 맹동면 통동리에 있는 수심 3~4m, 면적 1㎢의 저수지로, 1981년 말 차령산맥의 협곡을 막아 건설하였다. 행정명은 맹동1호지이며, 맹동지·맹동호·통동지라고도 한다. 저수지의 둑이 댐의 제방보다 크고 높아 만수 때면 수심이

125m에 이른다. 철새도래지로 겨울철이면 10만 마리가 넘는 청둥오리 떼가 저수지를 찾아오며, 참붕어 · 잉어 · 향어 · 메기 · 새뱅이 등이 잘 잡혀 낚시터로도 널리 알려져 있다.

26) 대청호

대전광역시와 충청북도 청원군 · 옥천군 · 보은군에 걸쳐 있는 저수면적 72.8㎢, 호수길이 80km, 저수량 15억 톤의 인공호수로, 한국에서 3번째 규모의 호수이다. 1980년 대청댐이 완공되면서 조성되어 대전광역시 · 청주시의 식수와 생활용수 · 공업용수를 공급하고 있다. 호수 위로 해발고도 200～300m의 야산과 수목이 펼쳐져 드라이브 코스로 잘 알려져 있다. 철새와 텃새가 많이 날아들어 여름에는 상류에서 백로를 쉽게 볼 수 있다. 전망대에 오르면 주변 경관이 한눈에 내려다보이며, 1998년에 개관한 물홍보관은 입체 영상관과 수족관 등을 갖추고 있다. 주위에 잔디광장이 있다.

27) 삼형제저수지

충청북도 음성군 음성읍 사정리와 금왕읍 육령리 · 백야리에 걸쳐 있는 저수지로 무극저수지 · 금석저수지 · 용계저수지를 합쳐서 삼형제저수지로 부른다.

무극저수지는 야산에 둘러싸여 조용하고 경관이 수려하며 물이 맑아 여름철 피서지와 붕어 · 잉어 · 향어 등의 낚시터로 유명한 곳이다. 주변에 청둥오리 · 비단잉어 · 다람쥐 · 꽃사슴 · 멧토끼 등을 기르는 동물사육장이 있어 자연학습도 겸할 수 있다.

금석저수지는 물이 맑고 수심이 깊으며 수초지대가 없어 여름이나 겨울철 얼음낚시터로 각광받고 있다. 인근의 산에는 전망대와 등산로, 체육시설, 주민들의 휴식공간 등을 갖춘 유원지가 1997년 2만 9750㎡ 규모로 만들어져 있고, 주변에 음성골프장이 있어 음성군의 관광명소가 되고 있다.

용계저수지는 남서쪽의 소속리산(431.7m)을 주수원으로 하는 전형적인 계곡형 저수지로, 물은 맑지만 수심이 깊고 가파르며 남북으로 길게 이어져 있다. 토종붕어 · 수입붕어 · 잉붕어 · 향붕어 · 잉어 · 베스 · 누치 · 향어 · 브루길 등이 서식하여 낚시터로 유명한 곳이지만 수온이 낮아 5월 중순 이후부터 낚시를 할 수 있다.

28) 경천저수지

전라북도 완주군 화산면에 있는 면적 3.2㎢의 저수지로 남쪽의 대아저수지 · 동상저수지와 함께 호남평야를 관개하는 농업용수를 공급한다. 서쪽으로 호남고속도로가 지나고, 익산시미륵사지를 중심으로 한 관광명소에 인접하며, 낚시터로 적합하다.

29) 동상저수지

전라북도 완주군 동상면 신월리에 있는 면적 약 1㎢(30만 평)의 저수지로 만경강의 상류에 위치하며, 대아저수지가 바로 아래 연이어 있어 호남평야의 일부를 관개한다. 남서쪽으로 위봉산(524m), 동쪽으로 운장산(1,126m)이 둘러싸고 있어 경관이 아늑하며, 또 전주시와 가까워 낚시터로도 이용되고 있다.

30) 용대저수지

강원도(북한) 안변군 수락동리와 원산시 남천리 사이에 있는 관개용 저수지로 일대의 연평균강수량은 1,127㎜이며 그 절반 이상이 여름철에 내린다. 기본 수원은 대기강수이며 저수지로는 학천수가 흘러든다. 저수지의 물로는 안변군의 풍화리·천삼리·배화리·봉산리·학천리와 원산시 용천리의 논과 밭을 관개한다. 또한 전력생산에도 이용된다. 저수지는 여름철의 홍수 조절에 중요한 역할을 한다. 저수지에는 잉어·붕어 등의 물고기들이 서식한다.

31) 갈담저수지

전라북도 임실군 강진면과 정읍시 산내면에 걸쳐 있는 저수지로 섬진강 상류의 임실군 강진면 용수리와 정읍시 산내면 종성리 사이를 가로지르는 다목적댐 건설로 이루어졌다. 담양호, 장성호와 함께 농업용수를 인근 평야에 공급하며, 내장산국립공원에 인접한 낚시터이기도 하다. 북서 방향으로 호남고속도로가 통과하여 교통이 편리하다.

32) 주암호

전라남도 보성군, 순천시, 화순군에 걸쳐 만들어진 인공호수로 보성군의 보성강과 화순군의 동북천, 용덕천이 합류하는 철제 아치교 주변이 가장 넓고 깊은 데다 경관까지 빼어나 관광명소로 각광받고 있다. 호수 양쪽으로 145.5km의 호반도로와 15번·18번·27번 국도가 호수를 끼고 돌아 자동차 드라이브 코스로도 널리 알려져 있다. 주변에 서재필기념공원·백민미술관·대원사·고인돌공원 등이 있어 연계관광을 즐길 수 있다.

33) 나주호

전라남도 나주시 다도면 대초리에 있는 인공호수로 몽리면적(蒙利面積 : 논밭 따위가 저수지, 보, 양수장과 같은 관개 시설에 의하여 물을 받게 되는 면적) 112㎢에 이른다. 담양호 · 장성호 · 광주호 등과 함께 영산강유역개발사업의 일환으로 영산강의 지류인 대초천 상류에 축조된 국내 최대 규모의 농업용 저수지로 대초댐이라고도 한다. 수리 · 홍수 조절 외에 호반은 푸른 물과 산이 아름다우며 물고기가 많아 관광 · 낚시터로 개발되었다

34) 담양호

전라남도 담양군 용면에 있는 면적 약 4㎢의 저수지로 광주에서 28.3km의 거리에 있다. 영산강 유역개발사업의 일환으로 1972년 착공하여 만 4년 만에 장성호 · 광주호 · 나주호 등과 함께 준공하였다. 전남평야의 일부를 관개하고, 가뭄과 수해를 방지하는 데 큰 몫을 한다. 서쪽에 추월산, 금성면에 산성과 강천사 등이 있어 호반유원지로 이용되고 있다.

35) 장성호

전라남도 장성군 장성읍과 북이면 · 북하면에 걸쳐 있는 저수지로서 호수잉어 · 초어 · 백련 · 붕어 등 각종 민물고기가 서식하여 낚시터로 유명하며, 남북이 산으로 둘러싸인 아름다운 경관으로 1977년 국민관광지로 지정되었다. 장성호 상류 중간지점 관광지에는 야영장 · 가족유희장 · 취사장 등의 공간이 마련되어 있고, 댐 아래로 넓게 설치된 주차장과 다목적 광장에서는 가족이나 직장동료들의 단체활동이 가능하다.

36) 칠갑저수지

전라남도 영광군 대치면 광대리에 있는 제방길이 250m, 높이 32.4m, 최고수심 4m, 저수면적은 58ha 저수지로, 1930년대에 만들어졌다. 법성수로에서 서쪽으로 1km 떨어진 지점에 자리잡고 있다. 2000년에 농업용수와 공업용수를 확보하기 위해 총사업비 329억 6000만 원을 들여 축조공사를 하였다. 여름을 제외하고 붕어 · 잉어 · 가물치 등이 잘 잡힌다. 칠갑산과 인접해 있어 칠갑산과의 연계관광이 가능하다.

37) 송암저수지

전라남도 나주시 동강면 월송리에 있는 만수면적 23만 8016㎡, 최대수심 4m의 저수지로 나주시 영산강변에 있다. 수원이 부실하였던 곳이었으나, 1981년 영산강 하구둑이 완공되면서 영산호의 양수권에 들어 수량이 풍부해졌다. 둑을 제외한 전 지역에서 지렁이를 미끼로 하는 낚시를 즐길 수 있다. 나주 또는 영산포에서 왕곡 - 공산 - 동강면을 경유하는 인동 - 월송리행 버스를 타고 저수지 상류에서 하차하면 닿을 수 있다.

38) 성주댐

경상북도 성주군 금수면 봉두리에 있는 다목적댐으로 댐을 끼고 도는 길이 약 7km의 도로는 드라이브 코스로 유명하며, 성주호 주변에 수몰지역의 문화재를 이건한 영모재 · 구강재(경북문화재자료 280)와 운봉 현광호를 기리기 위해 세운 백운정을 비롯해 가야산 · 독용산성(경북기념물 105) 등이 있다. 성주 버스정류소에서 가천 경유 성주댐행 버스가 운행된다.

39) 경천댐

경상북도 문경시 동로면 적성리에 있는 댐으로 축조되기 전부터 메기 · 피라미 · 꺽지 등 담수어의 1급 낚시터였던 곳이다. 댐이 완공되면서 생긴 경천호 역시 맑은 물과 주변의 수려한 경관으로 피서지를 겸한 낚시터로 유명하다. 문경지방의 고산지대에 있어 주변 경관이 아름다우며, 봄이면 댐 주위로 진달래가 피고 여름에는 수상스키 등 수상스포츠를 즐길 수 있는 문경 8경의 하나이다.

40) 중화저수지

경상북도 고령군 고령읍 중화리에 있는 면적 22만㎡, 둘레 4km의 저수지로, 낫질못 또는 낙질못이라고도 한다. 고령군청에서 북서쪽으로 2km 정도 떨어진 곳에 자리잡고 있으며, 주변 6개 동의 전답에 물을 공급하는 전천후 농업용수지이다. 잉어 · 붕어 등 담수어가 많아 낚시터로도 널리 알려져 있으며, 1992년 가두리가 없어지면서 수질이 많이 좋아졌다. 주변 경관이 빼어나고 모터보트 등 수상 스포츠를 즐길 수 있어 고령군의 관광명소로 각광받고 있다. 고령읍 4거리에서 우회전하여 800m 정도 들어가다가 성주 방면으로 들어선 뒤 중화교를 건너 좌회전하여 1.5km 더 가면 저수지가 나온다.

〈표 2-13〉 주요 민물낚시터

구분	주요민물낚시터
경기	검담수로, 고모리지, 고모저수지, 고산지, 고삼저수지, 고삼지, 고출골낚시터, 광명자경못, 국화리자, 금광지, 금사지, 금촌수로, 기산저수지, 기천지, 남양만수로, 내가저수지, 내가지, 냉정지, 누산리수로, 대벽수로, 대부도구봉도, 대성지, 동방지, 뒷방울저수지, 뚝섬(인근), 마일낚시터, 미산지, 반포지구(인공섬), 발안지, 백학지, 번개늪, 봉선수로, 봉일철, 북동저수지, 사암지, 산척지, 송라저수지, 송전저수지, 송정지, 신갈저수지, 신갈지, 애룡저수지, 양화지구(인근), 어천지, 용궁낚시터, 용궁지, 용설지, 용인경안천, 일직저수지, 임진강, 잠실대교(인근), 장척, 조강지, 중리지, 지사리보, 차탄천, 창후리수로, 청계저수지, 청평호, 파주, 파주용정지, 팔당호, 평택호, 하리지, 하성수로, 학운수로, 한탄강, 합천호, 항포지, 황산지
강원	경포호, 고산낚시터, 귀래지, 귀운지, 금천낚시터, 대관령낚시터, 대평낚시터, 덕풍계무, 라이낚시터, 마평관강농원낚시터, 반계낚시터, 백운낚시터, 소양호, 손곡리, 수하계곡, 영랑호, 오죽헌지, 의암호, 이무기낚시터, 재산낚시터, 진동낚시터, 초당저수지, 춘천댐, 춘천호, 취병낚시터, 파로호, 평창낚시터, 행구낚시터, 현리낚시터, 호수낚시터, 홍천자운지, 화진포호, 화천댐, 횡성삼거지, 횡성어둔지
충남	가화저수지, 가화지, 갑사저수지, 고남수로, 고복저수지, 고북지, 광시윗보, 궐곡지, 금성수로, 냉정지, 논산저수지, 누둥지, 느르섬수로, 당진대호, 당진오봉저수지, 당진초대리저수지, 대동지, 대산지, 덕마지, 덕삼리, 도고저수지, 두산지, 매산수도, 면천저수지, 명암지, 모골지, 무한천, 미개지, 밤줄지, 방산지, 백곡지, 보금저수지, 봉선저수지, 봉재지, 부여내동리, 부여산직지, 부여산청지, 부여안터못, 부여율치, 부여함양리, 사기소지, 사점지, 삽교호관광지, 삽교호, 새보, 서산덕송리, 선장수로, 성연지, 송악저수지, 수룡저수지, 순천향지, 신봉지, 신수지, 신양리지, 신휴저수지, 쌍룡지, 아산저수지, 안골지, 안세일지, 안심지, 양사지, 양화저수지, 염치저수지, 예당저수지, 오포지, 옥산저수지, 온양저수지, 왕정지, 외직지, 용두리지, 운산소지, 인평지, 잠호지, 정당수로, 죽산지, 중왕리수로, 중장수로, 중추지, 지포지, 진죽지, 진죽지, 창기지, 청라저수지, 청양천장지, 춘산골지, 충화복금저수지, 태안공섬각지, 태안당산지, 태안모함리, 통천보, 풍천지, 해월보, 홍양저수지, 홍림지
충북	관성지, 괴산댐, 괴산댐, 금석지, 급성지, 능바우늪, 단양소류지, 대곡지, 대청호, 대청호, 동락지, 마이지, 매전지, 맹동지, 무극지, 백곡저수지, 봉계지, 봉지, 분광지, 사궁저수지, 사정지, 삼형제저수지, 상곡지, 소수지, 신항지, 앙암지, 양덕지, 연곡저수지, 오가지, 오궁지, 용대지, 용성지, 용원지, 원남저수지, 원남지, 유신지, 육령지, 의림저수지, 이벽낚시터, 장군지, 제수리지, 주봉지, 지당지, 철성지, 초평저수지, 추산지, 추평지, 추풍령저수지, 충주호, 통동저수지, 하당지, 한계저수지, 한들보, 호암저수지, 화곡낚시터
전북	대아저수지, 갈담저수지, 경천저수지, 구미지, 구이저수지, 금강하천일원, 대야호, 대위제, 대율저수지, 동상저수지, 두암저수지, 만경저수지, 만경지, 무풍제, 방수리보, 사동저수지, 선암저수지, 설천계곡, 수천리지, 수청저수지, 아중지, 영전지, 오봉제, 오성지, 옥구저수지, 옥정호, 용대저수지, 운곡저수지, 운암댐, 이문지, 회현지

전남	갈마지, 강산수로, 강진재경골지, 개초지, 계라지, 계매지, 고흥봉암지, 관홍지민낚시터, 군곡지, 금당도삼산지, 금산수로, 나주광리지, 나주호, 담양교산지, 담양호, 대곡지, 대도지, 대동저수지, 대선저수지, 도촌지, 동북호, 명주지, 목단저수지, 백운저수지, 백호지, 보성호, 봉암리, 불갑저수지. 사천지, 상작지, 생동지, 서창지, 서호지, 석장방죽, 성산저수지, 세동지, 송암저수지, 송정저수지, 수어저수지, 승평호, 신선지, 양촌지, 연보지, 영암학파2호지, 영천지, 영호정지, 예당지, 오산지, 오운지, 외동지, 용대지, 용산지, 운암지, 월가지, 월천지, 율치지, 장성장성보, 장성호, 장수지, 장치지, 장흥지정지, 장흥포항지, 주암호, 죽암수로, 지도수로, 진도둔전지, 징광저수지, 추곡지, 칠갑저수지, 태천리수로, 평산지, 포항지, 한천지, 함평동정지, 합동저수지, 해남좌일지, 해보지, 해원지, 호덕지, 호동지, 홍곡지
경북	가창저수지, 개운지, 개천지, 경산중구지, 경천호, 교동지, 구성지, 군위개봉지, 금오산저수지, 덕은지, 도천저수지, 둥덕지, 명계저수지, 명곡지, 문천저수지, 미나리못, 보문저수지, 보미지, 부제지, 사곡지, 사릿골못, 사산지, 삼귀지, 삼산지, 상주지사지, 상판저수지, 성주호, 속골못, 신관지, 신촌지, 신풍지, 안계저수지, 안동호, 양지저수지, 영천유상지, 영천호, 오목천, 오미지, 오새미지, 오태저수지, 외촌지, 용연지, 운문호, 의성토현지, 자라지, 중화저수지, 천마지, 청도고면지, 포항저수지, 풍곡지, 하곡지, 하늘저수지, 화곡저수지
경남	가락수로, 가봉지, 가산저수지, 가산지, 갈촌지, 구룡저수지, 구천저수지, 금호지, 김해호포수로, 남강댐, 남성저수지, 답천지, 대사지, 두량저수지, 두방지, 뒷골못, 명관지, 벽계저수지, 주남저수지, 봉대지, 사봉지, 소바우못, 송곡지, 아치실지, 양동지, 양산천, 연초저수지, 운천지, 원당1지, 원동수로, 의령구암지, 입곡저수지, 장안지, 조만수로, 주남저수지, 주촌지, 중리방죽, 지다리못, 청천수로, 팔수문수로, 평촌지, 하동호, 합천호, 화제수로

41) 개천지

경상북도 의성군 안계면 봉양리와 구천면 조성리에 걸쳐 있는 저수량 약 3,600톤, 만수면적 59.2ha의 저수지로, 안계면으로 남동쪽으로 1km 떨어진 곳에 있다. 『신증동국여지승람』에 의하면 비안현감 이간이 시축했다고 하며, 1959년 12월 저수지로 준공되었다. 1983년부터 낙동강 물이 양서양수장으로 유입되면서부터 수원이 풍부해졌다. 붕어·떡붕어·잉어 등 담수어가 풍부하며, 각종 편의시설과 벚꽃길을 조성하는 등 주변환경이 좋아 낚시터로도 알려져 있다.

42) 주남저수지

경상남도 창원시 동읍 가월리에 있는 저수지로 중앙에 자생 갈대섬이 있고, 1년 내내 저수량이 일정하며, 기후가 따뜻해 겨울에도 수면이 결빙되지 않는다. 또한 개구리밥·붕어마름 등 각종 먹이가 풍부하여 한국 최대의 철새도래지를 이룬다. 10월 중순에서 12월까지 시베리아·중국 등지에서 재두루미(천연기념물 203)·부리저어새(천연기념물 205)·고니(천연기념물 201)·큰기러기·쇠기러기·청둥오리·쇠오리·고방오리·흰죽지·큰고니 등 20여 종의 철새들이 날아와 이듬해 3월 말까지 월동한다. 그러나 1994년을 고비로 주변 지역의 재배작물 교체로 비닐하우스가 증가하면서 먹이 공급처가 줄어 철새들이 크게 줄고 있다.

43) 남강댐

경남 진주시 판문동과 내동면 삼계리 사이의 남강에 구축된 다목적댐이다. 남강댐을 구축하고, 또 진양호에서 사천만까지 길이 11km의 방수로를 축조하여 일부 유수량의 유로를 변경하고 유수량을 조절함으로써 홍수조절 · 관개개선 · 용수확보 등에 큰 성과를 거두는 한편 1만 2600kw의 전력을 얻게 되었다. 한편, 진양호는 일대의 자연경관이 훌륭하여 뱃놀이 · 낚시 · 휴양 등을 위한 이상적인 관광지가 되어 내외 관광객이 모여든다.

44) 합천호

경상남도 합천군 용주면 · 대병면에 있는 면적 25.95㎢, 만수위 176m, 저수량 7억 9000만 톤의 인공호수로, 1988년 12월 낙동강 지류인 황강(黃江)을 막아 합천댐을 만들면서 생겨난 인공호수이다. 높이 96m, 길이 472m인 합천댐은 연간 2만 3400만kw의 전력을 생산하고 있다. 호수에는 붕어와 잉어 · 메기 등 다양한 어종이 풍부하게 서식하고 있어 천혜의 낚시터로 꼽히며, 호수와 산허리를 끼고 달리는 40km에 이르는 호반도로는 자동차 여행의 새로운 명소로 각광받고 있다.

45) 금호지

경상남도 진주시 금산면 용아리에 있는 전체면적 20만 4937㎡, 둘레 5km, 평균수심 5.5m, 몽리면적 250ha의 저수지로, 금산면사무소에서 400m 정도 떨어져 있다. 신라 때 형성된 자연 못이라고 전해지며, 울창한 송림에 둘러싸여 있어 경관이 수려하다. 명주실꾸리 3개가 들어갔다고 전할 만큼 깊은 수심으로 인해 어종이 풍부하여 낚시터로도 잘 알려져 있다. 주변에 청곡사 · 월아산 · 반성수목원 · 반성관광농원 등 관광지가 많다.

46) 입곡 군립공원

경상남도 함안군 산인면 입곡리에 있는 공원으로 일제강점기에 농업용수를 마련하기 위해 만든 입곡저수지 일대에 조성한 공원이다. 저수지 왼편에 깎아지른 절벽을 따라 소나무숲이 우거지고 숲 사이로 등산로가 나 있다. 봄이면 저수지 주변 산책로의 벚꽃이 장관을 이룬다. 저수지 상류 오른쪽에는 관중석을 갖춘 운동장이 있다. 입곡저수지는 배스・가물치・붕어・잉어 등 어종이 다양하여 낚시꾼들이 많이 찾는다. 한려해상국립공원 관광개발 사업의 하나로 대규모 종합문화관광지로 조성 중이다.

47) 벽계저수지

경상남도 의령군 궁류면 벽계리에 있는 저수면적 14만 8760㎡의 저수지로 상류 수심은 2~3m, 제방이 있는 하류 수심은 10m이다. 1979년 궁류면・유곡면 일대의 농업용수를 확보하기 위해 산과 산을 막아서 만들어 규모가 크고 저수량이 많다. 주변 경치가 빼어나고 물이 맑으며, 수심이 깊어 붕어・잉어・향어・빙어 등이 서식하는 낚시터로도 유명하다.

(3) 댐

댐은 식수나 용수의 확보, 전력생산 등을 위하여 인위적으로 강을 막아 만들어진 저수시설이므로 적당한 유량이 확보될 수 있는 곳이 적지가 될 수밖에 없다. 따라서 우리나라 댐은 주로 5대강에 건설되어 있다.

〈표 2-14〉 우리나라의 주요댐

권역	댐 명	수계명	체적 (천㎥)	표고 (EL.m)	높이 (m)	길이 (m)	위 치	댐 구분
한강	충 주 댐	남한강	902	147.5	97.5	447	충북 충주	다목적댐
	횡 성 댐	계 천	675	184	48.5	205	강원 횡성	다목적댐
	소 양 강 댐	소양강	9,591	203	123	530	강원 춘천	다목적댐
	광 동 댐	골지천	616	678.5	39.5	292	강원 삼척	용수전용댐
	달 방 댐	전 천	1,009		54	326	강원 동해	용수전용댐
	도 암 댐	송 천	1,493		72	300	강원 평창	발전전용댐
	괴 산 댐	달 천	50	137.65	28	171	충북 괴산	발전전용댐
	화 천 댐	북한강	885	184.5	81.5	435	강원 화천	발전전용댐
	춘 천 댐	북한강	274	107	40	453	강원 춘천	발전전용댐
	의 암 댐	북한강	36	77	23	273	강원 춘천	발전전용댐
	청 평 댐	북한강			31	407	경기 가평	발전전용댐
	팔 당 댐	북한강	250	32	29	575	경기하남-경기남양주	발전전용댐
	안성천 하구둑	안성천	2,206	9.2	20	2,564	경기평택-충남아산	하구둑
	충주 조정지댐	남한강		70	21	480,7	충북 청주	조정지댐
	평 화 의 댐	북한강	2,585	225	80	414	강원 화천	기 타

낙동강	안동댐	낙동강	4,014	166	83	612	경북 안동	다목적댐
	임하댐	낙동강	3,232	168	73	515	경북 안동	다목적댐
	합천댐	황강	899	181	96	472	경남 합천	다목적댐
	남강댐	남강	750	51	34	1,126	경남 진주	다목적댐
	밀양댐	낙동강	3,900	212.9	89	535	경남 밀양	다목적댐
	영천댐	자호천	960	162	42	300	경북 영천	용수전용댐
	공산댐	금호강			63.5		대구 동구	용수전용댐
	가창댐	금호강			45		대구 달성	용수전용댐
	운문댐	동창강			55	407	경북 청도	용수전용댐
	사연댐	대곡천	694		46	300	울산 울주	용수전용댐
	대암댐	대암천	260	55	27	318	울산 울주	용수전용댐
	안계댐	형산강	600			234	경북 경주	용수전용댐
	선암댐	여천천	290		22	331	울산 남구	용수전용댐
	회야댐	회야강			24.5		울산 울주	용수전용댐
	연초댐	연초천	108		25	120	경남 거제	용수전용댐
	구천댐	구천	787	96	56	496	경남 거제	용수전용댐
	낙동강 하구둑	낙동강	2,206	9.2	18.7	2,230	부산	하구둑
	안동 조정지댐	낙동강		101.5	20	218	경북 안동	조정지댐
	임하 조정지댐	반변천		107	17	320	경북 안동	조정지댐
	합천 조정지댐	황강		66	29	275.5	경남 합천	조정지댐
금강	용담댐			268.5	70	498	전북진안	다목적댐
	대청댐	금강	1,234	83	72	495	충북청원-대전대덕	다목적댐
	보령댐	보성강	1,281	79	50	291	충남 보령	다목적댐
	삽교천 하구둑	삽교천			18	3,360	충남아산-충남당진	하구둑
	금강 하구둑	금강		7.6	16.6	1,814	충남서천-전북군산	하구둑
	대청 조정지댐			43.5	16.7	234	충북청원-대전대덕	
섬진강	섬진강댐	섬진강	410	200	64	344	전북정읍-전북임실	다목적댐
	주암(본)댐	보성강	1,573	115	58	330	전남 순천	다목적댐
	동화댐		234		59	474	전북 장수	용수전용댐
	동복댐	동복천			44.7	188.0	전남 화순	용수전용댐
	수어댐	보성강	1,458	69.2	67	437	전남 광양	용수전용댐
	주암 조절지댐		4,965	115	99.9	562.6	전남 순천	조정지댐
	주암역조절지댐	보성강	43	28		46	전남 순천	조정지댐
영산강	탐진댐	탐진강	1,506	85	53	403	전남 장흥	다목적댐
	부안댐	직소천		49	50	282	전북 부안	다목적댐
	담양댐	영산강	1,681	124	46	306	전남 담양	농업용수전용댐
	광주댐	영산강			25	505	광주북구-전남담양	농업용수전용댐
	장성댐	영산강	1,689	90.5	36	613	전남 장성	농업용수전용댐
	나주댐	영산강	1,128	67.5	31	496	전남 나주	농업용수전용댐
	영산강 하구둑	영산강			19.5	4,351	전남영암-전남무안	하구둑
	금호만 하구둑	(해남호)			33		전남 해남	하구둑
	새만금 하구둑	만경강			4		전북부안-전북군산	하구둑

(4) 호 수

우리나라의 호수로는 석호, 산정호수, 파로호, 신정호, 평택호, 청평호, 삽교호, 금강호, 합천호, 담양호, 나주호, 영산호, 송지호, 청초호, 영랑호, 경포호 등이 있다.

1) 경포호

경포호는 강릉지방뿐 아니라 국민적 사랑과 동경을 받아온 명승이다. 주변의 아름다운 경치뿐만 아니라 선사시대 문화유적을 비롯해서 화랑의 설화가 전해지는 곳이고, 역대 명사의 숨결과 발자취가 담겨져 있는 곳이다.

2) 대청호

대전 대덕구 미호동 일대 저수면적 72.8㎢, 호수길이 80km, 저수량 15억 톤, 댐 길이 495m, 댐 높이 72m인 대청호수는 우리나라 3번째 규모의 호수로서, 1975년에 착공하여 1989년 공사가 완료되었다.

3) 광주호

광주에서 동쪽으로 16km 지점에 있는 광주호는 영산강유역 종합개발계획사업으로 만들어진 인공호수로 광주 근교에서는 제법 규모가 큰 편이다.

4) 백운호

경기 의왕시 학의동 백운호수는 원래 안양과 평촌지역에 농업용수를 대는 것으로 이용되었다. 하지만 평촌이 신도시로 개발되면서 주위의 농토가 없어지게 되자 이제는 호수라는 이름을 가지고 유원지로 탈바꿈하게 되었다.

5) 평택호

경기 평택시 현덕면 권관리 1973년 12월 경기도 평택시 현덕면 권관리와 충남 아산시 인주면 모원리 사이의 2km의 바닷길을 방조제로 쌓으면서 24㎢의 거대한 호수로 만들어졌다.

6) 남양호

경기 화성시 장안면 수촌리 - 우정면 이화리 - 화성군 장안면 수촌리 - 우정면 이화리까지 14.8km에 이른다. 1973년 12월 20일 2,065m의 남양방조제가 완공되면서

1,211ha의 간척농지가 형성된 곳으로 서해바다인 남양만을 막아 조성된 남양간척지라 불려지고 있으며, 제방축조와 함께 조성된 967ha의 남양호는 새롭게 등장한 화성군의 관광명소이다.

7) 산정호수

경기 포천군 영북면 산정리 191번지 외 수필지 포천의 대표적인 관광지인 산정호수는 병풍과 같은 웅장한 명성산을 중심으로 호수 양옆에 망봉산과 망무봉을 끼고 있는 호수다. 산속의 우물과 같은 맑은 호수라 해서 산정호수라 불리고 있으며, 1925년에 농업용수로 이용하기 위해 축조된 저수지인데 주변경관이 수려해 수도권에서는 즐겨 찾는 관광지로 각광을 받고 있다. 호수주변의 산책로는 연인들의 데이트 코스로도 좋지만 숙박을 하는 이들에게는 건강 산책 코스로 아주 적합한 곳이다.

8) 청평호

경기 가평군 설악면 회곡리 청평에서 자동차로 약 10분 거리에 있는 청평호는 북한강을 막아 만든 청평댐으로 인해 생긴 인공호수이다. 주위의 산과 호반의 맑은 물이 빚어내는 경치가 매우 아름다울 뿐 아니라, 서울에서 불과 50km 떨어진 곳이므로 당일코스 관광지로 발전하기 시작했다

9) 소양호

강원 양구군 양구읍 석현리 소양댐은 1967년 4월에 착공, 6년 6개월 만인 1973년 10월에 준공되었으며, 당시 총공사비가 268억 원 투입됐고 저수량 269억 톤, 발전시설 용량이 20만kw이다. 이 댐의 건설로 춘천～양구간 44km의 도로가 수몰된 대신 소양호 뱃길이 생기고 1974년 양구읍 석현리에 선착장이 신설되었다. 소양댐까지 30분이면 닿을 수 있는 공기부양식 여객선 쾌룡호가 정기적으로 운항되고 있다.

10) 파로호

강원 양구군 양구읍 서천 하류이 일대에는 1987년 평화의 댐 축조를 위한 퇴수시 호수 바닥이 드러나면서 고인돌 21기가 나왔으며, 상무룡리에서는 1만 년 전 구석기인들이 사용했던 선사유물 4,000여 점이 발굴돼 학계의 관심을 모았다. 이밖에 함춘벌의 신석기 고인돌군 20기 등 파로호는 신·구석기 유물이 그대로 잘 보존된 지역이다.

11) 송지호

강원 고성군 죽왕면 인정리, 오봉리 호수둘레가 4km인 동해안 청정한 석호로 1977년에 주변이 국민관광지로 지정되어 자연호수와 죽도가 어우러져 경관이 수려하다.

12) 영랑호

강원 속초시 금호동 영랑호는 속초시 서북쪽 장사동, 영랑동, 동명동, 금호동에 둘러싸인 둘레 8km, 넓이 약 36만 평의 자연호수이다. 영랑호라 명명된 것은 신라의 화랑인 '영랑'이 이 호수를 발견했다는 『삼국유사』의 기록에 근거하고 있다.

13) 청초호

강원 속초시 청호동 등 4개동에 인접 청초호는 소가 누워 있는 모양으로 속초시 한가운데에 넓게 펼쳐져 있으며, 바다와 이어진 하구를 넓혀 속초에서 바다로 나가는 문이 되어 있다. 인근의 영랑호, 강릉의 경포호와 함께 동해안의 대표적인 호수로 꼽히며 강과 바다를 잇는 항구로 이름이 높다.

14) 춘천호

강원 춘천시 사북면 춘천호는 1965년 2월에 준공된 춘천댐으로 생겨난 인공호수다. 북한강 줄기를 막아 만들어진 높이 40m, 길이 453m의 콘크리트댐인 이 댐의 윗면은 5번 국도 상에 놓여 춘천과 화천의 길목이 되는 도로로 이용되고 있다.

15) 횡성호

강원 횡성군 갑천면 삼거리댐으로 계곡을 막아 생성된 횡성호는 분명 횡성군 발전의 규모와 정도를 가늠할 수 있게 만든다. 더불어 발전하는 논리에 고향을 양보해야 했던 수몰민들의 잃어버린 삶을 반추하는 공간이기도 하다.

16) 괴산호

충북 괴산군 청천면, 칠성면 괴산호는 괴산군 청천면과 칠성면 일대에 위치한 호수로서 붕어, 잉어는 물론 누치, 쏘가리 등 갖가지 물고기들이 많이 있어 마치 민물고기 전시장을 보는 듯하며 낚시터로도 이름이 높다.

17) 충주호

충북 충주시 종민동, 제천시, 단양군 충주호는 충주시 종민동과 동량면 사이의 계곡을 막아 만든 다목적호수로 우리나라 호수 가운데 가장 크고 깨끗한 호수이다. 월악산국립공원, 송계계곡, 청풍 문화재단지, 단양 8경, 고수동굴, 구인사, 수안보온천, 노동동굴 등 수많은 관광자원들이 주변에 펼쳐져 있으며, 국제적인 관광지로 외국인을 포함, 해마다 수많은 관광객이 찾고 있다.

18) 삽교호

충남 당진군 신평면 당진군은 서산, 태안, 아산과 함께 서해안에 자리잡고 있으며, 옛부터 중국으로 통하는 중요한 바닷길이 있었던 곳이다. 한민족이 처음 정착해서 살기 시작한 고을로 알려져 있기도 하다.

19) 천장호

충남 청양군 정산면 천장리 칠갑산 동쪽 기슭의 36번 국도변에 위치하고 있다. 1,200ha의 농경지 관개용 저수지로 1972년 12월부터 약 7년에 걸쳐 축조한 것이다.

20) 진양호

경남 진주시 판문동 일대 진양호는 경호강과 덕천강이 만나는 곳에 위치한 인공호수로 유역면적 2,285㎢, 저수량 1억 3,600만 톤으로 7년 6개월의 공사기간을 거쳐 1970년에 준공되었으나 현재는 저수량 3억 1,000만 톤 규모의 댐 보강공사가 1999년 10월로 완공되었다.

21) 합천호

경남 합천군 대병면 합천읍에서 남서쪽으로 16Km 지점에 있는 이 댐은 1988년 12월에 완공되었다. 7억9,000만 톤의 물을 담수할 수 있으며, 합천에서 댐을 지나 거창까지 이어지는 호반도로는 춘천호나 충주호를 연상시키는 낭만적인 드라이브 코스다.

22) 옥정호

전북 임실군 강진면 옥정리 임실읍에서 16km 지점의 강진교를 거쳐 오른쪽으로 꺾어져 5km쯤 올라가면 섬진댐이 나온다. 한편 전주에서 완주군 구이면 쪽으로

28km 가면 낚시터로 유명하고 풍광이 아름다운 옥정호의 맑은 댐이 나온다.

23) 나주호

전남 나주시 다도면 영산강 종합개발계획의 하나로 만들어진 저수량 9,100만 톤의 인공호수로 주변경치가 뛰어나, 나주호와 인근 사찰들을 찾는 관광객이 늘고 있다.

24) 영암호

전남 영암군 삼호면, 이암면 · 해남군 산이면 영암호는 전남 영암군 삼호면과 해남군 화원면, 산이면을 잇는 영암 · 금호방조제가 1985년에 공사를 시작해 1996년에 준공되었다.

25) 담양호

전남 담양군 금성면 대성리, 용면 일대 영산강 유역 종합개발 1단계 사업으로 완성된 4개 호수 가운데 하나로 1976년에 완공되었다. 제방높이 46m, 길이 316m, 저수량 6,670만 톤의 거대한 인공호수이다.

26) 주암호와 상사호

전남 순천시 상사면, 보성군, 화순군 1984년부터 1992년까지 8년의 공사 끝에 완성된 7억 700만 톤을 담수할 수 있는 다목적 호수로 홍수조절과 한해방지는 물론 광주, 전남권의 생활용수와 공업용수를 공급하고 있다.

(5) 저수지

우리나라의 저수지는 생활용수, 농업용수, 공업용수 등의 용도를 위하여 총 1,800여 개가 축조되어 있다.

1) 고모저수지

경기 포천군 소흘읍 동쪽의 해발 600m인 죽엽산 중심부에 있는 저수지로 면적은 6만여 평, 몽리면적은 53만 4,000여 평으로 전천후 농업을 도모하고 있다. 등산코스로도 무리가 없고, 탐방 또는 휴양지로도 쾌적하여 당일코스 여행지로 알맞은 곳이다. 주변 관광명소로는 광릉수목원 및 산림박물관, 베어스타운 등이 있다.

〈표 2-15〉 우리나라의 저수지 현황

시도별	계			시 도 저 수 지			농기공저수지		
	저수지수	수혜면적	유 효 저수량	저수지수	수혜면적	유 효 저수량	저수지수	수혜면적	유 효 저수량
계	개소 18,000	ha 510,157	천㎥ 3,009,784	개소 14,739	ha 141,153	천㎥ 701,830	개소 3,261	ha 369,004	천㎥ 2,307,954
부 산	130	708	1,217	130	708	1,217	-	-	-
대 구	213	3,396	25,042	190	1,248	4,040	23	2,148	21,002
인 천	35	5,187	22,028	22	528	2,515	13	4,659	19,513
광 주	98	1,762	3,034	98	1,762	3,034	-	-	-
대 전	16	126	566	16	126	566	-	-	-
울 산	373	4,010	19,201	295	2,079	7,248	78	1,931	11,953
경 기	431	38,645	246,727	328	3,773	11,953	103	34,872	234,774
강 원	343	13,821	96,181	273	2,891	5,727	70	10,930	90,454
충 북	841	28,047	161,757	637	4,226	8,259	204	23,821	153,498
충 남	974	88,078	475,313	759	25,573	131,732	215	62,505	343,581
전 북	2,302	96,201	399,982	1,927	14,245	50,495	375	81,956	349,487
전 남	3,281	107,969	879,799	2,258	30,953	350,705	1,023	77,016	529,094
경 북	5,659	70,439	456,732	5,032	31,317	83,862	627	39,122	372,870
경 남	3,300	51,748	221,846	2,773	21,724	40,472	527	30,024	181,374
제 주	4	20	359	1	-	5	3	20	354

〈표 2-16〉 우리나라의 주요저수지

구분	주 요 저 수 지
경기	고모저수지, 고삼저수지, 기산저수지, 내가저수지, 뒷방울저수지, 북동저수지, 송라저수지, 송전저수지, 신갈저수지, 애룡저수지, 일직저수지, 청계저수지,
강원	초당저수지,
충남	가화저수지, 갑사저수지, 고복저수지, 논산저수지, 당진오봉저수지, 당진초대리저수지, 도고저수지, 면천저수지, 보금저수지, 봉선저수지, 송악저수지, 수룡저수지, 신휴저수지, 아산저수지, 양화저수지, 염치저수지, 예당저수지, 옥산저수지, 온양저수지, 청라저수지, 충화복금저수지, 홍양저수지
충북	백곡저수지, 사궁저수지, 삼형제저수지, 연곡저수지, 원남저수지, 의림저수지, 초평저수지, 추풍령저수지, 통동저수지, 한계저수지, 호암저수지
전북	대아저수지, 갈담저수지, 경천저수지, 구이저수지, 대율저수지, 동상저수지, 두암저수지, 만경저수지, 사동저수지, 선암저수지, 수청저수지, 옥구저수지, 용대저수지, 운곡저수지
전남	대동저수지, 대선저수지, 목단저수지, 백운저수지, 불갑저수지. 성산저수지, 송암저수지, 송정저수지, 수어저수지, 징광저수지, 칠갑저수지, 합동저수지
경북	가창저수지, 금오산저수지, 도천저수지, 명계저수지, 문천저수지, 보문저수지, 상판저수지, 안계저수지, 양지저수지, 오태저수지, 중화저수지, 포항저수지, 하늘저수지, 화곡저수지
경남	가산저수지, 구룡저수지, 구천저수지, 남성저수지, 두량저수지, 벽계저수지, 주남저수지, 연초저수지, 입곡저수지, 주남저수지,

2) 청계저수지

경기 포천군 일동면 기산리에서 동쪽으로 3km 정도 떨어진 곳에 청계산이 있고, 그 계곡에 자리잡고 있는 광활한 호수가 청계호이다. 1979년에 완공된 이 호수의 제방 길이는 약 150m, 높이는 25.8m, 저수량이 약 100만 톤에 달한다. 서울에서 가까운 거리로 각지의 낚시꾼들과 관광객들이 많이 찾고 있다. 주변 관광명소로는 민등산, 금주산, 나산 CC, 명덕탄산천, 일동레이크, 일동유황온천 싸이판 등이 있다.

3) 구천저수지

경남 거제시 동부면에 위치한 구천댐(구천저수지)은 거제산업기반 개발구역 내의 대우 및 삼성조선소의 확장계획에 따라 추가 소요되는 생활·공업용수와 인근 주민의 생활용수를 공급하기 위한 저수지다. 구천골 북병산 자락을 흐르는 구룡천에 축조된 댐은 1987년에 완공되어 댐의 맑은 물을 상류측으로 약 5km 떨어진 구천정수장으로 옮겨 정수처리 과정을 거친 깨끗한 수돗물을 1일 약 22,000톤을 생산하여 신현, 아주, 장승포, 대우조선, 삼성조선, 능포, 옥포 등지로 공급하고 있다. 길이 231m, 높이 50m의 담수댐으로 공해가 전혀 없는 맑은 산간지역에 녹색의 짙은 물빛이 원시림처럼 우거진 수림과 어우러져 그림 같은 정경을 그려낸다. 거제도 드라이브길에 신현읍에서 구천골을 거쳐 몽돌해수욕장으로 이어지는 지름길에서도 만날 수 있다. 주변의 산세가 수려하고 가을 단풍철이 절경이다. 주변 관광지로는 거제도포로수용소유적관, 거제자연휴양림, 구조라해수욕장, 학동몽돌해수욕장, 거제자연예술랜드 등이 있다.

4) 벽계저수지

벽계저수지는 경남 의령군 궁유면 벽계리에 있는 농업용 저수지이다. 1979년도에 궁유면과 유곡면 일대의 농업용수를 확보하기 위해 저수지를 만들었는데 정동마을을 들어내고 산과 산을 가로막아 만든 저수지라 댐처럼 그 규모가 크고 저수량도 많다. 이곳에는 벽계관광지를 조성하고 있는데 저수지 상류에 야영장이 있고 남서쪽 상류에는 민속촌을 조성하고 있다. 그리고 저수지 북쪽에는 숙박시설을 조성하게 된다.

그리고 이곳에는 잉어와 향어, 빙어 등 많은 물고기가 서식하고 있어 낚시꾼들이 즐겨 찾고 있다. 또한 저수지를 따라 길가에 벚나무가 줄지어 서 있는데 봄이 되어 꽃이 만발할 때면 깨끗한 물빛과 함께 화려한 자태를 뽐내고 있어 관광객들을 크게 유혹하게 된다. 주변 관광지로는 벽계야영장, 벽계저수지, 일붕사, 봉황대, 의령

예술촌 등이 있다.

5) 주남저수지

경남 창원시 동읍에 위치한 주남저수지는 인근 구룡산과 백월산에서 흘러내리는 물과 인근의 낙동강 물을 수원으로, 산남·주남·동판의 3개 저수지가 수로로 연결된 약 180만 평 넓이의 저수지이다. 광활한 늪지와 갈대가 자생하고 있는 섬이 있어 개구리밥, 붕어마름 등 각종 먹이가 풍부해 철새도래지로 천혜의 조건을 갖춘 곳이다. 매년 11월경이면 따뜻하고 먹이가 풍부한 이곳에서 겨울을 나기 위해 천연기념물 제201호인 고니, 제203호인 재두루미, 제205호인 노랑부리저어새 등 20여 종 수만 마리가 찾아들어 이듬해 3월경까지 월동을 한다. '백조의 호수'로 잘 알려진 고니가 갈대밭에 고즈넉이 앉아 있는 모습, 저녁 무렵 하늘을 덮을 듯한 많은 철새들이 자태를 뽐내며 곡예비행을 하는 광경은 탄성을 자아내기에 충분하다. 주변 관광지로는 마금산온천(17km), 음나무군(3km), 성산패총, 창원의 집 등이 있다.

6) 대아저수지

전북 완주군 동상면 대아리에 있는 저수지로 대아호라고도 한다. 1920년 축조한 본래의 댐이 있었으나 내용연한이 다 되어 기존 댐의 300m 하류지역에 새 댐을 건설하였다. 새 댐은 1983년 착공하여 1990년에 완공되었으며, 존형 필댐으로 길이 225m, 높이 55m이다. 만수면적 2.34㎢, 저수량 5464만 6000톤으로, 일대의 농업용수뿐만 아니라 공업·생활용수에도 이용하고 있다. 만경강 상류에 위치하며, 인근의 경천과 상류의 동상저수지와 함께 호남평야를 관개한다. 인근에는 미륵사, 위봉산 위봉사, 위봉폭포가 있어 많은 관광·휴양객들이 모여든다.

7) 염치저수지

아산시는 충남 아산시 염치읍에 위치하며 동쪽으로는 천안시, 서쪽으로는 당진군, 남쪽으로는 예산군과 공주시, 북쪽으로는 아산만을 사이에 두고 경기도 평택시와 인접해 있다. 아산시는 전통문화와 현대문화가 한데 어울려 조화를 이룬 고장이다. 충무유원지는 온양온천역 앞에서 국도 45호선을 이용, 평택 방면으로 4km 정도를 가다보면 도로의 왼편에 있다. 충무유원지는 수영장, 테니스장 등 다양한 시설을 갖추고 있어서 많은 사람들이 몰려드는 곳이며, 염치저수지를 이용한 낚시터가 있어 종합적인 휴식공간으로 자리를 잡아가고 있다. 주변명소로는 현충사, 이충무공묘소, 윤보선묘소, 온양민속박물관, 외암리민속마을, 맹사성고택, 온양온천, 아산온천, 세심사, 영인산자연휴양림 등이 있으며, 주요특산품으로는 녹용, 버섯, 선장김치, 갯벌쌀, 탕정포도 등이 꼽힌다.

8) 고복저수지

충남 연기군 서면 고복리, 용암리에 위치한 면적 77만 ㎡의 대규모 농업용 저수지로서 공원 지정면적은 184만 ㎡이며, 오봉산의 자연림, 동굴(용굴), 사찰(신흥사), 야외조각 전시장 등이 있다. 가물치, 붕어, 잉어 등의 풍부한 어족을 가진 낚시터로 유명하며, 주변마을에는 포도, 복숭아, 배를 재배하는 과수단지가 조성되어 있다. 또한 '민락정'이라는 정자에 올라 저수지를 한눈에 바라보는 즐거움도 빼놓을 수 없다. 1990년 1월 20일 군립공원으로 지정되어 잔디광장이 있으며, 상업시설, 숙박시설, 각종 공공시설, 야영장, 관광농원 등이 조성되어 있다.

9) 삼형제저수지

충북 음성군 음성읍 사정리 - 금왕읍 육령리, 백야리에 위치한 삼형제저수지는 음성에서 장호원 쪽으로 약 10km 떨어진 곳에 위치하고 있다. 금석저수지, 무극저수지, 용계저수지를 합쳐 삼형제저수지라 일컫는데, 이 3개의 저수지는 서로 연결되어 있어 수면의 높이가 항상 똑같다. 낚시터로도 유명하며, 무극저수지에는 유료낚시터가 있다. 또한 금석저수지 옆산에 전망대, 체육시설, 주민휴식공간 등을 갖춘 9,000여 평 규모의 유원지가 조성되어 있다.

10) 백곡저수지

충북 진천군 진천읍 건송리에 위치한 백곡저수지는 동양에서 유일하게 싸이폰식 저수지(1949)였으나 80년대 초 저수지 제방확장 축조사업으로 싸이폰시설은 수몰되었다. 저수지의 규모를 보면 진천군과 음성군 유역에 필요한 농수량을 보급할 수 있도록 3089ha를 개발하고 총저수지량 2200만 톤, 만수 면적 232ha, 제방높이 27m, 길이 410m 수문식 물넘이 4운(澐) 최대 배수량 833톤/sec이나 된다. 진천의 3대 낚시터(백곡, 초평, 덕산)의 하나로 교통이 편리하고, 잉어의 입질이 좋아 낚시꾼들이 많이 찾는 곳이다. 주변 관광지로는 보탑사, 길상사, 배티성지, 만뢰산, 연곡저수지, 진천농다리 등이 있으며, 특산물로는 참숯, 고추 등이 있다.

11) 연곡저수지

충북 진천군 진천읍 연곡리에 위치한 연곡저수지는 총저수량 920톤, 유역면적

635ha, 만수면적 11.3ha로, 겨울 얼음낚시로 유명하며, 인근에 통일대탑 보탑사가 있어 들러볼 만하다. 주변관광지로는 보탑사, 김유신장군 탄생지, 만뢰산 등이 있으며, 특산물로는 진천 참숯을 들 수 있다.

12) 호암저수지

충북 충주시 호암동에 위치한 9만 평에 달하는 거대한 저수지로 주변에 수양버들이 울창하고 봄에는 진달래가 만발하여 한폭의 그림을 연상케 한다. 낚시로는 붕어와 잉어가 잘 낚이며, 주말이면 시민들의 휴식처로서 보트 놀이를 즐길 수 있다. 또한 충주댐 물을 재오개를 넘어 충주천으로 방류하면서 댐물을 저수지로 유입하게 되면 호암저수지는 사시사철 청정을 유지하게 되어 시민들의 사랑을 받게 될 것이다.

(6) 북한의 내수면 관광자원

1) 하 천

북한의 하천은 동해안쪽은 작은 하천들이 흐르고 서해안은 긴 하천들이 흐르고 있다. 대표적인 명소는 평양지역에 대동강과 보통강이 있으며, 평안북도와 양강도, 자강도에 걸쳐서 있는 압록강이 있다. 황해남도에는 예성강이 있고, 함경북도에는 두만강이 있다. 함경남도에는 성천강과 용흥강이 있다.

2) 호 수

자연호는 수초와 민물고기가 서식하고 있으며, 주로 동해안에 위치하고 있어서 호반의 경치가 아름답고 관광자원으로서의 가치가 높은 편이다. 그리고 서해안 내륙지방은 인공호수가 발달되어 있다. 호수의 대표적인 관광지역은 남포시의 태성호와 평안남도 개천군의 연풍호, 평안북도 삭주군의 수풍호, 양강도 삼지연군의 삼지연과 천지, 황해북도 은파군의 서흥호와 은파호, 함경남도 정평군의 광포, 신포시의 장진호, 부전군의 부전호, 함경북도 선봉군의 서번포, 어랑군의 장연호, 강원도 고성군의 삼일포, 통천군의 시중호 등이 있다.

제5절 온천 관광자원

1. 온천의 정의와 특성

온천은 지하수가 지열에 의하여 더워져서 용출하는 샘으로, 구체적으로는 "일종의 지하수로서 지표에 자연 용출되거나 인공적인 착정 시추를 실시하여 끌어올린 지하수의 수온이 그 지역의 연평균기온 또는 그 지역의 얕은 지층의 지하수 수온보다 높은 것"을 말한다. 일반적으로 화산지대 및 화산활동이 있는 지역에 많이 분포하고 있으며, 어원은 spa(광천온천)인 espa(샘물)에서 유래된 것으로서 인체에 따뜻한 물이 계속적으로 용출하고 있는 곳을 의미한다. 우리나라의 온천법에서는 온천이란 지하에서 섭씨 25℃ 이상의 온수로서 인체에 해롭지 아니한 것이라야 한다고 규정하고 있다.

지하수의 수온보다 낮은 것은 냉천(冷泉)이라고 하며, 수온과는 관계없이 무기물질 또는 가스성분을 다량으로 함유하고 있는 것을 광천(鑛泉)이라 한다. 온천의 한계온도는 지역에 따라 다르며, 극한지방에서는 아주 저온의 온천도 존재할 수 있다. 그리하여 편의상 각국에서는 자기 나라의 기온을 고려하여 적당한 한계온도를 정하고 있다.

예를 들면 영국·독일·프랑스·이탈리아 등에서는 20℃ 이상, 미국에서는 21.1℃(70°F) 이상, 한국과 일본·남아프리카공화국 등은 25℃ 이상을 온천으로 규정한다. 따라서 온천의 정의는 나라마다 차이가 있다. 예를 들면 일본의 온천법에서는 천원(泉源)에서의 온도가 25℃ 이상이거나, 온천의 용해물질의 한계값에 표시된 특정물질 중 1종 이상을 규정량 이상 함유하는 물을 가리킨다. 즉, 법규상으로 25℃ 이상의 용천(湧泉)은 물 이외의 성분을 함유하고 있지 않아도 온천이라고 할 수 있으며, 또한 물 이외의 특정 성분이 그 규정량 이상 함유하고 있으면 25℃ 미만이라도 광천으로 온천법이 적용된다.

우리나라에서는 온천을 지하로부터 용출되는 25℃ 이상의 온수로 그 성분이 인체에 유해하지 아니한 것으로 규정하고 있다. 온천학상으로 넓은 뜻의 온천은 물리적·화학적으로 보통의 물과는 성질이 다른 천연의 특수한 물이 지중에서 지표로 나오는 현상이다. 이 물을 온천수로 정의하는 것이 가장 적당하다.

온천수를 보통의 물과 구별할 때 물리적 성질이라고 하면, 첫째 온도이며 그 외밀도 · 점성 · 전기전도도 등은 다소의 화학적 성질에 의거한다. 일반적으로 보통의 지하수의 온도는 대체로 그 지방의 연평균기온보다 1~4℃ 높은 정도이지만 그 이상의 온도를 가진 물이 지중에서 지표로 나올 때는 좁은 뜻의 온천이다. 즉, 적어도 열에너지의 일부가 태양열 이외의 지구 내부 열원에 유래한다면 수온은 일반 지하수와 차이가 있게 된다.

대다수의 온천의 성인은 넓은 뜻의 화산활동과도 깊은 관계가 있다. 즉, 화산의 하부에는 고온 용융상태의 마그마가 존재하며 분출시에는 용암이나 수증기, 그밖의 화산가스로 되어 분출하는데, 그 증기는 대단히 많은 양으로 온천 부근에는 종종 분기공(噴氣孔)으로 나타나기 때문에 온천의 근원(물과 열)은 지하의 마그마라고 생각된다. 즉, 마그마가 냉각 · 고결되어 암석이 생성될 때에 수분과 그 밖의 휘발성 성분이 기체로 분리되어 지각의 열극(裂隙)을 따라 상승될 때에 냉각된 수증기는 물이 되어 지표에 용출된다고 보고 있다.

화성광상(火成鑛床)에 따른 온천의 존재는 이것을 뒷받침하고 있다. 그러나 온천은 건기에는 분기공이 되고, 우기에는 온천으로 되는 것이 있으며, 용출량이나 온도가 강수량에 따라 변동되는 것이 많다. 그래서 주로 지하수가 고온의 마그마 또는 마그마에서 분리하여 생성된 수증기, 그밖의 가스와 혼합되어 데워져 그 물질들을 용해하여 지표에 용출하는 것이라고 생각된다. 따라서 분기공에 물을 주입하여 온천을 만든 곳도 있다. 외국의 유명 온천에는 이러한 인공온천도 있으며, 보통물을 파이프로 고온의 분기를 통과시켜 물을 가열하여 온천탕으로 사용하는 예도 있다.

또한 지표에 화산을 형성하지 않은 지역에서도 비교적 얕은 지하에 마그마 자체가 고결하여 냉각되지 않은 화성암이 존재하면 온천이 생긴다. 즉 지하의 마그마나 그로부터 생성된 화성암은 대개 대규모로 존재하며 암석은 일반적으로 열의 불량도체이기 때문에 제3기나 백악기와 같이 오래된 지질시대의 마그마의 활동의 잔열(殘熱)도 지하에서는 온천의 열원(熱源)이 될 수 있다. 화산이나 화성암과 관계없는 온천도 소수 존재한다.

이러한 온천의 열원으로는 암석 중의 방사성원소의 붕괴, 지하에서의 화학반응, 단층이나 습곡운동에 따라 발생되는 열 등을 생각할 수 있다. 특히 지하의 온도는 일반적으로 평균 30m에 1℃씩 상승하기 때문에 상당히 깊은 곳은 높은 온도가 된다. 최근에는 시추기술이 발달하여 온천의 한계온도인 25℃ 이상의 지열이 있는 깊은 곳까지 파는 것은 쉬운 일이다. 이와 같이 깊은 곳에 풍부한 지하수층이 있는 곳을 시굴하면 인공적인 온천을 만드는 것도 어렵지 않다. 외국에서뿐만 아니라 국내에서도 이러한 예가 있다.

온천의 용출은 열원과 직접·간접으로 연결된 열극이 있어야 한다. 열수는 치밀한 암석, 지층 내에서는 단층이나 절리라고 하는 대소의 열극을 따라 상승한다. 따라서 온천의 용출구는 직접 단층선 등을 따라 대체로 직선상에 분포한다. 또한 용출구 상부에 제4기의 다공질 사력층 등이 두껍게 퇴적되어 있으면 지층의 지하수층에 상승한 열수가 혼합되고 지하수의 유동방향을 따라 고온에서 저온까지 여러 형태의 온천이 용출되기도 한다. 보통 열수광상(熱水鑛床)에 속하는 금·은·구리·납·아연 등의 광맥에는 과거에 지하의 열극 등을 따라 많은 온천수가 통과하여 그곳에 유용한 광물을 침전시킨 예가 있다.

현재 온천의 열원으로는 ① 보통 지하증온율(地下增溫率)에 따르는 지하심부의 열, ② 암석 중 방사성물질의 붕괴에 의하여 생기는 열, ③ 온천 또는 그 주위의 암석 사이에서 일어나는 화학반응에 의하여 생기는 열, ④ 단층운동 등에 의한 마찰열, ⑤ 마그마에서 유래되는 열 등이 있다.

지하중심부의 열로 보는 것을 순환수설(循環水說)이라고 하며, 지표의 물이 지하로 들어가 데워져서 다시 지표로 솟아오른다는 것이다. 지하 2,000~3,000m에 약 97℃의 물이 있는 것이 알려져 있는데, 이와 같은 깊은 곳에 침입하는 물의 힘은 약해지며, 이런 고온의 물이 어떤 기구에 의하여 다시 지표로 솟아오르는지는 밝혀지지 않았다. 시추에 의하여 통로를 만들면 인공적인 온천을 만들 수 있으나, 자연적으로 지표에 온천이 솟아나는 점에 대해서 순환수가 다른 곳에서 하강하기 때문이라고 생각하기는 어렵다. 또 암석에서 전도되는 열이 온천의 열로 이용된다고 해도 부근은 바로 냉각된다. 예를 들면, 미국 옐로스톤 국립공원의 온천에서는 1초에 약 1.6×106kcal(약 200톤의 얼음을 녹일 수 있다)의 열이 나온다. 그 중 올드페이스풀 간헐천(Old Faithful Geyser)의 열을 공급할 때에도 1년간 약 2mile^{2}의 강열된 암석면이 필요하므로, 온천열의 전부가 이 열원에 의하여 공급된다고 생각할 수 없다.

방사성원소와 화학반응에 의한 열량은 극히 소량이기 때문에 이들도 주요한 열원이 된다고는 보기에는 어렵다.

단층운동에 의한 것은 비교적 다량으로 국부적으로 발생되는 일이 있기 때문에, 온천의 열원으로 상당히 장기간 계속하여 존재하는 것으로 생각되므로 화산과 직접 관계가 없는 지역의 온천의 열원으로 설명될 수 있다. 그러나 온천의 용출현상은 특수하기 때문에 일반적인 온천이 이런 형태의 열만으로는 설명되지 않는다.

마그마에 의한 열원은 화산이 장기간에 걸쳐 활동이 계속되므로 그 방대한 열량은 온천의 열원으로 충분히 생각할 수 있다. 이것에 의하면 화산과 온천이 아주 밀접하게 분포되어 있는 것이 이해가 된다. 또 단층운동의 열도 변질현상에 의한 마그마 생성의 원인이 되기도 하며, 넓은 뜻으로 해석하면 전부 마그마의 열이라고 생각할 수 있다.

그러나 온천의 열원으로 주요한 것이 마그마라고 하더라도 물이 없으면 온천의 생성은 불가능하다. 마그마에서의 물만으로는 불충분하여 온천을 이루지 못하고 분기공이 되는 일이 많다. 따라서 온천이 되려면 반드시 지하수가 혼입되어야 하며, 다른 요인에 의한 열원도 함께 관여될 것으로 보고 있다.

성인으로 보아 온천을 마그마에서 직접 기원된 물질을 함유하고 있는 용출하는 물이라고 정의할 때 온도와 물질 함유량만이 온천을 규정하는 표준이 된다고는 할 수 없다.

편의상 20~25℃ 이상을 온천, 그 이하의 물과 구별되는 특수한 샘을 광천이라고 하고, 이것들을 전체적으로 총칭하여 온천이라 한다. 현재 온천의 주요 열원은 마그마에서 공급되고 지하수가 여기에 혼입하여, 통로 부근의 물질을 혼합하여 지표에 용출하며 마그마에서의 물질을 함유할 수 있으나 온도, 물질의 함유량에는 그다지 관계가 없다.

온천수에는 각종 광물질이 함유되어 온욕 효과가 크기 때문에 휴양지 · 요양지로 널리 이용되다가 최근에는 주변관광지와 연계한 겨울관광지로 더욱 각광을 받고 있다. 온천수에 함유되어 있는 화학적 성분은 신체에 주는 영향이 각각 다르므로 피부질환이나 위장병 · 신경통 등 신병치료에 이용되며, 오늘날에는 지역발전 및 농업과 공업용수로도 사용된다.

온천은 기본적으로 온천의 3요소라 일컫는 온천수의 수량 · 성분 · 온도에 따라 가치가 좌우되지만, 주위경관이나 휴양에 적합한 기후조건, 휴양시설, 교통조건, 서비스 등에도 이용에 많은 영향을 받는다. 훌륭한 온천이 갖추어야 할 조건은 다음과 같다.

- 온천의 건강에 대한 효과가 클 것
- 용출량이 풍부할 것
- 이용시 적당한 온도를 유지할 것
- 주변경관이 좋을 것
- 휴양에 적합할 것
- 환경위생적 조건이 양호할 것
- 교통이 편리할 것

2. 온천의 분류

온천의 분류는 국가나 학자들 사이에 따라서 많은 차이가 있지만 일반적으로 온천수의 수온, 용출형태, 광물질의 용해도, 개발유무에 따라서 구분된다.

(1) 생성원인에 따른 분류

온천은 성인에 따라 열수형, 지하수형, 분기형, 화석수형의 4종류로 분류한다. 열수형(熱水型)은 지하 심부에서 상승한 고온의 수용액과 보통의 지하수가 혼합된 것이고, 지하수형은 보통의 지하수가 지열에 의하여 데워진 것이며, 분기형(噴氣型)은 지하수에 분기가 혼입된 것이다. 그리고 열수가 해수와 혼합된 것을 화석수형(化石水型)이라고 한다.

(2) 수온에 따른 분류

온천수의 수온에 따라서 냉광천(25℃ 이하), 미온천(25℃～34℃), 온천(34℃～42℃), 고온천(42℃ 이상) 등으로 분류된다. 남한에서 온도가 가장 높은 곳으로 경남 창녕군의 부곡온천(78℃)이고, 가장 낮은 곳은 충청남도의 도고온천(25℃)이다. 한편 독일에서는 20℃를 기준으로 하여 25℃ 이하는 냉천, 25～34℃는 온천 42℃ 이상은 고온천으로 분류하기도 한다.

(3) 수소이온 농도에 따른 분류

온천은 수소이온 농도에 의하여 강산성천(PH 2 이하), 산성천(PH 2～4), 약산성천(PH 4～6), 중성천(PH 6～7.3), 약알칼리성천(PH 7.5～8.5), 알칼리성천(PH 8.5～10), 강알칼리성천(PH 10 이상)으로 나눈다.

(4) 형태에 따른 분류

온천은 형태에 따라 광천온천(spa), 감탕(clay), 간헐천(geyser) 등이 있다. 광천온천은 흔히 우리가 말하는 온천이며, 감탕은 곤죽같이 된 진흙을 온몸에 바르고 이용하는 온천으로 북한이나 러시아 외에 주로 동구권에 볼 수 있다. 간헐천은 아이슬란드, 뉴질랜드, 미국 등지에서 많이 볼 수 있는데, 일정한 시간적 간격을 두고 뜨거운 수증기와 물을 내뿜는 것이다. geyser는 아이슬란드어로 용출(gush)한다는 뜻으로 간헐천은 탕욕으로 이용되는 것이 아니고 관광용으로 이용되는데, 뉴질랜드에서는 증기발전소로 이용되기로 한다.

(5) 용출방식에 따른 분류

온천은 용출형태에 따라서 용천과 간헐천으로 구분하고 있다. 용천은 온천수의 분출이 계속적으로 일어나는 것을 말하며, 간헐천은 온천수가 일정한 시간 간격을 두고 주기적으로 용출하는 형태의 용천을 말한다.

(6) 광물질 용해도에 따른 분류

온천은 화학적 성분에 의하여 단순천, 식염천, 유황천, 방사능천, 탄산천, 철천 등으로 구분하기도 한다. 일반적으로 널리 사용되는 분류법으로 함유된 주요 음이온을 기준으로 하여 그것들과 양이온과의 조성으로 온천을 분류한다. 온천수중 물 1 ℓ 중에 1g 이상 고형물질이 용해되어 있으면 광천이라고 하고, 그 이하 것을 단순천이라고 한다.

- 단순천 : 이산화탄소 · 증발잔사(蒸發殘渣)가 온천 1kg 중 1g 미만으로 천온 25℃ 이상인 것을 말한다.
- 단순탄산천 : 유리탄산이 1kg 중 1g 이상으로 증발잔사가 1kg 중 1g 미만인 것을 말한다.
- 탄산수소토류천 : 증발잔사가 1kg 중 1g 이상으로 탄산수소칼슘이나 탄산수소마그네슘이 많은 것을 말한다.
- 알칼리천 : 탄산수소나트륨이 주성분이며 끓이면 알칼리성을 나타내는 것,
- 식염천 : 소금을 주성분으로 하고 함량이 1kg 중 15g 이상의 것을 강식염천, 5g 미만의 것을 약식염천이라 한다.
- 황산염천 : 주요 음이온으로서 황산이온이 많다. 양이온과의 조성에 따라 망초천(주로 황산나트륨) · 석고천(주로 황산칼슘) · 정고미천(주로 황산마그네슘) 등으로 나눈다.
- 철천 : 제1, 제2철이온이 1kg 중 0.01g 이상인 것으로, 조성된 음이온에 따라 탄산수소이온이 많으면 탄산철천, 황산이온이 많으면 녹반천(綠礬泉 : 황산철천), 염소이온이 많으면 함염화물철천이라고 한다.
- 명반천 : 황산알루미늄이 주성분인 것을 말한다.
- 황천(黃泉) : 메르캅토이온 또는 그것과 티오황산이온이나 황화수소가 함유된

것으로 유리탄산이나 유리황화수소를 함유한 것을 황화수소천, 이들을 함유하지 않은 것을 좁은 뜻의 황천이라고 한다.

- 산성천 : 수소이온이 1kg 중 1mg 이상으로 산성을 나타내는 것을 말한다.
- 방사능천(라듐천) : 온천수 1kg 중 라돈 8.25mache(100억분의 30Ci) 이상이거나 라듐 1억분의 1mg 이상인 것 등이 있다.

이상 11종류로 분류하는데, 방사능천은 일반적으로 화강암지대에 많이 분포한다. 또한 단순천은 물 1kg 중 100~300mg인 보통의 지하수보다 용해물질을 많이 함유하고 있을 뿐 아니라 특수한 미량성분을 함유하고 있다. 황화수소천 등의 온천에서는 동전이나 은수저가 검은색으로 변하는 것은 황화구리나 황화은을 만들기 때문이다. 신기활화산(新期活火山) 지대에서는 그 중심부에 강산성천이나 아주 고온의 단순천이 존재하며, 거기에서 멀어질수록 황산염천·황천·식염천 등이 있으며, 알칼리천·탄산천 등의 저온성 온천이 분포하는 일이 많다. 이와 같은 현상은 지질시대를 달리하는 화산이나 화성암에 유래된 온천의 천질에서도 인정된다.

(7) 개발정도에 따른 분류

온천은 개발정도에 따라서 자연형, 휴양형, 관광지형으로 구분된다. 자연형 온천은 자연상태와 개발상태에 따라서 자연상태가 더 많이 남아 있고, 온천이 자연 그대로 남아서 용출되는 온천지를 말한다. 휴양형 온천은 자연형 온천지에 비해서 자동차나 다른 교통편의 이용이 상대적으로 용이하며, 관광객을 위하여 숙박시설이 갖추어 있는 온천을 말한다. 관광지형 온천은 여가를 목적으로 개발한 온천을 말한다. 즉 온천 주변의 시설이 기업적으로 잘 발달되어 있는 온천지역을 말한다. 이곳은 관광도시화의 현상이 뚜렷하고 위락적인 성격이 강하다.

(8) 기능에 따른 분류

온천은 기능면에서 요양온천지와 관광온천지, 도시화되어가는 온천 등으로 구분하기도 한다.

〈표 2-17〉 요양 온천지와 관광 온천지의 특성

구 분	요양 온천지	관광 온천지	
		숙박기지, 유흥형	야외레크리에이션, 휴양형
위치 · 교통	산간, 고원에 위치하여 교통이 불편	대도시와 직결되는 교통망이 형성	산악, 해안, 고원에 위치하여 교통이 편리
환 경	뛰어난 자연경관, 소박한 취락경관	인공화, 과밀화	수려한 경관
발달정도	전통적 온천지가 대부분	신흥온천지가 대부분	전통적 온천지가 많다.
자본형태	그 고장의 토착자본이 중심	외래자본의 진출에 의해 형성	외래자본의 진출에 의해 발달
온천의 성격	공동탕이 많고, 내탕이 있고, 효능이 탁월함.	공동탕 또는 인탕을 가지며, 사유의 것으로 되어있다. 효능은 무시되어 있는 것이 일반적이다.	공동탕 또는 인탕을 가지며, 사유의 것으로 되어있다. 효능은 무시되는 것이 일반적이다.
숙박형태	자취나 반자취인 경우가 많다. 저요금이며, 장기체재의 내방객이 많다.	숙식을 겸하는 경우가 많으며, 요금이 비싸다.	저요금, 단기체재
이용객층	농민, 무직, 노인층이 다수로 단독이나 소그룹 고정객	회사원 단체, 중년층, 장년층, 소그룹형태의 학생	회사원, 청소년층이 주류, 소그룹이나 가족동반형태
입탕권	도내, 인접군에서 오는 지방적 관광시장을 갖는 것이 특성	대도시의 관광시장을 가지고, 전국적으로 광역화되어 있다.	대도시의 관광시장을 가지고 있다.
관광산업	여관 외의 일용식료, 잡화점이 많고, 관광산업의 지위가 낮다. 겸업의 형태가 많고 상술이 발달되지 않아 서비스가 미약하다.	여관, 호텔, 토산품전, 식당 외에 유흥시설이 많다. 관광산업지위가 높고, 전문화되어 있다.	여관, 토산품점, 식당들은 많으나, 유흥시설은 적고 관광상업의 지위는 중간 정도이다.
노동력	가정노동중심이다	고용력이 크다.	중간 정도
개발경향	산책로, 과원이 있는 정도	레저시설이 잘 되어 있다. 숙박시설이 대형화되어 있고, 부대시설이 충실하다.	스키장, 골프장, 별장지가 개발되어 있다.

3. 세계의 온천

세계의 온천분포는 화산지역에 많으며 그 분포는 신기지질시대(新期地質時代)의 화산지대와 대략 일치한다. 환태평양화산대에 연한 일본·뉴질랜드·남북 아메리카 대륙 서해안, 지중해화산대의 이탈리아·에스파냐 및 북대서양의 아이슬란드 등에는 온천이 많이 분포하고 있다. 온천은 외국에서도 고대로부터 알려졌다. 그리스인·로마인도 온천욕을 하였으며, 특히 로마인은 목욕을 즐겨 호화스러운 욕탕을 설치하여 사교오락의 장소로 삼았다.

유럽에서 온천 이용이 성행하게 된 것은 중세 이후로, 십자군의 원정에 참전한 병사들이 서아시아의 입욕풍속을 배운 데서 기인한다고 한다. 세계적으로 유명한 온천은 독일 바이스바덴·카를스바트, 스위스의 바덴, 그밖에 프랑스·이탈리아에도 많은 온천이 있다. 미국의 옐로스톤 국립공원에는 많은 간헐천이 있으며, 인도에는 온천은 적지만 왕사성(王舍城 : 라자그리하) 근처가 석가와 인연이 있는 온천지로 알려져 있다.

중국에서는 양귀비가 목욕하였다고 전해지는 산서성의 리산(驪山) 산록에 있는 화칭(華淸) 온천이나 둥베이(東北)의 슝웨이청(熊岳城) 온천 등이 있다. 일본은 온천국으로 세계적으로 유명한데, 약 1만 6000곳의 온천이 전국에 널리 분포되어 있다.

서양인은 온천이용법이 동양인과 다르다. 휴양·오락, 그리고 병약자의 치료목적으로서는 같으나 그들은 동양인처럼 열탕에 들어가지 않으며, 저온탕에서 장시간 입욕하며 야외 노천탕에 들어가 일광욕을 즐기는 풍속이 있다. 또 미국 등에서는 목욕보다 온천형성의 경관을 보는 것이 주이며, 유럽에서는 음용(飮用)으로 사용하는 일이 많으므로 이에 대한 설비를 만들어놓고 있으며, 각종 온천 치료를 위한 시설이 마련되어 있다.

화산국인 일본, 아이슬란드, 뉴질랜드를 비롯하여 미국, 캐나다, 에콰도르, 콜롬비아 등 남북아메리카 화산대와 유럽중부 내륙국인 독일, 헝가리, 체코슬로바키아, 루마니아, 폴란드 등지에 온천이 많이 있으며, 그 중에서도 독일의 바덴-바덴(Baden-Baden), 캐나다의 밴프트(Banft), 미국의 옐로스톤 국립공원(Yellowstone Park), 일본의 열해(아다미) 등은 세계적으로 유명하고, 특히 아이슬란드는 세계 최대의 온천보유국으로 관광, 농업용수, 공업용수, 난방, 온상재배 등 온천수의 다각적 이용에 있어서도 가히 세계적이다.

4. 우리나라의 온천 관광자원

우리나라의 경우 온천 관광자원은 제주도를 제외하고 전국적으로 고르게 분포되어 있다. 대부분의 온천이 지형상 평지나 구릉지에 입지하고 있고, 배후지도 대도시를 두고 있고, 관광지역과도 인접하고 있어서 우리나라의 새로운 관광지역으로 등장하고 있다. 특히 땅속 수백 미터까지 파들어가 수맥을 찾아내는 첨단장비가 등장하면서 전국적으로 온천개발이 확산되어 1990년대 들어 문을 연 새 온천들이 크게 늘고 있다.

한수 이북의 유일한 온천으로 1995년 4월 개장한 경기도 포천군의 신북온천, 강원 양양군 서면의 오색온천, 전북 전주시 외곽의 완주군 상관면의 죽림온천, 소양면의 화심온천, 익산 · 고창 등의 온천, 1996년 6월에 서울에서 개장한 서울온천 등 우리나라에는 개발중인 온천과 최근에 온천지구로 고시된 온천을 포함하여 2002년 기준으로 약 266개의 온천이 분포하고 있다.

온천은 국민들의 심신휴양, 건강증진 등에 크게 기여하고 있는 귀중한 자원이므로 공공의 복리증진 차원에서 일반지하수와는 달리 적절한 보호와 효율적인 개발 · 이용 및 관리를 도모하고 있다.

정부는 1981년도에 온천법을 제정, 동 법령의 규정에 따라 관할 자치단체로 하여금 온천발견 신고 · 수리, 온천원 보호지구 또는 온천 보호구역 지정, 온천 개발계획수립 · 승인, 온천수 이용허가 절차를 이행하게 하는 등 온천 개발 · 이용 및 관리 업무를 수행하고 있다.

전국 시 · 도별 온천현황은 <표 2-18>과 같다.

(1) 서울온천

현재 서울에서 온천공인을 받은 곳은 중계동 서울온천, 워커힐호텔, 용마산 자연농원, 서초동 스포타임 등 5곳 나이아가라호텔과 성동백화점 등 신고 · 접수분까지 합하면 9곳이나 되지만, 현재 개장한 곳은 서울온천뿐이다. 1996년 6월 문을 연 서울온천은 1991년 상가기초공사 도중 공업용수를 찾기 위해 뚫은 구멍에서 뜻하지 않은 온천수가 용출하는 바람에 주상복합건물 자리에 초대형 온천타운이 건립되었다. 서울온천 물은 인체에 이롭다고 알려진 게르마늄 성분이 들어 있는 알칼리성으로 불소와 칼슘성분이 많아 상처소독과 뼈의 재생에도 효과가 있다고 한다. 별도로 마련되어 있는 수영장도 온천수를 이용하여 다른 실내수용장과 달리 소독용 염소 냄새가 적다.

〈표 2-18〉 우리나라의 온천현황

2002. 1월 말 현재

시도	계	발견신고	신고수리	지구지정			보호구역지정			개발계획수립 (지구)	연간이용인원 (천 명)	지정면적 (천 평)
				계	이용중 〈이용업소〉	개발중	계	이용중 〈이용업소〉	개발중			
계	266	18	106	114	50 <469>	64	28	13 <21>	15	54	44,451	47,302.7 (151.0)
서울	8	1	3	1	1 <3>		3	3 <3>			1,157	45.3 (12.3)
부산	8	2	2	3	2 <78>	1	1	1 <1>			2,200	897.6 (11.9)
대구	9		4	3	1 <2>	2	2	1 <6>	1	2	650	540.0 (10.2)
인천	6		3	3		3						492.6 ( )
광주	2			2	1 <1>	1				1	95	287.3 ( )
대전	1			1	1 <58>						8,333	282.5 ( )
울산	5			4	4 <20>		1		1	1	942	1,154.8 (9.0)
경기	36	0	19	14	3 <11>	11	3	2 <1>	1	6	3,605	4,104.3 (14.3)
강원	28		14	11	5 <20>	6	3	1 <3>	2	6	2,281	4,872.5 (8.2)
충북	14	1	3	10	6 <37>	4				4	3,548	5,722.9 ( )
충남	22		9	11	4 <119>	7	2		2	6	7,791	3,052.2 (10.3)
전북	19	2	3	13	5 <10>	8	1		1	6	702	6,581.5 (10.0)
전남	11	1	5	4	3 <23>	1	1		1	3	2,565	1,227.6 (9.0)
경북	58	5	21	25	11 <44>	14	7	4 <6>	3	15	8,015	13,188.2 (27.6)
경남	32	3	18	7	3 <43>	4	4	1 <1>	3	4	2,567	3,715.4 (28.2)
제주	7	3	2	2		2						1,138.0 ( )

* 주 : <　　>는 이용업소, (　　)는 온천공 보호구역임.

<표 2-19> 우리나라의 주요 온천자원

시·도	온천명	지정연도	지정면적	온도(℃)	심도(m)	수질	수량(톤)
서 울	워커힐	1996	45.3	26~29	510~820	탄산수소	1,700
	양재스	1997	10,133.6	28	549	식염천	220
	서 울	1997	2,518.2	28	796	탄산수소	220
부 산	동 래	1981	89	28~61	107~280	식염천	2,480
	해운대	1982	171	32~59	150~800	식염천	2,100
대 구	대 덕	1996	3,742	26.8	650	단순천	375
	약 산	1994	370.5	26.6~29	580~780	단순천	3,730
광 주	무등산	1989	164.5	26.7	680	단순천	2,000
대 전	유 성	1981	283	27~53	70~450	알카리성	10,685
울 산	울 산	1989	536	26	580	단순천	4,500
경 기	이 천	1981	215	32	750	단순천	2,500
	신 북	1992	225	26	592	단순천	3,878
강 원	척 산	1981	275	41~53	240~360	단순천	2,078
	프라자	1994	282	41~50	410~754	단순천	3,040
	홍 천	1991	289	27~30	740~990	단순천	2,050
	원 암	1993	545	26~48	300~703	단순천	10,123
충 북	논 산	1992	342	26~30	600~703	단순천	5,000
	수안보	1981	2,721	43~53	178~300	단순천	5,600
	문 강	1995	751	26~28	580~703	단순천	2,860
	중 원	1995	111	26~27	568~722	단순천	1,200
	단 양	1994	304	25~27	600~700	단순천	5,500
충 남	마 곡	1993	245	26~28	720~820	단순천	4,000
	온 양	1981	161	42~59	124~303	단순천	5,808
	도 고	1981	210	25~28	200~700	유황천	3,287
	아 산	1989	366	27~35	600~700	단순천	6,400
	홍 성	1993	233	32	580	단순천	4,200
	덕 산	1981	174	27~50	180~803	중산나트륨	3,700
전 북	왕 궁	1992	418	26~27	681~756	단순천	3,000
	죽 림	1990	887	26~32	500~870	유황천	6,000
	화 심	1992	457	28	654~780	단순천	3,600
	석 정	1990	898	26~31	602~772	단순천	11,000
	변 산	1989	230	26~30	534~726	단순천	4,000
전 남	화 순	1983	155	26~35	268~460	중탄산	4,500
	도 곡	1988	185	26~28	500~630	중탄산	7,000
전 남	월출산	1996	288	26~27	570~680	식염천	970

경북	영일만	1989	562	29~35	393~600	탄산천	6,500
	포 항	1988	1,894	41~46	600~800	식염천	6,000
	경 주	1987	860	26~29	453~700	탄산천	17,600
	보 문	1991	2,980	26~36	500~700	식염천	18,000
	김 천	1994	994	26~28	842~978	단순천	8,900
	도 산	1991	776	26	317~580	단순천	4,600
	문 경	1995	803	29~32	728~800	탄산천	10,900
	경 산	1983	79	28~30	300~600	단순천	2,000
	탑 산	1996	257	26~27	700~820	식염천	3,952
	청 도	1985	87	32	72~290	유황천	2,400
	용 암	1995	574	27~30	653~780	탄산천	6,200
	백 암	1981	53	42~52	92~350	유황천	7,500
	덕 구	1983	163	37~40	89~250	탄산천	4,100
경남	마금산	1981	46	32~54	70~300	식염천	3,030
	부 곡	1981	893	54~78	250~400	유황천	6,000
	지리산	1987	555	25~29	400~580	단순천	5,000

* 자료 : 각 시 · 도 통계자료 종합(2001)

온천욕과 수영 외에도 4~6층에는 인도어 골프, 헬스, 에어로빅, 스쿼시, 볼링 등 다양한 레저시설이 함께 있고, 3층에는 전문식당들이 많다. 다른 온천휴양지들과 달리 도심에 있는 탓에 주변 관광거리가 없는 것이 흠이지만, 1997년에 근처의 육군사관학교가 관광코스로 캠퍼스를 개방하게 되면서 태릉사격장과 서울온천을 다니는 주말 반나절 관광코스가 개설될 예정이다.

(2) 이천온천

서울에서 가장 가까운 이천온천은 찬바람이 부는 노천에서 따끈한 온천욕을 하거나 원적외선을 뿜어 건강에 좋다는 맥반석 사우나탕 등 새로운 시설이 들어서 인기를 모으고 있다. 영동고속도로 이천인터체인지에서 이천읍내 쪽으로 4km 거리의 국도변에 있는 이천온천은 120여 년 전 발견된 나트륨천으로 피부질환, 피부미용, 신경통, 부인병에 효험이 있다고 해 연중 많은 사람들이 찾아오고 있다. 이곳 온천탕은 겨울바람을 맞으며 실외에서 온천욕을 즐기는 노천온천탕과 태양광선이 직접 비칠 수 있게 설계된 160여 평 규모의 실내 온천욕장과 실내수영장, 맥림욕실이라고 불리는 온돌방식의 휴게실 등을 갖추어 새로운 타입의 온천욕을 즐길 수 있다. 예전에는 온양 · 도고 · 유성온천에 비해 크게 각광을 받지 못하다가 새로운 시설의 확충과 주변의 이천 도예지와 스키장 등의 시설이 들어섬으로써 각광받는 새로운 온천지로 부상되고 있다.

(3) 덕구온천

태백산맥의 주능선, 첩첩산중에 위치한 노천온천이다. 암벽에서 폭포처럼 떨어지는 노천온천수는 대자연의 정취를 만끽하며 즐길 수 있는 곳으로 낭만적인 자연형태의 온천장이다. 45℃의 알칼리성 온천으로 각종 피부질환, 신경통, 빈혈에 효과가 있다. 일체의 편의시설이 없는 이곳은 오히려 현대식 시설에서 느끼지 못하는 자연의 멋을 느끼게 해주는 곳이다.

(4) 오색온천

강원 양양군 서면 오색리에 있는 온천으로 설악산국립공원 외설악 지역의 해발고도 800m 지점에 있다. 한계령에서 동남쪽으로 4.8km 떨어져 있으며 남쪽 약 30km 지점에 오색약수터가 있다. 조선시대 중기인 1500년경에 성국사의 승려에 의해 발견되었다고 전해지며, 일제강점기에는 일본인이 고려온천이라 하여 온천장을 운영하였다. 1995년 진한 사이다성분의 탄산가스와 함께 각종 광물질이 함유된 온천수가 개발되어 새로운 온천명소로 부상하고 있다. 수온은 30℃로 비교적 낮은 편이며, 알칼리성 단순천으로 유황성분이 많다. 피부병 · 위장병 · 빈혈 · 신경통 · 신경쇠약 · 기생충 구제에 특효가 있다고 하며, 호텔 · 여관 · 민박촌을 비롯하여 산장 · 주차장 등이 갖추어져 있다. 내설악의 여러 관광지와 근접해 있어 설악산을 찾는 관광객들이 많이 찾아오는 곳이다.

(5) 온양온천

충청남도 아산시 온양동에 있는 한국에서 가장 오래된 온천의 하나로, 온도 44~57℃, pH 9.0의 알칼리성 단순천이다. 백제 때는 온정, 고려시대에는 온수, 조선시대 이후에는 온양이라고 불려왔을 만큼 역사가 길다. 특히 조선시대에는 태조 · 세종 · 세조 등 여러 왕이 이곳에 순행하였고, 세조는 '신천(神泉)'이라는 이름을 내렸다. 영조 · 정조도 이곳과 인연이 깊었으며, 온궁이라는 별장도 있었다고 한다.

온양온천의 탕원은 깊이 150m 내외의 3개소인데 천량이 풍부하다. 단순천으로 탄산수소나트륨 · 황산마그네슘 · 탄산칼륨 · 규산 · 황산칼슘 등이 함유되어 있어, 거친 피부 · 신경통 · 위장병 · 빈혈 · 혈관경화증 · 부인병 등에 효험이 있다고 한다. 서울에 가깝고 현충사를 비롯하여 부근에 충무공기념각 · 민속박물관 · 보관사 · 백련암 등 문화재 · 사적 · 경승지가 많아서 관광 · 휴양객의 발길이 사철 끊이지 않는다.

(6) 도고온천

충남 아산시 도고면 기곡리에 있는 온천으로 예산에서 10km, 온양에서 11km의 지점에 있다. 약알칼리성 유황천으로 수질이 좋아서 신경통·피부병·위장병·안질 등에 효능이 있다고 한다. 신라 때부터 약수로 이름이 났었다고 하나 근대적인 온천 개발은 1921년 일본인 사금업자에 의해서였는데, 기반이 화강암이었기 때문에 굴착이 힘들어 초기에는 지하 12m 정도에서 겨우 물을 퍼올렸다고 한다.

현재는 이곳에서 가장 오래된 온천장인 원탕의 경우 지하 22~180m의 8개 천공에서 물을 얻고 있으며, 용수량은 약 1,500톤, 수온은 26~30℃로 낮기 때문에 가열하여 사용한다. 호텔 등의 많은 숙박시설이 있으며, 부근에는 골프장·수영장 등 각종 레저시설이 갖추어져 있다. 또 근처에는 도고저수지가 있고, 밤·사과 등의 산출도 많아 관광·휴양객들과 낚시꾼들이 많이 이용한다. 주변 4만여 평의 평야에 펼쳐진 전원 휴양지에 건설된 레저타운에는 골프장, 테니스장 및 수영장이 있고, 가족동반으로 즐길 수 있는 대규모 관광시설과 호텔, 콘도 및 한식 여관도 있어 내국인 물론 외국인도 쉽게 이용할 수 있는 대표적인 온천휴양지이다.

(7) 유성온천

라듐성분이 많은 알칼리성의 온천으로 신경계 질환과 소화기계통의 질병, 신경통, 피부미용 등에 특효가 있다. 유성온천 인근에는 계룡산국립공원과 중앙국립과학관, 대덕연구단지, 엑스포과학공원, 화폐박물관, 유성골프장, 계룡대 등의 다양한 자원이 있다. 특히 이 지역이 관광특구로 지정되어 관광객의 강한 유인역할을 하고 있다. 우리나라 중앙에 위치하여 경부와 호남의 교통요충인 대전근교이므로 전국 어디에서나 손쉽게 찾아올 수 있으며, 숙박시설로 주변의 유성호텔, 리베라호텔, 대덕롯데호텔 등 국제수준급의 크고 작은 많은 호텔과 음식점, 외식산업체 등이 밀집되어 관광객의 편익을 도모하고 있다.

(8) 수안보온천

충북의 동북부 중원군에 위치한 수안보보온천은 단순유황라듐천으로 전국에서도 손꼽히는 수질을 자랑한다. 소백산백의 심산유골에 자리잡고 있어 동으로는 월출산, 남으로는 조령 휘양산에 둘러싸인 절경지이며, 인근에 미륵사지와 단양 8경, 조령관문이 있고, 최근에는 스키장과 눈썰매장이 잇따라 개장됨으로써 가족단위의 전천후 관광지로서 자리매김을 하고 있다.

(9) 화순온천

전남 화순군 북면 옥리 일원에 화순종합온천장이 개발되어 가족단위 휴양객이 몰리고 있다. 화순온천은 신경계통에 효과가 있는 것으로 알려진 알칼리성 라듐온천으로 오는 2005년까지 15만 4천 평 규모의 체류형 관광지를 목표로 개발되고 있다. 현재 화순리조트는 4,600여 평의 초대형 온천장으로 2,500여 명을 맞을 수 있으며, 대온천장과 실내온천수영장, 노천탕, 음식점 외에 130m 위 튜브슬라이드가 있어 이를 즐기는 환성이 끊이지 않고 있다. 인근에는 백마산 휴양림이 조성되어 있으며, 숙박시설로 휴양지호텔이 문을 열었다. 1997년 상반기에 개관을 목표로 콘도미니엄 공사가 진행되고 있고, 볼링장과 실내골프장도 계획되어 있다.

(10) 죽림온천

1993년 10월 개장한 알칼리성 탄산나트륨 유황온천으로 전북 완주군 상관면 죽림리에 위치하고 있다. 다량의 유황성분이 물에 용해되어 있어 일본의 벳푸온천보다 수질이 뛰어나다는 평을 받고 있으며, 마시면 위장병, 피부미용, 고혈압에 효과가 있다고 한다. 조선시대부터 부녀자들이 겨울에 멱을 감았다고 전하며, 돌탑으로 유명한 마이산이 근처에 있다.

(11) 부곡온천

경남 창녕군 부곡면 거문리 덕암산 기슭에 위치한 부곡온천은 조선시대 이전부터 영산온정(靈山溫井)이라 하여 더운물이 나와 피부병을 완치시켰다는 전설이 있다. 1973년 1월에 68℃의 유황천이 솟아난 후, 꾸준한 개발을 추진한 결과 현재 48개의 온천공에서 1일 약 3,000톤의 온천수를 얻고 있다. 탕온은 55~79℃로 우리나라에서 가장 수온이 높은 고온천이다. 천질은 81.7%의 황을 함유한 유황천으로 관절염 · 피부병 · 신경통을 비롯한 여러 질환에 효과가 있다고 한다. 1977년에 주변 일대가 국민관광지로 지정되고, 부곡하와이 · 고급호텔 · 여관 · 대중탕 · 콘도 등 온천시설 및 공원녹지 등이 갖추어져 있어 많은 관광객이 찾아온다.

(12) 백암온천

경북 울진군 온정면 백암산 기슭에 위치한 백암온천은 라돈(Rn)이 함유되어 있는 수온 46℃로서 국내에서 드문 방사능천으로 수질이 우수하고, 수량이 풍부하며, 특히 인공요법으로 치료가 어려운 만성질환에 입욕과 음용으로 효력이 있어 탕치를 목적으로 한 온천 휴양객들의 발길이 끊이지 않고 있다. 신라시대 때 활에 맞은 사슴이 이 일대 뜨거운 물에 상처를 씻고 나았다는 전설이 전해지는 백암온천은 온천 위쪽 선시골계곡에 용이 살았다는 늪과 담이 무수하고, 가을단풍이 절경이다. 최근에는 호텔과 콘도가 건립되어 숙박관광객에게 편의를 도모하고 있다.

(13) 경주온천

1987년 우리나라 최고의 문화유적도시인 경주 불국사 입구에서 용출한 경주온천은 중·탄산나트륨천으로 1991년 보문관광단지에서도 개발되어 현대·조선·콩코드 등 단지 내 3개 호텔에서도 온천욕을 즐길 수 있게 되었다. 경주의 풍부한 문화유산과 근처의 포항의 산업관광 및 해안관광과 연계되어 내·외국인의 이용이 기대되는 온천지이다.

(14) 탑산온천

우리나라에는 흔치 않은 게르마늄온천으로 경북 우성군 보양면에 자리하고 있다. 게르마늄은 제독효과가 뛰어나고 면역성을 강화해 성인병, 중풍, 간염 등에 좋다고 한다. 인근에 팔공산·고온사·주왕산 등이 있다.

(15) 해운대온천

부산 해운대구 중동에 있는 수온 45~62℃, pH 7.7의 온천으로 통일신라의 진성여왕도 애용했다고 하는 오래된 온천이다. 왜구의 침범 이후 폐탕되어 한동안 방치되었다가 조선시대에 부활, 공중욕장도 생겼다고 하는데 외진 곳이어서 마을사람이나 환자들이 이용할 정도에 지나지 않았고, 온천장으로서의 근대적 개발이 시작된 것은 일제 침략 이후였다. 일본인에 의한 해운대온천의 개발은 이웃한 동래온천의 경우와 거의 같은 양상으로 추진되었으며, 1937년 동해남부선의 개통은 이 지역의 발전에 큰 도움을 주었다. 8·15광복 후 이 일대가 부산에 편입되고 교통이 편리해짐에 따라 해수욕장과 함께 급속히 도시화하여 지금은 국내의 대표적 관광·휴양지가 되었다. 수질은 무색투명한 알칼리성 단순식염천으로 라듐 성분이 약간 포함되어 있으며, 위장병·부인병·피부병 등에 특효가 있다.

5. 북한의 온천 관광자원

북한의 온천지역은 제3기 화산 암류 분포지역인 길주와 명천 지구대에 밀접되어 있다. 그리고 황해도 지역에도 널리 분포되어 있다. 북한지역의 온천은 현재 150여 개에 이르고 있는 것으로 알려져 있으나, 지형적인 특성을 감안할 때 남한지역보다 더 많은 잠재력을 갖고 있는 것으로 판단된다.

(1) 북한 온천의 특징

- 화산 활동의 영향으로 온천이 발달되었다.
- 함경북도와 황해남도에 집중되어 있다.
- 수질이 대체적으로 양호하고 수온이 높아서 온천으로서 가치가 높다.
- 화산활동의 영향으로 광천(약수)이 발달되어 있다.

(2) 주요 온천관광지

북한의 금강산 온천은 조선시대 초기에 양진(온정리)온천으로 유명한 곳이다. 조선시대 이후의 온정리온천은 서울과 타지역의 휴양장소로 이용되었다. 특히 시중호는 진흙을 이용한 감탕시설을 갖추어놓고 국외·국내의 관광객을 상대로 영업이 성황리에 진행되고 있다. 그리고 1973년에는 휴양지구로 개발되어 요양소, 물리치료실, 별장식호텔, 낚시터, 골프장, 스키장, 빌라 등으로 개발되어 운영되고 있다.

온정리온천에서 용출되고 있는 수온은 37∼44℃이고 성분은 라듐천이며 호텔과 휴양소, 전문음식점, 기념품상점, 토산품점 등을 운영하고 있다. 함경북도 청진일대의 온천(주을, 온보) 길주지역과 명천지역과 낭림산맥의 서쪽에 있는 강남산맥(삭주), 적유령산맥(운산, 석탕, 대관, 향산, 신풍, 동신) 등의 온천지와 미식령산맥 산악지대에 있는 성천, 양덕, 곡산, 노탄온천 등이 있고, 평안남도 안악군의 은천온천, 송화군의 송화온천, 삼천군의 달천·삼천온천, 신천군의 신천온천, 평천군의 평천온천, 벽성군의 벽성온천, 연안군의 연안온천, 백천군의 백천온천 등이 있다.

백두산온천은 장백온천과 천지호온천, 대궁온천 등의 40여 곳에서 온천이 발생하고 있다. 장백온천은 백두산의 북서부 지역의 장백폭포 하류에 위치하고 있다. 수온은 40~82℃이고 시간당 분출량은 1.8~3.6톤이고 온천수의 색깔은 담녹색이며 온천욕과 각종 질병치료에 사용되고 있다. 호반온천은 1984년부터 수온이 점점 낮아지고 있지만 겨울철에는 수면의 온도가 10℃ 정도이다.

백두산의 북서부서쪽에 장백산 약수천이 자리잡고 있으며 칼슘, 마그네슘, 나트륨 성분 등이 있으며 위장병, 심장병, 만성질환에도 효과가 있다고 한다.

제 6 절 동굴 관광자원

1. 동굴 관광자원의 특성과 종류

(1) 동굴 관광자원의 특성

동굴은 화산 지질작용과 관계가 깊은 자원으로서 지하의 신비적 경관이 관광자원으로서 활용되며, 구조의 특성에 따라서 산업, 군사, 학술적인 연구에도 크게 기여하고 있는 다기능적 복합성이라는 특성을 가지고 있다.

동굴자원은 다른 관광자원에 비하여 비교적 단일성이 강한 자원이기는 하지만, 내부구조의 다양성이나 주변경관과의 결합성 · 기능성 · 복합성 등으로 볼 때 관광자원으로서의 가치를 단순히 지하경관의 신비성 정도로만 보고 간과해서는 안 될 것이다. 동굴은 옛날부터 우리 인간과 긴밀한 관계를 맺어옴으로써 결국 동굴의 관광적인 가치는 지하경관의 예술성 · 신비성은 물론 문화적 · 종교적 · 학술적으로 이용되어 다기능적 복합성을 지닌다고 하겠다.

한편 동굴은 산악 · 해안 · 하천 · 계곡 등 주변의 수려한 자연 경관지와 함께 개발 · 연계됨으로써 새로운 관광자원으로 발돋움하고 있다. 더욱이 대다수의 동굴에는 전설이 얽혀 있어서 관광자원으로서의 가치가 크다.

(2) 동굴의 종류

동굴은 형성원인에 따라 크게 자연동굴과 인공동굴로 분류할 수 있다. 인공동굴이 인간의 어떤 목적에 의하여 조성된 동굴이면 자연동굴은 자연 힘에 의하여 형성된 것이다. 형태에 따라서 수평굴, 수직물, 경사굴, 평면굴 등으로 나눌 수 있으며, 생성원인에 따라서는 석회동굴과 용암동굴, 파식동굴로 세분된다. 또한 자연동굴의 규모는 내부구조, 위치나 지질 등에 따라 매우 다양하고 복잡하게 구분된다.

1) 석회동굴

석회동굴은 용식(corrosion)이 쉬운 석회동굴 내에 발달하는 복합된 여러 가지 지질변화와 지하수의 침식작용에 의해 이루어진다. 석회암으로 이루어진 지역에 전형적으로 발달하는 것이 카르스트지형인데, 이것은 탄산가스와 지표수에 의해 지하의 용식이 일어나는데, 이를 총칭하여 카르스트지형이라 한다.

이러한 카르스트지형은 지표에 노출된 석회암층의 틈을 따라 용식작용이 일어나서 둘리네 · 우발레 · 폴리에 등의 지표지형을 형성하는가 하면, 지하수에 의하여 지중의 석회암이 용식되어 석회동굴이 형성된 뒤에도 유수의 작용에 의하여 2차적으로 지형이 발달하기 때문이다.

일반적으로 동굴의 생성물이라 부르는 구조물은 동굴천장에서 아래로 성장하는 종유석(stalactite), 동굴바닥에서 천장을 향하여 쌓여가는 석순(stalagmite), 종유석과 석순이 성장하여 연결된 석주(column) 등을 비롯하여 천장에는 종유관이 있으며, 동굴벽면에는 폭포를 이루고 있는 유석경관 등이 있다.

2) 용암동굴

일반적으로 용암동굴은 화산활동과 밀접한 관련을 맺고 있다. 화산이 폭발하면 유동성이 큰 마그마가 지표로 분출하게 되는데, 이때 산지사면을 흘러내리는 용암의 표면은 대기에 의해 점차 냉각되고, 내부의 용암류는 그대로 흘러내려 용암의 내부는 텅 비게 된다. 이렇게 용암내부의 텅 빈 공동을 용암구, 즉 용암동굴이라 한다.

용암동굴은 생성요인으로 분류하면 라바터널(lava tunnel), 라바튜브(lava tube), 가스터널(gas tunnel) 등 크게 세 가지로 구분되고, 용암동굴의 생성은 일본의 후지산과 같은 성층화산이나 한라산과 같은 순장화산(aspite) 및 용암대지(pedionite)에서 많이 발달하고 있으며, 그 규모는 유동성이 크고 적음에 따라 달라진다. 후지산의 경우는 유동성이 작은 산성용암이기 때문에 동굴의 길이가 최장이 1.7km 정도이고, 한라산이나 하와이의 마우나로아(Mauna Loa)산 등은 유동성이 큰 알칼리성 용암으로서 그 규모가, 특히 길이가 긴 것이 특징이다. 또한 용암동굴은 용암이 굳으면서 형상이 결정되므로 1차적 생성으로 끝나는 것이 일반적이고, 2차적 생성이 거의 없는 것도 또 다른 특성이라고 볼 수 있다.

3) 파식동굴

파식동굴이란 주로 바닷가의 절벽에서 많이 볼 수 있는 해식동굴(sea cave)과 강가에서 볼 수 있는 하식동굴로 구별되는데, 해식동굴이 파식동굴의 대표적인 예이다. 파식동굴은 해안가나 강가의 절벽을 이루고 있는 지층의 암석 성분이나 그 절리구조 상태에 따라 해식동굴의 규모는 크게 달라진다. 대개 강가에서 볼 수 있는 하식동굴은 그 규모가 크지 않으나, 해식동굴의 경우에는 파도의 침식작용 때문에 비교적 커다란 동굴이 형성된다.

해식동굴은 해안단애의 하단측에 파도의 침식작용으로 형성된 동굴을 말한다. 이 동굴은 파도가 해식동굴을 형성할 때 암석의 단층면, 연층부, 절리면 등에서 이루어진다. 대표적인 해식동굴은 제주도, 동해안, 남해안 등에 분포되어 있다.

해식동굴은 해식애가 발달한 것으로 대부분 해안선 가까이에서 파도·조류·연안류 등의 작용을 받아 형성된 동굴이다. 특히 침식에 대한 저항력이 약한 해식애의 단층이나 절리의 틈을 파도가 집중적으로 침식하여 깊은 동굴을 만드는데, 모암의 종류와 가질 구조와도 밀접한 관계가 있다.

우리나라에는 홍도의 석회굴, 여수의 오동도굴, 제주도의 삼방굴, 경주 감포의 용굴, 경남 남해일대의 해식동굴군이 대표적이며, 세계적으로 유명한 것은 이탈리아 나폴리만에 위치한 카프리섬(cappris island)의 아주레(Azure)동굴이다.

해식동굴은 침수정도에 따라 이수해식동굴, 침수해식동굴, 해중동굴로 구분한다. 베트남의 호롱(Holong)만에 있는 레만(Lehman)동굴은 해수면보다 25m 높은 곳에 위치하고, 유고 아드리아해의 해식동굴은 해수면 이하로 완전히 침수한 해중동굴이다. 해식동굴은 석회동굴이나 용암동굴처럼 관광객의 접근성이 용이하지 않아서 관광자원으로서의 활용 가치면에서는 좋은 편이 아니다.

2. 우리나라의 동굴자원

우리나라에는 약 1,000여 개의 자연동굴이 분포하고 있으며, 그 중 규모가 큰 것만 300여 개에 달하여 보유한 자연자원 중 해양자원과 더불어 가장 경쟁력 있는 자원이라고 볼 수 있다.

〈표 2-20〉 자연동굴의 분류

<table>
<tr><th colspan="2">구 분</th><th>주요 관련 동굴</th></tr>
<tr><td rowspan="4">형 태
(용암굴
제외)</td><td>수 평굴</td><td>고씨굴, 대야굴, 비룡굴, 장암굴, 광천선굴, 근덕굴, 고수굴, 온달굴, 여천굴, 공이굴, 태나무굴, 성류굴, 관산굴, 금하굴, 영제굴, 천호굴, 천동굴</td></tr>
<tr><td>경 사 굴</td><td>환선굴, 관음굴, 초당굴, 활기굴, 공기굴, 옥계굴, 동대굴, 서대굴, 노동굴, 박천굴, 옥실굴, 냉곰굴, 심복굴. 일광굴, 도담굴, 저산굴, 박쥐굴</td></tr>
<tr><td>수 직 굴</td><td>용담굴, 백아굴, 동복굴, 화순굴, 노동굴, 능암덕산굴</td></tr>
<tr><td>평 면 굴</td><td>박쥐굴, 화암굴, 연지굴, 용굴, 오동도굴, 가사굴, 쌍사문굴, 음성굴, 백명굴, 금산굴, 화산굴, 오수자굴, 마고할미굴</td></tr>
<tr><td rowspan="4">성 인</td><td>석회동굴</td><td>고씨굴, 고수굴, 용담굴, 화암굴, 비룡굴, 관음굴, 환선굴, 활기굴, 초당굴, 연지굴, 근덕굴, 노동굴, 냉천굴, 도담굴, 공이굴, 보덕암굴, 옥실굴, 여천굴, 늘골굴, 태나무굴, 광천선굴, 대야굴, 장암굴, 말내굴, 금하굴, 영제굴</td></tr>
<tr><td>용 암 굴</td><td>빌레못굴, 만장굴, 금녕굴, 협재굴, 황금굴, 쌍룡굴, 서향굴, 신청선굴, 와흘굴, 한들굴, 구린굴, 소천굴</td></tr>
<tr><td>해 식 굴</td><td>오동도굴, 금산굴, 정방굴, 산방굴, 용굴, 백명굴, 쌍룡굴, 가사굴</td></tr>
<tr><td>기 타</td><td>청석다리굴, 오수자굴, 무명굴, 박쥐굴</td></tr>
<tr><td rowspan="3">규 모
(용암굴
제외)</td><td>대규모형
(1,000m 이상)</td><td>고씨굴, 성류굴, 고수굴, 영제굴, 노동굴, 초당굴, 환선굴, 비룡굴</td></tr>
<tr><td>중규모형
(100～1,000m)</td><td>파주박쥐굴, 용담굴, 청석다리굴, 화암굴, 관산굴, 백명굴, 여천굴, 장암굴, 신복굴, 발래굴, 천호굴, 관음굴, 온달굴, 쌍룡굴, 광천선굴, 옥계화석굴</td></tr>
<tr><td>소규모형
(100m 이하)</td><td>옥실굴, 활기굴, 연지굴, 쌀홍굴, 가사굴, 용굴, 일광굴, 도담굴, 공이굴, 저산굴, 화암굴, 마고할미굴, 보덕암굴</td></tr>
</table>

* 자료 : 각 시 · 도 통계

(1) 석회동굴

우리나라 석회동굴은 대부분의 종유굴이 고생대 대석회암통에 속하는 지층에 발달하여 생성연대가 4～5억 년 전으로 추정되고, 동굴을 형성한 것이 특징이다. 동굴 속에는 종유석과 석순, 그리고 석주 등의 무리가 곳곳에 밀림의 숲을 이루고 있기도 하고, 동굴천장에서는 종유관, 동굴벽면에는 동굴의 폭포를 이루는 유석경관, 그밖에 갖가지 기암괴석을 나타내고 있는 주석이나 펜단트 지물들이 산재하고 있어 관광동굴로서 각광을 받고 있다. 뿐만 아니라 최근에는 자연학습의 현장으로 이용 · 개발되고 있다.

1) 성류굴

경북 울진군 근남면 구산리의 왕피천가에 자리잡고 있는 수평석회동굴로 1963년 천연기념물 제155호로 지정되었다. 원래 선유굴 · 장천굴로 불려졌으나 임진왜란 때 부근 성류사의 불상을 피신시켰다 하여 성류굴이라 불려졌다 한다. 성류굴은 선유산(99m)이 왕피천의 침식을 이루어진 하식대에 발달하고 있어서 동굴바닥으로 하수가 스며들어 동굴류와 호소를 형성하고 있다. 동굴길이는 800m로 12개의 크고 작은 광장과 3개의 수심이 4m가 넘는 연못으로 알려진 높이 9.5m의 석주를 비롯하여 각종 지형지물이 신비로운 지하경관을 이루고 있다. 특히 이곳에는 종유석 소의 동공이 석질의 두께에 따라 저마다의 다른 소리를 내는 음향동의 신비도 느낄 수 있다. 포항～울진, 강릉～울진간을 연결하는 동해고속도로가 개통되어 망양정, 불영계곡, 망양해수욕장 등과 더불어 새로운 관광지로 각광을 받고 있다.

2) 고씨굴

강원도 영월군 하동면 진별리에 있는 평면 석회동굴로 1969년 천연기념물 제219호로 지정되었다. 영월에서 동남쪽으로 12km 지점에 위치한 이 동굴은 임진왜란 때 고씨일가가 피난하였던 곳이라 하여 고씨동굴이란 이름이 붙여졌다. 고씨동굴은 남한강변의 태화산(1,027m) 산록에 자리하고 있어서 굴 입구가 강변에서 30m의 높은 언덕 위에 있어 나룻배에 몸을 싣고 건너야 하는 풍취가 자못 흥미롭다. 동굴내부를 완전히 감상하는 데 3시간 남짓 걸리는 대형동굴이다. 총길이가 3km에 달하며, 동굴입구에서부터 3지역으로 구분되는데, 특히 제3지역에는 휴식광장 · 종유석군 · 동굴장미 · 동굴산호 등이 있어서 화려한 지하경관을 이룬다. 더욱이 화석곤충인 갈로아벌레를 비롯하여 지네류 · 거미류 등 41종의 동굴생물이 서식하고 있어서 관광적 가치는 물론 학술적 가치도 높은 곳이다.

3) 고수굴

고수굴은 동굴관광지대라고 불리는 충북 단양군 대강면 고수리에 위치한 동굴로 선사시대에 주거지로 사용된 흔적이 남아 있는 석회동굴이다. 1976년 천연기념물 제256호로 지정되었으며, 이 굴은 조선계 대석회암통의 중부에 해당하는 지층에 발달하여 생성연대는 약 5억 년전으로 추정된다. 총길이가 1km에 달하는 대규모의 동굴로 세계적으로 희귀한 길이 7m의 방패 종유석을 비롯하여 천연교, 동굴산호, 동굴진주, 그리고 탄산칼슘의 결정체인 유리꽃밭 아라고나이트 등 희귀한 동굴지형이 발달해 있다. 유명한 사자바위가 동굴 속의 수호신이 되어 있는 고수굴은 3층으로 된 광장과 새로 발굴한 신동지구 등 화려한 지하궁전, 천당으로 각광을 받고 있다. 또한 이 굴에는 꼽등이, 칼귀노래기, 장님딱정벌레 등 16종의 동굴생물이 시작하고 있으며, 가장 널리 알려진 우리나라의 대표적인 동굴관광지이다.

4) 노동굴

단양군 대강면 노동리의 뒷산 원출봉 중턱에 자리하고 있는 우리나라의 대표적인 수직석회동굴로 1979년 천연기념물 제262호로 지정되었다. 일명 원출굴이라고도 하며, 총길이가 900m, 급경사부분이 300m에 달하는 대규모의 동굴이다. 구조상으로 볼 때 크게 상·중·하의 3부분으로 나누는데, 주굴의 경사는 30~60° 정도이면, 연꽃종유석·손가락석순·석주·석화·폭포 등이 신비로운 경관을 이룬다. 중부층에는 5개의 지굴이 발달해 있고, 각종 지형지물이 어우러져 지하경관의 극치를 이루고 있다.

또한 이 동굴은 동물뼈, 고대토기 등 고고학적 유물이 산재하였던 곳으로 학술적인 보존가치가 높고, 대부분의 통로가 험한 급경사의 구조로 이루어져 출입이 부자유스러우며, 동굴내부의 생성물이 자연상태로 보존되어 있는 곳이기도 하다. 고수굴과 천동굴·노동굴 등 단양동굴들은 내륙호인 충주호의 종착역에 해당하는 수상관광코스에 들어 있어 오늘날 각광받는 문화재 동굴들이다.

5) 대이리동굴

강원도 삼척군 도계읍 대이리에 위치한 우리나라 최대 규모의 석회동굴로 천연기념물 제178호로 지정되어 있다. 이곳 200만 평 지대 내에 환선굴, 관음굴(갈매굴), 제암풍혈, 양터목세굴, 큰재세굴, 덕발세굴 등이 산재·분포되어 있는 일련의 석회암동굴을 대이동굴지대라고 부르고 있는데, 한겨울에는 영상 10℃ 이상이 되는 신비의 계곡 속에 여러 동굴들이 분포되어 있다.

이 지역에는 조선계의 두꺼운 석회암굴이 광범위하게 발달되어 있다. 이 석회암굴의 색은 주로 담홍색·백색 및 회색을 띠고 있으며, 그리고 이 석회암지대에서는 어디서나 볼 수 있듯이 내부의 석회동굴이 일대에 군을 이루고 있다. 지금까지 이곳에서 알려진 7~8개이며, 이 중에는 환선굴이나 관음굴(갈매굴) 같은 것은 그 규모가 특히 웅장할 뿐만 아니라 굴 내부의 형태의 기이성, 종유석의 발달, 험준도 등이 다른 석회동굴에 비해 특이한 것이다. 이 일대에 산재된 굴 중 가장 규모가 큰 굴 2개를 소개하면 다음과 같다.

① 환선굴

환선굴은 관음굴 북방 1km 지점에 위치하고 있고, 대이동굴군으로 불리어진다. 다만 관음굴이 골말인데 비해, 환선굴은 덕말이다. 행정적 위치, 지질, 지형 및 교통편이 등이 동일하다. 동굴경관으로서는 일반적으로 관음굴이 유석경관과 폭포인데 비해, 환선굴은 그 규모의 광대성에 놀라지 않을 수 없다. 설악산의 백담사계곡을 방불케 하는 수많은 폭담과 심연, 조뢰와 급단, 석회화단구의 연속이며, 두석(pisolite), 평원과 구혈(pot-hole)군은 그 규모와 밀도면에서 타의비교를 불허한다.

특기할 바는 대이동굴상의 주축을 이루는 관음굴과 환선굴은 태백산맥의 분수령에서 영동의 급사면에 발달되어 연중 풍부한 동굴류를 가지고 있다. 우기 등 집중호우가 있으면 동굴공간을 물로 충전하는 대홍수로 돌발하게 되므로 매우 신중한 탐험계획과 계절 및 기상상태를 고려하지 않으면 조난을 당할 수 있는 위험한 동굴이다. 환선굴도 관음굴과 같이 천연기념물 제178호이다.

② 관음굴

삼척군 도계읍 대이리에 위치하고 관음굴을 배태한 석회암은 고생대의 캄브리아기에 해당되며, 우리나라에서 지질계통상 조선계의 대석회암통 하부인 풍촌석회암층에 속한다. 그 층의 두께는 약 400m로 카르스트 지형이 발달하고 있을 뿐만 아니라 관음굴과 같은 지하의 거대한 공간, 즉 석회암동굴의 아름다움을 자랑하고 있다. 미공개동굴인 관음굴은 폭포동굴로 유명하며, 동남아동굴 중 가장 아름다운 수중 대사원이다. 이 동굴은 주굴의 길이가 1.2km이고, 총연장이 1.4km로 가장 아름답고 원형 보존이 잘 되어 있는 종유동굴의 하나이다. 동굴내부의 천장이나 벽면에는 순백색의 종유석군, 석순, 석회화폭 등이 다양하게 발달했을 뿐만 아니라 곡선, 석회 이외의 여러 가지 2차 생성물들이 발달하였다.

6) 화암굴

동양 최대의 황금빛 종유벽과 석회동굴광장, 화려한 석순, 석주 등을 간직한 화암종유굴이 새 명소로 각광받고 있다. 강원도 정선군 동면 화암리에 위치하고, 정선읍에서 지방도(424호)를 따라 동면방면으로 15km쯤 가면 화암 2리 천포마을에 이르게 된다. 이곳에서 좌측 교량을 건너 산길을 따라 500m 오르면 천포산 해발 550m쯤에 동굴입구가 나온다. 수억 년 동안 사람의 발자취가 닿지 않은 화암종유굴은 60여 년 전 금광을 캐다 발견되어 1980년 강원도 지방기념물(33호)로 지정되었다. 그 동안 정선군이 관리・보호해오다 3년 전 10억여 원을 들여 동굴탐방로를 개설하고 지하자연관 등을 갖춰 일반에 처음 공개했다.

총길이 270m, 폭 180cm인 종유굴의 지질구조는 고생대 석회암에 속하는 캄브리아기의 대석회암굴로 4~5억 년 전에 생성된 것으로 지질학자들은 추산하고 있다. 동굴입구에서 190m쯤 들어가면 높이 28m, 길이 95m, 폭 45m, 넓이 870㎡의 국내 최대 석회동굴광장이 나온다. 동굴광장 우측면에는 높이 25~30m, 너비 20m의 동양에서 가장 크다는 황금빛 황종유벽이 웅장한 자태를 드러낸다.

정선군은 1991년 진입교량을 가설하고 주차장·야영장·간이상수도 등 10개 기반시설을 갖췄다. 또 동굴광장·석주 등을 둘러볼 수 있는 길이 536m의 탐방로를 개설하고, 종유석 복원 9개소, 지하자연관, 인조바위 150㎡, 통로암석을 제거하여 1993년 9월부터 일반에 공개했다. 화암약수, 거북바위, 용마소, 화표주, 물운대, 광대곡, 소금강, 화암종유굴로 이뤄진 화암 8경은 돌·물·신화가 한데 어우러진 태고의 신비를 자연 그대로 감상할 수 있는 명소이다. 발산하고 있는 대석주 3개가 있어 감탄이 절로 나오게 한다. 또 성모마리아상 2개소, 부처상 2개소의 석주가 있으며, 백색·황색 등 황금빛을 발산하고 있는 화려한 석순과 석주들이 동굴에 고루 분포되어 장관을 이루고 있다.

7) 옥계굴

강원도 지방기념물 제37호로 지정된 석회동굴로 강원도 명주의 석병산 기슭에 있다. 넓은 공동으로 이뤄진 옥계 동굴은 돌꽃이 만발한 지하의 전당이다. 넓은 동굴 입구로부터 외기(外氣)의 유입이 동굴 안의 환경을 변화시켜 동굴 바닥은 갈라진 논바닥처럼 되어 있다. 동굴 속에는 연대 미상의 돌로 쌓은 돌담이 있어 이색적이다. 한편 동굴 부근의 지질은 고생대 조선계에 속하는 대석회암통의 지층으로 약 4억 내지 5억 년 전에 이루어진 석회암층이다. 동굴의 총길이는 약 800m이나 광장(공동)이 중심이 되는 석회동굴이다. 한동안 관광동굴로 개방되기도 하였으나 현재는 문을 닫고 있다.

8) 월둔굴

이 동굴은 강원포 삼척군 하장면 원동리 월둔(月屯) 부락의 북쪽 산록에 있는 석회 덩굴로 1986년 11월에 강원도 지방기념물 제58호로 지정받은 석회동굴이다. 우리나라 석회동굴 중에서는 가장 높은 곳에 있는 동굴로 해발 980m 지점에서 위치하고 있다. 이 동굴은 주굴의 길이가 약 320m이며 지굴까지 합치면 약 700m가 되는 수직동굴이다. 지층의 지질 연대가 약 5억 년에 해당되는 이 월둔굴은 산지 사면의 요지에서 침식과 용식작용에 의하여 하각 침식을 받아 급경사의 수직으로 발달되었다. 크고 작은 7개의 공동(空洞)으로 된 불규칙적인 원통 모양의 수직동굴로 크게 4단계의 다층 구조를 이루는 동굴이다. 제1광장은 동굴벽과 바닥에 석순과 석주 그리고 종유 폭포 등이 잘 발달되어 있으나 주민들의 출입으로 많이 훼손되어 있다. 그러나 제2, 3광장부터는 원형이 잘 보존되어 있으며 종유 폭포와 동굴 산호 등을 많이 볼 수 있는데, 특히 천장의 종유석 무리들은 학술적 관장 가치가 크다. 제3, 4광장에서는 곳곳에 문 밀크가 발달되어 있고 가장 밑에 동굴 바닥의 광장에는 수심 약 4m의 동굴 호수가 있다. 광장의 중앙부에는 우리나라에서 손꼽히는 높이 8m의 대형석순이 있어 그 웅장함이 대단하다.

9) 초당굴

우리나라에서 가장 많은 지하수를 유출시키고 있는 동굴로서, 삼척군 근덕면에 있는 초당(草堂) 저수지의 수원이 되기도 한다. 동굴의 길이는 4,700m에 달하며 대형 광장과 협곡으로 이루어진 가장 장대한 동굴로 천연기념물 제226호이다. 동굴 입구는 13m의 수직 구멍으로 그 속에는 다시 70도 경사의 넓은 광장이 계속된다. 동굴 밑바닥에 세 갈래의 수평굴이 있는데 일반인에게는 공개되지 않고 있다.

동굴 안에는 대형의 석회화단구와 석순 등이 발달하여 학술적인 가치가 크다. 더구나 이 동굴에서 스며나오는 동굴류는 1년 동안 계속해서 커다란 시냇물을 이루는데 이곳에는 희귀한 '물김'이 서식하고 있어 학계의 큰 관심을 모으고 있다. 굴 깊숙한 곳에 발달한 석회화 단구는 우리나라에서 가장 모범적으로 발달한 예로 꼽히고 있다.

10) 미림굴

경상북도 안동군의 서쪽 내륙 지역인 북후면 석탑리에 있는 석회동굴로 1982년 8월에 경상북도 지방기념물 제36호로 지정받고 있는 동굴이다. 굴의 입구는 매우 협소하여 이른바 흡인형 동굴로 수직과 수평의 동굴 통로가 복잡하게 있어 폐쇄형에 속한다.

동굴 속에서는 유년기에 해당하는 매우 초기 단계인 많은 종유관과 종유석들이 발달하고 있으며, 그밖에도 동굴의 벽면이나 바닥면에 방해석관(方解石管)의 결정체가 많고 풍화된 점토인 테라로사 토양이 석회질 용액에 의하여 코팅된 곳도 있어서 학술적 가치가 크다. 이 동굴의 생물상은 동굴의 규모가 작고 생성 연대도 매우 짧아 외래성 동굴 생물인 나방, 거미류밖에 발견되지 않고 있다.

11) 용담굴

강원도 영월군 하동면 진별리에 있는 석회암의 수직동굴로 강원도 지방기념물 제23호이다. 이 굴은 영월 화력발전소 앞산 기슭에 있다. 수직 깊이 86m가 넘는 깊은 동굴로 원통 모양의 커다란 광장에서 다시 80m의 가지굴인 수평굴이 뻗어 있는데, 이곳에 갖가지 모양의 석순이 성장하고 있다. 옛날에 용이 도사리고 있었다 하여 '용담 수직굴'이라고 부르기도 한다. 이 동굴 주변 남한강변의 풍치와 계곡 풍경이 극히 아름답다. 이 동굴을 형성하고 있는 지층의 지질 연대는 고생대이다.

12) 천동굴

우리나라 석회동굴 가운데 가장 아름다운 동굴의 하나이다. 강원도 지방기념물로 지정되어 있으며, 동굴의 경관은 지하 궁전을 그대로 옮겨놓은 듯 화려하다. 땅 속에 아름다운 '꽃쟁반을 간직한 동굴'로 알려진 이 천동굴에는 종유석과 석순의 숲이 우거진 동굴 밀림 지대가 있다. 그리고 갖가지의 동굴 퇴적물이 즐비하여 '동굴의 표본실'로 부를 정도이다. 동굴의 규모는 작고 아담한 단일 공동의 관광 동굴이지만, 수많은 동굴의 지형지물이 발달하였을 뿐만 아니라 그 색채 또한 화려하고 아름다워 마치 극락세계의 지하 궁전을 방불케 한다.

(2) 용암동굴

우리나라의 화산지형은 대개 신생대 제3기 말에서 제4기에 걸쳐 분출한 조면암과 현무암으로 이루어져 있다. 따라서 용암동굴은 제주도에서만 볼 수 있으며, 한라산을 중심으로 경사가 완만한 한림지역과 금령지역에 집중하고 있다. 한라산은 초기에 분출한 조면암과 후기 플라이스토세에 분출한 현무암으로 이루어진 순상화산으로, 정상에는 분화구인 백록담이 있고, 산록에는 오름이라 부르는 약 360여 개의 측화산이 분포한다.

용암동굴은 한라산의 서북사면과 동북사면을 따라 발달해왔는데, 서북부 협재굴계에는 최근에 세계 최장의 용암굴로 조사된 빌레못굴과 협재굴 · 황금굴 · 소천굴 등이 있고, 동북부 만장굴계에는 만장굴 · 금령굴 · 수산굴 · 덕천굴 · 미천굴 등이 있다. 이들 대부분의 동굴의 동굴은 높이가 3~7m, 폭이 5~12m, 길이는 수km에 달하는 것도 있으며, 석회동굴과는 달리 2차 생성물이 적어 지하경관이 단조로운 편이다.

1) 만장굴

북제주군 구좌읍 동금녕리에 있는 용암동굴로 1946년 최초로 발견되어 1962년 천연기념물 제98호로 지정되었다. 만장굴의 총연장은 10,685m로 확인되었으며, 굴 내부의 넓이는 5㎡ 내외이고, 높이는 5～10m로 규모가 크고 웅장한 세계적인 동굴이다. 경관상 단조로우나 돌거북·용암기둥·용암선반 등을 비롯하여 천장에 내려뻗은 패류의 용해물로 이루어진 종유석 줄기들은 신비로운 조형미를 보여준다. 또한 만장굴은 세계적인 화상동굴시스템이다. 화산동굴시스템이란 같은 시기에 한 줄기로 나타나는 동굴이 땅 표면의 낙반과 지표지면의 변화로 서로 다른 동굴로 나타나는 것을 말한다. 만장굴의 공개된 부분 가장 안쪽에 있는 용암주는 7.8m의 높이로 만장굴 속의 2층 동굴 속에서 흘러내려 아래층 바닥에 닿으면서 그대로 냉각되어 굳어버린 채 오늘에 이른 것이다. 또한 이 만장굴 속에는 3층구조의 커다란 용암교가 있는데, 이와 같은 큰 규모의 용암교도 없거니와 만장굴 내에는 21개소의 용암교가 있어 밀집 분포면에서 세계기록을 지니고 있다.

2) 금녕굴

1962년 천연기념물 제98호, 제주도 동북해안가의 금령리, S자 모양의 용암동굴, 만장굴의 연장으로 추정된다. 제주시에서 20km 떨어진 곳에 있는 이 굴이 알려진 것은 이미 조선시대 때의 일이며, 일명 뱀굴이라고 불려오듯이 뱀에 대한 전설이 있는 곳이다. 동굴은 3부분으로 이루어져 있는데, 첫번째 굴의 길이는 50m이고, 두번째 굴은 위아래로 뚫려 윗굴이 50m, 아래굴이 150m이고, 세번째 굴은 350m로 총 길이가 600m가 되지 않는 굴이지만 짧은 2층의 공동 윗부분에 있는 용암선반에는 규산화가 있으며, 동굴 끝부분의 용암폭포와 천장의 패사용해물 등은 학술적으로 매우 가치 있는 것들이다.

3) 협재굴

제주도 북제주군 한림읍 협재리 해면에 위치하고 있는 용암동굴로 협재리 일원에는 소천굴·황금굴 등 용암동굴지대가 형성되어 있으며, 1971년 천연기념물 제236호로 지정되었다. 그 중 주굴에 해당되는 협재굴은 종유동굴이라 불릴 만큼 손가락만한 종유석들이 천장에 매달려 있어 석회질 피복이 잘 나타나는 동굴이다. 이것은 북서계절풍의 영향으로 바닷가의 모래와 패사가 연안지대에 퇴적되는데, 이 패사가 우수의 용식을 받아 종유석의 굴의 길이는 150m, 높이 7～10m, 넓이 12～13㎡의 수평굴로 거친 암벽과 암반으로 이루어져 있다.

4) 소천굴

전장 3,075m이며, 굴 입구가 2개로 되어 있다. 제1입구는 지표에서 약 3m 정도 가라앉아 있고, 바닥과 주변에는 난대성 양치식물과 상록수가 자라며, 암벽에는 푸른 이끼 등이 있어 아름다운 식물군상을 조성하고 있으므로 관광적 가치뿐만 아니라 학술적 가치도 크게 지니고 있다. 제2입구도 역시 함몰장 입구를 형성하고 있으며, 제1입구와 같이 식물군상을 형성하고 있다. 제2입구에서 굴 막장까지는 약 2,000m나 계속되며, 굴 폭은 10m이고, 높이는 변화가 많으나 2~3m 정도이다. 이 소천굴 속에는 총길이 720m의 튜브 인 튜브라고 불리는 미니 동굴이 있으며, 세계적으로 희귀한 코핀(coffin)현상도 볼 수 있다.

5) 황금굴

황금굴을 배태한 지질은 표선리 현무암으로 홍적세 초기의 용암분출로 비롯된다. 이 동굴은 용암수도(lava tunnel)를 기초로 이 지역일대에 넓게 분포하고 있는 패곡사의 석회질이 우수에 용탈되어 용암수도 속에 석회암동굴과 마찬가지의 방해석(calcite)기원의 종유석, 석순, 석주, 유석, 석회화단구, 제석소, 두석, 석화(gyp-sum flower) 등 다채로운 동굴현상을 나타내고 있고, 1950년대부터 비교적 널리 알려진 동굴이다.

이 동굴에서는 전복화석 등의 패류화석이 발견되어 옛날 이곳이 바다였다는 것을 추정하게 해준다.

6) 빌레못굴

북제주군 애월면 어음리에 있는 빌레못굴은 만장굴과 마찬가지로 유동성이 큰 표선리 현무암층에 발달하고 있으며, 원래의 지표지형이 고르지 못하여 동굴구조가 매우 복잡하게 나타나고 있다.

동굴의 형태는 크게 경사가 완만한 적류형의 주굴과 복잡한 2~3층의 구조를 이루는 미로형의 지굴이 복합되어 있다. 지금까지 조사된 바로는 동굴의 길이가 세계 최장으로 알려져 있는데, 총연장이 12,205m, 주굴의 길이 2,917m, 지굴의 길이가 8,832m로 빌레못동굴이 많은 지굴을 거느리고 있는 미로형 동굴임을 알 수 있다. 동굴의 넓이는 5~30m, 높이는 1~15m에 달하며, 규모나 특이성에 있어서 매우 희귀하고 세계적이라 할 수 있는 분출종유, 규산종유, 규산화, 용암선반, 용암석순, 용암구 등이 지형지물이 산재해 있다.

(3) 해식동굴

우리나라의 해식동굴은 동굴의 폭에 비하여 높이가 높고, 석회동굴에서 볼 수 있는 2차 생성물의 발달을 거의 찾아볼 수 없다는 것이 특징이다. 또 형태면에서 볼 때 해안선에 직각운동에 따라 해수면보다 훨씬 높을 수 있고, 반대로 수중에 형성되어 있는 경우도 있다. 여수의 오동도굴은 해수면에서 4m 위에 형성되어 있는 이수해식동굴인 반면에, 전남의 도서지역에서 볼 수 있는 소규모 동굴들은 입구의 2~3m의 침수해식동굴에 속한다.

1) 여수 오동도 해식동굴

오동도는 여수반도 동편 1km 지점에서 위치한 섬으로, 섬 전체가 동백꽃과 대나무로 둘러싸인 섬이며, 여수반도와는 폭 5m, 길이 720m의 방파제로 연결된다. 이 섬의 해식동굴은 40°의 비탈길에 높이 20m, 길이 5~8m 정도로서 남해안 일대에서 볼 수 있는 해식동굴의 대표적이라 할 수 있는 동굴이다. 이 동굴의 암석의 절리면을 따라 발달된 것으로 굴 입구가 거의 사각형으로 된 것이 특이하며, 직선으로 뻗어 있다. 동굴내부는 해식동굴의 일반적인 특성으로 어두운 동굴 속을 파도소리를 들으면서 시원한 동굴 속을 들어가는 것은 참으로 신비감을 느끼게 하고 있다. 또한 이 동굴은 한려해상공원에서 빼놓을 수 없는 동굴 관광자원이다.

2) 남해도의 쌍홍문굴

경남 남해군인 남해도에는 해식동굴이 많은데, 그 중에서 대표적으로 연중 관광객이 가장 많이 찾는 곳이 남해도 쌍홍문굴이다. 이외에도 남해도의 해식동굴로는 가사굴, 음성굴, 백석굴, 용굴 등이 유명하다.

3) 산방굴

제주 안덕면 사계리 동쪽에 거대한 험암준산이 하늘 높이 솟아 있다. 전산 초벽으로 둘러져 있으나, 산 서남쪽 허리에 동굴이 넓게 뚫려 있어 100여 명이 들어앉을 수 있다. 굴 내면은 서벽병풍을 둘러친 듯하며, 천장에서 방울방울 떨어지는 물맛은 천하일품이다. 이 동굴은 옛적부터 불상을 모셨던 곳이었고, 고려의 혜일 스님이 산방법승이라 하고 법도량으로 사용하였으며, 혜일이 석장을 버린 곳이다. 이 산방사 뒷길 화순향을 뒤로 하고 언덕 구릉길에 서서 석양을 바라보면 그 미의 극치에 도취된다. 절세가인 산방덕의 애절한 전설이 있는 곳이다.

〈표 2-21〉 우리나라 동굴 관광자원의 현황

천연 기념물			지방 기념물		
지정번호	동굴이름	소 재 지	지정번호	동굴이름	소 재 지
256	고수동굴	충북, 단양	32	대 야 굴	강원, 영월
219	고씨동굴	강원, 영월	35	동 대 굴	강원, 연주
98	금 명 굴	북제주, 구좌	41	마산동굴	전북, 무주
	만 장 굴	북제주, 구좌	27	모 산 굴	경북, 문경
262	노 동 굴	충북, 단양	36	미 림 굴	경북, 안동
178	대이리동굴	강원, 삼척	70	배 티 굴	경남, 합천
260	백 룡 굴	강원, 평창	34	비 룡 굴	강원, 정선
342	빌레못동굴	북제주, 애월	38	비 선 굴	강원, 명주
155	성 류 굴	경북, 울진	36	서 대 굴	강원, 연주
236	소 천 굴	북제주, 한림	31	연 하 굴	강원, 영월
	쌍 룡 굴	북제주, 한림	37	옥 계 굴	강원, 명주
	황금굴	북제주, 한림	23	용 담 굴	강원, 영월
261	온 달 굴	충북, 단양	39	용 연 굴	강원, 삼척
177	천호동굴	전북, 익산	58	월 둔 굴	강원, 삼척
226	초 당 굴	강원, 삼척	10	저승골굴	강원, 삼척
265	협 재 굴	북제주, 한림	19	천 동 굴	충북, 단양
384	당처물동굴	북제군구좌	24	화 순 굴	전남, 화순
			23	화 암 굴	강원, 정선
			41	활 기 굴	강원, 삼척

* 자료 : 홍시환, 『한국동굴대관』 참조

3. 북한의 동굴 관광자원

북한의 동굴은 석회암 층이 넓게 분포되어 석회동굴이 많이 있다. 그리고 동해안에는 조수간만의 작용에 의해서 해식동굴이 많이 있다.

대표적인 북한의 동굴 관광자원으로서 평안남도 개천시의 개천 꽃 동굴과 용원동굴이 있고, 평안북도 구장군의 용문동굴과 백령동굴, 상초동굴이 분포되어 있다. 그리고 함경남도 홍원군의 운포동굴과 강원도 고성군의 금강굴 등이 있다.

(1) 개천꽃동굴

1964년 6월 발견된 평안남도 개천군의 꽃동굴은 길이가 500m이다. 본굴과 3개의 가지굴로 이루어져 있으며 수많은 종유석과 석순 및 석종 등이 절경을 이룬다.

이 동굴에는 무도장, 코끼리동산, 석화궁 등의 이름이 붙은 공간과 석회암 그리고 풍년낟가리봉, 층층 다락밭, 사자바위 등으로 명명된 석순들이 여러 가지 형태로 자태를 뽐내고 있어 감탄을 불러일으킨다.

이 가운데 무도장으로 불리는 공간은 규모가 100㎡인데, 양옆으로는 갖가지 형태의 석순과 석종들이 장식되어 있어 그야말로 인공적으로 꾸며놓은 무도장을 연상시킨다.

(2) 룡문대굴

평안북도 구장군에 위치하고 있는 북한의 대표적인 지하석회동굴로 지난 1984년 초 발견됐다. 룡문대굴은 총연장이 8km에 달하며 구조가 매우 복잡해 가지굴만도 30여 개에 달한다. 경치가 절경이라 '지하금강'으로 일컫는다.

룡문대굴의 구조는 크게 두 갈래로 되어 있다. 굴입구인 만물동에서 석화동 - 절벽동 - 룡문광장 - 목화밭 - 광명동으로 이어지는 동쪽에서 서쪽으로 난 축과, 목화밭에서 시작하여 금강굴 - 지모굴 - 보석동으로 이어지는 서쪽에서 동쪽으로 난 축이 그것이다. 그리고 서동축의 금강굴에서 분기된 노간주동은 북쪽방향으로 뻗어가다가 다시 서쪽으로 방향을 돌려 동서축의 룡문광장에서 남쪽방향으로 뻗어나온 가지굴인 백화동과 형제동의 밑을 지나간다. 따라서 룡문대굴은 동쪽에서 서쪽으로 난 축과 서쪽에서 동쪽으로 난 축 등 2개의 기본굴과 함께 지하동굴 밑에 다시 지하동굴이 지나가는 2단계의 모습을 하고 있다.

이 동굴의 내부는 어느 곳이든지 절경이 아닌 곳이 없지만 특히 굴 초입의 만물동을 비롯해 룡문광장, 보석동, 금강굴 등의 경치가 빼어나다. 만물동은 이름 그대로 종유석과 석순이 천만 가지의 모양을 이루어 금강산의 만물상을 방불케 하며 룡문광장은 총면적이 3,500㎡에 높이가 30~40m로 시원스런 지하광장을 형성하고 있을 뿐 아니라 이곳을 중심으로 6개의 가지굴이 뻗어나 있다. 보석동은 높이가 15~20m, 너비와 길이가 각각 30~35m 되는 넓은 공간에 석화와 석순들이 무수히 드리워져 마치 보석세계를 보는 것 같이 황홀하다. 그리고 금강굴은 규모가 클 뿐 아니라 기암괴석과 그 깊이를 헤아릴 수 없는 물흐름 소리가 들려오는 천길벼랑 골짜기 등 신비한 모습을 지니고 있다.

(3) 백령대굴

평안북도 구장군 대풍리에 위치한 백령대굴은 석회동굴로서 천연기념물이다. 백령대굴은 여러 갈래로 나뉘어지는데 950m의 본굴 외에도 1,500m의 미로굴, 400m의 산해굴을 비롯한 14개의 크고 작은 굴로 이루어져 있다. 본굴 안에는 맘모스를 연상케 하는 맘모스동, 두 그루의 석순이 5m 높이로 대리석 기둥처럼 서 있는 형제탑 등이 있으며 비룡담에서 떨어지는 폭포와 샘물이 있는 동굴인 모험동이 있다. 또 길이가 72m나 되는 넓은 구역인 명사십리, 폭포모양의 종유석이 있는 폭포동, 삼태자 석순, 만탑동, 포도동 등이 연이어 나타난다.

본굴의 명사십리 왼쪽에서 시작되는 미로굴은 길이가 2.5km로서 그물코처럼 이어진 7개의 작은 굴과 연결되어 있다. 이 굴에도 붕소동, 불로정, 설호동 등의 절경이 펼쳐진다. 산해굴은 계단모양으로 되어 있는데, 길이는 약 4km이다. 여기에는 박쥐가 많이 산다는 박쥐굴을 비롯하여 함절골 산호동 비룡담 등의 절경이 있다.

제 7 절 해양 관광자원

1. 해양 관광자원의 특성과 유형

(1) 해양 관광자원의 특성

지구표면의 70% 이상을 차지하는 바다는 대부분이 미개척 상태로 남아 있다. 우리 인간들에게 있어서 바다는 희망과 동경의 대상이었고 앞으로도 풍요로움을 안겨줄 무한한 자원의 보고로서 인식되고 있다. 이에 따라서 세계의 각국에서는 해양자원을 도시화와 산업단지 등의 중요한 공급원으로서 활용하기 위해서 대규모의 항만이나 수산, 대륙붕, 해저광물 개발, 조력발전, 에너지원 개발, 간척지 개발, 해안・해중의 관광단지 개발, 비축기지 개발 등에 매진하여 나아가고 있다. 우리나라의 이웃인 일본은 고도의 해양산업도시를 구축하기 위해서 장기적인 계획을 추진중에 있을 뿐만 아니라 이미 인공섬을 건설하여 실용화 단계에 이르고 있다.

관광분야에 있어서도 예외는 아니어서 최근에 해양 관광자원의 중요성이 재평가받고 있다. 사실 초기 관광이 산, 바다를 배경으로 이루어졌을 때부터 이미 그 중요성을 인정받고 있었으나 많은 제약요소로 인하여 해안에 국한된 이용에 그치고 있었다고 보아야 할 것이다. 그러나 해안관광자원의 중요성은 육지자원의 고갈 및 오염의 증가, 과학기술의 발전에 따라 앞으로는 더욱 증가될 것이다.

우리나라는 삼면이 바다로 둘러싸여 있고, 약 3,200여 개의 크고 작은 섬이 있으며, 해안선이 11,500km에 달하고, 국토면적의 3.5배나 되는 대륙붕이 있으며, 생산시설 설치가 용이한 수심 20m 이내의 수역만도 국토의 1/4에 해당하는 21,000㎢로 추정되는 등 매우 풍부하고 개발잠재력이 높은 해안공간자원을 지니고 있다. 동해안과 서해안, 남해안 등의 각 해안이 뚜렷하고 자연경관이 수려하여 해상국립공원, 해수욕장 등 다양한 자원들이 산재하여 있다.

정부의 신해양시대 선언으로 해양개발에 대한 열기를 가속화될 것이며, 더불어 해양관광에 대한 관심 또한 커질 것으로 예상된다.

(2) 해양 관광자원의 유형

해양 관광자원은 바다와 인접한 국가에 한정되어 보유되어 있으므로 관광자원으로서의 가치가 대단히 크다고 볼 수 있다. 해양 관광자원은 해안 관광자원과 해중 관광자원, 그리고 도서관광자원으로 대별된다. 과거에는 해중 관광자원이나 도서 관광자원의 가치가 그 활용의 어려움으로 인하여 높게 평가되지 못하였으므로 해안 관광자원의 범주에 포함시키는 것이 일반적이었다. 이러한 이유로 해안 관광자원의 유형에 해중 관광자원과 도서 관광자원을 포함시켜 다음과 같이 스포츠형, 레저형, 관광형 등의 3가지로 구분하여 나누었다.

- 스포츠형 : 다소 역동적인 스포츠 종목들이 포함되는데 요트, 모터보트, 수상스키, 카누, 제트스키, 윈드서핑, 스킨다이빙, 스쿠버 다이빙, 서핑, 스노클링, 래프팅, 경정, 낚시 등이 여기에 속한다.
- 레저형 : 주로 해변가를 중심으로 할 수 있는 종목들이 포함되는데 휴식과 레저를 할 수 있는 것으로서 파도타기, 모래찜질, 해변캠프, 해수욕, 모래밟기, 여름수영학교, 해변의 동·식물 채취, 조개잡이 등이 여기에 속한다.
- 관광형 : 관광을 하면서 어업을 할 수 있는 수산물을 판매한다든지, 그리고 해상을 유람할 수 있는 것과 해저안을 잠수를 통하여 관광을 하는 것 등이 여기에 속한다고 할 수 있다.

이러한 분류법은 해중 관광자원과 도서 관광자원의 가치를 평가절하시키는 면이 있고, 더욱이 활동형·체험형 관광으로 바뀌어나가고 있는 관광활동의 추세에 따라 스포츠형과 레저형, 관광형에 대한 구분이 모호하게 되어 적절한 분류라고 보기가 어렵다. 통상 요즘은 레저와 스포츠를 통합하여 레포츠라고 부르고 있으며, 그것이 관광활동의 일부로 인식되고 있다. 또한 가장 문제가 되는 것은 이 분류법이 관광활동의 유형분류이지 관광자원의 유형분류로서 적합하지 않다는 것이다. 따라서 본서에서는 해양 관광자원의 유형을 해안 관광자원, 해중 관광자원, 도서 관광자원으로 분류하여 설명하기로 한다.

해안 관광자원은 내륙과 바다가 만나는 지점인 해안과 그 주변의 연관된 자원들로 구성되며, 해변 관광자원으로 불리기도 한다. 과거의 해양관광의 대부분이 이곳에서 이루어졌으며, 따라서 현재 비교적 개발이 잘 이루어져 있다. 모래사장, 바닷가의 수려한 풍광, 방풍림, 갯바위 등 해수욕장, 마리나, 낚시터, 해양레포츠시설로 활용될 수 있는 모든 해안자원이 여기에 해당한다.

해중 관광자원은 바닷속의 자원으로 해저 관광자원으로 불리기도 하지만, 엄밀히 바닷속에 있는 것만을 의미하는 것은 아니므로 적절한 용어는 아닌 것으로 생각된다. 아직까지는 잠수정이나 스킨스쿠버다이빙 등 최소한의 이용에 그치고 있으나, 최근에는 해중공원이나 해저터널과 같은 대규모 투자와 고도의 기술력을 요하는 시도들이 이루어지고 있으며 향후 일반화될 것으로 예상되고 있다. 어류, 패류 등의 수중식생, 해저지형, 수중 해저공원(해중공원), 스킨스쿠버다이빙장, 해저관광터널과 같은 시설이나 관광활동을 즐기는 데 필요한 모든 바닷속과 바다 위의 자원을 말한다.

도서 관광자원은 섬과 그 주변의 연관된 자원 일체를 말하는 것으로 도서를 보유한 국가가 많지 않아 희소성을 띄고 있으며, 특히 고립성이라는 특성으로 독립적인 문화가 발달하고 풍부한 수산자원을 생산할 수 있는 여건을 지니고 있으므로 관광자원으로서의 가치가 대단히 높은 것으로 평가되고 있다.

2. 우리나라의 해양 관광자원

우리나라의 해양 관광자원은 주로 해수욕장과 도서, 해상국립공원의 형태로 발달해 있다.

(1) 해안 관광자원

우리나라는 삼면이 바다로 둘러져 있는 반도국가로서, 국토의 면적에 비하여 해안선의 길이가 대단히 긴 것이 특색이다. 동해안은 해안선이 단조로운 편이나 남해안과 서해안은 여러 섬들로 구성되어 상이한 차이점을 가지고 있다. 무엇보다도 다도해로 불리는 서쪽 방향의 남해안은 이른바 리아시스식 해안이라고 한다.

동해안은 태백산맥과 함경산맥이 해안을 끼고 달리기 때문에 해안선이 비교적으로 단조롭다. 북쪽에서부터 웅기만, 나진만, 청진만, 성진만, 영홍만, 영일만, 울산만 등이 잘 발달되었다. 동해안에는 깊은 수심과 맑은 물, 풍부한 어족, 해수욕장, 관동팔경 등의 온천과 동굴들이 여기저기에 산재되어 있다.

서해안과 남해안은 동해안보다 큰 만과 바다로 향하여 돌출되어 있는 반도들이 많이 있다. 서해안에는 서한만과 경기만, 광양만, 대동만, 해주만, 남양만, 아산만, 가로림만, 천수만 등이 있고 옹진반도, 태안반도, 변산반도, 무안반도, 해남반도, 고흥반도, 여수반도, 순천만, 여수만, 진해만, 웅천만, 수영만, 부산만 등의 좋은 관광지들이 있다.

1) 해수욕장

해안관광의 주요한 자원인 해수욕장은 비교적 전 해안에 걸쳐 고루 분포되어 있으며, 특히 동해안을 중심으로 크게 발달하였다. 비교적 규모가 큰 것만도 동해안 81개소, 남해안 35개소, 서해안 43개소, 제주 12개소로 총 171개소의 해수욕장이 있으며, 10여 개는 규모는 작으나 잘 알려져 있어 180개가 넘는 해수욕장이 전국 해안과 섬에 산재해 있다. 동해안 해수욕장은 맑은 해수와 양질의 모래가 장점이나, 수심이 깊고 수온이 낮아 해수욕기간이 짧은 것이 단점이다. 서해안의 해수욕장은 해안이 완만하고 기후조건이 비교적 양호하나, 해수가 탁류(황류)인 것이 큰 단점이다. 남해안의 경우에는 거의 모든 도서지역에 해수욕장이 산재되어 있으나, 기상변동과 접근의 불편으로 이용기간이 타지역에 비교적 짧다. 제주도의 해수욕장은 화산해안으로 혹색사장이 많으며, 특히 패사로 이루어진 해수욕장이 분포해 있다.

① 해수욕장으로서 갖추어야 할 조건

- 해수욕장의 길이 : 500m 이상
- 수온 : 25℃ 이상
- 하계 쾌청 일수 : 2주 이상
- 수심 깊이 : 1m 이내의 깊이와 50cm 이상
- 모래와 수질 : 염분이 적고 깨끗해야 함
- 안전 : 수영시 해안의 지형이 안전해야 함
- 배후지 : 수림이 있어야 함
- 기타 : 간단한 편의시설이 있어야 함

② 해수욕장의 주요시설

- 교통시설
- 편의 및 샤워시설
- 보안관리시설
- 유영시설
- 주유시설
- 음식 및 휴식시설
- 오락시설
- 운동시설
- 교육 및 문화시설
- 숙박시설

〈표 2-22〉 우리나라의 주요 해수욕장

구분		해수욕장명
부산		일광, 다대포, 광안리, 송정, 해운대
인천		강화동막, 해변옹암, 이일레, 장골
울산		일산, 진하
강원	강릉시	소돌, 남항진, 송정, 등명, 사천, 안인, 연곡, 주문진, 옥계, 안목
	고성군	마차진, 아야진, 천진, 봉포, 화진포, 거진1리, 교암리, 봉수대, 반암, 명파리, 초도1리, 대진1리, 거진11리, 가진리, 공현진1리, 문암2리, 청간리, 삼포, 백도, 송지호
	동해시	어달, 망상, 노봉, 추암
	삼척시	상맹방, 한재밑, 문암, 월천, 삼척, 용화, 임원, 장호, 호산, 덕산, 작은후진, 궁촌, 증산, 원평, 초곡, 신납, 하맹방, 맹방
	속초시	속초
	양양군	지경리, 북분리, 동산포구, 남애, 하조, 낙산, 설악, 오산, 동호, 죽도
충남	당진군	난지도
	보령시	무창포, 호도, 대천
	서천군	춘장대
	태안군	의항, 만리포, 방포, 몽산포, 삼봉, 천리포, 학암포, 청포대, 꽃지, 구례포 신두, 갈음이, 연포, 파도리
전북	고창군	동호, 구시포
	부안군	상록, 변산, 격포, 모항, 고사포

전남	고 흥 군	풍류, 나로도, 익금, 덕흥, 발포, 남열, 대전
	광 양 시	배알도
	무 안 군	톱머리, 조금나루
	보 성 군	율포
	신 안 군	대광, 우전, 우이도, 자은 백길, 추포, 신도, 분계, 원평 · 하누넘, 돈목, 시목
	여 수 시	안도, 장등, 방죽포, 만성리
	영 광 군	가마미, 신지 명사십리, 금일, 중리, 예송리, 정도리구계등
	장 흥 군	수문리
	진 도 군	가계, 금갑, 관매
	함 평 군	돌머리, 사구미, 송호
경북	경 주 시	봉길
	영 덕 군	장사, 고래불, 대진, 남호리, 오포리, 하저리, 대탄 · 오보
	울 릉 군	남양 몽돌
	울 진 군	봉평, 망양, 구산, 후정
	포 항 시	월포, 칠포, 송도, 화진, 구룡포, 북부
경남	거 제 시	죽림, 구영, 홍남, 거제, 명사, 와현, 여차몽돌해변, 농소몽돌해변, 덕포, 황포, 학동몽돌해변
	남 해 군	상주, 송정, 두곡 · 월포, 사촌
	사 천 시	남일대
	통 영 시	봉암 몽돌, 덕동, 죽도, 도남
제주	남제주군	화순, 신양
	북제주군	함덕, 협재, 곽지
	서귀포시	중문
	제 주 시	이호

③ 북한의 해수욕장

북한의 해수욕장은 모래사장이 잘 발달되어 있고 숲이 많아서 개발가치가 높은 곳이 많다. 주로 동해안에 분포되어 있는데, 유명한 해수욕장의 현황은 <표 2-23>과 같다.

2) 마리나

선진국에서는 활동성이 강한 레크리에이션이 많이 이루어지고 있는데, 미국이나 일본에서는 마리나를 이용한 수상관광이 붐을 이루고 있다. 요트하버로 불리기도 하는 마리나(marina)는 유람선(pleasure boat)을 위한 정박지 또는 중계항으로서 시설 및 서비스, 관리체계를 갖춘 모든 수변(해변, 강변, 호반) 시설을 말한다.

〈표 2-23〉 북한의 주요 해수욕장

구 분	주요 해수욕장
남 포 시	와우도
황해남도	몽금포(용연군), 구미포(용연군), 형제도(해주시), 서해 해수욕장(은율군), 진강포 해수욕장(과일군)
함경남도	마전(함흥시)
함경북도	용현(청진시), 속후(신포시)
강 원 도	명사십리(원산시), 송도원(원산시), 송전(통천군)

여기에서 말하는 유람선이란 범선(요트), 동력선(모터보트), 카누, 견인선(로우보트) 등 각종 레크리에이션용 선박을 총칭하며, 각종 서비스는 각종 시설 및 설비로부터 이용자에게 편리를 줄 수 있는 보관, 수리, 급유, 급수, 구난, 숙박, 휴식, 정보제공 및 안내, 시설이용 등을 말한다. 관광분야에서는 주로 소형 레저보트를 안전하게 수용하고 소형 레저보트를 매체로 한 해양 레크리에이션을 즐기는 데 필요한 각종 서비스를 제공함으로써 해양 레크리에이션 제공의 장소가 되는 항만을 말한다.

기본적 시설에는 선박출입을 위한 외곽시설, 정박지, 계류시설, 선고(배를 넣어 보관하는 장소), 급유급수시설, 수리장, 구난사무소, 관리사무소, 정화시설 및 각종 유관시설이 있다. 소형 레저보트 즉, 요트, 동력선(모터보트), 카누, 견인선(로우보트), 글래스 보우트, 캐빈 크루저 등을 운용할 수 있는 각종 정보제공(기상예보 포함)이 이루어져야 하며, 샤워장, 세탁소, 상점(음료수, 얼음, 낚시미끼, 낚시도구), 스넥바 등이 갖추어져야 한다.

마리나의 기능은 단순한 정박성에만 국한되지 않고 선박 대여 서비스 제공 등, 레크리에이션을 즐기고자 하는 관광객들에게 안전성까지 책임지는 것이다. 육상관광이 자동차가 주축을 이루듯이 해상관광은 보트가 주축을 이루고 있는데, 이러한 관광에 안전하고 충실한 서비스를 제공하기 위해서는 완벽한 시설이 갖추어져야 한다. 마리나의 개발에 있어서 가장 중요한 기본요소는 위치, 성격, 규모, 시설내용, 배치 등이다. 마리나의 위치 선정시 매우 신중해야 하고 사업성격과 조화를 이루는 것이 무엇보다도 중요하다.

마리나 이용은 선진국에서는 날로 증가하고 있다. 특히 미국의 경우 해양성 관광이 크게 성행하고 있다. 미국에서는 유람선박과 관계된 지출경비는 야구 관람, 골프, 기타 레크리에이션 경비의 합계보다도 많다고 한다. 육상레저에는 자가용차가 주축을 이루듯이 해상레저에서는 보트가 주종을 이루는 수단이 되었다.

마리나가 잘 개발되어 있는 지역은 카리브연안의 도서국(바하마 등) 및 미국 플로리다주, 멕시코만, 그리고 태평양 지역의 켈리포니아주, 하와이 등이다. 아시아에서는 일본이 비교적 잘 갖추어져 공공 마리나 33항, 민간 마리나 330항 등 총 363개소의 마리나가 있고 유럽에서는 바다와 섬이 많은 지중해 연안에 비교적 잘 발달되어 있다.

전세계적으로 마리나의 기본적인 여건과 설비를 가장 잘 갖추고 있는 시설로는 LA의 마리나 델 레이, 프랑스의 랑그독 루시용, 스페인의 코스와 델 솔 등이 대표적이라 할 수 있다.

우리나라에서는 시작 단계에 해당하며, 마리나라고 불리는 것의 범위는 극히 넓어서 10척 정도 수용하는 것으로부터 1,000여 정도 수용의 대규모적인 것도 있다고는 하나 우리나라에서는 본격적인 것은 전무하며, 다만 최근에 통영, 서귀포 지역 등에서 운영중이거나 건설중에 있다. 충무도남단지가 마리나 시설을 갖춘 최초의 본격 종합해저 레저시설로서 요트호텔, 콘도, 계류장, 유람선터미널 등을 갖추고 있으며, 부산수영만의 올림픽 요트경기장 등이 마리나 시설로 이용되고 있다. 또한 전남 신안군 등 해변이나 도서 지역에서 해양 마리나 시설을 조성하려는 시도를 하는 등 점점 많은 지역에서 마리나를 추진중이거나 계획중이어서 앞으로 마리나를 기반으로 한 해양레포츠가 급속히 발전할 것으로 예상된다.

그밖에는 승봉마리나(인천), 위너스마리나(서울 한강), 서울마리나(서울 한강) 등이 마리나라는 명칭을 사용하고 있으나 이들은 해상위락사업체일 뿐 마리나라고 보기는 어렵다.

한국의 나폴리로 불리는 경남 통영시 도남도 미륵도 관광특구 내에 자리잡은 충무마리나리조트는 국내 최초의 육·해상 종합리조트로 요트를 포함한 다양한 종류의 해양 스포츠와 해양관광 등등을 즐길 수 있는 곳이다. 스포츠센터와 해양수족관·콘도미니엄 등의 레저 휴양시설을 갖추었으며, 전망이 뛰어난 충무 바닷가에 위치한 지상 15층 규모의 콘도미니엄은 어느 객실에서나 쪽빛 남해 바다와 아름다운 충무항을 감상할 수 있다.

특히 요트전용 항구가 있어 요트를 타고 한려수도를 돌 수 있으며 제트스키·수상스키·윈드서핑 등의 해양스포츠도 즐길 수 있다. 요트나 유람선을 타고 거제도와 비진도·욕지도·연화도 등의 섬을 돌아보고, 리조트 주변 바닷가와 추도·연대도·두미도 등지에서는 바다낚시와 사냥도 즐길 수 있다.

주변에 세병관·충렬사·세병관·충무공유적지·한산도·거제도 등 관광지가 많다.

3) 바다낚시터

전술하였듯이 낚시는 수상레저 스포츠의 하나로서 바다낚시와 민물낚시로 구분된다. 바다낚시는 갯바위낚시, 던질낚시, 방파제낚시, 배낚시, 끌낚시 등의 종류가 있으며, 바다낚시터는 해안과 도서지역에 고르게 발달하고 있다. 특히 우리나라 남해안은 리아시스식 해안의 특징을 나타내고 있어 해안선이 길고 반도와 만, 그리고 섬이 많아 수많은 바다낚시터를 보유하고 있다.

〈표 2-24〉 우리나라의 주요 바다낚시터

구 분	주요 바다낚시터
동해안	해운대, 일광, 송장, 당사리, 죽성리, 월내, 고리, 대송리, 서생, 진하, 당월, 온산, 방어동, 수렴, 나아리, 대본, 감포, 나정, 오류, 영암리, 구룡포, 구만리, 하선대, 도구, 칠포, 이가리, 월포, 화진, 지경, 장사, 남호, 하저리, 대진, 축산리, 백석, 후포, 구산, 월송정, 척산리, 해월현, 덕신, 망양, 울진, 양정, 동대암, 후정, 나곡, 원덕, 장호, 용호, 초곡리, 대진, 덕산, 촛대바위, 어달, 망상, 심곡리, 정동진, 연곡, 주문지, 남애, 하조대, 인구리, 도화리, 낙산, 청초호
남해안	태종대, 송도, 다대포, 장자도, 진우도, 눌차도, 대축도, 중죽도, 이수도, 외도, 안섬, 지심도, 갈곶도, 죽도, 추도, 선유도, 한산도, 연화도, 우도, 사량도, 수우도, 욕지도, 소매물도, 두미도, 오동도, 외나로도, 거금도, 득량도, 금당도, 연홍도, 금오도, 보길도, 소안도, 신지도, 청산도, 완도, 초도군도, 손죽열도, 조약도, 가덕도, 목도, 북형제도, 남형제도
서해안	외모군도, 어룡도, 어불도, 하의도, 장산도, 신도, 기좌도, 도초도, 비금도, 증도, 자은도, 사옥도, 대흑산도, 소흑산도, 안마군도, 송이도, 칠산도, 관매도, 홍도, 닭섬, 어의도, 위도, 사당도, 격포, 선유도, 고군산군도, 비안도, 연도, 호도, 삽시도, 원산도, 직언도, 거아도, 목개도, 정족도, 장고도, 대방이도, 방이섬, 덕적도, 자월도, 무의도, 주문도, 서검도
제주도	우도, 자귀도, 범섬, 숲섬, 달여도, 비양도, 차귀섬, 가파도, 마라도, 형제도

(2) 도서 관광지

삼면이 바다인 우리나라는 남한에만 3,170개의 섬이 있으며, 남북한을 합하여 3,962개의 섬이 있다. 이 중에 남해안에만 해도 1,960개가 있어 풍부한 도서자원을 가지고 있다.

동굴자원과 함께 세계적으로 가장 많은 섬을 보유한 반면 관광자원으로서 제대로 사용하고 있는 섬들은 극히 적은 일부에 불과하다. 다행히 지방자치단체의 재원 확보와 발전을 위한 방안으로 이들 섬에 대한 관광개발이 이루어지고 있는 중이어서 앞으로 국제적인 관광지가 다수 생겨날 것으로 예상된다.

특히 남해안과 제주도의 도서자원은 세계적인 관광지로 발전시켜도 손색이 없는 우수한 곳이 많다. 진도, 완도, 거문도, 돌산도, 남해도, 거제도, 덕적군도, 자월도, 덕적도, 영흥도, 무의도, 장봉도, 가의도, 원산도, 호도, 삽시도, 연도, 선유도, 비안도, 개야도, 덕산도, 원산도, 위도, 칠산도, 송이도, 임자도, 어의도, 소포작도, 지도, 증도, 비금도, 하의도, 장산도, 능산도, 기좌도, 암태도, 소약도, 죽도, 외도, 자은도, 금당도, 소록도, 거금도, 득량도, 외나로도, 금도열도, 금오도, 안도, 묘도, 오동도, 개도, 내나로도, 사도 등의 무수한 아름다운 섬들이 현재 관광개발이 진행중이거나 계획중에 있다.

〈표 2-25〉 시 · 도별 도서현황

구 분	유인도	무인도	계
인 천	42	112	154
경 기	11	54	65
충 남	37	224	261
전 북	26	83	109
전 남	280	1,689	1,969
경 남	80	345	425
부 산	3	38	41
경 북	4	43	47
강 원	0	32	32
제 주	8	55	63
울 산	0	4	4
계	491	2,679	3,170

* 주 : 행정자치부, 「한국도서현황(2001년도)」, 2001. 12.

또한 이러한 섬들을 중심으로 한려해상국립공원, 서해안국립공원, 다도해해상국립공원 등 3개의 국립공원 등이 지정되어 있어 보존과 개발이 이루어지고 있다. 다만 지방자치단체의 개발 열기에 비하여 국가의 해상국립에 대한 투자가 미미한 수준이고 개발제한지역으로 묶여 있어 국립공원지역에 대한 자치단체의 개발 노력에 오히려 장애요인이 되고 있을 뿐만 아니라 국립공원지역을 포함하고 있는 지역의 전체적인 관광개발에 불균형을 초래하고 있는 현실이 안타까운 실정이다.

당초 국립공원을 지정한 취지는 우수한 자원의 보존과 효율적인 관리를 위하여 국가적인 차원에서 관리하고자 하는 데 있었고, 여기에는 적극적인 투자가 전제되는 것이었다.

그러나 현실적으로 국가의 투자는 거의 전무하고, 오히려 자치단체의 투자의지마저 겪고 있는 문제가 발생하고 있다.

도서는 문화재, 천연기념물, 유적지, 희귀동물, 민속자료 등이 잘 보존되어 있고 육지와 격리되어 있어 독자적인 풍속과 문화를 형성하게 되는 특성을 갖는다.

우리나라의 섬들 중 내륙지역과의 시간거리는 항해속도 12노트로 달리는 선박으로 측정해볼 때 4시간 이상 소요(100~250km)되는 섬들은 단지 울릉도, 백령도, 홍도뿐이고, 그 나머지 섬들은 4시간 이내(80km)이기 때문에 적당한 격리성과 접근성을 가져 관광지로서의 적합한 여건을 가지고 있다.

한편 현재 국가적 차원에서 진행되고 있는 연륙·연도교 가설이 마무리되어 대부분의 섬들이 육지화되고 남해안 일대의 일부만 사실상 섬으로 남아 있게 되는 2010년 이후에는 접근성은 더욱 좋아지고 섬으로서의 특성을 어느 정도 유지하는 반륙반섬이 많아져 관광자원으로서의 가치가 더욱 커질 전망이다.

(3) 해중관광

해중관광이라는 것은 해중관람시설을 갖춘 선박이나 잠수정, 잠수장비, 기타 시설(해중공원, 해저관광터널)을 이용하거나 맨몸으로 바닷속을 관광하는 것이다. 관광용 잠수정은 해중을 관광자원화하기 위한 잠수정으로 일반관광객에게 안전성과 쾌적한 해중공간을 재미있고 안락하게 안내해주는 것으로, R.S.I.(Research Submersibles Limited)가 최초로 북해의 작업용 잠수정을 구입하여 과학조사 및 일부 관광용으로 사용하면서 시작되었다.

관광용 잠수정은 대체로 30~50인승으로 약 1시간 잠수관광에 최대 수심 약 50m까지 승객에게 해중세계를 안내할 수 있는데, 해양생물, 산호초, 침몰선, 해중지형 등을 감상시킬 수 있는 것으로 부수적으로 텐더보트(해안과 잠수정과 승객이동 보트), 안전선(safety boat : 잠항중의 통신유지) 등이 필요하다. 국내에서는 서귀포 앞바다에 관광용 잠수정을 1988년부터 취항시켜 하루 8회 250~300인이 이용하고 있으며, 승무원 2인을 포함하여 모두 48인의 승객이 탑승할 수 있다.

바닷속을 선상에서 투명한 유리를 통하여 관람할 수 있도록 하는 방식은 바닷물이 맑고 투명해야 한다는 전제조건이 충족되어야 하므로 조건을 충족시키는 지역이 그다지 많지는 않다. 우리나라의 경우 제주도와 동해안에 적절한 방식이다. 직접 바다에 들어가서 해중의 식물과 어족 및 해저지형을 관찰할 수 있는 해중 관광시설은 관광개발 중에서도 특수분야에 속하기 때문에 고도의 기술과 막대한 자본이 소요되어 개발에 어려운 점이 많다.

그래서 이보다는 스킨스쿠버와 같은 레포츠가 더 쉽게 접근할 수 있는 방식으로 활용이 되고 있다.

일반적으로 해중공원의 입지적 조건을 보면 수질이 양호하고, 난류해역의 해변이고, 연중 쾌청 일수가 많아야 하며, 또한 임해공업지대에서 원거리에 입지해야 한다. 해중관광은 주로 해중생물과 해중지형을 주요 내용으로 관찰하는 곳으로 해중전망대, 해중터널, 유리보트, 잠수정 등 수중시설과 안내소, 숙박시설, 잔교, 휴식소, 상 · 하수도, 정화시설 등 육상시설이 구비되어야 한다. 자연미가 좋은 오스트레일리아의 대보초는 해저에서 생겨난 초맥의 아름다운 장관을 해저 투시선으로 관광하고 있다.

제 3 장

문화적 관광자원

■ 문화 관광자원의 개념과 분류
■ 우리나라의 문화적 관광자원 현황 및 분포

제 1 절 문화 관광자원의 개념과 분류

1. 문화 관광자원의 개념

(1) 문화의 개념

인류학의 선구자인 에드워드 타일러(Edward B. Tylor)는 영국인으로서 문화라는 단어의 의미를 처음으로 전문적인 용어로서 소개하였다. 그의 저서인 『원시문화(Primitive Culture)』(1871)에서 그는 문화를 지식과 신앙, 예술, 법률, 도덕, 관습들과 그리고 사회의 구성원으로서 인간에 의하여 얻어진 다른 능력이나 습관들을 포함하는 복합적인 통합이라고 정의하였다. 그는 문화라는 것은 인간만이 갖는 독특한 것이고, 인간과 다른 하등동물간에는 근본적인 차이가 있다는 점을 분명하게 언급을 하면서 문화란 마음속에 존재하고 개념들로서 구성되어 있다고 말했다. 그러나 타일러의 주장은 인간이 만든 모든 것들이 문화라고 하는 것은 지나치게 포괄적이며 광의적이라고 할 수 있겠다.

문화지리학자인 스펜서(J.E. Spencer)는 문화는 집합적인 의미로 볼 때에 역사적으로 학습된 인간의 행동과 활동양식들의 통합이라고 정의(1973)하였다. 그가 내린 정의는 인간의 행동과 모든 활동양식의 통합이라고 표현하였지만 포괄성 면에서 타일러보다는 압축된 정의라고 할 수 있겠다.

인류학자인 바르노우(V. Barnouw)는 문화를 한 사회의 구성원들에 의해서 이루어진 공유되어진 학습된 행동이라고 정의(1979)하였다. 바르노우의 정의는 문화의 학습성을 강조한 것이다.

인간은 모든 동물의 종 중에서 유일하게 사고할 수 있는 독특한 능력을 가지고 있는 동물 중의 영장이라고 할 수 있겠다. 사고란 외계의 사물과 사건들에 대해서 자유롭고, 인위적으로 의미를 창조하고 부여하고 결정하며, 그러한 의미들을 이해할 수 있는 능력을 말한다. 이러한 의미들은 감각으로 포착될 수도 없고 이해될 수도 없다. 사고란 사고행위의 산물, 즉 사고행위에 의거한 사물 혹은 사건으로 정의해도 된다.

따라서 이러한 사건들과 사고의 표현으로서 외부에 노출된 언어와 종교, 생활에 필요한 물건, 결혼형태, 풍속, 도시와 농촌, 거주양식들과 오랫동안 살아오면서 이루어진 민족의 의식주 놀이, 그리고 전래되어 내려오는 건축물, 조형물 등이 문화라는 큰 구성원 속에 포함될 수 있다고 볼 때, 문화란 한 집단의 구성원이 공유한 생활양식과 관념 및 의미의 체계라고 정의할 수 있겠다.

이러한 문화의 본질은 크게 7가지로 다음과 같이 요약해볼 수 있겠다.

1) 공유성

문화란 어떤 집단이 일반적으로 가지고 있는 행동이나 사고방식을 말한다. 즉, 한 집단에 소속된 구성원들은 행동이나 사고방식을 공유하게 되는데, 이것을 문화라고 하며 동일 조직에 소속된 구성원은 동일한 문화를 공유하게 된다.

2) 상대성

서로 다른 지역이나 조직, 집단에서 형성된 문화는 서로 다르다는 것이다. 이것은 문화의 차이로 나타나게 되며, 문화의 독자성이나 독특성과 관련된다.

3) 축적성

문화는 윗세대로부터 전해진 경험과 사고가 축적되어 이루어진다. 즉 문헌으로 내려오는 것이라든지 유적, 유물, 구전, 시스템 등 다양한 전승방식을 통하여 후대로 전수되면서 점차 축적되어가는 본질을 가지고 있다.

4) 전체성

문화는 다양한 요소로 이루어져 있고, 이들 요소들이 통합되어 하나의 문화를 형성한다. 뿐만 아니라 하나의 사회는 각기 독자적인 문화를 가진 여러 집단으로 이루어져 있으며, 이들 하위집단의 문화를 하위문화라고 하는데, 이들 하위문화가 통합되어 전체문화를 형성하게 된다.

5) 다양성

문화는 경험과 사고의 축적에 의해 이루어지므로 유사한 여건 속에서 생성된 것이라 하더라도 다양한 형태로 나타난다. 마치 형제가 한 부모에게서 나왔더라도 자라가는 과정에서 각각이 경험하고 학습한 것에 따라 서로 다른 성격과 인품을 형성하는 것과 같다. 실제로 문화는 인간의 삶의 과정에서 생겨나므로 많은 문화가 공통점을 가지고 있지만 반대로 모든 문화가 서로 다른 점을 가지고 있다.

6) 가변성

문화는 시대의 변화와 사회의 발전에 따라서 변화된다. 구성원들이 개인적 또는 집단적으로 새롭게 겪는 경험이 문화의 내용을 바꿔나가기 때문에 항상 동일한 상태를 유지하지 않는 것이다. 엄밀하게 말하자면 새로운 경험 자체가 문화의 변화인 것이다.

7) 학습성

문화는 개별적인 학습과정으로서 사회화 과정을 통하여 구성원에게 학습되고 문화와 문화가 서로에게 학습되면서 새로운 문화가 만들어져가게 된다.

(2) 문화 관광자원의 개념

좁은 의미에서 문화적 관광자원이란 민족문화의 유산으로서 국민이 보존할 만한 가치가 있고 관광매력을 지니고 있는 자원이라고 정의할 수 있다. 그러나 자원의 가치 자체는 평가하는 시점에 따라 달라지고 새로운 문화자원이 관광자원으로 각광을 받게 되므로 문화적 관광자원은 관광자원으로 활용될 수 있는 모든 문화적 자원을 포함하고 있다고 보아야 할 것이다. 문화적 자원을 관광자원으로 활용하는 데는 전통문화의 원형보전과 새로운 문화의 창조라는 두 가지 차원에서의 문제를 고려해야 한다. 일반적으로 관광이 문화에 미치는 영향은 전통문화의 발굴과 보전, 문화재의 복원과 같은 긍정적인 측면과 전통문화의 파괴, 문화재의 유실, 전통문화의 변형과 같은 부정적인 측면을 가지고 있는 것으로 본다.

전통문화의 원형보전을 중시하는 입장이라면 문화자원을 관광자원으로 활용하는 것에 부정적일 수밖에 없다. 사실 관광산업은 다분히 경제성을 중시하기 때문에 문화적 자원을 활용함에 있어서도 경제적 이익을 안겨주는 것을 우선시하게 마련이다. 즉 관광자원으로 활용하기 위하여 문화의 복원과 보전에 많은 투자가 이루어지지만 그 대상이 투자에 대비한 이익을 좀더 많이 가져올 가능성이 있는 쪽에 선별적으로 집중하게 된다는 것이다.

게다가 전통문화는 그 사회의 전통적인 삶의 소산이라는 점에서 정서적인 측면에서 관광객이 이해하기에 쉽지가 않다. 따라서 다른 문화를 가진 그래서 다른 정서와 다른 시각과 다른 사고구조를 가진 관광객이 이해하기 쉬운 형태로 바꾸는 경우가 많다. 이 과정에서 전통문화는 전혀 다른 형태로 변형되기 쉬운 것이다. 사물놀이가 마당놀이에서 무대공연놀이로 변한 모습은 대표적인 사례가 될 것이다.

이미 마당놀이에서 무대놀이로 변한 순간 전통문화의 원형과는 거리가 멀어진 것이다. 이러한 점에서 문화의 관광자원화는 전통문화의 원형보전에는 그다지 기여할 수 없는 관계에 놓여 있는 것이다.

그러나 문화의 창조적 계승을 중시하는 입장이라면 상황이 달라진다. 앞서 살펴보았듯이 문화는 끊임없이 변화하고 학습되고 축적된다. 따라서 특정한 형태를 유지하는 경우는 없고 발전적 측면에서 늘 새로운 형태로 바뀌는 것이다. 이러한 관점에서는 전통문화의 변형은 문화의 발전에 당연히 수반되는 현상일 뿐인 것이다. 관광자원으로 활용함으로써 문화창달에 더 많은 경제적 자원이 투입되고 새로운 사고와 가치관, 시각이 유입되어 문화의 폭이 넓어진다면 그것은 바람직한 현상인 것이다.

이 양자의 입장 차이로 인하여 문화자원을 관광자원화하는 데 많은 논란이 있는 것이다. 우리는 이 양자의 입장을 모두 인정하고 수용하는 자세가 필요하다. 사실 현재 관광이 전통문화의 원형보전에 크게 기여하지 못하는 것도 사실이고, 문화의 창조에 기여하는 것도 사실이다.

그러나 이러한 모든 것이 관광개발을 수행하고 운영하는 주체의 노력과 인식에서 비롯된다. 한편으로는 문화자원의 관광자원화를 통하여 문화창달에 기여하는 노력도 필요하지만 다른 한편으로는 전통문화의 원형보전에 좀더 많은 노력을 기울이는 것도 필요할 것이다. 문화는 관광에 독특성과 신기성을 부여해줄 가장 쉽고도 가까이 존재하는 무한에 가까운 자원이라는 점에서 지나치게 동화되는 것은 관광자원으로서의 가치를 상실하게 되는 결과를 초래하기 때문이다.

현시점에서 문화적 관광자원은 문화재 관광자원과 박물관 관광자원이 주로 활용되고 있다.

1) 문화재

문화재란 말은 독일어의 'Kulturguter'에서 나온 말로서 그 말이 뜻하는 바는 조상들의 지혜와 예술성, 그리고 민족정신과 철학 등이 담겨진 역사의 실증자료로 다른 어떠한 기록보다도 더 많은 의미를 함축하고 있는 것, 즉 민족이라는 차원에서 전통이 되기에 충분하고 민족문화의 창조에 모체가 될 수 있는 자원을 말한다.

2) 박물관

박물관 관광자원의 의미는 박물관 건물시설뿐만 아니라 그 안에 소장되어 있는 우리 조상들의 문화유산을 포함하는 의미로서 세계문화의 역사 흐름 속에서 우리

민족의 우수성을 알릴 수 있는 문화관광의 산교육장으로서 역할을 할 수 있는 곳을 말한다.

박물관은 역사적인 가치가 있는 자료를 수집하고 보관하며, 교육적인 목적을 가지고 국민들에게 공개, 전시하는 의미를 가지고 있다. 이러한 박물관의 유물들은 과거엔 소수의 전문가나 소장가에게 제공하는 데 한정하였지만, 오늘날과 같이 문명의 발달이 급속도로 변하는 상황에서는 박물관에 있는 유물들이 어느 특정인을 위한 전유물이 되어서는 국가의 국익차원에서도 바람직한 현상이 아니기 때문에, 누구나 그 유물을 통하여 교육적 · 문화적으로 만족해야 한다는 것에는 이견을 제기할 사람은 없다.

따라서 박물관은 과거 및 현재의 자연적 · 문화적 유산을 해석하고 이해할 수 있는 기회를 제공함으로써 개개인의 가치관, 신념, 지식, 태도 등의 변화를 통하여 교육적인 효과를 극대화할 수 있는 것이다. 전국민 누구나 참여하여 국가와 민족에 관한 이해의 폭을 넓히고 동질성을 가질 수 있는 자기학습의 장으로서 박물관이 그 역할을 수행해나간다고 하겠다.

박물관은 우리문화를 이해하는 데 기여하는 모든 자료를 조사 · 연구하여 전시함으로써 우리나라의 문화와 역사를 이해하고 세계 속에서 우리나라의 위상을 정립하는 데 목적을 두고 있다. 이러한 박물관은 일반적으로 학술조사 기능, 문화공간 기능, 전시공간 기능, 교육기관 기능, 국제교류 기능 등의 기능을 가지고 있다.

〈표 3-1〉 세계 주요국가 박물관현황

국 가	인구수(A)	박물관수(B)	1관당인구수(A/B)
미 국	280백만 명	4,609	5.9만 명
프랑스	60백만 명	1,300	4.5만 명
캐나다	31백만 명	1,352	2.2만 명
일 본	130백만 명	3,492	3.7만 명
독 일	82백만 명	4,034	2만 명
폴란드	39백만 명	551	7만 명
한 국	48백만 명	339	14.2만 명

2. 문화재의 분류와 지정기준

(1) 문화재의 분류

문화재란 인위적 · 자연적으로 형성된 국가적 · 민족적 · 세계적 유산으로서 역사적 · 예술적 · 학술적 · 경관적 가치가 큰 것을 말한다. 우리나라는 1962년에 제정된 문화재보호법에 의하여 문화재를 유형문화재, 무형문화재, 기념물(역사적 기념물, 천연기념물), 민속자료(무형민속자료, 유형민속자료)로 나누고 있다.

또한 유형문화재 중에서 중요한 것을 보물로, 보물 중에서 인류문화의 견지에서 그 가치가 크고 유례가 드문 것을 국보로 지정하고 있으며, 무형문화재 중 중요한 것은 중요무형문화재로 지정 · 관리하고 있다. 그리고 기념물 중 중요한 것은 사적, 명승, 천연기념물로, 민속자료 중 중요한 것은 중요민속자료로 지정하고 있다. 한편, 문화재 보호를 위하여 특별히 필요한 경우 보호물 또는 보호구역으로 지정하고 있다.

문화재로서 국가에 의해 지정된 문화재가 아닌 것들을 대상으로 향토문화재 보존상 필요하다고 인정하는 것을 지방자치단체의 조례에 의해 시장 · 도지사가 지방문화재로 지정할 수 있도록 하고 있다.

문화재는 지정여부에 따라 지정문화재와 비지정문화재로 나눌 수 있는데, 지정문화재는 국가나, 시도가 지정한 것을 말하고, 비지정문화재는 특별히 지정 · 관리하고 있지는 않지만 전래의 문화적 유산을 말한다.

지정문화재에는 문화재청장이 지정한 국가지정문화재, 국가지정문화재가 아닌 문화재 중 특별시장 · 광역시장 또는 도지사가 지정한 시 · 도지정문화재, 국가지정문화재나 시도지정문화재로 지정되지 않은 문화재 중 시 · 도지사가 지정한 문화재인 문화재자료가 있다. 시 · 도지정문화재 또는 문화재자료는 당해 지방자치단체의 조례로 정하는 기준에 의하여 지정한다.

한편 지상에 고정되어 있는 유형물이나 일정한 지역이 문화재로 지정된 경우 당해 지정문화재의 점유면적을 제외한 지역으로서 당해 지정문화재를 보호하기 위하여 필요한 경우 보호구역을 지정할 수 있다.

1) 유형문화재

유형문화재란 건조물, 전적, 서적, 고문서, 회화, 조각, 공예품 등의 유형의 문화적 소산으로서 역사적 · 예술적 또는 학술적 가치가 큰 것과 이에 준하는 고고자료를 말한다. 우리나라는 유형문화재로 사찰과 고대의 예술작품 등의 훌륭한 유형문화재를 많이 보유하고 있다. 이들 가운데서 국가에서 중요하다고 인정되는 것은 국보, 보물, 중요문화재로 지정 관리하고 있다. 이들 국보, 보물은 관광 자원성이 높을 뿐만 아니라 관광객 유치에도 큰 도움을 주고 있다.

2) 무형문화재

무형문화재란 연극 · 음악 · 무용 · 공예기술 등 무형의 문화적 소산으로서 역사적 · 예술적 또는 학술적 가치가 큰 것을 말한다. 우리나라에서는 이 가운데서 특히 중요한 것을 선택하여서 중요무형문화재로 지정하고 그 보유자를 인정하여서 인간문화재로 지정하여 이들에게는 정부에서 전수비와 발표회 보조금을 지급하고 있다.

3) 기념물

기념물이란 사지 · 고분 · 패총 · 성지 · 궁지 · 요지 · 유물 포함층 등의 사적지와 특별히 기념이 될 만한 시설물로서 역사적 · 학술적 가치가 큰 것, 경승지로서 예술적 · 경관적 가치가 큰 것, 동물(서식지 · 번식지 · 도래지 포함) · 식물(자생지 포함) · 광물 · 동굴 · 지질 · 생물학적 생성물 및 특별한 자연현상으로서 역사적 · 경관적 또는 학술적 가치가 큰 것 등을 말한다.

4) 민속자료

민속자료라 함은 의식주 · 생업 · 신앙 · 연중행사 등에 관한 풍속 · 관습과 이에 사용되는 의복 · 기구 · 가옥 등으로서 국민생활의 추이를 이해함에 불가결한 것을 말하며, 무형의 민속자료와 유형의 민속자료로 구별된다.

① 무형민속자료

의식주, 생업, 신앙, 연중행사 등에 관한 풍습 · 관습은 무형민속자료에 속하며, 이 무형민속자료는 중요민속자료의 지정대상이 되지 못한다. 그러므로 기록하여 보존하면 된다.

② 유형민속자료

의복, 기구, 가옥 등의 물건은 유형민속자료에 속한다. 이러한 자료들 중에서 중요한 것은 중요민속자료로 지정된다.

(2) 문화재 지정 기준

1) 보 물

① 건조물

- 목조건축물류 : 당탑, 궁전, 성문, 전랑, 사우, 서원, 누정, 향교, 관아, 객사, 민가 등으로서 역사적, 학술적, 예술적, 기술적 가치가 큰 것
- 석조건축물류 : 석루, 석탑, 전탑, 부도 및 석종, 비갈, 석등, 석교, 석계, 석단, 석빙고, 첨성대, 당간지주, 석표, 석정 등으로서 역사적, 학술적, 예술적, 기술적 가치가 큰 것
- 분 묘 : 분묘 등의 유구 또는 그 부분, 부속물 또는 건조물의 모형으로서 역사적, 학술적, 예술적, 기술적 가치가 큰 것

② 전적 · 서적 · 고문서

- 전적류
  - 사본류에 있어서는 한글서적 · 한자서적 · 저술고본 · 종교서적 등의 원본이나 우수한 고사본 또는 이를 계통적, 역사적으로 정리한 중요한 것
  - 판본류에 있어서는 판본 또는 판목으로서 역사적 또는 판본학적 가치가 큰 것
  - 활자본류에 있어서는 활자본 또는 활자로서 역사적 또는 인쇄사적 가치가 큰 것
- 서적류 : 사경, 어필, 명가필적, 고필, 묵적, 현판, 주련 등으로서 서예사상 대표적인 것이거나 금석학적 또는 사료적 가치가 큰 것
- 고문서류 : 역사적 가치 또는 사료적 가치가 큰 것

③ 회화 · 조각

- 형태, 품질, 기법, 제작 등에 현저한 특이성이 있는 것
- 우리나라 문화사상 각 시대의 귀중한 유물로서 그 제작이 우수한 것
- 우리나라 회화사상 또는 조각사상 특히 귀중한 자료가 될 수 있는 것
- 특수한 작가 또는 유파를 대표한 중요한 것
- 외래품으로서 우리나라 문화에 중요한 의의를 가진 것

④ 공예품

- 형태, 품질, 기법 또는 용도에 현저한 특성이 있는 것

- 우리나라 문화사상 또는 공예사상 각 시대의 귀중한 유물로서 그 제작이 우수한 것
- 외래품으로서 우리나라 공예사상 중요한 의의를 가진 것

⑤ 고고자료

- 선사시대 유물로서 특히 학술적 가치가 큰 것
- 고분(지석묘 등을 포함), 패총 또는 사지, 유적 등의 출토품으로서 학술적으로 중요한 자료가 될 수 있는 것
- 전세품으로서 학술적 가치가 큰 것
- 종교, 교육, 학예, 산업, 정치, 군사, 생활 등의 유적출토품 또는 유물로서 역사적 의의가 크거나 학술적 자료로서 중요하거나 제작상 가치가 큰 것

⑥ 무 구

- 우리나라 전사상 사용된 무기로서 희귀하고 대표적인 것
- 역사상 명장이 사용하였던 무구류로서 군사상 그 의의가 큰 것

2) 국 보

- 보물에 해당하는 문화재 중 특히 역사적, 학술적, 예술적 가치가 큰 것
- 보물에 해당하는 문화재 중 제작연대가 오래되었으며, 그 시대의 대표적인 것으로서 특히 보존가치가 큰 것
- 보물에 해당하는 문화재 중 제작의장이나 제작기술이 특히 우수하여 그 유래가 적은 것
- 보물에 해당하는 문화재 중 형태, 품질, 제재, 용도가 현저히 특이한 것
- 보물에 해당하는 문화재 중 특히 저명한 인물과 관련이 깊거나 그가 제작한 것

3) 중요무형문화재

다음에 해당하는 것으로서 역사상, 학술상, 예술상 가치가 크고 향토색이 현저한 것

- 연극 : 인형극, 가면극
- 음악 : 제례악, 연례악, 대취타, 가곡, 가사 또는 시조의 영창, 산조, 농악, 잡가, 민요, 무악, 범패
- 무용 : 의식무, 정재무, 탈춤, 민속무

- 공예기술 : 도자공예, 피모공예, 금속공예, 골각공예, 나전칠공예, 제지공예, 목공예, 건축공예, 지물공예, 직물공예, 염색공예, 옥석공예, 수, 매듭공예, 복식공예, 악기공예, 초엽공예, 죽공예, 무구공예
- 기타 의식, 놀이, 무예, 음식제조 등
- 연극·음악·무용의 성립 또는 구성상 중요한 요소를 이루는 기법이나 그 용구 등의 제작, 수리 등의 기술

4) 사 적

- 유사 이전의 유적 : 패총, 유물포함층, 주거지(수혈주거지, 부석주거지, 동혈주거지 등) 지석, 입석, 고분 등의 유적으로서 학술적 가치가 큰 것
- 제사, 신앙에 관한 유적 : 사지, 사우지, 제단, 사고지, 전묘지, 향교지, 기타 제사, 신앙에 관한 유적으로서 학술적 가치가 큰 것
- 정치, 국방에 관한 유적 : 성곽, 성지, 책채, 방루, 진보, 수영지, 관문지, 봉수대 및 유지, 고전장, 도읍지, 궁전지, 고도, 고궁 기타 정치, 국방에 관한 유적으로서 학술상 가치가 큰 것
- 산업, 교통, 토목에 관한 유적 : 고도(옛길), 교지, 뚝, 요지, 시장지, 식물재배, 석표, 기타 산업, 교통, 토목에 관한 유적으로서 학술상 가치가 큰 것
- 교육, 사회사업에 관한 유적 : 서원, 사숙, 자선시설, 석각, 기타 교육, 학예에 관한 유적으로서 학술상 가치가 큰 것
- 분묘, 비 등 : 분묘, 비, 구택, 원지, 정천, 수석, 기타 중요한 전설지 등으로서 학술상 가치가 큰 것
- 특별히 빼어난 자연미를 지닌 지형 또는 지역이나 그 안에 있는 조형물
- 자연과 문화적 요소들이 결합되어 뛰어난 조망경관을 형성하고 있는 곳
- 세계문화 및 자연유산의 보호에 관한 협약 제2조의 규정에 의한 자연유산에 해당하는 곳

5) 명 승

- 저명한 건물이 있는 경승지 또는 원지
- 화수, 화초, 단풍 또는 조수, 어충류의 서식지
- 저명한 협곡, 해협, 곶, 급류, 심연, 폭포, 호수 등
- 저명한 해안, 하안, 도서 기타 경승지
- 저명한 풍경의 전망지점

- 특색 있는 산악, 구릉, 고원, 평원, 하천, 화산, 온천지, 냉광천지
- 특별히 빼어난 자연미를 지닌 지형 또는 지역이나 그 안에 있는 조형물
- 자연과 문화적 요소들이 결합되어 뛰어난 조망경관을 형성하고 있는 곳
- 세계문화 및 자연유산의 보호에 관한 협약 제2조의 규정에 의한 자연유산에 해당하는 곳

6) 천연기념물

① 동 · 식물

- 한국 특유의 동 · 식물로서 저명한 것 및 그 서식지, 생장지
- 석회암지대, 사구, 동굴, 건조지, 습지, 하천, 호소, 폭포의 소, 온천, 하구, 도서 등 특수지역이나 특수환경에서 서식하거나 생성하는 특유한 동 · 식물 또는 동 · 식물군 및 그 서식지, 생장지 또는 도래지
- 문화, 민속, 관상, 과학 등과 관련된 진귀한 동 · 식물로서 그 보존이 필요한 것 및 그 서식지, 생장지, 자생지
- 한국 특유의 축양동물
- 문화적, 과학적, 경관적, 학술적 가치가 큰 수림, 명목, 거수, 노수, 기형목
- 대표적 원시림 대표적 고산식물지대 또는 진귀한 삼림상
- 저명한 동 · 식물의 분포의 경계가 되는 곳
- 생활, 민속, 의식주, 신앙, 문화 등과 관련된 유용 동 · 식물의 원산지
- 세계문화 및 자연유산의 보호에 관한 협약 제2조의 규정에 의한 자연유산에 해당하는 곳
- 귀중한 동 · 식물의 유물발견시 또는 학술상 특히 중요한 표본과 화석

② 지질 · 광물

- 암석 또는 광물의 생성원인을 알 수 있는 상태의 대표적인 것
- 거대한 석회동 또는 저명한 동굴
- 특이한 구조나 형태로 되어 있는 암석 또는 저명한 지형, 지질
- 지층단 또는 지괴운동에 관한 현상
- 학술상 특히 귀중한 표본
- 온천 및 냉광천

③ 천연보호구역

- 보호할 만한 천연기념물이 풍부하거나 다양한 생물적, 지구과학적, 문화적, 역사적, 경관적 특성을 가진 대표적인 일정한 구역
- 지구의 주요한 진화단계를 대표하는 일정한 구역
- 중요한 지질학적 과정, 생물학적 진화 및 인간과 자연의 상호작용을 대표하는 일정한 구역

④ 자연현상

관상상, 과학상, 교육상의 가치가 현저한 것

7) 중요민속자료

- 다음에 해당하는 것 중 한국민족의 기본적 생활문화의 특색을 나타내는 것으로서 전형적인 것
  - 의 · 식 · 주에 관한 것 : 궁중, 귀족, 서민, 농어민, 천인 등의 의복, 장신구, 음식용구, 광열용구, 가구, 사육용구, 관혼상제용구, 주거, 기타 물건 또는 그 재료 등
  - 생산 · 생업에 관한 것 : 농기구, 어렵구, 공장용구, 방직용구, 작업장 등
  - 교통 · 운수 · 통신에 관한 것 : 운반용의 배, 수레, 역사 등
  - 교역에 관한 것 : 계산용구, 계량구, 간판, 점포, 감찰, 화폐 등
  - 사회생활에 관한 것 : 증답용구, 경방용구, 형벌용구 등
  - 신앙에 관한 것 : 제사구, 법회구, 봉납구, 우상구, 사우 등
  - 민속지식에 관한 것 : 역류, 점복용구, 의료구, 교육시설 등
  - 민속예능 · 오락 · 유희에 관한 것 : 의상, 악기, 가면, 인형, 완구, 절귀용구, 도구, 무대 등
- 위에 게기한 민속자료를 수집 정리한 것으로서 그 목적, 내용 등이 다음에 해당하는 것으로서 특히 중요한 것
  - 역사적 변천을 나타내는 것
  - 시대적 또는 지역적 특색을 나타내는 것
  - 생활계층의 특색을 나타내는 것
- 민속자료가 일정한 구역에 집단적으로 소재한 경우에는 민속자료의 개별적인 지정에 갈음하여 그 구역을 다음의 기준에 따라 집단 민속자료 구역으로 지정

할 수 있다.

- 한국의 전통적 생활양식이 보존된 곳
- 고유민속행사가 거행되던 곳으로 민속적 풍경이 보존된 곳
- 한국건축사 연구에 중요한 자료를 제공하는 민가군이 있는 곳
- 한국의 전통적인 전원생활의 면모를 간직하고 있는 곳
- 역사적 사실 또는 전설, 설화와 관련이 있는 곳
- 옛 성터의 모습이 보존되어 고풍이 현저한 곳

제2절 우리나라의 문화적 관광자원 현황 및 분포

전술하였듯이 관광분야에 있어서 문화적 자원의 활용은 문화재자원과 박물관자원이 주를 이루고 있으나 미술관이나 음악홀과 같은 공연장에서부터 전통문화축제에 이르기까지 다양한 종류가 활용되어가고 있는 추세이다.

1. 문화재자원

문화재자원은 지정문화재와 비지정문화재로 구분할 수 있다. 문화재라는 것 자체가 그 지역 주민의 삶의 흔적과 결과물이기 때문에 그것이 지정문화재이건 비지정문화재이건 관광자원으로서의 가치에 큰 차이는 없다. 다만 비지정문화재는 인지도의 문제, 관리상의 문제, 개발비의 문제 등으로 인하여 관광자원으로 활용하기가 쉽지가 않은 반면, 지정문화재는 그 지역의 역사적 흐름 속에서 의미가 큰 것들이고 관리와 보전이 잘 된 것들이 대부분이며 인지도가 높으므로 관광자원으로서 활용하기에 용이한 점에서 차이가 있을 뿐이다.

양자의 차이는 지정여부에 있을 뿐 본질적으로 다른 것이 아니며, 비지정문화재자원은 그 범위와 종류가 너무나 다양하고 많으므로 이 책에서는 지정문화재를 위주로 설명하기로 한다. 지정문화재는 국가지정문화재, 시도지정문화재, 문화재자료로 구분한다.

2003년 현재 우리나라 지정문화재 현황은 <표 3-2>와 같다.

〈표 3-2〉 지정문화재 현황

2003. 6. 30. 현재

구분	서울	부산	대구	인천	광주	대전	울산	경기	강원	충북	충남	전북	전남	경북	경남	제주	기타	합계	해제	총계
(국가지정문화재)																				
국보	118	3	3	1	2	0	2	43	8	13	26	7	17	52	10	0	0	305	1	306
보물	359	14	26	21	7	2	5	146	56	60	85	88	130	254	99	2	0	1354	23	1377
사적	65	4	6	17	2	1	4	55	12	17	42	31	35	95	44	5	0	435	13	448
사적및명승	0	0	0	0	0	0	0	0	0	1	1	0	3	3	1	0	0	9	0	9
명승	0	0	0	1	0	0	0	0	1	0	0	0	3	1	1	0	0	7	2	9
천연기념물	11	7	1	10	0	0	2	12	28	23	15	26	44	56	34	31	30	330	104	434
중요무형문화재	35	3	0	4	1	0	0	5	1	2	4	2	13	6	11	4	17	108	7	115
보유자	62	19	1	12	3	0	0	22	6	3	12	10	24	12	29	5	0	220	146	366
중요 민속자료	48	0	4	0	3	0	1	8	11	21	20	13	32	59	11	8	0	239	4	243
소계	636	31	40	54	15	3	14	269	117	137	193	167	277	526	211	50	47	2787	154	2941
(시도지정문화재)																				
시도유형문화재	154	47	50	47	26	31	11	144	133	190	135	181	204	303	343	17	0	2016	220	2236
시도무형문화재	30	10	14	11	14	13	2	31	8	11	33	23	26	25	22	15	0	288	32	320
시도기념물	21	47	11	49	26	39	42	156	77	105	144	101	185	126	222	52	0	1403	171	1574
시도 민속자료	28	1	4	2	7	2	0	10	4	13	15	34	35	121	20	8	0	304	15	319
소계	233	105	79	109	73	85	55	341	222	319	327	339	450	575	607	92	0	4011	438	4449
문화재자료	13	9	33	20	26	48	17	107	108	38	290	148	199	422	316	2	0	1796	171	1967
합계	882	145	152	183	114	136	86	717	447	494	810	654	926	1523	1134	144	47	8594	763	9357

* 자료 : 문화재청

(1) 유형문화재

1) 목조건물

① 목조건물의 특징 · 역사

우리나라 건물의 시초는 구석기시대 말엽과 신석기시대의 움집에서 찾아볼 수 있다. 그 이후로 중국과의 교류를 통하여 각종의 건축양식들이 들어오게 되었고,

그와 같은 교류를 통하여 궁궐과 종교적인 건물들이 건축되고, 우리나라의 전통 가옥이라고 할 수 있는 한옥이 정착되기에 이르렀다. 그러나 우리나라의 목조건물들은 거듭되는 외세의 침략으로 인하여 대부분 소실되었고, 오늘날 남아 있는 건물들은 고려 중기 이후에 건립된 것과 임진왜란 이후의 건물들이 대부분이다.

우리나라 목조건물의 특징은 인공적이면서도 우리나라의 자연적인 환경과 잘 조화가 되어 있고, 본래의 건축기능에도 충실하여서 안정감 있는 건축기법을 유지하고 있다. 특히 중국의 건축기법 중에서도 송나라의 주심포양식과 원나라의 다포양식의 기법을 가장 많이 영향을 받았다.

주심포양식이라는 것은 공포의 배치가 기둥 위에만 놓여지고 상부의 하중을 기둥으로 직접 전달하는 형태로서 현존하는 건물은 안동에 있는 고려 중엽에 만들어진 부석사 무량수전과 봉정사 극락전을 들 수 있겠고, 예산의 수덕사 대웅전, 영주의 부석사 조사당 등이 있다.

다포양식이라는 것은 고려 중기 이후 중국과 교류를 가지면서 도입된 것으로 공포를 기둥 위뿐만 아니라 기둥과 기둥 사이에도 배치하여 상부의 하중을 기둥으로 직접 전달하지 않고 평방을 덧대어 기둥과 벽체로 안정된 힘의 흐름을 유도하는 방식이다. 현존하는 건물은 서울의 숭례문, 창경궁의 명정전, 통도사의 대웅전, 불국사의 대웅전 등이 있다.

② 대표적인 목조건물

- **서울 숭례문(남대문)** : 숭례문은 국보 제1호로서 서울시 중구 남대문로 4가에 소재해 있으며 규모는 정면이 5칸, 측면이 2칸, 중층에 우진각지붕의 다포집으로서 조선 1398년에 완공한 한양 도성의 정문으로서 역할을 하였다. 이 문은 최초에 태조 5년(1396)에 창건하였지만 현재의 건물은 세종 30년(1448)에 다시 건립한 것이다.

  숭례문은 석축의 기단 위에 세워진 목조건축물로서 현존하는 우리나라의 성문건물로서의 제일 규모가 큰 문이라고 할 수 있겠다. 건물 내부의 아래층 바닥은 홍예 위쪽인 중앙부만 우물마루로 하고 그 외에는 흙바닥을 이루고 있다. 아래층 동북쪽에는 위층으로 올라가는 계단이 마련되었고, 기둥의 사이에는 다른 시설이 없다. 기둥은 굵직한 원형기둥으로 기둥의 뿌리에는, 하방 기둥머리의 키가 큰 창방을 걸었고, 창방과 기둥 위에는 널찍하고 두툼한 평방을 둘러서 그 위에 공포를 올려놓았다.

  위층의 바닥은 널마루를 깔았고, 기둥의 사이에는 각각의 2구씩의 공간포를 올려놓았고, 중방과 창방 사이에는 작은 나무창을 내었고, 지붕은 아래위층이 모두 겹처마로 사래 끝에 토수를 달고, 추녀마루에는 잡상과 용머리, 용마루 양쪽에는 취두를 올린 우진각 지붕이 있다. 숭례문은 성문으로서 특수한 목적을 수행하기 위한 것으로서 전형적으로 다포집양식의 건물로서 우리나라 목조건물 중에서 가장 웅장한 건물이라고 할 수 있겠다.

• **법주사 팔상전** : 법주사 팔상전은 국보 제55호로서 충청북도 보은군 속리면에 소재하고 있으며, 신라 진흥왕 14년(553)에 창건한 대사찰로서 현재 절 내부에는 석연지(국보 제64호), 쌍사자석등(국보 제5호), 사천왕석등(보물 제15호), 마애여래상(보물 제216호) 등의 귀중한 문화재가 있다.

팔상전은 국내 유일의 5층 목탑으로서 임진왜란 때 소실되었지만, 인조 4년(1626)에 중건한 건물이다.

각층의 공포는 중심에만 있으나 첫 층은 주심포, 2층 이상은 다포식 절구를 가진 독특한 형식을 구비했으며, 내부는 심초 위에서 5층 중도리까지 중심기둥이 세워지고, 전곡은 하늘을 향하여 있으며, 주변의 자연과 잘 어우러져 있다.

• **부석사 무량수전** : 부석사 무량수전은 고려 말의 목조건물 양식에 있어서 우리나라 주심포양식의 기본형식을 가장 잘 보존해주고 있는 귀중한 목조건물의 유적지이다. 정면이 5칸, 측면이 3칸이며 팔작지붕으로서 무량수전은 부석사의 본당으로서 중요한 건물이다. 이 건물의 예술적 가치는 우리나라 건축사에 있어서 매우 중요한 학술적인 가치를 제공해주고 있다. 무량수전 앞에는 3층 석탑이 있다.

• **해인사 대장경판전** : 해인사 대장경판전은 국보 제52호로서 경상남도 합천군 가야면에 소재해 있으며, 조선 성종 19년(1448)에 창건한 건물로서 정면이 15칸, 측면이 1칸, 단층은 우진각지붕의 양식을 가지고 있다. 경내에는 크고 작은 많은 법당이 있으나 그 대부분은 근세에 건립된 것이고, 대장경판만이 조선시대에 건립된 건물이다.

• **송광사 국사전** : 송광사 국사전은 국보 56호로서 전라남도 승주군 송광면에 소재해 있으며, 조선 초기에 창건한 건물로서 정면이 4칸이고, 측면은 3칸이고, 단층은 맞배지붕 주심포집으로 되어 있다.

또한 송광사는 우리나라 조계종의 중흥도장이며, 울창한 조계산의 숲속에

숨은 듯 웅장하게 있는 우리나라의 불교문화의 중심지이기도 하다. 그리고 국내에서 제일 큰 절로서 통도사, 해인사와 함께 16국사를 배출한 유서깊은 절이다. 경내에는 송광사 국사전 등에 국보 3점, 경질 등 보물 1점, 이팝나무 등 천연기념물 2점 등 지정문화재만도 10점에 이르고 있다.

2) 석 탑

① 석탑의 특징 · 역사

우리나라 석탑의 특징은 흰 화강암을 주재료로 사용하여 시대와 지역의 특성에 맞는 양식의 석탑을 만들었다. 각 절의 구성과 함께 상징적 내용과 기능은 물론 공간의 구성과 조화와 기하학적인 작품을 통하여 높은 예술성을 발휘하게 되었다.

석탑은 목조건물에 비하여 수명이 강하기 때문에 여러 차례의 전란과 시대의 변화 속에서도 많은 석조물들이 전국에 걸쳐서 석탑, 부도, 석등, 당간지주, 석비 등이 있다.

- **백제의 석탑** : 백제의 석탑은 다음과 같이 학술적으로나 예술적으로 상징될 수 있는 미륵사지석탑(국보 제11호, 전북 익산군, 높이 14.24m)과 정림사지 5층석탑(국보 제9호, 부여읍, 높이 9.33m)이 있다. 이 두 탑은 한국석탑의 시초로서도 역사적인 가치가 있는 석탑이다.

  이 두 탑은 화강암을 목재처럼 잘 다듬어서 만든 점을 비추어볼 때, 미륵사지석탑은 목탑양식을 그대로 모방하여 가구시킨 작품인 반면, 정림사지 5층석탑은 목탑양식을 따르면서 석탑의 구조가 우리나라의 전형탑에 접근시킨 창의적인 작품이라고 할 수 있다.

  다시 말하면 미륵사지석탑은 학술적인 가치로서, 정림사지 5층석탑은 예술적인 가치가 있는 것이다.

- **신라의 석탑** : 신라의 석탑은 분황사 석탑(국보 제30호, 경주 구황동, 높이 9.3m)과, 탑리 5층석탑(국보 제77호, 경북 의성, 높이 9.6m)이 있다. 분황사석탑은 사용된 석재가 흑갈색 안산암으로서, 벽돌 모양으로 잘게 잘라서 쌓아올린 우리나라 최초의 석탑이다. 탑리의 5층석탑은 화강암으로 되어 있으나 전탑계열의 양식을 따른 석탑으로서 분황사석탑과 같은 선상의 탑이다.

- **고려의 석탑** : 고려의 석탑은 신라의 전통양식을 계승 발전시키지 못하고 각 지방마다 서로 다른 특색을 가미시키고 있다. 개성을 중심으로는 방형다층탑

과 팔각탑이, 경상도 지방에는 신라의 석탑을 계승 발전시켰고, 전라도와 충청도에서는 백제석탑의 형태가 유행하였다.

고려시대의 석탑들은 학술적이고 예술적인 가치가 있는 석탑들이 많지 않다.

② 대표적인 석탑

- **불국사 3층석탑(석가탑)** : 국보 제21호로 지정된 이 탑은 높이 8.2m, 기단폭 4.4m의 화강암 건축의 뛰어난 석탑이다. 석가탑은 신라의 대표적인 탑으로서 균형감과 안정감이 뛰어난 아름다운 탑이다. 이 탑의 둘레는 연화문을 새겨만든 팔방금동좌가 자리하여 이채로움을 주고 있고, 또 1966년 10월에는 3층석탑 안에서 금동사리탑 등의 다량의 국보문화재가 발견되어 일괄유물을 국보 제126호로 지정하여 보호하고 있다.

- **원각사지 10층석탑** : 국보 제2호로 지정하고 있고 조선 제7대 세조 12년(1467)에 창건한 석탑으로서 서울시 종로구 종로2가에 소재하고 있다. 높이는 12m로서 재료는 대리석으로 사용하고 있다. 원각사지 10층석탑은 조선시대의 석탑으로서 현존하는 우리나라의 최고의 석탑이고, 평면이 특수하고 수법이 세련되고 의장이 풍부하여 당대의 석탑으로는 다시 찾아볼 수 없는 최우수 석탑이다.

- **정림사지 5층석탑** : 국보 제9호로 지정하고 있고 백제 말(7세기 초)에 창건한 석탑으로서 충청남도 부여군 부여읍에 소재하고 있다. 크기는 8.33m이고 재료는 화강석으로 되어 있다. 백제시대의 석탑으로서 정림사지 석탑은 우리나라의 석탑 연구에 귀중한 자료가 되고 있다.

3) 금속공예

① 금속공예의 특징과 역사

우리나라의 금속공예는 청동기가 들어오면서 시작되었다고 할 수 있겠다. 그리고 철기가 들어오면서 금속공예는 발전하게 되었고, 금과 은제품을 만들면서 우리나라의 금속공예는 더욱더 발전하게 되었다.

금속공예의 재료는 금, 은, 구리, 철, 놋쇠 등을 들 수 있다. 금속공예의 기술은 이러한 재료들을 섞어서 사용하여 땅에서 나오는 재료들을 분류해서 재련하여 얻어진 것을 녹여서 틀에 부어 만들거나 두드려서 모양을 만드는 것이다. 그리고 여기에 여러 가지의 무늬들을 새겨서 금속으로 공예를 만드는 것이다. 무늬로는 돋을무늬, 새길무늬, 뚫을무늬 등이 있다.

우리나라는 삼국시대부터 금속공예가 발달하였는데 각 고분에서 출토된 금속공예들을 많이 볼 수 있다. 특히 종교행사시, 여러 가지 의식도구들에서 많이 찾아볼 수 있다.

그 중에서 대표적인 것이 감은사 석탑에서 나온 금동사리구(보물 제366호)와 송림사 전탑에서 나온 금제사리탑(보물 제325호) 등이 있다. 그리고 고려시대에는 귀족적인 금속공예품들이 화려하게 제작되어 사용되었다. 또한 조선시대에 들어와서는 종교의식에 사용되는 금동공예들이 줄어들었지만 부녀자들이 사용하는 화장그릇이나 장신구와 촛대, 가위, 놋그릇 등의 일상생활 용품들이 금동공예로서 많이 등장하게 되었다.

② 대표적인 금속공예

- **백제 금동대향로** : 국보 제287호로서 충청남도 부여군 능산리가 소재지로서, 금동향로는 공예기술의 우수성뿐만 아니라 백제인의 정신세계와 생활상을 밝혀줄 수 있는 자료로서 아주 중요한 의미를 갖는다. 금동향로는 봉황모습의 꼭지, 삼산형의 봉래산이 양각된 뚜껑, 연꽃잎으로 장식된 몸통, 용의 무늬로 받쳐주는 모습은, 도교의 신선사상과 불교의 세계관이 그 조형적 배경이 되었음을 알 수 있다.

- **상원사 동종** : 국보 제36호로 강원도 평창군 진부면 동산리 상원사가 소재지이며, 우리나라에 현존하는 범종 중 가장 오래되고 아름다우며 그 소리가 청량하다. 이 종은 조식이 매우 아름다움은 물론이요 종소리도 매우 회랑하여 통일신라시대의 우수한 작품이라 할 수 있다. 후술하는 '성덕대왕 신종'보다 45년이나 앞서고 있으므로 현존하는 우리나라 동종 중 최고의 작품이며, 1469년 현재의 상원사로 옮겨졌다.

- **성덕대왕 신종** : 국보 제29호로 국립박물관 경주분관에 보관되어 있으며, 높이 3.33m, 구경 2.27m 크기로 우리나라 종 중에서 그 규모가 제일 큰 동종으로 한국 종의 특색을 매우 잘 나타내고 있다. 소리 또한 웅장하고, 종 표면의 문양도 종의 크기에 비해 알맞게 아름답다. 이 종은 742년경에 경덕왕이 선왕인 성덕왕을 위해 구리 12만 근을 들여 이 종을 주조하기 시작하였으나 완성하지

못하고 사망하자 혜공왕이 계속 주조하여 혜공왕 6년인 대력 5년(770)에 완성하였다.

4) 자 기

① 고려자기

- **고려자기의 특징** : 청자라 하면 그 성격을 귀족적, 장식적, 이상적, 미래지향적인 의미로 해석하고 있다. 물론 조선백자의 서민적인 실용성에 비교하면 그러한 표현들이 가능할 것이다. 그렇지만 인간의 문화적인 가치 속에는 현실성만이 최상의 것이 아닐 것이다. 즉, 시대와 환경에 따라서는 보다 더 이상적인 것이 인간들의 삶의 질을 높이는 문화적인 가치가 더 필요한 경우가 있을 것이다. 여하튼, 청자의 선에서 찾아볼 수 있는 유연성과 색채에서 찾아볼 수 있는 영원성과 문양에서 느낄 수 있는 정교성은 우리나라의 고유한 정신세계와 조화되는 극치라고 할 수 있겠다.

–세련미 : "신에 이르려거든 고려청자의 빛깔을 통해서……." 이 말은 어느 외국학자가 고려청자 앞에서 자기도 모르게 내뱉은 소리이다. 서양 사람들은 이처럼 고려청자 앞에서는 무조건 황홀한 찬사를 보내기 일쑤이다. '한국미술 5천년전'이 일본에서, 미국에서, 영국에서, 그밖의 여러 나라에서 무수히 계속되어왔지만 역시 그 반응은 열광적이라 하겠다. 미는 참으로 다양한 개념과 다양한 유형을 지니고 있지만 우선 상식적인 표현으로 외형적으로 세련된 미와 내면적으로 선량한 미의 극치라 할 것이다. 청자와 백자를 놓고 귀족적이다 서민적이다 하는 사상적인 평가도 여기에서 나온 결과라고 보고 있다. 서양 사람들이 청자를 그렇게 좋아하는 이유는 그들의 외형적 세련미와 유사하며 공감되기 때문이다.

아름다움이란 자기와 닮은 것을 뜻하기도 한다. 고려청자는 11세기 고려 성종 때부터 중국 송나라의 강한 영향을 받고 제작되기 시작하였다. 송자의 영향을 받았으나 그것은 초기의 일이고, 12~13세기에 이른 청자 전성기에 이르러서는 송자를 훨씬 능가할 만한 세계적인 기법을 창조하게 되었다.

–색채 : 고려청자의 가장 뛰어난 요소는 그 청정무구한 색의 창출에 있다. 고려를 다녀갔던 중국 사신들은 중국비색보다 이 고려비색을 더 우수한 것이라고 찬사를 아끼지 않았다고 한다. 어떤 시인은 "소나기가 그친 구름 사이의 파란 하늘"이라 표현했고, 또 어떤 이들은 청자 빛깔은 "영원에의 끝없는

동경을 상징하는 빛깔"이라고 하였다.

–선 : 청자의 우수성은 색채 다음으로 그 세련된 선에 있다. 가늘고 긴 날렵한 선, 싸늘하면서도 부드러움, 그리고 끝없이 뻗어나갈 것만 같은 연연한 선, 이 청자의 차갑고 날렵한 선을 '세련된 공간미'로 표현하고 있다.

–문양 : 청자의 문양 또한 그 예술성이 뛰어나다. 정말 색채나 선의 세련성 이상일 것이다. 운학문(雲鶴文), 양유문(楊柳文), 당초문(唐草文), 장단문(壯丹文), 포유수금문(蒲柳水禽文), 보상화문(寶相華文), 연화문(蓮花文), 도안식문(圖案式文) 등이 상감수법을 통하여 예술적인 극치를 이루고 있다. 이 세계적인 시문법을 우리 고려인들이 최초로 창안해낸 것이다. 상감시문법이란 그릇이 마르기 전에 기벽에 문양을 선각하고 백토를 붓으로 선각한 자리에 메우면 선각한 곳에만 문양이 나타나는데, 이 과정을 거쳐서 그릇이 다 마른 후 유약을 발라서 굽는 방법을 말한다. 문양의 종류에서도 상상할 수 있는 것은 운학문에서의 영원성과 동경성, 양유문에서의 여원성과 동경성, 양유문에서의 끊기지 않고 끝없이 이어지는 비원성, 보상화문, 연화문에서의 불교적인 귀의성 등 고려인의 의식구조 속에는 이러한 소원들이 외침의 고난 속에서도 그치지 않았던 것으로 보인다.

- **고려자기의 역사** : 청자의 역사적인 변천에 따른 그 종류를 보면, 대개 전후 3기로 나눈 순청자(純青磁), 상감청자(象嵌青磁), 화청자(畵青磁) 시대로 구분된다.

제1기 : 순청자시대 (AD 1050~AD 1150)
문양과 균열이 없는 순수한 푸른색 청자

제2기 : 상감청자시대 (AD 1150~AD 1250)
상감시문, 균열미의 상감청자

제3기 : 화청자시대 (AD 1250~AD 1390)
고려청자의 쇠퇴기
몽고 침략과 항쟁 고난의 시대
청자빛 황녹색으로 퇴조
청자빛 조선 분청사기로 연결
전공간시문, 도안식 문양

순청자의 그 청정무구한 빛깔, 상감청자의 세계적인 시문법 등 제2기에 이른 청자의 황금기도 몽고의 침략과 함께 그 퇴조의 길을 걸어 화청자를 거쳐 분청사기의 과도기적 형태를 표출시키게 된다.

• **대표적인 고려자기**

– 청자과형 화병 : 국보 제64호로 지정하여 있으며, 서울 중앙박물관에 소장되어 있다. 높이는 22.8cm의 이 꽃병은 고려시대의 전반기에 만들어진 순청자로서, 청순한 품격을 풍겨주는 명품이다. 동체는 참외의 모양과, 치마주름 모양과 더불어서 높은 굽다리가 붙어 있고, 병입은 큰 참외꽃 형태를 보이고 있다. 유약이 고도로 정선되어 있어서 전체의 광택이 매우 은은하며, 이 화병을 중국자기와 비교가 안 될 만큼 우수한 작품이라고 평가받는다.

– 청자상감 운학문 매병 : 송나라의 영향을 받아서 만들었지만 12세기 전반부터는 고려적인 색채로서 기품과 세련미를 창안하게 이르렀다. 넓고 부드러운 어깨, 조그맣고 기품 있는 입, 하반신의 각선미 등은 한복 입은 여인같이 우아하고 화사한 느낌을 준다. 병의 전체에는 회청색의 맑은 유약이 고르게 씌워져 있으며, 고려청자와 상감매화 중에서 가장 뛰어난 작품으로 평가된다.

② 조선자기

고려 말경부터 청자가 쇠퇴하여지고 백자가 만들어지면서, 그 당시에 중국에서 만들어지고 있었던 치밀질 백자와 고려계통의 연질백자 종류의 혼합된 백자가 만들어지게 되었다. 조선시대에 들어와서, 조선시대 도자기는 크게 분청사기와 백자로 구분되어 만들어지게 되었다. 조선 초기에는 두 종류의 자기가 만들어졌으나 임진왜란으로 분청사기의 제작이 중단되고 백자만이 만들어졌다.

고려백자의 전통을 이은 연질백자는 경상도 지방에서 많이 만들어졌는데, 이러한 백자는 섬세한 상감기법과 고려시대에 만들면서 사용했던 유약의 특징을 잘 활용하여 만들었다. 중국 치밀질 백자의 영향은 광주 우산리, 번천리 가마에서 제작된 연화문과 당초문은 상감한 대접류에서 나타나고 있다. 이들의 굽 가운데는 대마디형이 있으며, 태토를 벗어서 굽에 받치거나 가는 모래를 받쳐 구웠다.

이 두 종류의 상감 백자류는 15세기경까지 만들어지다가 치밀질 백자가 주류를 이루면서 15세기 중반부터는 백자의 꽃으로 일컬어지는 청화백자가 만들어졌다.

조선백자는 광주지방에서 제작된 관요백자의 전통을 중심으로 전기, 중기, 후기로 시대를 구분하고 있다.

- **초기백자** : 15세기의 백자에는 접시, 전접시, 꽃바래기, 대접, 사발, 병, 항아리 등이 있다. 이들의 모양은 선이 부드럽고 눈같이 희며 약간 두텁고 깊은 맛을 주는 것과 같다. 전접시는 높이가 낮고 옆에서 본 단면이 수평에 가깝다. 작은 굽의 직경은 넓고 기벽은 얇으며 대접과 접시는 주둥이가 밖으로 벌어지며 안 바닥은 넓게 만들었다. 이 시기의 가마는 광주의 우산리, 번천리, 무갑리, 오전리 등이었다.

  15세기 중엽부터 만들어 쓰기 시작한 청화백자는 초벌구이에 청화 안료로 무늬를 그린 후에 투명한 유약을 바르고 구워낸 것이다. 청화 안료는 조선시대 자체 개발품인 토청을 사용한 것과 수입품인 회회청 계열의 두 가지 안료가 있었다.

  우리나라의 안료는 흑갈색을 띄는 반면에 중국에서 수입한 안료는 고운 남청색을 내고 있다. 청화백자 매조문항아리는 토청을 사용한 대표적인 백자이다.

  16세기의 가마는 청지리, 관음리에 있었으며, 이 시대의 전접시는 높이가 약간 높고 기벽도 약간 두터웠다. 17세기 전반의 가마는 굽안 바닥의 좌, 우를 새겼으며 탄벌리와 상림리 그리고 선동리 등이 있었다.

- **중기백자** : 17세기에 들어오면서 백자에는 유색이 많아지고 그 동안 밖으로 벌려졌던 주둥이가 안으로 향하게 되고 굽의 직경도 좁아지게 되었다. 주로 이 시대에는 철회백자가 많이 만들어지기 시작했다. 초벌구이에 산화철 안료로 문양을 새겼고, 그 위에 유약을 입혀 구워낸 철회백자는 쇠녹색, 다갈색, 흑갈색을 띠고 있었으며, 이것을 석간주라고 부른다. 철회백자는 광주관요에서 잘 앙금된 백토에 사실적인 운용, 매화, 대나무, 국화 등을 표현했고, 지방의 민간 가마에서는 추상화된 풀과 용그림이 주류를 이루었다. 18세기 전반의 가마는 궁평리, 관음리, 금사리 등에서 백자들이 나오게 되었으며, 태토나 유약이 밝아서 눈같은 색을 내며 철회 대신, 청화가 다시 만들어지는 등 활기를 띠게 되었다.

  청화문양은 식물, 산수, 화조, 운용, 문자 등이며, 세필로 간결하게 처리되는 특징을 지니고 있었다.

- **후기백자** : 차츰 빙렬이 없어지면서 모깍기를 한 그릇이 18세기 후반부터 많이

등장하게 되었다. 청화백자는 급증하고 문양의 필치가 굵어지며 색도 짙어지다가 나중에는 자색을 띠게 되었다. 그리고 여백 없이 기면에 그림을 가득 그려 넣었으며, 기종도 다양해져갔다.

문방구류와 일상용기, 그리고 제기가 눈에 띠게 발전하였으며, 장식기법도 발전되어 돋을무늬와 뚫을 무늬가 만들어졌다. 또한 청화백자와 철회백자 외에도 진사가 아울러 병용되었다.

5) 회 화

① 회화의 특징과 역사

우리나라의 회화는 전기에는 중국의 영향을 많이 받았으나 후기에 들어와서는 고유의 색정서와 체질을 발휘하여 독자적인 화풍을 가지게 되었다. 현재 남아 있는 작품들은 많지 않아 여기서는 조선시대 회화에 대해서만 알아보기로 하겠다.

조선시대 그림은 문인, 사대부 등의 지식층 속에서 도화서와 화원 등에 소속된 화가들에 의해서 제작되었다. 이들의 그림의 화풍은 크게 네 가지 시기별로 구분될 수 있다.

- **제1기** : 15세기에서 16세기 중엽까지로서 위 시기의 화단은 세종의 문예부흥에 힘입어 크게 번성하였다. 그러나 임진왜란으로 인해 기존의 작품들이 다 소실되었고, 현존하는 작품은 중국 남·북송의 원체 화풍을 반영한 것이다. 이 시기의 대표적인 화가는 사인화가인 강희안과 화원이었던 안견, 이상좌 등이다.

- **제2기** : 16세기 후반에서 17세기 말까지이며, 중국 명나라의 절파화풍과 유사한 산수화가 유행하게 되었다. 즉 화면에 인물이 크게 부각되어 주변의 산수는 등장인물을 위한 배경화면처럼 보이고, 거칠고 짙은 먹의 표현은 화면상의 강한 흑백의 대조를 이루고 있다. 화면의 구성이 다소 산만하고 동적인 것이 제2기의 화풍의 특징이라고 하겠다. 이러한 화풍은 고려시대 말 이후로 내려오는 전통적인 화풍과 명나라 절파화풍이 가세되어 이루어진 것이다

  이 화풍에 속하는 대표적인 화가는 사대부인 김제, 이경윤, 이징 등과 화원 출신이 이홍효, 이정, 김명국 등이다.

- **제3기** : 18세기 초부터 19세기 중엽까지이며 조선시대의 회화사에 있어서 매우 중요한 시기이다. 우리나라 산천의 경치를 소재로 한 진경산수와 생활상을 소재로 한 풍속화가 크게 유행했던 시대이다. 이 시대의 진경산수화가로는 정선

이 유명하고, 그는 골산이 많은 한국 산천을 즐겨 그렸다. 바위나 산을 표현하는 데 있어서도 수직선을 반복하는 독특한 방법을 창안하였으며, 한국적인 그림 세계를 이룩하는 데 큰 공헌을 하였다.

그 뒤를 이어 김윤겸, 김홍도, 강세황, 정수영, 김석신, 최북 등이 있다. 그리고 심사정은 산수에 힘을 쏟아 한국적인 토착화에 주력하였다. 풍속화가로 널리 알려진 김홍도는 산수화뿐만 아니라 도석인물, 화조 등에 그림에도 뛰어났으며 신윤복은 서민층의 생활을 담은 풍속화를 그려 양반사회의 풍류를 즐겨 그렸다.

- **제4기** : 19세기 후반부터 20세기 초의 시기로서 기울어가는 조선왕조의 여러 현상을 반영하듯이 화단도 여러 가지 화풍이 쇠퇴하고 남종 산수가 주류를 이루게 되었다. 이 시기의 유명한 문인화는 김정희, 조희룡, 전기, 장승업 등이 대표적인 화가들이다. 한편 김수철은 서양의 수채화에 방불한 수법으로 산수화와 꽃을 그린 이색적인 화풍도 등장하게 되었다.

② 회화의 구분

- **문인화** : 문인이나 사대부 또는 왕족, 귀족들이 그린 그림들을 문인화라고 한다. 조선시대 대표적인 문인화가로는 강휘안, 양팽손, 이암, 김제, 이정, 윤의립, 조속, 강세황, 김정희 등이다.

- **풍속화** : 풍속화는 농민, 장인, 상인, 사대부 등 사회 각층의 실생활 장면을 사실적으로 묘사한 그림이다. 풍속화는 윤두서와 조영석이 선구자이다. 대표적인 화가는 김홍도와 신윤복이다. 김홍도는 다수의 그림을 남겼는데 그 중에서도 대장간, 추수장면, 서당, 씨름 등이 한국적인 정취를 잘 표현하고 있다. 신윤복은 여인풍속을 대담하게 그렸는데 사대부, 기녀들을 비롯한 남녀의 애정과 여인들의 맵씨를 잘 그렸다. 이외에도 강희언, 김양기, 김득신, 유숙 등이 유명한 화가이다.

- **진경산수** : 조선시대 후기인 18세기와 19세기에 크게 유행한 화풍이다. 금강산을 비롯한 전국의 명승지를 찾아 스케치를 하거나 그리기도 했으며, 독특한 기법의 화풍을 완성하여 한국의 고유색이 두드러진 점에서 크게 중시되었다. 이 시대에는 문인화가나 직업화가 모두가 그림을 자유롭게 그렸다. 진경산수는 조선시대 말기로 이어지면서 쇠퇴의 길로 접어지게 되었다.

③ 대표적인 화가

- **안 견** : 안견은 조선시대 전기화단을 대표하는 산수화의 대가로서, 「몽유도원

도」가 대표작이다. 이 「몽유도원도」는 상상도이지만 사실에 가깝기도 하고, 그 구성의 대담성과 묘사의 정밀성으로 보아서 그 시대의 당시엔 보기 드문 수작이라고 할 수 있겠다. 덕수궁 미술관에 있는 적벽도, 산수화 작품도 그의 것이다.

• **이상좌** : 이상좌는 조선시대 산수화의 대표적인 작가이다. 그의 대표적인 그림은 「송하보월도(松下步月圖)」, 「우중맹호도(雨中孟虎圖)」, 「나한도(羅漢圖)」 등이 유명하다. 「송하보월도」는 바위산의 중량감과 소나무 그리고 먼산의 능선 등 그 수법이 마원(馬遠)의 구도를 연상케 하는 것으로서 중국 남송 원화체(院畵體)의 화풍을 잘 보여주고 있다.

• **정 선** : 정선은 조선조 후기 화단을 창시해낸 근대적 자각이 뛰어난 작가이다. 그는 전형적인 북송류의 화풍에서 벗어났고, 그 주제 역시 우리 한국적인 것을 추구하는 데 전념하였다. 정선은 산수화에 있어서는 다른 화가들의 공식적인 산수화첩류의 상상도에서 벗어나 실제의 자연풍경을 담도록 강조하였고, 그 주장을 조국의 아름다운 산수에서 찾아 「금강전도」를 그려내었다. 「금강전도」는 둥근 원형의 외부구도를 대담하게 구상했으며, 그 속에 직립된 산형들을 앙관법(仰觀法)으로 준수하게 묘사하였다.

• **김홍도** : 단원 김홍도는 조선 초 후기 화단을 대표하는 최고봉이며, 해원 신윤복과 함께 풍속화의 쌍벽을 이루고 있다. 단원은 한국산수화풍을 이어받아 일상적 주변의 자연에 관심을 경주하는 한편, 서민생활의 저변에 깔려 있는 인가의 생기 있는 표정과 동작을 깊이 관찰 묘사하게 되었다.

이 풍속화의 출현은 당대의 고답적인 화풍의 세계에서는 경이적인 용기이며 혁명이었다. 특히 씨름하는 모습을 그린 그림은 김홍도의 풍속화의 압권으로서 해학과 순간적인 동작, 관객들의 대각선적인 배치와 생기 있는 표정들 등이 뛰어나게 표현된 후기화단의 명품이다.

• **김정희** : 추사체는 김정희가 이룬 독자적인 글씨체를 말한다. 추사체는 공간을 획과 선으로 메우는 구성과 역학적인 조화의 미를 나타낸 것이므로 그런 의미에서 비구상화이며 추상예술이라 할 수 있다. 추사는 문인화도 뛰어났고 전·예·해·행서 등 모든 글씨체에 뛰어났으며, 그 중에서도 예서와 행서는 아직까지 그를 따를 자가 없다고 한다.

(2) 무형문화재

1) 연 극

중요무형문화재로 지정된 우리나라의 연극을 살펴보면 중요무형문화재 제2호로 지정된 양주별산대놀이, 제3호로 지정된 꼭두각시놀음, 제6호로 지정된 통영오광대, 제7호로 지정된 고성오광대, 제15호로 지정된 북청사자놀음, 제17호로 지정된 봉산탈춤, 제18호로 지정된 동래야유, 제34호로 지정된 강령탈춤, 제43호로 지정된 수영야유, 제49호로 지정된 송파산대놀이, 제61호로 지정된 은율탈춤, 제69호로 지정된 하회별신굿 탈놀이, 제73호로 지정된 가산오광대, 제79호로 지정된 발탈, 제81호로 지정된 진도다시래기 등이다.

연극의 종류 중에서 중요무형문화재로 지정된 것은 인형극, 판소리, 창극, 신파극, 신극 중에서 가면극과 인형극만이 문화재로 지정되어 있다. 오늘날까지 현존하는 가면극과 인형극의 공통된 내용을 살펴보면 파계승, 몰락한 양반, 무당, 사당, 거사, 하인 등을 통하여 현실풍자와 폭로를 통하여 호색과 웃음과 탄식을 보여줌으로써 그 당시의 계급사회에 반항심을 보여주었다. 대표적인 것이 파계승놀이와 양반놀이 등이었다.

이러한 것은 임진왜란과 병자호란 이후의 서민문화의 주류를 이룬 사회풍조로서 잘못된 인간관계와 당시의 특권계급이었던 양반과 승려계급의 권위마저 붕괴시키고자 하는 풍조라고 할 수 있겠다.

우리나라 가면극의 연출형태는 음악 반주에 춤이 추가되는 형태로서 몸짓과 동작, 그리고 대사로는 덕담과 재담으로 더불어서 사설을 곁들어서 노래를 부르는 것이다. 즉 희곡으로 구성되고 상영된다고 할 수 있겠다.

가면극의 반주악기로는 피리, 젓대, 장고, 북, 꽹과리 등이 있으며, 반주악은 염불, 리듬이 또렷한 타령, 유창한 굿거리곡 등을 사용하여 민속무용과 반주음악에 사용하였다.

우리나라 가면극에 사용되는 가면은 전면은 덮개로 되어 있으며, 탈끈으로 동여매고로 되어 있으며, 가면 뒤에는 탈보가 붙어 있어서 이것으로 후두부를 가리면 된다. 가면극의 연기자는 남자만으로 되어 있다.

가면제작의 재료는 바가지와 종이가 많이 쓰이나 헝겊, 털, 가죽, 흙, 대나무 등도 쓰이고 있다. 가면의 색은 푸른색, 흰색, 검은색, 누른색, 붉은색 등이 쓰이고 있고 종교적인 신성미를 표시하고 있다. 우리나라의 인형극은 고구려시대에 하나의 놀이로서 발전되었는데 이것은 고구려의 무악 중 서역악에서 유래되었다.

꼭두각시놀음은 조선 후반기 서민문학의 대두와 더불어 등장했다. 연출형태는 가면극과 같이 음악반주에 따라서 조종자가 막 뒤에 숨어서 인형을 움직이며 춤도 추게 하고 인형의 대사와 소리도 하게 하였으며, 음악반주는 전주곡, 간주곡, 반주곡 등이다.

2) 음 악

우리나라의 전통음악은 중국의 아악과 당악, 그리고 궁중음악인 향악으로 구분할 수 있는데 궁중음악 혹은 지식층의 음악을 총괄하는 아악이 그 주류를 이루고 있다. 아악은 정악이라고도 하는데 규모가 크며 화려하고 장중한 음악이다. 민속악이 백성의 즐거움과 그 시대의 억눌림의 표출음악인 데 비해 아악은 잔잔하면서도 귀족적인 요소가 많은 음악이다. 즉 서민적인 전통음악을 민속악이라면, 아악은 상류층을 위한 음악이다.

① 아악곡

- 관현합주곡 : 여민락, 거문고 회상, 평조회상, 별곡
- 현악합주곡 : 보허사
- 관악합주곡 : 정대업, 제례악, 취타, 보태평
- 가악 : 가사, 평조, 시조

② 민속악곡

- 합주곡 : 피리, 대금, 해금, 장고로 편성
- 독주곡 : 거문고산조, 가야금산조 등이 보급되어 있으며 대금, 해금, 아쟁, 단소 등으로 연주함.
- 판소리 : 적벽가, 심청가, 흥보가, 수궁가
- 산타령 : 남도의 보령, 경기지방의 산타령
- 십이잡가 : 제비가, 적벽가, 선유가, 유산가
- 잡가 : 새타령, 공명가, 성조풀이 등과 같이 긴소리
- 민요 : 강원도의 정선아리랑, 경상도의 쾌지나칭칭나네, 전라도의 육자배기, 경기지방의 양산도

3) 무 용

우리나라의 무용은 중국의 무용보다도 더 발전되었다. 부여는 연고라는 제천의식을 거행하면서 무용을 하고, 고구려의 동명과 예맥의 무천은 10월에 제사를 지내면

서 밤낮으로 춤추는 행사를 하였다. 마한에서는 5월과 10월에 추수하면서 밤낮으로 가무를 하며 즐긴 기록이 있다. 특히 고구려는 무용총의 벽화에 그려진 무용그림과 반주그림으로 미루어보아 전문 무용가와 음악인이 있었음을 짐작케 한다. 그리고 백제는 무용을 중국의 오나라와 일본에까지 전해주었다는 역사적인 기록도 있다. 신라는 삼국을 통일하고 당나라와 교류하면서 종교예술 중심으로 종례의 가야금과 노래에 의한 단조한 반주가 아닌 관현악 반주에 맞춰 무용을 하게 되었다.

춤의 종류로는 검무, 처용무, 무애무 등이 있다. 고려시대에는 찬란한 궁중무용을 창출했을 뿐만 아니라 민간무용을 일으켜 자랑스러운 전통을 가지게 되었는데 그 중에 가무백희의 산실인 연등회, 팔관회 등이 유명하다.

연회의 내용에는 북방의 거란 · 몽고 · 여진 등의 호악 · 호희까지 끼여들어 내용이 풍부했으며, 나래 · 음악 · 탈춤 등이 큰몫을 하였고, 나비춤 · 법고춤 · 목어 · 바라춤 등이 성대하게 베풀어졌다.

조선시대의 무용은 신라시대와 고려시대의 무용을 이어받아 궁중무용의 활기찬 전성기였다고 말할 수 있겠다. 조선시대에 무려 36종에 달하는 무용이 나왔으며, 널리 알려진 춤으로 살풀이 · 남무 · 태평무 · 승무 · 한량무 등이 있고, 특히 진주 검무, 통영 승전무가 유명하다. 경남 진주지방에서 전승되고 있는 진주 검무와 통영지방의 승검무는 국가의 중요무형문화재로 지정되어 있다.

4) 공예기술

무형문화재는 직접 사람을 매개체로 하여 성립되는 것이기 때문에 무형인 기예만을 추출하여 정착시킬 수는 없지만 공예기술은 음악 · 무용 · 연극과는 달리 작품으로 연결될 수 있기 때문에 유형문화재로도 가치가 있다고 평가된다. 그러나 19세기말 서구문명의 수입과 우리나라의 자체적인 준비 부족으로 공예기술은 장인들의 비법을 제대로 전수받지도 못한 채 대부분 없어지고, 몇몇 공인들에 의하여 유지되고 있을 뿐이다.

① 마미공예

마미공예의 대표적인 것은 갓과 감투이다. 갓의 기원은 삼국시대이며, 14세기 말 조선 초부터 조선 말까지 서민들의 관모로 사용되었다. 특히 갓은 이웃 중국과 일본과도 다른 독특한 것이며, 갓 중에서도 통영갓이 으뜸이다. 그 품질에 따라서 진사립, 음양사립, 음양립, 포립 등 여러 종류가 있다. 진사립은 극상품에 속하며 음양사립은 죽제상품인 양태와 말총제 총모자 전체 위에 촉사로 등사한 것이다. 포립은 하품으로 양태하품 전체 위에 촉사 대신 포를 입힌 것이며, 백립은 대로 만들어 국상이 나면 쓰는 것이다. 갓일은 무형문화재 제4호로 지정되어 있다.

② 나전칠기

중요무형문화재 제10호로 지정된 나전칠기는 공정상 바탕이 되는 목기나 유기, 도자기 위에 헝겊을 입히고 그 위에 옻을 올리고 자개를 박아 윤을 내는 것인데, 그 공정은 17개 공정이나 되는 복잡다양한 것이다. 나전칠기의 유래는 확실하지 않으나 칠기가 우리나라에서 처음으로 만들어진 시기는 신라시대라고 한다. 나전칠기는 고려 중기인 12세기경에 전성기를 이루었으며, 고려 말과 조선시대를 거치면서 고가 미술품으로 등장하게 되었다. 오늘날까지 나전칠기는 우리나라뿐만 아니라 해외까지 수출되고 있다.

(3) 기념물

1) 역사적인 기념물

① 경주 포석정

사적 제1호로 지정되어 있으며, 왕의 주연과 향락을 위한 장소로 이용되었다. 현재는 건물은 없어지고 건물의 모양인 석구만이 남아 있다. 이 석구는 잔치를 베풀던 곳으로서 포석정의 축조연대는 정확히 알 수 없으나 문무왕이 포석정에서 당나라 사신을 위한 연회를 베풀던 곳이었던 것만큼 그 이전에 축조되었던 것임에 틀림없다.

② 수원의 화성

화성은 석전교축 읍성으로서 사적 제3호로 지정되어 있으며, 1997년 12월에 유네스코 세계문화유산으로 등록되어 있는 곳이기도 하다. 화성은 경기도 수원시에 소재하고 있으며, 조선 제23대 왕인 정조가 왕도를 수원으로 옮길 계획으로 재위 18년(1794)에 착공하여 20년(1796)에 완성한 성이다.

화성 내의 소장문화재로는 보물 제402호로 지정되어 있는 팔달문과 보물 제403호로 지정되어 있는 화서문, 장안문, 공심돈 등이 있다.

③ 경복궁

경복궁은 사적 제117호로 지정되어 있으며, 서울시 종로구 세종로에 소재하고 있는 조선시대의 5대 궁궐 중에 대표적인 궁궐인 정궁이라고 하겠다. 조선을 개국한 태조 이성계가 태조 5년(1394) 12월 4일에 경복궁 공사를 시작하여 그 이듬해 9월에 완공하였다. 궁의 이름은 중국의 『시경』에 나오는 '군자만년개이경복'에서 따왔다. 경복궁은 중종 38년(1543) 동궁에서 일어난 화재와 명종 8년(1553)에 일어난 화재와 임진왜란으로 건물이 불탄 후 270년이 지난 후 고종 2년(1865)에 공사가 시작되어서 오늘날과 같은 건물의 모습을 가지게 되었다.

경복궁 내에는 국보 제223호로 지정되어 있는 근정전, 국보 제224호로 지정되어 있는 경회루, 보물 제809호로 지정되어 있는 자경전, 보물 제812호로 지정되어 있는 근정문 및 행각, 국보 제86호로 지정되어 있는 경천사 10층석탑 등이 있으며, 그 외에도 사정전, 천추전, 향원정, 수정전, 집경단, 함화당, 재수각, 지복재, 협길당 등의 많은 유산들이 있다.

④ 광화문

광화문은 태조 6년(1395)에 건립되어 경복궁의 정문으로서 조선왕조의 위풍을 담당하여왔으며, 임진왜란 때 경복궁과 더불어 소실되었다가 1867년에 경복궁과 함께 재건되었다. 그러나 다시 1926년 일본인들의 조선총독부 청사 건축 당시 철거당하여 그 건재가 건축문 곁에 버려지는 수난을 입었다. 게다가 한국전쟁 때 석재부분만 남겨지고 상층부에 쓰여졌던 목재건재가 모두 불타 없어졌다. 이처럼 기구한 운명의 역정을 밟아온 광화문은 1968년 12월 11일에 이르러 그 옛날의 모습 그대로 복원·재생되었다.

⑤ 창덕궁

조선왕조 500년의 5대 궁궐 중 가장 잘 보존되어온 궁궐이 창덕궁이다. 1405년에 경복궁 다음으로 건립된 별궁이었으나 제9대 성종 때부터는 역대 임금이 거처함으로써 본궁이나 다름없는 궁궐이 되었다. 창덕궁도 경복궁과 같이 1592년 임진왜란 당시 소실되고 많은 병화를 당했으나 19년 후인 1611년에 광해군에 의해 중건되어 1910년 한일합방 시까지 295년간 왕궁으로 사용되었다.

- **반도지** : 우리나라 지형을 본뜬 모양으로 연못을 조성해 붙여진 이름이다. 주변 산림이 울창하고 계곡에서 흐르는 물이 이곳으로 모이게 되며, 물이 차면 창경궁의 춘당지로 흘러가도록 되어 있다.

- **승재정** : 반도지의 남쪽 언덕 숲속에 위치하며 두 단의 장대기단에 팔각형 주

춧돌 위에 세운 정방형의 정자로 정면과 옆면이 각 1칸으로 되어 있다. 사방으로 문을 설치해 여닫을 수 있도록 한 것이 특징이다.

• **관람정** : 우리나라에 하나밖에 없는 부채꼴 모양의 정자로 주춧돌 중 2개는 물에 잠겨 있어 마치 정자가 물 위에 세워진 것처럼 보이도록 했다.

• **존덕정** : 조선시대의 정자가 대개 4각이거나 8각이 많은데 이 정자는 6각으로 되어 있고, 지붕도 2층이다. 내부에는 정조임금 친필의 '만천명월주인옹'라는 현판이 걸려 있다. '만천명월주인옹'은 정조의 자호이다.

• **폄우사** : 순조의 세자 익종이 독서하던 작은 맞배집으로 '폄우'라는 어리석음을 경계하여 고쳐준다는 뜻이다. 약 427,200㎡에 달하는 창덕궁에 있어 그 정문인 돈화문은 조선왕조 초기의 목조건물로서 우아한 기품을 자랑하고 있는데, 이는 임진왜란의 병화를 모면한 유구의 하나가 된다.

• **종 묘** : 조선왕조 역대임금과 왕비들이 신주를 모신 종묘는 태조가 서울로 천도하자 곧 서쪽에 사직단을 동쪽에 종묘를 건립한 것으로 돈화문과 원남동 사이 큰 길 중간에 걸려 있는 구름다리에 의해 창경궁과 연접하고 있다.

• **문무대왕릉** : 경주에서 동쪽으로 33km 떨어진 동해안 월성 양북면 봉길리 앞바다에 바위섬이 있는데, 이곳에 있는 수중릉이 신라 문무대왕릉이다. 세계에서 유래가 없는 이 수중릉의 규모는 둘레 200m의 바위섬에 동서와 남북으로 십자수로 깎은 다음에 4평의 가량의 수중에 석함을 만들고 개석을 덮어 장골한 것으로 보인다. 해면에서 1.2m의 수중에 안치되어 있으며, 이 능이 있는 바위를 대왕암이라고 한다. 『삼국사기』와 『삼국유사』에 의하면 수중릉은 대왕이 죽은 후에도 동해로 침범하는 왜구를 지키겠다는 유언에 따라 화장한 뒤에 왜구의 침입로인 현 위치에 장골한 것이라고 한다.

• **몽촌토성** : 몽촌토성은 서울 송파구 방이동에 위치한다. 이곳은 1982년 7월 22일 사적 제297호로 지정되었으며, 서울올림픽을 위한 체육시설의 건립과 올림픽공원이 이 지역으로 지정됨에 따라 그 중요성이 크게 부각된 지역이 되었다.

몽촌토성은 자연지형을 그대로 이용하여 축조하였기 때문에 그 형태가 일정하지 않지만 대체로 남북이 약간 긴 마름모꼴을 하고 있다. 성벽의 축조에 있어 순염토와 모래가 섞인 점질성 토양을 물에 개어 굳게 다진 것처럼 견고하게 쌓았으며, 성벽 위의 성가퀴가 하나로 이어져 있어 그 성가퀴 위에 목책을 설비하였다. 백제 중기의 웅진성이나 후기의 사비성도 북방의 침략군을 경계하여 강 남쪽에 도성을 구축한 것과 똑같은 지형이라는 점에서 더욱 주목되는 토성이다.

⑥ 경주 불국사 경내

사적 및 명승 제1호로서 세계문화유산 석굴암을 포용하고 있는 불국사는 글자 그대로 불국이다. 경북 경주 토함산 중턱에 자리한 불국사는 대한불교조계종 제11구 본사로 천년고찰이다. 일반적으로 김대성이 발원·창건한 것으로 알려져 있지만 『불국사고금창기』에는 이보다 앞선 528년 창건했다고 기록되어있다. 불국사는 오랜 역사에도 불구 과거의 유적이 아니라 살아 있는 사찰이다.

⑦ 가야산 해인사 주변

해인사 주변은 사적 및 명승 제5호로서 소백산맥의 줄기인 가야산에 위치하고 있으며, 가야산은 소나무와 전나무를 비롯하여 380여 종의 수목으로 숲을 이루고 있다. 부엉이와 꾀꼬리 등 100여 종의 귀한 동물들이 서식하고 있는 조선팔경의 하나로서 1972년에 국립공원으로 지정되었다.

해인사로 이어지는 10리는 천하절경으로서 손색이 없을 정도이다. 우리나라의 국보 중에 국보인 국보 제32호인 팔만대장경판과 국제 제52호인 대장경판전이 있어서 더욱더 유명하다.

⑧ 승주 청학동 소금강

명승 제1호로서 산수와 경치가 금강산을 축소한 것과 같이 매우 아름다운 곳이라 하여, 일명 소금강이라고 한다. 역사를 되돌아보면 마의태자가 망국의 한을 풀고자 재기의 꿈을 키웠던 곳이라고도 한다.

⑨ 거제 해금강

명승 제2호로서 기암절벽과 곳곳의 바위섬들로 인하여 금강산과 같이 아름다운 곳이라고 하여 해금강이라고 부른다.

⑩ 완도 정도리 구계등

명승 제3호로서 지정되어 있으며, 완도읍에서 서남쪽으로 4km 떨어진 곳에 활모양으로 휘어진 해안 자갈밭을 구계등이라고 한다. 자갈밭의 길이는 약 800m에 이르고 있으며, 수중절벽이 또한 일품이다. 해변일대는 크고 작은 각종의 갯돌과 소나무를 비롯하여 감창나무, 가시나무 등의 남부지방 특유의 상록수와 방풍림이 조화를 이루고 있다.

⑪ 남해 대둔산 주변

명승 제4호로서 소백산맥의 끝지점에 위치한 산으로서 규암과 반암 등의 암산들이 여기저기에 널려 있으며, 좁고 깊은 골짜기들이 형성되어 있다.

⑫ 송광사 · 선암사 주변

명승 제5호로서 승주에 소재해 있는 우리나라의 삼보사찰 중의 하나인 승보사찰로서 유명한 산이다. 또한 선암사는 아도화상의 창건 설로서도 유명한 곳이다. 비룡폭포와 감초암폭포 등이 경관을 이루고 있으며, 도토리, 동백나무, 밤, 느티나무 등이 숲을 이루고 있다.

2) 천연기념물

천연기념물이란 말은 지금으로부터 약 200년 전 독일의 알렉산더 훔볼트(Alexander von Humboldt)가 처음으로 그의 저서 『신대륙의 열대지방 기행』에서 사용하였다. 그는 1799년부터 1804년까지 남미의 적도 부근의 여러 나라를 여행하였는데 1800년 베네수엘라 북부지방에서 자귀나무를 닮은 이 거목을 발견하고 천연기념물(Naturdenkmal)이라 이름했다.

문화재관리국에서는 "천연기념물이라고 함은 한 나라, 한 향토의 천연물로서 그 나라의 자연계를 대표할 수 있는 동물, 식물, 광물, 지질과 숲, 원시림, 자연풍경 등으로서 주변환경이 변화되었음에도 불구하고 거의 현재까지 인위적인 영향을 받지 않고 남아 있는 것을 말한다"라고 정의하고 있다.

(4) 민속자료

1) 건축 민속자료

① 강원도 강릉의 선교장

전주 이씨의 양반가옥으로서 선교장에는 안채, 동별당, 큰사랑인 설활당, 중사랑, 아랫사랑, 행랑 등이 있으며, 크고 작은 방이 30여 개, 대청마루가 10여 개, 광이 11개, 큰창고 등이 있다.

② 전라북도 구례군의 운조루

유씨가의 소유로서 상량문에 영조 52년(1776)에 건축되었다고 되어 있다. 그 규모가 웅장하여서 조선 양반들의 생활상을 엿볼 수 있다.

〈표 3-3〉 우리나라 천연기념물 지정현황

구분	식물									동물											광물						천연보호구역	합계
	노거수	희귀종	자생지	자생북한	수림지				소계	서식지	번식지	도래지	조류			포유동물		어류	곤충	소계	암석광물	동굴	지질구조	지형지질	고생물	소계		
					학술	방풍	어부	호안					국제	야생	양금	양축	야생											
서울	9								9									1		1								10
부산	4				1				5			1								1	1					1		7
대구			1						1																			1
인천	4			1					5		2									2	1			2		3		10
광주																												
대전																												
울산	1						1		2																			2
경기	7								7	2	1	1								4					1	1		12
강원	12		1		1				14	1	2	1								4		4		2	1	7	3	28
충북	11	5	2						18		1							1		2		3				3		23
충남	9	1		1			1		12		1				1					2				1		1		15
전북	14	3		5	1				23										1	1	1	1				2		26
전남	16	1		3	5	5	4		34		4	1				1				6					3	3	1	44
경북	35	3	4		2			3	47	2						1				3	1	1	1		2	5	1	56
경남	17		4				2	1	24		3	1								4				1	5	6		34
제주	2	4	2	3	6				17	1	1					1				3		4		1	1	6	5	31
기타												1	12	8			6	2	1	30								30
합계	141	17	14	13	16	5	8	4	218	6	15	6	12	8	1	3	6	4	2	63	4	13	1	7	13	38	10	329

* 자료 : 문화재청

〈표 3-4〉 우리나라의 천연기념물

1호 달성의 측백수림	122호 부안 도청리의 호랑가시나무군락
8호 서울 재동의 백송	123호 부안 격포리의 후박나무군락
9호 서울 수송동의 백송	124호 부안 중계리의 꽝꽝나무군락
11호 광릉 크낙새 서식지	126호 울산 극경(쇠고래)회유해면
13호 진천의 왜가리 번식지	136호 외연도의 상록수림
18호 삼도 파초일엽 자생지	138호 안면도의 모감주나무군락
19호 제주도 구좌읍 문주란 자생지	146호 왜관 금무봉나무 고사리화석포함지
27호 제주도 무태장어 서식지	147호 괴산의 미선나무 자생지
28호 주도의 상록수림	150호 물건방조어부림
29호 미조리의 상록수림	151호 백련사의 동백림
30호 용문사의 은행나무	152호 남해 산닥나무 자생지
35호 대구면의 푸조나무	153호 백양사 비자나무 분포북한지대
36호 쌍암면의 이팝나무	154호 함양 상림
38호 화엄사의 올벚나무	155호 울진의 성류굴
39호 병영면의 비자나무	156호 신예리 왕벚나무 자생지
40호 예송리의 상록수림	158호 울진 죽변리의 향나무
48호 통구미의 향나무 자생지	159호 봉개동의 왕벚나무 자생지
49호 대풍감의 향나무 자생지	160호 제주 시곰솔(흑송)
50호 대하동의 솔송나무, 섬잣나무, 너도밤나무군락	161호 성읍리 느티나무 및 팽나무
51호 도동의 섬개야광나무, 섬댕강나무군락	162호 도순리 녹나무 자생지군락
52호 나리동의 울릉국화, 섬백리향군락	163호 서귀포 담팔수나무 자생지
53호 진도의 진도개	164호 신방리의 음나무군
59호 서울 문묘의 은행나무	165호 읍내리 은행나무
60호 송포의 백송	166호 주문진 장덕리 은행나무
62호 영천리의 측백수림	167호 반계리 은행나무
63호 통영 비진도의 팔손이나무 자생지	168호 부산진의 배롱나무
64호 두서면의 은행나무	169호 마량리 동백나무숲
65호 목도의 상록수림	170호 홍도 천연보호구역
66호 대청도의 동백나무 자생북한지	171호 설악산 천연보호구역
69호 운평리 구상화강암	172호 까막섬의 상록수림
73호 정암사의 열목어 서식지	173호 대둔산 왕벚나무 자생지
74호 봉화 석포면의 열목어 서식지	174호 송사동의 소태나무
76호 영월의 은행나무	175호 용계의 은행나무
78호 강화 갑곶리의 탱자나무	176호 범어사 등나무 군생지
79호 강화 사기리의 탱자나무	177호 천호동굴
82호 무안 청천리의 팽나무와 개서어나무의 줄나무	178호 삼척 대이리동굴지대
84호 금산 행정의 은행나무	179호 낙동강하류 철새도래지
88호 송광사의 곱향나무 쌍향수	180호 운문사의 처진소나무
89호 오류리의 등	182호 한라산 천연보호구역
91호 내장산의 굴거리나무군락	183호 고창 중산리의 이팝나무
93호 원성 성남리의 성황림	184호 고창 삼인리의 동백나무숲
95호 삼척 도계읍의 긴잎느티나무	185호 김해 신천리의 이팝나무
96호 울진의 굴참나무	188호 익산 신작리의 곰솔
98호 제주도 김녕굴 및 만장굴	189호 성인봉의 원시림
101호 진도의 백조도래지	190호 한강의 황쏘가리
103호 속리의 정이품송	191호 제주도의 한란
104호 보은의 백송	192호 청송 신기동의 느티나무
106호 예산의 백송	193호 청송 관동의 왕버들
107호 진도 의신면의 상록수림	194호 창덕궁의 향나무
108호 함평 대동면의 팽나무, 느티나무, 개서어나무의 줄나무	195호 서귀포층의 패류화석
110호 함평의 붉가시나무 자생북한지대	196호 의령 신라통중의우흔
111호 진도 임회면의 비자나무112호 영광 불갑면의 참식나무 자생 북한지대	197호 크낙새
114호 영양의 측백수림	198호 따오기
115호 독락당의 중국주엽나무	199호 황새
	200호 먹황새
	201호 백조(고니, 큰고니, 혹고니)

202호 두루미
203호 재두루미
204호 팔색조
205호 저어새(저어새 및 노랑부리저어새)
206호 느시(들칠면조)
207호 보은 속리산의 망개나무209호 여주의 백로 및 왜가리 번식지
211호 무안 용월리의 백로 및 왜가리 번식지
212호 진도 관매리의 후박나무
214호 진안 평지리의 이팝나무
215호 흑비둘기
216호 사향노루
217호 산양
218호 장수하늘소
219호 영월 고씨굴
220호 괴산 추점리의 미선나무 자생지
221호 괴산 율지리의 미선나무 자생지
222호 함안층의 새발자국화석
223호 영동 영국사의 은행나무
224호 밀양 남명리의 얼음골
225호 선산 농소의 은행나무
226호 삼척 초당굴
227호 거제도 연안의 아비도래지
228호 흑두루미
229호 양양 포매리의 백로 및 왜가리 번식지
231호 통영 도선리의 백로 및 왜가리 번식지
232호 양주 양지리의 향나무
233호 거제 학동의 동백림 및 팔색조 번식지
234호 양산 신전리의 이팝나무
235호 광양 유당공원 이팝나무
236호 제주도 용암동굴지대(소천굴, 황금굴, 협재굴)
237호 울릉도 사동의 흑비둘기 서식지
238호 금강의 어름치
239호 고홍 금탑사의 비자나무숲
240호 서울 용두동 선농단의 향나무
241호 해남 연동리의
242호 까막딱따구리
243호 수리류(독수리, 검독수리, 참수리, 흰꼬리수리)
244호 소백산의 주목군락
245호 철원 천통리 철새도래지
246호 대암산, 대우산 천연보호구역
247호 향로봉, 건봉산 천연보호구역
248호 횡성 압곡리의 백로 및 왜가리 번식지
249호 무주 구상화강편마암
250호 한강하류 재두루미 도래지
251호 창덕궁의 다래나무
252호 안동 구리의 측백나무 자생지
253호 이천의 백송
254호 삼청동의 등
255호 삼청동의 측백
256호 단양 고수리동굴
258호 무태장어
259호 어름치
260호 평창의 백룡동굴
261호 온달동굴
262호 노동동굴
263호 제주 산굼부리 분화구
265호 연산 화악리의 오골계
266호 괴산 사담리의 망개나무 자생지
267호 부산 전포동의 구상반려암
268호 장흥 용산면의 푸조나무
270호 부산 수영동의 곰솔
271호 서울 신림동의 굴참나무
272호 삼척 하장면의 느릅나무
273호 영풍 안정면의 느티나무274호 영풍 순흥면의 느티나무
275호 안동 녹전면의 느티나무
276호 남해 고현면의 느티나무
278호 양주 남면의 느티나무
279호 원성 흥업면의 느티나무
280호 김제 봉남면의 느티나무
281호 남원 보절면의 느티나무
283호 영암군 서면의 느티나무
284호 담양 대전면의 느티나무
285호 영풍 단산면의 갈참나무
286호 파주 적성면의 물푸레나무
287호 사천 곤양면의 비자나무
288호 안동 임동면의 굴참나무
289호 합천 묘산면의 소나무
290호 괴산 청천면의 소나무
291호 무주 설천면의반송
292호 문경 농암면의 반송
293호 상주 화서면의 반송
294호 예천 감천면의 석송령
295호 청도 매전면의 처진소나무
296호 김제 봉남면의 왕버들
298호 청도 각북면의 털왕버들
299호 남해 창선면의 왕후박나무
300호 금릉 대덕면의 은행나무
301호 청도 이서면의 은행나무
302호 의령 유곡면의 은행나무
303호 화순 이서면의 은행나무
304호 강화 서도면의 은행나무
305호 청원 강외면의 음나무
307호 김해 주촌면의 이팝나무
309호 부산 구포동의 팽나무
311호 부산 수영동의 푸조나무
312호 울진 화성리의 향나무
313호 청송 안덕면의 향나무
314호 안동 와룡면의 뚝향나무
315호 인천 신현동의 회화나무
317호 당진 송산면의 회화나무
318호 월성 안강읍의 회화나무
319호 함안 칠북면의 회화나무
320호 부여 내산면의 은행나무
321호 연기 봉산동의 향나무
322호 무주일원의 반딧불이와 그 먹이서식지
323호 매류(참매, 붉은배새매, 새매, 개구리매, 황조롱이매)
324호 올빼미, 부엉이류(올빼미, 수리 · 솔 · 칡 · 쇠부엉이, 소쩍새, 큰소쩍새)
325호 기러기류(개리, 흑기러기)
326호 검은머리물떼새
327호 원앙
328호 하늘다람쥐
329호 반달가슴곰

330호 수달
331호 물범
332호 칠발도 해조류(바다제비, 슴새, 칼새) 번식지
333호 사수도 해조류(흑비둘기, 슴새) 번식지
334호 난도 괭이갈매기 번식지
335호 홍도 괭이갈매기 번식지
336호 독도 천연보호구역
337호 제원 송계리의 망개나무
338호 완도 예송리의 감탕나무
339호 완도 미라리의 상록수림
340호 완도 맹선리의 상록수림
341호 구굴도 해조류(뿔쇠오리, 바다제비, 슴새) 번식지
342호 제주 어음리 빌레못동굴
343호 욕지면의 모밀잣밤나무숲
344호 우도의 생달나무와 후박나무
345호 추도의 후박나무
346호 함안 법수면의 늪지식물
347호 제주의 제주마
348호 반논산의 철쭉나무와 분취류 자생지
349호 영월의 관음송
350호 명주 삼산리의 소나무
351호 설악동 소나무
352호 속리 서원리의 소나무
353호 서천 신송리의 곰솔
354호 고창 삼인리의 장사송
355호 전주 삼천동의 곰솔
356호 장흥 관산읍의 효자송
357호 선산 독동의 반송
358호 함양 목현리의 구송
359호 의령 성황리의 소나무
360호 신도 노랑부리백로 및 괭이갈매기 번식지
361호 노랑부리백로
362호 고흥 봉래면의 상록수림
363호 삼척 근덕면의 음나무
364호 영동 매천리의 미선나무 자생지
365호 금산 보석사의 은행나무
366호 담양의 관방제림
367호 고창 삼인리의 송악
368호 경산의 삽살개
370호 부안의 미선나무 군락지
371호 발산리의 모감주나무, 병아리꽃나무 군락지
372호 양구의 개느삼 자생지
373호 의성 제오리의 공룡발자국화석
374호 구좌읍의 비자림지대
375호 납읍 난대림지대
376호 산방산 암벽식물지대
377호 안덕계곡 상록수림지대
378호 천제연 난대림지대
379호 천지연 난대림지대
380호 마이산의 줄사철나무 군락지
381호 백사 도립리의 반룡송
382호 장연 오가리의 느티나무
383호 연풍 입석의 소나무
384호 당처물동굴
385호 강진 병영면의 은행나무
386호 진안 은수사의 청실배나무
387호 임실 관촌면의 가침박달나무군락
388호 임실 관촌면의 산개나리군락
389호 영광 칠산도의 괭이갈매기, 노랑부리백로 및 저어새번식지
390호 진주 유수리의 백악기 고환경과 공룡화석산지
391호 백령도 사곶의 사빈(천연비행장)
392호 백령도 남포리의 콩돌해안
393호 백령도 진촌리의 감람암포획현무암분포지
394호 해남 우항리 공룡, 익룡 및 새발자국 화석산지
395호 진주 가진리의 새발자국 및 공룡발자국 화석지
396호 장수 봉덕리의 느티나무
397호 장수 장수리의 의암송
398호 천안 광덕사의 호도나무
399호 영양 석보면의 만지송
400호 예천 금남리의 황목근
401호 청송 홍원리의 개오동나무
402호 청도 적천사의 은행나무
403호 성주 경산리의 성밖숲
404호 영천 자천리의 오리장림
405호 의성 사촌리의 가로숲
406호 함양 운곡리의 은행나무
407호 함양 학사루의 느티나무
408호 울진 쌍전리의 산돌배나무
409호 울진 행곡리의 처진소나무
410호 거창 당산리의 당송
411호 고성 덕명리의 공룡 및 새발자국 화석산출지
412호 연천 은대리의 물거미 서식지
413호 영월 문곡리의 건열구조 및 스트로마톨라이트
414호 화성 고정리의 공룡알 화석산출지
415호 포항 달전리의 주상절리
416호 태백 장성의 하부고생대 화석산지
417호 태백 구문소의 고환경 및 침식지형
418호 보성 비봉리의 공룡알 화석산출지
419호 강화 갯벌 및 저어새번식지
420호 성산 일출봉 천연보호구역
421호 문섬 및 범섬 천연보호구역
422호 차귀도 천연보호구역
423호 마라도 천연보호구역
424호 지리산 천년송
425호 문경 존도리의 소나무
426호 문경 대하리의 소나무
427호 천안 성환의 향나무
428호 완도 대문리의 모감주나무군락
429호 제주 월령리의 선인장군락
430호 해남 성내리의 수성송
431호 태안 신두리 해안사구
432호 제주도의 한란자생지
433호 정선 두위봉의 주목
434호 여수 낭도리 공룡발자국 화석지 및 퇴적층

③ 경상남도 창녕군의 민가

550년이 된 민가로서 현존하는 민가 중 가장 오래된 것이다. 보통의 민가들은 서쪽에 부엌을 두고 있지만 이 민가는 부엌이 동쪽에 있으며, 쇠못을 쓰지 않고 죽침을 썼다. 천장은 흙을 얹지 않고 대나무와 삼대로 엮어서 위에 짚으로 지붕을 한 것이 특징이다.

2) 의류 민속자료

① 덕온공주의 당의

조선 말의 순조의 3녀로서 당의는 공주가 입던 옷으로서 궁중의류를 연구하는데 중요한 자료이다.

② 심동신의 금관조복

조선 말 철종 때 과거에 급제하고 참판으로 있을 때 착용하였던 옷으로서 금관 1벌, 조복 1벌, 적상 1벌, 청초의 1벌, 운학금환수 1벌, 패옥 1벌, 서대 1벌, 홀 1벌 등이 있다. 이 옷은 조선 말기 귀족의 의관제도와 기술을 연구하는 데 중요한 자료이다.

③ 김병기 일가의 옷

김병기는 안동 김씨의 명문태생으로 헌종 때 문과에 급제하여 좌찬성까지 지낸 인물이다. 그의 의류는 고관대작의 옷을 연구하는 데 중요한 자료이다.

④ 정원용의 의대

조선 말 순조 2년(1802)에 과거에 급제하여 영의정까지 오른 재상으로서 이 의대를 통하여 조선시대의 고관대작들이 입었던 옷과 생활을 연구하는 데 귀중한 자료가 된다.

〈표 3-5〉 우리나라 시 · 도별 박물관(미술관) 현황

2003. 4. 18. 현재

시도	총 계			박 물 관					미 술 관				
	계	박물관	미술관	소계	국립	공립	사립	대학	소계	국립	공립	사립	대학
서울	96	73	23	73	11	2	36	24	23		1	22	
부산	12	9	3	9		2		7	3		1	1	1
대구	6	6		6	1		2	3					
인천	6	3	3	3		1	1	1	3			3	
광주	9	6	3	6	1	2		3	3		1	1	1
대전	15	13	2	13	1	2	4	6	2		1	1	
울산	1	1		1				1					
경기	50	36	14	36	2	5	23	6	14	1		13	
강원	19	17	2	17	1	5	7	4	2		1	1	
충북	16	14	2	14	1	4	3	6	2			2	
충남	23	20	3	20	3	3	9	5	3			3	
전북	14	14		14	1	4	3	6					
전남	14	11	3	11	1	4	4	2	3		2	1	
경북	21	19	2	19	2	7	4	6	2			2	
경남	23	22	1	22	4	6	9	3	1			1	
제주	14	12	2	12	1	2	8	1	2		1	1	
합계	339	276	63	276	30	49	113	84	63	1	8	52	2

2. 박물관자원

(1) 박물관 현황

우리나라의 박물관은 국립 · 공립 · 사립 · 대학박물관 등으로 구성되어 있고, 박물관들은 점차로 세분화 · 전문화 · 다양화 · 대형화되어가고 있다. 우리나라에는 총 339개의 박물관(미술관 포함)이 있다. 구체적인 내용은 <표 3-5>와 같다.

〈표 3-6〉 주요 국립박물관 개황

구분	위치	부지면적 (연건평)	개관연도	보유 유물	내 용
국립중앙	서울종로	30,435 (12.295)	1996.12.12	130,596	지하1층전시실(불교조각실, 금속공예실, 회화실, 역사자료실, 수정기념실, 동원기념실, 이우찌 기증 와전실), 1층전시실(고려자기실, 조선분청사기실, 조선백자실, 사랑방, 경북궁 모형), 2층전시실(선사실, 원암삼국실, 고구려실, 백제실, 가야실, 실라실), 야외전시실, 전통염료식물원
국립경주	경북경주	20,705 (3,345)	1975. 7. 2	19,042	제1별관(경주지방의 돌무지덧널에서 출토된 유물, 돌방무덤에서 출토된 유물), 제2별관(안압지관), 박물관뜰(성덕대왕신종, 석조유물)
국립국악	서울서초	12,644 (1,192)	1995. 2.23	1,553	중앙홀, 고문헌실, 명인실, 악기전시실, 국악사실, 음향사실, 죽헌실, 국악자료실 ※소장자료(총 20,180여점) : 도서(10,500책) 창작국보(542곡) 음반(1,594점) 비디오테이프(2,000점) 릴, 카세트, DAT(3,000점) CD-ROM(44점) 기타자료(2,500점)
국립민속	서울종로	11,987 (4,452)	1993. 2.17	17,450	제1전시실(한민족생활사관), 제2전시실(생업실), 제3전시실(한국인의일생), 야외전시실(민속자료전시)
국립부여	충남부여	18,561 (1,626)	1993. 8. 1	7,759	상설전시실(선사실, 역사실, 불교미술실), 기획전시실, 중정과 앞 뒤뜰에는 석조유물전시
국립공주	충남공주	4,128 (557)	1975. 8.20	8,756	제1전시실(무령왕릉 유토유물), 제2전시실(충청도 일원에서 발견된 중요 매장문화재), 야외전시장(공주일원에서 출토된 많은 석조유물)
국립청주	충남청주	18,996 (2,107)	1987.10.30	5,993	제1전시실(선사실), 제2전시실(삼한 · 삼국실), 제3전시실(신석기문화), 제4전시실(청동기문화), 야외전시실(고대 제철 복원 실험로 전시), 어린이 전시실
국립춘천	강원춘천	14,614 (2,915)	2002.10 완공예정	800	상설전시실1(선사의 강원), 상설전시실2(고대의 강원), 상설전시실3(고려의 강원 · 금강산), 상설전시실4(조선및 근 · 현대의 강원)
국립전주	전북전주	19,077 (2,429)	1990.10.26	3,232	고고실(전북 일원에서 출토된 유물 400여 점), 미술실(미술품과 유물 200여 점), 민속실(생활문화의 특징을 농경, 식생활, 민속예능, 민속공예로 구분)
국립광주	광주북구	24,334 (2,134)	1978.12. 6	36,819	선사실(구석기, 신석기, 청동기, 초철기시대 유물전시), 원삼국 · 삼국(각종철기 · 토기 · 옥류 등), 불교미술실, 고려도자실, 조선분청사 · 백자실, 회화실로 나뉨
국립대구	대구수성	30,581 (3,046)	1994.12. 7	1,300	고고실(대구 경북지방의 문화 발전모습), 미술실(불교문화), 민속실(놀이와 신앙문화), 야외전시품(정도사지 5층석탑과 석불좌상 등)

국립전주	경남진주	4,804 (1,498)	1984.11.2	2,054	임진왜란 상설전시실1(의병, 무기 등의 하나의 테마), 임진왜란 상설전시실2(문학, 서학, 음악), 두암실(김용두 선생의 기증유물 전시)
국립김해	경남김해	15,758 (2,994)	1998. 7.29	1,300	제1전시실(가야의 태동), 제2전시실(가야의 성장과 쇠퇴), 야외전시실(청동기시대와 가야무덤을 실물 그대로 복원)
국립제주	제주제주	15,298 (2,743)	2001.6.15	628	선사.고고실(심층기반암 시추자료, 화석자료, 모래, 수목샘플), 탐라실(탐라1, 2, 3 전시실로 구분 : 탐라의 형성, 전개와 발전, 탐라후기 문화, 탐라와 관련된 문화전시), 조선시대실(다양한 제주문화), 기증유물실(김순이 선생이 기증한 유물 1,400여 점 중 전시)

* 자료 : 문화관광부, 2002

(2) 지역별 박물관 현황

1) 서울 · 경기권

서울 · 경기권은 가장 많은 도서관이 밀집되어 있는 지역이다. 이 지역에는 전국의 절반에 가까운 총 152개(박물관 112개, 미술관 40개)의 박물관과 미술관이 밀집되어 있어 풍부한 문화적 자원을 보유하고 있는 셈이다. 특히 서울에는 96개(박물관 73개, 미술관 23개)의 박물관 및 미술관이 있으며, 우리나라에서 가장 규모가 크고 많은 자료를 보유하여, 규모면에서나 숫자에 있어서 압도적이다.

2) 강원권

강원권은 총 19개(박물관 17개, 미술관 2개)에 불과한 박물관과 미술관만이 존재하여 열악한 자원 보유 상태를 보이고 있다. 그러나 지역의 특색을 반영한 석탄박물관이나 스키박물관 등 독특한 박물관 자원이 존재한다.

3) 대전 · 충청권

대전 · 충청권은 총 54개(박물관 47개, 미술관 7개)의 박물관과 미술관만이 존재하여 비교적 풍부한 박물관 자원을 보유하고 있다. 이 지역은 남한의 지리적 중심지에 해당하고, 한때 수도이전의 대상지로 검토되었던 만큼 많은 수도권을 대신할 중심지로서 역사적 관심을 받았던 곳이다. 게다가 향토유물도 풍부한 편이고, 전국 교통의 중심축에 해당하여 비교적 많은 박물관이 세워진 것으로 판단된다.

〈표 3-7〉 서울 · 경기권 박물관 현황

지역	구분	국립	공립	사립	대학
서울 (96)	박물관 (73)	(11)국립중앙, 국립국악, 국립민속, 궁중유물전시관, 국립서울과학관, 외교, 우정, 체신기념관, 경찰, 관세, 철도(서울관)	(2)서울교육사료관, 서울역사	(36)호림, 농업, 롯데월드민속, 삼성출판, 풀무원김치, 한국잡지, 서울디자인, 전쟁기념관, 삼성어린이, 사전자수, 짚풀생활사, 옹기민속, 한국불교미술, 한국가구, 한국현대의상, 조흥금융, 한국통신, 지구촌민속, 피어리스아미, 셀라뮤즈자기, 한국사진, 뿌리깊은나무유물관, 평강성서유물, 화정, 의학, 영인문학, 신문, 울트라건축공구, 서울올림픽, 티베트, 전기, 떡 · 부엌살림, 한국카메라자료관, 도산안창호기념관, 육군, 광호도자기생활	(24)건국, 경희, 고려, 국민, 단국, 동국, 동덕여, 덕성여, 서강, 서울, 서울시립, 성균관, 성신여, 세종, 숙명여, 숭실, 연세, 이화여, 이화여자연사, 카톨릭, 한양, 홍익, 상명, 서울교
	미술관 (23)		(1)서울시립	(22)환기, 아트선재센터, 성곡, 워커힐, 월전, 서울, 한원, 금호, 일민, 포스코, 서울올림픽, 청암, 밀알, 아프리카, 이응노, 운우판화, 예술의전당서예관, '디자인관', 미술관, 대림, 사비나, 초전섬유	
인천 (6)	박물관 (3)		(1)인천시립	(1)가천	(1)인하
	미술관 (3)			(3)송암, 전원, 더리미	
경기 (50)	박물관 (36)	(2)산림, 철도	(5)경기도, 여주향토, 자유수호평화, 안성맞춤, 이천시립	(23)마사, 신세계한국상업사, 목아불교, 중남미, 덕포진교육, 삼성교통, 토지, 한국등잔, 태평양, 한국민속촌, 무의자, 두루뫼, 한얼고문서, 한얼전적, 한얼과학, 영집궁시, 세중옛돌, 여성생활사, 한얼카메라, 한얼의학, 한얼산업디자인, 만해기념, 테마동물원Zoozoo,	(6)경기, 명지, 한신, 수원, 중앙, 아주
	미술관 (14)	(1)국립현대미술관		(13)호암, 소전, 해강도자, 목암, 모란, 토탈야외, 한국, 청학대, 이영, 영은, 마가, 죽포, 제비울	

〈표 3-8〉 강원권 박물관 현황

지 역	구 분	국 립	공 립	사 립	대 학
강원 (19)	박물관 (17)	(1)국립춘천	(5)강릉시립, 태백석탄, 양구선사, 삼척시립, 원주시립	(7)한국스키, 강원민속, 참소리축음기오디오, 대관령, 치악민속, 영월책, 월정사성보	(4)관동, 강릉, 강원, 한림
	미술관 (2)		(1)양구군립박수근	(1)석봉도자	

〈표 3-9〉 대전 · 충청권 박물관 현황

지 역	구 분	국 립	공 립	사 립	대 학
대전 (15)	박물관 (13)	(1)국립중앙과학관	(2)한밭교육, 대전시향토사료관	(4)화폐, 충남전기통신, 동산도기, 한국지질자원연구원지질	(6)충남, 한남, 대전보건, 배재, 한남대자연사, 대전대
	미술관 (2)		(1)대전시립	(1)남철	
충북 (16)	박물관 (14)	(1)국립청주	(4)충주, 청주고인쇄, 영동난계국악, 청주백제유물	(3)잠사문화, 지적, 세연제철	(6)청주교, 청주, 충북, 한국교원, 서원, 충청
	미술관 (2)			(2)운보, 운향	
충남 (23)	박물관 (20)	(3)국립부여, 국립공주, 이충무공유물전시관	(3)보령석탄, 고남패총, 윤봉길의사기념관	(9)독립기념관, 온양민속, 연기향토사료관, 공주민속극, 복권전시관, 한국고건축, 수덕사성보, 태영민속, 웅진초등교육	(5)공주, 공주교, 건양, 호서, 선문
	미술관 (3)			(3)임립, 당림, 선화기독교	

4) 호남권

호남권은 총 37개(박물관 31개, 미술관 6개)의 박물관과 미술관만이 존재한다. 상대적으로 다른 지역에 비해 역사적 자원이 풍부하고 예향을 표방하는 지역적 특색을 감안할 때 대단히 열악한 수준이라고 볼 수 있다.

〈표 3-10〉 호남권 박물관 현황

지 역	구 분	국 립	공 립	사 립	대 학
광주 (9)	박물관 (6)	(1)국립광주	(2)광주민속, 빛고을국악전수관		(3)전남, 호남, 광주교대
	미술관 (3)		(1)광주 시립	(1)우제길	(1)조선대
전북 (14)	박물관 (14)	(1)국립전주	(4)미륵사지유물전시관, 익산보석, 고창판소리, 전주역사	(3)동진수리민속, 펜아시아종이, 한·중·일관광풍물자료관	(6)전북, 전주교, 전주, 원광, 군산, 우석
	미술관 (0)				
전남 (14)	박물관 (11)	(1)해양유물전시관	(4)나주배, 농업, 동편제기념관, 곡성시집	(4)송광사, 대원사 티벳불교, 도갑사성보관, 선암사성보	(2)목포, 순천
	미술관 (3)		(2)전라남도 옥과, 보성군립백민	(1)남진	

5) 영남권

영남권은 총 63개(박물관 57개, 미술관 6개)에 달하는 박물관과 미술관만이 존재하여 수도권 다음으로 많은 박물관 자원을 보유하고 있다. 이것은 영남지방에 역사적 사적과 유물이 많이 보존되어 있는 것과 밀접한 관련이 있는 것으로 보인다.

6) 제주권

강원권은 총 14개(박물관 12개, 미술관 2개)의 박물관과 미술관이 존재하여 열악한 자원 보유상태를 보이고 있다. 그러나 단일지역이라는 점과 고립된 도서라는 것을 감안하면 그다지 적은 편은 아니다.

〈표 3-11〉 영남권 박물관 현황

지 역	구 분	국 립	공 립	사 립	대 학
부산 (12)	박물관 (9)		(2)부산시립, 부산시립복천분관		(7)동아, 동의, 부산, 신라, 경성, 부경, 한국해양대
	미술관 (3)		(1) 부산 시립	(1)한광	(1)경성
대구 (6)	박물관 (6)	(1)국립대구		(2)경주한국무속, 송광매기념관	(3)계명, 경북, 대구교육
	미술관 (0)				
울산 (1)	박물관 (1)				(1)울산
	미술관 (0)				
경북 (21)	박물관 (19)	(2)국립경주, 등대	(7)안동민속, 영일민속, 문경새재, 청송민속, 문경석탄, 독도, 소수	(4)경보화석, 하회동탈, 직지성보, 안동소주	(6)안동, 영남 ,대구카톨릭, 경산, 대구, 경북과학,
	미술관 (2)			(2)아트선재, 향암	
경남 (23)	박물관 (22)	(4)국립진주, 국립김해, 남부산림, 해군사관학교	(6)거창, 밀양시립, 군립의령, 창녕, 마산시립, 남해향토역사관	(9)거제, 통도사성보, 갈촌탈, 미리벌민속, 거제민속, 아천문화관, 외도조경식물원, 해인사, 항공우주	(3)경남, 창원, 경상
	미술관 (1)			(1)문신	

〈표 3-12〉 제주권 박물관 현황

지 역	구 분	국 립	공 립	사 립	대 학
제주 (14)	박물관 (12)	(1)국립제주	(2)제주민속자연사, 제주교육	(8)중문민속, 제주민속, 탐라, 신영제주영화, 서귀포이승만, 제주민속촌, 곰완구, 설록차	(1)제주
	미술관 (2)		(1)서귀포시기당	(1)제주조각공원신천지	

3. 북한의 문화 관광자원

북한의 문화재는 사회주의 이데올로기에 입각하여 철저한 민족문화 건설에 목표를 두고서, 이를 체제선전과 주민교양에 활용해왔으며, 이에 따라서 사회주의 건설에 필요하다고 인정되는 문화유산만이 선별하여 주체성의 원칙과 인민성의 원칙, 현대성의 원칙, 역사주의 원칙, 복고주의 반대에 따라서 문화재를 발굴·보존해오고 있다.

특히 북한은 신라와 백제의 역사보다는 지리적으로 고구려에 가까운 관계로 고구려 역사에 더 비중을 두고 있는데, 이렇게 하는 목적은 역사적으로 남한보다 정통성에서만이라도 우위를 점하고 있다는 것을 대외에 알리고 싶어서이다.

현재 북한에서 유물·유적의 발굴, 조사·연구사업은 사회과학원 산하의 고고학 및 민속학연구소에서 담당하고 있다. 지방은 민속학연구소 지휘하에 지방의 역사박물관 담당자에 의하여 이루어지고 있으며, 유물발굴과 보존, 관리, 복원 및 개보수 사업은 정무원 산하의 문화유물보존지도국과 각 지방의 문화유적관리소에서 담당케 하는 이원적 체계를 유지하고 있다. 북한에는 국보 50점, 보물 53점, 사적 73점, 명승지 17개소, 천연기념물 105개소가 지정되어 있다.

북한의 관광시설은 국가가 소유하고 관리함에 따라 수요와 공급의 원칙에 의한 가격형성과 이윤개념이 무시된 채 관료주의적 방식에 의해 운영되고 있어 생산성과 효율성이 매우 저하되어 있으며, 여가를 즐길 수 있는 시설도 극히 적은 수준에 머물고 있다. 한편 북한에는 자신들의 체제선전과 주민 사상교육을 위해 비교적 많은 수의 전시·관람시설이 있다.

〈표 3-13〉 북한 전시·관람시설의 특징

구 분	특 징
박물관	민족의 전통인 역사관과 가치관을 부정하고 김일성의 유일사상 구축을 위한 작품 진열
기념관	6.25 전쟁업적을 찬양하고 침략성을 은폐하며 호전성을 고취하는 내용으로 구성
회관 및 궁전	노동자들에 대한 혁명교양, 계급교양, 문화휴식 수단으로서 김일성 유일사상을 강요하는 데 이용
극 장	인민대중의 공산주의 혁명교양, 계급교양, 문화휴식 수단으로서 김일성 유일사상을 강요하는 데 이용
사적관	혁명 역사자료의 보존관리

(1) 북한의 문화재 현황

북한에서 역사적 유산과 전통적 민속놀이에 대한 개념과 내용이 우리나라와 차이를 보이고 있다. 그들이 말하는 물질적 문화유물에는 건조물과 역사적 기념물과 같은 역사적 유물을 지칭하고 있다. 유적지는 고대시대 유물, 사적지는 근세의 공산주의와 유관한 장소를 지칭하고 있다.

따라서 옛날 고구려, 고려, 조선시대의 문화유적, 사적, 사찰, 향교, 성곽 등은 유적지와 사적지에서 사실상 제외시키고 있다. 그리고 무형문화재에 해당하는 우리 민족 고유의 전통민속놀이를 조선 민속놀이에 한정하였다가 근래 민족예술, 민족무용, 민속악기를 추가 포함시켰다. 북한에서는 민속놀이 62개 종목을 민속놀이로 지정하였는데 이를 구분해보면 다음과 같다.

1) 가무놀이

농악, 탈놀이, 윷놀이, 강강수월래, 마당놀이, 다리밟기, 놋다리 놀이, 불꽃놀이, 화전놀이 등

2) 경기놀이

씨름, 활쏘기, 줄다리기, 그네뛰기, 장치기, 격구, 돌팔매, 제기차기, 차전놀이, 소싸움놀이, 공차기, 널뛰기 등

3) 겨루기

윷놀이, 바둑, 장기, 고누, 산가지 놀이, 칠교놀이, 남승도놀이, 종정도 놀이 등

4) 아동놀이

썰매타기, 연날리기, 공기놀이, 자치기, 팽이돌리기, 각시놀음, 죽마타기, 꽃싸움, 풀싸움, 바람개비놀이 등

(2) 문화재의 실태

북한에서 현재 알려지고 있는 유물, 유적, 문화재는 우리 한국의 문화재 평가기준으로 볼 때 국보, 보물급에 해당하는 것이 있다. 그러나 북측의 평가방식과 기준은 우리들과는 차이가 있다. 북한지역에 분포되어 있는 국보급 문화재는 평양시의

대동문, 보통문, 평남 강서고분군, 고구려시대의 벽화고분, 동명성왕릉, 보현사, 성불사, 선죽교, 석왕사, 진흥와 순수비 등 50개소가 있고 보물급 문화재는 평양종, 숭인전, 오순정, 통군정, 함흥본궁, 괘궁정 등 53개소 사적은 평양성, 연광정, 을밀대, 부벽루, 안학궁지, 귀주성, 백마산성, 철옹성, 만월대 고려왕릉군, 세검정, 등 73개소가 있다.

〈표 3-14〉 북한의 주요 문화관광자원

구 분	지 역	문 화 자 원
국보.보물 유물 · 유적	평 양	대동문, 보통문, 동명왕릉, 평양종, 송인전, 칠성문, 중홍사 당간지주, 단군릉, 대성산성, 연광증, 안학궁터, 홍복사 7층탑, 을밀대, 최승대, 영명사 8각 석불
	남 포	강서대, 중·소묘, 약수리 무덤, 덕홍리 고분, 황룡산성
	개 성	공민왕릉, 대홍산성, 선죽교, 만월대, 성균관, 연복사종, 개성 남대문
	평안북도	의주남문, 통군정, 고려장성, 철옹성
	자 강 도	공귀리 원시유적
	황해남도	안악고분, 소현서원, 남평양유적, 관산리고인돌
	황해북도	석빙고, 지탑리유적
	함경남도	진홍왕순수비, 함홍본궁, 선화당
	함경북도	굴포리 원시유적
사 찰	평 양	광법사
	개 성	현화사
	평안남도	안국사
	평안북도	보현사, 심원사, 천주사, 서운사
	황해남도	월정사
	황해북도	성불사, 연탄, 심원사
	함경북도	개심사
	강 원 도	유점사, 표훈사, 정양사, 석왕사

* 자료 : 한국관광공사, 북한지역 관광상품 개발 방안, 2001년

제 4 장

사회적 관광자원

■ 사회적 관광자원의 개념과 범위
■ 사회적 관광자원의 유형

제 1 절 사회적 관광자원의 개념과 범위

1. 사회적 관광자원의 개념

사회적 관광자원은 문화적 관광자원과 혼용되어 사용되거나 사회·문화적 관광자원이란 용어를 사용하여 하나의 범주로 간주하는 경우도 있다. 현실적으로 두 가지를 명확하게 구분해낸다는 것은 매우 어려운 일이다.

일반적으로 문화는 여러 가지 사회적 규범과 관념의 총체로서 용구문화(의식주 생활용구), 규범문화, 가치문화 등으로 구분된다. 따라서 문화관광자원은 시각적으로 감상할 수 있는 유형적 용구문화의 속성을 지니고 있다고 볼 수 있고, 사회적 관광자원은 그 용구문화를 창조해낼 수 있는 사회규범적인 무형의 생활양식을 뜻한다. 즉 문화관광자원인 용구문화는 사회규범적인 생활양식의 결과적 소산이라고 볼 수 있으며, 규범적 문화를 관광자원으로 활용할 때 사회관광자원이라고 하는 것이다.

결론적으로 보면 사회적 관광자원은 한 나라의 역사와 전통, 과거의 생활상과 현재를 이해하는 데 도움이 되는 사회규범적인 자원으로서 여기에는 도시의 문화환경, 생활문화, 지역의 역사와 민속 및 풍습, 사람들의 소박한 인정, 국민성과 이에 따른 생활자료, 그리고 각종제도와 사회공공시설 등이 포함된다.

2. 사회적 관광자원의 종류

오늘날의 관광객은 단순한 감상만이 아니고 사회적 관광자원의 접근을 통하여 지구상의 수많은 민족이나 사회집단의 문화적 다양성과 특수성뿐만 아니라 인류문화로서의 보편성을 발견하게 되고, 다른 문화에 대한 객관적인 이해의 경험을 바탕으로 자아확대 욕구를 충족하고자 한다. 이로 인하여 사회적 관광자원의 중요성은 날로 증가하고 있으며, 또한 사회관광자원의 범위가 확대되고 있다.

(1) 환대 · 생활양식 · 풍속

환대는 인정에 바탕을 둔 따스한 행위를 말한다. 미지의 세계에서 새롭게 접해보려는 관광객에게 환대는 추억거리를 만드는 중요한 관광자원이다. 생활양식은 의식주를 중심으로 한 그 지역의 일상적인 생활양식을 의미한다. 또한 그 나라 민족의 의상이나 식사양식, 주택양식 등도 관광객의 관심의 대상이 되며, 전통화된 풍속도 중요한 관광자원이다.

(2) 전통예술 · 종교 · 민간신앙 · 신화 · 전설

전통예술에는 그 민족의 역사적 애환이 담겨져 있다. 우리나라의 가면극, 판소리, 부채춤 등과 같이 역사성과 전통성이 있는 것은 훌륭한 관광자원이다. 또한 어느 민족이든 그들의 생활을 유지시켜온 종교는 있게 마련이고, 이러한 종교는 고대로 소급할수록 현저한 민간신앙의 형태로 존재하였다.

우리나라의 신앙전통은 유, 불, 선 3교의 정신을 바탕으로 근대에는 천주교, 기독교가 전래되어 다양한 신앙형태를 보여주고 있다. 그러나 우리민족은 농경문화권 속에서 형성된 세시풍속적인 민간신앙이 우리 저변에 있다. 그리고 그 나라 민족이 소유한 신화, 전설, 민담은 그들의 민족성을 반영한 것이고, 그들의 꿈과 이상이었으며 생활의 연장이었다.

(3) 민족성 · 국민성

고구려, 고려민족들의 의지로 상징되는 저항정신은 우리민족의 영원한 국민성으로 골격을 형성하고 있으며, 또한 우수한 예술적인 창조성과 함께 근면 · 성실하면서 평화를 사랑하고 슬픔을 딛고 분연히 일어서는 인고의 화신 등도 우리민족의 고유한 국민성이다. 특히 고려의 몽고에 대한 항거운동도 가혹했던 외세의 침입에서 끝까지 견디며 이겨낸 강인한 인고의 정신인 것이다.

(4) 향토축제 · 연중행사

전통화된 향토축제와 연중행사 등은 하나의 문화적인 행사로서 전통성을 계승, 발전시킨다는 차원은 물론 관광대상으로서의 가치도 매우 높은 관광자원이다.

(5) 문화 · 교육 · 사회시설

도시공원, 교육시설, 문화센터, 도서관 등과 같은 시설들은 그 민족의 문화, 예술, 교육 등을 이해하는 데 중요한 가치가 있으므로 훌륭한 사회관광자원에 해당된다.

제 2 절 사회적 관광자원의 유형

1. 도 시

(1) 도시와 관광

도시라는 의미는 옛날의 조상들과 현대인들이 일상생활을 하는 곳으로서 경제, 사회, 문화적인 활동을 지속적으로 하는 장소이다. 따라서 도시의 기능과 자원, 시설, 인구의 직업분포도에 의하여 상업도시, 교육도시, 산업도시, 문화도시, 행정도시, 관광도시, 역사도시 등으로서 구분된다.

도시가 관광지인가 아닌가 하는 문제에 대해서는 오랜 기간 동안 많은 논란이 있었다. 그런데 이 문제는 관광목적지와 관광지라는 두 용어의 개념정의가 확실히 정립됨에 따라 자연스럽게 해결이 되고 있다. 그곳이 인위적으로 관광지로 개발되었든, 여러 가지 관광자원이 풍부하여 자연발생적으로 관광지로 발전한 곳이든, 두 가지 모두에 포함이 안 되는 곳이든 관광객의 관광활동의 대상이 되는 지역을 관광목적지라고 말한다.

관광지는 좁은 의미에서는 지정관광지를 의미하고, 넓은 의미에서는 지정관광지와 비지정관광지, 즉 자연발생적 관광지를 포함한다. 따라서 도시는 엄밀한 의미에서 관광목적지에 해당하고, 관광객의 목적지라면 관광지라는 용어로 일반적으로 사용하므로 그렇게 불리는 것이다. 그러나 확실한 것은 이 두 가지는 서로 다른 관점에서 사용한 용어라는 것이다. 즉 지역의 용도라는 측면에서 사용한 용어가 관광지라면, 관광객행동 측면에서 사용한 용어가 관광목적지에 해당한다. 어떤 개념이 그 틀을 잡아가고 정립되는 과정에는 변화가 있기 마련이다. 이러한 개념적인 혼란이 가져온 변화는 관광지 개념의 확대로 이어졌다. 그래서 최근에는 광의의 관광지 개념을 관광목적지와 동일한 차원으로 간주하는 추세이다.

이러한 개념적 변화를 감안할 때 도시를 관광지로 간주하려는 추세 또한 자연스러운 것이고, 실제로 한 국가나 지역을 방문하는 대부분의 외래 관광객은 도시를 목적지로 삼거나 경유지로 선택하는 것이 현실이다. 국민관광 측면에서 한 국가나 지역의 관광객 이동을 보아도 도시가 갖는 비중은 대단한 것이다. 따라서 도시를 관광지로 간주하느냐의 여부에 관계없이 도시에는 관광현상이 왕성하게 일어나고 있으며, 이를 총칭하여 도시관광이라 부른다. 이와 대비되는 용어로 농촌관광, 어촌관광, 산촌관광 등이 사용된다.

외국의 대표적인 관광도시는 라스베이거스, 파리, 방콕, 로마, 런던, 뉴욕, 북경, 도쿄, 샌프란시스코 등으로서, 이들 도시에는 박물관, 공원, 역사적인 유물, 쇼핑, 음식, 대형 극장, 최신식 건물 등의 우수한 관광자원을 보유하고 있다. 특히 역사적인 건축물이나 기념물 등의 문화관광자원이 풍부한 미국의 뉴올리언즈, 샌안토니오, 사바나와 독일의 하이델베르크, 베를린, 스페인의 세고비아, 톨레도 등의 도시들은 오래전부터 세계 각국에서 관광객들이 많이 오는 지역이다.

우리나라의 대표적인 관광도시는 경주시, 수원시, 부여시, 제주도 전지역, 강릉시, 속초시, 진주시, 서울시, 부산시 등을 들 수 있겠다.

앞에서 언급되어진 도시들은 도시 내의 관광숙박시설이나 관광위락시설들과 도시 전체의 경관이나 거리모습이 타도시들과는 비교가 되지 않을 만큼 훨씬 더 매력적이고 안정감을 주고 있다.

그러나 여기에서 우리는 특별한 자연적인 관광자원이나 문화관광자원이 없는 도시의 경우에도 얼마든지 인위적인 요소에 의하여 관광시설을 개발하고 행정적인 노력을 기울인다면 미국의 라스베이거스와 같은 도시들이 처음에는 전혀 쓸모없었던 불모지가, 세계인들이 찾는 주요 도시로 변모한 것을 통해서 알 수 있다.

(2) 도시관광자원의 형태

1) 도시의 구조

도시의 구조에서 관광자원은 자연자원, 문화자원, 교통시스템 등으로 구분할 수 있다. 도시의 자연관광자원을 활용하여 도시의 아름다움을 가지고 있어서 많은 관광객들이 찾는 하와이의 호놀룰루, 호주의 시드니, 캐나다의 밴쿠버를 들 수 있다. 그리고 인문·문화 관광자원을 활용하여 관광객들이 찾는 일본의 고베 시의 하버프런트, 프랑스 파리의 라데팡스 지역, 미국의 라스베이거스, 올랜도, 브라질의 브라질리아 등이 있다.

교통시스템을 이용한 도시는 대체적으로 쾌적하고 편리한 도시 내 경관도로나 특징적인 관광열차, 편리한 경전철, 미니버스, 관광용 셔틀버스, 관광객용 역마차, 관광유람선 등의 교통체계가 잘 구비되어서 관광객들이 도시 내에 있는 관광의 매력물을 쾌적하게 구경할 수 있는 것을 의미한다.

대표적인 도시는 하와이의 경관도로, 스위스의 산악열차, 샌프란시스코의 전차, 파리시의 센 강의 유람선 등은 교통체계 자체가 관광자원의 매력물로서 자리잡고 있다.

2) 도시의 기능

도시의 기능면에서 본 관광자원은 문화관광자원면에서 찾아볼 수 있는데 그 도시가 가지고 있는, 또는 가지고 있었던 독특한 기능 자체가 관광자원이 되는 것이다. 프랑스 파리의 구시가 지역, 일본 도쿄의 하라주쿠 거리, 이스라엘의 예루살렘, 이탈리아의 로마, 스페인의 마드리드, 미국 뉴욕시 맨해튼의 사우스스트리트 씨포트 지역, 소호 지역, 브로드웨이 거리, 조지아주의 사바나시 등이 있다.

3) 도시의 이미지

도시의 이미지란 주체성, 구조, 의미 등으로 나누어진다. 이것은 사람들이 도시를 바라볼 때 도시마다 가지고 있는 특징들을 구분하고 인식하는 것을 말한다. 예를 들면, 미국의 뉴욕을 생각하면 자유의 여신상을, 프랑스 파리하면 개선문, 샌프란시스코를 생각하면 금문교를, 스위스하면 알프스산맥이 연상되는 것과 같다.

4) 쇼핑몰

여러 가지 유형의 전문점이 많이 있어서 자유롭게 쇼핑을 할 수 있을 뿐만 아니라, 이러한 요인들이 관광객을 유입할 수 있는 풍부한 자원이 되는 것이다.

5) 사교 · 오락

도시에는 많은 사람들이 살고 있어서 레크리에이션, 레저시설이 필요하며 영화, 연극, 볼링, 사교클럽, 스포츠 등과 같이 보고 먹고 자유롭게 활동할 수 있는 곳이다. 이곳을 통하여 사람들에게 정신적인 안락과 신체적인 리듬의 장소로서 제공된다.

6) 복합성

도시는 원래 여러 요인들 때문에 몰려들어서 이루어진 곳이기 때문에 혼잡성, 저명성, 정보성, 현대성 등의 복합적인 현상에 의하여 구성되어 다차원적인 교류형태를 가진다.

7) 자연성

도시관광의 묘미는 아름다운 자연 속에 도시가 형성되어 주변의 경관과 조화가 이루어질 때 관광객들은 고유한 도시의 분위기에 호감을 가진다.

8) 축 제

오랜 세월 동안 내려오는 전통적인 행사나, 그 도시에서 자연적인 방법에 의하여 형성된 각종의 이벤트는 관광객들에게 강한 추억을 심어주며, 관광객들이 이러한 도시들에 대해서 호감을 가지게 하는 매력 창출의 원동력이 된다.

9) 전통성

도시의 관광은 도시의 전통적인 역사성에 의하여 개성이 숨쉬는 곳이다. 전통문화의 숨결과 역사성에 바탕을 둔 안정감은 관광객들에게 정감이 넘치고, 인정이 두텁고, 향토애가 물씬 풍기는 지역성으로서의 매력 요인이 되는 것이다.

10) 도시의 외관

도시의 외관은 도시의 첫인상을 결정하고 도시 이미지를 형성하는 데 중요한 역할을 한다. 뿐만 아니라 수려하고 독특한 외관은 그 자체로서 관광객을 유인하는 매력물이 된다.

2. 교 통

관광현상이 발생함에 있어서 가장 중요한 것은 관광활동 자체가 이동을 전제로 하는 여행이라는 구체적 행동양식에 의존한다는 것이다. 어떤 형태의 여행이건 이동이 필요하고 이동을 위하여 교통수단과 교통시설이 이용된다. 교통은 단순히 지역간의 이동을 의미이고, 그 수단을 교통수단이라 하며, 그 시설을 교통시설이라 한다.

옛날의 교통수단은 주로 도보였지만 도로의 정비가 이루어짐에 따라 마차와 말이 이용되었고, 오늘날에 와서는 기차·자동차·선박·항공기 등 많은 육상·해상·항공 교통수단이 생겼다.

교통의 발전은 시간거리의 단축과 대량수송을 가져왔으며, 접근성을 크게 개선시켜 관광사업을 오늘날과 같은 수준으로 끌어올리는 데 결정적으로 기여했음이 틀림없다.

한편 어떤 목표를 달성하기 위하여 교통수단을 이용하여 인간이나 재화를 일정한 장소에서 다른 장소로 이동하는 행위를 운송이라 하는데, 대가를 받고(대가를 목표로) 운송행위를 하는 업을 운송업이라 한다.

교통에 육상교통, 해상교통, 항공교통 등이 있듯이, 운송에는 육상운송(육운), 해상운송(해운), 항공운송 등이 있다. 육상교통수단에는 철도(기차, 전차), 버스, 자동차(자가용, 영업용, 임대), 자전거, 우마차, 손수레, 도보 등이 있으며, 육상교통시설에는 역사, 도로, 정거장, 신호등, 표지판 등 다양한 것들이 존재한다. 해상교통수단에는 선박, 보트, 요트, 카누, 잠수정 등이 있으며, 해상교통시설로는 해로, 선착장 등이 있다. 항공교통수단에는 비행기가 이용되는데, 동력원의 종류와 부상력을 얻는 방식에 따라 제트기, 프로펠러기(경비행기 포함), 헬리콥터, 행글라이더, 열기구 등 다양한 종류가 있으며, 항공교통시설로는 비행장, 항로 등이 있다.

운송은 관광활동 매개체로서의 역할을 수행하기도 하지만 교통수단 그 자체가 관광의 대상이 되거나 교통수단을 이용하는 것 자체가 관광활동이 되는 경우도 있다.

따라서 교통은 중요한 관광자원에 해당하는 것이다. 통상적으로 교통수단이 관광에 기여하는 정도를 평가할 때 우리는 항공교통수단인 비행기를 떠올리게 된다. 그러나 실제로 비행기는 장거리 이동수단으로서 국제관광 발전이라는 측면에서는 크게 기여한 바 있지만, 그보다는 육상교통수단이 비교할 수 없을 만큼 더 큰 역할을 수행해왔으며, 현재도 관광객 수송의 더 많은 비중을 차지하고 있다.

(1) 육 운

1) 철 도

한국의 철도는 1899년 9월 18일 경인선의 노량진~제물포(인천)간의 33km가 개통된 것이 철도의 효시를 이루었다. 이것은 처음 미국인 모스(J.R. Morse)에게 부설권이 특허되었으나(1896. 3. 26) 이듬해 부설권이 일본인에게 팔아넘겨지고, 그 후 한국의 모든 철도는 일본인들에 의하여 부설되었다.

1905년에는 경부선이, 1906년에는 경의선, 1914년에는 호남선과 경원선이 개통되어 1915년에는 철도의 총연장이 1,600km에 달하였다. 그때 일제는 철도의 부설을 한국인의 생활이나 국토개발에 보탬을 주기보다는, 그들의 대륙침략의 발판으로 철도를 이용하려 했다.

실제 경부선과 경의선은 군사목적으로, 호남선은 군량미의 운반, 함경선과 경의선은 자원의 개발과 군수물자의 조달에 힘써왔다. 이렇게 급조로 이루어진 우리나라의 철도는 초기에는 국토개발이나 국토의 균형적 발전에 그다지 도움이 되지 못했다.

1948년 8월 15일 정부수립과 함께 철도는 교통부의 직영으로 운영되다가 교통행정과 철도사업을 분리하여 경영의 합리화를 기하고자 1968년부터 철도청이 발족·운영되고 있다. 그 후부터 철도사업은 현대화와 과학화가 이루어져 각 분야에 걸쳐 눈부신 발전을 가져왔다.

1960년대 이후는 영동선·태백선 등의 산업선의 건설은 철도역사의 전환점을 이룩하였고, 많은 철도의 개선과 동력의 근대화와 지하철의 개통은 철도발전의 바로미터가 되었다.

철도는 철제의 궤도로 된 길을 의미하는데 한국과 일본에서는 철도라고 하고, 중국에서는 '아이젠 바', 프랑스에서는 '슈망드 훼르'라고 하는데 모두 철의 길이라는 뜻이다. 다시 말해서 철도란 선반 위에 자갈과 침목 및 철도궤도로 궤도를 구성하여 그 위를 기계적 동력으로 차량을 전환하여 여객과 화물의 운송에 이바지하는 설비를 말한다.

우리나라의 경우 1899년 노량진~제물포간의 경인선 철도가 창설되어 80여 성상 발전해온 과정에서 철도는 국민경제생활과 더불어 상호 보완적으로 불가분의 관계하에서 성장하였으며, 1960년대 이후 교통기관의 양적·질적 확충이 요청됨에 따라 철도의 주요간선을 잇는 고속도로의 건설과 자동차공업의 급진적인 발전으로 인하여 이제까지 육상교통의 주도적 지위에서 그 우위성을 유지하던 철도는 공적 조직이 갖기 쉬운 비효율성 및 경직성 때문에 민간공로와의 운송수단 경쟁에서 불리한 입장에 서 있는 것이 사실이다. 그러나 에너지 소비효율면에서 타교통수단에 비하여 월등히 유리한 입장에 있는 철도는 한국과 일본과 같은 나라에 있어서는 장래 더욱 큰 비중을 차지하게 될 것이 예상된다.

이와 같이 우리나라의 내륙교통은 국민의 교통경제의 효율성이란 시점에서 역시 토지이용이 적은 철도에 의존하지 않을 수 없다.

1830년부터 1840년 사이의 철도 창설기에 철도건설을 담당했던 주 정부의 재정적 빈약으로 소요자본을 조달할 능력이 없었다는 것과 연방정부의 재정보조를 전제로 사유자본이 철도건설에 착수하였던 미국은 철도의 사유 운영제도를 채택하였으나, 우리나라의 경우는 국가가 독점적으로 운영하는 국유 운영제도를 실시하고 있다.

철도교통은 기업적, 서비스적, 에너지효율 등 여러 가지 측면에서 특수성을 가지고 있다. 기업성격적 측면에서는, 첫째, 자본집중성이 강하고, 둘째, 독점성이 강하며, 셋째, 공공성 및 공익성 입장이 중시되며, 넷째, 협동성을 들 수 있다. 서비스적 측면에서 보면 철도교통은 본래부터가 운송이란 서비스를 판매하는 기업이기 때문에 보다 더 양질의 서비스를 생산하므로 수성용역을 희구하는 여객이나 화주가 그 선택적 과정에서 매력을 유발하게 하는 것이다.

따라서 첫째, 대량수송능력으로 국가 전체의 수송수요를 만족시킬 수 있는 체계적이고 대량수송능력을 가진 교통수단이 현재와 가까운 미래에 있어서 철도밖에 없다. 둘째, 철도는 집약적인 수송수요를 대량으로 만족시킬 수 있는 경제적 기술적 고유의 장점을 지니고 있다. 셋째, 안전성으로 이것은 타교통수단과의 경쟁에 우위성을 확보할 수 있는 철도교통의 가장 중요한 요인이 된다. 넷째, 화물수송에 있어서 대량의 운임부담이 적은 상품을 원거리 수송할 경우, 수송비용이 적게 들고 경제적이며 전국적으로 철도망이 설치되어 있기 때문에 국내 어느 곳이나 원거리 수송을 할 수 있으며, 궤도수송이기 때문에 사고에 대한 안전도가 타의 추종을 불허한다.

에너지 효율적 측면에서 철도는 에너지가 무기화되는 현 시점에 있어서 국제경제성이 있으며, 유류소비량이 자동차에 비해서 훨씬 경제적이라는 에너지 효율성을 가지고 있다. 전세계적인 에너지 부족과 그 가격인상에 대비하고 우리의 경우 전량을 중동원유에 의존하고 있는 실정에서는 안전공급량의 확보와 이용의 과학화 및 소비절약의 생활화로 인한 에너지 절약의 필요성이 더욱 절실한 만큼 철도교통은 보다 경제적인 교통수단인 것이다.

국내 교통의 기간이 되는 가장 오래된 교통수단으로서의 철도교통은 국민관광과는 물과 물고기와의 관계와 같은 함수관계에 있으며, 타교통수단과는 비교할 수 없는 안전성과 쾌적한 분위기에서 경관감상을 할 수 있다는 이점이 있기 때문에 운치를 좋아하는 많은 여행자들이 즐겨 이용하고 있다. 따라서 명승고적을 찾는 원거리 단체관광여행, 각 학교의 수학여행, 결혼 직후의 신혼부부 대부분이 철도나 버스를 주로 이용하여 여행하고 있는 실정이다.

국민관광은 현대인의 위락심리변화, 사회변화, 고밀도 사회의 출현, 소득의 증대, 소비유형의 변화, 여가시간의 증가, 교통조건의 발달, 여성의 사회참여 및 여권의 신장 등을 그 발생요인으로 들 수 있다. 여행비용과 여행시간에 의해서 많은 영향이 좌우되는 현대인의 여행에 있어서 여행비용은 고도소비 대중사회로 인한 소득수준의 향상과 연계성을 갖고 있으나 여행시간은 국민관광 발생요인 중의 하나인 교통조건의 발달과 밀접한 관련을 갖고 있다. 또 지역간 인구이동을 보다 용이하게 하고 관광대상지로 여행하려고 하는 현대인들의 교통상의 불편을 제거시켜주는 데 큰 도움을 줌으로써 국민관광 발전을 위해 큰 역할을 해왔다.

철도의 개통은 새로운 관광지를 만들어냈으며, 관광지의 개발에도 많은 도움이 됨으로써 관광의 발전단계에서 중요한 역할을 해왔던 철도교통이 수행하는 역할은 다음과 같다.

첫째, 자원교환의 역할을 한다. 관광지란 여러 곳에서 다른 환경으로 다른 목적에서 위치한다. 그러나 관광교통의 촉진은 분산적 자원형태에서 교환적 자원형태로 바꾸어놓기 때문에 자원배급의 역할을 한다.

둘째, 시장조절의 역할을 한다. 지방과 중앙에 존재하는 관광시장의 비평준화 실태를 평준화시키는 역할을 한다.

셋째, 시간성 조절의 역할을 한다. 교통의 왕래는 미지의 곳을 연결시킴으로써 관광의 거리성을 단축함은 물론, 관광으로 인한 시간성을 조절하는 역할을 한다.

넷째, 시설의 평준화를 기한다. 관광시설이란 도시에 집중되어 있는 경우가 많다. 그러나 철도교통의 발전은 시설의 분산을 가능하게 하여 시설을 평준화시키는 역할을 한다.

다섯째, 대량관광의 역할을 한다. 거리를 극복하고 요금을 조절할 수 있는 철도교통은 대량수송을 통하여 대량관광이 가능하게 한다.

여섯째, 도시의 일반화를 들 수 있다. 시골과 대도시라는 차이에서 제조건은 관광교통이 이해증진에 많은 일반화를 가져온다. 관광으로 인한 발전이 일반화됨으로써 지역발전, 소도시의 도시와 도시의 국제화를 이룩하는 원인이 된다는 것이다.

그러나 문제점과 해결방안이 간단치는 않다. 급속한 경제성장과 기술혁신, 타교통수단과의 경쟁시대에 직면하여 운수수입의 자본경비의 증가, 경쟁조건의 불평등 관계로 인해 철도재정은 양호한 편이 되지 못했다. 그러므로 장래의 수송수요를 감당할 수 있는 새로운 시대의 새로운 이미지에 전근대적인 철도산업을 창조해야만 한다. 이를 위해서는 경영의 합리화, 기술개발의 촉진, 종사원의 능력개발, 주요 철도간선의 개량, 수익성 열차운행, 특수수송제도의 채택, 비경제적인 요인 제거 등으로 철저한 경영의 실을 얻기 위한 부단한 노력과 철도 현대화에 박차를 가해야 한다.

그 동안 전철화 사업이 이의 중점사업이었으나 경영의 흑자시대는 아직 요원한 듯하다. 그러나 계속하여 경부선·호남선의 전철화와 고속화를 추진해야 하고, 경영면에서도 공영성 위주에서 흑자경영 위주로 전환하기 위하여 경영방식을 현대화하는 데 최선을 다해야 한다.

〈표 4-1〉 우리나라의 철도 영업선

선 명	구 간	거리(km)	선 명	구 간	거리(km)
경부선	서울-부산	444.3	경인선	구로-인천	27.0
안산선	금정-안산	19.5	과천선	금정-남태령	14.4
장항선	천안-장항	143.1	충북선	조치원-봉양	115.0
경북선	김천-영주	115.2	대구선	동대구-영천	34.9
가야선	사상-범일	8.3	미전선	미전-낙동강	1.6
진해선	창원-통해	21.2	부전선	가야-부전	2.2
경의선	서울-문산	46.0	일산선	지축-대화	19.2
교외선	능곡-의정부	31.8	분당선	수서-오리	18.5
경원선	용산-신탄리	88.8	경춘선	성북-춘천	87.3
호남선	대전-목포	256.3	강경선	채운-연무대	5.8
군산선	익산-군산	23.1	옥구선	군산-옥구	11.6
전라선	익산-여수	194.7	여천선	덕양-적량	10.4
경전선	삼랑진-송정리	315.2	진해선	창원-통해	21.2
광양제철선	광양-태금	19.0	태백선	제천-백산	103.5
중앙선	청량리-경주	387.2	정선선	증산-구절리	45.9
영동선	영주-강릉	193.6	북평선	동해-삼화	6.4
삼척선	동해-삼척	12.9	동해남부선	부산진-포항	147.8
괴동선	효자-괴동	5.6	-	-	-

① 경부선

1901년 8월 21일 서울 영등포에서, 같은 해 9월 21일 부산 초량에서 일본자본의 회사인 경부철도주식회사에 의해 기공되어 4년 후인 1904년 12월 27일 완공되었고 1905년 1월 1일을 기하여 전선의 영업이 개시되었다. 경부선이 개통되자 같은 해 9월 11일에는 부산과 일본의 시모노세키를 연결하는 부관연락선을 매체로 경부철도와 일본철도를 연결하는 연대운수가 개시되었다.

또한 같은 해 11월 10일에는 경부철도와 군용철도인 경의선(서울 용산 - 신의주 간)의 연락운행이 시작되었고, 11월 11일에는 군용철도 마산선이 개통되어 영업을 개시함으로써 군용철도시대의 막을 열게 되었다. 경부선의 개통은 사회경제적 발전에 유통의 대동맥 구실을 하면서 오늘에 이르고 있다.

② 중앙선

서울의 청량리와 경상북도 경주를 연결하며 총연장 382.7km이다. 건설당초에는 경상북도 영천을 종착역으로 하였으며, 한때 경경선이라 불리기도 하였다. 시공상의 특성은 전구간에 걸쳐 선로지세가 험한 차령산맥과 소백산맥을 넘는 관계로 터널과 교량이 많다는 점이다. 특히 경사가 심하기 때문에 죽령터널과 같은 루프식 터널과 우리나라에서 가장 높은 교량인 길아천철교(높이 33m)가 있다.

③ 호남선

경부선의 대전에서 갈라져 논산-익산-김제-송정리를 거쳐 목포에 이르는 철도로 총연장 256.3km이다. 일제강점하에 1911년 7월 11일 대전-연산간 39.9km 개통을 시작으로 1914년 1월 22일 목포에서 전통식을 거행했다. 수송능력 증가(36회→76회/일, 편도) 및 서해안, 서남권 개발촉진의 일환으로 호남선 송정리-목포간 70.6km 복선화 사업은 1998년 11월 18일 착공하였다.

④ 전라선

호남의 교통요지인 전라북도 익산에서 전주를 거쳐 전라남도 여수까지 이어지는 호남의 종관철도로 총연장은 199.5km이다. 처음에는 전북철도주식회사에 의하여 협궤 사설철도로 건립되었으나 1927년 10월 조선총독부에서 매수하여 표준궤 개축과 함께 경전북부선이라고 개칭하였다. 그 뒤 1929년 4월 18일 익산-여수간이 철도를 전주방면에서부터 착공하여 1931년 10월 전주-남원간이, 1933년 10월 남원-곡성간이, 1936년 12월 곡성-순천간이 개통되었으며, 이것이 이미 개통되어 있던 광주선과 순천에서 연결됨으로써 전구간이 개통되면서 명칭도 다시 전라선으로 바뀌었다.

⑤ 충북선

충청남도 조치원에서 충청북도 청주, 음성, 충주 등을 거쳐 봉양에 이르는 철도로 영업길이는 115.0km이다. 사설철도로 출발하였는데 처음에는 조선중앙 철도선으로서 1920년 3월 착공하여 1921년 11월 1일 조치원-청주간을 개통하였다. 경부선과 영동선을 연결하는 노선으로 태백, 영동지구와 전국을 이어주는 기능을 함과 동시에 중요한 산업철도로서 충청북도의 지역경제 발전에 큰 도움이 되고 있다.

⑥ 장항선

충청남도의 교통요지 천안과 금강하구의 장항을 잇는 서해남부의 종관철도로 총연장 144.2km이다. 본래 국철이 아니라 조선경남철도주식회사에 의하여 충남선이라는 이름으로 건설된 사설철도선이었다. 사설철도 및 부대사업 일체에 대한 국유화조치(1945. 5. 10)로 국유화되었다. 이 철도는 천안에서 온양을 거쳐 장항까지 충청남도의 평야지대를 남북으로 가로질러 가면서 예산, 홍성, 광천, 대천 등 이 지방의 주요 도시들을 거의 지나고 있어 충청남도 남서부지역의 매우 중요한 교통축으로 되고 있다.

⑦ 경원선

서울에서 철원 - 안변을 거쳐 원산에 이르는 철도로 1914년 9월 6일 개통되었고 총연장은 222.7km이다. 그러나 지금은 국토의 분단으로 서울 용산역에서 신탄리까지 88.8km만 운행되고 있다. 경원선은 추가령 구조곡의 지구대를 따라 건설되어 고산 협곡의 험준한 지형적 장애를 상당히 극복할 수 있었다. 그러나 철령산지를 비껴 넘어야 했고 기존도로가 불비하였기 때문에 공정 전반이 쉽지는 않았다. 특히 경술국치 직후라 민간인과 의병들의 저항과 습격이 잦았다고 한다. 일본인 측량대가 헌병대의 비호 아래에서도 한복으로 위장해서야 측량을 마칠 수 있었다는 사실이 그 단적인 예이다.

⑧ 경춘선

서울과 춘천간을 잇는 단선철도로 총연장이 87.3km이다. 1936년 경춘철도주식회사가 청량리 - 춘천간을 부설하였고, 1939년 7월 25일 성동 - 춘천간의 사설철도로 개통되었다. 1946년 5월 10일에 남한에 있는 사설철도 및 그 부대사업 일체가 운수부에 흡수되면서 국유화되었다. 한강을 낀 경춘선 연변의 대성리, 청평, 남이섬, 강촌, 춘천 등의 관광지에는 휴일과 주말 여객수송이 활발하다.

⑨ 교외선

경기도 고양시 능곡과 의정부시를 잇는 철도로 총연장 31.9km이다. 개통 당시에는 능의선이라고 불렸으며, 서울교외선이라는 명칭은 경의선, 경원선, 경부선 등과 연결되어 한강이북의 서울 교외지역 전체를 잇게 되면서 통용되었다. 1974년 수도권 전철 개통 이후 운행구간의 축소로 이용객이 감소되었다. 현재는 원릉, 벽제, 일영, 장흥, 송추 등 자연환경이 뛰어난 이곳에 주말 증기기관차를 운행하여 관광과

시민의 휴식공간으로 활용하고 있다.

⑩ 경북선

경상북도 김천을 기점으로 하여 상주 - 점촌 - 예천을 지나 영주에 이르는 단선철도로 총연장은 116.9km이다. 1924년 10월 1일 김천 - 상주간 36km의 조선철도회사선이 개통된 것을 시작으로 하여 같은 해 12월 25일에 상주 - 점촌간 23.8km가 완공되어 영업을 개시하였다. 1962년 5월 10일 혁명정부에서는 점촌으로부터의 구노선을 바꾸어 점촌 - 예천 - 영주를 잇는 연장공사를 착공하였고, 이어 같은 해 10월 10일에는 예천 - 영주간 29.7km가 완공되어 11월 9일 영업을 개시함으로써 경부선과 중앙선이 경북선을 통해 연결되게 하였다.

⑪ 영동선

경상북도 영주와 강원도 강릉을 연결하는 산업철도로 총연장은 193.6km이다. 본래 동해 북부선, 철암선, 영암선, 삼척선 등으로 분리되어 있었으나 1963년 5월 하나로 통합되면서 영동선이라고 불리게 되었다. 영동선 가운데 가장 긴 구간을 차지하는 영암선(영주 - 철암 86.4km)은 1955년 12월 개통되었다. 영암선의 건설은 광복 이후 산업의 부흥을 위하여 최초로 계획되었다는 점에서 매우 큰 의의를 가진다.

⑫ 정선선

태백선의 증산역과 정선군 북면 구절리를 잇는 산업철도로 연장 45.9km이다. 일찍이 우리나라 지하자원의 보고인 태백산일대 무연탄의 개발과 수송을 위하여 산업철도선인 함백선(1957년 개통), 영암선(1955년 개통) 등이 건설되었으나 최대의 탄전인 정선탄전의 개발을 위해서는 새로운 탄전철도선이 필요하였다. 경제개발 제1차 5개년 계획의 일환으로 건설된 이 철도는 정선일대의 원통, 삼척, 회동, 나전, 구절 등의 대규모 탄전의 개발뿐만 아니라 산간오지의 교통개선에 크게 이바지했다.

⑬ 태백선

스위스 알프스 산맥을 연상케 하는 백두대간의 아름다운 설경이 어우러진 철길이다. 기존의 함백선, 고한선, 황지지선을 연결하여 전구간을 전철화시킨 산업철도이다.

⑭ **동해남부선**

부산진 - 울산 - 경주 - 포항간 147.8km를 잇는 남동해안지역의 철도이다. 조선철도주식회사 소속 사설철도였던 울산 - 경주간 41km의 경동선(1921년 10월 25일 개통)이 대구 - 학산간 107km와 함께 매수되어 1935년 6월 표준궤 개수에 착수되었다. 이듬해 12월 1일 준공하여 동해남부선으로 운행을 시작하였는데 부산과도 연결되었다. 이어 경주 - 포항간도 표준궤로 개축되어 동해남부선이 확정되었다.

⑮ **경전선**

삼랑진에서 마산 - 진주 - 순천 - 광주를 거쳐 송정리에 이르는 총연장 315km의 간선철도다. 경상남도와 전라남도에 걸쳐 우리나라 남해안 지방을 횡단한다. 경전선의 개통으로 영남, 호남의 유통이 원활해졌으며 교통난이 해소되었을 뿐만 아니라 남해안지역의 경제발전도 크게 촉진될 수 있었다. 이용객이 적고 열차가 뜸하게 다니는 탓에 이용하기에는 다소 불편하지만 한적함이 있어 좋고, 창밖을 감상하는 것만으로도 좋은 추억이 될 기차여행이다.

2) 도 로

도로란 인간이나 차가 다니는 비교적 큰길을 말한다. 도로는 태고로부터 인류와 함께 발전하여, 현대의 자동차 시대에 필요한 고속도로에 이르기까지 근대화되어왔다. 또한 생산과 유통 등 경제적 · 정치적 · 문화적으로도 중요한 기능을 다하고 있으며, 교통체계 중에서 특히 우리의 생활에 중요한 교통시설이다.

도로의 역사상 획기적인 사실은, 기원 전후에 로마제국이 로마를 중심으로 하여 유럽 각지로 통하는 거대한 도로망을 건설한 것이다. 그 계획은 제국의 구석구석까지 이르고, 정연하고도 웅대한 규모를 가졌을 뿐 아니라 건설기술면에서도 매우 뛰어났다. 간선도로가 로마에서 사방으로 뻗어 그 길이는 9만km나 되고, 하급도로까지 합한다면 무려 30만km나 되었다고 전해지고 있다. 지금까지도 그 일부는 그대로 사용되고 있는 것으로 미루어보아 당시 도로의 우수성을 짐작할 수 있다.

로마제국이 멸망한 후는 중세 암흑시대에 접어들어 약 1,000년 동안 도로교통과 도로기술은 눈에 띄게 쇠퇴하였다. 르네상스에 들어선 16세기경부터 유럽에서는 마차교통이 조금씩 발달하기 시작하여, 도로의 개량에 관심을 가지게 되었다. 문예 · 경제도 크게 부흥하고, 도로망의 정비가 점차 시작되고, 도로기술이 크게 비약한 것은 19세기에 들어서부터다. 노면의 축조법은 그때까지 여러 가지 방법이 쓰여지고 있었으나, 역학적으로 불충분하거나 경비가 많이 드는 공법이었다.

19세기에 영국의 T. 텔포드와 J.L. 매캐덤이 각각 새로운 노면축조법을 고안하여, 마차교통에 적합한 노면을 비교적 쉽게 만들 수 있게 되었다. 특히, 비교적 작은 쇄석(碎石)을 사용하는 매캐덤 공법은 우수한 것이었다. 그러므로 유럽 전역 및 미국에까지도 전파되어, 그 후 오랫동안 세계 각국에서 사용되었다. 그러나 거의 때를 같이 하여 철도가 발명되고, 그것이 보급됨에 따라 교통혁명이 일어났다. 그래서 도로는 철도의 보조기관에 지나지 않는 낮은 위치로 전락하여 도로의 발전은 잠시 중단되었다.

그 후 내연기관이 발명되고, 20세기 초부터 자동차가 실용화되었다. 이에 따라 공기 고무타이어의 발명 등으로 성능이 향상됨에 따라 고속주행이 가능하고, 경제성도 높아졌다. 그래서 자동차에 의한 도로교통이 성행하게 되어, 도로의 중요성은 다시 일반에게 알려지게 되었다. 이로 인해 마차도는 자동차가 주행하는 데 적합하도록 개량되었다. 또한 콘크리트 포장 및 아스팔트 포장도 고안되어 도로의 구조가 현저하게 진보되면서 현재의 고속도로시대로 발전하였다.

조선시대 및 그 이전의 도로는 대부분이 보행자 · 우마(牛馬) · 가마가 지나갈 정도인 2~5m의 너비를 가진 좁은 길로 되어 있었다. 이러한 길이 수도를 중심으로 각 도에 산재하는 역 · 읍 등을 연결하여 교통망을 형성하였다. 고려사 『증보문헌비고(增補文獻備考)』에는 주로 고려시대의 주요한 전략적 도로가 기록되어 있으며, 지도로서 명기된 것은 없다. 그 후 조선시대에 와서 사적에 뚜렷이 도로망을 나타낸 것은 『대동여지도』, 『동국여지승람』이다. 여기에서 도면상에 나타낸 도로망은 전부 직선으로 연결되었기 때문에, 자세한 경로는 불명하다. 경유한 지명을 살펴볼 때 현 국도망과 별 차이가 없다. 국권피탈 이후 일제가 곧 도로법령을 만들고, 행정 · 산업 · 군사적 목적에서 우마차 · 자동차 등 차륜 통행을 위주로 하는 근대적 도로를 축조한 것이 현재 국도망의 대부분이다. 정부수립 후 10여 년간이나 과거 일제강점기 때 제정한 도로법을 그대로 시행해오다가, 1963년 2월 26일 비로소 신 도로법을 제정 공포하였다.

한국의 도로는 한국전쟁 당시 군용도로로서 대폭 개수되었고, 그 후 복구사업에 이어 경제신장과 더불어 자동차 교통이 급속도로 발달하였다. 이에 따라 재래의 도로를 개수하여 현재에 이르렀다. 최근에는 국산 포장재료 및 자동차 생산과 병행하여 자동차의 급격한 증가와 경제개발 계획의 중요사업으로 국도의 확장 및 개조, 지방산업개발을 위한 도로의 신설, 관광도로 등이 많이 건설되었다.

도로를 도로부지 소유권에 의해서 분류하면 공도와 사도로 나누어진다. 일반적으로 도로는 공도로서 누구든지 자유로이 통행할 수 있고, 국가 또는 지방 공공단체의 공영물로서 인정하여 시설된 것이며, 사도는 개인의 소유지를 공중의 통행에 개방한 도로를 말한다.

전국의 도로를 도로법에 의해서 분류하면 고속국도 · 일반국도 · 특별시도 · 지방도 · 시도 · 군도로 분류한다. 고속국도는 국가기간 도로망의 중추부분을 이루는 도로로서 노선의 지정, 구조 관리 및 보전에 관한 필요한 사항은 따로 법률로 정한다. 일반국도는 고속국도와 함께 국가 기간 도로망을 이루고, 중요 도시, 지정항만, 중요공항 또는 관광지 등을 상호 연락하는 도로인데, 대통령령으로 그 노선이 지정된다. 또한 특별시도는 서울시 · 부산시 · 인천시 · 대구시 구역 내의 도로로서, 서울시장과 각 시장이 그 노선을 인정한 도로다. 지방도는 지방의 간선 도로망을 이루는 다음에 해당하는 도로다.

〈표 4-2〉 연도별 도로현황

단위 : km

구 분	합 계	고속도로	일반국도	특별 · 광역시도	지 방 도	시 · 군도
1975	44,885.10	1,142.40	8,231.80	6,766.60	10,777.20	17,967.10
1980	46,950.60	1,224.60	8,231.80	7,938.70	11,020.60	18,534.90
1981	50,336.30	1,245.20	12,247.10	9,403.00	10,013.10	17,427.90
1982	53,935.40	1,245.20	12,231.00	9,481.60	10,005.30	20,972.30
1983	54,599.30	1,245.20	12,229.10	9,591.70	10,041.10	21,492.20
1984	51,003.60	1,420.90	12,244.40	9,758.80	10,078.80	17,500.70
1985	52,263.90	1,415.40	12,241.20	10,017.80	10,166.70	18,422.80
1986	53,653.50	1,415.40	12,258.40	10,724.00	10,313.30	18,942.40
1987	54,688.50	1,539.00	12,253.00	11,077.70	10,328.20	19,490.60
1988	55,778.30	1,550.40	12,255.00	11,180.20	10,576.60	20,216.10
1989	56,480.20	1,550.70	12,190.10	12,385.80	10,557.70	19,795.90
1990	56,714.50	1,550.70	12,160.60	12,298.30	10,671.50	20,033.40
1991	58,088.20	1,597.40	12,114.20	12,717.40	10,642.80	21,016.40
1992	58,846.60	1,599.70	12,078.50	13,082.00	10,688.70	21,397.70
1993	61,300.90	1,607.40	12,057.10	13,336.40	10,656.30	23,643.70
1994	73,833.00	1,650.10	12,045.70	13,701.10	10,655.30	35,780.80
1995	74,237.20	1,824.50	12,052.70	14,081.50	13,854.40	32,424.10
1996	82,342.40	1,885.60	12,464.10	14,856.90	17,146.90	35,988.90
1997	84,968.10	1,889.10	12,458.80	17,243.20	17,089.00	36,288.00
1998	86,989.60	1,996.30	12,447.40	17,669.90	17,155.30	37,720.70
1999	87,534.20	2,040.50	12,418.00	17,891.70	17,144.80	38,039.20
2000	88,775.02	2,131.20	12,413.49	17,150.97	17,838.90	39,240.46
2001	91,396.41	2,636.63	14,253.66	17,809.83	15,704.12	40,992.17

* 주 : 2001. 12. 31. 기준(건설교통부 도로현황조서 2002)
* 자료 : 건설교통부 도로국 도로관리과.

〈표 4-3〉 우리나라 고속국도 현황

노선번호	노선명	기점 - 종점	노선지정일자	개통일자	연장(km)
제1호	경부선	부산시 금정구 - 서울시 강남구	2001.5.24	1968.12.21 1970. 7. 7	425.5
제10호	남해선	전남 순천시 서면 - 부산시 북구	2001.5.24	1973.11.14	169.3
제12호	88 올림픽선	전남 담양군 고서면 - 대구시 달성군 옥포면	2001.5.24	1984. 6.27	183
제15호	서해안선	전남 무안군 삼향면 - 경기도 광명시 및 서울시 금천구	2001.5.24	1994. 7. 6 2001.12.21	340.6
제16호	울산선	울산시 울주군 언양읍 - 울산시 남구	2001.5.24	1969.12.29	14.3
제20호	익산 - 포항선	전남 익산시 왕궁면 - 경북 포항시 연일읍	2001.5.24	2001.11.29	2.6
제25호	호남선, 논산 - 천안선	전남 순천시 서면 - 충남 천안시 목천면	2001.5.24	1970.12.30 1973.11.14	195.1
제35호	대전-통영선, 중부선	경남 통영시 용남면 - 경기도 하남시	2001.5.24	1987.12. 3 2001.11.29	285.8
제37호	제2중부선	경기도 이천시 마장면 - 경기도 하남시	2001.5.24	2001.11.29	31.1
제45호	중부내륙선	경남 마산시 내서읍 - 경기도 양평군 옥천면	2001.5.24	1977.12.17 2001. 9. 7	84.4
제50호	영동선	인천시 남동구 - 강원도 강릉시 성산면	2001.5.24	1971.12. 1 2001. 5. 2	234.4
제55호	중앙선	부산시 사상구 - 강원도 춘천시 동내면	2001.5.24	1995. 8.29 2001.12.19	288.9
제65호	동해선	부산시 해운대구 - 강원도 속초시	2001.5.24	1975.10.14	61.8
제100호	서울외곽순환선	경기도 성남시 - 경기도 성남시	2001.5.24	1991.11.29	91.2
제102호	마산외곽선	경남 함안군 산인면 - 경남 창원시 동읍	2001.5.24	2001.11.15	16.1
제104호	남해 제2 지선	경남 김해시 주촌면 - 부산시 사상구	2001.5.24	1981. 9. 4	20.6
제110호	제2경인선	인천시 중구 - 경기도 안양시	2001.5.24	1994. 7. 6	26.6
제120호	경인선	인천시 남구 - 서울시 양천구	2001.5.24	1968.12.21	23.9
제130호	인천국제공항선	인천시 중구 - 경기도 고양시	2001.5.24	2000.11.21	36.5
제251호	호남선의 지선	충남 논산시 연무읍 - 대전시 대덕구	2001.5.24	1970.12.30	54.0
제300호	대전남부순환선	대전시 유성구 - 대전시 동구	2001.5.24	1999. 9. 6	12.5
제451호	구마선	대구시 달성군 현풍면 - 대구시 북구	2001.5.24	1977.12.17	30.0
제551호	중앙선의 지선	경남 김해시 대동면 - 경남 양산시	2001.5.24	1996. 6.28	8.2

* 자료 : 건설교통부 도로국 도로정책과

이는 관할 도지사가 그 노선을 인정한 것으로 ① 도청 소재지에서 시·군청 소재지에 이르는 도로, ② 시·군청 소재지 상호간을 연락하는 도로, ③ 도내의 중요한 비행장·항만·역간을 서로 연락하는 도로, ④ 도내 비행장·항만 또는 역에서 이와 밀접한 관계가 있는 국도 또는 지방도를 연결하는 도로, ⑤ 기타 도로로서 지방 개발상 특히 중요한 도로 등이 있다. 시도는 시내의 도로로서 관할시장이 그 노선을 인정한 도로이며, 군도는 군내의 도로로서 관할 군수가 그 노선을 인정한 도로다.

설계기준에 의한 도로의 분류로 교통량·인구밀도·경제조건 등으로 도로를 지방부와 도시부, 다시 지방부를 평지부와 산지부로 나눈다.

부지장소에 의한 도로의 분류로 가로는 시가지 도로를 총칭한 것이고, 지방도로는 일반적으로 시골도로를 말하며, 산도는 산지의 도로고, 공원도로는 공원 내의 도로다.

도로 및 노면을 구성하는 구축재료와 공법에 의해서 다음과 같이 분류할 수 있다. ① 토사도는 천연토사도와 사점토사도가 있고, ② 자갈도가 있으며, ③ 쇄석포장도(碎石涯裝道 : 매캐덤도)가 있는데, 이를 공법에 의해 세분하면 수제매캐덤도·역청매캐덤도·시멘트매캐덤도 등이 있으며, ④ 역청포장을 한 것으로 역청포장도·역청콘크리트포장도·시트콘크리트포장도·록아스팔트포장도 등이 있고, ⑤ 시멘트콘크리트포장도, ⑥ 블록포장을 한 것으로 벽돌포장도·석괴포장도·목괴포장도·아스팔트블록포장도·고무 블록포장도 등이 있다.

(2) 해 운

상품수출과 해외건설의 급속한 팽창에 따라 이의 수송을 담당하는 해운분야는 크게 확충되었다. 이와 같은 해운부문의 발전은 상품수출·건설 등 여러 분야에 걸쳐서 한국경제의 국제화 발전을 측면에서 뒷받침하는 데 크게 이바지했다.

정부수립 후 1960년대 초까지의 우리나라 해운은 획기적인 발전을 추구할 수 있는 계기가 마련되었던 중요한 시기였으나, 정부수립에 따른 국가 제정비 등의 당면과제로 인하여 국가경제발전에 있어서의 해운의 역할이나 의의가 과소평가되었다.

1970년대 초까지의 해운상황을 요약해보면, 정부는 해운을 단순히 하나의 운송수단으로 보고 선박의 확보를 민간해운업자에 일임하고, 이에 필요한 지원에 국한하고 있었다. 이때 세계해운은 1970년대 초까지 국제적인 호황에 힘입어 그 발전의 도를 더해가면서 저개발국가들도 자유해운에 대한 인식이 새롭게 변해가는 과정이었다. 이러한 1960년대 세계해운과 우리나라 해운의 특징 속에서 우리 해운력의 증가는 주로 중고선 도입에 의존할 수밖에 없었으며, 국내조선으로 충당하기에는 조선능력이 부족하였을 뿐만 아니라 국내조선 지원도 미미한 정도였다.

이러한 여건하에서 우리나라 경제는 3차에 걸친 경제개발 5개년 계획과 제4차 경제개발 5개년 계획의 성공으로 수출입물량이 크게 늘어났고, 이에 따른 선적량도 꾸준히 증가되었다.

이 시기에 와서 해운발전의 상향을 보면 1970년대 초기까지는 중고선 도입에 의한 선적량 증가가 이루어져왔으나, 1975년부터 시작된 조선계획에 의하여 국내건조의 증대를 가져와 선적확보에 국내건조가 중요한 역할을 하게 되었으며, 1977년부터 시작된 선적도입에 따른 외화부채의 공여로 이후 수입에 의한 선적증강이 점차 큰 비중을 차지하게 되었다. 해상운송은 대외무역의 증대에 따른 수출입화물 운송수단뿐만 아니라 해상 관광자원개발 및 해안도서지방의 교통수요에 따라 여객 및 관광객의 운송수단으로서도 그 수요가 날로 증가하고 있다.

정부는 근래 국민생활수준의 향상으로 육지와 가까운 도서의 경우 상당수의 관광객이 찾아오고 있어 경치가 수려하고 전통민속문화를 잘 보존하고 있는 어촌을 어촌휴양단지로 조성하고 어로체험, 양식체험, 갯벌체험, 스킨스쿠버, 바다낚시 등 소재로 한 체험관광어촌 조성사업을 추진중에 있다.

이러한 도서지방을 운항하는 노선의 현대화 및 쾌속화를 지속적으로 추진할 계획이다. 또한 국제여객선 정기운항은 1970. 6 부산~시모노세키간 페리호 취항을 시초로 현재 한・중간 11개 항로 12척, 한・러간 1개 항로 1척, 한・일간 5개 항로 10척 등 총 17개 항로 23척이 운항하고 있으며, 정부는 앞으로 일본・중국・러시아 등 인접국간의 연결하는 신규 항로개설을 지속적으로 추진하여 관광객의 해상교통수단 이용을 적극 유도해나갈 방침이다.

우리나라의 해운에 관한 주요현황은 <표 4-4>와 같다.

〈표 4-4〉 우리나라 지정항만 현황

무역항 (28개항)	서해안 (8)	인천, 평택(아산), 대산, 태안, 보령, 장항, 군산, 목포
	남해안 (13)	완도, 여수, 광양, 제주, 서귀포, 삼천포, 통영, 고현, 옥포, 장승포, 마산, 진해, 부산
	동해안 (7)	울산, 포항, 삼척, 동해, 묵호, 옥계, 속초
연안항 (23개항)	서해안 (7)	용기포, 연평도, 대천, 비인, 대흑산도, 홍도 팽목
	남해안 (11)	신마, 녹동신, 나로도, 거문도, 한림, 화순, 성산포, 애월, 추자, 부산남, 화홍포
	동해안 (5)	구룡포, 월포, 후포, 울릉, 주문진

〈표 4-5〉 국제여객선(정기) 운항현황

2002. 5. 기준

항로		사업자	선명	총톤수(G/T)	수송능력	운항횟수	건조(국적)	항로개설일
한중항로	인천/위해 (238마일,440km)	위동항운유한공사 (한·중합작)	뉴골든브릿지II	26,463	여객 : 656명 화물 : 250TEU	주 3회 (14H)	1990. 2 (파나마)	1990. 9
	인천/청도 (330마일,611km)	〃	뉴골든브릿지	16,352	여객 : 600명 화물 : 105TEU	주 2회 (20H)	1980. 2 (파나마)	1993. 5 (2.26)
		〃	뉴골든브릿지III	13,493	여객 : 255명 화물 : 210TEU	주 2회 (20H)	1987. 6 (파나마)	1993. 5 (2.27)
	인천/천진 (460마일,852km)	진천국제객화항운 (한·중합작)	천 인	26,463	여객 : 604명 화물 : 249TEU	주 2회 (25H)	1990. 2 (파나마)	1991.12
	인천/연태 (283마일,522km)	연태중한륜도유한공사(한·중합작)	향설란	16,071	여객 : 392명 화물 : 293TEU	주3회 (15H)	1996. 3 (중 국)	2000. 10
	부산/연태 (540마일,996km)	연태중한륜도유한공사(한·중합작)	욱금향	12,304	여객 : 342명 화물 : 245TEU	주1회 (30H)	1995.11 (중 국)	1994. 8
	군산/연태 (278마일,513km)	〃	〃	〃	〃	주1회 (15H)	〃	1996. 6
	인천/대련 (292마일,533km)	대인훼리 (한·중합작)	대 인	12,365	여객 : 555명 화물 : 125TEU	주 3회 (17H)	1988. 7 (파나마)	1995.10
	인천/단동 (284마일,526km)	단동국제항운유한공사(한·중합작)	동방명주 (오리엔탈펄II)	10,648	여객 : 599명 화물 : 130TEU	주 3회 (16H)	1986. 8 (파나마)	1998. 7
	평택/영성 (210마일,388km)	대룡해운 (한·중합작)	대룡호	17,961	여객 : 834명 화물 : 150TEU	주 3회 (12H)	1980. 1 (한 국)	2001.10
	제주/상해 (312마일,578km)	태양신호화유륜유한공사	Columbus Caravelle	7,560	여객 : 412명	부정기 (21H)	1990. 1 (바하마)	2002. 5
		상해인천국제도륜유한공사	CROWN	28,200	여객 : 1,000명	부정기 (23H)	1973. 1 (바하마)	2002. 6
	평택/청도,대련 (270마일,500km)	스타크루즈	Superstar Gemini	19,093	여객 : 900명	임시 (20H)	1992. 4 (파나마)	2002. 5
한일항로	부 산/시모노세끼 (123마일,227km)	부관훼리 (한 국)	성 희	16,665	여객 : 601명 화물 : 120TEU	주3회 (10H)	2002. 4 (한 국)	1983. 4
		관부훼리 (일 본)	하마유	16,187	여객 : 500명 화물 : 114TEU	주3회 (14H)	1998. 8 (일 본)	1970. 6
	부산/하카다 (116마일,214km)	카멜리아라인 (일 본)	카멜리아	15,439	여객 : 563명 화물 : 120TEU	주 3회 (14H)	1975. 7 (일 본)	1990.12
		구주여객철도 (일 본)	비틀 2	263	여객 : 215명	주 7회 (3H)	1990.11 (일 본)	1991. 3
			비틀 3	263	여객 : 215명	주 7회 (3H)	1989.8 (일 본)	2001. 4
		한국고속해운 (한 국)	제 비	263	여객 : 215명	주 7회 (3H)	1990. 4 (일 본)	1998. 5
		미래고속 (한국)	코 비	306	여객 : 222명	주7회 (3H)	1995. 9 (한 국)	2002. 2
	부산/대마도 (71마일,131km)	대아고속해운 (한 국)	씨플라워	426	여객 : 240명	주 3.5회 (2.5H)	1990. 6 (한 국)	1999. 7
	부산/오사카 (369마일,680km)	팬스타라인닷컴 (한국)	팬스타드림	9,690	여객 : 552명 화물 : 220TEU	주3회 (18H)	1997. 3 (한 국)	2002. 4
	울산/고쿠라 (123마일,227km)	무성해운(주) (한국)	돌핀울산	584	여객 : 423명	주7회 (3H)	2001. 3 (한 국)	2002. 4
한러	속초/훈춘 (316마일,585km)	동춘항운 (한·중합작)	동 춘	12,023	여객 : 467명 화물 : 136TEU	주 3회 (17H)	1980.12 (한 국)	2000. 4

(3) 항 공

인류에게는 옛날부터 하늘을 새처럼 날고 싶은 꿈이 있었고, 그 꿈을 실현시키고자 여러 가지 기구가 고안되었다. 그러나 역사상 실제로 비행기구에 의해 하늘을 난 최초의 사람은 1783년 6월 5일 프랑스의 몽골피에 형제가 창안한 열기구에 타고 비행한 피라토르 드로제이다.

또 1890년 독일의 릴리엔탈은 자기가 만든 글라이더로 인류 최초의 공기보다 무거운 '하늘을 나는 기계'에 의한 활공비행에 성공하였다. 그리고 1903년 12월에는 미국의 라이트 형제가 가솔린기관을 장비한 복엽기(複葉機)로 59초 동안에 260m를 비행하여, 최초로 동력구동 비행에 성공하였다.

그 후 제1차 및 제2차 세계대전 사이에 항공기는 크게 발전하여, 오늘날에는 음속 이상의 고속항공이나 500명 이상을 태우고 비행하는 대량 항공수송도 실현되고 있다.

항공을 목적에 따라 분류하면, 군사행동을 목적으로 하는 군용항공, 정부 · 지방자치단체에 의한 구난경비 · 조사감시 등을 목적으로 하는 정부항공, 영리사업이나 자가용을 목적으로 하는 민간항공으로 크게 구별한다.

민간항공을 다시 분류하면, ① 여객 · 화물 · 우편 등을 정기 또는 부정기적으로 수송하는 국내와 국제항공 수송, ② 항공기를 이용해서 조종훈련 · 약제살포 · 사진촬영 · 광고선전 등으로 사업을 영위하는 산업항공, ③ 레저 · 스포츠 등을 목적으로 하는 스포츠항공 등으로 나눌 수 있다.

또 항공에 사용하는 에너지면에서 보면, 수소가스나 헬륨가스 등 공기보다 가벼운 물질을 이용해서 공중을 비행하는 비행선, 기류(氣流)를 타고 항행하는 글라이더, 인공적인 동력에 의해 공중을 자유로이 비행하는 비행기가 있으며, 이밖에 최근에는 로켓추력에 의한 항공도 개발되고 있다.

그러나 오늘날 항공의 주류는 비행기이며, 특히 제2차 세계대전 후 군용 · 민용을 막론하고 제트기관이 개발됨에 따라 종래의 피스톤기는 자취를 감추고, 고속성 · 안전성 · 경제성 · 쾌적성 등이 뛰어난 제트기가 주로 사용되고 있다.

또 대기권 외의 우주항공을 위해서는 로켓추진기관에 의한 우주선이 사용되고 있는데, 앞으로 로켓이 더욱 발달됨에 따라 우주항공은 날이 갈수록 발전하리라 생각된다. 현재 민간항공의 항공기, 항공종사자, 항공시설, 공항, 항공보안 등에 대해 규정된 법규로서는 국내법으로 항공법이 있고, 국제법으로는 국제민간항공협약 등이 있다.

우리나라의 항공의 발전은 1936년에 설립한 조선항공사업사(Korean Avartion

Company)의 서울~리리문 정기운항에서부터 시작되었다. 그 후 태평양전쟁의 발발로 중단된 민항공은 광복 이후 대한국민항공사가 발전하기까지는 미군정당이 8대의 C-47기를 동원하여 김포공항을 기점으로 대구 경유 부산, 광주 경유 제주 사이를 각각 매주 2회 운항하였다. 1948년 대한국민항공사(Korean National Airline)가 설립되어 미국에서 도입한 Stinson기 3대로 서울~강릉, 서울~광주 및 서울~옹진, 서울~성산문의 내국선 노선면허를 얻어 정기운항을 시작하였다.

그러나 한국전쟁이 발발되면서 KNA 소유기는 군에 징발되었고, 지상항공시설은 파괴됨으로써 민항공의 자취는 사라졌으며, 9·28정복으로 KNA는 1950년 미국에서 DC-3형 2대를 도입하여 이미 개최되었던 국내선 취항을 재개하였고, 1951년 KNA는 유엔군 사령부로부터 부산~동경간 부정기 운항허가를 습득하자 10월 9일 자로 우리 정부도 부산~동경간의 부정기 운항을 허가하였다.

1952년 한국과 영국간의 잠정항공협정을 체결하여 CD-4기를 서울~운북~홍콩선에 도입, 동년부터 운항한바 우리나라 최초의 동남아노선에 승객이 증가하여 1955년 주 3회로 서울~홍콩 직행으로 변경 증편했다.

그러나 KNA는 1957년 부산비행장에서의 KNA소속 DC-3기의 전복사고, 1958년 KNA의 DC-3기의 북괴간첩에 의한 평양으로의 위치사건 등으로 인해 KNA는 정신적 타격, 재정적 손실, 항공여행에 대한 공포심 때문에 수요마저 떨어졌다.

KNA는 정상적인 운영회복을 위해 CD-3 쌍발기 1대 및 미국 록히드(Lockheed Aircraft Corp.)로부터 Constellation 749A 4발 여객기 1대를 도입하여 국내선 및 국제선에 취항시켰으나 가중되는 자금난 및 항공기 가동률 저하로 인한 항공수요의 감소와 기타 경영외적인 요인과 한국항공(Air Korea)과 고려항공의 등장으로 인해 도산위기에 처하게 되었다.

KNA가 1961년에 도산하여 항공운송사업이 중단의 위기에 봉착함에 따라 정부는 민항공의 운영상의 부실과 항공기술의 후진성을 극복하고 항공사업을 본궤도로 육성하기 위해 한국적 항공사를 설립키로 하여 1962년 대한항공사가 발족됐다.

대한항공사는 1964년 한·일 노선으로는 최초로 서울~오사카에 주 3회 왕복 운항했으며, 동 노선을 주기로 동 공사는 국제선을 신설, 예약업무에 만전을 기했다. 동 공사는 1967년에 DC-9 제트여객기 1대를 도입하여 한국민항공 역사 최초의 제트시대의 개막을 알림과 동시에 동년 8월에 한·일 노선에 취항함으로써 국제경쟁력을 높였다. 1968년 대한항공공사 민간화방침 및 절차가 관계부처간의 협의 후 1969년 한진상사가 10년 분할상환조건으로 15억 원에 인수함으로써 민영화되었다.

〈표 4-6〉 국내선 운항현황

2002. 4. 30. 현재

노 선	주 간 회 수			일 평 균 회 수			비 고
	KAL	AAR	계	KAL	AAR	계	
서 울 / 부 산	208	132	340	29.7	18.9	48.6	
서 울 / 제 주	178	162	340	25.4	23.1	48.5	
서 울 / 광 주	42	42	84	6.0	6.0	12.0	
서 울 / 대 구	65	64	129	9.3	9.1	18.4	
서 울 / 울 산	62	56	118	8.9	8.0	16.9	
서 울 / 포 항	42	42	84	6.0	6.0	12.0	
서 울 / 진 주	29	21	50	4.1	3.0	7.1	
서 울 / 목 포	14	21	35	2.0	3.0	5.0	
서 울 / 여 수	42	35	77	6.0	5.0	11.0	
서 울 / 예 천	-	7	7	-	1.0	1.0	
부 산 / 제 주	61	39	100	8.7	5.5	14.2	
서 울 / 양 양	21	14	35	3.0	2.0	5.0	
부 산 / 양 양	7	-	7	1.0	-	1.0	
부 산 / 원 주	14	-	14	3.4	3.0	6.4	
대 구 / 제 주	24	21	35	3.0	3.0	6.0	
광 주 / 제 주	21	14	35	3.0	2.0	5.0	
진 주 / 제 주	7	-	7	1.0	-	1.0	
여 수 / 제 주	7	-	7	1.0	-	1.0	
포 항 / 제 주	-	7	7	-	1.0	1.0	
울 산 / 제 주	7	-	7	1.0	-	1.0	
목 포 / 제 주	7	-	7	1.0	-	1.0	
군 산 / 제 주	14	-	14	2.0	-	2.0	
청 주 / 제 주	21	14	35	3.0	2.0	5.0	
인 천 / 제 주	2	2	4	0.3	0.3	0.6	
인 천 / 부 산	7	14	21	1.0	2.0	3.0	
계 (25개 노선)	909	707	1,616	129.8	100.9	230.7	

* 대한항공 : 23개 노선, 아시아나항공 : 18개 노선, 자료 : 건설교통부

대한항공(Korean Air Liner)의 민영화 이후 괄목할 만한 발전을 이룩하여 민영화 당시인 1969년 현재 제트기로는 DC-9기 1대를 비롯하여 프로펠러기로 DC-3, F-27, Fc-27 각각 2대와 DC-4 1대 등 총 8대에 불과하던 것이 1982년 현재에는 B-747기 10대를 포함한 제트기 39대, F-27기 2대와 C-212기 1대 등 프로펠러기 3대로서 총 42대의 항공기를 보유하고 있었다. 여객운송 실적에서는 1969년의 702명에서 1982년의 4,250명으로 13년 만에 6배에 이르는 성과를 보였다.

외국항공사의 국내취항은 제2차 세계대전 후 미군의 교체병력, 휴가장병 및 귀가장병 수송을 전담하였다. 1946년 이후에는 한국의 일반여객까지도 수송하면서 미군정하에서 양국간에 항공협정 없이 서울~동경 사이를 운항하기 시작한 NWA(North

West Orient Airline)가 최초라고 할 수 있다. 그 후 NWA의 1949년 한·미 항공 운전사업에 관한 잠정협정이 체결되면서 동년 9월부터 시애틀～동경～서울간 주 2회 취항을 시작으로 2003년 말 현재 20개국 46개 항공사가 취항하고 있다.

항공운송은 가장 중요한 장거리 교통수단으로서 5대양 6대주를 연결하고 있어 국제관광의 발전에 크게 이바지하고 있다. 항공업계는 세계적으로 규제완화의 흐름과 유럽통합의 진전 등으로 경쟁이 심화되고 있는 추세이다.

1990년대에 들어서도 항공산업은 세계경제의 꾸준한 회복세에 따라 견실한 성장을 보이고 있고, 아시아지역의 항공수요는 세계에서 가장 높은 증가율을 나타낼 것으로 예상되고 있다. 다만 1998년 들어 아시아 경제의 침체로 운항편수 감소 등의 어려움을 겪은바 있으나 1999년 이후에 다시 성장세를 이어가고 있다.

우리나라의 국내선 운항현황을 보면, 2002년 4월 말 현재 서울 - 부산 노선을 비롯하여 총 25개 노선에 대한항공과 아시아나항공이 취항하고 있으며, 2001년 국내선 수송여객은 22,173,000명으로 최근 5년간 평균증가율이 0.9%였다.

〈표 4-7〉 항공협정 체결국가 현황

2002. 4. 30. 현재

지 역	국 가
아 시 아(23)	말레이시아, 태국, 일본, 필리핀, 싱가포르, 스리랑카, 미얀마, 방글라데시, 인도네시아, 몰디브, 네팔, 브루나이, 인도, 몽고, 베트남, 홍콩, 우즈베키스탄, 중국, 마카오, 파키스탄, 카자흐스탄, 키르키스탄, 캄보디아
미 주(7)	미국, 칠레, 파나마, 카나다, 멕시코, 브라질, 아르헨티나
대 양 주(3)	피지, 호주, 뉴질랜드
구 주(25)	영국, 네덜란드, 프랑스, 벨기에, 스위스, 오스트리아, 독일, 스페인, 헝가리, 폴란드, 이태리, 유고, 체코, 러시아, 루마니아, 그리스. 몰타, 불가리아, 핀란드, 덴마크, 노르웨이, 우크라이나, 스웨덴, 룩셈부르크, 포르투갈
중 동(10)	사우디아라비아, 요르단, 터키, 오만, 쿠웨이트, 이라크, UAE, 바레인, 이스라엘, 이란
아프리카(10)	리베리아, 이집트, 지브티, 케냐, 수단, 가봉, 나이지리아, 튀니지, 남아공, 모로코
계	78개국

한편 국제선 운항현황을 보면 1952년 3월 자유중국과 최초로 항공협정을 체결한데 이어 2002년 4월 말 현재 아시아 23개국을 비롯하여 총 78개국과 항공협정을 체결하여 126개 노선에 대한항공과 아시아나항공이 취항중에 있다.

〈표 4-8〉 국제선 항공사 취항현황

2002. 6. 1. 현재

구분	항 공 사	노선수	주간운항회수	여객운항회수	화물운항회수	비 고
국적	소계 : 2개	128	776	661	115	
	대한항공/KAL	92	444	363	81	
	아시아나항공/AAR	60	332	298	34	
외국	소계 : 46개	133	538	446	92	
	네덜란드항공/KLM	1	5	5	0	네덜란드
	루프트한자항공/DLH	2	10	7	3	독 일
	블라디보스토크항공/VLK	2	5	5	0	러시아
	사할린항공/SHU	2	2	2	0	러시아
	시베리아항공/SBI	1	1	1	0	러시아
	에어로플로트항공/AFL	5	9	3	6	러시아
	이스트라인항공/ESL	2	2	0	2	러시아
	크라스노야르스크/KJC	1	1	0	1	러시아
	크릴로항공/KRI	1	1	0	1	러시아
	하바로브스크항공/KHB	1	3	3	0	러시아
	카고룩스항공/CLX	2	2	0	2	룩셈부르크
	말레이시아항공/MAS	3	5	5	0	말레이시아
	몽골항공/MGL	2	3	3	0	몽 골
	노스웨스트항공/NWA	8	20	14	6	미 국
	아틀라스항공/GTI	4	4	0	4	미 국
	유나이티드항공/UAL	2	21	21	0	미 국
	유피에스항공/UPS	8	22	0	22	미 국
	제미나이항공/GCO	1	3	0	3	미 국
	페더럴익스프레스/FDX	9	13	0	13	미 국
	폴라에어카고/POL	4	7	0	7	미 국
	베트남항공/HVN	2	6	6	0	베트남
	싱가포르항공/SIA	6	24	22	2	싱가포르
	우즈베키스탄항공/VZB	1	2	2	0	우즈베키스탄
	엘알이스라엘항공/ELY	1	1	0	1	이스라엘
	가루다 인도네시아/GIA	1	3	3	0	인도네시아
	에어재팬/AJX	2	14	14	0	일 본
	일본에어시스템/JAS	1	14	14	0	일 본
	일본항공/JAL	11	73	70	3	일 본
	일본화물항공/NCA	1	3	0	3	일 본
	중국국제항공/CCA	5	39	39	0	중 국
	중국남방항공/CSN	2	9	9	0	중 국
	중국동방항공/CES	9	52	50	2	중 국
	중국북방항공/CBF	7	45	45	0	중 국
	중국서남항공/CSA	2	4	4	0	중 국
	중국서북항공/CNW	2	4	4	0	중 국
	중국운남항공/CYH	1	3	3	0	중 국

외국	해남항공/HNA	1	3	3	0	중 국
	에어캐나다/ACA	1	7	7	0	캐나다
	타이항공/THA	4	27	27	0	태 국
	오리엔트타이항공/OTA	1	3	3	0	태 국
	터키항공/THY	2	2	2	0	터어키
	프랑스항공/AFR	2	7	5	2	프랑스
	필리핀항공/PAL	3	14	14	0	필리핀
	세부퍼시픽/CEB	1	3	3	0	필리핀
	에어홍콩/AHK	1	4	0	4	홍 콩
	캐세이퍼시픽항공/CPA	2	33	28	5	홍 콩

* 자료 : 건설교통부 항공정책심의관실 국제항공과

국적항공사의 국제선 운항현황을 보면 동북아 53개 노선에 386회를 운항하는 등 총 126개 노선에 주 745회를 운항하고 있으며, 외국항공사는 일본항공(JAL)이 11개 노선에 70회를 운항하는 등 총 46개 외국 항공사가 133개 노선에 534회를 운항하고 있다.

현재 우리나라 공항은 국제공항이 7개소(인천공항, 제주공항, 김포공항, 김해공항, 양양공항, 대구공항, 청주공항), 국내공항이 9개소(광주공항, 울산공항, 여수공항, 목포공항, 사천공항, 포항공항, 예천공항, 군산공항, 원주공항) 등 총 16개소가 있으며, 무안공항·울진공항 등 2개소가 건설중에 있다.

〈표 4-9〉 국적항공사 취항국가 및 도시

2002. 12. 31. 현재

구 분	지 역 별	대 한 항 공	아 시 아 나	복수취항국가(15)
국적항공사 (29개국)	구 주(8)	덴마크, 스위스, 이탈리아, 프랑스	-	네덜란드, 벨기에, 영국, 독일
	대양주(3)	뉴질랜드, 피지	-	호주
	동남아(10)	몽골, 스리랑카	-	말레이시아, 베트남, 싱가포르, 인도, 태국, 필리핀, 홍콩, 인도네시아
	동북아(2)	-	-	일본, 중국
	미 주(2)	캐나다	-	미국
	서남, 중동, 아프리카(2)	이집트, UAE	-	-
	CIS(2)	-	우즈베키스탄	러시아

	구 주(10)	파리, 코펜하겐, 취리히, 로마, 밀라노, 바젤	-	암스테르담, 브뤼셀, 런던, 프랑크푸르트
	대양주(4)	오클랜드, 나디, 브리스베인	-	시드니
	동남아(13)	페낭, 콜롬보, 뭄바이, 하노이, 울란바토르	델리	홍콩, 방콕, 싱가포르, 마닐라, 자카르타, 호치민, 콸라룸푸르
	일본(21)	가고시마, 나가사키, 니이가타, 아오모리, 오카야마, 오이타, 삿포로, 아키타	요나고, 센다이, 다카마쓰, 도야마, 마쯔야마, 후쿠시마, 히로시마, 미야자키, 오키나와	동경, 오사카, 나고야, 후쿠오카
운항지점 (87개도시)	중국(17)	삼아, 심양, 천진, 청도, 제남	계림, 광주, 서안, 심천, 남경, 성도, 연대, 장춘, 중경, 하얼빈	북경, 상해
	미 주(15)	댈러스, 애틀랜타, 워싱턴, 포틀랜드, 호놀룰루, 밴쿠버, 토론토	시애틀	뉴욕, LA, 샌프란시스코, 시카고, 앵커리지, 괌, 사이판
	서남, 중동, 아프리카(2)	카이로, 두바이	-	-
	CIS(5)	모스크바, 블라디보스토크	하바로프스크, 타슈켄트, 사할린	-

3. 지 명

(1) 지명과 관광

어떤 지점을 나타내는 데 산이나 강 등에도 지명을 붙여놓는 것이 편리하기 때문에 예로부터 지명이 붙여져왔는데, 이 지명을 조사연구하면 조상들의 사고나 역사, 풍습, 전통, 의식강조의 일부까지도 알 수 있다. 특히 관광산업에 있어서는 지명에 대한 이미지는 너무나 중요하다.

관광이미지에는 여행하는 것, 관광하는 것, 여가를 즐기는 것 등 관광 자체에 관한 것과 민박, 호텔, 교통업, 사진, 관광 팸플릿 등 관광사업의 구성요소에 관한 것, 관광지에 있어서의 여러 가지 체험이미지가 있는데, 이의 모든 것들과 관계있는 지명에 대한 이미지는 가장 오랫동안 간직되며 매우 소중한 것이 된다. 한국이나 외국이나 그 지역을 관광할 때 지명에 대한 역사적인 내력을 알고보면 새로운 이미지가 생겨나기도 한다.

〈 표 4-10〉 국제공항 취항 항공사

공 항	취 항 항 공 사
인 천	가루다인도네시아(인도네시아), 네덜란드KLM항공(네덜란드), 노스웨스트항공(미국), 달라비아항공(러시아), 대한항공(한국), 델타항공(미국), 루프트한자(독일), 말레이시아항공(말레이시아, 몽골항공(몽골), 베트남항공(베트남), 블라디보스토크 항공(러시아), 사할린항공(러시아), 세부퍼시픽항공(필리핀), 시베리아항공(러시아), 싱가포르항공(싱가프르), 아메리칸항공(미국), 아시아나(한국), 아틀라스항공(미국), 알이탈리아항공(이탈리아), 에어로플로트항공(러시아), 에어저팬(일본), 에어카자흐스탄(카자흐스탄), 에어캐나다(캐나다), 에어프랑스(프랑스), 에어홍콩(중국), 영국항공(영국), 오리엔트타이항공(태국), 우즈베키스탄항공(우즈베키스탄), 유나이티드항공(미국), 유피에스항공(미국), 이란항공(이란), 이스트라인항공(러시아), 인도항공(인도), 일본항공(일본), 일본화물항공(일본), 전일본공수(일본), 제미나이항공어카고(미국), 중국국제항공사(중국), 중국남방항공(중국), 중국동방항공(중국), 중국하문항공(중국), 중국해남항공(중국), 중화항공(대만), 카고룩스항공(룩셈부르크), 캐세이퍼시픽항공(중국), 컨티넨탈항공(미국), 콴타스항공(오스트레일리아), 크라스노야르스크항공(러시아), 크릴로항공(러시아), 타이항공(태국), 터키항공(터키), 파라다이스항공(인도네시아), 페더럴익스프레스(미국), 폴라에어카고(미국), 풀코보항공(러시아), 필리핀항공(필리핀)
김 해	대한항공(한국), 아시아나항공(한국), 일본항공(일본), 중국국제항공(중국), 중국동방항공(중국), 중국서북항공(중국), 중국남방항공(중국), 사할린항공(러시아), 블라디보스토크항공(러시아), 필리핀항공(필리핀), 노스웨스트(미국), 타이항공(태국), 대만원동항공공사(대만)
대 구	대한항공(한국), 아시아나항공(한국), 중국동방항공(중국), 중국국제항공(중국)
제 주	대한항공(한국)
양 양	대한항공(한국), 중국동방항공(중국)
청 주	없음
김 포	없음

리베리아의 먼로비아, 미국의 워싱턴, 잭슨, 콜럼버스, 케네디공항, 카네기홀, 호주의 다윈, 한국에서의 충무 등 역사적 인물이나 정치가·과학자·탐험가 등의 인물과 연관시킨 지명에는 더욱 강하게 그 인물에 대한 이미지를 갖게 되는 게 사실이다.

경주·부여·공주·서울은 역사적 관광지로, 여수·목포·강릉·서귀포·충무하면 청정한 해안관광기지로, 구미·포항·울산·창원·여천·안산 하면 신흥공업단지의 산업관광지로서 그 이미지가 굳게 부각되고 있으며, 최근에는 제주의 중문단지, 경주의 보문단지, 도투락단지 등도 널리 선전되어 마치 한국 관광단지의 대명사처럼 그 이미지가 좋아져가고 있는 터이다.

(2) 한국지명의 특징

한국의 지명은 너무 많이 변화를 겪었다. 사람의 성명에도 이름, 아명, 자, 호, 예명, 여기에 종교 영세명까지 덧붙여지기도 하였다. 또 자주 바꾸기를 좋아하는데, 작명 직업이 성업을 이루고, 지명이 이렇게 많은 변천을 한 경우는 세계에서도 그 전래를 찾아보기 힘들다. 순천은 백제 때 무평, 신라 때 승평, 고려 때 승주, 조선 때 순천이 되었고, 원주는 고구려 때 평원, 통일신라 때 북원경, 고려 때 원주, 조선 때 학성, 원성, 원주로 되었고, 서울은 고구려 때 북한산성, 신라 때 남한산주, 고려 때 양주 · 남경 · 한양, 조선의 한성, 일제의 경성, 오늘의 서울이 된 것이다.

대부분의 지명들이 왕조가 바뀌면서 변경이 되었는데, 이는 전조의 문화를 말살시키려는 정책이나 새로운 정부의 혁명적인 의도가 있었고, 사옥문의 사용으로 인한 지명의 한자화에 원인이 있다. 조선이 건국되고 국세가 안정되면서 『세종실록지리지』가 간행되었는데, 여기에는 8,129개의 지명이, 『경상도지리지』에는 7,202개의 지명이 수록되어 있다.

양승지의 『팔도지리지』, 『동국여지승람』 및 김정호의 『대동여지도』와 『대동지지』에는 대체로 2만 개 가량의 지명이 수록되었다. 일제는 한국을 식민지화하고 토지수취의 목적으로 지형도를 작성하기 위하여 본격적인 지명조사에 착수하였는데, 이때 채집된 지명은 180만 개로서 상당수가 일본제국 참모본부간행의 지형도에 기입되었다. 이들은 또 통치상의 수단으로 여러 개의 산재된 자연부락들을 하나로 묶었고(예 : 정철, 행갈, 갈목이, 둥딩이, 새마를 합쳐 봉강리로, 면은 방위와 무관한 내서, 외서, 의남, 화동, 화서, 낙동, 낙서면으로), 여기에 또 일어인 가타카나를 오기한 데서 파생된 혼란은 매우 심했다.

이와 같은 지명 혼란은 지도상의 음과 현지음이 달라서 군사작전상의 수행에도 차질을 주어왔고, 국토개발이나 특히 관광산업에는 막대한 지장을 주고 있다. 또 하나의 한국지명의 특징은 거의 대부분이 우리 조상들이 생활의 주변에서 그 지역의 지형, 풍토, 기후, 산물, 교통관계 등에서 유래되는 것을 붙였다. 이 같은 지명은 세계도처에서 볼 수 있는 것이나, 특히 한국에는 우리말로 된 지명이 많다. 그러나 이것들이 한자로 바뀌게 되었는데, 내무부 자료에 의하면 총 2만여 개의 지명 가운데 산, 곡, 시, 대, 종, 선, 현, 석, 상, 내, 남, 암, 동, 수, 하, 포, 호, 정, 당, 용, 월 등의 순으로 많다.

이 가운데 산, 곡, 천, 수 같은 자연에 관한 것이 많이 쓰이고 있는 것이 특징이고, 불교에 관계되는 탑, 사, 금강 등이나 유교의 충, 효, 인, 예지, 신 등 오륜에 관한 덕목의 한자가 많이 쓰이고 있는 것도 우리의 역사적 배경을 잘 설명해주고 있다. 대는 산정이나 거암에 붙여지는 것으로 북한산의 백운대, 만경대, 문주대, 속리산의 문장대, 지리산의 만복대, 종석대가 있고, 고위 평단면으로 지리산의 노고단이 관광자원으로 유명하다.

지질과 관계되는 지명으로 토질, 토색을 따라 백산, 반석리, 백곡리, 수정리, 백석현, 흑석동 같은 지명에서 지하자원 등 고령토, 철, 석탄, 석회석 등이 발견되기도 했고, 온정리 · 온수리 · 부곡리 · 온천리 등에서 온천의 발견은 참으로 아이러니한 일이 아닐 수 없다.

우물과도 관계가 깊은데 경북의 금천은 임진왜란 때 명의 장군이 이곳의 우물물이 중국의 과하천과 같다 하여 금지천이라 불린 데서 유래했고, 화강암의 틈새가 많은 서울에서는 인왕산 쪽의 옥천동 · 냉천동 같은 지명이 생겨났고, 옛날의 교통 통신제도인 역원제도에서 구파발, 조치원, 이태원 등의 지명이 생겨났고, 강을 건너는 지점에 영등포, 마포, 영산포 같은 포와 진이, 또 방어와 관계되는 데서 통영, 우수영, 중강진 등 염과 진이, 그 지역의 정치중심지가 되었던 곳에 상주, 송도, 개성, 정읍 같은 주 · 도 · 성 · 문 같은 지명이 생겨났으니 지명에서 관광자원의 존재나 관광의 이미지를 더욱 높일 수가 있겠다. 개경 하면 새재를 통하여 서울의 경사스런 소식을 듣는 곳, '충무' 하면 충무공의 업적을, '오가실동네' 하면 따뜻하고 흐뭇한 분지를 의미하고 매우 좋은 이미지를 주는 지명들인데, 이와 같은 좋은 이미지의 지명이 매우 많다.

4. 도시공원

(1) 도시공원의 개념

시대의 변천에 의하여 공원의 개념도 변화되고 있다. 1950년 이전까지만 하더라도 공원이라는 것은 평상시의 복잡한 환경으로부터 도피처로서의 정적인 개념이었는데, 이후에 동적인 것과 능동적인 위락활동까지도 포함하는 의미로 사용되다가 1980년 이후부터는 환경보호 차원에서의 녹지기능까지 포괄하는 개념으로 확대되었다.

(2) 도시공원의 유형

현행의 도시공원법에 의하면 도시공원의 유형은 5가지로 어린이공원, 근린공원, 도시자연공원, 묘지공원, 체육공원 등이다. 각 유형별로 설치목적, 이용자 및 활동,

이용권과 설치장소, 면적, 도시공원의 지정현황 등의 내용은 <표 4-11>과 같다.

〈표 4-11〉 도시공원의 유형과 특성

유 형		목 적	주이용자	주활동	이용권/환경	면 적
어린이공원		어린이의 보건 및 정서생활 안정	어린이	놀이	250㎡ 이하	1,500㎡ 이상
근린공원	근린 생활권	근린 거주자의 보건·휴양 및 정서생활 안정	근린거주자	일상적 옥외 여가활동	500㎡ 이하	1만㎡ 이상
	도보권 근린공원		도보권내 거주자	주말옥외 활동	1,000㎡ 이하	3만㎡ 이상
	도시계획 구역권 근린공원		도시계획 구역내 거주 전체주민	종합적 이용	이용권 제한 없음, 기능발휘, 기능장소	10만㎡ 이상
	광역권 근린공원		광역거주자	광역적 이용		100만㎡ 이상
도시자연공원		자연경관 보호 시민의 보건·휴양 및 정서생활 향상	일반서민	자원의 보전 적절한 이용	이용권 제한 없음. 양호한 자연조건 또는 역사적 의의가 있는 토지	10만㎡ 이상
묘지 공원		묘지공원 이용자의 휴식	참배자	참배 등 정숙한 이용	정숙한 장소 자연녹지지역 (시가화가 안 될 곳)	10만㎡ 이상
체육 공원		체육활동을 통한 건전한 신체와 정신의 배양	일반 시민	운동경기, 야외활동		1,500㎡ 이상

* 자료 : 도시공원법 및 시행규칙

〈표 4-12〉 도시공원 지정현황 및 공원율

구 분	공원율	도시계획 구역면적	도시공원전체		도 시 자연공원	근린공원	어린이 공원	묘지 공원	체육 공원
			개소	면적					
전국도시 총계	7.1	12,714,410	8,516	907,037	554,771	314,073	12,855	25,113	225
시급도시 한계	7.0	10,304,500	6,066	724,908	468,661	223,154	9,602	23,266	225
6개도시 소계	6.3	4,043,680	2,566	252,813	157,146	80,441	4,021	11,170	35
서 울	14.2	665,980	1,361	94.311	62,992	26,647	1,682	2,990	0
부 산	4.7	647,280	240	30,233	11,488	17,480	280	972	13
대 구	6.0	767,810	272	45,994	38,007	7,529	458	0	0
인 천	4.6	661,110	263	30,278	19,145	6,811	888	3,412	22
광 주	1.8	744,110	203	13,581	0	12,626	350	605	0
대 전	6.9	557,300	227	38,414	25,513	9,347	362	3,192	0

* 자료 : 건설교통부 도시계획 현황

5. 행 사

(1) 행사와 관광

인간은 일생을 살아가는 동안 회갑, 칠순, 백일, 졸업식, 퇴임식, 취임식 등과 같은 개인의 각종 기념행사에서부터 사업상 필요한 행사, 정치적 행사, 스포츠 행사와 같이 공공에 의해 집단적으로 행하여지는 행사에 이르기까지 수많은 행사를 치르게 된다. 근래에는 이러한 행사를 치르는 데 있어서 흥미를 돋우기 위한 여러 가지 기획된 여흥이 가미되기 시작하였는데, 사전계획에 의해 인위적으로 흥미를 제고시킨 일시적인 일들을 총칭하여 이벤트라고 한다. 즉 행사는 일상적인 행사와 이벤트성 행사로 대별할 수 있는 것이다.

물론 행사 전체를 이벤트화하는 경우도 있고, 대다수의 행사가 부분적으로나마 이벤트를 포함하는 것이 일반적인 추세이므로 양자를 엄격하게 구분하기란 현실적으로 어려운 일이다. 다만 개념적으로는 일시성 여부가 판단기준이 되는데, 이벤트는 상시성을 배제하고 일시성을 강조하는 개념이다. 만약 어떤 행사가 반복적이고 지속적이며 일상화되어 있는 것이라면 행사 자체는 이벤트라고 보지 않는다. 이런 경우에도 그 행사에 소규모 이벤트들이 포함될 수는 있는데, 이때는 전체행사에 포함된 일시적인 하위행사만을 이벤트라고 부른다.

관광분야에서는 이벤트성 행사를 중시하는데, 그것은 이벤트 자체가 인간의 흥미를 유발하도록 만들어진 것이므로 관광객의 흥미를 유발하고 관광객을 유인하기 위한 좋은 거리가 되기 때문이다. 최근 각 지역에서 축제가 활성화되고 있는 것도 같은 맥락에서 이해할 수 있는 것이다. 축제라는 이벤트의 한 형식을 빌려 관심과 인지도를 높일 뿐만 아니라, 외래방문객을 유인하고 이를 통하여 매출증대를 꾀하고자 하는 것이다.

이벤트는 그 형식에 의해 크게 전시, 공연, 컨벤션, 축제, 판촉수단 등으로 구분한다.

〈표 4-13〉 형식에 의한 이벤트의 분류

구 분	내 용
전 시	각종 전시회, 박람회
공 연	연극, 무용, 음악, 영화, 패션쇼, 마당놀이
컨 벤 션	회의, 세미나, 워크숍, 컨벤션
축 제	페스티발, 체육대회, 경영대회, 가장행렬, 가로예술제
판매촉진	가두캠페인, 쿠폰, 샘플, 경품

행사는 일상 중에 무수히 많은 종류가 존재하기 때문에 이벤트성 행사 또한 거의 무한에 가까울 정도로 많은 종류가 있다고 보아야 할 것이며, 모두가 관광객을 유인하는 매력적인 자원들인 것이다.

관광의 행사에 있어서 가장 궁극적인 목적은 관광매력물을 창조하는 것으로서 관광행사는 일단 관광객의 요구 및 취향을 만족시키기 위해서 여러 가지 유형으로 행사를 기획하고 있다.

관광의 행사는 관광목적지의 매력도를 제고시키고, 관광의 비수기를 극복하는 수단이 되며, 관광의 지역적 확대, 관광시설의 활성화, 잠재적 관광지로서의 이미지 조성, 관광시설 확충, 도시개발 및 재개발 촉진, 관광수입 증대, 자연자원의 보존 등 대체관광자원으로서 자리를 잡고 있다.

이러한 행사를 개최한다는 것이 매우 힘든 일이지만, 이것을 관광상품화 차원에서 검토해본다면 다음과 같은 요건들이 필요하다고 하겠다.

첫째, 관광행사는 대규모의 행사가 되는 것이 좋다. 협소한 장소나 다양하지 못한 축제는 그 지역의 지역민들에게는 인기의 대상이 될 수 있지만, 그 지역 외의 사람들에게는 큰 관심을 주지 못한다. 따라서 행사를 할 경우에는 프로그램도 다양할 뿐만 아니라 규모와 내용면에서도 방대하게 준비하여 행사를 개최하는 것이 관광객들 유치에 더 적합하다고 하겠다.

둘째, 관광객 눈높이의 행사가 되어야 한다. 관광객에게 인기있는 행사는 그 행사를 관람하는 관광객들의 기본욕구에 부응하는 행사이다. 많은 관광객들은 그들의 일상생활에서 좀처럼 접촉하기 힘든 즐거움, 신비감, 흥미감 등에 빠질 수 있는 행사를 원한다. 따라서 의식적인 행사나 단순한 행사는 관광객들에게 호응을 받기가 힘들다.

셋째, 완벽한 행사가 되어야 한다. 행사의 내용이 아무리 좋다고 하더라도 행사의 개최지역의 편의시설, 관광지, 위락시설, 교통편, 호텔숙박시설, 행사 주최측의 준비성 등이 잘 갖추어져 있지 않다면 관광객을 유인하기가 쉽지 않다.

넷째, 교통이 편리한 행사가 되어야 한다. 주변의 지역민들은 물론이고 특히 외국인들은 짧은 관광일정에 맞추어서 여러 관광지를 둘러보게 마련이므로, 교통이 불편한 지역에서 행사를 한다면 접근이 쉽지 않은 행사에 참여하려 하지 않을 것이다.

다섯째, 수익성 있는 행사가 되어야 한다. 행사를 담당하는 주최측이나 행사를 취급하는 여행사 등에서 행사를 통해 영업의 이익을 도모해야 하기 때문에 이익이 발생하지 않는 행사는 장기적인 차원에서 좋지 못한 결과를 초래할 수 있다.

여섯째, 동적인 행사가 되어야 한다. 동·서양 할 것 없이 기존의 정적인 관광에서 이제는 동적인 관광으로 변하는 추세에 있다. 따라서 각종의 행사 개최에는 구경하는 행사보다 참여하여 땀을 흘리며 하는 행사가 되어야 한다.

일곱째, 조화로운 행사가 되어야 한다. 행사에 참여하는 관광객들은 여러 부류의 사람들로 이루어지게 되는데, 예를 들면 부유한 사람, 다소 여유가 없는 사람, 이념적으로 진보적인 사람, 보수적인 사람, 비판적인 사람 등에게 거슬리는 행사보다는 실제적이고 구체적인 것이 조화가 된 행사가 되어야 한다.

여덟째, 계절에 맞는 행사가 되어야 한다. 우리나라의 행사는 대부분이 행사에 적합한 봄·가을에 집중되어 있다. 이 시기는 국내외적으로 많은 관광객들이 이동을 하기 때문에, 관광객 유인에 최상의 기후조건이다.

(2) 우리나라의 축제행사

우리나라의 각 지역에서 벌어지는 월별 축제는 다음과 같다.

1) 1월

거제 고로쇠약수제, 고싸움놀이축제, 금산 농악대보름축제, 김제 입석줄다리기, 나주 세시풍속놀이, 남제주 성산일출제, 대관령 눈꽃축제, 북제주군 들불축제, 신년해돋이축제, 인제 빙어축제, 인천 풍어제, 인천 화도진축제, 정월대보름 들불축제, 제주 한라산눈꽃축제, 포항 과메기축제, 한라산 눈꽃축제, 해운대 달맞이축제, 화성 보통내줄다리기, 횡성 태기문화제.

2) 2월

경산 연날리기대회, 국제친선 연날리기, 달맞이축제, 대관령 눈꽃축제, 두레골성항제, 설악 눈꽃제, 영해 3·1문화제, 오거리당산제, 제천 의림지공어축제, 죽서 문화제, 태기문화제.

3) 3월

거제 동백축제, 고양 행주대첩제, 기장 멸치축제, 매화축제, 삼례 딸기축제, 삼일문화제, 용문 은행제, 유달산 개나리꽃축제, 전국민속투우대회, 청도 투우대회, 칠머리당굿, 하회별신굿, 하회별신굿탈놀이, 한국전통주와 떡축제, 함양 고로쇠약수제, 함평 춘란대축제, 김유정추모제.

4) 4월

가락 문화제, 경주 버섯축제, 경포 벚꽃축제, 고창 수산물축제, 광명 오리문화제, 구례 지리산약수제, 국제시민마라톤대회, 기장 멸치축제, 남도 버섯대축제, 남원 춘향제, 남해 벚꽃축제, 논산 딸기축제, 눈뜨는날 축제, 도원 문화제, 딸기축제, 마이산 벚꽃축제, 무영제, 보은 속리축전, 복사꽃 큰잔치, 부천 복사골예술제, 북제주 유채꽃축제, 비슬산참꽃제, 산청 지리산평화제, 삼귀 바다축제, 삼성혈 춘기대전, 새미골 막사발축제, 서귀포 칠선녀축제, 소백산 장승제, 소양 벚꽃축제, 신탄진봄꽃제, 안양 예술제, 양주 소놀이굿, 여수 진달래축제, 영암 왕인문화축제, 영월 단종문화제, 영취산진달래축제, 예산 매헌문화제, 오수 의견제, 온양 문화제, 울산 배꽃축제, 유달산 개나리축제, 유채꽃 큰잔치, 의병제전, 익산 보석축제, 장성 홍길동축제, 장호원 복숭아꽃축제, 정읍 참회축제, 제주 고사리꺾기대회, 제주 벚꽃큰잔치, 진도 영등축제, 진도 토요민속공연, 진해 군항제, 창원 진달제, 최무선 추모제, 충주 수안보온천제, 칠선녀축제, 팔만대장경 정대불사, 하동 문화제, 함평 기산제, 함평 천지 한우축제, 화개장터 벚꽃축제.

5) 5월

감곡 복숭아꽃대축제, 갑오 동학혁명기념문화제, 강릉 단오제, 강문 진또배기제, 고양 꽃박람회, 김해 가락문화제, 김해 꽃축제, 낙안 민속문화축제, 남해안 생선요리축제, 노고단 철쭉제, 녹색도시문화축제, 동백연행사, 마산 가고파큰잔치, 무주 구천동철쭉제, 밀양 아랑제, 백마강 수박축제, 보성 다향제, 복사골 예술제, 부채축제, 사곡 작약꽃축제, 소백산 철쭉제, 소백예술제, 소사벌 한마당축제, 속리축전, 수박·참외 아가씨 선발대회, 순천 낙안민속축제, 시흥 물왕예술제, 안산 성호문화제, 약령축제, 여수 진남제, 여주 도자기대축제, 영광 법성포단오제, 옥천 지용제, 의정부시 통일예술제, 익산 마한민속예술제, 장흥 보림문화제, 정읍 갑오동학제, 지리산 한방약초축제, 창원 대산수박축제, 청원 허브축제, 철쭉제, 청도 소싸움축제, 청송 수달래제, 춘천 국제마임축제, 춘향제, 충주 전통무술축제, 칠선녀축제, 태봉대축제, 통영예술제, 풍남제, 하동 야생차문화축제, 한산 모시축제, 행주문화제, 황매산 철쭉제.

6) 6월

40계단 문화축제, 경주 종합예술제, 단오절 민속놀이, 무주 반딧불축제, 백마강 수박축제, 소백산철쭉제, 예천 아리랑제, 음성 생극참외축제, 태백산 철쭉제, 해미읍

성 역사체험축제, 화암 약수제, 화천 비목문화제, 황기축제.

7) 7월

3도 미술교류전, 강화 고인돌축제, 고마나루 축제, 고창 수박축제, 금강 민속축제, 기장 해변축제, 남해 바다축제, 땅끝 여름축제한마당, 보령 머드축제, 북제주군 해변축제, 완주 비봉수박축제, 음성 대소수박축제, 음성 맹동수박축제, 장보고축제, 제주 국제섬문화축제, 조양 강변축제, 진도 여름축제, 한여름밤의 해변축제, 해운대축제.

8) 8월

감자축제, 강강술래 향토축제, 광복절기념 거리예술제, 금산 금강민속축제, 김제 백구면포도축제, 김천 포도축제, 단양 어상천수박축제, 무안 연꽃축제, 무주 반딧불이축제, 무풍 옥수수축제, 민속투우대회, 부산 바다축제, 연꽃축제, 영월 동강뗏목축제, 영천 포도축제, 울릉 해변영화제, 음성 고추축제, 춘천 막국수축제, 합천 황강축제, 해남 강강술래, 해변축제, 홍성 만해제, 홍천 찰옥수수축제.

9) 9월

세계문화엑스포, 강서구민축제, 과천 농특산물대축제, 국제탈춤페스티발, 국제마라톤대회, 금산 인삼제, 김제 지평선축제, 김천 포도아가씨선발, 나전칠기축제, 난계국악축제, 놀뫼향토제, 단양 사과축제, 대가야문화예술제, 대부 포도축제, 도자기축제, 독산성예술제, 먹골배축제, 메밀꽃축제, 모양성제, 백운문화제, 백제고분제, 벽골제, 봉화 송이축제, 부산 국제영화제, 삼동굿놀이, 상록문화제, 서귀포 칠십리축제, 송산 포도축제, 아림예술제, 안동 차전놀이, 안면 고추축제, 안성 포도·배축제, 양양 송이축제, 영광 태양초축제, 영양 고추축제, 유성온천 과학문화제, 의암 논개제전, 이성문화제, 이천 도자기축제, 인천 국제클라운마임축제, 입장 거봉포도축제, 전라예술제, 정의골 민속한마당축제, 중봉 충렬제, 청양 고추축제, 청자문화제, 최오장군 추모제, 칠갑문화원, 칠십리축제, 풍물놀이 경연대회, 학산 포도축제, 한라문화제, 한산대첩축제, 함안 아라제, 합강제, 홍성대하축제.

10) 10월

감축제, 강경 전통맛깔젓축제, 개천예술제, 고령 대가양축제, 고산 문화대축제, 광복로 페스티벌, 광주 김치대축제, 광천 토굴새우젓축제, 괴산문화제, 구름산예술제,

구리 문화예술제, 구미축제, 국악로 국악문화대축제, 국화전시회, 금파문화제, 김천예술제, 김해예술제, 난계 국악축제, 남도음식대축제, 남이홍숭모식, 남해 화전문화제, 내장산 단풍축제, 다산문화제, 달구벌축제, 대가야축제, 대야문화제, 대학로 가을축제, 동해 무릉제, 마들축제, 만날제, 모양성제, 목포 도자기축제, 민둥산 억새풀, 백사장 대하축제, 백성문화제, 백양 단풍대축제, 백옥 쌀축제, 백제문화제, 보령문화제, 보은 단풍문화대축제, 봉화 청량문화제, 부산 기장차성문화제, 부산 시민의날, 산성문화제, 살곶이벌문화축제, 삼도봉 만남의축제, 상산축전, 상주문화제, 서산문화제, 설봉문화제, 설성문화제, 섬유축제, 성류문화제, 성환 배축제, 세종문화 큰잔치, 소가야문화제, 소백문화제, 소백 풍물정기공연, 소요문화제, 속리산 단풍축전, 순창군민의날, 신라 문화제, 안동 국제탈춤페스티벌, 안동 민속축제, 억새꽃 큰잔치, 영강문화제, 영일만 축제, 예산 능금축제, 온달 문화축제, 와룡문화제, 용구문화제, 용두문화제, 우륵문화제, 우산문화제, 울돌목평화제, 율곡문화제, 의성문화제, 이천 쌀축제, 인사동축제, 자갈치문화관광축제, 장미축제, 장성 농업인의날, 장성 백양단풍축제, 적상산 단풍제, 전주 세계소리축제, 정선아리랑, 정읍시문화제, 제천 의병제, 지리산 평화제, 진돗개 전국품평회, 진영 단감제, 참성단 축제, 창원 단감축제, 처용문화제, 천관 억새축제, 천령제, 천안 농산물종합축제, 천안 삼거리문화제, 청송문화제, 초의문화제, 충주 사과축제, 충주 세계무술축제, 치악 문화제, 칠갑산 장승문화축제, 칠곡문화제, 칠십리 축제, 태백제, 태봉제, 토국새우젓, 통영나전칠기축제, 팔마 문화제, 한밭문화제, 한서문화제, 한터동홰놀이, 할미성대동굿, 합강문화제, 화랑씨름대회, 화왕산 갈대제, 화홍문화제, 황기대축제, 황산대첩축제, 흥부제, 흥양문화제.

11) 11월

감귤 큰잔치, 감귤축제, 거제 젓갈, 김치축제, 거창 사과축제, 광주 무등축전, 내장산 단풍축제, 대둔산축제, 무등축제, 얼음골 사과축제, 연어낚시대회, 연어축제, 완주 농산물축제, 제주감귤축제, 청원 군민의날, 평택농업축제, 화순 운주대축제.

12) 12월

극단두두리공연, 땅끝 해맞이대제, 삼성혈 건시대제, 새해 해맞이축제, 성산일출제, 신라문화제, 양양 낙산해맞이축제, 영덕 해맞이축제, 전국민속연날리기.

6. 향토특산물과 향토음식

(1) 향토특산물

외국에서는 이미 특산식품을 활용하여 많은 향토특산물을 수출하고 있을 뿐만 아니라 자국에 방문하는 관광객들을 대상으로서도 식품가공기술과 포장기술을 통하여 관광상품을 판매하고 있다. 우리나라도 이러한 외국의 발빠른 움직임에 부응하여 많은 종류의 특산식품과 향토요리들을 보존 내지 운반 가능한 관광선물용품으로 가공하여 관광객들에게 판매하고 있다.

〈표 4-14〉 도별 향토특산물

구분	주요 향토특산물
경기	나전칠기, 목기, 농악기, 백자, 옹기, 대리석, 유기, 분청, 화문석, 활궁, 삼태기, 광주리, 호리 주전자, 연천율무, 전통메주, 토종벌꿀, 양봉, 청산김치, 연천쌀, 연천병배, 고대산서리태, 포기김치손만두, 연천밤호박, 천마주, 인삼, 오이, 석공예, 영지버섯, 참기름, 파주 쇠꼴배, 파주쌀, 통일촌 천마주, 감악산 산머루주, 파주 홍경천주, 파주 영삼주, 포천버섯, 가평잣, 이천 도자기, 이천쌀, 여주쌀, 땅콩, 참외, 고구마, 평택쌀, 배, 애호박, 화훼
강원	대화표고버섯, 설악산표고버섯, 홍천산나물, 춘천 칡차, 횡성 약초, 강릉 감로차, 대구살채, 동해 대구포, 동해 북어포, 영월 참기름, 삼척 노가리, 거진 마른명태, 북어채, 원주대추, 삼척 미역, 주문진 오징어, 산채류, 홍천 잣, 정선 산나물, 춘천 영지버섯, 원주 표고버섯, 원주 옻칠공예, 동해명란, 양구 쌀, 고성치커리, 양양 장뇌, 고원 감자떡, 고성 팽이버섯, 창란젓갈, 도라지, 더덕, 찰옥수수, 고구마, 산초기름, 건어물, 젓갈, 버섯, 노루궁뎅이 버섯, 정선산나물, 쥐눈이콩장류, 유황오리중탕, 생열귀술, 정선인진쑥, 청결고추가루, 고추장, 영월참기름, 영월더덕, 청결미, 영월사과, 꿀, 칡국수, 메주, 생광석, 목공예품, 참나무백탄, 칡녹말
충남	금산 인삼, 영동 곶감, 한산 세모시, 서산 자석목걸이, 서산 해옥, 공주 영지버섯, 옥천 당면, 서산 어리굴젓, 안면도 고추, 마늘, 대하, 꽃게, 보령까나리 액젓, 어리굴젓, 김, 포도, 취나물, 고로쇠 수액, 청라의 시설채소, 웅천 성동리의 딸기, 수박, 청소 밤나무, 남포벼루, 웅천석재, 광천 토굴 새우젓, 조선김, 한우고기, 송미주, 오리농쌀, 방울토마토, 영지버섯, 누에가루, 팽이버섯, 표고버섯
충북	판교 도토리, 괴산 영지버섯, 괴산 들기름, 녹말가루,특산물 한과, 솔잎엑기스, 호두기름, 인진쑥환, 곶감, 영지, 더덕, 호두, 잣, 토종꿀, 명란, 젓갈, 마른오징어, 창란, 대구아가미젓갈, 명태, 산나물, 송이, 표고버섯, 괴산군 자연송이, 느타리버섯, 인삼, 팽이버섯, 단양군 황기, 당귀, 천궁, 천마, 산수유, 두충, 작약, 영지버섯, 산채나물, 토종꿀, 오곡밥, 신선주, 보은군 표고버섯, 신령버섯, 옥천군 포도원액, 음성군 인삼, 담배, 신립초, 진천군 사슴, 작두통, 천마, 두릅, 청원군 국화향베개
경남	화계 작설차, 합천 유과, 사천 전통식품, 진주 인초인형, 거창 덩굴차, 하동 수제녹차, 섬진강재첩, 하동배 및 단감, 감식초, 양산박, 선옥죽차, 참도투, 동면버섯, 청정콩나물, 원동매실, 청정채소, 녹차, 매실, 대봉감, 하동배, 밤, 산나물, 진주김, 미역, 마늘국수, 멸치액젓, 건어물, 밀양 얼음골 사과, 대추, 벌꿀, 호깨나무, 사천 단감, 배, 포도, 토마토, 참다래, 정동황차, 감성돔, 노레미, 전어, 개불, 죽방멸치, 화어, 사천등요, 도청도예, 진산도예, 곤명요, 동촌산방, 민속연, 사천특산옹기

경북	안동 화회탈, 주왕산 벌꿀, 일월산 약초, 소백산 약초, 포항 자연식품, 울릉도 오징어, 돌미역, 돌김, 전복, 소라, 해삼, 산채, 더덕, 호박엿, 명이나물, 영천시 쌀, 채소류, 과일, 버섯, 약초, 누에, 상주 곶감, 동충하초, 죽염, 홍화, 허브, 뽕잎, 감식초, 솔잎, 마늘, 간장, 버섯, 꿀, 봉화 송이버섯, 장뇌삼, 홍로사과, 오리쌀, 한과, 쌀, 곶감, 감식초, 누에가루, 벌꿀, 홍화씨, 수의, 울릉도호박엿, 덜마른 오징어, 호박쨈, 호박제리, 돌미역, 고사리, 삼나물
전남	영광 굴비, 영암 참빚, 담양 죽제품, 고흥 미역, 녹동 김, 보성 봉로동차, 진도 구기자, 양천 알로에, 무등산 작설차, 완도김, 광양매실, 진도홍주, 장성감, 강진표고버섯, 보성녹차, 고흥유자, 멸치, 미역, 다시마환, 다시마차, 해조라막국수 나주배, 나주배술, 나주반, 나주부채, 팔진미, 토하젓, 나주집장, 웅어회, 장어구이, 나주곰탕, 홍갓과갓김치, 흑산홍어, 전복, 가라비, 조피볼락(우럭), 성게, 돌김, 압해 배, 압해 포도, 안해 단감, 황토먹인 돼지, 세발낙지, 보리새우, 갯벌 숭어
전북	남원 목기, 무주의 오미자, 호도, 목기, 전주 태극선, 금산사 붓, 장수 곱돌그릇, 금오 당면,남원목기, 제기, 인월질그릇, 지리산토종꿀, 장수곱돌 상황버섯, 고로쇠, 토종벌꿀, 산나물, 무주 잣, 호두, 곶감, 인삼, 알밤, 표고버섯, 대추, 동충하초, 홍화씨, 호두, 한과, 머루주, 표고버섯, 쌀, 벌꿀, 진안 인삼, 더덕, 표고, 오미자, 곡류, 한과, 뽕잎차, 누에, 영지
제주	제주 옥돔, 제주 자리젓, 제주 멀구슬베게, 한라산 표고버섯, 생물갈치, 고등어, 전복, 소라, 한치, 옥돔 및 갈치, 젓갈류, 오미자차, 감귤, 유채향수, 철원 오대쌀, 감귤초콜릿, 한라봉, 은갈치, 오메기떡, 자리젓, 꽃멸치젓, 한치젓, 키위, 오미자차, 동충하초, 흑돼지, 참조기, 망고, 건한치, 유채꿀, 쑥차

(2) 향토음식

향토음식의 관광상품화는 각 지역의 음식문화와 요식업의 발전에 힘입어서 지역경제뿐만 아니라 건강증진에 유익한 효과를 가져줄 것이라고 예견된다.

그러나 음식의 맛이 전국적으로 획일화된다든지, 황토음식의 발굴, 육성시책의 미흡, 여행사의 상품개발 기피현상, 시설과 서비스의 미흡, 외래관광객들과의 협조문제 등의 여러 가지 문제들이 있는데, 이러한 해결방안들은 지방의 자치단체나 학술단체 등과의 긴밀한 협조하에 빠른 시일 안에 문제점을 도출하여 해결해야 한다.

1) 음식 부문

① 서울지방의 음식

서울 자체에서 생산되는 음식은 없고 수도인 만큼 전국의 각 지방에서 올라오는 음식이 복합되어 있다. 음식의 맛은 짜지도 맵지도 않고 적당한 맛을 자랑하며, 타지방보다는 다소의 식사예절을 중요시하는 경향이 있었다.

〈표 4-15〉 도별 관광선물용품 현황

구 분	관 광 선 물 용 품
경 기 도	호박죽, 잣죽, 참기름, 전통메주, 당두충차, 도토리가루, 새우젓, 어포, 칡즙
강 원 도	명태, 멸치젓, 가자미젓, 쥐포, 돌각미역, 단무지, 감차, 삼지구엽차, 당면, 로얄제리, 산태, 표고, 도토리가루, 참기름, 건호박, 칡차, 꿀삼차, 젓갈, 어묵, 오징어순대, 취나물, 황기, 건오징어, 당귀
충청남도	말린표고버섯, 광천새우젓, 고들빼기, 들깨잎, 파도리김, 간월도 어리굴젓, 마늘분말, 생강분말, 뱅어포, 아산 선장김치, 어묵, 단무지, 어리굴젓, 마늘장아찌, 오이장아찌, 전의메주, 전의 김치, 연기 평만두, 고추장, 된장, 청국장, 고춧가루, 곶감, 홍삼, 솔국수, 도토리국수, 옥수수국수, 솔잎냉면, 쑥냉면, 밤냉면, 청양 구기자
충청북도	칡차, 쌍화차, 생강차, 두충차, 도토리묵, 도토리면, 메추리알통조림, 초정리 천연약수, 오곡밥, 통조림, 김치, 영지가공품, 영동곶감, 단무지, 물엿, 마늘, 말린 산채
경상남도	전문어, 골뱅이통조림, 건멸치, 간장, 옥주차, 박고지, 녹두묵, 기장미역, 강동 멸치젓갈, 죽순통조림, 유자청, 오가재비, 마늘장아찌, 작설차, 취나물, 달팽이엑기스, 쑥미숫가루, 깻잎김치, 콩잎김치, 고들빼기김치, 마늘쫑자반, 덩굴차, 도토리묵, 산채
경상북도	호박엿(울릉도), 참기름(안동), 인삼(풍기), 과일잼, 곶감, 영지버섯, 산약마말린 것, 고춧가루, 주왕산산채, 일월산산나물, 영지즙, 죽염, 엿기름, 케일국수, 향부자, 청국장, 산채묵나물, 전통메주
전라남도	영광굴비, 진도미역, 염장미역, 구기자차, 김, 임자도 새우젓, 우뭇가사리, 쑥차, 산수유차, 쥐치포, 멸치젓, 용면한봉꿀, 작설차, 매실엑기스, 돌산갓김치, 말린산채, 승주선암사작설차, 어포, 녹차, 곶감, 무화과, 어란, 모치젓, 공산 메주, 나주 녹차, 손불 엽삭젓
전라북도	순창고추장, 고추장, 감식초, 오미자차, 새우젓, 단무지, 담수어가공품, 쥐포
제 주 도	옥돔, 감귤, 자리젓, 제주 토종굴, 표고버섯, 산채류, 오분자기젓, 자굴차, 마늘장아찌, 제주미역, 무말랭이

② 경기지방의 음식

경기도지방은 서해안의 풍부한 해산물과 내륙 쪽의 산간지대에서 나오는 산채와 일반적으로 밭농사, 벼농사가 활발하여 여러 가지의 음식이 많이 있다. 경기지방의 음식은 소박하면서도 양이 많이 나오는 편이다. 간은 세지도, 약하지도 않는 서울과 같은 편이고, 양념을 다소 많이 넣는 편이다.

③ 강원지방의 음식

강원지방의 음식은 타지방의 쌀농사보다는 밭농사가 잘 발달되어서 산악지역에서는 감자, 옥수수, 메밀 등의 잡곡과 도토리, 상수리, 칡뿌리, 산채 등의 구황식물에 속하는 것들도 많이 생산되며, 해안지역에서는 생태, 오징어, 미역, 황태, 건오징어, 건미역, 명란젓, 창란젓 등의 해산물도 많이 생산된다.

④ 충청지방의 음식

충청지역의 음식은 담백하고 구수하며, 음식의 양은 다른 지방보다는 많은 편이다. 내륙에서 쌀농사, 보리농사, 무, 배추, 고구마와 같은 곡식과 채소류가 많이 생산되며, 해안에서는 해산물들이 풍부하고 산간지방에서는 각종의 산채, 버섯 종류들과 보리밥, 죽, 국수, 수제비, 범벅, 굴이나 조갯살로 국물을 내어 만든 날떡국, 칼국수와 청국장 등을 이 지방에서는 즐겨 먹는다.

⑤ 영남지방의 음식

영남지방의 음식은 멋을 내거나 사치스럽지 않고 시골의 전형적인 맛을 가지고 있다. 해산물은 소금에 저린 것을 즐기고 바다에서 생산되는 고기들을 사용하여 국을 끓이기도 하고 칼국수와 장국을 좋아하는 편이다. 음식의 맛은 타지역의 음식보다 간이 세고 매운 편이다.

⑥ 호남지방의 음식

호남평야와 같은 풍부한 곡창지대로 인하여 옛날부터 다양한 종류의 음식들이 유난히 많았으며, 음식에 대한 정성이 유별나서 사치스러울 만큼의 상차림도 또한 가짓수로는 전국에서 제일 많다고 할 수 있다. 이러한 상차림에는 내륙의 곡물과 어울러서 해안가의 해산물과 더불어 처음으로 방문하는 외지사람들을 놀라게 한다.

⑦ 제주지방의 음식

제주도는 땅은 넓지 않지만 농촌·어촌·산촌에 따라서 생활방식이 약간 차이가 있다. 농촌에서는 농업을, 어촌에서는 고기, 잠수어업을 하며, 산촌에서는 산을 개간하여 버섯, 산나물을 채취하여 생활한다. 쌀은 거의 생산하지 못하지만 콩, 보리, 조, 메밀, 밭벼 등의 잡곡을 생산하고 있다.

제주도는 무엇보다도 감귤로 유명하며 전복도 특산물로서 유명하다. 제주도의 음식은 양념을 많이 넣거나 여러 가지 재료를 섞어서 만드는 음식은 별로 없고, 자연 그대로를 살리는 것이 특징이다. 따뜻한 기후인 관계로 김장을 담글 필요가 없다. 그리고 간은 대체로 짠 편이다.

〈표 4-16〉 우리나라의 향토음식

지방	구분	주 요 음 식
서울	주식류	설렁탕, 잣죽, 떡국, 메밀만두, 장국밥, 비빔국수, 국수장국, 꿩 만두, 흑임자죽, 생선국수
	부식류	장김치, 전복초, 족편, 어포, 육포, 갑회, 신선로, 육개장, 홍합초, 너비아니, 갈비찜, 떡찜, 어채, 전류, 편육, 구절판, 숙깍두기, 추어탕, 도미찜, 각색전골, 선지국
	병과류	약식, 각색단자, 각색편, 매작과, 약과, 상추떡, 각색다식, 각색엿강정, 각색전과
	음료류	여러 가지의 화채류와 다려서 뜨겁게 마시는 한방재료의 차류
경기	주식류	팥죽, 냉콩국수, 수제비, 오곡밥, 개성편수, 제물칼국수, 팥밥, 조랭이떡국, 칼싹두기
	부식류	삼계탕, 갈비탕, 곰탕, 무비늘김치, 순무우김치, 장떡, 개성닭젓국, 아욱토장국, 민어탕, 감동젓찌개, 종갈비찜, 용인외지, 홍해삼, 개성무찜, 개성순대, 배추꼬치볶음, 호박선, 꽁치된장구이, 뱅어죽, 죽탕, 메밀묵무침, 꿩김치, 고구마줄기 김치, 냉이토장국
	병과류	개성경단, 개성약과, 개떡, 우메기떡, 여주산병, 수수도가니, 수수부뚜미
	음료류	오미자화채, 모과청화채, 배화채
강원	주식류	감자수제비, 차수수밥, 어죽, 토장아욱죽, 강냉이밥, 감자밥, 메밀막국수, 팥국수, 강냉이범벅, 강릉방풍죽
	부식류	동태순대, 쏘가리탕, 도토리묵, 동태구이, 메밀묵, 취나물, 오징어순대, 오징어불고기, 올챙이묵, 미역쌈, 취쌈, 더덕생채, 더덕구이, 명란젓, 창란젓, 오징어회, 삼숙이탕, 석이나물, 송이볶음, 능이버섯회, 도토리묵조림, 산초장아찌, 감자부침, 참죽자반, 서거리김치, 다시마튀김, 정어리찜(주문진), 북어식해, 콩나물잡채
	병과류	감자송편, 찰옥수수시루떡, 메밀총떡, 약과, 경단(감자), 방울증편, 무소송편, 과줄, 송화다식, 옥수수엿(평창), 산자(강릉)
	음료수	강냉이차, 당귀차, 책면, 오미자화채
충청	주식류	찰밥, 팥죽, 보리밥, 콩나물밥, 칼국수, 날떡국, 녹두죽, 보리죽, 호박범벅, 장국밥(공주), 꿩요리, 올갱이국밥, 산채비빔밥, 더덕구이정식
	부식류	청국장찌개, 시래기국, 장떡, 말린묵볶음, 가지김치, 굴냉국, 넙치아욱국, 청포묵국, 호박지찌개, 호박고지젓, 웅어회, 오이지, 상어찜, 호도장아찌, 조개젓, 다슬기국, 홍어어시욱, 장떡, 찌엄장, 열무짠지, 무지짐이, 가죽나물, 충주내장탄, 애호박나물, 감자반, 게장, 소라젓, 고추젓, 굴비구이, 가지김치, 박김치, 참죽나물, 어리굴젓, 옥계백숙, 도리뱅뱅이, 인삼어죽, 동인갈비찜, 붕어찜, 새뱅이찌개, 칡전, 향어, 비빔회, 밀국, 낚지탕, 청국장, 호박범벅
	병과류	모과구이, 약편, 곤떡, 쇠머이떡, 꽃산병, 수삼정과, 무릇곰, 무엿, 도토리떡, 호두과자, 생강한과, 인삼정과
	음료류	복숭아채, 찹쌀미수, 호박꿀단지, 소곡주, 구기자차, 노산춘주, 뽕잎동동주

영남	주식류	따로국밥, 대구탕, 아구찜(마산), 비빔밥(진주), 무밥, 애호박죽, 갱식, 조개국수, 건진국수, 닭칼국수, 육개장(대구), 닭백숙(청송)
	부식류	재첩국, 추어탕, 깨집국, 미더덕찜, 동태구이, 미역홍합국, 동래파전, 해물잡채, 해파리회, 장어조림, 고추부각, 미나리찜, 파전, 장어구이, 조개찜, 콩잎장아찌, 대합구이, 콩가루배추국, 삼계탕, 우엉김치, 통영돔찜, 대구포, 나물국, 풍장어국, 냉이국, 다슬기국(영천), 잡장(영양), 횟집나물(청도), 수수풀떼기(봉화), 동래파전, 멸치회, 흰콩조림, 해물산적, 제파잎장아치
	병과류	우엉정과, 칡떡, 진주유과, 모시잎송편, 만경떡, 잡과편, 대추징조, 다시마정과, 쑥굴레, 호박떡(울릉), 당근떡
	음료류	수정과, 유자차, 안동식혜, 유자화채, 잡곡미숫가루, 석감주
호남	주식류	꽃게미역국, 장어구이, 요봉탕, 무생채, 산낙지회, 젓갈류, 겨자잡채, 콩나물냉국, 감자반, 전라도김치, 김치느러미, 죽순채, 죽순찜, 붕어조림, 추탕, 꼴두기젓, 두루치기, 꼬막무침, 광주애저, 홍어어시욱, 천어탕, 토란탕, 홍어회, 꽃게장, 양애적, 머위나물, 부각, 보릿국, 산채나물, 나주집장, 송정떡갈비, 민물장어구이, 비빔밥, 콩나물국밥, 추어탕, 백합죽, 꼬들빼기김치, 우어회, 감장아찌, 애저, 풍전장어, 순창고추장, 굴비찌개
	병과류	호박고지시루떡, 유과, 섭전, 전주경단, 수리치떡, 나복병, 감단자, 복령떡, 차조기떡, 감인절미, 동아정과, 고구마엿, 창평엿, 광주백당, 연근정과, 장성수수엿
제주	주식류	생선국수, 옥돔죽, 메밀국수, 미역새죽, 메밀저백이, 닭죽, 곤떡국, 메밀만두, 깅이 죽, 초기 죽, 전복 죽, 돼지쌔끼죽, 선인장떡국, 보말죽, 감귤 쉰다리
	부식류	고사리 국, 동지김치, 톨냉국, 두루치기, 다시마쌈, 전복 소라 회, 돼지고기 육계장, 옥돔 국, 옥돔구이, 몸국, 상어산적, 자리 젓, 자리물 회, 양애무침, 상어지짐, 꿩적, 톳나물, 게우젓, 생 미역 쌈, 초기적, 선인장 꿀탕, 콩죽, 동지김치, 퍼데기김치, 고사리누름전, 무냉국, 롯냉국, 갈치, 호박국, 자리조림
	병과류	약과, 보리엿, 꿩엿, 닭엿, 오메기 떡, 차좁 쌀떡, 빙떡, 상애떡, 쑥떡
	음료류	밀감화채, 소엽차, 차굴차, 선인장 열매주, 오메기술

(3) 향토주

우리나라의 술은 삼한시대부터 전통적인 술의 비법들이 전해내려왔으며, 특히 조선시대에 수백 종의 술들이 등장하게 되었다. 그러나 일제시대를 거치면서 그 술의 자취가 사라지게 되었으며, 광복 후에는 서양의 양주들이 급속하게 유입하게 되었다. 그러나 1991년에 주세법의 개정으로 술의 제조와 그에 따른 판매제한이 완화되면서 각 지역의 특성에 맞는 향토주들이 등장하게 되었다. 이러한 향토주들은 주조법이 독특하여, 현재 상품화된 향토주는 50여 가지에 이르고 있다.

〈표 4-17〉 우리나라의 주요향토주

지 역	주 요 향 토 주
서 울	삼해주, 문배주, 송순주, 약산춘, 약주
부 산	금정산성 막걸리
인 천	백주
경 기	일동막걸리, 동동주, 부의주
강 원	감자술, 백주, 옥수수 동동주, 옥수수술
충 청	청명주, 소곡주(한산), 연엽주(아산), 두견주(당진)
영 남	국화주(함양), 사과술(거창), 신선주(함안), 송엽주(울산), 가로술(안동), 하향주(선산), 소주(안동), 미주(영천), 과하주(김천), 교동법주(경주), 약주(선산), 오미자주, 민속오가피주, 황금주(경주), 스무주(고령), 진사가루술(안동), 호산춘(문경)
호 남	진양주(영암), 사삼주(승주), 삼해 백일약주(순창), 복분자술(정업), 송승주(김제), 송화 백일주(김제), 이강주(전주), 과하주(전주), 송죽 오각주(김제), 호산춘(익산), 강하주(영광), 동방주(진도), 방문주(진도), 홍주(진도), 토속약주, 계당주, 법성포소주, 죽력고(정읍)
제 주	오가피술, 우슬주, 오메기술, 탁배기와 모주, 선인장 열매술, 강술, 한주, 생지황술, 소엥이술, 토사자술, 굿간달기술

7. 국민성

한민족은 백의민족으로서 정의를 숭상하고 불의에 대하여 참지 못하는 대륙성과 해양성의 배달민족의 기질을 타고난 홍익인간으로 그 특징은 순응성과 진취성, 저항성에 있다고 하겠다.

경제발전을 통하여 국력이 신장되자 한국인에 대한 세계인의 관심이 더욱 높아지고 있다. 그리하여 지난날 외세에 압력 속에서 민족의 고유성과 빛나는 역사와 문화를 유지해온 한민족에 대한 호기심과 존경심이 고조되고 있다. 국력이 강대하였던 고구려나 신라시대, 고려시대 한민족의 국민성은 개방적이고 활동적이었으나, 유교사상의 전래에 따른 영향과 조선조 말 외침의 영향으로 폐쇄적인 풍조가 형성된 것으로 볼 수 있다. 외국인에 대한 배타성 내지 외국인에 대한 지나친 호기심, 국내관광객 중 다소의 관광윤리 미정립과 관광종사원에 대한 사회적 편견 등은 한민족의 국민성에 따른 것은 아니다.

한민족의 조상은 수렵과 무예를 사랑하였고, 명산대천을 섭렵하였고, 풍류를 즐기는 순박하고 진취적이며 대자연적인 민족이다. 전국토의 관광자원화라는 시대적 조류에 끈기 있게 소극적 자세에서 적극적인 자세로 전진하는 국민성을 보유하고 있다.

8. 절기와 세시풍속

(1) 절 기

태음태양력에서 사용하는 절기는 태양의 황경에 맞추어 1년을 15일 간격으로 24등분해서 계절을 구분한 것이다. 1년을 12절기와 12중기로 나누고 이를 24절기라고 하는데, 절기는 한 달 중 월초에 해당하며 중기는 월중에 해당한다.

〈표 4-18〉 24절기

구 분	음 력	황 경	양 력	비 고
입춘(立春)	1월 절	315	2월 4일경	봄의 시작, 입춘대길
우수(雨水)	1월 중	330	2월 19일경	봄비가 내리고 얼음이 녹음
경칩(驚蟄)	2월 절	345	3월 6일경	개구리 동면 끝
춘분(春分)	2월 중	0	3월 21일경	밤낮의 길이가 같다
청명(淸明)	3월 절	15	4월 5일경	논농사 준비
곡우(穀雨)	3월 중	30	4월 20일경	못자리 마련
입하(立夏)	4월 절	45	5월 6일경	여름시작, 냉이 죽고 보리 익는 때
소만(小滿)	4월 중	60	5월 21일경	모내기 시작
망종(芒種)	5월 절	75	6월 6일경	보리 수확, 모심기
하지(夏至)	5월 중	90	6월 21일경	낮길이 최고, 매미가 울기 시작
소서(小暑)	6월 절	105	7월 7일경	장마철 시작
대서(大暑)	6월 중	120	7월 23일경	여름 최고 더위
입추(立秋)	7월 절	135	8월 8일경	단풍잎
처서(處暑)	7월 중	150	8월 23일경	더위 물러남. 아침저녁 일교차 커짐
백로(白露)	8월 절	165	9월 8일경	하얀 이슬
추분(秋分)	8월 중	180	9월 23일경	낮과 밤의 길이가 똑같음
한로(寒露)	9월 절	195	10월 8일경	찬이슬, 국화전
상강(霜降)	9월 중	210	10월 23일경	서리, 추수 마무리
입동(立冬)	10월 절	225	11월 7일경	겨울 시작, 물과 땅이 얼기 시작
소설(小雪)	10월 중	240	11월 22일경	첫 눈
대설(大雪)	11월 절	255	12월 7일경	큰 눈
동지(冬至)	11월 중	270	12월 22일경	가장 긴 밤, 팥죽.
소한(小寒)	12월 절	285	1월 6일경	본격 추위
대한(大寒)	12월 중	300	1월 21일경	최고 추위

1) 입 춘

24절기 가운데 첫번째 절기인 입춘은 태양의 황경이 315°인 때로서 양력 2월 4일 무렵이다. 음력으로는 정월에 들기도 하고, 섣달, 혹은 정월과 섣달에 거듭 들기도 한다(再逢春). 입춘은 새해를 상징하는 절기로 봄이 시작되는 때이다. 여러 가지 민속행사가 행해지는데, 대표적인 것은 좋은 뜻의 글귀를 써 대문·기둥·대들보 등에 붙이는 일이다. 이것을 입춘첩이라 하며, 입춘축 또는 춘축이라고도 한다. 글씨를 쓸 줄 아는 사람은 손수 쓰고, 쓸 줄 모르는 사람은 남에게 부탁해서 써붙인다. 다만 상가에서는 하지 않는다.

널리 쓰이는 입춘축문으로는 입춘대길, 국태민안, 개문만복래, 자손만세영 등 여러 가지가 있다. 궁중에서는 설날에 내전 기둥과 난간에다 문신들이 지은 연상시 가운데 좋은 것을 뽑아 써붙였는데, 이를 춘첩자라고 불렀다. 제주도에서는 입춘굿을 한다. 또한 농사의 풍흉을 알아보기 위하여 보리뿌리를 뽑아 점을 쳐보기도 한다.

2) 우 수

24절기 중 두번째 절기인 우수는 음력 정월 중에 있는 절기로 입춘과 경칩 사이에 있다. 우수는 눈이 비로 내리고 얼음이 녹아 물이 된다는 뜻이므로, 봄기운이 돋고 초목이 싹트는 때를 말한다. 천문학적으로는 태양의 황경이 330°가 될 때로, 양력 2월 19일경이다. 옛날 중국사람들은 우수입기일 이후 15일 동안을 5일씩 나누어 삼후로 하였는데, 마지막 5일인 말후에는 봄빛이 완연해진다.

3) 경 칩

24절기 중 세번째 절기인 경칩은 음력 2월로서 겨울잠을 자고 있던 벌레가 날씨가 따뜻해져서 밖으로 나오는 시기라는 뜻이다. 태양의 시황경이 345°에 이르는 때로, 양력 3월 6일경에 해당한다. 옛사람들은 이 무렵에 첫번째 천둥이 치고, 그 소리를 들은 벌레들이 땅에서 나온다고 생각하였다. 여한미진의 계절에 해당되며, 해에 따라서는 남쪽지방에서도 가끔씩 눈이 내리기도 한다. 그러나 봄이 가깝기 때문에 낮시간은 서서히 길어지는 시기이다.

4) 춘 분

24절기 중 네번째 절기인 춘분은 태양의 황경이 0°일 때를 말하며, 태양은 적도를 통과하여 남반구에서 북반구로 들어간다. 태양은 적도 위를 똑바로 비추고, 지구상에서는 밤낮의 길이가 거의 같아진다. 음력에서는 춘분은 2월 중이면 어느 날에나 해당되며, 양력은 3월 21일(윤년은 3월 20일)로 거의 일정하다. 1992년 이후에는 윤년 다음해도 20일이 되며, 2088년에 이르러서는 19일이 되지만 2100년이 지나면 원래대로 되돌아간다.

중국 역법에는 동지가 가장 중시되어 달력계산의 기준점이었으나 서양에서는 춘분에 중점을 두고 있다. 유럽의 봄은 춘분부터인데 한국에서는 입춘부터 봄이라고 하는 경우가 많다. 한국 농가에서는 춘분부터 파종 준비 등 농사 준비를 서두른다.

5) 청 명

24절기 중 다섯번째 절기인 청명은 태양의 황경이 15°에 있을 때를 말하며, 춘분과 곡우 사이의 절기이다. 양력 4월 5~6일 무렵이고 음력으로는 3월절이다. 농가에서는 이날을 기하여 논농사의 준비작업인 논둑의 가래질을 시작한다.

중국에서는 청명 15일 동안을 5일씩 3분하여 처음 5일에는 오동나무가 꽃피기 시작하고, 다음에는 들쥐 대신 종달새가 나타나며, 마지막 5일에는 무지개가 처음으로 보인다고 하였다. 한국은 청명을 전후한 4월 5일을 식목일로 정하여 공휴일로 삼고 있는데 대개 한식과 겹쳐진다.

6) 곡 우

24절기 중 여섯번째 절기인 곡우는 청명과 입하 사이에 들어 있으며, 태양의 황경이 30°에 해당할 때이다. 양력 4월 20일경이 되며, 그때부터 본격적인 농경이 시작된다. 곡우 때가 되면 봄비가 자주 내리고 백곡이 윤택해진다 하여 "곡우에 가물면 땅이 석자가 마른다"는 말이 있다. 옛날 곡우 무렵이면 농가에서는 못자리를 하기 위해 볍씨를 담갔는데, 만일 부정한 사람이 볍씨를 보게 되면 싹이 잘 트지 않고 농사를 망치게 된다는 속신이 있다.

곡우 때는 나무에 물이 가장 많이 오르는 시기여서 전라남도나 경상남북도·강원도 등지에서는 깊은 산이나 명산으로 곡우물을 먹으러 간다. 곡우물은 주로 산다래나 자작나무 또는 거자수·박달나무 등에 상처를 내었을 때 거기서 나오는 물을 말하는데, 그 물을 마시면 몸에 좋다고 하여 약수로도 쓰인다. 또 곡우 때가 되면 흑산도 근처에서 겨울을 보낸 조기가 북상하여 충청남도의 격렬비열도 부근으로 올라온다. 그때 잡는 조기를 특히 '곡우사리'라 부르는데, 살은 아주 적지만 맛이 있다.

7) 입 하

24절기 중 일곱번째 절기인 입하는 음력 4월의 절기로 곡우와 소만 사이에 들며, 양력 5월 5~6일경에 해당된다. 이때부터 여름으로 접어든다는 뜻에서 '입하'라 하며, 입하 이후 입추 전까지를 '여름'이라 한다. 이때가 되면 농사가 바빠지며, 해충·잡초 제거작업 등의 일이 많아진다. 서울 송파지역에서는 세시행사의 하나로서 쑥버무리를 절식으로 마련하기도 한다.

8) 소 만

24절기 중 여덟번째 절기인 소만은 입하와 망종 사이에 들며, 음력 4월, 양력으로 5월 21일 무렵이 된다. 태양이 황경 60°에 오는 시기로, 이때부터 여름의 기분이 나기 시작하며, 식물이 성장한다. 소만 무렵에는 모내기를 시작한다. 모판을 만들어서 모내기까지 모의 성장기간이 옛날에는 45~50일 걸렸으나, 지금은 비닐모판에서 40일 이내에 충분히 자라기 때문에 소만에는 모내기로 인해 1년 중 제일 바쁜 계절이 된다.

옛날 중국에서는 소만입기일로부터 망종까지의 시기를 5일씩 삼후로 등분하여 초후에는 씀바귀가 뻗어오르고, 중후에는 냉이가 누렇게 죽어가며, 말후에는 보리가 익는다고 하였다.

9) 망 종

24절기 중 아홉번째 절기인 망종은 소만과 하지 사이에 들며, 음력 4~5월, 양력 6월 6~7일이 된다. 망종이란 벼·보리 등 수염이 있는 곡식의 씨를 뿌려야 할 적당한 시기라는 뜻이다. 이 시기는 옛날에는 모내기와 보리베기에 알맞은 때였다. "보리는 망종 전에 베라"는 속담이 있듯이 망종까지는 모두 베어야 논에 벼도 심고 밭갈이도 하게 된다.

특히 모내기와 보리베기가 겹치는 이 무렵의 바쁜 농촌의 상황은 보리농사가 많았던 남쪽일수록 더 심해서 이때가 1년 중 제일 바쁜 때였다. 음력 4월 내에 망종이 들면 보리농사가 잘 되어 빨리 거둬들일 수 있으나, 5월에 망종이 들면 그해 보리농사가 늦게 되어 망종 내에도 보리수확을 할 수 없게 된다고 한다.

10) 하 지

24절기 중의 열번째 절기인 하지는 태양이 황도에서 가장 북쪽인 황경 90°, 춘분점과 추분점 중간에 있을 때이다. 지구 북위 23° 30″ 북회귀선에서는 태양이 바로 위에 보이며, 한국과 같은 북반구는 태양 남중고도가 가장 높고 해그림자는 가장 짧다. 망종과 소서 사이, 현행 태양력으로 6월 21일 무렵이 된다. 북반구는 낮이 가장 길고 밤이 가장 짧으며, 북극권에는 하루종일 태양이 지평선 밑으로 가라앉지 않는 백야현상을 보이는 반면, 남반구에서는 낮이 가장 짧고 밤이 가장 길며, 태양이 지평선 밑에서 위로 모습을 나타내지 않는 특이한 현상을 보인다.

11) 소 서

24절기의 열한번째 절기인 소서는 하지와 대서 사이에 들며, 음력으로는 6월, 양력으론 7월 7~8일쯤이다. 한국에서는 이 시기에 장마전선이 오래 자리잡아 습도가 높은 장마철을 이룬다. 예전에는 논매기를 하였으나 지금은 제초제를 뿌리고, 하지 무렵에 심은 팥·콩·조 등을 김맨다. 또 이때 퇴비를 장만하고 논두렁의 잡초를 깎기도 한다. 소서로부터 본격적인 더위가 시작되며, 과일·채소류가 풍성해지고 밀과 보리가 새로 나온다.

12) 대 서

24절기 중 열두번째 절기인 대서는 소서와 입추 사이에 들며, 음력 6월, 양력 7월 23일경이다. 태양의 황경이 120°가 되는 때이고, 대개 중복 무렵이며 더위가 심한 시기이다. 옛날에는 논김을 매주었으나 지금은 제초제를 뿌리고 매지 않는다. 그러나 밭김은 매주고 퇴비를 장만하는 일 등은 이 무렵에 계속된다.

옛날 중국에서는 대서입기일로부터 입추까지를 5일씩 끊어서 삼후라 했는데, 초후에는 썩은 풀이 변해 반딧불이 되고, 중후에는 흙이 습하고 무더워지며, 말후에는 큰비가 때때로 내린다고 했다. 이 무렵은 몹시 덥고, 소서 때부터 장마전선이 한반도 동서에 걸치기 때문에 자주 큰장마가 진다.

13) 입 추

24절기 중 열세번째 절기인 입추는 음력 7월의 절기로서 대서와 처서 사이에 들며, 양력 8월 6~9일 무렵에 해당된다. 이때부터 가을로 접어든다는 뜻에서 입추라 하며, 입추 이후 입동 전까지를 가을로 여긴다.

그리하여 이때부터 가을 채비를 시작하는데, 특히 김장용 무·배추를 심는다. 김매기도 끝나가고 농촌도 한가해지기 시작하여 흔히 이때를 '어정 7월, 건들 8월'이라 일컫는다.

14) 처 서

24절기 중 열네번째 절기인 처서는 음력으로는 7월의 중기이고, 양력으로는 8월 23일 무렵으로, 입추와 백로 사이의 서퇴기이다. 이때 태양은 황경 150°에서 15° 사이인 처서의 구역을 지난다. 옛날 중국에서는 처서 15일간을 5일씩 삼후로 세분하여 ① 매가 새를 잡아 늘어놓고, ② 천지가 쓸쓸해지기 시작하며, ③ 논벼가 익는다고 하였다.

한국에서는 처서에 비가 오면 흉작이 든다는 믿음이 널리 퍼져 있다. 처서가 지나면 벌초를 하고, 여름철 장마로 습기가 찬 옷이나 책을 말리는 포쇄를 하며, 아침·저녁으로 선선함을 느끼게 되고, 파리·모기도 사라지게 된다. 또한 백중의 호미씻이(洗鋤宴)도 끝나게 되어 농촌이 한가해지는 때이기도 하다.

15) 백 로

24절기 중 열다섯번째 절기인 백로는 처서와 추분 사이에 들며, 음력 8월, 양력 9월 9일 무렵으로 태양의 황경이 165°에 올 때이다. 이때쯤이면 밤에 기온이 내려가고, 풀잎에 이슬이 맺혀 가을기운이 완연하다. 또한 한국에서는 장마도 걷히고 중후와 말후에는 쾌청한 날씨가 계속된다. 간혹 남쪽에서 불어오는 태풍이 곡식을 넘어뜨리고, 해일의 피해를 가져오기도 한다. 백로가 음력 7월 중에 드는 수도 있는데, 제주도와 전라남도 지방에서는 그러한 해에 오이가 잘 된다고 한다. 경상남도 섬지방에서는 "백로에 비가 오면 십리 천석을 늘인다"고 해서 백로에 비가 오는 것을 풍년의 징조로 생각하였다.

16) 추 분

24절기 중 열여섯번째 절기인 추분은 태양의 황경이 180°일 때이며, 태양은 적도를 통과하여 북반구에서 남반구로 들어간다. 16번째 절기로 백로와 한로 사이에 있다. 음력으로 8월, 양력으로 9월 23일 무렵이다. 이날 태양이 추분점에 이르러 밤과 낮의 길이가 같아지고, 추분이 지나면 점차 밤의 길이가 길어진다. 시기적으로는 수확기가 되며, 이때부터 여러 산채를 말려 나물을 준비한다.

옛날 중국에서는 추분기간을 3부분으로 나누어 처음 5일간은 우뢰소리가 그치고, 다음 5일간은 동면할 벌레가 구멍을 막으며, 나머지 5일간은 땅 위의 물이 마르기 시작한다고 하였다.

17) 한 로

24절기 가운데 열일곱번째 절기인 한로는 추분과 상강 사이에 들며, 음력으로 9월, 양력으로 10월 8일 무렵이다. 태양이 황경 195°의 위치에 올 때이며, 이 시기에는 공기가 점점 차가워지고, 이슬이 찬 공기를 만나서 서리가 맺힌다. 또한 단풍이 짙어지고, 여름새와 겨울새의 교체가 이루어지며, 농촌은 추수가 한창인 시기이다. 특별한 민속행사는 없으나 국화전을 지지고 국화술을 담그며, 여러 모임이나 놀이가 성행한다. 중국에서는 한로 15일간을 5일씩 삼후로 나누기도 하였다.

18) 상 강

24절기 중 열여덟번째 절기인 상강은 한로와 입동 사이에 들며, 음력 9월, 양력 10월 23~24일경이 된다. 태양의 황경이 210° 되는 때이다. 이때는 쾌청한 날씨가 계속되며, 밤에는 기온이 매우 낮아지므로 수증기가 지표에서 엉겨 서리가 내리는 늦가을의 계절이다.

옛날 중국사람들은 상강으로부터 입동 사이의 기간을 5일씩 삼후로 세분하여, 초후에는 승냥이가 산짐승을 잡고, 중후에는 초목이 누렇게 떨어지며, 말후에는 겨울잠을 자는 벌레가 모두 땅에 숨는다고 하였다. 말후에 가서 벌레가 이미 겨울잠에 들어간다고 한 것으로 보아 계절적으로 추울 때이다. 이는 농경시필기와도 관련되어, 9월 들어 시작된 추수는 상강 무렵에 마무리가 된다.

19) 입 동

24절기 중 열아홉번째 절기인 입동은 음력 10월의 절기로서 상강과 소설 사이에 들며, 양력 11월 7~8일 무렵에 해당된다. 이때부터 겨울로 접어든다는 뜻에서 입동이라 하며, 입동 이후 3개월을 겨울로 여긴다.

일반적으로 입동을 전후하여 김장을 하며, 전라남도 지방에서는 입동 때의 날씨로 그해 겨울 날씨를 점친다. 경상남도 도서지방에서는 입동에 갈가마귀가 날아온다고 하며, 밀양에서는 갈가마귀의 배에 흰색 부분이 보이면 이듬해 목화가 잘 된다고 믿었다. 제주도에서도 날씨점을 볼 때, 입동 날씨가 따뜻하지 않으면 그해 바람이 심하게 분다고 생각했다.

20) 소 설

24절기 중 스무번째 절기인 소설은 입동과 대설 사이에 들며, 음력 10월, 양력 11월 22일이나 23일 무렵이다. 태양의 황경이 240°에 오는 때이다. 이때부터 살얼음이 잡히고 땅이 얼기 시작하여 점차 겨울 기분이 든다고 하지만, 한편으로는 따뜻한 햇볕이 있어 소춘이라고도 불린다. 중국사람들은 소설로부터 대설까지의 기간을 5일씩 삼후로 구분하여, 초후에는 무지개가 걷혀서 나타나지 않고, 중후에는 천기가 올라가고 지기가 내리며, 말후에는 폐색되어 겨울이 된다고 하였다. 소설 무렵, 대개 음력 10월 20일께는 관례적으로 심한 바람이 불고 날씨가 차갑다. 이 바람을 손돌(孫乭)바람이라 하여 외출을 삼가고 뱃길을 조심한다.

21) 대 설

24절기 중 스물한번째 절기인 대설은 소설과 동지 사이에 들며, 음력 11월, 양력 12월 7~8일경으로 태양의 황경이 225°에 도달한 때이다. 이 시기에 눈이 많이 내린다는 뜻에서 대설이라는 이름을 붙였는데, 이것은 원래 재래역법의 발생지이며, 기준지점인 중국의 화북지방의 상황을 반영하여 붙여진 것이므로 이 시기에 반드시 적설량이 많다고는 볼 수 없다. 중국에서는 대설로부터 동지까지의 기간을 다시 5일씩 삼후로 나누어서, 초후에는 산박쥐가 울지 않고, 중후에는 범이 교미하여 새끼치며, 말후에는 여지가 돋아난다고 하였다. 한편, 이날 눈이 많이 오면 다음해 풍년이 들고 푸근히 겨울을 난다고 한다.

22) 동 지

24절기 중 스물두번째 절기인 동지는 1년 중에서 밤이 가장 길고 낮이 가장 짧은 날이다. 고대인들은 이날을 태양이 죽음으로부터 부활하는 날로 여기고 축제를 벌여 태양신에 대한 제사를 올렸다. 『동국세시기』에 의하면, 동짓날을 '아세(亞歲)'라 하였고, 민간에서는 흔히 '작은 설'이라 하였다고 한다. 이는 태양의 부활을 뜻하는 큰 의미를 지니고 있어서 설 다음가는 작은설의 대접을 받은 것이다.

동짓날에는 동지팥죽 또는 동지두죽(冬至豆粥), 동지시식(冬至時食)이라는 오랜 관습이 있는데, 팥을 고아 죽을 만들고 여기에 찹쌀로 단자를 만들어넣어 끓인다. 동짓날의 팥죽은 시절식의 하나이면서 축귀하는 기능이 있다고 한다. 즉 집안의 여러 곳에 놓는 것은 집안에 있는 악귀를 모조리 쫓아내기 위한 것이고, 사당에 놓는 것은 천신의 뜻이 있다. 동짓날에도 애동지에는 팥죽을 쑤지 않는 것으로 되어 있다.

동짓날 팥죽을 쑤게 된 유래는, 중국의 『형초세시기』에 의하면 공공씨의 망나니 아들이 동짓날 죽어서 역신이 되었다고 하는데, 그 아들이 평상시에 팥을 두려워하였기 때문에 역신을 쫓기 위하여 동짓날 팥죽을 쑤어 악귀를 쫓았다는 것이다. 동짓날에 궁 안에 있는 내의원에서는 소의 다리를 고아, 여기에 백강·정향·계심·청밀 등을 넣어서 약을 만들어 올렸다. 이 약은 악귀를 물리치고 추위에 몸을 보호하는 데 효과가 있다고 한다.

또 관상감에서 새해의 달력을 만들어 궁에 바치면 나라에서는 '동문지보'라는 어새(옥새)를 찍어 백관에게 나누어주었다. 각사(各司)의 관리들은 서로 달력을 선물하였으며, 이조에서는 지방 수령들에게 파란 표지의 달력을 선사하였다. 동짓날은 부흥을 뜻하는데, 이날부터 태양이 점점 오래 머물게 되어 날이 길어지므로 한 해의 시작으로 보고 새 달력을 만들어 가졌던 것이다. 동짓날 부적으로 '사(蛇)'자를 써서 벽이나 기둥에 거꾸로 붙이면 악귀가 들어오지 못한다고도 전해지고 있다. 또 동짓날 눈이 많이 오고 날씨가 추우면 풍년이 들 징조라고 한다.

23) 소 한

24절기 중 스물세번째 절기인 소한은 동지와 대한 사이에 있으며, 음력 12월, 양력 1월 5일 무렵이다. 태양이 황경 285°의 위치에 있을 때이다. 절후의 이름으로 보아 대한 때가 가장 추운 것으로 되어 있으나 사실 한국에서는 소한 때가 가장 춥다. "대한이 소한 집에 놀러 갔다가 얼어죽었다" 또는 "소한 추위는 꾸어다가라도 한다"는 속담은 소한이 절기 중 가장 춥다는 데서 연유한다.

24) 대 한

24절기의 마지막 절후인 대한은 양력 1월 20일 무렵이며, 태양의 황경이 300° 되는 날이다. 대한은 음력 섣달로 매듭을 짓는 절후이다. 원래 겨울철 추위는 입동에서 시작하여 소한으로 갈수록 추워지며 대한에 이르러서 최고에 이른다고 하지만, 이는 중국의 경험에 입각한 것이고, 한국에서는 1년 중 가장 추운 시기가 1월 15일 경이므로 다소 사정이 다르다. 그래서 "대한이 소한의 집에 가서 얼어죽었다" "소한의 얼음 대한에 녹는다"라는 속담도 있다. 즉 소한 무렵이 대한 때보다 훨씬 춥다는 뜻이다. 제주도에서는 이사나 집수리 따위의 집안 손질은 언제나 대한 후 5일에서 입춘 전 3일의 1주일간에 하는 것이 관습화되어 있다.

(2) 명절과 세시풍속

세시풍속은 계절에 맞추어 관습적으로 되풀이하는 행위를 뜻한다. 대명절이 되면 오랜 관습에 의해서 몸을 단장하고 새 음식을 장만하여 조상과 제신에게 제사하는 등 여러 가지 행사가 있다. 이러한 행사는 반복되는 관습이기 때문에 세시풍속이라 한다.

세시풍속이 생활에 정착된 시기는 일정하지 않으나 사람들에게 공감대, 필요성, 당위성을 형성함으로써 관습이 되었을 것으로 생각된다. 세시풍속은 넓은 지역이나 민족단위로 나타난다. 이러한 대단위는 그만큼 공감에 의해서 채택되고 토착화해서 전파되고 전승되어왔음을 의미한다. 그러기에 한번 토착하면 생활양식이나 의식에 큰 변화가 없는 한은 오래 지속되게 마련이다. 넓은 지역에서 많은 사람들이 반복되는 생활관습일수록 그 세시풍속은 확고한 뿌리를 내리고 있다.

세시풍속은 하루이틀의 짧은 시일에 이루어진 것이 아니다. 오랫동안 생활경험에서 필요했기에 채택되었을 것이다. 여기에 세시풍속의 공감성과 문화성이 있다. 하나의 세시풍속이 정착하기까지에는 수백 년에서 수만 년이 걸린 것도 있을 것이다. 역사란 뿌리가 깊은 만큼 확고하게 사람들의 마음과 생활에도 자리를 잡고 있다. 그래서 세시풍속은 변화를 쉽게 일으키지 않는다는 강인성이 있다. 서구문물을 받아들이고 행정력이 법제화되었어도 우리 생활문화의 밑바탕에 깔려 있는 까닭도 여기 있다. 우리의 명절 및 풍속은 대략 <표 4-19>와 같다.

〈표 4-19〉 우리나라의 명절과 풍속

종 류	시 기	놀거리	풍 습	먹거리
설	음력 1월 1일	윷놀이, 널뛰기, 쥐불놀이	차례, 세배. 지신밟기	떡국, 만두
대보름	음력 1월15일	줄다리기	달집태우기, 다리밟기	약밥, 부럼
한 식	동지후 105일째		성묘	개피떡
삼짓날	음력 3월 3일	풀각시놀이	답청, 유생	화전, 절편, 수면
초파일	음력 4월 8일	물박차기	연등, 천렵,	증편, 어채
단 오	음력 5월 5일	그네뛰기, 씨름	창포머리감기	수단
유두절	음력 6월 15일		유두잔치	밀쌈, 유두면
삼 복	음력 6월			영계백숙, 수박
칠 석	음력 7월 7일			
백 중	음력 7월 15일		작두말타기	
추 석	음력 8월 15일	강강수월래, 가마싸움	차례, 길쌈	송편, 과일
중 양	음력 9월 9일		등고	국화전, 화채
상 달	음력 10월		고사지내기	무우 시루떡
동 지	음력 11월		부적, 책력, 고목제	팥죽
납 일	음력 12월 31일	대불놓기	동제, 수세, 나례	고기구이

1) 설

구정이라고도 불리며, 음력 정월 초하루를 말한다. 우리나라도 그렇지만 중국, 동남아 일대에서는 아직도 구정을 중시하는 풍속이 강하다. 설은 한 해가 시작되는 첫날로, 명절 중의 명절이다. 설이란 말은 '사린다', '삼간다'에서 온 말로, 조심한다는 뜻이라고 한다. 또 '섧다'는 말로 슬프다는 뜻이라고도 한다. 그래서 설날을 신일(삼가는 날)이라고 해서 이날에는 바깥에 나가는 것을 삼가고, 집안에서 지내면서, 1년 동안 아무 탈 없이 지낼 수 있게 해주기를 신에게 빌었다. 우리나라는 농사를 제일로 여겨왔기 때문에 축원을 1년의 처음에 하게 된 것인데, 이 '상진일'(그달의 첫 용날), 상오일(그달의 첫 말날), '상자일' '상해일'을 모두 설날, 곧 조심하라고 부르게 되었다. 농사를 짓는 우리나라 사람들이 1년 농사가 잘되기를 조심스럽게 축원하는 엄숙한 마음으로 설을 보내는 것이 우리의 풍습이었다.

설날에는 여러 가지 음식을 만들어 이웃끼리 나누어 먹기도 하고, 세배하러 오는 손님에게도 대접한다. 또 설날에는 세찬할 음식을 장만한다. 세찬이라고 하면 정초에 서로 주고받는 음식을 일컫기도 하고, 섣달 그믐에 주고받는 음식을 일컫기도 한다. 세찬으로 보내는 물품은 대개 종류가 정해져 있었는데, 쌀, 술, 담배, 어물, 육류, 살아 있는 꿩, 계란, 곶감, 김 따위였다. 백성들 사이에는 지금과 마찬가지로 그믐께 보내는 것이 보통이었지만, 조정에서는 대신이나 왕족들에게 쌀, 고기, 생선, 소금 같은 것을 내렸는데 새해에 들어서 했다고 한다. 설에 먹는 떡국은 흰 쌀가루에다가 아무것도 넣지 않고 쳐서 떡을 만들어, 여기에다가 역시 아무것도 넣지 않고 국을 끓여 먹는다. 이렇게 다른 것을 전혀 넣지 않고 깨끗하게 떡국을 끓이는 것은 해가 바뀌는 신성한 날에 엄숙한 마음을 간직하기 위한 것이다. 지금도 제사를 지낼 때나 고사를 지낼 때의 흰떡이 '도래떡'이나 '절편'인 것을 보면 알 수 있는 것이다. 그러나 이런 풍습도 차차 사라져, 지금은 온갖 양념과 맛을 내는 재료를 곁들여서 떡국을 끓여먹고 있다.

설날에는 아침에 모두 새 옷으로 갈아입는데, 어린이들은 색동옷을 입지만 어른들은 흰색 옷을 입게 마련이다. 설날에 새 옷을 입는 것은 새해를 맞아 새로운 기분으로 새 출발한다는 것을 뜻하고 있다. 설날에 입는 새 옷을 '설빔'이라고 한다. 설날에 갈아입은 설빔은 정월 대보름날까지 계속 입는 것이 보통이었다. 그러나 지금은 시골에서도 차차 이 관습이 사라져가고 있다. 설빔으로 흰옷을 입는 것은, 우리 겨레가 예부터 흰색을 좋아하기 때문이다. 우리 겨레는 단군 할아버지 때부터 백의민족이라고 해서 흰옷을 좋아한 겨레였다. 우리 겨레는 하느님의 자손이라고 믿었으며, 그래서 태양의 빛을 나타내는 흰 빛깔을 신성하게 생각하고, 흰옷을 자랑스럽게 입었던 것이다. 그러나 이런 전통적인 옷 빛깔도 이제는 더러움을 잘 탄다는 흠 때문에 평소에는 잘 입지 않게 되고, 다만 설날이나 제사 같은 때 특별히 입는 데 그치게 되었다.

윷놀이는 삼국시대 이전부터 전해오는 한국 고유의 민속놀이로 대개 정월 초하루부터 보름날까지 즐긴다. 부여족 시대에 5가지 가축을 5부락에 나누어주어 그 가축들을 경쟁적으로 번식시킬 목적에서 비롯된 놀이라고 하며, 그에 연유하여 '도'는 돼지, '개'는 개, '걸'은 양, '윷'은 소, '모'는 말에 비유한다. 윷은 박달나무나 붉은 통싸리나무로 만드는데, '장작윷(가락윷)'과 '밤윷'의 2가지가 있고, 관서 · 관북지방에서는 '콩윷(팥윷)'이라 하여 검정콩이나 팥알 2개를 쪼개어 4개로 만들어 노는 것도 있다. 장작윷은 지름 3cm쯤 되는 나무를 길이 15cm 정도로 잘라 이것을 둘로 쪼개서 4개로 만든 것이며, 밤윷은 작은 밤알만하게(길이 1.8cm, 두께 1cm 가량) 만든 것이다.

설날 아침에는 온 집안 식구가 일찍 일어나 세수를 하고 새 옷으로 갈아입은 후 조상에게 제를 올리는 차례를 지낸 후 웃어른에게 새해 인사를 드리는 세배를 하게 된다. 그런데 정월 초하루의 전날 밤, 즉 묵은 해를 보내면서 절을 할 때도 있는데, 이것을 '묵은 세배'라고 한다. 옛날 조정에서는 정월 초하룻날 신하들이 임금에게 새해 인사를 드리고 또 임금님은 천지신명(세상을 다스리는 신)께 엄숙히 세배를 드렸다. 임금님은 새해에 나라가 평안하고 백성들이 더욱 잘 살게 되기를 비는 것이었다.

세배는 조부모, 부모 그리고 친척 어른들, 동네 어른들을 두루 찾아다니며 하게 되는데, 세배를 하면 웃어른이 '덕담'이라는 것을 하게 마련이다. 인사말과 절을 드리면 덕담을 들려준다. 그런데 이렇게 앞으로 잘 되라는 말을 하는 사람도 있지만, 어른의 경우에도 "올해에는 아들 낳고 부자 되었다더군" 하는 식으로 덕담을 하기도 한다. 세배는 윗사람과 아랫사람 사이에서뿐 아니라 비슷한 나이끼리도 서로 주고받는다. 또, 찾아가서 세배를 하고 덕담을 할 형편이 안 될 때에는 대신 사람을 보내어 덕담을 전하는 수도 있다. 멀리 떨어져 있을 때에는 편지를 내어 덕담을 대신하는 수도 있다.

옛날에는 아침에 일어나서 맨 먼저 들리는 소리나 길에 나가서 맨 먼저 듣는 소리가 좋아야 그날 재수가 좋다고 생각했고, 새해를 맞아 첫번째 듣는 소리가 좋아야 그해에 재수가 좋다고 생각했기 때문에 그렇게 서로서로 덕담을 하던 것이 그대로 전해져오고 있는 것이다.

정월 초하룻날 궁중에 쓰는 그림을 그리는 관청으로 도화서라는 곳이 있었다. 이 관청에서 수성선녀와 직일신장이라는 여자와 남자의 그림을 그려서 관내에 드린다. 이것을 '세화', 즉 '설 그림'이라고 한다. 일반 백성의 집에서는 벽에다 닭과 호랑이를 그려 붙였는데, 이 그림을 계호도라고 했다. 호랑이를 그린 이유는 정월을 호랑이 달로 치기 때문이다.

2) 원소절

원소절(元宵節)은 음력 정월 보름을 이르는 말이다. 쥐불놀이와 오곡밥, 부럼깨물기 등의 풍속이 아직도 활발하게 지켜지고 있다. 음력 정월 보름날, 한자로는 '상원(上元)'이라고 한다. 상원이란 중원(음력 7월 15일, 백중날)과 하원(음력 10월 15일)에 대칭되는 말로서 이것들은 다 도교적인 명칭이다. 이날은 우리 세시풍속에서는 가장 중요한 날로 설날만큼 비중이 크다.

1월 1일은 1년이 시작하는 날로서 당연히 의의를 지녀왔지만, 달의 움직임을 표준으로 삼는 음력을 사용하는 사회에서는 첫 보름달이 뜨는 대보름날이 보다 더 중요한 뜻을 가져온 듯하다. 우리나라의 세시풍속에서는 보름달이 가지는 뜻이 아주 강하였다. 정월 대보름이 우선 그렇고, 다음의 큰 명절이라고 할 수 있는 추석도 보름날이다.

한반도 북부에서는 단오가 큰 명절이기도 했으나 중부 이남에서는 7월 보름인 백중보다도 비중이 작았다. 중부 이남에서는 단오를 그렇게 큰 명절로는 여기지 않았다. 씨름판이나 그네, 또는 백중 장(場) 같은 세시풍속 행사들이 단오보다는 7월 보름에 성하였다. 그것은 단오 때는 1년 농사 중 제일 큰일의 하나인 모내기가 아직 끝나지 않은 바쁜 때이고, 백중 때는 김매기도 다 끝나고 가을 추수만을 남긴 한가한 시기라는 농사관계와도 밀접한 관련성을 가지는 결과이다.

이렇듯 달을 표준으로 하는 상원이나 추석은 중국에서도 물론 고대 이래의 중요한 명절이었다. 그러나 당이나 송대 이래의 기록에 의하면 중국에서의 추석은 한식이나 단오, 중구(重九 : 9월 9일)보다 규모가 훨씬 작았던 명절이었음을 알 수 있다. 우리나라에서는 신라의 가위 기록 이래로 중국과는 달리 보름달의 비중이 훨씬 컸던 것을 짐작할 수가 있다.

대보름날의 뜻을 농경을 기본으로 하였던 우리문화의 상징적인 면에서 보면, 그것은 달 - 여신 - 대지의 음성원리(陰性原理) 또는 풍요원리를 기본으로 하였던 것이라 하겠다. 태양이 양이며 남성으로 인격화되는 데 대해서, 달은 음이며 여성으로 인격화된다. 그래서 달의 상징구조는 여성, 출산력, 물, 식물들과 연결된다. 그리고 여신은 대지와 결합되며, 만물을 낳는 지모신(地母神)으로서의 출산력을 가진다.

우리 세시풍속에서 달이 차지하는 비중은 태양의 비중이 문제되지 않을 만큼 강하고 큰 것이었다. 실제 농경을 위해서는 음력이 한 달씩이나 자연계절에 차이가 생길 수 있기 때문에 보다 계절이 정확한 태양력적 요소인 24절기를 쓰기도 하였다. 그러나 일반 세시풍속에서는 여전히 달의 비중이 결정적이었고, 대보름은 바로 그 대표요 상징적인 날로 여겨져왔던 것이다.

대보름에는 동제를 지내는데, 동제를 지내는 시일은 정초가 30%, 대보름이 40%, 10월 기타가 30%로서 대보름날이 차지하는 비율이 주류를 이룬다. 그 시간도 대개 자정으로서 1년 열두 달의 첫 보름달이 충천하는 상징적인 시간이 된다. 동제신(洞祭神)도 여신이 남신의 2배를 넘는 주류를 이룬다. 이렇게 첫 보름달이 뜨는 시간에 여신에게 대지의 풍요를 비는 것이 우리 동제의 주류였고 원형이었다고 할 수 있다.

한편 대보름날에는 절식으로서 약밥, 오곡밥, 묵은 나물과 복쌈, 일부럼, 귀밝이술을 먹으며, 기풍 기복행사로서 볏가릿대[禾竿] 세우기, 복토(福土) 훔치기, 용알뜨기, 다리밟기, 나무시집보내기, 백가반(百家飯) 먹기, 나무아홉짐하기, 곡식안내기 등을 행한다. 또한 이날 행하여지는 농점(農點)으로서는 달집태우기, 사발점, 그림자점, 달불이, 집불이, 소밥주기, 닭울음점 등이 있으며, 이날 행해지는 제의와 놀이로서는 지신밟기, 별신굿, 안택고사, 용궁맞이, 기세배(旗歲拜), 쥐불놀이, 사자놀이, 관원놀음, 들놀음과 오광대탈놀음 등이 있다. 그리고 이날에는 고싸움, 나무쇠싸움 등의 각종 편싸움이 행해지고, 제웅치기, 나무조롱달기, 더위팔기, 개보름쇠기, 모기불놓기, 방실놀이, 뱀치기 등의 액막이와 구충행사(驅蟲行事)도 행해진다.

이웃 나라들과 비교해보면 상원은 중국에서도 한나라 때부터 8대 축일의 하나로 중요하게 여겼던 명절이었다. 그러나 특히 일본에서는 대보름을 소정월(小正月)이라 부르고 있고, 지금은 양력화하고 있으면서도 이날을 국가공휴일로 지정하고 있다. 일부의 북유럽 나라들의 민속에서는 1월 14일을 1년의 마지막 날이라는 사투리로 부르고 있는데, 이는 대보름날을 신년 제1일로 삼았던 오랜 역법의 잔존이라고 할 수 있다.

3) 입 춘

24절기의 하나이며, 이날이 지나면 강 얼음도 풀린다는 '입춘'은 새해 1년 동안의 액운을 없애는 날로 삼는데, 이날 집집마다 기둥, 문설주 등에는 '입춘대길(봄을 맞아 크게 길하다)', '건양다경(새해에 경사스런 일이 많다)'이라고 써붙인다. 또, 천장, 마루들보 같은 데에는 그해 이름을 쓴 다음, 만사가 뜻대로 크게 이루어진다고 하는 뜻인 '만사여의대통'이라고 써붙이기도 하고, 또 양쪽 대문에 '개문만복래', '소지황금출'이라고 써붙이기도 한다. 그 뜻은 대문을 활짝 열면 만복이 들어오고, "땅을 쓸면 황금이 나온다"는 뜻의 글인데, 새봄을 반갑게 큰 희망을 갖고 맞으며, 부지런히 일하기에 힘써 부자가 되자는 매우 밝고 성실한 모습이 나타나고 있다.

그런데 이런 글씨들을 글씨는 잘 쓰지 못하더라도 열 살 안의 어린이가 꼭 입춘이 되는 시각에 써붙이면 더욱 행운이 찾아온다고 한다. 농가에서는 이 시기에 보리뿌리를 캐어보고 보리의 풍년, 흉년을 점친다. 입춘은 양력으로는 대개 2월 4일쯤 된다.

4) 중화절

음력 2월 초하루(2월 1일)를 '중화절'이라 하고, 임금님이 '중화척'이라는 자를 신하에게 내려주면서 농사에 힘쓰라고 일렀다. 민간에서도 이날을 큰 명절로 쳤으나 지금은 특별한 행사도 없고, 다만 농촌에서는 집안을 깨끗이 하고 떡을 해먹는 풍속 등 지방에 따라 조금씩 색다른 풍속이 남아 있을 뿐이다.

이날에 하는 여러 가지 행사로 보아 우리 겨레의 명절이었음이 틀림없다. '시래기떡'이라고 해서 지난 가을 김장 때 무청 말린 것을 소로 해서 송편을 만들어 먹는데, 그것을 먹으면 고약한 병과 액운에 걸리지 않는다고 한다. 또, 2월 초하룻날 떡을 해먹는데, 이때 떡은 정월 보름에 곡식 이삭을 뭉쳐서 볏가릿대를 세웠던 것을 정월 그믐날에 꺼낸 것으로 만든다.

이밖에 지난 봄철에 뜯어서 말려두었던 배추뿌리를 파내어 고아서 콩가루를 묻힌 것, 또 호박을 쪄서 역시 콩가루를 묻힌 것 같은 잡떡도 많이 만들어 먹었다. 이때 만든 떡은 언제나 이웃끼리 나누어 먹는다. 그런데 볏가릿대에서 꺼낸 곡식 이삭으로는 손바닥만한 송편을 만들어서 일꾼들에게 각자 나이만큼씩 먹게 했다고 하는데, 이것은 일꾼들에게 힘이 붙도록 해서 농사를 잘 짓게 하기 위한 것이었다고 한다. 이런 풍습은 경기 지방에서 가장 성했었다. 또 어떤 지방에서는 타향에 나갔다가 2월 초하룻날까지 돌아오지 못하면 20일이 넘기 전에는 집에 들어오지 못하는 풍습도 있다.

음력 2월 초하룻날에는 얼마 남지 않은 봄을 맞이하기 위해 방안에 쳤던 병풍과 방장 등을 치우고 안방, 창고, 부엌 같은 곳을 모두 말끔히 청소하며, 추위를 막기 위해 머리에 썼던 남바위 같은 것을 모두 벗어 치워버린다. 이렇게 이날 남바위 같은 것을 한번 벗어 치워버리면, 그 뒤에는 아무리 날씨가 또 추워지는 일이 있어도 다시 꺼내어 쓰지 못하는 법으로 되어 있었다. 이처럼 집 안팎을 깨끗이 하는 대청소를 한 다음 온갖 더러운 것이나 부정한 물건, 그리고 해충들을 태워버리고 의복 같은 것을 볕에 말린다. 이것을 '좀의 알 떨기'라고 한다. 옛날 우리의 농가는 대개 초가집이었기 때문에 자연히 노래기(노내각시) 벌레가 많이 생겼다. 그래서 이날 대청소를 하고 난 뒤, 노래기를 예방하기 위해 묘한 방법을 썼다. 즉, 손가락만한 종이조각에 '향랑각시(노내각시) 천리만큼 물러가라'는 뜻의 '향량각시 속거천리'라고 써서 서까래에 붙여두는 것이었다. 그러면 노래기가 생기지 않는다는 것이다. 이런 풍습은 전국 각 지방에 모두 있었다.

2월 초하루 전날이 되면 주부들은 영둥할머니를 모시기 위해 시장에 가서 생선과 영둥종이라고 하는 얇고 조그만 종이를 사서 조심스럽게 가지고 돌아온다. 그리고 초하룻날 아침 일찍 일어나 밥을 짓고 반찬을 장만하여 부엌 부뚜막에 차려놓고는 식구마다 영둥종이에다 불을 붙여 두 손으로 올리면서 빈다.

'영둥할머니' 모시는 풍습은 남쪽의 각도 시골에서 널리 행해지고 있는데, 2월 초하루부터 스무날까지 이처럼 자기 집안이 잘 되고, 비가 알맞게 와서 농사가 잘 되기를 빌었다. 그러다가 20일에 이르러서 그 동안 비가 잦았거나 바람이 많았거나 특히 20일 그날에 비가 어떻게 오고 바람이 어떻게 부는가에 따라서 "금년에는 비영둥이 내렸다" "금년에는 바람영둥이 내렸다"라고 한다. 그리고 거기에 맞추어 모든 대비를 한다. 이것을 '영둥맞이'라고 한다. 말하자면 금년에는 비가 많이 온다든지 바람이 많이 분다든지 하는 것을 알아내고 이에 대비하고 마음가짐을 굳게 다지는 것이다. 영둥할머니는 '영둥신'이라고도 하며, 특히 영남지방에서 받드는 풍속이 있는 곳이 많다. 영둥할머니란 결국 비바람을 맡아보는 풍우신(비바람을 다스리는 신)을 말하고, 이 신에게 정성을 들여 농사나 고기잡이에 날씨가 알맞게 해주기를 비는 것이다.

5) 상정일

상정일이란 2월 들어 첫번째 맞이하는 '정'자가 든 날이라는 뜻이다. 옛날부터 10간 12지라고 하여, 갑, 을, 병, 정, 무, 기, 경, 신, 임, 계의 10간에, 자, 축, 인, 묘, 진, 사, 오, 미, 신, 유, 술, 해의 12지를 번갈아 맞춰 해, 달, 날, 시까지 헤아리는데 써오고 있는데, 상정일은 그달의 첫번 '정'자가 든 날인 것이다. 이날 서울 성균관 문묘와 지방의 향교에서는 석채제전을 올린다. 이것은 봄철의 석채제전이지만 가을철 8월에도 석채제전을 올린다. 서울의 귀족 집안에서도 이 본을 떠서 그 집안에 묵고 있는 식객들에게 이때부터 점심을 주었다고 한다.

6) 춘 분

춘분은 양력 3월 21일쯤 밤과 낮의 길이가 똑같은 날이다. 즉, 태양의 황경이 0°인 때이다. 이날부터 낮은 점점 길어지고 밤은 점점 짧아진다. 춘분이 되면 겨울철 기운이 사라지고 봄기운이 된다. 농촌에서는 보리싹도 꽤 무성하고 봄갈이가 한창이다. 옛날에는 춘분을 전후해서 보리를 심은 뒤에, 팔도 관찰사와 네 도시의 유수(개경, 강화, 경기도 광주, 수원, 춘천 등을 다스리던 벼슬)가 각각 자기가 맡은 지역의 농사형편과 비 오는 형편이 어떠한지를 임금에게 보고하였다. 대궐 안과 관상감과 승정원과 8도 4도에 측우기를 두고, 서울과 시골, 조정과 민간이 모두 모여서 그해의 농사가 어떻게 될지를 점쳤고, 춘분 후와 추분 전에는 지방 관리들이 가족을 데리고 가지 못하도록 정해놓고 있었다. 이것은 바쁘게 일하는 철에 관리의 가족들 때문에 농군들이 일하는 데 기울일 정성과 힘을 빼앗겨 농사에 방해가 될 것이기 때문이었다.

7) 춘 사

춘사(春社)는 입춘 후의 다섯번째 무(戊)일이다. 토신(土神)에게 제사 지내어 풍농을 기원한다. 사(社)는 땅귀신을 의미하는 것으로, 사일(社日)은 춘분 및 추분 후에 각각 한 번씩 있다. 봄의 사일을 춘사일, 가을의 사일을 추사일이라고 한다. 춘사일은 입춘 후 제5무일로, 3월 17~26일에 있으며, 추사일은 입추 후 제5무일로, 9월 18~27일에 들게 된다. 제비는 춘사에 날아와서 봄을 알리고, 추사에 떠나 가을을 알린다고 한다. 여자는 바느질을 멈추고, 남자는 일을 쉬며, 이웃과 함께 나무 밑에 제수를 차려놓고, 지신(地神)과 농신(農神)에게 제사를 지낸다.

조선 성종 때 나온 『동국통람』에 의하면 고려 충렬왕 때 오윤부가 왕에게 건의하여 춘추분에서 가장 가까운 무일을 사일로 정하였다 한다. 그 이전에는 춘추분에서 멀리 있는 무일이 사일이었다. 춘사에는 만물이 발생하고 곡식의 씨를 뿌리기 위하여 부지런히 일하자는 뜻에서 제사 지내고, 추사에는 만곡이 익어 풍성하게 된 것을 기뻐하는 뜻에서 제사지낸다고 한다.

8) 한 식

한식(寒食)은 동지로부터 105일째 되는 날을 말하는데, 이날은 질풍심우가 있는 절후로 전후 3일간 불을 때는 것을 금하고, 미리 장만해놓은 찬 음식을 먹고 투계 등의 놀이를 행한다. 대개 양력 4월 5일경에 있고 '청명'이나 그 다음날이 된다. 이 한식날은 조상에 제사를 지내고 성묘를 하는 풍습이 옛날부터 오늘날까지 전해져 내려오고 있다.

한식날에 성묘를 하는 풍습은 중국의 옛 풍속에서 비롯된 것이다. 우리나라에서는 신라 때부터 한식을 매우 중요하게 여겼다고 한다. 즉, 한식날을 명절 중의 명절로 삼아 관리들에게 성묘를 하도록 휴가를 주었을 뿐 아니라, 이날만은 어떠한 죄수에게도 형을 집행하지 않도록 금지했다고 한다. 조선시대에 들어와서는 더욱 한식을 중요하게 여겨 오늘날까지 한식날 성묘하는 관습이 남아 있다. 중국에서는 한식날이면 투계, 타구(공치기), 그네뛰기 같은 집 밖에서 할 수 있는 여러 가지 오락을 즐기곤 했다고 한다.

우리나라에서도 고려 때와 조선 초기에는 한식날에 조정에서 큰 잔치를 베풀고 봄놀이도 하여 이날을 즐겁게 지냈다. 그러나 그 이후부터는 차츰 이런 관습이 사라지고, 다만 성묘를 하는 날로서의 풍습만이 끊이지 않고 이어져 내려왔다. 우리의 각 가정에서는 한식날에는 헤어졌던 온 가족이 모여 술과 과일, 나물, 떡, 어육(생선과 고기) 따위 음식을 마련하여 조상의 묘를 찾아가서 제사를 지냈다. 이것을 성묘라고 한다. 그리고 이날 묘제(묘 앞에서 지내는 제사) 때에는 낫을 보에 싸가지고 가서 산소 근처의 풀을 베고 잔디를 입히며 산소를 말끔히 다듬는다. 이렇게 풀을 베고 묘지를 다듬는 일을 개사초라고 한다. '한식'이란 '찬 음식을 먹는다'는 뜻인데, 이날에는 하루종일 불을 때지 않고 찬 음식을 먹는 습관이 있다.

9) 청 명

청명은 춘분과 곡우 사이에 있는 절기로, 대개 양력 4월 4, 5일쯤 된다. 옛날에는 이날이 되면 왕가에서 종묘(역대 임금의 위패를 모시는 곳) 이외에 영녕전에 모신 선왕의 신판(신위)과 능과 폐위된 임금과 세자로 돌아간 분과, 또 후궁인 빈들의 사당집(죽은 사람의 혼을 모신 집)과 원모(후궁들의 무덤)에 제사를 지냈다. 이런 제사를 지내는 것은 매년 이날 한번뿐이다. 즉 불행하게 세상을 떠난 왕족에 대한 1년에 단 한번 지내는 제사인 것이다.

국전(국가의 의식, 예법 등의 규칙)에서, 옛날 주나라의 예식이 1년에 다섯 번 불을 새로 만들기로 규정되어 있는 것을 본떠서 청명을 가장 중요하게 여겼다. 불을 새로 만드는 것을 '개화'라고 말하는데, 옛날 내병조(궁중에서 임금을 모시는 사당)에서 매년 사시의 절계에 들어가는 날과 음력 6월의 토왕일에 마른 나무를 뚫어 비비어, 불을 새로 만들어 각 궁전과 관청, 그리고 대신의 집 같은 데에 나누어주었던 것이다.

10) 곡 우

곡우는 청명과 입하 사이에 있는데, 황경 30°인 때로, 양력으로서는 4월 20일, 21일 이틀 사이이다. 음력으로는 3월 중순이므로 봄비가 내려서 백곡이 윤택해진다는 뜻을 지닌 봄 절후의 하나이다. 농촌에서는 곡우 때가 되면 목화씨를 뿌리느라 한창 바쁘다. 또 이때를 전후하여 조기와 꽁치를 먹는다. 조기는 곡우가 지나면 자취를 감추고, 잡혀도 산란 후이므로 살이 빠진다. 강고기인 꽁치는 8월 초에 마포, 용산을 거슬러올라오는데, 곡우 전후 사흘이 가장 많다. 어부들은 "조기나 꽁치를 보고서 『책력』(1년 동안의 지구와 태양, 달과의 관계 변화를 쓴 책. 1년 동안에 달, 해가 뜨고 지는 일, 월식, 일식, 절기 및 기타 기상학상의 변동 및 그밖의 사항을 날을 좇아 기재한 책)을 만들었나보다" 하고 생각한다는 이야기도 전해오고 있다

11) 삼 진

음력 3월 3일을 '삼월 삼짇날'이라고 하는데 3월 삼진(三辰)을 소리나는 대로 읽은 것이다. 상사, 원사, 상제라고도 하고, 또 '답청일'이라고도 한다. 지금은 삼월 삼짇날을 강남 갔던 제비가 돌아오는 날 정도로 알고 있지만, 옛날에는 이 삼월 삼짇날은 봄의 큰 명절이었다. 삼월 초순을 봄의 명절로 삼는 것은 우리나라에서 오랜 옛적부터 있어온 풍습이었는데, 후세에 와서 이 삼월 초사흗날을 '삼질'이라 하여 특히 봄을 즐기는 명절로 정하게 된 것이다. '삼질'이란 말은 '삼진' 또는 '삼일'이라는 말의 발음이 변한 것으로 본다.

이날에는 교외로 나가서 봄을 즐기며 노는 날로 정해져 있었으며, 궁중에서도 크게 봄놀이 잔치를 벌였다. 신라나 가야가 나라를 세웠을 때의 전설을 보아도 임금을 뽑아 받드는 일은 3월 초에 하게 마련이었다. 중국에서도 옛날에는 3월 중의 처음 사일(띠로 따져 뱀날)을 명절로 하였기 때문에 이것을 상사일(그달의 첫 뱀날)이라고 하였으나, 진나라 때부터는 초사흗날로 아주 일정하게 정해져 중삼(3월 3일은 3자가 중복되어 있음)이라고 불리게 되었다. 중국에서 이렇게 삼월 삼짇날을 소중히 여기는 것은, 겨울 동안 추워서 갇혀 있다가 따뜻한 봄을 맞아 해방을 즐기려는 것이다. 그래서 동쪽으로 흐르는 물에 들어가 몸을 깨끗이 씻고, 들에 나가 새 움이 트는 푸른 풀을 밟아 대지의 새 생명에 접촉하고, 굽이굽이 흐르는 물가에서 시를 지으며 즐겼다.

12) 관 등

관등(觀燈)은 음력 4월 초파일로 석가모니가 탄생한 날이라는 의미에서 '불탄일'

또는 '관불절', '석존일'이라고도 한다. 이 4월 초파일은 그냥 짧게 '초파일' 또는 '파일'이라고도 하는데, 근래에 와서는 '부처님 오신 날'이라고 부르게 되었다. 우리나라의 모든 명절은 조상 섬기기와 노은에 대한 공경이 큰 행사로 되어 있으며, 어린이를 위한 명절은 없었다. 그런데 4월 초파일에 열리는 석가모니 탄생일의 연등놀이는 서울·시골을 가릴 것 없이 어느 곳에서나 꽃등을 만들어 팔고, 그밖에 남자아이들에게는 장난감으로 범, 피리, 오뚝이를, 여자아이들에게는 노리개로 각시, 가마, 꽃, 소꿉그릇 따위를 팔았다. 그래서 이날은 오직 하나뿐인 어린이를 위한 잔칫날이 되기도 했다. 불교 신자들은 이날 절간에서 '욕불식(아기 부처님을 목욕하는 식)'을 올린다. 가족의 수대로 갖가지 모양의 색등에다가 불을 켜달고 가족들에게 복이 내려지기를 비는 것이다. 온통 등불로 뒤덮인 이날 저녁을 '등석'이라고 하는데, 이 등석을 위해 며칠 전부터 등대를 세워 등대 끝에다 꿩의 꼬리를 묶어 놓고, 물들인 색비단으로 기를 매달았다. 그리고 등대 머리에 소나무 가지를 매놓고, 그 집안 아들딸의 수효대로 등을 켜달아서 불이 환하고 밝게 한다. 불은 밝을수록 좋은 것으로 되어 있었다. 가난하여 등대를 세우지 못하는 집에서는 처마나 나뭇가지에 등을 켜달았다고 한다.

13) 단 오

단오(端午)는 음력 5월 5일로 옛날부터 농작의 풍년을 기원하던 제삿날이었으나, 지금은 주로 농촌의 명절로서 수리취를 넣어 둥글게 절편을 하여 먹고, 여자는 창포물에 머리를 감기도 하며 그네를 뛰고, 남자는 씨름을 하고 논다. 단오는 설, 추석과 함께 우리나라 3대 명절의 하나이다. 이날을 단양, 중오절, 천중절, 수리, 수릿날이라고도 한다.

단옷날에는 남녀노소 할 것 없이 모두 새 옷으로 갈아입고 즐겁게 노는 날로 되어왔다. 남자들은 씨름대회를 열고, 여자들은 그네를 뛰면서 즐긴다. 또 궁중이나 일반 가정에서나 여자들은 창포 삶은 물에 머리를 감고 약수터 같은 데에서 물맞이를 한다. 그리고 어린이들은 부모나 어른들로부터 단오 명절돈을 받고 즐겁게 노는 풍습이 있었다. 창포 삶은 물로 여자들이 머리를 감지만, 또 창포의 뿌리를 깎아 주사(짙은 홍색의 광물 이름)를 찍어, 어린이들은 귀밑머리에, 부인들은 쪽에, 남자들은 상투에 꽂았다. 이것을 '창포잠'이라고 하였다. 귀한 집에서는 앵두화채와 앵두편과 증편을 조상에 제사 지내고, 손님에게도 대접하였다. 단오의 '단'자는 처음이라는 뜻이며, '오'자는 다섯 오자와 발음이 같으므로, 단오라고 하면 초닷새라는 뜻이 되기 때문에 5월 5일의 이 명절을 단오라고 부르게 된 것 같다.

14) 복 날

삼복(三伏)은 초복, 중복, 말복을 통틀어 말하는 것이다. 초복은 하지 후 삼경일(三庚日)이고, 중복은 사경일(四庚日)이고, 말복은 입추 후 초경일(初庚日)이다. 속에서 중복에서 10일째가 말복이 되어야 하는데 그 중간에 입추가 끼이지 않으면 20일째 되는 날이 말복이 된다. 이것을 월복(越伏)이라 한다. 여름철 가장 더울 때를 일러 '삼복더위'라고 하는 말도 있다. 복은 중국에서 온 풍습으로, 중국 진한시대 이후에 매우 숭상하였다고 한다. 중국 한나라 시대에는 복날에 조정에서 고기죽을 신하에게 내렸다고 하며, 또 일반 민가에서도 맛있고 영양분이 많은 음식을 먹는 행사가 있었다고 한다. 이것은 더워서 식욕이 없어지는 때이기 때문에 몸을 보하기 위한 것이었다고 할 수 있다. 당나라 이후에는 경치가 좋고 시원한 곳으로 피서를 가는 풍습이 생겨났고, 또 진나라 때에는 개를 잡아 황성 4대문에 높이 걸어 악귀를 쫓는 풍습이 있었다고 한다.

우리나라에서는 삼복날에 팥죽과 개장(보신탕)을 먹는데, 특히 시골에서는 이것이 여름철의 큰 재미로까지 되었었다. 팥죽은 열병(열이 높은 무서운 병)을 물리치고, 개장은 몸은 보한다고 하여 이런 풍습이 생겼다. 특히 개는 가장 얻기 쉬워서 곧잘 개장을 만들어 먹는다. 식성이 맞지 않는 사람은 소고기로 대신하여 이것을 '육개장'이라고 했다. 복날에 개를 잡아먹는 것은 속가의 풍속이었고, 사대부집안에서는 육개장을 개장국 대신으로 먹었고, 그 외에도 삼계탕, 계절과일 등을 넉넉히 먹어 더위에 지친 몸을 보하였다. 복 중에는 피서와 탁족(발을 씻는 것)이 유행하였다. 그런데 삼복 중에 비가 오면 대추꽃이 떨어져 열매를 맺지 못해 대추 흉년이 든다.

15) 유 두

음력 유월 보름(6월 16일)을 '유두절'이라고 해서 신라 때부터 내려온 '유두(流頭)'의 풍습이 있다. 이날 남자, 여자를 가릴 것 없이 모두 동쪽으로 흐르는 냇물을 찾아가서 머리를 감고 목욕을 하였다. 이것으로 모든 액을 풀어버린다는 것이었다. 그리고 '유두연'이라고 해서 잔치를 베푸는 풍속이 이어져왔었다. 신라시대의 서울인 경주에는 오래도록 이 풍습이 전해왔으나 다른 지방에서는 행사가 많이 달라져 유두절에는 다만 수단, 건단 같은 시식을 먹고, 피서 놀이나 하는 것이 보통이 되었다. 그리고 머리를 감는 풍습도 어느덧 여자들이 6월 더위의 '물맞이'로 물을 맞는 풍습으로 변하게 되었다.

원래 우리 겨레는 예나 지금이나 깨끗한 것을 좋아하는 천성을 지니고 있는데,

특히 태양을 숭배하는 민족들 사이에서는 깨끗한 것을 좋아하는 풍습이 있다. 특히 깨끗한 것을 좋아하는 우리 민족은 예로부터 더러운 것을 큰 죄악으로 여겨 몸과 마음에 더러움이 있으면 자기 힘으로든 남의 힘으로든 깨끗이 한다는 뜻에서 나온 말들이다. 그런데 옛날에 더러움을 씻어버리는 행사가 여러 가지가 있었지만, 그 중에서도 가장 큰 행사가 바로 유두절이었던 것이다. 유두라는 말은 '동류수 두목욕'(동쪽으로 흐르는 물에 머리를 감는다의 뜻)이라는 말을 줄여서 한 말이다. 유두라는 말은 머리를 풀고 물 속에 엎드리면 머리털이 흘러가는 것 같아서 유두라고 하였다는 말도 있다.

어째든 이런 유래로 해서 유두절에는 다만 동쪽으로 흐르는 물에 머리를 감는 것뿐이라고 생각하기 쉽지만, 사실은 머리뿐 아니라 온몸을 물에 담가 씻는 것이 본래 뜻이다. 또 머리를 씻는다고 하더라도 이것은 온몸을 씻는 것과 같은 뜻으로 쓰이는 것으로, 다만 머리만 씻는 것이 아니다. 수단을 시원하게 만들어 먹고, 농촌에서는 논에 가서 용신제를 지내어 풍농을 빈다.

16) 칠 석

칠석(七夕)은 음력 7월 초이레(7월 7일)이다. 견우와 직녀가 1년에 한 번 상봉하는 날로 전해지며, 무속과 불가에서는 명절 중의 명절로 하늘의 칠성님이 강림하시는 날이라 하여 성대한 칠석맞이 정성을 올린다. '칠석'은 동쪽 하늘의 견우성과 직녀성이 1년에 한 번 만난다는 전설이 전해오는 날로, 삼국시대부터 여러 가지 행사가 있었다.

이날 여자들은 백종의 음식을 차리고 조상의 명복을 빌며, 처녀들은 '걸교'라고 해서 직녀성과 견우성에 절하면서 바느질과 길쌈하는 기술이 향상되게 "길쌈 재주 나누어달라"고 빌었다. 이것을 성제(별제사)라고 했다. 어린이들은 강에서 목욕하고 재앙과 병을 씻어보내는 수신제를 지냈다. 또 여자들은 이날 아침에 풀잎에 맺은 이슬로 분을 개어 단장을 하였고, 의복을 볕에 말렸다. 그리고 선비들은 술을 마시며 시도 짓고 책을 내다 볕에 쬐었다. 옷과 책을 볕에 쬐는 것을 '쇄서폭의'라고 했다.

그리고 그날의 날씨에 따라 그해의 농사를 점치는 풍습이 있었다. 중국 한나라 때는 이날 밤 궁중이나 민가에서 부녀자들이 마당에 바느질감을 늘어놓고 베짜는 기술과 바느질하는 솜씨가 늘게 해달라고 제사를 지냈다고 한다. 이 풍속은 동양의 여러 나라에 퍼졌다. 그리고 이날 밤에는 반드시 비가 온다고 믿는 풍습도 있다.

17) 백 중

백중(百中)은 음력 7월 15일이다. 허물을 대중 앞에 드러내어 말하여 참회를 구하며, 특히 이날은 지옥문이 모두 열리는 날이라 하여 여물대로 여문 오곡백과를 거두어 조상님 전에 제사를 올린다. 백종(百種), 백중(百衆), 중원(中元)이라고도 부르며, 불가에서는 우란분절이라고도 부른다. 이날이 되면 '백중놀이'라 하여 음식을 장만하여 가지고 산으로 들로, 또는 바다로 가서 노래도 하고 춤도 추며 즐긴다. 또 약수터를 찾아 하루를 즐기기도 한다. 그리고 농가에서는 술과 음식을 만들고 일꾼에게도 돈을 주며 놀린다. 농사도 이젠 결실만을 기다리게 되므로 '호미씻기'도 이날에 한다. 공동 작업단이던 농악단인 '두레단'이 결산을 하는 총회도 이날에 한다. 그리고 이날 동네 사람들이 모여 윷놀이, 씨름, 팔씨름 같은 놀이를 하면서 즐겁게 지내는 풍습이 있다.

이 백중은 우리나라 고유의 행사에 불교와 도교의 행사가 아울러 받아들여져서 독특한 하나의 형태가 되었다고 볼 수 있다. 즉, 신라 때의 가배회가 이날에 시작되었으며, 불교에서는 죽은 사람의 괴로움을 덜어주기 위하여 하는 '우란분공'이라는 행사를 이날에 한다. 또 도교에서는 하늘에 있는 선관인 1년에 세 번 인간의 선하고 악함을 기록하는데, 이날을 '원'이라고 한다.

18) 추 석

추석(秋夕)은 음력 8월 15일로 '한가위' 또는 '가위', '가윗날'이라 한다. 또, 한자로는 '가배'라고 한다. 이날은 설과 단오와 함께 우리나라의 3대 명절의 하나로 쳤다. 추석이 되면 한더위도 물러가고, 서늘한 가을철로 접어드는 때이다. 그래서 추석을 중국에서는 '중추절' 또는 '월석'이라고 하였다.

추석 무렵에는 넓은 들판에 오곡이 무르익어 황금빛으로 물들며, 온갖 과일이 풍성하다. 그래서 이날에는 새 옷으로 갈아입고 집집마다 햇곡식으로 만든 술과 햅쌀떡(송편)에 햅쌀밥을 지어 조상에 제사 지내며, 선조의 산소에 성묘한다. 이처럼 좋은 시절이고 만물이 풍성한 때여서, 예로부터 "더도 말고 덜도 말고 늘 가윗날만 같아라" 하는 속담이 있다.

제사를 지내고 성묘를 지낸 뒤, 신곡주, 햅쌀밥, 송편 등을 먹으며 즐겁게 하루를 지내는데, 이날 저녁 어린이들은 '만세재끼'를 하고 젊은이들이 '칭칭이놀이', '강강수월래' 등을 부르며, 추석 달빛 아래 즐겁게 노는 풍습이 전해져오고 있다. 농촌에서는 달빛 아래 꽃송이를 단 고깔을 쓰고 농악을 울리면서 즐겁게 논다. 서울 근교에서는 처녀들이 동그랗게 둘러서서 '닭놀이' 유희를 한다. 그리고 옛날에는 추석 때에도 널뛰기를 많이 했다. 해마다 이날이 되면 각지에서는 씨름을 성하게 하는데 큰 규모의 씨름대회를 개최할 때는 우수자에게 상으로 소를 준다.

신라 유리왕시대에 베짜는 여인들은 8월 15일이면 대궐의 뜰에 집합하여, 그 성적을 심사하고, 주식을 차려놓고 그 수고를 위로하는 일이 있었다. 그때 베를 짜는데 나온 여자들은 가무백희(歌舞百戲)를 했는데, 이것을 가배(嘉俳) 또는 가위라 했다. 이것이 8월 15일을 가배라고 하는 기원이다. 도시, 시골을 막론하고 각 가정에서는 햇곡식으로 술, 떡(송편) 및 여러 가지 산해진미를 조리하여 여러 가지 햇과일과 함께 이날 아침에 가묘에 바치어 조상을 기리는데, 이것을 추석차례, 또는 8월 천신(薦神)이라 한다. 만약 신곡이 아직 익지 않았을 때는 그달의 정일(丁日) 또는 9월 9일에 제사를 지낸다. 정일은 신이 전(奠)을 잘 받는 날이라는 습속이 있다.

또 이날은 한식일과 꼭 같이 성묘라 하여, 조상의 묘지에 참배를 한다. 신분의 귀천을 불문하고 조상의 묘지에 성묘를 하는데 묘지의 잡초는 대개 추석 전에 베어내는 것이 통례로 되어 있다. 시간이 없을 경우 성묘 당일에 베기도 하는데 이를 벌초라고 한다.

19) 추 분

추분(秋分)은 백로와 한로 사이에 있는 절기로, 황도와 적도의 만나는 점 가운데서, 태양이 북쪽에서 남쪽으로 향하여 적도를 통과하는 점으로 태양의 중심이 추분선 위에 왔을 때이다. 양력으로는 9월 23일쯤이다. 이때가 되면 여름 기운이 없어지고 가을이 짙어진다. 추분에는 밤과 낮의 길이가 같아진다.

제주의 한라산과 남해의 금산에서는 춘분과 추분에 노인성(남극노인성, 남극성이라고 한다. 남극 부근 하늘에 있는 별로 사람의 수명을 맡고 있는 별이라고 생각했음)이라는 별이 보여, 그 지방에는 오래 사는 노인들이 많다고 한다. 근년에 와서는 전라남도 순천에서도 이 별이 보인다고 하는데, 다른 별보다도 월등하게 크고, 빛이 밝으며, 추분을 중심으로 하여 전후 수일 동안에 보인다고 『열양세시기』(서울의 연중행사를 기록한 책)에 실려 있다.

20) 중 양

음력 9월 9일을 중구(重九), 중양(重陽) 또는 그냥 '구일'이라고 한다. 중양이라 함은 9가 양의 수이기 때문에 양수가 겹친 것을 의미한다. 이날을 명절로 삼는 것은 중국의 음양설(음인 달과 양인 해의 기운이 우주만물의 바탕 이치가 된다는 주장)에서 온 것으로, 홀수를 양수라 하고, 양수가 겹치는 날을 길일이라고 생각한 것이다. 즉, 1월 1일, 3월 3일, 5월 5일, 7월 7일과 함께 9월 9일도 명절로 삼는 것이다. 중국 한나라 때나 위나라 때에는 특히 이날을 1년 중 마지막 명절이라 하여 국화꽃의 감상과 등산을 즐기는 명절로 삼았다고 한다.

이날은 3월 3일에 왔던 제비가 다시 강남으로 돌아간다고 한다. 구절초를 따다 엮어 말려두었다가 약으로 쓴다. 특히 이날은 주인 없는 혼령들을 제사 지내면 좋다는 습속에 따라 무자조상들의 제사나 돌아가신 날짜를 모르는 선영의 제사를 지내는 풍속이 있다. 도시나 시골을 불문하고 각 가정에서는 국화전이라는 부침을 만들어 먹는데, 국화전이란 3월 3일의 화전과 같은 것으로, 즉 노란 국화의 꽃을 따서 찹쌀가루에 섞어서 만든 전이다. 또 유자의 열매와 배를 잘게 썰어 꿀물에 석류와 잣과를 혼합하여 마시는데 이를 화채라고 한다.

이날 사람들은 교외에 나가서 단풍을 관상하며, 농가에서는 계절이 늦어지기 때문에 신곡으로서 8월의 천신(薦神)을 행하지 못할 경우에는, 이날이 되면 신곡으로 조리한 갖가지의 음식과 햇과일을 가묘에 바치고 제사를 지내며, 그 음식을 먹으면서 하루를 유쾌하게 노는 것이다. 특히 무속에서는 무주고혼이나 제삿날을 모르는 선영들의 기제사를 모시는 날로 중요시된다. 이날 부녀자들은 약수터에 가느라고 분주하다. 3월 3일, 즉 삼월 삼짇날에 약물신(약에 대해 힘을 다스리는 신)이 하늘에서 내려왔다가, 9월 9일 중구에는 돌아가므로, 이날이 지나면 몸을 씻어도 덕을 보지 못하기 때문에, 이날 약수터로 몰려가는 것이라고 한다.

지방에 따라서는 추석절에 신곡이 나지 않으면 추석에 선조에게 제사를 지내지 않고, 그 후 신곡이나 이날이 되면 비로소 '구일차례'라 하여 5대조 이상의 산소에 시제를 올리는 풍속이 있었다. 시골에서는 이웃집끼리, 또 처녀는 처녀끼리 쌀을 모아 떡(송편)을 해서 나누어 먹고 노는 풍습이 있었다. 그러나 중국의 풍속은 우리나라에서는 그리 널리 전해지고 있지 않다.

21) 상 달

음력 시월(10월)을 '상달'이라고 한다. 이달은 1년 열두 달 중 제일 높은 달이라는 뜻에서 상달이라고 하는데, 이 상달을 10월로 정한 것은 10월 3일이 단군 할아버지가 하늘에서 내려오셔서 우리나라를 세우신 '개천절'이기 때문인 것 같다. 즉 개천절은 시조 단군이 왕검성에 도읍하여 하늘에 제사를 지내고(제천) 즉위한 날이다.

이날 일반 백성들도 하늘에 고사를 지내는 풍습이 있다. 즉, 이달에는 '상산 고사'라고 해서 '시사'를 지낸다. 상산이란 말은 단군께서 신령님께 제사 지낸 산이 상산이어서 이 산 이름을 그대로 따서 상산이라고 한 것 같다고 한다. 어쨌든 10월을 상달이라고 하고, 이달에 상산 고사라 하여 시사를 지내는 풍습은, 1년 동안 농사를 지어 많은 햇곡을 거두게 된 것이 오직 하느님과 선조들의 덕분이라고 생각하여 감사하는 뜻으로 생긴 것으로, 이날 햇곡식으로 술을 빚고 떡을 만들어 정성껏 제사 지내는 것이다.

22) 입 동

입동(立冬)은 상강과 소설 사이에 있으며, 음력으로는 10월에 들게 된다. 황경이 255°에 달하는 때이다. 물이 얼기 시작하고, 땅이 얼기 시작하는 때이다. 이날부터 무·배추로 담그는 김장 준비에 바빠진다.

23) 동 지

동지(冬至)는 24절기 중의 하나이다. 태양이 황도상을 움직여 운행하는 위치에 따라서 계절이 변하는데, 황도상에 15°의 간격을 두고 24점을 정하여 24절기라고 하는 것이다. 동지는 태양의 황경이 270°에 왔을 때로, 양력으로는 12월 22~23일쯤 된다. 그래서 음력 11월을 동지가 든 달이라 해서 '동짓달'이라고 하는 것이다. 동짓날은 또 태양이 제일 남쪽으로 기울어져 있는 날로, 밤의 길이가 1년 중 가장 긴 날이다.

이 동짓날이 지나면 하루에 낮의 길이가 1분씩 길어진다고 한다. 이런 현상을 보고 옛날 사람들은 동지 때부터 태양이 다시 기운을 회복하는 것이라고 생각하며, 옛날에 태양신을 숭배하던 때에는 동지를 설날로 삼기도 했었다. 그래서 동짓날을 '작은 설'이라고도 했다.

이날 우리나라에서는 팥죽을 쑤어먹는데, 설날에 먹는 떡국과 마찬가지로, 이로써 나이를 더 먹는 것으로 치는 습관이 있었다. 동짓날에 팥죽을 먹어야만 실지로 나이를 한 살 더 먹는다고 하는 것도 동짓날을 설날로 여겼던 옛 풍습에서 온 것이다. 팥죽은 팥을 삶아서 죽을 쑤고, 그 속에 찹쌀가루로 새알만한 크기로 둥글게 만들어넣어 익히는데, 이것을 '새알심'이라고 한다. 이것을 시식삼아 먹는다. 팥죽은 먼저 사당에 올리고 여러 그릇에 나누어 퍼서 방과 장독, 헛간, 곡간 등에 놓아둔다. 또, 팥죽을 여러 벽과 대문 등에 뿌리기도 하는데, 이것은 잡귀를 몰아내는데 효과가 있다고 해서 하는 것이다.

24) 납일과 납향

납일(臘日)은 동지 후의 제3미일(三未日)이다. 납일은 옛날부터 일정한 날이 없었다. 중국 한나라 때는 동지 후 제3술일, 위나라 때는 제3진일, 진나라 때는 제3축일이었다. 그 후 일정하지 못한 납일에 불편을 느껴 부여에서는 12월 8일로 아주 정해버린 적도 있었다.

우리나라에서는 민가에서 '제천대회'를 열었고, 고려 때에는 대한(24절후의 마지막 절후) 후 첫 용날, 조선시대 때에는 동지 후 제3미일을 각각 납일로 하였었다. 이날 1년 동안의 농사 형편이나 그밖의 일을 태묘와 사직에 고하는 제사를 지냈다. 이것을 '납향(臘享)'이라고 한다. 이날 만든 약은 벌레 먹는 일이 없다고 하여 내의원에서는 급할 때 쓰는 구급약으로 여러 가지 환약을 지어서 임금께 진상하였다. 이것을 '납약'이라고 하였다.

25) 제 석

12월을 섣달 또는 '서웃달'이라고도 하며, 12월 말일을 섣달 그믐이라고 한다. 음력 섣달 그믐날 밤, 즉 1년 중 마지막 날인 12월 말일 밤을 '제석(除夕)' 또는 '제야(除夜)'라고 하는데, 제석이란 뜻은 모든 것이 제거되고 덜리는 밤, 즉 청산하는 저녁이라는 것이다. 이날이 지나면 구정인데 이날 잠을 자면 눈썹이 희게 된다고 하여, 집 안팎에 불을 밝혀놓고 밤을 새우며 새해가 되기를 기다린다.

1년 365일이 마지막 가는 이날 밤은 '수세'라고 하여 집집마다 사당에 제사를 지내고 잡귀가 범하지 못하게 하는 풍습이 있다. 수세를 할 때는 불을 밝히고 새벽닭이 울 때까지 계속한다. 불은 방마다 밝히고 부엌, 광, 문간 등에도 밤새도록 불을 켜놓는다. 이날 밤에 잠을 자면 눈썹이 센다고 하는 전설이 있어, 친구끼리 한데 모여서 음식도 장만하고 술도 마련하여 서로 나누어 먹고, 밤새도록 재미있게 놀다가, 날이 새면 자기 집으로 돌아가는 풍습도 있었다. 이것은 설음식을 차리기에 골몰한 부녀자들이 어린이들에게 불조심을 시킨 데서 나온 풍속이라고 한다.

또 '명도적'이라고 해서 집집마다 켜놓은 촛불을 훔쳐가는 도둑놀이가 있었는데, 촛불을 많이 훔치면 좋고, 만일 훔치다가 주인에게 들켜서 욕을 먹으면 더욱 좋다는 것이다. 이것은 새해 액막이가 될 뿐 아니라, 새해에 재수가 좋다는 것인데 이것은 물론 터무니없는 이야기이고, 다만 하나의 풍습일 따름이다.

또 이날에는 '세찬'이라고 하여 집집마다 음식을 정성껏 만들어 서로 주고받는 풍습이 있다. 음식 외에 물건을 친척, 특히 사돈간이나 친한 사이끼리 주고받는다. 이것은 중국에서 들어온 풍습이라고 하는데, 이렇게 세찬을 주고받는 것은 새해를 맞기에 앞서 서로 복을 비는 새해 인사인 것이다. 옛날에는 세찬으로 주로 생닭, 생전복, 대구, 어란, 육포, 마른 생선, 귤, 곶감 등을 주고받았는데, 지금은 도시에서는 술, 고기 또는 신, 옷감 등을 주고받는 일이 많다.

옛날 조선시대에는 각 도의 관찰사, 통제사, 병사, 수사, 수령 등은 조정과 친척, 친구들에게 그 지방의 특산물을 세찬으로 보냈다. 이때 토산물의 종목을 적은 별전을 보내는데, 이것은 보통 '총명지'라고 했다. 한편, 조정에서는 70세 이상 되는 신하들에게 곡식이나 생선 등을 세찬으로 보내주었다고 한다. 그런데 민간에서는 세찬을 대개 새해가 되기 전에 보냈고, 조정에서 신하에게 하사하는 것은 대개 새해가 밝은 뒤에 하는 것이 보통이었다.

섣달 그믐날이면 밤이 깊어 자정이 지나고 복조리를 파는 사람이 "복조리 사려" 하고 외치며 다닌다. 복조리는 대나무로 엮은 조리인데, 복조리는 반드시 두 개를 사게 마련이고, 이것을 벽에다 걸어두는 것이 풍습이다. 복조리를 팔고사는 것은 서울, 시골 어디에나 있는 풍습으로 복조리 장사가 복조리 사라고 외치는 소리가 밤새도록 들린다. 이 복조리 풍습은 조리라는 것이 쌀을 이는 도구이므로 새해의 복을 조리처럼 취한다는 뜻에서 온 것 같다.

제 5 장

산업적 관광자원

■ 산업적 관광자원의 개념과 범위
■ 산업관광의 유형과 현황

제 1 절 산업적 관광자원의 개념과 분류

1. 산업적 관광자원의 개념

산업적 관광자원(industrial tourism resources)이란 농업 · 공업 · 임업 · 수산업 · 상업 등과 같이 국가의 모든 산업시설과 생산 및 운영 방법을 관광자원화하는 것을 말한다. 그리고 산업적 관광자원을 활용한 관광을 산업관광이라고 부른다. 관광활동이나 그 대상은 매우 다양하여 종래의 산과 바다 등의 자연을 관광하는 것에서 사회 · 문화 · 산업 · 위락을 관광하는 것으로 변화되는 추세이다.

산업관광의 시초는 1950년 초 프랑스에서 시작되었다. 그 당시에 프랑스는 "프랑스의 산업을 보라"라는 구호를 내세워서 산업을 관광자원으로 활용하기 시작했다. 1950년대 중반에 들어와서는 기존의 700여 명에 불과하던 산업관광객 수가 10배에 해당하는 7,000여 명에 이르게 되었다. 이들이 산업시찰과 관광을 겸하여 산업현장을 찾게 되었고, 이로 인하여 대외적인 국가홍보 효과뿐만 아니라 국민들의 국가에 대한 애국심을 고취시키는 효과를 얻게 된다. 그 후 꾸준히 발전되어 오늘날에는 산업적 관광자원이 관광자원의 한 영역으로 확실히 자리매김하고 있다.

2. 산업적 관광자원의 분류

산업적 관광자원의 활용도가 높지 않았던 과거에는 농업, 공업, 상업 등 초기 산업분류에 따라 산업적 관광자원을 분류하였다. 그 결과로 나타난 것이 현재 산업관광에 대한 세부명칭으로 널리 쓰이고 있는 관광농업, 관광공업, 관광상업 등의 용어들이다.

그러나 현대에 이르러는 산업의 분화가 급속히 진행되어 더이상 이러한 명칭에 의해 산업관광을 분류할 수 없게 되고 있다. 그래서 최근에는 1차산업, 2차산업, 3차산업으로 분류하는 산업분류 체계에 따라 분류하려는 시도가 나타나고 있으며, 산업적 관광자원의 구분 또한 이러한 체계에 따르는 움직임이 있다. 이러한 추세는 시대적 요청에 의한 자연발생적인 것으로, 과거 농업관광이 어업과 임업 등 유사분야를, 공업관광이 2차산업의 대부분을, 상업관광이 나머지 전체를 포괄하는 개념으로 사용되던 것에 비해서는 발전적인 것이다.

그럼에도 불구하고 이러한 시도를 수용하기에는 산업적 관광자원으로의 활용이 소수의 몇 가지 산업에 국한되어 있어 개념적으로 무리가 따르는 것도 사실이다. 다시 말해서 빠른 속도로 성장하고 있으며, 향후 지속적 발전도 예상되지만 현재는 과도기적 단계에 해당하여 과거의 개념도 적용하기가 어렵고 포괄적으로 개념을 재정립하는 것도 어렵다는 것이다.

따라서 여기서는 기존의 분류에 따르기로 한다.

(1) 농업적 관광자원

농장, 목장, 어장, 과물시장, 파시, 임업생산 시설, 각종의 관광휴양지, 농수산물 생산체험장 등이 포함된다.

(2) 공업적 관광자원

제철공장, 자동차공장, 반도체공장, 가전업체공장, 조선업체, 항만시설, 발전소, 고속도로, 철도, 목공예 등의 공장시설, 기술분야, 생산공정의 각 분야별로 이루어지는 산업시찰이 여기에 속한다.

(3) 상업적 관광자원

각종의 박람회와 전시회에 참석하는 방문객이나 견본시장, 일반시장, 쇼핑, 백화점 등의 목적으로 방문하는 관광객들이 여기에 속한다.

제2절 산업관광의 유형과 현황

1. 농업관광

(1) 농업관광의 의의

농업관광은 농업을 관광대상으로 하는 여행이나 관광형태로서 좁은 의미로는 농업경영의 견학·관찰·연수를 행하는 것을 말하고, 넓은 의미로는 농업과 연관된 모든 관광현상이라고 말할 수 있다.

관광농업이란 농촌·어촌·산촌의 자연성을 바탕으로 관광객이 농업·임업·목축·어업 등의 의도적으로 지정된 관광시설을 방문하여 관광활동을 할 수 있도록 하는 관광산업이다. 요즈음에는 각각 관광농업·관광어업·관광임업이라 부르고 있으나, 과거에는 농업·어업·임업을 운영하되 주로 관광객을 대상으로 서비스를 제공하는 농업·어업·임업을 통틀어 관광농업이라 하였다. 과거에 이렇게 부른 이유는 다른 것들에 비해서 관광농업이 먼저 발전하기 시작하면서 주도적인 역할을 해왔고, 상대적으로 다른 것들이 산업관광에서 차지하는 비중이 미미하고 발전정도가 약해서 별도의 이름으로 부르기가 어려웠기 때문이었다.

일찍이 농업분야에서는 도시 근교에 과수원·채소원·딸기원·포도원·온실·양어장·산림·목장 등을 이용하여 레저시설 등을 설치하고 소규모나마 도시인들의 위락공간으로도 시민들의 관광욕구에 부응해왔다.

산업관광은 1950년대 초에 본격적으로 프랑스·독일 등에서 개발되기 시작했다. 이것이 덴마크·네덜란드·미국·캐나다·일본 등의 선진국 등에서 널리 발전되었는데 이들 나라들의 관광농업은 농촌공원·농촌박물관·과수공원·농원호텔·화훼센터·국민휴가촌 등으로 다양하게 발전했다.

세계적인 낙농국가로 알려져 있는 덴마크는 국가 전체가 관광농업의 대상이 되고 있다. 그들의 농업협동조합 제도, 낙농기술, 낙농경영, 깨끗한 농촌 그들의 인정미와 전통의 문화는 세계사람들의 매력적인 관광대상이 되고 있다.

네덜란드는 좁은 국토에 지하자원은 전혀 없다. 화훼와 낙농품의 생산과 무역업이 고작이다. 튤립과 히아신스 등의 꽃과 꽃의 구근을 수출하며 꽃이나 낙농을 찾아 이 나라를 찾는 관광객은 통과관광을 합쳐 1년에 3천만 명에 달한다.

1986년 우리가 아시안게임을 치르고, 사상 초유로 외래관광객 150만 명을 기록하여 관광흑자를 냈는데 이와 비교할 때 이들의 관광수입은 짐작이 간다.

이들은 바다를 메워 국토를 넓히는 간척사업이 지금도 계속되고 있으며 국토확장을 위한 자연과의 싸움은 처절하다. 초기에 간척된 토지는 가축의 목초지가 되고 또 낙농단지가 되고, 꽃 재배의 집약적 토지이용이 되는데 이런 일련의 과정들이 관광농업으로 이어진다. 이웃 나라들에 꽃의 수요가 많은 지정학적 조건도 있으나 무엇보다 근면한 국민성과 친절성이 관광농업국가로 끌어올린 동기가 되었다.

독일의 경우 비옥하지 못한 빙하의 토지 위에 인공적인 과학적 조림으로 삼림국가가 되었고, 푸른 전국토는 매력적인 관광대상이 되고 있다.

일본의 관광농업은 매우 주목할 만하다. 고을 현마다 국민휴가촌을 세웠는데, 이는 모두 농어촌의 1차산업에 바탕을 두고 있으며, 지역개발의 내용이 관광산업 개발에 역점을 두고 있다.

이들의 관광농업 경영은 귤따기, 사과따기, 밤줍기, 감자캐기, 고구마캐기 등 작물의 수확에 흥미를 불어넣은 것이 있고 농촌공원 · 과수공원 · 마로니에공원 · 목장공원 · 농원호텔 등 도시임의 휴식과 레크리에이션에 바탕을 둔 것, 딸기원 · 포도원 · 화훼센터 · 화목센터 등 감상하고 채집하는 데 바탕을 둔 다양한 것으로 외래관광객들의 인기도 얻고 수익도 올리고 있다. 또 일본은 관광농업단지를 초 · 중 · 고등학생들의 소풍이나 수학여행의 장소로 활용시켜 자연에 친숙하고 농촌을 배우는 교육의 장소로 활용하고 있다.

우리의 경우 수학여행이 너무 관광지 일변도여서 관광시즌이면 관광지가 몸살을 앓는 경우가 많은데 앞으로 보다 많은 관광농업단지가 개발되어 땀을 흘리고, 일하며, 배우는 장소로 활용해야 하겠다.

미국 · 캐나다 · 이탈리아의 경우는 오렌지단지가 인기가 있고, 열대지방에서는 열대식물원 · 동물원 등이 관광지로 크게 각광을 받고 있다. 미국은 더욱 발전하여 식물원 · 특수농원 · 임업지 · 과수원 · 화원 · 농림공원 · 양어장과 낚시터 등이 관광농업이란 이름 아래 많이 개발되었다.

관광농업단지 내에서 감자캐기, 딸기따기, 과일의 맛 식별하기, 하이킹과 밤줍기, 과수원 유료입장, 임대과수원, 임대농원, 낚시대회 등으로 도시민과 외래관광객들에게 흥미를 준다.

한국도 이런 새로운 형태의 농업이 대도시의 근교에서 시작되었고, 제주도에는 관광산업의 발달과 함께 파인애플단지, 귤 농업단지, 목축 등이 인기를 얻고 있다. 강원도에서도 임대농업 형태가 산발적으로 행해져왔다. 이제 도시와 농촌간에 수요 · 공급의 어쩔 수 없는 배경에서 필연적으로 탄생하는 시대적 산물인 이 관광농업이 1984년도부터 정부가 주관하여 본격적인 개발의 시대가 오게 되었다.

(2) 농업관광의 기대효과

1) 소득증대 측면

전적으로 1차산업에만 의존하였던 농촌의 지역민들이 그러한 생활방법에서 벗어나 농촌의 자연과 생활을 이용한 농업 외의 소득을 올리게 함으로서 지역민들의 제정증대에 도움이 된다.

2) 지역경제

지역민들의 소득증가로 인하여서 지역경제가 활성화되고 그 지방의 자치단체들도 재정의 건전성으로 연결되어 여유 있는 자금으로 지역민들을 위한 여러 가지 사업을 할 수 있다.

3) 국토이용 측면

예전에는 아무쓸모 없이 방치해두었던 계곡, 호수, 하천, 암벽, 숲 등을 관광객들의 욕구에 따라서 개발함으로서 국토이용의 능률화를 이룰 수 있다.

4) 도 · 농간의 상호교류

도시와 농촌간의 상호교류에 의하여 그 동안 도시화의 물결에 소멸되어가던 농촌이 상호교류를 통하여 농촌의 전통적인 생활방식들을 보전할 수 있는 계기가 되었고, 도시민들은 그 동안 체험하지 못했던 경험들을 공유하게 되었다.

5) 농촌의 생활여건 개선

농촌의 활성화에 힘입어서 정보통신, 교통, 문화, 사회적으로 삶의 질의 향상으로 연결되어 농촌의 생활과 지역민들의 복지도 발전하게 된다.

6) 환경의 변화

도시인들의 전원생활에 대한 동경심을 농촌을 통하여 소유하고자 하기 때문에 그로 인하여 자연적인 농촌의 변화를 가져올 뿐만 아니라 그대로 버려졌던 농촌의 유휴지를 개발하여 관광자원으로 활용함으로써 환경보전 의식뿐만 아니라 양호한 자연경관지구로 조성할 수 있다.

(3) 농업관광의 구분

이제 세계 여러 나라에서 다양하게 행해지고 있는 관광농원의 여러 형태들을 종합하여 그 유형을 분류해보면, 첫째 농업 · 임업 · 어업 · 목축에 바탕을 둔 관광농업 · 관광임업 · 관광목축업 등의 단순형이 있고, 둘째 농업과 임업, 농업과 어업, 농업과 목축이 연결된 연결형이 있으며, 셋째는 이들 3가지나 4가지가 종합된 복합형이 있다. 이들을 경영적인 측면에서 분류해보면 개인이 경영하는 개별형, 하나의 지역에 집단적으로 경영하는 집단형, 개별형과 집단형이 공존하는 지역형이 있다.

또 개발과 경영의 주체에 따라 민간주도형, 정부주도형, 관민공동형이 있다.

관광농업은 운영방식에 따라 생산수단임대형, 농산물채취형, 장소제공형, 농산물 판매형 등으로 구분한다. 생산수단임대형은 임대농장·임대과수원 등이 있어서 관광객에게 농장이나 과수원을 일정하게 구분해주고 여기에서 관광객들에게 작물·농기구 등의 생산수단도 제공하여 임대료를 받는다. 외래관광객들은 생산의 즐거움을 맛보면서 과일이나 특수작물 등을 재배하여 다 함께 수익을 올리는 것이다. 농산물 채취형은 농장 내에 농민들이 재배한 각종 농산물을 외래관광객들이 직접 채취하도록 하고, 이들이 과일 따기, 감자캐기, 딸기따기, 채소뽑기 등의 노동의 즐거움을 맛보고 채취한 각종 생산물을 직접 구매하게 하는 형태이다. 장소제공형은 농장 소유주가 자기의 목장·화원·과수원·농장 등을 이용자에게 입장료를 받고 이를 감상·견학하도록 개방하는 동시에 레크리에이션 시설 등을 설치하고 휴식을 위한 장소로 제공하는 형태이다. 농산물 판매형은 지방 특유의 각종 식물의 종묘를 육묘한 것이나 생산물을 가공한 가공품을 관광객에게 직·간접적으로 판매하는 상품공급형이다.

관광임업의 경우는 임산물 채취형, 채취 및 감상형, 장소대여형으로 구분한다. 임산물채취형은 임야를 개방하여 주인이 재배한 것으로 버섯따기, 죽순따기, 밤줍기, 산채캐기 등을 행하여 레크리에이션을 겸하게 된다. 채취 및 감상형은 지역 특유의 곤충·식물·동물 등을 채집 또는 관찰하도록 자연농원·자연식물원·자연동물원·임야 등을 개방하는 것이다. 장소대여형은 산림공원·야생조원(조원)·자연식물원·캠핑장 등을 개발하여 외래관광객들로 하여금 관상·견학·휴식을 즐길 수 있도록 하는 것이다.

관광어업의 경우도 장소제공형, 수산물 채취형, 수산물 가공시설 및 공급형, 내수면 어업형 등으로 분류한다. 장소제공형은 수족관을 설치하여 어류의 생태를 관찰하게 하거나 낚시터·어장·양어장을 설치하여 고기잡이와 레크리에이션 장소로 제공한다. 수산물 채취형은 해초·하천·호수 등 수리시설을 이용한 양어장에서의 낚시와 해변에서는 해초 채취를 즐길 수 있고, 잠수용구를 대여 받아 해산물의 채취활동을 할 수 있게 하는 것이다. 수산물 가공시설 및 공급형은 수산물의 건조·가공·양식 등의 제조과정을 견학하고 직·간접으로 판매 공급하는 것이다. 내수면 어업형은 하천·호수·댐·양어장 등에서 양식한 어류를 입장료를 받고 잡도록 하여 수익을 올리는 것이다.

관광농업을 경영적인 측면에서 보면 개별형은 이것이 하나의 사업체로서 개인이 영위하는 것으로 관광식물원·관광목장·과실따기원 등이 있고, 집단형은 하나의 지역에 집단적으로 경영되며 경영체가 복수인 것인데 감자캐기·딸기따기·산채캐기·버섯따기 등의 생산을 중심한 것이 많다. 개별형과 집단형의 형태를 함께 포함하여 하나의 지역에 각종의 관광농업이 존재하는 지역형에는 과실따기원, 관광용 온실, 꽃재배단지, 감자캐기, 딸기따기 등이 종합된 종합형으로 어느 형보다도 지역개발과의 연관성이 높다.

1) 지역별

농업관광은 지역에 따라서 농촌, 산촌, 어촌 등으로서 다음과 같이 구분된다.

① 농촌관광

농촌의 관광은 농촌에서 이루어지는 농산물거래, 생활 전반에서 볼 수 있는 것들을 고려하여 개발해서 이루어진 관광지를 말한다. 주요 유치시설은 농촌의 공원, 화훼단지, 자연농원, 채소공원, 과수원공원, 동물사육장, 전원주택, 레저시설 등이 있다.

② 산촌관광

산촌의 관광은 산촌에서 볼 수 있는 자연적인 산악, 숲, 산림, 계곡, 임업 등 산악자원들을 활용하여 개발된 관광지를 말한다. 이렇게 개발된 관광지들로는 관광목장, 삼림공원, 자연식물원, 수목전시관, 양생조류시설, 야생방목장, 주말휴양주택 등의 시설이 있다.

③ 어촌관광

어촌의 관광은 어촌에서 이루어지는 생활상과 어촌주변의 절벽, 해수욕장, 해양스포츠 등과 수산물, 각종의 임해자원을 이용하여 활용할 수 있는 관광자원을 말한다. 이러한 자원으로 어촌공원, 낚시장소, 마리나, 해변공원, 양식장, 해중전망대 등이 있다.

2) 운영방법

농업관광은 운영형태에 따라서 생산물 대여형과 농수산물 직매형, 농산물 채취형, 어업장소형 등으로 다음과 같이 구분된다.

① 생산물 대여형

농산물 재배지역을 일정하게 구분하여서 과수나무, 작물, 농기구, 종자, 비료 등의 생산수단을 제공하여 농산물을 재배하게 함으로써 생산의 즐거움을 경험케 하는 방법이다. 이러한 방법에는 임대농사, 체험농장, 임대과수원, 임대목장 등을 들 수 있다.

② 농수산물 직매형

농촌에서 생산되는 신선한 무공해의 채소와 토산기념품, 그리고 대대로 내려오는 농촌의 전통적인 토속음식을 상품화하여 관광객에게 제공하는 방법이다. 이러한 생산물은 채소를 들 수 있는데 엽채류, 과채류, 건강식품 등이 있고, 화훼작물에는 분재, 양란, 선인장 등이 있으며, 향토음식에는 보양식품, 토속음식, 차종류, 술종류, 농산가공품 등이며, 토속민속품에는 죽세공, 목공예품, 석공예 등을 들 수 있겠다.

③ 농산물 채취형

이러한 방법은 농가에서 재배한 각종의 농산물을 관광객들에게 개방하여 직접 농산물을 채취하게 함으로써 농산물의 소중함과 땀의 값어치를 체험케 하고, 관광객들이 채취한 채소나 과일을 요리 내지 먹게 함으로써 자연의 귀중함을 일깨워 주기 위한 방법이다.

④ 장소개방형

농장의 소유주가 그들이 소유한 땅이 자연경관으로서 뛰어나다든지 해서 개방하는 방법을 말한다. 이러한 곳은 울창한 산림이나 농장, 목장, 초원, 과수원으로서 관광객들에게 휴양을 제공하기도 하며, 각종의 레크리에이션 시설 등을 설치하여 즐거움을 주기도 한다.

(4) 농업관광의 개발현황

1) 외국의 농업관광

① 독 일

독일속담에 "독일인은 산에서 태어나서 언젠가는 산으로 돌아간다"는 말과 같이 산림과 초원에 대한 향수가 대단한 민족이다. 그래서 휴가를 갈 때에는 자연 그대로를 즐기기 위해서 농촌을 찾는 경우가 많다. 이러한 독일인의 국민성이 환경애호 사상을 태동케 한 원동력이 되었으며, 그린 투어리즘이라는 농업관광으로 발전하게 되었다.

독일에서의 그린 투어리즘은 바이에른주에서 시작되었고, 특징을 살펴보면 농촌을 지키고 농촌을 부유하게 하자는 것에서 찾아볼 수 있다.

현재 독일 농촌의 관광시설로서는 농가의 민박과 승마코스, 골프장, 스키장, 테니스, 수영, 산책로, 낚시터, 캠프장 등이 있는데 이러한 시설의 공통점은 주변의 환경조건들과 잘 조화가 이루어져 개발되었다는 것이다. 또한 지역민을 위한 온천시설이나 향토 박물관, 음악당, 레크리에이션 시설들이 잘 발달되어 있다.

숙박시설에도 여러 가지들이 있는데 빈방을 빌려주는 민박과 휴가시에 집 전체를 빌려주는 임대주택, 여관, 산장, 유스호스텔, 오피스텔 등과 같이 다양하게 있다.

② 프랑스

프랑스가 농업관광에 관심을 가지게 된 것은 1970년대 후반부터이며, 그 후 1980년대 초에 프랑스 농업관광협회가 "농촌에 와 보세요"라는 슬로건을 가지고 농가를 지원하면서부터이다. 이러한 적극적인 활동에 힘입어서 1980년대 후반에는 농촌관광을 통하여 약 50억 달러라는 실적을 올리게 되었다.

③ 일 본

일본이 농업관광에 관심을 가지게 된 것은 급속한 경제발전으로 인하여 농촌이 도시에 비하여 상대적인 빈곤에 봉착되고 농촌의 일손이 모자라는 실정에서부터 시작된다.

일본의 경시청은 1971년 4월에 농·임·어업에 관한 조사연구회를 통하여, 그리고 동년 7월에 농림성에 의하여 '자연휴양촌계획'이 발표되면서 본격적인 농촌관광이 발전하게 되었다.

이 계획에 따르면 농촌은 국민의 주식을 책임지는 생산지이며, 공업 노동력을 비축하고 있는 기지로서 또한 구매자로서 아주 중요한 국가의 핵심전략이라는 것이다. 이 계획에 의하여 농민과 농촌환경을 자원화함으로서, 농촌을 관광레크리에이션 장소로서 활용하게 되었다. 이러한 곳에는 스키장, 해수욕장, 온천장을 현대화하였고, 민박시설도 대대적인 정비와 더불어서 지역의 관광지를, 국가와 민간회사, 국민 등과 같은 차원에서 홍보 내지 육성정책을 추진하였다.

2) 우리나라의 농업관광

① 농업관광의 현황

우리나라의 농업관광은 1984년부터 농촌의 관광개발을 정부에서 융자 형식을 취하는 방식으로 지원하면서 본격적인 발전을 하게 되었다. 이러한 방법은 도시민의 여가활동을 농촌으로 흡수하여 농가의 소득증대를 추구하는 관광농업을 지역단위로 한 업체(새마을공장)를 시범으로 운영한 것이 계기가 되었는데, 이러한 업체가 시작할 당시에는 12개소에 불과했지만 1990년에 140개소, 96년에는 332개소로 증가했다. 그렇지만 제조업 중심의 농업관광 활성화는 진정한 의미의 농업관광이 아니기 때문에 일반적인 관광자원의 시설이 보완되고 확충되어야 할 것이다.

예를 들면 자연경관이 수려하고 관광자원이 풍부하여 관광객의 방문이 많은 곳과 지역 특산품이 풍부한 지역과 관광자원이 있는 해수욕장, 낚시터, 농장, 삼림욕장 등 지명도가 높은 지역을 집중적으로 개발 발전시켜야 된다. 그리고 지방자치단체가 각종의 관광자원 시설로서 휴게소, 민박시설, 농산물 집판장 등의 부대 및 편의시설 보완에 적극적인 노력이 필요하다. 관광농원 개발사업은 농촌지역의 풍부한 자연환경자원을 농업과 연계·개발하여 증가하는 국민의 여가수요를 농촌공간으로 유치함으로써 도시와 농촌의 교류를 촉진하고 농업인의 소득증대와 지역개발을 도모하기 위하여 추진하는 사업이다.

농원조성이 되기 위해서는 일정규모(지구면적의 40%) 이상을 작목입식하여 농장을 조성하고, 지역특성 등을 고려하여 적정규모의 숙박, 식당, 운동, 휴양시설 등 편의시설을 설치·운영할 수 있으며, 농원의 여건에 따라 경운기 운전, 농작물 심기, 토끼 등 가금 기르기, 고구마 등 농작물 캐기, 영농체험, 멧돌이용 순두부 제조 등 전통음식 만들기, 연날리기, 민속놀이, 전통예절 익히기, 농촌문화 체험, 야생화 등 생태계 조사, 반딧불, 메뚜기 잡기 등 자연학습(생태관광), 운동, 휴양휴식하면서 인근 유적지, 관광지 등을 관광할 수 있는 테마 있는 농원이 되도록 유도하고 있다.

농원으로 지정되면 정부는 450만 원 범위 내에서 작목입식, 기반조성, 부대·편의시설 설치 사업비의 70%까지를 융자 지원하였으나 1999년부터는 신규지원은 억제하고 기존농원의 내실화에 중점 지원하고 있으며, 앞으로도 시설자금 지원보다는 다양한 프로그램 개발 등 소프트웨어와 지역의 축제 등과 연계하여 추진하도록 중점 추진할 계획이다.

2001년 운영결과를 보면 도시민 등의 농원방문객은 4,337천 명(농원당 평균 12천명)에 총매출액은 428억 원을 기록, 농촌소득 증대뿐만 아니라 도시민에게 농촌에 대한 이해의 공감대를 제공하는 휴식·휴양의 공간으로 점차 자리잡아가고 있다. 2001년 현재 우리나라에서 관광농원으로 개발 된 곳은 <표 5-1>과 같다.

〈표 5-1〉 지역별 관광농원 개발현황

2001년 말 현재

구 분	광주	울산	경기	강원	충북	충남	전북	전남	경북	경남	제주	계
농원수	1	2	19	52	30	50	25	67	40	49	18	353

* 자료 : 농림부

한편 전국연안 어촌지역의 사라져가는 전통민속문화를 발굴·보존·전시하여 어촌주민의 정신적·문화적 혜택 제공과 지역간 균등발전을 도모하고, 어업의 발달사를 한눈에 볼 수 있는 친수산, 친해양 교육의 산실을 마련코자 1998년부터 2001년까지 전남 완도(60억 원), 경남 거제(40억 원), 강원 삼척(40억 원) 등 3개 지역에 140억 원을 지원하여 어촌민속전시관을 건립하고 있다.

또한, 증가하는 도시민의 관광·레저 수요를 자연경관이 수려하고 부존자원의 개발효과가 기대되는 어촌지역으로 유치하여 국민정서의 함양은 물론 어촌 유휴노동력의 고용기회 창출과 어업 외 소득원 개발, 어촌지역 개발을 도모하고자 1990~1996년까지 어촌관광사업으로 67개소에 35억 원을 지원하였으며, 안정적인 사업의 유도를 위하여 1997년부터 개소당 30억 원씩 2개년 사업으로 투자하는 어촌휴양단지조성사업을 추진하여 현재 전남 보성·신안·해남군 등 3개소에 90억 원을 투자중이다.

특히, 최근 어업여건의 변화로 어려움 속에 있는 어업인·어촌을 활성화하고 어촌관광 산업화를 위한 모델개발과 새로운 소득원 개발 차원에서 어촌체험관광마을 조성사업을 추진하여 어업활동의 장(場)인 어촌을 어업체험, 양식체험, 갯벌체험, 스킨스쿠버, 바다낚시 등 체험관광마을로 개발하고 있다. 2001년에는 어촌종합개발사업비를 활용하여 경기 화성시 궁평 등 전국 9개소에 국비 47억 원을 시범적으로 투자하여 지역어민들이 친숙한 어업환경에서 자율적인 체험관광마을 운영이 가능할 수 있도록 관광기반시설을 조성하고 있으며, 실질적인 어촌경제 활성화가 기대된다.

어촌민속전시관 건립사업은 2001까지 지원 완료되는 3개 지역(경남, 전남, 강원)에 이어 지역의 균형발전을 위하여 충남, 경북, 제주, 인천·경기 지역에 각 1개소(연안 시·도 당 1개소)를 건립하여 어촌지역의 전통민속문화를 적극 발굴·보존·전승시켜나갈 계획이다.

어촌휴양단지조성은 융자지원사업 특성상 사업자의 융자부담으로 사업추진이 원활하지 못하여 2001년까지 계속사업만 지원할 예정이며, 지역 어업인에게 실질적인 소득이 돌아갈 수 있는 어촌체험관광마을 조성사업으로 전환하여 장기적으로 추진할 계획이다.

어촌체험관광마을은 어업인이 중심이 되어 직접 운영이 가능하도록 관광어촌 조성에 필요한 기반시설을 국가에서 지원하며, 어촌관광리더 교육 등을 동시에 실시하여 지역주민의 어촌체험관광 안내와 운영능력을 배양시킬 계획이다. 또한, 다양한 체험 프로그램을 구비하여 방문자가 창조적으로 보고, 듣고, 참가하여 즐길 수 있게 하고, 지속적인 자연환경 보존과 정비로 어촌지역을 관광자원화하는 등 어촌계와 지역주민들이 참여하는 관광으로 발전시켜 어업 외 소득 증대로 어촌사회의 활력을 회복하는 계기를 마련할 예정이다.

장기적으로 전국 연안 시·군에 1개 마을씩을 선정 2009년까지 57개 마을(2001년 체험마을 포함)을 어촌체험관광마을로 조성할 예정이며, 마을 당 20억 원을 투입하여 어촌관광 기반시설 조성, 체험 프로그램 개발, 휴식공간 조성 등 기반시설을 구축할 예정이다. 먼저 2002~2003년까지 '시범 어촌체험관광마을' 7개소를 지정하여 중점조성(동해 2, 서해 2, 남해 2, 제주 1) 후 동 사업에 대한 종합평가를 실시하고, 그 결과에 따라 좀더 체계적이고 효율적인 어촌체험관광마을 조성사업을 추진할 예정이다.

〈표 5-2〉 **어촌관광개발사업 지원실적 및 계획**(국비, 융자금)

단위 : 개소, 백만 원

사업별		목표	1998까지	1999	2000	2001	2002 이후
어촌민속 전시관건립	사업량	7	2	1(2)	(3)	(2)	4
	지원액(보조)	21,000	1,000	3,000	3,000	2,000	12,000
어촌휴양 단지조성	사업량	15	1	(1)	2	(2)	12
	지원액(융자)	22,500	750	750	1,500	1,500	18,000
어촌체험 관광마을	사업량	25	-	-	-	9	57
	지원액(보조)	61,711	-	-	-	4,711	57,000

* 자료 : 해양수산부
* 주 : ( )는 2~3개년 사업

2. 공업관광

(1) 공업관광의 의의

세계의 선진국가들은 제조업의 특성을 통하여 국가의 기간산업에 대하여 자국을 방문하는 외국의 관광객이나 그 분야에 관심을 가지고 있는 제 국가들에게 자국의 대표적인 공업시설을 견학·시찰시키는 공업관광을 널리 실시하고 있다.

이는 국제무역과 국제협력을 직·간접적으로 정진시키는 활동을 할 뿐만 아니라 지식관광, 교육관광의 관점에서도 방문국의 산업 수준을 이해시키는 관광으로 효과가 매우 큰 관광이며, 또한 국위선양에도 크게 이바지하고 있다.

이러한 공업관광에는 현대국가에 있어서 중요한 국가기관산업인 시설, 공업단지 등이 포함되는데 이 같은 시설에는 경영조직, 운영관리 상태, 공장기계 설비, 제조업 공장, 기술연구소, 경영기법, 종업원 교육훈련, 종업원 복지시설 등이다.

공업관광은 기술선진국가에서 많이 시행하고 있는데 우리나라도 1980년 후반부터 이러한 공업관광을 위해서 후진국의 기술자와 노동자를 초청하여 시설을 견학시키고 기술교육을 국가 마케팅 차원에서 확대시키고 있다. 이러한 대표적인 공업관광 대상 공장으로는 포항종합제철, 울산현대조선소, 수원삼성전자 공장, 창원 현대자동차 공장, 여천 엘지화학 공장, 광양제철소, 한국통신, 한국도자기 공장, 대관령 삼양라면 공장 등이다. 우리나라의 공업관광 유형은 다음과 같다.

(2) 공업관광의 유형

1) 수출자유지역

산업단지 조성에서 생산활동에 이르기까지 정부에서 담당하며, 수출자유지역 내의 외국투자기업들은 대부분이 단일 보세구역 내에 위치하고 있다.

2) 수출산업 공업단지

정부기관과 산업관리공단이 관리하며 보세구역의 혜택이 있고, 전자, 금속, 섬유, 화학, 정보통신, 광학기계 부품 등의 업종들이 있다.

3) 지역 공업단지

지방의 중소기업 육성과 공업의 지방분산화를 통해서 지역간의 격차를 해소하고 수도권으로의 인구 진입을 억제하기 위해서 중소도시에 공업단지를 조성한다.

4) 민간 공업단지

지방의 자치단체에서 세수를 극대화하기 위하여 적극적인 민간공업단지 조성을 위해서 각종의 세금혜택과 입지를 확보, 지원하고 있는데 민간공업단지의 주체는 민간기관이고, 업종별로 집단화를 이루는 것이 특징이다.

5) 중화학 공업단지

국가에서 기관산업 육성의 일환으로 추진하는 공업단지로서 주로 임해지역에 위치하여 외국으로 수출을 용이하게 하는 공업단지이다. 중화학공업 제품이 주류를 이루며, 그러한 제품을 집중 개발하는 것이 목표이다.

(3) 공업관광의 개발현황

1) 외국의 공업관광

① 독일의 공업관광

- 자동차공업 관광지역 : 제네랄모터스공장, 피히텔·작스공장, 다임라벤스공장, 케스보라공장, 마길드도이치공장, 발더회사, VW회사, SKF Ball Bearing 공장.
- 화학제약 공업관광지역 : 쉐링회사, 메르크회사, 베링거회사, 베이어회사, 나트반공장, Hochst회사, 의료박물관, 붓커화학회사.
- 포도주 공업관광지역 : 포도주 시음 및 포도주 연구제공, 포도주 품질 연구소 방문, 포도주 농장 견학, 포도주 주조장 견학, 포도주 재배 및 재배토양 강의, 영어·독어·불어에 의한 포도주 연구 강연.
- 피혁공업 관광지역 : 프랑크푸르트 근교 오스휀바하, 부인용품과 핸드백 산업지역, 빌헬름바하 피혁 공업지역, 아콥물러 공장과 제화공장, 인조피혁공장 등.
- 맥주공업 관광지역 : 맥주주조 전문학교, 홉 재배농장, DAB 주조장, 레베브로어, 페닝거빈딩, 주조 연구소 및 주조 박물관, 바이웬슈텐판 주조학교 등.
- 인쇄공업 관광지역 : 독일 인쇄기 제작회사, 출판사.
- 기타 : 독일의 군수산업공장, 광산업 단지, 주택건설 지역, 가구산업지역, 정보산업 단지, 의료산업단지 등.

② 남아프리카 연방공화국의 공업관광

- 다이아몬드 관광지역 : 킴벌리로서 세계 최대의 다이아몬드 채광지역, 다이아

몬드 박물관, 노천 다이아몬드 채굴지 등

- 금 관광지역 : 요하네스버그
- 의학 관광지역 : 요한네스버그의 소아마비연구소, 핵에너지 연구와 원자력 연구, 세계 수준의 의학기술과 심장이식 수술 분야 등에서 유명한 케이프타운
- 양모 및 직물 공업 관광지역 : Port Elijabath 대학 내 양모직물 연구소 등

③ 벨기에 공업관광

- 가구산업 관광지역 : 독일에 이어 유럽 제2의 가구산업국으로서 전통적인 가구에서부터 현대적인 가구에 이르기까지 여러 가지 제품이 생산되고 있다. 대표적인 곳과 행사는 벨기에 가구 수출협회와 목재산업연맹, 국제가구 전시회, 인테리어전시회, 인테리어 디자인전 등이 있다.
- 섬유산업 관광지역 : 벨기에는 특수직물이 유명하며 생산, 직조기술, 디자인, 편물, 고브란 직물생산 등을 견학할 수 있으며, 섬유산업의 대표적인 곳은 벨기에 직물산업연맹이다.
- 유리 도자기 산업관광지역 : 벨기에는 17세기부터 유리공업과 도자기 공업이 발달하였는데 특히 크리스털 공업이 발달하였다. 이러한 공장 및 박물관 등을 견학하고 관련기관 단체, 기업 등을 관광한다.
- 다이아몬드 산업관광지역 : 과거 식민지 국가인 자이레와 전통적인 우방관계로 자이레로부터 다이아몬드 원석을 수입하여 보석을 가공하는 세계최고의 보석 생산국이다. 따라서 보석에 관련된 디자인, 보석 커팅 기술, 보석정밀, 공업용 다이아몬드 생산지 등을 견학할 수 있다.

3. 상업관광

(1) 상업관광의 특성

상업관광이란 상업제품과 지역을 관광화·대상화시킨 것으로서 물건의 구매와 지방 특유의 시장풍물과 상품을 보기도 하며 살아가는 지역 주민들의 생활상을 보고 느끼는 것이다. 현대의 상업관광의 형태는 보고, 감상하고 즐기는 것뿐만 아니라 그 고장의 문화를 구매하는 단계까지 변화하였다.

상품의 견본시, 박람회, 전시회 같은 행사 등이 방문국 차원에서 개최되어 매력 있는 관광의 대상이 되기도 하고, 관광의욕이나 생산의욕을 자극시키는 동기가 된

다. 또한 화려한 대도시에서의 백화점이나 쇼핑센터가 그들 특유의 조건으로 관광객을 유인하기도 하며, 전근대적인 것이기는 하나 전래의 특수시장이나 상품을 팔고 선전하기 위한 각종의 쇼가 등장하고, 고급호텔에서 전통의 좌판이나 포장마차가 등장하여 자선쇼나 판촉쇼가 펼쳐지기도 한다. 런던의 한복판에 벼룩시장이나 싱가포르의 번화가에 있는 각종 행상들, 동경의 긴자거리는 이제는 세계적인 쇼핑의 관광명소가 되어 있다.

뿐만 아니라 세계 도처에 있는 노점상들이나 상설시장과 특히 우리나라의 5일장 등은 그곳 서민들이 살아온 얼과 애환이 담겨 있어서 외래관광객의 인기는 날로 더해가고 있다. 이제 이들 다양한 상업활동이나 상업시설 등을 관광상업과 연결시켜 보는 것은 지역의 산업과 관광산업의 발전에 매우 유익하다.

(2) 우리나라의 상업관광

우리나라는 예로부터 자급적인 경제생활을 영위해오는 데다가 지형조건으로 육상교통이 불편하고 전통적 농본정책으로 상업을 매우 천시해왔던 것이다. 그리하여 조선시대 말까지도 상업활동이 미약했으며, 따라서 상업의 근대화마저도 늦었다.

전통적인 상업지역으로는 도성 안에 겨우 시전(市廛)이 있었는데 개성의 시전과 서울의 육의전(六矣廛) 또는 육주비전이 그것이다. 이들 시전은 포목이나 어물, 지물 등을 전문적으로 판매하였으나 이들은 관권과 결탁되어 있었으므로 일반에게 널리 이용되지 못했다. 일반 백성은 객주와 보부상을 중심으로 하는 정기시장을 통하여 필요한 물자를 거래하였다. 이들 정기시장은 닷새마다 열리는 5일장으로 주로 읍·면소재지를 중심으로 이루어졌다.

또한 이들 정기시장은 생산물의 판매와 생활필수품의 구매에 그치지 않고 영농 및 생활정보의 교환과 사교와 오락의 기능까지 지닌 중요한 지역사회 결합의 장소였다. 정기시장은 광복 전까지 전국에 1,500개 이상이 있었으나 근대화에 밀려 오늘날에 겨우 866개로서 급속히 수효가 줄어들고 있다.

반면에 도시화의 가속으로 도시에는 근대적 상설시장이 있는데 일정지역을 점유하여 뚜렷한 상업지역 경관을 이루고 있다. 현재 한국에는 이들 상설시장이 500여 개소가 있는데 규모가 크고 널리 알려진 것으로 서울 동대문·남대문시장을 비롯하여 부산의 국제시장, 대구의 서문시장이 있다.

지난 아시안게임 기간 중 방한외국인들은 경기장 이외에 가장 인상이 남는 곳은 방문자 1,500명 가운데 대다수가 서울의 이태원을 꼽았는데 이곳이 쇼핑하기에 가장 알맞은 곳이기 때문이다. 그러나 일본인의 대다수는 남대문시장을 가장 인기있는 곳으로 택했다. 이들은 이곳을 통해 한국인의 활력 있는 삶을 진하게 느낄 수 있었다는 것이 그 이유로 이제 대도시의 유명한 상설시장 등은 분명히 관광객의 인기높은 대상지로 등장했다.

또한 도시의 지역분화에 따라 도매·소매상가가 형성되는데 이들은 상품의 전문화와 집적의 경향을 보이고 있다. 도매상가는 대도시 시장지역에 형성되고, 도심지의 소매상가는 서울의 남대문로, 종로, 을지로, 부산의 광복동, 대구의 동성로, 광주의 충장로 일대 등 대도시 중심부에 위치한다. 상가가 지하에까지 확대되어 매력적인 도시관광 대상이 된다. 또 도심지 소매상가 중에서 특수한 것으로 백화점이 있는데 지방도시에서는 수효가 적고 규모도 적으나 서울 등 대도시의 경우는 대단위의 쇼핑과 위락 문화의 센터로서 훌륭하게 관광명소의 역할을 하고 있다.

지방의 정기시장인 5일장이 근대화에 밀려 그 수가 감소되고 있으나 요즈음 들어 담양의 죽세공품 시장이나 강화의 화문석 시장, 성남의 모란장처럼 남아 있는 5일시가 관광명물로 인기가 높아가고 있어 특색 있는 정기시의 개발·보존에도 관심을 가져야 하겠다.

특수시장으로는 지방 특산물의 출하에 따라 황간의 대추, 성환의 참외, 순천의 목화, 담양의 죽세공품, 안성의 유기 등이 예로부터 이름이 났었으나 근대화에 밀려 목화는 자취를 감추었고, 유기는 겨우 명맥을 이어가고 있을 뿐이다.

반면에 제주의 감귤, 금산의 인삼, 음성의 영양, 임실의 고추, 영동의 감, 상주의 곶감·쌀·누에고치의 삼백, 승주와 진양의 단감, 부천의 복숭아, 한산의 모시 등은 지방특산물 시장으로서 나날이 그 진가를 더해가고 있다.

시장운영 제도상 가축시장, 청과시장, 수산물시장, 과거의 약령시 등이 있는데 가축시장은 가축의 주산지인 영남지방에 전국 가축시장의 약 41%가 집중되어 있으며, 흔히 정기시장에서 되어 있으나 별도의 시일(市日)에 개설되는 경우도 있다. 예로부터 진주, 금천, 포천, 수원 등지의 우시장이 유명했고, 요즈음에는 가축을 차량으로 운반하게 되어 가축시장 운영에도 큰 변화를 초래하였다.

청과물시장으로는 서울 용산의 청과시장이 유명하였고, 이제는 가락동 시장이 유명하다. 수산물시장은 부산의 자갈치시장, 서울 노량진의 수산물도매시장 등이 유명하고, 흑산도, 추자도, 연평도 등에는 조기철에 파시(波市)라는 일시적 수산물시장이 형성되기도 하는데 이들도 훌륭한 관광대상을 이룬다.

약령시란 조선시대에 한방약재를 거래하던 특수시장으로 연 1회 또는 봄, 가을로 2회 개시했었다. 이는 대구, 전주, 원주, 공주, 진주, 청주에 있었으나 그리 오래 지속되지 못하였고, 대구의 약령시만이 일제시대까지 지속되었으나 광복 후 한때 폐시되었으며, 서울의 경동시장도 한약재를 주로 취급하여 독특한 상가경관을 이루고 있다.

이밖에 이태원에 외국인 상대의 보세품점이 밀집하여 형성한 보세품시장이나 서울 강남의 한국종합전시장, 고속버스터미널과 서초동의 꽃시장, 그리고 지하철 개통과 함께 많아진 서울과 부산의 많은 지하상가 등 매력 있는 관광대상이 된 특수시장이 많이 등장하고 있다.

상업적 관광자원 중 쇼핑센터(백화점 포함)나 재래시장은 많은 관광객이 즐겨찾고 외화획득에 크게 기여하고 있다. 이른바 쇼핑관광이라는 관광형태는 관광여행에서 이미 기본적인 요소로 자리를 잡았다. 그것은 2001년도 한국관광공사에서 실시한 외래관광객 실태조사에서, 한국방문 외래객의 88%가 쇼핑경험이 있는 것으로 응답한 것에서도 나타난다. 쇼핑관광의 대상이 되는 품목에 대해서 과거에는 토산품, 공예품 또는 기념품 등의 용어로 불리는 것들이라고 생각하였다. 이들 여러 용어는 서로 유사하면서도 각기 다르게 불리고 있었다.

또 동일한 용어일지라도 개념이나 정의를 규정하는 주체나 특성에 따라 다소의 차이를 보여주고 있는데, 이같이 각기 다른 표현을 사용하게 된 배경은 각 기관 및 단체마다 산물의 생산장려, 판매촉진, 소득증대, 수입증대의 목적과 동기가 다른 데서 찾아볼 수 있으며, 소관분야별 관심사항과 의도하는 사업목적이 상이하기 때문에 고유한 생산방식에 의해 생산, 가공하는 제품을 형편에 맞게 적절한 해석과 그 범위를 정했기 때문이다.

그런데 최근 여행자들이 지역 고유의 특산품이 아니라 해도 여행지에서 상품가격이 자신들의 거주지 가격보다 싸거나, 품질 또는 디자인이 우수한 경우에는 이를 구매하는 성향이 높아지고 있다. 수입품, 가전제품, 화장품 등이 그 예이다. 즉, 쇼핑관광상품의 품목이 상당히 다양해지고 있어 판매가 가능한 산물은 쇼핑관광상품으로 인정하는 추세이다.

결국 소비시장 수요를 예견하고 대응하여 다양한 계층의 수요자의 욕구를 충족시키고 만족을 줄 수 있는 속성을 갖춘 산물이면 어떠한 형식에 구애받지 않고 쇼핑관광상품으로서 인정하는 것이 바람직할 것이다. 따라서 관광객이 구매하는 공산품뿐만 아니라 농수산품, 임산물, 향토음식도 훌륭한 쇼핑관광상품으로 자리잡을 수 있다.

〈표 5-3〉 관광토산품 관련 용어

용 어	규정주체	정의와 개념
기념품	안종윤	상품이든 사진이든간에 지나간 여행을 회상하도록 하는 물건
	C. Dervase	관광지를 기념하기 위하여 여행중에 구입한 것
	문화관광부	한국 고유의 전통성을 지닌 공예품과 일상용품 등 관광객이 방문지에서 구입 또는 취득할 수 있는 모든 상품
토산품	한국사전	어느 지방 또는 나라에서 생산되는 독특한 상품
	일본사전	여행지에서 구입한 그 고장 토지의 산물
공예품	중소기업 진흥공단	·민간에 의해 전해내려오는 전통 기능, 기술, 기법 또는 토속 원재료를 근간으로 하여 생산되는 조형제품으로서 제조과정의 주요부분이 수공업적 특성을 가진 제품(다만, 일부 생산공정이 기계화되어 대량생산되는 제품을 포함한다) ·특정한 지역의 자연환경, 풍속, 유적 등의 특성을 소재로 하여 생산되는 조형제품으로 당해 지역의 전통적 또는 예술적 특성을 가진 제품
	공예협동 조합연합회	기능인이나 숙련공이 예술적 가치가 있게 만든 공작품을 총칭하는 것으로서 ① 생산지역의 전통적 예술적 특징과 ② 가내 수공업적 특징 및 ③ 장식적 특징을 갖는다.
민예품	한국산업경제 연구원	과거에 사용되었거나 오늘날 사용되고 있는 제품 중 인간에 의하여 상당한 가공이 이루어진 것. 단, 실용성의 유무와는 관계없으며 일반적으로 건축물은 제외한다.
	중소기업청	민간에 의해 전해내려오는 공예기능에 의한 제품 및 향토성이 있는 창조적 제품
특산품	행정자치부	각 지방에서 특별히 생산한 우수 제품
	한국관광공사	일반적으로 그 지방에서 전통적 방식에 의해 생산되는 특징있는 독특한 산물(토산품과 동일한 의미로 사용)
	한국산업디자인진흥원	관광객이 방문하는 방문국 또는 방문지의 지역 특성이 표출된 일반 공산품, 공예품, 민예품, 농가 부업제품, 토산식품 등을 포함한 상품으로 그 지역의 특유산업과 연결되어 있으며 관광지에서의 관광여행 추억을 간직할 수 있는 취득 가능한 상품

* 자료 : 허갑중, "관광토산품 국제경쟁력 강화방안"(한국관광연구원, 1997), 관광쇼핑상품실태분석 및 개선방안"(한국관광공사, 1988), p.6

외래객들이 선호하는 쇼핑품목은 1960년대에는 인삼, 도자기, 칠기, 수예품 등 주로 전통공예품이, 1970년대에는 기존의 전통토산품 외에 자수정과 인형, 완구, 의류 등이었다. 1980년대에는 전통토산품 외에도 귀금속, 보석류, 공산품, 식품 등 품목이 다양화되기 시작하였다. 1990년대 들어서는 의류나 식료품 등의 상품이 급격한 인기를 얻으면서 외국인 대상 판매품목 가운데 상위권을 차지하고 있으며, 2001년도의 경우 과자 및 기타 식품(44.8%), 김치(42.1%), 의류(40.5%), 액세서리(24.9%), 향수·화장품(24.8%), 피혁제품(24.6%), 담배(21.9%), 인삼·한약재(20.8%), 신발류(20.4%) 등의 순으로 선호도가 높았다.

정부에서는 쇼핑산업의 진흥을 통해 외화획득을 증대하고자 외국인 관광객에게 물품을 판매하기에 적합한 시설을 갖추어 국내에서 생산되는 주원료를 이용하여 제조 또는 가공된 물품을 판매하는 업을 관광진흥법에 의해 '외국인전용관광기념품 판매업'으로 등록하는 제도를 채택·운영하고 있으며, 국가적 수준의 경쟁력을 갖춘 '우수관광기념품'을 개발·육성하기 위해 관광기념품 생산 및 판매업체 등의 현황조사 결과를 토대로 체계적인 관광기념품 육성정책을 마련하여 추진하고 있다.

특히 외국인의 기호에 맞는 다양한 상품을 개발하며, 생산업체의 우수관광기념품 개발의욕을 고취시키기 위해 상품 및 포장디자인 개발지원, '우수관광기념품' 지정제도 운영, 관광기념품공모전을 1998년도부터 매년 추진중에 있다. 또한 지역별 특색 있는 관광상품 개발을 위해 우수 관광기념품 개발에 대하여 관광진흥개발기금을 지원하고 있으며, 관광기념품 판로지원을 위해 관광기념품 판매센터도 설치·운영해나갈 계획이다.

쇼핑 관련 외래관광객 유치 활성화를 위해서는 남대문, 이태원, 동대문 일원(홍인시장, 덕운상가, 제일평화, 운동장평화 등) 등에서 상인을 대상으로 한 친절맞이 캠페인 실시와 외국어 쇼핑도우미 파견, 무료통역 안내, 스티커 및 상인들을 위한 회화 자료집 배포 등 지원활동을 하고 있다.

쇼핑목적의 방한 외래객 증가와 더불어 쇼핑장소에 대한 선호도도 면세점, 백화점, 남대문시장, 동대문시장, 이태원, 문정동 등으로 훨씬 다양화되었다. 각 쇼핑업체들은 외국인 쇼핑관광객 유치를 목적으로 외국어로 된 세일 안내문을 활용하거나, 외국어 통역도우미 배치, 영어·일어·중국어 등 외국어 안내방송 실시 등 적극적인 판매활동을 전개하였으며, 특히 재래시장과 호텔과의 전략적 제휴(신라호텔 - 두산타워, 힐튼호텔 - 남대문시장) 등을 통해 보다 적극적인 고객유치에 나서고 있다.

〈표 5-4〉 전국 재래시장 현황표

구분	명칭	소재지	비고	
서울	동대문시장	서울특별시 동대문구	상설	의류, 잡화, 가죽
경기	모란장	성남시 중원구 성남동	4일, 9일	잡곡, 가축, 의류, 생선
	설악장	가평군 설악면 신천리	3일, 8일	밤, 더덕, 산나물
	양평장	양평군 양평읍 양근리	3일, 8일	은행, 더덕
	김포장	김포시 북변동	2일, 7일	포도, 배추, 마늘
	이천장	여주군 이천시 관고동	2일, 7일	각종물품
	화문석시장	인천시 강화군 강화읍	2일, 7일	화문석, 인삼, 고추
강원	북평장	동해시 북평동	3일, 8일	오징어, 문어, 해삼, 멍게
	진부장	평창군 진부면 하진부리	3일, 8일	메밀묵, 당귀
	증산장	정선군 남면 무릉리	4일, 9일	고추, 마늘
	풍물장	춘천시 약사동	2일, 7일	씀바귀, 배추, 무, 소면
	정선장	정선군 정선읍 봉양리	2일, 7일	고추, 황기
충북	주덕장	충주시 주덕읍 신양리	3일, 8일	소, 고추, 마늘, 참깨
	덕산장	제천시 덕산면 도전리	4일, 9일	약초, 곡물, 마늘
	영동장	영동군 영동읍 계산리	4일, 9일	야채, 버섯, 포도, 사과, 삼
	괴산장	괴산군 괴산읍 동부리	3일, 8일	결명자, 소, 고추, 마늘
	영춘장	단양군 영춘면 상리	3일, 8일	마늘, 약초
	음성장	음성군 음성읍 읍내리	2일, 7일	각종물품
	진천장	진천군 진천읍 읍내리	5일, 10일	마늘, 고추, 참깨
대전·충남	유성장	대전시 유성구 장대동	4일, 9일	잡곡, 과일, 고추
	마전장	금산군 추부면 마전리	4일, 9일	인삼, 수삼, 포도, 깻잎
	강경장	논산시 강경읍 대흥리	4일, 9일	젓갈, 해산물
	장항장	서천군 장항읍 신창리	3일, 8일	해산물, 곡물
	대천장	보령시 대천동	3일, 8일	양송이, 벼루
	미당장	청양군 장평면 미당리	3일, 8일	구기자, 고추
	광천장	홍성군 광천읍 광촌리	4일, 9일	새우젓, 어패류, 김
	금산장	금산군 금산읍 중도리	2일, 7일	인삼, 약초
전북	남원장	남원시 금동	4일, 9일	의류, 약재
	진안장	진안군 진안읍 군상리	4일, 9일	인삼, 채소
	무풍장	무주군 무풍면 현내리	3일, 8일	오미자, 고추
	홍덕장	고창군 홍덕면 홍덕리	4일, 9일	대추, 사과
	대야장	군산시 대야면 지경리	1일, 6일	배추, 무

전 남	주암장	순천시 주암면 광천리	3일, 8일	고구마줄기, 고추, 배추
	성북장	나주시 성북동	4일, 9일	배, 대추
	진상장	광양시 진상면 섬거리	3일, 8일	매실, 밤
	구례장	구례군 구례읍 봉동리	3일, 8일	산수유
	녹동장	고흥군 동양읍 봉암리	3일, 8일	유자, 생선
	벌교장	벌교군 벌교읍 회정리	4일, 9일	생선
	해보장	함평군 해보면 금덕리	3일, 8일	왕골돗자리
경 북	구룡포장	포항시 구룡포읍 구룡포리	3일, 8일	해산물, 오징어, 꽁치, 멸치,
	감포장	경주시 감포읍 감포리	3일, 8일	오징어
	풍산장	안동시 풍산읍 하리리	3일, 8일	사과, 고추, 마늘, 참깨
	풍기장	영주시 풍기읍 성내리	3일, 8일	인삼
	점촌장	문경시 신흥동	3일, 8일	산채
	영양장	영양군 영양읍 서부리	4일, 9일	고추, 채소
	죽변장	울진군 죽변면 죽변리	3일, 8일	해산물, 울진대게
부산·경남	구포장	부산시 북구 구포1동	3일, 8일	소고기, 돼지고기
	상남장	창원시 토월동	4일, 9일	밤, 양파, 마늘, 종자
	진동장	마산시 진동면 진동리	4일, 9일	조개류, 미더덕, 장어
	진영장	김해시 진영읍 진영리	4일, 9일	단감
	삼천포장	사천시 동금동	4일, 9일	건어물, 수산물
	신평장	양산시 하북면 순지리	3일, 8일	고등어, 갈치, 게, 배, 밤
	진교장	하동군 진교면 진교리	3일, 8일	단감, 벌꿀
	생초장	산청군 산청읍 산청리	3일, 8일	송이, 취나물, 곶감, 사과
	화개장	하동군 화개면 탑리	1일, 6일	녹차, 제첩, 감
제주도	중문장	제주시 중문동	3일, 8일	옥돔, 갈치, 고등어
	고성장	제주시 성산읍 고성리	4일, 9일	바나나, 감귤
	한림장	제주시 한림읍 동명리	3일, 8일	옥돔, 양송이, 해초류
	민속장	제주시 건입동	2일, 7일	옥돔, 자리젓, 화훼

면세제도는 크게 사전면세제도와 사후면세제도가 있다. 사전면세제도는 물품구입시 세금이 이미 면세되어 있는 제도로서 보세판매장과 관광기념품판매장이 있으며, 사후면세제도는 물품구입시 세금이 포함된 가격으로 구입하고 해당 세액을 사후에 환급받는 제도로서 사후면세판매장이 이에 해당한다. 사전면세제도 중 대표적인 보세판매장과 사후면세점 운영현황은 <표 5-5>와 같다.

〈표 5-5〉 보세판매장 현황

2004. 1. 현재

분류	업체명	소재지
외교관면세점 (1개)	(주)보훈복지공단	서울 서초 반포 723-26
시내면세점 (13개)	동화면세점	서울 세종로1가 211-1
	(주)호텔롯데 소공동	서울 중구 소공동 1
	(주)호텔신라	서울 중구 장충동2가 202
	(주)호텔롯데 롯데월드	서울 송파구 잠실동 40-1
	(주)대한항공 서울 한진	서울 중구 남대문로5가 381
	(주)워커힐	서울 성동구 광장동 산21
	(주)SKM코엑스	서울 강남구 삼성동 159 코엑스
	(주)호텔롯데 부산	부산 부산진구 부전동 503-1
	(주)파라다이스 부산	부산 해운대구 중동 1128-78
	(주)파라다이스 경주	경북 경주시 신청동 370
	(주)호텔롯데 제주	제주도 서귀포시 색달동 2812
	(주)호텔신라 신제주	제주도 제주시 연동 252-20
	(주)대한항공 제주 한진	제주도 제주시 이도1동 1690-8
출국장면세점 (14개)	한국관광공사 인천공항	인천 중구 운서동 2851
	DFS인천공항	인천 중구 운서동 2851
	(주)호텔롯데 인천공항	인천 중구 운서동 2851
	DP&F서울 인천공항	인천 중구 운서동 2851
	한국관광공사 인천1부두	인천 중구 항동 7가 1-2
	한국관광공사 인천2부두	인천 중구 항동 7가 1-2
	한국관광공사 부산부두	부산 중구 중앙동4가 15-4
	한국관광공사 김해공항	부산시 강서구 대저2동 2350
	한국관광공사 제주공항	제주도 제주시 용담2동 2002
	(주)파라다이스 대구공항	대구시 동구 지저동 400-1
	한국관광공사 평택항	경기도 평택시 포승면 만호리 570
	한국관광공사 청주공항	충북 청원군 내수읍 입상리 산5-1
	한국관광공사 속초항	강원도 속초시 동명동 53-3
	한국관광공사 울산항	울산광역시 동구 방어동 1292-1
총계	28개	

* 자료 : 관세청

〈표 5-6〉 보세면세점 운영현황

구 분	업 체 수	내 국 인		외 국 인
		내 국 인	외 국 인	
1999년	20	2,187,796	4,013,345	1,148,572
2000년	23	3,559,181	5,933,749	1,386,618
2001년	26	4,367,320	5,643,660	1,396,305
2002.5월말	28	2,309,439	1,938,536	573,439

* 구매자수 및 매출액은 외교관, 시내, 출국장면세점 모두 포함한 실적임
* 자료 : 관세청

〈표 5-7〉 외국인전용 면세판매장 운영현황

2001. 12. 31. 현재

번호	소 재 지	상 호	업 종	지정일자
1	서울 종로구 세종로 211-1	(주)동화면세점	소매, 홍삼	1999. 4.19
2	서울 중구 장충2가 202	(주)호텔신라	소매, 홍삼	1986. 6.19
3	서울 중구 소공동 1	(주)호텔롯데	소매, 홍삼	1992. 3. 9
4	서울 송파구 잠실동 40-1	(주)호텔롯데월드	소매, 홍삼	1999. 4.22
5	서울 성동구 광장동 산 21	(주)워커힐	소매, 보석	2000.11.20

* 자료 : 국세청

〈표 5-8〉 사후면세판매장 운영현황

단위 : 백만 원

구 분		1999년	2000년	2001년	비 고
글로벌리펀드	가맹점수	56	141	269	
	환급건수	2,689	20,845	27,478	
코리아리펀드	가맹점수			676	영업개시일 2001.3.29
	환급건수			12,000	
계	가맹점수	56	141	945	
	환급건수	2,689	20,845	39,478	

* 자료 : 국세청

제 6 장

위락적 관광자원

- 위락적 관광자원의 개념
- 위락적 관광자원의 내용

제 1 절 위락적 관광자원의 개념

위락적 관광자원이란 관광객의 위락활동에 도움이 될 수 있는 모든 자원을 말한다. 현대의 관광객들은 전반적으로 기존의 관광패턴인 보고 즐기는 정태적 관광에서 보다 적극적이고 능동적으로 자신의 취향에 맞는 위락행위에 참여하여 즐기는 동적인 관광을 하고 있다. 이에 따라 관광객의 위락적 활동에 이용되는 위락적 관광자원 개발의 필요성이 증대되고 있다.

위락적 관광자원은 카지노, 볼링, 윈드서핑, 윈드드라이빙, 하이킹, 행글라이딩 등 그 수를 헤아릴 수도 없을 만큼 종류가 많고 다양하다. 관광의 형태와 시대의 조류에 따라서 그 종류와 규모가 놀라운 속도로 확대되는 추세를 띠고 있으며, 여기에 참여하는 관광객들이 갈수록 많아지고 있다. 이용도 측면에서 볼 때 여러 종류의 관광자원 가운데 가장 빠른 성장을 보이고 있으며 새로운 종류의 개발도 용이한 편에 속한다.

위락적 관광자원은 다른 관광자원과 구별되는 다음과 같은 특성을 가지고 있다.

첫째, 위락적 관광자원은 대부분의 관광자원이 이미 존재하는 자원을 활용하는 것에 반하여 인간의 위락적 욕구에 맞도록 창조된 인위적 자원이다.

둘째, 위락적 관광자원은 처음부터 관광자원으로서 개발된 것이 많다.

셋째, 위락적 관광자원은 다른 목적에 비해 즐거움 추구에 더 많은 비중을 두는 자원이다.

넷째, 위락적 관광자원은 관광의 새로운 추세인 활동형·참여형 관광에 부응하는 형태의 자원이다.

이러한 특성으로 인하여 위락적 관광자원은 미래지향적 관광자원이고, 순수한 관광자원에 가깝다고 평가되고 있다.

위락적 관광자원을 분류하는 것은 어렵지만 이 책에서는 크게 육상위락자원, 수상위락자원, 항공위락자원으로 구분하여 살펴보기로 한다.

〈표 6-1〉 위락적 관광자원의 종류

구 분	위락적 관광자원
육 상	골프, 눈썰매, 백패킹, 번지점프, 볼링, 암벽등반, 사냥, 산악자전거, 서바이벌, 스노우보드, 스키, 잔디스키, 스포츠크라이밍, 승마, 윈드크루저, 자동차경주, 캠핑, 컬링, 트래킹, 피팻, 트릭핀
수 상	낚시, 경정, 래프팅, 비치발리볼, 수상스키, 수영, 스킨스쿠버다이빙, 요트, 워터슬레이, 웨이크보드, 윈드서핑, 인플레터블카누, 제트스키(수상오토바이), 조정, 카누, 카약, 패러세일, 호버크라프트
항 공	스카이다이빙, 열기구타기, 초경량비행기, 파고제트, 패러글라이딩, 행글라이딩
복 합	공원, 주제공원, 리조트, 마리나, 카지노, 유원지

제2절 위락적 관광자원의 내용

1. 육상위락자원

(1) 사 냥

사냥(수렵 : hunting)은 원래 인간생존을 위한 필수적 수단이었으나 여타산업의 발달로 사냥의 의미가 변질되어 이제는 레크리에이션의 중요한 한 부분이 되었다.

사냥의 역사는 그리스에서 상류계급의 멧돼지사냥, 중국과 메소포타미아의 매사냥, 우리나라의 화랑도 등에서 찾아볼 수 있다. 이러한 사냥이 서양에서는 프랑스혁명 이후에, 우리나라는 구한말인 1870년대에 대중적 스포츠가 되었다.

정교한 엽총(1556년 독일 산탄)과 사격술이 발달하고 사냥개의 훈련이 이루어지면서 가장 뛰어난 야생적 레저활동으로, 또한 스릴이 풍부한 스포츠로서 널리 애호를 받게 되었다. 그러나 사냥에는 야생동물에 대한 보호가 심각한 문제로 제기되어 성장제약 요인으로 작용하고 있다.

우리나라 수렵장은 순환수렵장과 고정수렵장으로 구분된다. 순환수렵장은 강원도, 경상도, 전라도, 충청도 등 4개 지역에서 한해 단위로 돌아가면서 운영된다. 고정수렵장은 매년 수렵이 가능한 곳으로 강원도 춘천도립수렵장, 제주도의 제주수렵장과 대유랜드가 있다. 또한 1999년 1월에 개장한 경북 문경수렵장과, 강원도 태백의 함백수렵장 등이 있다. 한편 지난 15년간 고정수렵장으로 운영되다가 조수서식 밀도가 기준치에 미달하여 1997년부터 1999년까지 3년간 휴식년제가 적용되어 수렵이 금지되기도 하였던 거제도 수렵장 등이 있다.

우리나라는 금렵구역을 정하고 있는데 수렵장 내에서도 다음 장소에서는 수렵을 하지 못한다.

- 조수의 보호번식을 위하여 설정한 조수보호구
- 수렵장 내에서 수렵조수가 감소된 일반지역 내에 설정한 금렵구
- 도로주변 1Km 이내
- 공원 및 도시공원
- 농묘, 사찰 또는 교회 경내
- 문화재 구역
- 군사시설 보호구역
- 해안선으로부터 2Km 이내
- 도시계획지구(자연부락 주변포함)
- 관광지
- 자연생태계 보전구역
- 기타 도지사가 조수보호 및 안전상 필요하다고 인정하는 지역

사냥은 움직이는 표적을 맞추는 것이므로 사냥을 하려면 먼저 클레이 사격(clay-pageon shooting)을 배워야 한다. 클레이 사격은 움직이는 표적을 맞추는 사격을 말한다.

(2) 캠 핑

캠핑(camping)은 풀과 물을 찾아 이동하는 유목민에게서 유래된다. 발달해온 과정을 시대별로 보면, 레크리에이션이 강조된 시대, 교육적인 면이 강조된 시대, 사회적 방향설정과 책임이 강조된 시대 등으로 구분된다. 레크리에이션이 강조된 시대(1860~1920)는 조직적 캠핑이 시작된 시기로서 미국의 F.W. 건과 같은 사람은 학교 교장으로 있으면서 2주일간을 학생들이 캠핑하는 것을 필수로 함으로써 훌륭한 지도자 밑에서 개척정신을 배우고 모험심의 충족과 건강의 증진을 꾀하였다. 교육적인 면이 강조된 시대(1920~1950)에는 공동생활을 함으로써 생활의 질서와 시간을 지키고 규칙이 바른 생활을 목적으로 삼았다. 그리고 교훈으로서 품성의 향상을 도모하려고 했다. 시대적으로 보아 전체주의에 포함된다. 사회적 방향설정과 책임

이 강조된 시대(1950~1960)에는 인격형성의 수단으로 생각되어 경험을 몸소 체험함으로써 생활과 자연을 배우는 것을 목적으로 한다. 단체행동을 통해서 민주사회의 생활훈련과 건설적인 참여방식을 배우는 것을 지표로 삼고 있다. 또 이로써 좋은 인간관계와 개개인의 사회성의 체득과 문제의 해결을 위하여 여러 사람이 단체행동을 하게 되는 것이다.

캠프에서는 이동성인 것, 고정적인 것, 학교캠프, 당일캠프 등의 여러 종류가 있는데, 지정된 캠프 장소에서 자연을 즐기고 캠프 본연의 임무를 살려나가는 것이 중요하다. 우리나라에는 북한산 22개소, 도봉산 10개소, 관악산 5개소 등 많은 관광지에 공영야영장이 지정되어 있다.

(3) 골 프

골프(golf)의 기원은 기원전에 네덜란드 어린이들이 집안에서 하던 운동에서부터 시작되었다는 설과 스코틀랜드의 목동들이 하던 운동에서부터 시작되었다는 2가지의 설이 있는데 이것은 명확하지 않다. 골프가 대중화되기 시작한 것은 19세기 말에 미국에서부터 본격화되어 현재에 이르고 있다.

우리나라에는 1900년에 원산세관에서 6홀이 사용된 골프가 영국인들에 의해 처음 선을 보였고, 1920년 조선철도국 산하의 조선호텔에 골프장이 판촉용으로 설치되고 1929년에 군자리 골프장 등이 시초가 되어 현재에 이르고 있다. 그 후 미국인 댄트에 의해 서울의 효창공원에 골프장이 시설된 것이 본격적인 발전의 시기이며, 현재에는 골프가 대중레포츠화되었으며, 한국골프협회(KGA)가 그 본산이다. 이의 목적은 골프장의 합리적·효율적 운영과 외국 골프관광객 유치, 그리고 회원간의 친목도모에 있다.

우리나라의 골프장은 1950년대에 2개소, 1970년대에 16개소, 1980년대에 22개소 등이며, 2003년 현재 골프장의 수는 건설중인 것을 포함하여 245개소에 이르고 있다. 골프 인구는 국민의 약 6%에 달하는 300만 명에 이르고 있으며, 이러한 추세로 나간다면 2005년에는 500만 명 정도가 애용하는 운동으로 비약적인 발전을 가져올 것이다. 따라서 국내의 수요뿐만 아니라 외국 관광객들의 수요에 부응하기 위해서는 새로운 시스템 개발이 요구된다.

골프장의 입지유형은 평지형, 산지형, 해변형 등으로 구분되는데 우리나라의 골프장 대부분은 제주도의 일부 골프장, 한양, 안양, 부산 등을 제외하고 산지형으로 이루어져 있다. 골프장의 부지는 장방형, 부채꼴형, 굴곡이 있는 능선 등이 적합하며, 북사면은 되도록 피하는 것이 좋은데 그것은 겨울철 바람이 거세고, 일조량 부족, 눈이 잘 녹지 않는 등의 관리 차원에서 비롯되기 때문이다.

골프장의 관리통제는 문화관광부 소관으로서 1990년에 골프장에 관한 관리규정을 정하고 1994년에 체육시설 설치 이용에 관한 법률을 개정하여 현재에 이르고 있으며, 회원제골프장, 일반골프장, 간이골프장으로 구분하여 시설과 설비기준을 정하여 운영하고 있다.

〈표 6-2〉 우리나라 골프장 현황

2003. 1. 1. 현재

구 분			서울	부산	대구	인천	광주	대전	울산	경기	강원	충북	충남	전북	전남	경북	경남	제주
총계	합계	245	3	4	2	3		2	3	106	28	14	8	9	10	16	10	27
	회원	165	2	4	1	1		1	2	75	15	12	6	5	7	10	9	16
	대중	80	1		1	2		1	1	31	13	3	2	4	3	6	1	11
운영중	합계	165	3	3	2	3		2	1	84	16	7	6	3	5	9	8	13
	회원	117	2	3	1	1		1	1	66	6	6	5	2	4	5	8	9
	대중	48	1		1	2		1		21	10	1	1	1	1	4		4
건설중	합계	60		1					1	19	9	7		4	4	4	2	9
	회원	37		1					1	12	5	5		2	3	3		4
	대중	23								8	2	2		1	1	2	1	6
미착공	합계	20							1	1	3		2	2	1	3		5
	회원	11								1	2		1			3		4
	대중	9							1	2	1		1	2	1			1

(4) 스 키

스키(ski)의 어원은 노르웨이어와 영어의 skid, skip, skiff, slide, skate 등에서 어원을 찾아볼 수 있다. 스키의 정확한 유래는 알 수 없지만 대략적으로 볼 때, 러시아와 바이칼 지방에서 생활의 수단으로 그리고 군대에서 사용되면서 현재에 이르게 되었다는 것이 정설이다. 1250년에 스키 경기가 최초로 개최되었다고 기록상으로 남아 있지만, 노르웨이 육군에서 1742년에 최초로 스키부대를 창설하면서 스키가 등장하게 되었다. 이러한 모체가 되어서 1924년에 프랑스 샤모니에서 제1회 동계올림픽과 국제스키연명이 결성되고, 1936년 제4회 동계올림픽에서 스키가 정식종목으로 채택되면서 현재에 이르게 되었다.

우리나라의 스키의 유래는 썰매에서 찾아볼 수 있는데 1927년에 원산 송홍리에서 최초로 스키가 시작되어, 1946년에는 조선스키협회가 결성되고 그 이듬해인 1947년에 지리산 노고단에서 제1회 전국스키대회가 개최되어 현재에 이르고 있다. 그 이후에는 각종의 국제대회에 참가하여 좋은 성적을 거두고 있으며, 1970년대와 1980년대에 국제규모의 용평스키장과 알프스스키장, 용인스키장, 천마산스키장, 베어스타운스키장, 양지스키장, 지산스키장, 동계올림픽을 개최했던 무주스키장 등이 개설되어, 현재에는 겨울 관광상품으로서 동남아 관광객 유치에 청신호를 주고 있다.

스키장의 적설량은 보통 1m 이상이 되어야 하며, 적설 기간은 90일에서 100일 이상이 되어야 하고, 기온은 −5℃에서 −10℃ 정도가 되어야 적설 보존면에서 좋다. 또 일조량은 쾌적한 조건이 되어야 하지만 직사광선은 설원이나 적설유지에 좋지 않으며, 바람이 15m/sec 이상이면 리프터 사용을 중지해야 한다. 활강코스의 경사도는 6°~30° 정도가 되어야 하며, 슬로프의 길이와 폭은 200m에서 400m 정도의 길이와 폭은 20m에서 100m 이내가 되어야 한다. 또한 방풍과 방설, 설원의 보존, 악천 후 시 코스의 판단과 주변의 경관 보존을 위해서 산림의 조건도 필요하다.

스키장은 종합스키장(슬로프의 길이 700m 이상, 폭 50m 이상, 경사도 16° 이상), 일반스키장(슬로프의 길이 500m 이상, 폭 30m 이상, 경사도 13° 이상), 간이스키장(슬로프의 길이 300m 이상, 폭 30m 이상)의 세 종류가 있다.

〈표 6-3〉 우리나라 주요 스키장

스 키 장 명	위 치	슬로프 규모(면)
휘닉스파크	강원 평창	13
현대성우리조트	강원 횡성	20
용평리조트	강원 평창	18
무주리조트	전북 무주	30
알프스리조트	강원 고성	8
베어스타운리조트	경기 포천	12
대명비발디파크	강원 홍천	13
지산포레스트리조트	경기 이천	8
천마산스키장	경기 남양주	4
블루밸리스키장	충북 충주	7
양지파인리조트	경기 용인	7
서울리조트	경기 남양주	3

한편 눈 위가 아닌 잔디 위에서 스키를 즐기는 잔디스키(grass ski) 또한 인기를 끌고 있다. 잔디스키는 인조잔디 슬로프에서 스노스키와 똑같은 장비와 기술로 즐길 수 있는 스포츠로 사계절 스릴을 맛볼 수 있으며, 눈 위에서 타는 스키보다는

속도감이 떨어지지만 초보자들이 배우기에는 부담이 적다. 잔디에서 안전하게 스키의 기본자세를 기억해두면 겨울철에 눈 위에서 손쉽게 스키를 즐길 수 있다. 우리나라에서는 1983년 천마산 스키장에서 처음으로 잔디스키 슬로프를 설치했으며, 2회 정도 강습하면 회전이 가능하고, 3~4회 정도 강습하면 적당히 즐길 수 있는 수준에 이른다.

(5) 번지점프

번지점프(bungee jumping)란 높은 철탑에서 허리에 줄을 매단 후 안전장비를 착용하여 아래로 뛰어내리는 것을 말한다. 원래 번지는 고무끈의 다발을 무명으로 싼 코드로 소형항공기의 다리를 내림위치로 고정시키는 수단 따위로 쓰인다. 또한 같은 역할의 코일 스프링도 번지라고 부른다. 번지점프는 마치 항공기 다리를 묶는 번지처럼 사람의 다리를 묶은 채로 높은 곳에서 뛰어내린다는 점에 착안하여 붙여진 이름이다.

신체에 가해지는 충격과 공포감이 극도로 심한 레포츠인 만큼 기본적으로 건강한 사람만 즐길 수 있는 스포츠이다. 일반적으로 8세 이상만 이용할 수 있으며, 18세 이하의 미성년자는 부모와 동반, 동의하에 이용할 수 있다. 몸무게는 36kg에서 105kg에 해당해야 되며, 심장질환, 목, 척추 이상, 골절, 임신, 음주, 정신질환자는 안전상 할 수 없는 스포츠이다.

〈표 6-4〉 우리나라의 대표적인 번지점프 장소

지 역	상 호	높 이
서 울 경 기	서울 드림랜드	25m
	율동공원	45m
	가평 TOP랜드	55m
	가평 대성리	40m
	청평 리버랜드	50m
	청평 스포랜드	40m
강 원	인제 합강정	55m
	강촌	21m
충 청	청풍랜드	62m
경 상	대구 우방랜드	25m, 35m
	포항 비학산랜드	50m
전 라	장성 번지점프	25m
제 주	제주 월드 21	40m

번지점프 전에는 반지, 목걸이, 안경, 만년필, 볼펜, 연필, 동전, 지갑, 모자, 쇠붙이 등 날카로운 물건은 안전보관 장소에 맡겨야 하며, 복장은 간편하고 활동에 지장이 없는 신발을 착용해야 한다.

점프타워 높이는 21m에서 50m 이내가 적당하며, 고무줄을 몸에 연결하는 방식 등 여러 가지가 있다. 대개 발목을 묶지만 가슴과 등을 연결하기도 한다. 최근엔 두 명이 발목이나 가슴을 각각 묶고 껴안은 채 함께 뛰어내리는 트윈점프도 있다.

1995년 8월에 개장된 대전 엑스포공원 지역의 번지점프장이 국내 최초의 번지점프장으로, 이곳은 미국의 이벤트 회사인 점보클럽의 점프시설과 기술을 도입하여 개설한 것이다. 현재는 전국에 13개소의 번지점프장이 개설되어 있다.

(6) 자동차경주

국내 유일의 자동차경주(car race)인 경기도 용인지역 내에 에버랜드의 모터파크가 법정 자동차 경주장으로 정식 승인을 받으면서 1995년부터 우리나라에서도 제한적이긴 하지만 자동차경주가 정식으로 시작되었다. 현재 전국에 총 60여 개의 동호인 클럽이 있고, 동호인 수는 5백여 명을 헤아린다. 자동차 경주는 경주전용의 특수 오픈카로 트랙을 모는 포뮬러 레이스, 정해진 트랙 없이 일반차로 출발점과 골인지점 사이의 일정한 포스트를 통과하는 랠리 경주 등이 있다.

세계 최초의 자동차 경주는 사상 처음으로 실용적인 가솔린 자동차가 발명된 후 불과 9년 후인 1894년에 프랑스의 신문 『프티주르날』 주최로 파리~루앙 간 126km에서 실시되었다. 이것은 순수한 레이스라기보다는 신뢰성을 겨루는 경주로서, 프랑스의 에밀 르바소르가 운전한 다임러 엔진이 부착된 판아르 르바소르, 그리고 같은 엔진의 푸조가 우승을 서로 번갈아 차지하여, 증기차나 전기차에 대한 가솔린차의 우위를 과시했다. 그 후 파리~보르도~파리 간, 파리~마드리드 간 등 도시간의 장거리 레이스가 성행했지만 사고가 잦아서 1903년에 금지되었다. 그 무렵에는 성능을 제한하는 규정은 전혀 없었고, 거대한 엔진 때문에 속도는 100km/h까지 낼 수 있었으나 섀시(chassis)가 온전하지 못해 전복 등의 사고가 연발, 죽는 사람이 많았다. 그래서 주최자에 의해 제정된 것이 포뮬러(규격)이다. 포뮬러는 레이스에 참가하는 자동차의 크기나 성능을 규제하여 기회를 균등하게 하고, 아울러 레이스의 안전을 유지하려는 것이다.

최초의 포뮬러는 차량 중량을 1,000kg 이하로 제한한 것으로 1904년의 제1회 밴더빌트컵 레이스(미국)에서 적용되었다. 그러나 모든 점에서 현재의 레이스의 원형이라 할 수 있는 것은 1906년의 제1회 프랑스 그랑프리로서, 같은 1,000kg 포뮬러의 적용 아래 프랑스 르망시 교외의 공로(公路)를 폐쇄한 서킷(周回路)에서 행해졌다. 그 후 그랑프리 레이스는 포뮬러 레이스의 동의어가 되었다. 포뮬러가 제정됨으로써 레이서는 그 규격 내에서 최고의 성능을 추구하게 되어 곧 안전한계를 넘어섰고, 그래서 포뮬러를 더욱 강화하면 또 몇 해 못 가서 다시 위험할 정도의 속도에 달했다.

이와 같이 자동차경주는 자동차의 성능과 규칙의 끝없는 싸움으로 발전해왔다. 각 시대에 활약한 주요 그랑프리 레이서로는 1900년도부터 10년에 걸쳐서 프랑스의 르노(Renault)·푸조(Peugeot), 이탈리아의 피아트(Fiat), 독일의 메르체데스(Mercedes) 등이 있고, 1920년대 전반에는 미국의 듀센버그(Duesenberg), 프랑스의 발로(Ballot), 이탈리아의 피아트, 독일의 메르체데스 등, 1920년대 후반부터 1930년대 초기에 걸쳐서는 이탈리아의 알파 로메오(Alfa Romeo), 프랑스의 뷔가티(Bugatti) 등이 있었다. 1934년의 새로운 포뮬러부터는, 레이스를 통한 국위선양을 노리는 나치스 독일의 강력한 후원을 받은 메르체데스 벤츠 및 아우토 유니온(Auto Union)의 독일세력이 유럽의 서킷을 석권하였다.

제2차 세계대전 직후는 먼저 알파 로메오가 압도적인 강세를 보였으며, 이어서 같은 이탈리아의 새 얼굴 페라리(Ferrari)가 그것을 대신했으나 1954년의 2.5ℓ 포뮬러에서는 또다시 메르체데스 벤츠가 왕좌를 되찾았다. 1955년 르망의 사고 후 메르체데스 벤츠가 은퇴한 후부터는 페라리·마세라티(Maserati)의 이탈리아세와 반월(Vanwall)·쿠퍼(Cooper)·애스턴 마틴(Aston Martin) 등의 영국세의 각축이 계속되었다. 1961년의 1.5ℓ 포뮬러 이후 영국의 로터스(Lotus)·BRM·브레이밤(Brabham)·쿠퍼, 이탈리아의 페라리, 미국의 AAR·이글(Eagle), 일본의 혼다 등이 참가, 영국세가 압도적 강세를 나타냈다. 1966년에 3ℓ 포뮬러가 발효된 다음부터는 포드 DFV형 8기통 엔진을 사용한 로터스·티렐·마크라렌 등의 영국세와 이탈리아의 12기통 페라리가 그 힘을 과시하였다.

이밖에 프랑스의 리제 마트라·르노, 이탈리아의 알파로메오, 미국의 섀도, 캐나다의 울프, 브라질의 피티바르디, 일본의 고지마 등이 가세하여 현재의 F1(포뮬러 I)은 매우 다채롭다.

한편, 그랑프리 레이스에 포뮬러가 제정되어 거기에 참가하는 자동차가 레이서로서 전문화하면서, 일반 실용차에 의한 레이스도 실시하게 되어 1910년경에 실용성과 고성능을 겸비한 스포츠카가 생겨났다. 그 결과 스포츠카 전문 레이스로서 1923년에 프랑스 르망 24시간 레이스, 27년에 이탈리아의 밀레밀리아(Mille Miglia : 1,000마일) 등이 마련되었고, 스포츠카에서는 알파로메오·뷔가티·메르세데스벤츠 · 벤틀리(Bentley) · 선빔(sunbeam) · 탈보트(Talbot) · 애스턴마틴 · 라일리(Riley) · MG 등이 레이스에서 활약했다.

1951년에는 득점제로 포뮬러 레이스의 연간 최다승 드라이버에 주어지는 와일드 드라이버즈 챔피언십이, 1953년에는 역시 득점제로 스포츠카의 연간 최다승차의 제작회사에 주는 와일드 스포츠카 콘스트랙터즈 챔피언십의 두 제도가 발족되었다. 드라이버에서는 1978년까지의 26년간 4회나 챔피언의 자리를 누렸던 아르헨티나의 후안 마뉴엘 판디오가 최다 기록을 차지했고, 그 외에 잭 브라밤, 알베르트 아스칼리, 짐 크라크 등이 명성을 떨쳤다. 스포츠카의 세계에서는 이탈리아의 페라리가 가장 많은 챔피언십을 획득하였다.

한국에 본격적인 레이스가 시작된 것은 1987년 3월 자동차 동호인들의 제한된 속도경기로, 진부령에서 용평까지의 경주였으며, 그해 5월 영종도에서 제1회 그랑프리 코리아 레이스(첼린지 레이스로 개칭)가 개최되었다. 현재 국내에서 개최되는 레이스는 두 가지로, 짐카나(Gymkhana)와 도로경주(road race)이다. 짐카나는 미리 세워둔 장애물 사이를 지그재그로 회전하며 빠져나가는 속도를 겨루는 초보자용 경주이며, 도로경주는 30° · 60° · 90° · 120° 등의 커브길이 있는 원형 도로를 여러 대의 자동차가 함께 달려 속도를 겨루는 경기이다.

자동차경주는 크게 포뮬러 레이스, 스포츠카 레이스, 투어링카 레이스의 3가지로 나눌 수가 있다.

포뮬러 레이스는 단좌(單座) 오픈의 레이스 전용차로 하는 레이스로서, 그 중에서도 포뮬러 I(FI)은 자동차경주의 최고봉으로, 3,000cc 이하 575kg 이상의 레이스로 겨룬다. 보통 그랑프리 레이스라고 불리나, 이것으로 그해의 와일드 드라이버즈 챔피언이 결정된다. 즉 매년 일정수의 그랑프리 레이스를 실시하여, 각 레이스의 1위에 9점, 2위 6점, 3위 4점, 4위 3점, 5위 2점, 6위 1점으로 득점을 준다. 연간득점을 집계하여 가장 득점이 많은 사람을 챔피언으로 정한다. 현재는 아르헨티나 · 브라질 · 남아프리카공화국 · 아메리카(서부) · 모나코 · 벨기에 · 에스파냐 · 스웨덴 · 프랑스 · 영국 · 독일 · 오스트리아 · 네덜란드 · 이탈리아 · 아메리카(동부) · 캐나다 등의 연간 16개 그랑프리 레이스로 겨루게 된다. 각 레이스는 최저 300km, 최대 400km를 달려야 한다. 가장 빠른 레이스에서는 300여 km의 전레이스의 시속평균이 250km/h에 이른다. 이밖에 포뮬러 II(FII : 6기통 2,000cc 이하, 500kg 이상), 포뮬러 III(FIII : 4기통 2,000cc 이하, 440kg 이상) 등도 있으며, FI에의 입문 레이스의 역할을 한다. 또 미국의 인디애나폴리스 500마일레이스와 같은 F I~III에 해당하지 않는 독자적인 규칙에 의한 것은 포뮬러 리플리(자유 포뮬러)라고 불린다.

스포츠카 레이스는 실용성을 갖춘 2좌석 이상의 스포츠카로 하는 레이스이다. 레이스를 위해 고도로 전문화된 레이싱카와 실용차와의 중간에 생긴 것이 스포츠카이며, 따라서 스포츠카 레이스에는 절대적인 속도도 중요하지만 신뢰성이나 내구성을 테스트한다는 점도 큰 비중을 가진다. 오늘날 안전성 측면에서 24시간 레이스는 피하는 경향이면서도 여전히 6시간 또는 1,000km가 최저한으로 되어 있는 이유는 그 때문이다. 예컨대 23년에 시작된 유명한 르망 24시간 내구(耐久) 그랑프리 레이스도 당시 자동차의 전기계통이 약하여 실용화가 어려울 정도로 어두웠던 헤드램프를 개선할 목적을 가지고 있었다고 한다. 르망은 전통과 명성을 유지할 수 없다는 이유로 챔피언십전을 탈퇴, 6그룹을 동시에 달리게 함과 동시에 여전히 24시간 레이스로 한다. 오늘날 스포츠카 레이스가 여러 갈래로 갈라져 복잡해졌는데, 그룹 3 양산(量産) 그랜드 투어링카, 그룹 4 그랜드 투어링카, 그룹 5 특수양산 투어링카, 그룹 6 2좌석 레이싱카 등으로 하는 레이스를 포괄한다. 그룹 5는 그룹 1~4가지의 보디를 기본으로 한 레이스용 스포츠카로, 보통 실루엣 포뮬러라고 불린다. 현재 와일드 스포츠카 콘스트랙터즈 챔피언십(메이크스 챔피언십)이 주어지는 것은 그룹 3~5로, 그 분야에서는 포르셰935가 압도적으로 강하다. 그룹 6은 2좌석의 레이싱카로서, 유럽에서는 2,000cc까지의 챔피언십이 있다.

투어링카 레이스는 보통 시판되고 있는 실용차(700cc 이상에서는 4인승 이상)로 하는 레이스로서 프로덕션 카 레이스라고도 한다. 그룹 1 양산 투어링카, 그룹 2 투어링카의 2개 클래스가 있고, 이탈리아나 유럽 대륙에는 투어링카 레이스의 챔피언십이 있다. 이밖에 힐 클라임, 드랙 레이스(加速競走), 이코노미 런(연료경제경주), 랠리(rally) 등도 자동차경주의 변형으로 본다.

우리나라는 1992년에 자연농원에 모터파크라는 경기장 명칭으로 처음 자동차 경주장이 만들어졌으며, 현재는 에버랜드 스피드웨이로 변경되어 운영되고 있다.

(7) 승 마

말을 타고 다루어 여러 가지 운동을 시키는 일로 흔히 마술이라고도 한다. 기수는 앉음새와 다리 손을 교묘하게 놀려 자기의 뜻을 말에게 전달하고, 말은 그것을 알아차려 여러 가지 동작을 하게 된다. 마술 경기에는 조교, 전도를 심사하는 마장마술과 장애물 뛰어넘기, 이 두 가지를 아울러 펼치는 종합마술의 3종목이 있다. 마술은 원래 무예의 한가지로 중세 서양에서는 기사라면 누구나 해야 했던 무예였다. 우리나라에서도 승마는 고대에서부터 시작했으며, 무예로서 본격적으로 발달한 것은 조선 광해군 때 무과고시에 마상재(말 위에서 부리는 재주)가 채택되면서부터이다. 그리고 근대 이후로는 스포츠의 한 종목이 되었다.

〈표 6-5〉 우리나라의 주요 승마장

지 역	승 마 장 명
서울 근교	삼광승마장, 용인승마장, 남양승마장, 양지승마클럽, 일산승마장, 도고호텔승마장, 신갈승마장, 김포승마장, 거루승마장, 운악승마장
지 방	전주승마장, sohn's field, 고려승마장, 강릉승마장
제 주	탐라승마장, 명에승마장, 서광승마장, 에덴승마장, 초원승마장, 제주승마장, 송당승마장, 명산승마장, 한라승마장, 바우승마장, 정의승마장, 성읍승마장, 동부승마장, 알프스승마장

(8) 트레킹

트레킹(trekking)은 남아프리카 원주민들이 달구지를 타고 집단으로 이주하던 것에서 유래된 것으로 '고행하면서 생각하는 여행'을 말하며 집단여행, 탐험이란 말로도 쓰인다. 우리나라에서도 트레킹과 유사한 여행의 형태가 삼국시대에 기록되어 있다. 심신수련과 호연지기를 기르던 화랑도의 수련방법이 그 좋은 예이다. 트레킹은 산하의 곳곳을 둘러보며 그 지역의 역사・지리・문화 등을 함께 배우는 교육적 효과가 높은 운동이다. 트레킹은 여유 있게 사색을 즐기며 자연을 벗삼아 즐기는 운동이다.

미지의 세계로 가고 싶어하는 인간의 모험심을 충족시켜주는 트레킹은 기본이 걷는 것이므로 특별한 기술이 필요 없이 누구나 쉽게 참여할 수 있는 레포츠라는 것이 특징이다. 트레킹은 일정한 목적지를 정하지 않고 하루 10～30km 이상 걸어야 하므로 기본적인 체력과 인내심이 요구된다. 참여하는 회원 수가 200여 명이 넘는 집단여행이므로 단체행동 지침을 반드시 지켜야 한다.

길을 걸을 때는 왼쪽으로 걷고, 좁은 길은 한 줄로 걸으며 넓은 길은 두 줄로 걷는다. 또한 앞사람과의 간격은 2보 정도가 적당하며, 산을 오를 때에는 내려오는 사람에게 먼저 양보하도록 한다. 평지의 경우에는 보통 1시간 걷고 5～10분 휴식하며, 산을 오를 경우에는 20분 걷고 5분 쉰다. 요즈음에는 트레킹이 대중화되면서 가족과 함께 즐기는 테마 트레킹이 늘어나고 있는 추세이다.

트레킹의 종류에는 삼림욕을 즐기기 위한 트레킹, 철새 도래지를 찾아나서는 철새 트레킹, 역사적 유적지를 찾는 트레킹, 연인끼리 참가하는 사랑의 트레킹, 봄꽃 트레킹, 억새풀 트레킹, 단풍 트레킹, 밤줍기 트레킹, 온천 트레킹 등이 있다.

국내의 유명 트레킹 코스로는 강원도 철원 도피안사에서 고석정까지의 코스, 전남 고창 선운사 주변의 코스, 경북 경주 일대의 민속 공예촌 - 불국사 - 화랑의 집 - 남산으로 이어지는 코스, 충남 계룡산 갑사 - 용문폭포 - 금잔디고개 - 동학사로 연결되는 코스, 강화도 마니산과 전등사로 이어진 들판주변의 코스, 지역별로 지역만의 문화와 숨결이 느껴지는 코스 등이 있다.

트레킹이 몸도 마음도 가벼운 여정이기에 전문장비라는 것이 따로 있을 수 없지만 백패킹 장비 정도는 갖추는 것이 일반적이다. 백패킹 장비는 크게 일정 진행에 필요한 운행장비(배낭, 신발, 알파인 스틱, 다용도 칼)와 야영에 쓰는 막영장비(텐트, 랜턴, 헤드랜턴, 메트리스, 침낭, 버너, 코펠), 그리고 개인장비로 나눌 수 있다. 백팩킹(backpacking)이란 1박 이상의 야영생활에 필요한 장비 등을 갖추고 떠나는 등산과 트레킹을 결합한 여행레포츠를 말한다. 고도를 추구하여 산 정상을 오르는 등산과는 달리 자연과 인간과의 융화나 공생을 추구하며 산야를 방랑하고 자연에서 배우는 것을 중시한다. 기원은 19세기 중엽까지 거슬러올라가는 것으로 알려졌으나, 일반적으로 1960년대 미국의 정치적, 사회적 상황에서 개념적 성숙을 이루었다고 본다. 이러한 신념을 실천하는 사람을 백패커라고 부른다.

국내에 트레킹이 보급된 것은 1990년대 초 한국체육진흥회가 한국 트레킹 클럽을 설립하면서부터이다. 현재 해외트레킹을 전문적으로 소개하는 트레킹 전문여행사는 6~7개에 달하고 있는데, 해외 명산을 찾거나 시도하는 트레킹 인구는 매년 증가하고 있다.

(9) 볼 링

실내경기의 한 가지인 볼링(bowling)은 60피트 전방에 한 변이 3피트인 정삼각형 속에 10개의 핀을 세우고 공을 굴려 될 수 있는 대로 많은 핀을 쓰러뜨리는 경기이다. 공은 배구공 크기이며, 무게는 약 4.7~7.3kg이다. 공을 계속하여 2회 굴리는 것을 1프레임이라고 부르며, 서로 교대하여 행한다. 10프레임이 1게임인데 최초의 공으로 10개의 핀을 모두 쓰러뜨렸을 때에는 스트라이크라 부르고, 2회 투구로 10개의 핀을 모두 쓰러뜨린 경우는 스페어라고 한다. 점수는 스트라이크가 10점, 최고 득점수는 300점 만점이다.

(10) 서바이벌 게임

서바이벌 게임(survival game)은 어느 정도 규격화된 복장과 장비를 갖추고 정해진 질서 속에서 행해지는 스포츠화된 모의전투로서 팀워크 및 리더십을 배양하는데 적절한 레포츠이다. 서바이벌을 직역하면 '생존게임'이라 풀이할 수 있지만 실제로 쓰이는 의미는 "군대의 전투를 모방한 모의전투 게임을 통해서 생존을 위한 노력을 체험하고 단결력과 체력을 기르는 레저스포츠"라고 정의 할 수 있다.

서바이벌 게임의 유래는 제2차 세계대전이 끝난 후 노르망디 상륙작전의 참전용사들이 과거의 향수를 느끼기 위해 매년 노르망디에 모여 그때를 그대로 재현한 것에서 기원한다. 그러던 것이 점점 전후 세대나 밀리터리 팬들이 참가하여 단순한 전쟁의 재현이 아닌 또 하나의 전쟁게임인 '워 게임(war game)'으로 발전되었고, 이것이 미국으로 건너가 페인트볼 게임으로 이어졌다. 이 페인트볼 게임이 일본으로 건너가 지금의 '서바이벌 게임'으로 변한 것이다. 이 서바이벌 게임은 지름이 6mm의 플라스틱 볼(BB탄)을 발사하는 실제 총기를 모방한 모의 총기를 사용한다. 그리고 신체 중에 제일 취약한 눈을 보호하기 위하여 안전고글을 써야 한다.

특히 서바이벌 게임은 탄에 맞아도 맞았다는 표시가 없기 때문에 게임에 임하는 사람의 양심에 맡길 수밖에 없으므로 어느 스포츠보다 페어플레이 정신이 절대적으로 필요한 레포츠이다. 근래에는 장비의 발달로 각 대학이나 기업체의 연수 프로그램으로 많이 사용하고 있으며 페인트 탄을 사용하기 때문에 인체에는 무해하며, 수성페인트 볼을 사용하므로 물로 닦으면 쉽게 지워지는 장점이 있다.

survival 게임의 어원은 생존방법 8개 원칙인 size up situation(먼저 상황을 정확히 파악할 것), undue haste makes waste(절대 서두르지 말 것), remember where you are (현재의 위치를 확인할 것), vanquish fear and panic(어떤 상황에도 겁먹지 말 것), improve(항상 자신을 개선할 것), value life(생명을 소중히 할 것), act like the natives (현재에 적응하는 행동을 할 것), lean like the natives(기본원칙에 따라 사고하는 행동을 할 것)의 첫 문자를 조합한 합성어이다.

서바이벌 게임의 종류에는 전멸전, 고지전, 깃발전, 위생병전, 베틀로얄전 등이 있다.

전멸전은 상대팀을 먼저 전원 전사시킨 팀이 승리를 하는 조건으로 여의치 않을 경우 지정된 시간 안에 생존인원이 많은 팀이 승리하게 된다. 단체전이지만 1 : 1성격을 가진 게임이다. 고지전은 공격팀과 수비팀이 제한된 시간 내에 번갈아 고지의 공격과 수비를 진행하여 승패를 가리는 게임방식이다. 깃발전은 두 팀이 각자의 팀을 상징하는 깃발을 가지고 있으며, 상대방의 깃발을 상대편 진지에서 빼앗아 무사히 소속팀의 진지로 가지고 오면 승리를 하는 게임으로 서바이벌 게임에 있어서 종합적 전술(공격조, 방어조, 우회조)이 필요한 게임이다. 위생병전은 전멸전 방식으로 게임은 진행되며 각 팀에 위생병을 두어 게임 진행중 총을 맞은 사람은 부상으로 간주 위생병의 도움(위생병의 터치)으로 다시 한번 게임에 참여할 수 있는 기회를 주는 게임방식이다. 베틀로얄전은 각 개인을 모두 적으로 간주하고 최후의 한 사람이 남을 때까지 계속 진행되는 게임으로 교장이 협소할 경우 게임 진행이 어려운 단점이 있다.

서바이벌 게임의 장비로는 페인트 건(T-M 17mm paint ball gun), 충전식 CO_2 가스통, 안면 마스크, 페인트 볼(paint ball), 팀 구별 조끼 등이 있다.

(11) 스포츠 클라이밍

스포츠 클라이밍(sports climbing)은 암벽등반으로 불리는 도시형 스포츠로 정상에 올라가는 것만이 전부였던 것에서, 어려운 등급을 얼마나 멋지게 올라갈 수 있느냐 하는 것을 보여주는 스포츠로 실내에서도 가능하다.

스포츠 클라이밍은 일반 젊은이들을 비롯하여 직장인이나 청소년들에게는 부족한 운동을 보충하며 일상의 스트레스도 풀 수 있고 특히 여성들에게는 균형 있는 체형을 가질 수 있는 일석이조의 레포츠로 인기를 끌고 있다. 현재 국내 인공암벽의 높이는 2m 정도에서부터, 14~15m까지 있으며, 암벽의 구조는 수직벽에서부터 완만한 경사도까지 다양하게 포함되어 있어 초보자의 경우라도 별 어려움 없이 탈 수 있다.

(12) 피 팻

피팻(PitPat)은 골프공 크기의 공을 큐대를 이용, 장애물을 통과시켜 홀, 또는 지정된 목표에 골인시키는 경기로서 1번에서 18번 홀까지 모두 18개의 테이블이 있다. 기술이나 신체적 부담이 거의 없는 게임이므로 가족이나 연인들과 부담 없이 경기를 즐길 수 있다. 경기자는 한 테이블에서 큐대로 5번까지 칠 수 있으며, 친 횟수대로 점수를 기록하여 테이블 밖으로 볼이 떨어지면 벌점 1점이 가산되며, 5번까지도 볼을 넣지 못하면 벌점 2점을 가산하여 7점으로 기록하고 다음 코스로 진행한다. 각 코스(테이블)마다 지정된 색깔의 볼을 치며, 앞코스에서 다른 팀이 게임을 하고 있을 때는 다음 코스 게임을 진행 후 다시 돌아오면 된다. 볼이 장애물 중간에서 멈출 경우 15cm 정도 떨어진 곳에서 놓고 진행한다. 이 경기는 총점수가 적은 사람이 승리한다.

(13) 트릭핀

트릭핀(trick pin)은 미니 볼링으로 생각하면 되는데, 볼링과 다른 점은 볼링은 한 라인에서 계속 진행하고 종료되나 트릭핀은 12번과 Z코스까지 굴리기도 던지기도 하여 핀을 쓰러Em리며, 장애물을 통과시키는 경기이다. 고도의 기술과 강한 체력이 필요치 않아 사랑하는 가족, 연인, 친구와 부담없이 즐길 수 있는 뉴스포츠이다. 부드럽고 탄력 있는 볼과 12개코스와 각 코스마다 장애물 정도가 필요하다. 경기규칙으로는 매 코스당 3회까지 시도할 수 있으며 시도할 때마다 점수를 기록하여 잘못 던진 것은 0점으로 하며 12번 코스까지 한 경기가 끝나면 매 코스 점수를 합산하여 총점수가 가장 많은 사람이 이기는 경기다. 코스시설이 무척 약하므로 게임기구에 앉거나 올라가지 말아야 하며, 게임 중에는 공을 던지거나, 굴릴 때 무리한 힘을 가하여 기물이 파손되는 것을 유의해야 한다.

(14) 컬 링

컬링(curling)은 얼음 위에서 남녀노소가 함께 즐길 수 있는 겨울 생활체육 종목으로 가족단위 혹은 직장 동료 등이 4인 1조로 팀워크를 겨루며 즐기는 종목이다. 컬링 경기는 10엔드로 거행되고 1엔드당 각 선수는 2개의 스톤(stone)을 던져서 하우스 내에 들어간 stone이 상대팀의 stone보다도 팀에 가까이 있을 경우 1개에 1점을 얻는다. 컬링의 경기 규정은 다음과 같다.

- 2명의 skip은 동전을 던져 먼저 돌을 던질 팀을 결정한다(대체적으로 이긴 팀이 나중에 던진다).
- 각 선수는 1인당 2개씩 stone을 가지며 상대팀과 교대로 던진다.
- 각 엔드가 끝나면 이긴 쪽의 lead는 다음 엔드에서 먼저 던진다.
- 각 선수는 hack에서 돌을 던지지 않으면 안 되지만 그때 몸이나 몸에 달려 있는 것이 호그스코어 라인을 넘어서는 안 된다.
- stone을 던진 후 그 선수측은 호그스코어 라인에서 sweeping scure line간의 얼음을 쓸 수 있다.
- 스위핑은 skip의 지시대로 하며 반드시 자기편 쪽으로 향해야 한다.

(15) 스노보드

스노보드(snow board)는 스키보다 훨씬 넓은 외관 보드 위에 두 발을 모두 올려놓고 폴(막대) 없이도 눈 위를 시원스레 질주할 수 있는 신종레포츠이다. 스노보드를 배우려면 초보자의 경우 3~4일이면 기초를 배울 수 있고, 열심히 배우면 1주일 안에 숙달된 실력으로 활강할 수 있다. 우선적으로 배워야 할 것은 우선 한발로 밀어가기로 넘어지는 방법, 발뒤꿈치와 앞꿈치를 이용한 활주방법 등 고급기술을 하나하나 익혀나가 스키와 맞먹는 속도감 속에서 자유자재로 환상적인 묘기를 연출해낼 수 있다. 바로 이때 스노보드의 짜릿한 성취감을 체험할 수 있다.

(15) 윈드쿠르저

윈드크루저(wind cruiser)는 아스팔트 위에서도 서핑을 즐길 수 있는 종목으로 윈드서핑의 보드를 떼어내고 바퀴가 달린 데크를 부착하는 레포츠이다. 편의복과 간편한 보호장구만 착용하면 되고, 보드가 4m에 이르는 윈드서핑과는 달리 발을 딛는 데크의 길이가 80cm 정도로 작아 운반이 쉽다. 일반적인 기능은 윈드서핑과 비슷하지만 데크의 앞바퀴와 뒷바퀴를 따로 조정할 수 있기 때문에 제자리에서 360°로 회전할 수 있는 등 테크닉이 다양하며 속도감도 뛰어나 20~60km까지 낼 수 있다.

(16) 산악자전거

산악자전거(mountain bike)는 산길이나 계곡, 웅덩이 등은 물론이고 자갈길, 모래밭, 덤불숲과 진흙탕에 이르기까지 어디서나 가능한 레포츠로, 가벼운 몸체와 특수제작된 두꺼운 바퀴를 이용하여 거침없이 달릴 수 있다. 공해에 찌든 도로를 벗어나 자연 속에서 빠져들어 신선한 공기와 함께 삼림욕의 효과를 동시에 준다. 또한 험한 산길을 헤쳐나가는 모험심과 정상에서 내려올 때의 숨막힐 듯한 묘미로 현대인의 스트레스 해소에도 적격이며, 신세대들의 구미에도 맞는 레포츠이다.

(17) 암벽타기

암벽등반은 최소한의 장비만을 착용한 채 암벽을 오르는 레포츠로서, 모험 특히 추락위험을 무릅쓴 레포츠이다. 암벽등반 기술은 타고나는 것이 아니라 배워 얻는 기술이므로, 남녀 구분 없이 누구나 배울 수 있으며, 신체조건이 문제가 아니라 암벽을 오르고 싶다는 강렬한 동기와 자기의 노력이 중요하다. 장비 사용의 유무에 의해, 자유등반(free climbing)과 인공등반(artifcial climbing)으로 분류한다.

자유등반은 인공 보조물을 사용하지 않고 바위의 형태에 따라 손과 발등 신체로 암벽의 요철부분을 이용하여 등반하는 것으로 가장 기본적인 등반기술로서 인공등반, 빙벽등반도 자유등반을 익힌 다음에야 가능하다. 손과 등산화의 마찰력을 이용하므로 마찰력이 가장 많이 발생하는 방법을 항상 염두에 두어야 한다.

인공등반은 자유등반으로 도저히 오를 수 없는 각도의 암벽이나, 홀드, 스탠스가 없는 매끄러운 부분을 오르는 등반 방식으로 인공물을 사용하여 등반을 하는 것을 말한다. 자유등반 코스냐, 인공등반코스냐 결정하는 것은 등반자의 능력과 양식에 따라 달라질 수 있다. 인공등반은 암벽을 훼손하거나 암벽의 난이도를 절하시킬 수 있으므로 함부로 장비를 사용해서는 안 된다.

빙벽등반(ice climbing)은 빙벽을 아이젠을 착용하고 피켈을 사용하여 한발씩 한발씩 오르는 레포츠이다. 배우기는 쉽지만 상당한 위험이 따르므로 빙벽타기를 하고 싶으면 각종 산악회나 등산학교에서 기초훈련을 받은 뒤 나서는 게 좋다.

2. 수상위락자원

(1) 낚 시

낚싯대와 바늘은 이집트에서 사용된 유물이 최초로 발견되었다. 낚시(fishing angling)는 릴의 발명과 기구의 정교화로 이제는 대중 레크리에이션이 되었다. 한국은 80% 이상이 민물낚시이나 최근 바다낚시 인구가 급격히 늘어나고 있다. 낚시의 매력은 대자연을 배경으로 한 인간의 기술적 노력에 의해 고기를 낚아 올리는 맛을 만끽하는 데 있다.

민물낚시터는 주로 경기(신갈, 송전, 금촌수로), 강원(초평, 괴산댐, 의림지), 전북(옥구, 경천, 만경, 운암대), 전남(불갑지), 경북(보문지, 포항지), 경남(오호, 금남, 남강댐)에 많고, 바다낚시터로서는 경북(후포, 구룡포, 감포), 부산, 목포, 형제도, 경남(방어진, 가덕도), 홍도, 해금강, 전남(청산도, 거문도), 제주도, 추자도, 관할도, 서귀포, 마라도 등이 유명하다.

바다낚시 중에는 트롤낚시가 있는데 배를 타고 바다를 가르는 장쾌함을 느낄 수 있다. 트롤링의 재래식 형태는 낚싯줄에 고기를 걸어 끌고 가다가 갈고리 등으로 찍어올리는 끌낚시이다. 우리나라에서는 제주도, 추자도, 경북 구룡포 등에서 주로 이루어지고 있다. 특별한 장비 없이도 간단히 배에 올라 대어를 낚기 때문에 관광객이 트롤낚시를 많이 이용하고 있다.

견지낚시는 견지낚싯대를 이용하여 하는 낚시의 일종이다. '견지'는 바느질과 길쌈을 하던 옛 아낙네들이 실을 감던 도구다. 견짓대는 70cm 전후 원대(손잡이 부분)에 나무빗살을 스물두어 개 박아 파리채 비슷한 모양으로 만든 것으로 연을 날릴 때 쓰는 얼레를 연상해보면 된다. 원대의 직경은 대체로 3~4mm 정도의 통대에 불과하지만 50cm가 넘는 큰 고기도 처리할 만큼 튼튼하게 나온다. 견짓대를 만드는 재질은 시대의 발전과 더불어 많은 변화를 해왔는데 오랜 옛날에는 대나무나 앵두나무, 고래 이빨이나 소뿔과 같은 질긴 천연소재로 만들었고, 한국전쟁 이후 유리섬유(glass fiber) 재질로 변화되었다.

낚싯줄을 감는 견지는 나무 빗살이 약간씩 비틀려 낚싯줄이 고르게 감기게 해주고, 큰고기가 걸려도 낚싯줄이 고르게 풀려나갈 수 있게 해준다. 견짓대는 낚시 길이도 약 70cm 전후로 아주 작은 낚시다. 하지만 이 작은 낚시로 피라미, 누치 등 작은 강고기에서부터 월척에 이르기까지 못 낚을 고기가 없다 한다. 견지낚시도 사시사철 즐기지만 대개 여름철 여울에서 즐기는 견지낚시가 더위를 씻어가며 즐기기에 좋다.

견지낚시를 하려면 견지낚싯대와 더불어 썰망(밑밥 주머니)이 있어야 한다. 썰망에는 깻묵가루에 견지낚시의 최고 미끼로 치는 구더기를 섞어 사용한다. 견짓대는 수십만 원짜리도 있지만 보통 5천 원에서 1만 원 정도이다. 이외에 채비를 가라앉힐 때 쓰는 봉돌과 살림망, 살림망을 고정하는 수장대 정도가 기본장비다.

여울에서 견지낚시를 한다면 낚싯줄은 보통 1호줄을 사용한다. 얼레처럼 생긴 견짓대의 끝에 바늘을 단 낚싯줄을 50m쯤 가지런히 감고, 바늘 위 20～30cm 지점에 봉돌을 단다. 좀더 큰고기를 잡으려면 큰 호수의 낚싯줄을 사용하며 미끼를 달아 설망 하류 1～3m 정도 지점에 가라앉히면 준비된다.

(2) 수 영

수영(swimming)은 인간존재 당시부터 있던 것으로 생활, 교통, 전쟁에 중요한 수단이었다. 고대 스파르타에서는 특히 청소년의 체력을 위해 수영이 채택되었으며, 르네상스 시대에 이르러서는 여름의 가장 즐거운 스포츠가 되었다.

제1회 아테네 올림픽에서는 수영종목에 제한이 없었으나 제2회 파리대회에서는 배영이 채택되고, 제3회 센트루이스 대회에서는 평영이 채택되어, 이제 올림픽에서는 가장 종목이 많은 메달 박스의 역할을 하게 되었다. 한국도 일찍이 보급은 되었으나 1929년 9월 1일 동아일보사 주최 경영대회가 요람이다.

수영은 이제 스포츠 종목만으로 각광을 받을 뿐 아니라 특히 피서철이면 많은 인파가 강, 호수, 바다, 풀장 등으로 모여 수영을 즐기고 있다. 이제 이들의 필수적인 증가 욕구에 국가적인 대책으로 교통시설, 주차시설, 편의시설, 화장실 등의 설치가 문제가 되고 있다.

수영장의 목적은 크게 신체의 단련과 아울러 피서를 목적으로 하고 있는데 우리나라는 3면이 바다인데다 우수한 해수욕장 등이 수없이 많다.

(3) 스킨스쿠버다이빙

SCUBA는 Self-Contained Underwater Breathing Apparatus의 줄임말로 수중에서 호흡하도록 고안된 장비 자체를 의미한다. 그리고 이 장비를 사용하는 다이빙을 스쿠버 다이빙이라고 한다.

일반적으로 레크리에이션 잠수는 스킨(skin)다이빙과 스쿠버(SCUBA)다이빙으로 구분된다. 스킨다이빙은 마스크와 오리발 등의 간단한 장비를 이용하여 잠시 숨을 참으면서 10m 미만의 낮은 수심을 왕복하며 즐기는 잠수를 말하며, 스노클(snorkel)을 이용하여 호흡하기 때문에 스노클링(snorkeling)이라고 부르기도 한다. 반면에 스쿠버다이빙은 육상 또는 수면으로부터 공기를 공급받지 않은 상태로 수중에서 호흡할 수 있는 스쿠버 장비(압축 공기통이나 호흡기체를 압축해 담은 용기)를 이용하여 수중에서 자유로이 호흡하면서 이동하며 자신의 목적을 수행하는 활동을 말한다.

스쿠버의 종류를 살펴보면 스포츠 다이버들이 주로 사용하는 개방회로(open circuit)와 과학조사와 군사적 목적에 주로 사용되는 반폐쇄회로(semi-closed circuit), 군사적 목적에 주로 사용되는 폐쇄회로(closed circuit)가 있다.

인간의 잠수 역사는 확실치 않으나 기록에 의하면 지금부터 약 5,000년 전에 생계유지를 위하여 해저에서 식량 채취하는 직업적 다이버가 있었다고 전해진다.

기원전 900년경 아시리아 제국 군대가 군사적인 목적으로 동물의 방광 및 양가죽으로 만든 공기주머니를 이용하여 물 속에서 몇 차례 급한 숨을 모면할 수 있는 방법을 고안해냈다는 기록도 있다. 기원전 332년에 그리스에서는 군사적인 목적으로 다이버를 이용했다고 기록되어 있다. 그 후 지속적인 발달을 해오다 1500~1800년대에는 다이빙 벨이란 다이빙 형태로 발전했는데 다이빙 벨은 안에 사람이 타고 수면 아래로 잠수하거나, 공기를 달고 해저면으로 내려가는 형태의 잠수이다. 1800년대에 들어서 개인용 잠수장비들이 개발되기 시작했으며, 공기 공급호스가 연결된 헬멧 형태의 잠수장비가 나타나기 시작했다. 1800년대 후반에 들어서 공기공급 호스 길이에 제한받지 않는 독립적인 공급방식인 SCUBA 장비가 탄생되면서 다이버들은 수중에서 타인의 도움 없이 자유롭게 행동할 수 있게 되었다.

1943년 프랑스의 자크 이브 쿠스토(Jacques-Yves Cousteau)와 에밀 카냥(Emile Gagnan)에 의해 발명된 스쿠버 장비는 표면 공기장치보다 착용이 간편하고 안전성이 우수하여 일반인에게도 각광받는 스포츠로 발전하게 되었다. 1943년 프랑스의 해군장교 쿠스토(Jacques - Yves Cousteau)가 프랑스의 마네강에서 스쿠버 장비를 이용한 수중탐사를 하였는데 이것을 스쿠버다이빙의 기원으로 꼽고 있다. 이어서 엔지니어 에밀 카냥(Emil Gagnan)에 의하여 설계된 레귤레이터가 선보이게 되었다. 쿠스토와 카냥은 압축공기 탱크에 이 레귤레이터를 결합시켜 1943년 여름 500번 이상 잠수를 하였으며, 이것을 아쿠아-렁(Aqua-Lung)이라고 불렀다.

1953년 우리나라에 주둔하고 있던 미 해군의 도움으로 한국 해군에 UDT(Under Water Demolition Team)와 해난구조대가 창설되면서부터 처음으로 우리나라에 스쿠버다이빙 장비와 기술이 소개되었다. 그로부터 10여 년 동안은 해군현역 및 제대자, 그리고 일부 극소수의 민간인 동호인만이 스쿠버다이빙을 할 수 있었다.

1970년대부터는 스쿠버장비들이 급속도로 현대화되고 보다 안전하게 개량되었으며 후반에 들어서서 동호인 수도 급속히 늘어나 이제는 전세계적으로 널리 보편화된 레저스포츠로서 그 자리를 굳히게 되었다.

스킨다이빙과 스쿠버다이빙을 즐기기 위해서는 사전에 정규교육을 이수해야 한다. 다이빙 교육은 각 교육단체가 인정하는 정식 강사에게 받아야 하는데 다이빙숍에 가면 만날 수 있다. 스쿠버다이빙 교육은 이론 강습, 수영장 실습 그리고 바다 실습의 3단계로 구성되는데, 첫번째 단계인 이론 강습에서는 강의를 통하여 다이빙에 필요한 기초적인 잠수이론을 설명한다. 둘째 단계인 수영장 실습은 다이빙에 필요한 기초 잠수기술과 관련장비의 사용법에 대한 내용이 다루어지고, 마지막 단계인 바다 실습은 직접 바다에서 다이빙을 수행하여 다이빙 능력을 터득하는 단계다.

이와 같이 3단계의 과정을 마치면 다이빙 교육과정이 완성된다. 그러나 각 교육단체가 권장하는 기준과 강사의 개인적인 특성에 따라 시간과 난이도가 달라질 수 있다.

스킨(skin) 장비에는 마스크(mask), 스노클(snorkel), 오리발(fins), 잠수복(diving suit), 다이빙 칼(diving knife), 웨이트벨트(weight belt), 장비가방(gear bag) 등이 있으며, 스쿠버 장비는 공기탱크(air tank), 탱크밸브(tank valve), 안전장치(burst disk)와 링, 부력조절기와 조절장치(BC & Low Pressure Inflators), 호흡기(regulator), 잔압계(SPG=Submersible Pressure Gauge), 수심계(depth gauge), 다이브 컴퓨터(dive computer),

비상용 호흡기(alternate air source), 다이빙 시계(diving watch), 나침반(compass)으로 구성된다.

〈표 6-6〉 우리나라의 주요 스킨스쿠버다이빙 장소

구 분	장 소
동 해	주문진일대 아야진, 오호리, 봉포리, 영금정, 강릉 경포대, 삼척, 속초, 삼척 초당동굴, 후포, 포항일대 송도 해수욕장, 영일군, 동해면 임곡리, 마산리, 발상리, 울릉도 해역 등
서 해	대천 앞바다 외연도, 군산 앞 12개 작은 섬으로 구성된 십이동파 등
남 해	부산 앞바다 형제섬, 나무섬, 하나섬, 거문도, 추자도, 거제도, 백도, 홍도, 소흑산도 등
제주도	서귀포 앞바다와 우도, 차귀도, 추자도, 문섬, 섶섬, 지귀도, 꽃동산, 범섬, 기차바위, 형제섬, 수중아치라고 부르는 여러 해저

(4) 요 트

요트(yacht)라는 말은 옛날 독일어 jacht(jachtschiff의 준말)에서 유래되었으며, 현재는 네덜란드어의 yaght가 영어로 관용어가 되어 yacht가 되었다고 한다. 요트는 추적선(hunting ship)이란 뜻의 작고 가벼운 슬루프(sloop)식 쾌속 범선으로 14세기경 해적들에 의해 해적선으로 사용되었고, 또한 네덜란드에서는 출몰하는 해적선을 나포하기 위해 이용되었다. 후에 이 쾌속선은 암스테르담의 선주들이 동인도 무역선의 통선(通船)으로, 또는 유람선으로 사용하여, 16～17세기에는 운하, 호수, 포구, 그리고 강 하구 등에서 많이 발달하였다. 요트의 어원이 네덜란드인 것은 네덜란드가 조선기술 특히 종범양식(縱帆樣式)이 뛰어난 당시 세계 유수의 해운 대국이었기 때문이라 할 수 있다. 그러나 요트의 어원과 달리 요트놀이의 역사는 고대 로마 · 그리스 · 이집트 시대까지 거슬러올라갈 수 있다. 당시 왕족들은 그들의 권위를 과시하기 위해 호화로운 놀이배를 만들어 즐겼었다.

영국에서 요트라는 말이 사용된 것은 1660년 네덜란드에 망명하고 있던 영국의 왕자 찰스(charles)가 왕정이 복고되자 귀국하여 찰스 2세가 되어 즉위했을 때 네덜란드인이 선물한 100톤급 메리(mary)호가 들어오면서 영어로 요트(yacht)라 불리게 되었다. 그 후 요트는 스포츠로서 크게 발전하였다. 1840년대에는 증기기관이 상선에 사용되기 시작하여 유람선에도 증기기관이, 그리고 다음에는 내연기관이 이용됨에 따라 기관의 마력이 점차 커져서 장거리 순항을 즐기게 되었다. 그러나 20세기 후반까지는 보조용 동력기관을 장비한 범선, 즉 보조기관선(auxiliary)이 많았다.

1890년대에는 대형 증기요트가 붐을 이루었고, 대표적인 것으로는 메이플라워(Mayflower : 1897년 건조, 2690톤, 철선, 승무원 150명)이다. 이 배는 1898년 미군 해군이 매입하여 미 대통령 공용 요트로서 1929년까지 사용하였다. 제1차 세계대전 중에는 중유를 사용하는 디젤엔진이 발달하여 대형 동력요트가 번창, 1930년에 3097톤의 오리온(Orion) 호를 건조하여 최절정에 이르렀다. 이 당시에 가장 큰 보조 기관선은 마스트 4개를 장비한 강선(鋼船) 시클라우드(Seacloud : 1931년 건조, 2323톤)호이었다.

1932년 이후부터는 요트의 규모가 작아지고, 비용이 적게 드는 것으로 바뀌는 경향을 보이다가 20세기 중엽에 들어 요트는 마침내 스포츠로서 대중화되어갔다. 19세기부터 요트는 영국과 미국이 중심이 되어 각각 다른 환경과 조건하에서 특색이 있는 발전을 거듭하였다. 즉 영국의 요트는 불리한 기상과 해양조건 때문에 내항성(耐航性 : sea-worthiness)을 중시하여 흘수(吃水)가 깊고 육중한 선형과 두터운 마직의 돛을 사용, 파도가 센 해양에서의 순항에 적합한 커퍼(cutter) 양식이 발달하였고, 미국에서는 어디까지나 속력위주로 수선장(水線長)이 길고 흘수가 얕으며 예리한 선수와 편평하고 넓은 선미의 선형에다, 얇고 가벼운 면직의 돛을 사용하여 평수에서 경쾌한 성능과 속력을 최대한으로 발휘할 수 있는 sloop와 schooner 양식이 발달하였다.

요트를 분류하는 데는 여러 가지 기준이 있지만 보통 세일의 모양을 기준으로 하는 것과 배의 크기로 분류하는 것이 가장 많이 사용된다.

세일의 모양에 따른 보편적인 양식은 캐트리그(cat rig) · 슬루프 · 커터(cutter) · 욜(yawl) · 캐치(ketch) · 스쿠너 등으로, 욜 이상의 것은 비교적 대형이다. 캐트리그는 뱃머리 가까이에 세운 한 개의 마스트에 비교적 대형의 돛 한 장을 올린 양식으로 조종이 간단하고 빠른 속력을 얻을 수 있기 때문에 소형 경주용으로 많이 사용되고 있다. 돛의 면적은 요트의 용도에 따라 다르지만 쾌유순항용(快遊巡航用)의 요트는 안전상의 문제 때문에 비교적 작고, 경주용의 요트는 면적이 큰 돛을 사용한다. 국제 모노타이프(mono type) 12ft 딩기(dinghy)는 이 양식의 전형적인 것이다. 슬루프는 가장 일반적인 기본양식으로, 길이도 10ft 정도의 것에서부터 100ft에 이르는 것까지 있다. 이 슬루프는 집(jib)과 메인세일(main sail) 2장의 돛을 갖추고 있으나 많은 것은 5장 이상을 갖춘 것도 있다. 특히 정수에 바우스프리트(bow sprit)를 갖지 않는 슬루프를 녹어바우트(knock about)라 부르는데, 슬루프 양식에는 이러한 녹어바우트가 많다. 선형은 일반적으로 가는 편이고 경쾌하여 파도가 작은 곳의 쾌속에 적합하다.

슬루프 양식의 대표적인 것으로는 스나이프(snipe) · 시호스(sea horse) · 엘(L) · FD(flying dutch man) · 스타(star) · 470 등의 급이 있다. 커터는 양식상으로는 슬루프 양식 가운데 개프톱세일(gaff-topsail) · 집톱세일(jib-topsail) · 포스테이세일(fore-staysail) · 집 · 메인세일을 가지고 있는 것을 말한다. 이 커터는 속력보다는 내항성에 중점을 둔 것으로 흘수가 깊고, 묵직한 것이 특징이다. 슬루프와 함께 현대 요트의 기본형식을 이루고 있다. 욜은 속력보다도 조종성(操縱性)을 중시하여 외양(外洋)의 큰 파랑(波浪) 가운데서 항주하기 좋게 만든 형이다. 따라서 선체도 크고, 보통 두 개의 마스트를 가지고 있다. 선미 가까이의 미즌세일(mizen sail)은 메인세일에 비해 아주 작은 것이 특징이다. 그러나 이러한 양식은 사납고 파도가 높은 데서의 속력의 유지, 파랑 속에서의 태킹(tacking) 등에 유리하다. 케치(ketch)는 영국에서 발달한 양식으로서 욜의 장점을 취한 것인데, 욜과 다른 점은 미즌세일의 돛 면적을 보다 크게 하고, 마스트의 위치도 보다 앞쪽에 두었다. 따라서 미즌세일의 돛 면적에 맞추기 위하여 헤드세일(head sail)을 2장으로 하는 것이 보통이다. 그러나 욜과는 달리 바우스프리트를 가졌고, 크기도 선체도 대형이다. 따라서 외항순항용으로서 애용되는 양식이다.

스쿠너는 일반적으로 2개의 마스트를 가졌고, 대형 스쿠너는 더 많은 마스트를 가지기도 한다. 외항순항용으로서 욜 · 케치의 장점들을 취하여 전체적으로는 이들에 능가하는 성능을 가졌다. 스쿠너는 종범양식으로서 그 우수성으로 인하여 당시에 전성하던 횡범양식(横帆樣式)을 제압하였다. 또한 스쿠너는 승무원 수의 절감, 태킹의 향상, 리깅(rigging)의 간편화와 갑판면적 이용도의 증대, 그리고 조작의 간이화 등 중요한 장점을 고루 갖춘 순항에 적합한 요트이다.

배의 크기에 따라서는 크게 두 가지 종류로 분류한다. 크루저와 딩기급인데 이 두 종류의 가장 큰 차이점은 선실의 유무이다. 선실이 있으면 크루저로 분류하고, 없다면 딩기로 분류한다. 크루저는 선실이 있고 대부분 크기가 크므로 연안을 포함해서 대양항해가 가능하다. 선실에는 주방, 침실, 화장실 등 배 안에서 오랫동안 머물 수 있게 설계되어 있다. 우리나라에는 주로 부산 수영만 요트장, 충무 등에 가면 많이 볼 수 있다.

딩기는 1~3인승의 선실이 없고 비교적 작은 배를 가리켜서 말한다. 배가 작기 때문에 주로 연안과 강, 호수 등지에서 많이 탄다. 크루저보다는 스피드가 빠르다. 우리나라에서는 주로 대학생이 많이 타고, 올림픽 요트종목들은 전부다 딩기들이다.

딩기의 종류에는 470, 420, Enterprise, Laser, Mistral, Snipe, 49er, Optimist, Tonado

등이 있다. 470은 우리나라에서 가장 많이 타는 클레스로 2인승이며, 배의 길이가 470m라서 470이란 이름이 붙었다. 스핀, 메인, 지프, 이렇게 3개의 세일을 사용한다. 올림픽 정식 종목중 하나이다. 420은 역시 배 길이가 420m이다. 470과 거의 흡사하지만 시스템이 470보다 단순하며, 우리나라에서는 전국체전 정식종목 중 하나이며, 경량급의 선수들이 많이 탄다.

Enterprise는 2인승으로, 스핀세일을 사용하지 않는다. 꽤 오래전 디자인으로 우리나라에서 점점 사라져가는 종목중 하나이다.

Laser는 1인승으로, 메인세일 하나만 있다. 작지만 매우 테크니컬한 배로서, 여러 아류 디자인(Laser Radial, Laser3000, Laser5000 등)들이 많이 있다. 적정중량 80kg대로서 매우 타기 힘든 배지만 전세계적으로 보급이 많이 되어 있다. 올림픽 정식종목 중 하나이다.

Mistral은 배를 만드는 회사이름으로 윈드서핑 중 한 종류이다. 흔히 사람들은 이것을 요트와 다른 것으로 보지만 이것도 엄연히 요트의 한 클래스 중 하나이다. 특징은 마스트가 고정되어 있지 않고, 러더가 없다. 굉장히 빠른 스피드를 낼 수 있고, 장비가 간단하여 많은 사람들에게 보급이 되어 있다.

Snipe은 우리나라에서 타는 딩기 중 대형급에 속한다. 하지만 오래된 디자인으로서 Enterprise보다 더 빠르게 사라져가고 있다. 49er은 최근에 디자인된 종목으로 배 양쪽에 윙이 달려 있다. 최근의 기술로 만들어져 굉장히 테크니컬하고 빠른 속도를 낸다. 이 고성능 때문에 최근에 올림픽 정식종목에 들어갔다. 우리나라에서는 아직 보급이 안 되었다.

Optimist는 초등학생의 어린이들이 타는 배로, 시스템이 간단하고 정말 작다. 배의 모양이 네모모양인 것이 특징이다. 1998년 아시안게임 때 금메달을 안겨준 종목이기도 하다.

Tonado는 2인승 카타메란정(두 대의 배를 서로 붙여서 만든 배)이다. 고성능이며, 매우 빠른 속도를 낸다. 딩기 중 비교적 대형급에 속하며 우리나라에서는 좀처럼 보기 힘든 종목이다.

(5) 래프팅

래프팅(rafting)은 나무로 엮은 뗏목을 타는 것을 뜻하는 말인데 여럿이 함께 PVC나 고무로 만든 배에 타고 노를 저으며 골짜기와 강의 급류를 타는 레저스포츠로서 래프팅은 원시시대에 옛사람들이 뗏목을 띄우고 타고 다니며 수렵과 이동을 하던 데서 시작되었다.

현대로 오면서 미지의 땅을 찾아나서는 개척의 도구로 이용되기도 했던 뗏목은 타면서 스릴과 재미를 즐기려는 사람들에 의해 더욱 안전하고 다루기 쉬운 장비가 고안되어 나오기 시작했다. 오늘날과 같은 형태의 보트는 제2차 세계대전 이후에 전쟁의 부산물로 남은 군용 스르러스 고무보트를 사용하면서부터이다. 1966~1971년을 시점으로 북미주 지역에서 특히, 그랜드캐년의 상업적 여행회사들이 여행자들을 많이 실어 나르기 위해 대형 고무보트를 사용하면서부터 본격적으로 붐이 일기 시작하여 세계 각국에 빠른 속도로 보급되었다.

현재 미국의 경우 래프팅은 범국민적 대중 레저스포츠로 자리잡아 남녀노소가 즐기는 가운데 성인 동호인만도 3백여 만 명이 넘으며, 산이 많고 급류계곡이 많은 이웃 일본만 해도 1980년대부터 폭발적인 인기를 끌며 동호인이 늘어나 국내코스가 비좁게 되자 해외 래프팅 명소로 몰려다니며 즐기는 상황이다.

우리나라에서는 1970년대 초 미군용 고무보트가 보급되면서 일반에 처음 소개되었고, 1980년대에는 장비 부족과 적절한 코스가 개발되지 않아 개인적으로 즐기는 동호인들만이 얼마간 있을 뿐 걸음마 단계에 머물러 있었으나, 1990년대에 들어오면서 활성화되기 시작한 이래 최근 들어 전문 동호인 클럽과 대학의 동아리들을 중심으로 보급에 힘쓰는 데다 레저 전문업체들이 레포츠 종목으로 개발, 각종 행사나 기업연수에 많이 접목함으로써 이제는 우리나라에서도 래프팅이라는 레저 프로그램이 범국민적 여름레포츠로 자리잡고 있다.

래프팅의 기본장비에는 리버보트, life-vest(구명조끼), paddle(노), 헬멧, 드로우 로프(구명줄), 공기주입 펌프와 호스 등이 있다.

우리나라의 래프팅 코스로는 철원 순담계곡(당일코스)과 강원도 영월 동강(미탄면 마하리 : 1박 2일 코스)가 있다.

철원 순담계곡은 한탄강 유역에 속하는데, 27만 년 전 평강의 오리산(462m)에서 화산활동으로 인한 현무암의 용암으로 형성된 편암이 층층이 쌓여 단애절벽과 기암괴석으로 이루어져 마치 그랜드캐년과 같은 형상을 하고 있어 많은 관광객이 연중 계속 찾는 유명한 관광지로서 임꺽정바위로도 유명하다.

강원도 영월 동강(미탄면 마하리)은 남한강 수계에 속하며 정선, 평창 일대의 깊은 골짜기에서 흘러내린 물들이 정선읍내에 이르면 조양강이라 부르고, 이 조양강에 동남천 물줄기가 합해지는 정선읍 남쪽 가수리부터 영월에 이르기까지의 51km 구간을 동강이라 따로 이름했다. 동강은 물에 잠겨 있는 바위들이 저마다 다른 각도로 햇살을 반사하면서 푸른 무지개를 만들어내고, 그 색깔을 입은 맑은 물은 멈춘 듯 흐르는 듯 계곡을 감돌고 있다. 산림청에서 조사한 결과 식물의 경우 희귀종

6종의 서식이 확인됐으며, 포유류로는 8종 가운데 천연기념물 수달 등이 서식하고 있다. 산림경관으로는 석회암 붉은 벽과 흰사구 등이 발달해 있는데 그 중 어라연 지역이 대표적으로 평가됐다.

(6) 경 정

세계 최초의 모터보트는 1885년 독일에서 1.5마력 가솔린 엔진을 보트에 달아 달리게 한 것으로, 일본에서는 1911년 이시가와 조선소에서 최초로 제작되었다. 최초의 모터보트 경주는 1904년 영국에서 열린 국제레이스이며, 이듬해 1905년 미국에서 모터보트경주의 세계선수권대회라고 할 수 있는 제1회 골드컵이 개최되었다.

경정이란 모터보트 경주에 승자투표권을 발매하고 승자를 맞춘 사람에게 배당금을 주는 것으로, 1952년 4월 일본 나가사키현 오오무라경정장에서 최초로 경정이 시작되어 지금까지 약 50년 동안 시행되고 있다.

일본에서 감독부처는 국토교통성으로 지방자치단체 등 46개 시행자가 경주 개최를 담당하고 19개 모터보트경주회가 경주를 실시하고 있는데, 이들의 연합체인 전국모터보트경주회연합회가 선수양성 및 관리를 담당하고 있다.

등록선수는 남녀 합쳐서 1,600여 명이고, 연령에 있어서도 40~50대 선수가 상당수를 차지하고 있다.

우리나라에서는 1991년 12월에 경륜경정법이 국회에서 제정된 이후 4년여의 준비 끝에 2002년 6월 미사리 경정장에서 국내 최초로 경정사업이 시행되었다.

(7) 웨이크보드

웨이크보드(wake board)는 파도 대신에 모터보트가 지나가며 만든 물살을 이용하여 각종 고난도의 기술을 구사하며 즐기는 엑스(X) 게임의 일종이다. 1960년대 미국에서 서퍼들이 서프보드로 모터보트가 만들어내는 인조 물결(wake) 위를 타는 데서 유래되었다.

우리나라에는 1995년부터 웨이크보드를 즐기는 동호인들이 생겨나기 시작했으며, 역사가 짧은 관계로 아직은 많은 동호인이 활동하고 있는 레포츠는 아니다. 하지만 물과 보트가 있는 곳에서는 어디서든지 즐길 수 있으며, 신세대 감각에 맞는 스릴과 쾌감을 준다는 특성을 갖고 있어 많은 인기를 끌 것으로 보인다. 웨이크보드를 즐기려면 전문적인 강사를 찾는 것이 좋다. 하지만 우리나라에는 도입된 기간이 너무나 짧아 전문적인 지식을 가진 강사가 부족하다. 장비의 선택도 아직까지는 개인

장비를 구비하는 것보다는 렌털로 웨이크보드를 즐기는 사람이 많다.

(8) 워터슬레이

수상레포츠는 다양한 종류가 있지만 대부분 값비싼 장비나 웬만큼 전문적인 조작기술이 필요하다는 단점도 있다. 하지만 누구나 쉽게 수상 스피드를 즐길 수 있는 것도 있다. 흔히, '바나나보트'라고 불리는 '워터슬레이(Water Slay)'가 그렇다. 워터슬레이는 이름 그대로 물 위를 달리는 썰매로서 아직 생소한 이름만큼 신종 수상 레포츠로 즐기기가 쉬워 최근 인기를 끌고 있다.

워터슬레이는 PVC나 네오플렌 같은 튜브 모양의 무동력 보트로서 모터보트가 끌며 수면 위를 질주하는 쾌속정이다. 모터보터에 매달려 달리기 때문에 수상스키와도 유사하고, 스피드를 즐기며 균형감각이 요구된다는 면에서는 래프팅과도 유사한 레포츠이다. 워터슬레이의 또 다른 특징은 수상레포츠 중 특별한 기술을 요하지 않는 종목이라는 것이다. PVC나 특수 고무 소재로 만들어진 로켓 모양의 무동력 보트를 모터보트에 연결시켜 수면 위를 달리는데, 뒷좌석부터 한 사람씩 4~5명이 나란히 앉아 말을 타는 자세로 손잡이를 꼭 잡고 중심을 앞으로 주어 엎드린다. 속력이 붙을수록 무동력 보트가 솟구쳐올라 날아오르는 기분을 느끼게 되어 초보자의 경우 회전시에 튀겨나가기 쉬운데 구명조끼를 입었으므로 안전에는 걱정이 없고, 오히려 튀겨나가는 것이 묘미인 레포츠다.

우리나라에는 1993년부터 보급되기 시작하여 지금은 청평호나 팔당호 또는 대성리 강변에서 이를 즐기는 동호인들을 어렵지 않게 볼 수 있다.

구명조끼 대여를 포함하여 한번 타는 데 1인당 만 원 정도의 경비가 소요되며, 보통 시속 30~40km쯤으로 달리지만 탄 사람이 느끼는 체감속도는 훨씬 빠르다. 또한 단체로 참여하면 경비도 저렴하고 팀을 나누어 승부를 겨룰 수 있어 일석이조의 즐거움을 얻을 수 있다. 워터슬레이는 함께 탄 사람이 호흡을 맞춰 한몸처럼 균형을 잡는 것이 중요하다. 뒤집히지 않기 위한 협동심도 중요하지만 일단 뒤집힌 뒤 모두 물에 뜬 채 워터슬레이를 제대로 띄워놓으려면 그야말로 혼연일체가 돼야 한다.

워터슬레이는 특별한 기술이나 장비가 필요 없으며, 구명조끼만 입으면 스피드를 맛볼 수 있기 때문에 앞으로 이를 즐기려는 동호인들이 크게 늘어날 것으로 보인다. 남들처럼 누구나 쉽게 즐길 수 있는 워터슬레이는 모터보트 같은 예인 동력에 의존하기 때문에 개인이 별도로 구입하는 것은 별 의미가 없다.

현재 국내에 소개된 워터슬레이는 3인승, 5인승, 7인승으로 국내에서도 제작이

가능해 수출하고 있다. 너비는 모두 56cm로 같지만 길이는 3인승이 3.7m, 5인승이 5.07m, 7인승이 6.01m로 다르다. 또, 모두 세 개의 주요 공기막으로 형성되어 있다. 하지만 길이가 길수록 팀워크와 균형이 달리 요구된다.

(9) 조 정

조정이란 노로 보트를 저어서 그 속도로 승부를 겨루는 경기를 말하는 것으로, 보트레이스(boat race) 또는 레가타(regatta)라고도 한다. 1900년 제2회 파리대회부터 올림픽 정식종목으로 채택되었다. 배를 젓는 것을 로윙(rowing)이라 하는데, 배를 저을 때 노의 깃(blade)으로 물 속을 길고 평평한 방향으로 강하고도 신속하게 움직이면 한층 속도를 낼 수 있다. 빠른 속도를 내기 위해 보트와 노의 설계, 소재의 종류와 제작에 고도의 첨단기술이 이용되고 있다. 조정경기는 한 사람씩 배를 젓는 스컬(scull) 종목 외에는 모두 여러 인원이 한 팀으로 구성되는 팀 스포츠이므로, 팀의 단합과 일체감을 완벽하게 하기 위한 트레이닝에 큰 노력이 필요하다.

조정은 8~10세기 사이 북유럽 해변을 횡행하였던 바이킹들의 솜씨 겨루기에서 비롯된 것으로 보이며, 14세기에 베네치아의 곤돌라 레이스를 레가타라고 부른 것이 오늘에까지 전해진 것이라고 알려져 있다. 기록에 남은 최초의 것은 1715년 영국의 다게츠 코트 앤드배지 레이스(Daggetts Coat and Badge Race)이다. 오늘날까지 전통을 남기고 있는 것은 옥스퍼드대학의 각 칼리지가 매년 2월에 거행하고 있는 토피드 레이스와 케임브리지대학이 매년 6월에 거행하는 범핑 레이스이다. 이 2개의 레이스는 좁은 강을 1정(艇)씩 10초마다 출발하여, 강한 크루(승조원)가 먼저 가는 배의 선미(고물)에 자기의 뱃머리(이물)를 부딪침으로써 승부를 겨루는 경기이다. 옥스퍼드 대학이 케임브리지 대학과 겨루는 대항전도 역시 조정의 역사를 보여주는 것 중의 하나이며, 약 6.8km(4.5마일)의 템즈 강 코스에서 매년 6월에 개최된다.

1839년에 시작된 로열 헨리 레가타(Royal Henley Regatta)는 경기규칙을 정하고 매년 7월 첫째 주에 4일 동안 런던 교외의 템즈 강 상류 헨리에서 개최되고 있는데, 유럽 각국 및 미국·오스트레일리아로부터도 많은 팀이 참가하고 있다. 19세기에 접어들어 유럽·북아메리카·남아메리카·오스트레일리아에서도 성행하였고, 대학 이외에서도 일반 클럽이 많이 생겨나 널리 보급되었는데, 특히 유럽에는 조정하기에 적합한 호수와 늪이 많아 겨울철을 제외하고 각지에서 레가타가 개최되어 성행하고 있다.

우리나라에는 1916년부터 도입되어 1962년 10월 30일 대한조정협회가 창설되면서 경기가 본격적으로 시작되었다. 1968년 전국체육대회에서 정식종목으로 채택되는 동시에 한·일 교환경기를 시작으로 활기를 띄었다. 그 뒤 춘계경조대회, 하계경조대회, 해군참모총장배 대회, 연고대레가타전 등이 시행되었다.

(10) 패러세일링

패러세일링(parasailing)은 군에서 작전용으로 처음 시작된 레포츠로서 가장 큰 특징은 사전교육이나 강습을 전혀 받지 않아도 모터보트나 지프를 운전하는 사람의 조종에 몸을 내맡기기만 하면 아무런 기술을 부리지 않고도 창공을 훨훨 날 수 있다는 점이다. 태국의 파타야 같은 외국의 휴양지에서는 일정 요금을 받고 평상복 차림의 관광객들을 태워주는 놀이기구로서 활용되고 있는데, 특별한 기술 없이 하늘을 날 수 있다는 스릴과 매력 때문에 관광객들의 발길이 끊이지 않고 있다.

국내에서는 윈드서핑이나 행글라이딩, 패러글라이딩 등을 해온 레포츠맨들이 1986년 무렵부터 간간이 소개하기 시작, 현재는 30~40여 대가 보급되어 있다. 국내 패러세일은 지프보다는 주로 모터보트를 이용하고 있는데 해변이나 배 위에서 출발해 강이나 바다 위를 활공하는 것이 스릴도 뛰어나고 여러 모로 안전하기 때문이다.

낙하산을 끌어주는 보트는 90마력 이상이면 된다. 모터보트와 낙하산의 거리는 대개 50~100m 정도이며, 견인줄의 길이로 활공높이를 조정한다. 패러세일은 조작이 간편할 뿐만 아니라 국내 제품이 품질도 세계적이므로 어느 수상 레포츠보다도 많은 성장 잠재력을 가지고 있다.

(11) 인플레터블 카누

인플레터블 카누(inflatable canoe)는 카약의 조정성과 래프팅 보트의 안정성을 결합시킨 수상스포츠로 조정방법은 일반적인 딱딱한 하드셀 카누와 같으면서 래프팅처럼 배우기 쉬워 2~3시간만 강습을 받으면 3~4급수 정도의 난이도 물살을 가를 수 있고, 래프팅은 최하 5인에서 8~10인까지 탑승해야 하므로 다소 번거롭고 잔재미가 떨어지는 반면, 승선인원도 2~3인승으로 간편하고 안전한 만큼 상쾌한 계류를 탈 수 있다는 것이 인플레터블 카누의 큰 장점이다.

(12) 수상스키

수상스키(water ski)는 엔진 굉음을 따라 하얀 물보라를 일으키며 수면 위를 질주하는 레포츠이다. 수상스키는 출발자세만 익히면 거의 다 배운 것이나 다름없다. 우선 땅 위에서 스키를 신은 채 손잡이를 잡고 앉았다 일어섰다 하는 동작을 반복하며 익힌 후 곧장 물에 들어간다. 물 속에선 구명조끼에 의해 몸이 부상되므로 편안히 스키를 신고 땅 위에서 연습했던 출발자세를 취한다. 웅크린 자세로 무릎을 굽히고 두 스키를 나란히 한 후 등은 반듯하게, 팔은 쭉 편 채 두 스키 사이로 로프가 나오도록 한다. 자세를 바로 잡은 뒤 보트에 이끌려 스키가 물 밑에서 물 위로 나올 때는 서서히 일어나면서 약간 구부린 채 팔을 쭉 펴면 어느 정도 물 위를 달려갈 수 있다. 정지하고자 할 때는 손잡이를 놓은 후 팔을 양옆으로 벌려 균형을 유지하면서 물 속으로 들어간다.

수상스키의 종류는 다목적용 스키로 대회전에 주로 사용하는 슬라롬 싱글스키(slalom single ski), 초보자를 위한 저속도 스키(low speed ski), 어린이를 위한 짧은 스키(short ski), 물 위에서 쉽게 방향을 바꾸어가며 묘기를 부리는 회전용 스키(turnaround ski, trick ski), 어린이들이 손쉽게 즐길 수 있는 수상썰매(disk toboggan) 등이 있다.

우리나라에서 수상스키는 한국전쟁 후 미군들이 한강에서 시범경기를 가짐으로써 소개되었고, 1963년 문교부(지금의 교육인적자원부)가 수상스키를 대학생 특수체육 종목으로 채택 실시함으로써 급격히 붐을 이루었다. 최근에는 한강을 비롯한 광나루 · 청평 · 남이섬 · 춘천 등지와 진주의 진양호 및 해운대 앞바다 등에서 많이 볼 수 있다.

(13) 제트스키

일명 수상오토바이(PWC : Personal Water Craft)라고 하는 제트스키(zet ski)는 요란한 엔진 파열음과 쏜살같은 스피드로 수면 위를 질주하는 레포츠이다. 제트 펌프로 물을 흡입하여 분사하면서 추진력을 얻어 수면을 활주하는 오토바이 타입의 소형 제트 모터보트를 말한다. 제트스키는 조작하는 방법이 간단해 초보자도 쉽게 탈 수 있다. 오토바이와 같은 핸들 조작으로 붉은 단추를 누르면 요란한 소리를 내며 쏜살같이 물살을 가르며 전진하게 되고, 정지하고 싶을 땐 푸른 단추를 누르면 된다. 그러나 제트스키의 맛인 급회전과 점프 등을 제대로 하려면 열댓 차례는 물속에 곤두박질할 각오를 해야 한다. 우선 처음에는 앉아서 타는 법을 익히고, 다음엔 바로 서서 타는 기법을 익히면 된다. 그 정도면 모터보트보다 빠른 시속 70Km의 빠르기로 물보라를 가르며 박진감 넘치는 스릴을 맛볼 수 있다. 또 급회전과 점프, 수중 잠항 등의 고난도 기술도 꾸준한 노력만 있으면 실시할 수 있다.

1960년대에 고안되어 구미 각국에서 널리 보급되고 있으며, 우리나라에는 1988년 최초로 선을 보였으나 그때 당시는 사람들에게 호화사치라는 인식 부족으로 확산되지 못하고 1992년 대양마린(주)에서 캐나다 봄바디에 그룹의 씨두(55마력 모택스 엔진 장착)를 도입한 것을 계기로 급속도로 확산되기 시작하였다.

(14) 비치발리볼

비치발리볼(beach volley ball)은 한여름 해수욕장 모래밭에서 작열하는 햇살을 배경으로 벌어지는 배구와 비슷한 경기이다. 경기규칙은 1세트 경기와 3세트 경기방식이 있는데 예선전 단계에서는 대개 15점에 1세트 시합으로 하며 준결승, 결승에는 3세트 시합을 한다. 단 3세트 시합의 경우에 1, 2세트는 12점제(15점 상한)이며, 마지막 3세트는 15점제 랠리 포인트제로 하게 되어 있다.

(15) 윈드서핑

윈드서핑(Wind Surfing)은 물결 따라 출렁이며 질주하는 묘미와 함께 짜릿한 스릴을 느낄 수 있는 레저스포츠이다. 보드만으로 파도를 타던 서핑에 마스트(돛대)를 달고 세일(돛)로 바람의 힘을 이용해 물살을 헤치며 나아가는 수상레포츠 종목으로 주로 바다에서 하고 있지만, 강이나 호수에서 자연과 인간이 일체가 되어 남녀노소 없이 원시항해의 즐거움을 맛볼 수 있다는 것이 이 스포츠의 장점이다. 윈드서핑은 장비가 간단해 운반이 편리하고 조작이 간편해 쉽게 배울 수 있으며, 수영능력이 없더라도 라이프 자켓 착용과 안전수칙만 지키면 누구나 가능하다. 강습은 뚝섬 일대나 레저 이벤트사를 통하면 쉽게 할 수 있다. 주말반과 평일반 중 편리한 때에 맞출 수 있고 기간은 3일에서 5일 정도면 가능하고, 이 과정이 끝나면 초보자는 바람의 방향에 돛을 조종하면서 균형을 잡는 기술에 접하게 된다.

(16) 카 누

카누(canoeing)는 선수와 선미가 뾰족하게 생긴 배를 타고, 한쪽에 날이 달린 노로 배를 저어 물길을 헤치며 나아가는 수상스포츠이다. 카누경기는 강·호수·댐 등 흐름이 잔잔한 곳에서 펼치는 패들링 레이스(paddling race)라고 하며, 올림픽 종목인 500m와 1,000m에서는 스타트의 요령, 중간에서의 경쟁, 골인 전 100m의 경합 등이 승패에 중요한 요인이 된다. 경기의 코스는 500m와 1,000m의 경우 일정 방향의 직선이며, 각 코스는 최소 5m의 너비를 둔다(올림픽에서는 9m 너비×9코스). 1만 m의 경기에서는 50m 이상의 회항점(回航點)을 둘 수 있다.

(17) 카 약

카약(kayak)은 양쪽에 모두 날이 달린 노를 사용하여 배를 저어 물살을 가르며 나아가는 노젓는 스포츠로 에스키모가 쓰던 가죽으로 만든 배가 그 기원인데, 조수는 배의 중앙에 진행방향으로 향해서 앉고, 블레이드(blade)가 양쪽에 다 있는 패들로 물을 좌우 교대로 헤치며 나아간다. 카약에는 1인조(K-1), 2인조(K-2), 4인조(K-4)가 있으며, 여자종목도 있다.

(18) 호버크라프트

호버크라프트(hover craft)는 선체의 하면으로부터 압축한 공기를 수면에 강하게 내뿜어서 쿠션을 만들어 그것으로 무게를 받치고 수면과 거의 같은 높이로 항주하는 수송수단을 말한다. 에어쿠션선(air cushion boat)이라고도 하는데, 지면 또는 수면에 대한 압축공기의 지면효과(ground effect)를 이용한다는 의미이다. 미국에서는 GEM(Ground Effect Machine), 유럽에서는 ACV(Aircushion Vehicle)이라고 하며, 일반적으로 영국의 호버크라프트 디벨럽먼트의 상품명인 호버크라프트를 사용한다.

1953년 영국의 C.S. 코커럴이 배의 저항을 감소시켜 고속화하려고 시도한 연구결과, 최종적으로 현재의 호버크라프트의 원리를 발명한 것이다. 이 원리는 공기의 분류(噴流)를 수직방향으로 분사시키면 지면 또는 수면으로부터 영향을 받아 압력이 상승하는 부분이 생기고 그 고압공기의 덩어리에 의해 물체가 지지되는 것에 의한다. 여기에는 배의 하면 주위로부터 공기분류를 분사하는 형(애뉼러 제트형), 하면에서 균일하게 분사하는 형(플리넘 체임버형), 양쪽에 있는 측벽이 수중에 들어가고 양단부에서 분사하는 형(사이드월형) 등이 있다. 발상지인 영국에서 가장 발달되었으며, 1957년 도버해협의 횡단에 성공하고, 1963년 클라이드 강(江)으로부터 해로를 자력항주(自力航走)하여 템스 강에 이르렀다. 또한 호버크라프트 디벨럽먼트사의 실용실험선 SRN 2형(여객수 76명)이 취항하였으며, 1968년 SRN 4형(여객수 254명)이 도버해협에서 취항하였다. 이들의 속력은 최대 79kn, 순항 70kn의 고속이다. 미국에서는 주로 군용으로 개발되고 있다.

호버크라프트의 장점은 ① 보통 선박에 비하여 4～5배, 수중익선(水中翼船)에 비해 2～3배의 고속을 얻을 수 있고, ② 수륙양용성을 가지며(사이드월형은 제외), ③ 승객에 대하여 심리적 안정감을 주고, ④ 건조·정비에 관하여 장소적 제약이 없으며, ⑤ 항만설비에 대해 특별한 설비를 필요로 하지 않고, 보통의 해변에서도 발착할 수 있다는 등이다.

이것은 수륙양용성이나 주로 해상교통기관으로 발달할 것으로 기대되며, 육지와 도서간 항로에 이용되는 외에 관광용·고속화물수송용·군용으로 장래성이 크다.

3. 항공위락자원

(1) 행글라이딩

행글라이더란 동력을 사용하지 않고 인간의 두 발의 힘만으로 이륙하여 체중으로 조종하며 두발로 착륙하는 활공기구를 말한다. 행글라이딩(hang-gliding)은 영문 뜻 그대로 매달려 활공하는 것을 말하는데, 삼각형 날개를 가진 행글라이더 아래에 사람이 엎드린 자세로 끈으로 연결되어 매달린 채 비행한다.

이륙할 때는 행글라이더 아래에 달려 있는 삼각형의 컨트롤바를 어깨로 받쳐들고 언덕 아래로 달려내려가면 속도가 붙으면서 양력이 생겨 떠오르게 되는데, 이륙된 후 엎드려 컨트롤바를 두 손으로 가볍게 잡고 조종할 수 있게 되어 있다.

착륙을 할 때는 다시 몸을 일으켜 세워 착륙장 지면 위를 낮게 날아가다가 적당한 때에 컨트롤바를 힘껏 밀면 속도가 거의 제로가 되면서 사뿐히 두 발로 내려서게 된다.

조종은 무게중심이동(weight shift) 방식에 의하는데 가고자 하는 방향으로 몸을 옆으로 옮기면 그쪽으로 회전이 일어나고, 몸을 전후로 움직이면 속도가 조절된다. 즉 왼쪽으로 이동하면 왼쪽으로 방향 전환할 수 있고, 반대로 오른쪽으로 이동하면 오른쪽으로 방향전환을 할 수 있는 것이다. 몸을 이동하는 양에 따라 회전의 크기도 조절되는데 조금 이동하면 큰 회전반경으로 완만한 회전을 할 수 있고, 많이 이동하면 작은 회전반경으로 급회전을 할 수 있다. 또 몸을 앞으로 보내면 기수가 숙여지면서 속도가 빨라지고, 반대로 뒤로 보내면 기수가 들리면서 저항이 커져 속도가 줄어든다. 이러한 조작 역시 몸을 옮기는 양에 따라 속도 조절 폭이 달라지게 되는데 속도의 경우 대략 최저 20km/h부터 최대 120km/h까지 낼 수 있다.

전세계의 모든 민간항공 활동을 관장하는 유일한 국제기구인 국제항공연맹(FAI)의 분류에 의하면 행글라이더는 인력활공기의 일종으로 되어 있으며, 행글라이더에는 네 가지의 종류가 있어 우리나라에서 일반적으로 행글라이더라고 하는 삼각형 날개는 클라스 1 행글라이더이다. 클라스 2는 비행기식의 조종면을 가진 고정익형 행글라이더이고, 클라스 3는 패러글라이더를 말하며, 클라스 4는 고정익 형태의 날개를 가지면서 조종은 체중 이동으로 하는 행글라이더를 말한다. 행글라이딩은 국제항공연맹 산하의 국제행·패러글라이딩위원회(CIVL)가 관장하고 있으며, 우리나라에서는 사단법인 대한민국항공회 산하의 한국활공협회가 패러글라이딩과 함께 관장하고 있다.

행글라이더의 역사는 1948년부터 시작된다. 스탠포드대학 항공공학과를 졸업하고 미국 항공우주국 NASA의 전신인 NACA 방계의 랭글리(Langley) 연구소 엔지니어로 일하고 있던 로갈로(Frances M. Rogallo)는 대중들이 쉽게 날 수 있는 방법에 대해 개인적으로 연구에 연구를 거듭하다가 1948년 그의 부인과 함께 코팅된 무명천으로 '삼각형 유연 날개(flexible delta wing)' 모형을 만들어 풍동실험에 성공하고, 특허를 받게 되었다. 미·소간의 우주경쟁으로 NASA에서는 로갈로의 유연 날개를 지구귀환장치로 사용할 수 있는지를 적극적으로 검토하기 시작하여 1950년대 중반부터 1964년까지 약 10년간 다양한 응용장치들을 개발해내면서 활발한 연구가 진행되었으나, 최종적으로 귀환방법이 낙하산으로 결정됨에 따라 갑자기 중지되었다.

그러나 개인 비행체로서의 가능성을 인식하고 도전하던 사람들이 있었다. 1960년대 초 금속 튜브에 플라스틱 날개를 씌워 로갈로 날개를 실물 제작, 실험한 미국의 팔머(Barry Hill Palmer)나, 모터보트 견인으로 떠 올라가는 평판 연을 로갈로 이론에 따라 삼각날개로 만들고 여기에 조종을 위한 삼각 컨트롤바를 단 존 디킨슨(John Dickenson) 등이 대표적이다. 특히 디킨슨은 호주 시골구석에서 잡지에 난 로갈로 윙의 사진 한 장을 보고 만들어보기로 하고, 1963년에 '스키 윙(Ski Wing)'이라는 모터보트 견인비행용 날개를 제작하였는데, 이것은 이전까지 없던 컨트롤바를 장착하였고, 오늘날 알려진 초기 로갈로 타입 행글라이더의 모양을 처음 구현해낸 것으로 매우 중요한 업적을 이루었다. 로갈로의 삼각날개 이론과 디킨슨의 엔지니어링이 결합함으로써 오늘날의 스포츠 행글라이딩이 탄생된 것이다.

디킨슨은 1967년 빌베네트(Bill Bennette)와 빌 모이스(Bill Moyes) 등에게 수상스키를 신고 모터보트로 견인되어 비행하는 기술을 전수하였다. 그들은 어느 날 우연한 사고로 견인줄을 끊고 자유비행을 하게 됨으로써 로갈로 날개의 기막힌 활공성능을 알게 되었고, 이것은 그들로서는 보트 토잉에 의한 연 같은 비행에서 자유 활공의 세계를 처음으로 경험한 일대 사건이었고, 신세계의 발견이었다. 그들은 1969년 미국과 유럽으로 각자 옮겨 이 새로운 비행기술을 보급하기 시작하였는데, 미국에서 먼저 크게 각광받기 시작하였다.

한편 이들과는 별도로 미국 서부를 중심으로 언덕에서 발로 뛰어 이륙하는 전형적인 비행실험들이 여러 사람들에 의해 진행되고 있었다. 1971년도에 접어들면서 이들은 서로 뜻을 모아 활공대회를 갖기로 하였다. 이에 따라 1971년 5월 23일 세계 첫 행글라이딩대회인 릴리엔탈대회가 미국에서 개최되었고, 1975년에는 국제항공연맹(FAI) 산하에 국제행글라이딩위원회(CIVL)가 창설되기에 이르렀다. CIVL이 창설된 이듬해인 1976년에 오스트리아 코센에서 첫 세계선수권대회가 개최되었고, 1979년 2회 대회(프랑스 그레노블)에 이어 매2년마다 한번씩 열려 1999년으로 12회째 개최되고 있다.

우리나라에는 1975년도에 처음 시작이 되었다. 최초로 시작한 사람은 이연재, 이승재 형제였는데, 당시까지 행글라이딩 장비나 비행기술이 전혀 소개되지 않은 상황에서 모형항공잡지에 실린 행글라이더 사진을 우연히 보게 된 이들 형제가 만들어 보기로 결심하면서부터 시작되었다. 이들은 건축용 알루미늄 파이프와 타페타(Taffeta)라는 100% 나일론 천으로 삼각날개를 만들어 서울 중랑천 둑에서 시험비행하기 시작했고, 이후 백준흠, 홍경기, 오태석 등이 차례로 가세하면서 사단법인 대한항공협회(대한민국항공회의 전신) 산하에 한국활공협회를 창설하기에 이르렀다. 초기의 이씨 형제들은 그들의 불굴의 도전과 개척정신으로 말미암아 당시 동호인들로부터 '한국의 라이트형제'로 불리게 되었다.

행글라이더의 구조는 컨트롤바(베이스바), 플라잉 와이어, 리딩에지, 크로스바, 랜딩 와이어, 킬(용골), 킹포스트로 이루어져 있다.

- 컨트롤바(베이스바) : 조종간.
- 플라잉 와이어 : 리딩에지(날개의 앞전)와 킹포스트가 닿는 곳에 연결되어 있다.
- 리딩에지 : 날개를 만들어주는 주골격의 앞부분으로서 단면이 둥글다.
- 크로스바 : 컨트롤바, 포스트, 킬이 모아져 있는 부분에 직각으로 솟아 있으며 포스트, 킬, 리딩엣지(날개 뒷부분)에 와이어로 이어져 있다.
- 랜딩 와이어 : 크로스바의 끝에서 포스트와 리딩에지가 닿은 부분에 연결되어 있다.
- 킬(용골) : 포스트와 직각으로 연결되어 양쪽 리딩에지가 모아지는 중앙과 연결되어 있다.

• 킹포스트 : 킬과 직각으로 연결되며, 리딩에지와 끝부분이 닿아 있다.

(2) 패러글라이딩

패러글라이더(Paraglider)는 낙하산(Parachute)과 행글라이더(Hangglider)의 특성을 결합한 것으로 낙하산의 안정성, 분해, 조립, 운반의 용이성 그리고 행글라이더의 활공성과 속도(speed)를 고루 갖춘 이상적인 날개형태로 만들어졌다. 패러글라이더는 인력활공기라 할 수 있다. 즉 별도의 동력장치 없이 사람이 달려가면서 이륙을 하거나, 또는 제자리에서 이륙하여 비행을 한 후 두발로 착륙한다.

1984년 프랑스의 등산가 Jean Mark Cuovins가 낙하산을 개조하여 처음 패러글라이더를 만들어 비행에 성공하였는데 이것이 오늘날 전세계적으로 폭발적으로 인기를 얻고 있는 패러글라이더의 효시라 할 수 있다. 많은 사람들이 쉽고, 간단하게 배워 비행을 즐기자 그 인구는 급속도로 증가를 하였고, 각국의 항공협회에서는 앞다투어 새로운 비행장으로서 수용하게 되었다. 그 결과 각국 항공협회 산하 행글라이딩협회 내에 패러글라이딩 위원회를 구성하게 되었다. 국제항공연맹(FAI) 산하 국제행글라이딩위원회(CIVL)에서도 그 조직 내에 패러글라이딩 분과를 구성하여 이제 새로운 항공스포츠로 성장하게 되었다. 국내에는 1986년 처음으로 소개되어 레저항공스포츠로 널리 각광을 받기 시작하여 한국활공협회 조직 내에 패러글라이딩 분과를 구성하게 되었다.

패러글라이더는 평균 시속은 20~40km이며, 해발고도 10m 높이에서 이륙하면 평균 40m 비행한다. 비행에 적당한 바람은 정풍 기준 초속 1~5m 정도이며, 헬멧을 쓰고 하네스(harness : 기구와 몸을 연결하는 장비)를 입은 뒤 좌우측 조종줄로 방향을 전환한다. 착륙은 브레이크 손잡이를 사용한다.

국제대회로는 세계 패러글라이딩 챔피언십대회가 있고, 한국에서는 대학생선수권과 클럽별 전국선수권, 육군 참모총장배 대회 등이 해마다 열린다. 경기종목은 지정된 목표물 통과하기와 표적 던져넣기, 먼 거리를 비행하는 크로스컨트리 등이 있다. 그밖에 패러글라이딩을 응용한 레저스포츠로서는 착지 순간 스키를 타는 패러스키, 패러글라이더를 짊어지고 산에 오르는 불편을 없애기 위해 프로펠러 추진기를 장착, 이륙하는 모터 패러글라이더, 엔진과 조종석이 있어 앉아서 비행이 가능한 파라플래인(ParaPlane), 커넥터를 연결해 전문 파일럿과 비행자 2명이 함께 비행하는 탠덤(Tandem) 비행 등이 있다.

패러글라이딩의 장비로는 헬멧, 장갑, 보안경, 운동화, 비행복, 구조 낙하산, 속도계, 고도계, 승강계, 무전기 등이 있다.

〈표 6-7〉 우리나라의 활공장

구 분	활 공 장 명 (지 역)
강 원	송산(청평), 태기산, 치악산(원주), 구봉산(춘천), 마적산(춘천), 오읍(춘천), 홍천(홍천), 선인대(고성)
충 청	식장산(대전), 성주산(대전), 연산(연산), 진천(진천), 용암(청주), 석무봉(청주), 마전(금산), 가야산(덕산), 소백산(단양), 두산(단양), 오서산(홍성), 광덕산(온양), 흑성산(천안), 두태산, 가엽산
서울경기	파라봉(광주), 백마봉(광주), 계양산(부평), 남한산성(성남), 소래산(시흥), 응봉산(양주), 가래비(양주), 유명산(양평), 연천(연천), 백운산(영종도), 설봉산(이천), 월석산(이천), 오갑산(이천), 백족산(이천), 박달산(파주), 국망봉(포천), 왕방산(포천), 불곡산(성남), 안산(안산), 구름산(광명)
호 남	오성산(군산), 사자산(장흥), 천관산(장흥), 적상산, 월봉산(창평), 대둔산, 재석산(광양), 무주(무주리조트), 가야산(순천, 광양), 마래산(여수), 망마공원(여수), 상황봉(완도), 무등산(광주), 덕두산(남원), 방문산(고창), 경각산(전주), 해남(해남), 오산(구례)
영 남	계룡산(거제), 대니산(달성), 한우산, 원효산, 능동산(언양), 신불산(언양), 정병산(창원), 보현산(영천), 토함산(경주), 김해(김해), 금산(남해), 앞산(대구), 팔공산(대구), 무악산(마산), 천황산(밀양), 금정산(부산), 와룡산(삼천포), 학가산(안동), 매곡리(울산), 장복산(진해), 포항(포항)
제 주	금악(남제주), 당오름(남제주), 성불오름(남제주), 영주산(남제주), 월랑봉(북제주), 미악산(서귀포), 산천단(제주시), 별도봉(제주시)

(3) 초경량 비행기

국내 항공법상 경비행기의 정식 명칭은 초경량 비행장치이다. 요즈음 많이 활성화된 패러글라이더나 행글라이더, 열기구 등도 초경량 비행장치에 속하는 것들이다. 초경량 비행장치는 항공기의 범주에 들어가지만 국내 항공법에서는 이를 레저용 장비로 구분하므로 누구든지 개인이 소유할 수 있으며, 세금도 면제된다.

초경량 비행기의 종류에는 체중이동형, 타면조정형, 회전익 등이 있다. 체중 이동형(ULM : Ultra Light Motorized Machine)은 국내에 가장 먼저 도입된 형태로 행글라이더 형태의 날개에 엔진과 프로펠러를 부착한 것으로 동체의 무게중심 위치를 이동시켜서 조종하는 형태이다. 고정익(fixed wing)인 타면조종형(ULP : Ultra Light Plane)은 일반적인 비행기와 같은 형태로 가장 많이 보급되어 있다. 조종간으로 각 조종타면을 움직여서 조종하는 데서 기인한 명칭이다. 회전익(rotary wing)에는 자이로 플레인(Gyro Plane)과 헬리콥터가 있는데, 고정익과는 달리 회전하는 날개에서 양력을 얻어 비행하는 데서 붙여진 명칭이다. 회전날개를 지칭할 때는 고정익에서

처럼 프로펠러(propeller)라 하지 않고 로터(rotor)라 부른다.

초경량 비행기 조종라이센스는 14세 이상이면 누구나 취득이 가능하며, 최소한 20시간의 비행경력이 증명되어야 한다.

경비행기는 초경량비행기보다 좀더 크고, 좀더 빠른 비행기로 우리가 보통 비행기라는 개념으로 인식하고 있는 일반비행기 중에 덩치가 비교적 작은 비행기가 경비행기이고, 초경량 비행기는 경비행기보다 좀더 작은 비행기로서, 사람이 타고 조종하는 비행기 중에서는 가장 작은 비행기에 해당한다.

운용상의 차이점으로는 경비행기는 초경량비행기에 비해 비교적 고속, 고고도, 장거리 비행을 더 하게 되어, 비행지식과 기술적인 훈련의 정도에 있어서 초경량 비행기보다는 훨씬 많은 것들이 요구되며, 비행계획서 제출부터 비행을 마칠 때까지의 모든 비행과정 동안 해당 국가의 지방항공청과 관련공항 등에 신고, 보고, 교신, 통제 등의 절차가 필수적이다. 반면, 초경량 비행기는 실험용, 레저용, 스포츠용이라는 개념이 강한 비행기이므로, 장거리 비행을 한다거나 행사에 참여하는 경우 등 특별히 필요한 때가 아니면 대개 클럽의 전용활주로를 사용하며, 허가된 공역 내에서 비행하는 것이 보통이므로, 경비행기처럼 모든 경우에 반드시 관제를 받아야 하는 비행기가 아니라는 점에서 차이가 있다.

그리고 두 비행기의 조종하는 원리는 궁극적으로 같지만, 그러나 비행기의 운용이 조종만으로 다 되는 것은 아니며, 비행기의 운용에 필요한 조종기술과 조종지식 등이 기종에 따라 그 폭과 깊이가 다르기 마련인데, 그런 관점에서 본다면 경비행기를 운용하기 위해서는 초경량 비행기를 운용하는 것보다 훨씬 더 많은 것들이 요구된다고 하겠다. 또한 초경량 비행기는 저고도에서 비행을 여유롭게 즐길 수 있고, 유지관리를 위한 비용이 적게 든다는 것과 비행기 가격이 중형승용차 1대 값 정도에 불과하여 자기만의 비행기를 가질 수 있다는 장점이 있다.

(4) 열기구 타기

열기구(balloon)는 특별한 조종기술이 없어도 즐길 수 있으며 배우기 쉽고 안전한 항공스포츠이다. 이러한 환상의 열기구를 배우려면 약 20시간 이상의 교육을 받아야 한다. 보통 하루에 6시간을 기준으로 1주일에 하루씩 4주간, 비행의 기본교육에서 자유비행까지 교육을 받을 수 있다. 열기구는 방향조종 장치가 없어 특별한 조작이 필요치 않으며, 배우기도 쉽다. 또한 다른 항공레포츠는 교육생 혼자 이륙해야 하는 데 비해 교관과 함께 탑승, 현장지도가 가능한 것도 열기구의 안전성이자 장점이다.

(5) 파고제트

파고제트(pago jet)는 낮은 평지에서 높은 곳으로 날아올라 비행을 즐기는 레포츠이다. 페러글라이딩이 높은 산에서 평지를 향해 뛰어내리는 레포츠인 반면, 파고제트는 낮은 평지에서 높은 곳으로 날아올라 비행을 즐긴다는 점과 평지에서 하기 때문에 장비를 메고 힘들이며 높은 산까지 올라갈 필요가 없다는 점이 장점이다. 파고제트 역시 기체 조작방법이 간단해 비행의 기본만 있으면 배우기가 쉽다.

(6) 스카이다이빙

스카이다이빙(skydiving : 고공강하)은 낙하산을 착용하고 항공기나 기구 등을 이용하여 높은 하늘에 올라간 뒤에 그곳에서 허공으로 뛰어내려 자유강하(free fall : 낙하산을 펴지 않은 상태로 하강하는 것)를 하면서 계획한 동작을 수행한 뒤, 정해진 고도에서 낙하산을 펴고 땅에 안전하게 착지하는 항공스포츠를 말한다.

낙하산을 이용한 항공스포츠는 최근 들어 여러 형태로 세분화되어 스카이다이빙 이외에도 산 위에서 바람을 받아 낙하산의 양력을 이용하여 활공하는 패러글라이딩(para-gliding)이나 프로펠라와 엔진을 메고 동력에 의하여 활공하는 파라플레인(para-plane) 등이 있으나, 낙하산을 이용한 다른 스포츠는 낙하산에 의존하여 하늘을 활공하는 스포츠임에 반하여, 스카이다이빙에서의 낙하산은 안전하게 땅에 착지하는 수단으로 사용되고, 주목적은 낙하산을 펴지 않고 자유강하를 하면서 신체를 이용하여 하늘을 나는 것이다. 즉, 항공기에서 이탈하여 낙하산을 펴기 전까지 자유강하를 하면서 혼자 이탈할 때는 좌회전, 우회전, 뒤로 넘기 등의 동작을 신속하고도 정확하게 수행하며, 여러 명이 함께 뛰어내릴 때는 비행기 탑승 전에 같이 강하하는 스카이다이버들과 계획하고 약속한 여러 가지의 대형(모양)을 만들어내는 것이다.

스카이다이빙은 보통 3~4천m 상공에서 뛰어내리며, 낙하산을 펴는 안전고도인 8백m까지 45초~1분 동안 하늘을 날게 된다. 이 짧은 시간에 그냥 수직으로 하강하는 경우도 있지만, 그런 경우는 초보자들이 몸의 균형을 잡는 연습을 하는 것이고, 보통 다른 동료들과 사전 약속된 여러 가지 모양을 만들면서 하강한다. 공중에서 서로 만나려면 수직이동만이 아닌 수평이동도 필요한데 이 모든 것이 스카이다이버가 만드는 팔다리, 몸의 자세와 동작에 의하여 결정된다. 자세의 변화에 따라 하강속도 조절과 앞뒤, 좌우로 수평이동을 하기 때문에 추락이 아닌 나는 것이라고 얘기한다.

스카이다이빙을 할 때는 두 개의 낙하산을 착용한다. 하나는 주낙하산이고 나머지 하나는 주낙하산이 안 펴질 때 사용할 예비용이다. 요즘에는 고장이 많았던 원형낙하산을 사용하지 않고 사각형낙하산을 사용하는데, 통계에 의하면 두 개의 낙하산이 모두 안 펴질 확률이 15만 분의 1이므로 오토바이 사고율보다 적다. 게다가 예비낙하산에는 일정고도가 되어도 못 펴는 경우를 대비하여, 자동으로 펴주는 자동산개기를 장착하므로 확률은 훨씬 더 적다. 그 외에 고도를 알려주는 고도계와 소리로 고도를 알려주는 경보계도 사용한다. 교육기간에는 교육용 낙하산과 장비를 한국스카이다이빙학교에서 제공하는데, 교육생용 장비는 안전 위주의 구조와 안전장치가 부착되어 있다. 약 30회 정도의 강하를 하면 교관 감독이 없이 혼자 강하를 할 수 있는 일반 강하자가 된다. 흔히 외국에서 낙하산을 접어서(포장) 오는 것으로 알고 있지만 자신이 착용할 낙하산은 학교에서 교육을 받아 자신이 직접 접는다.

많은 사람들이 스카이다이빙을 잘하는 사람은 가장 낮은 고도에서 낙하산을 펴는 사람이라고 잘못 알고 있다. 그러나 스카이다이빙의 경기나 훈련에서는 어떤 경우에도 안전고도인 800m 이상의 고도에서 낙하산을 펴도록 규정되고 교육시키고 있다. 실제로 스카이다이빙 경기에는, 가장 정확한 지점에 착지하는 경기인 '정밀강하', 개인이 자유강하를 하면서 빠른 시간 내에 6가지 회전동작을 완료하는 '스타일강하', 4명 또는 8명이 정해진 모양을 많이 만드는 '대형짓기강하', 낙하산을 펴고 4명 또는 8명이 정해진 모양을 많이 만드는 '낙하산 대형짓기강하', 서핑보드를 타고 자유강하를 하면서 예술적인 동작을 만드는 '스카이 서핑', 자유강하를 하면서 발레와 같은 춤을 추는 동작으로 예술적인 동작을 구현하는 '프리스타일'과 구미에서 갖는 스키와 정밀강하의 혼합 경기인 '파라스키'라는 경기가 있으며, 이 경기들은 종목별로 매 2년마다 국제대회와 세계대회가 개최된다. 이 모든 경기에서 안전고도인 800m 이하에서 낙하산을 펴면 선수자격은 박탈된다.

스카이다이빙 장비에는 낙하산, 예비낙하산, 슈트, 고도계, 고글, 안전장치, 무전기 등이 있다.

4. 복합적 위락자원

(1) 공 원

공원에는 국가를 대표하는 국립공원이나 이웃에 붙어 있는 근린공원, 어린이공원 등 다양하다. 어느 것이나 관광의 대상이 되고 관광의 자원이 되는 것이다. 또 자연공원이나 인공적인 공원도 마찬가지이다. 도시와 농촌이 소득의 향상과 생활의 향상으로 이제 공원은 질적·양적으로 그 수를 더욱 요구하고 있다.

공원은 근린의 주민들이 휴식공간으로 활용함은 물론이고 외래의 관광객들에게도 이용된다. 따라서 공원을 단순한 레크리에이션 공간이 아닌 가치가 매우 큰 복합적 위락관광자원이다.

시간의 흐름에 따라 사회가 변천하고 환경이 변하듯이 동일한 국토공간도 그 이용형태가 달라지게 마련이다. 따라서 공원의 개념도 시대의 흐름에 따라 많은 변천을 해왔는데, 학자들이나 관계법령 등에서 규정한 공원의 개념을 유형별로 나누어 보면 크게 세 가지 관점에서 접근하고 있음을 알 수 있다.

우선 위락적·위생적 측면을 강조하는 관점으로, 공원을 공중의 위락을 위해 설치된 단지로서 위락, 생산, 교육 등의 목적을 수행하기 위해 설치된 녹지공간으로 파악한다. 다음으로 문화적·생태적 측면을 강조하는 관점으로, 경관이 좋은 지역이나 생태적·역사적 또는 지리적 원형을 보유할 가치가 있는 지역으로 본다. 그러한 조건을 가진 지역이 공원의 입지대상이 되며, 이곳에서 생태적 환경을 파괴하는 행위는 규제되어야 할 것으로 간주한다. 마지막으로 복지적 측면을 강조하는 개념으로, 우리의 도시공원법에서 볼 수 있다. 도시공원법에서는 도시공원이란 공공복지의 증진을 목적으로 하여 도시계획법에 의해 도시계획시설로서 설치하는 녹지라 하여 공원의 복지적 측면을 강조하고 있다.

그러나 분명한 것은 모든 공원이 이들 관점 모두에 해당하는 것은 아니며, 공원의 종류에 따라서 차이가 있다는 것이다. 이처럼 공원을 바라보는 시각이 다른 것은 공원의 종류에 따른 기능의 차이에 기인한 것이다. 예를 들어 위락형 놀이공원은 복지적 측면은 가지고 있지만 문화적·역사적 측면은 가지고 있지 않은 경우가 많다.

공원의 종류는 여러 가지 기준에 의해 각각 다르게 구분할 수 있으나, 우리나라에서 공원은 크게 도시공원법에 근거한 도시공원과 자연공원법에 의한 자연공원으로 나눈다. 도시공원법에 따르면 도시공원이란 도시지역 안에서 자연경관의 보호와 시민의 건강·휴양 및 정서생활의 향상에 기여하기 위하여 국토의 계획 및 이용에 관한 법률에 의하여 결정된 곳을 말한다.

도시공원은 그 기능에 따라 어린이공원, 근린공원, 도시자연공원, 묘지공원, 체육공원 등으로 구분한다. 어린이공원은 어린이의 보건 및 정서생활의 향상에 기여함을 목적으로 설치된 공원을, 근린공원은 주로 근린거주자의 보건·휴양 및 정서생활의 향상에 기여함을 목적으로 설치된 공원을, 도시자연공원은 자연경관지를 보호하고, 시민의 보건 · 휴양 및 정서생활의 향상에 기여함을 목적으로 설치된 공원을, 묘지공원은 묘지이용자에게 휴식 등을 제공하기 위하여 일정한 구역 내에 매장 및 묘지 등에 관한 법률에 의한 묘지와 공원시설을 혼합하여 설치한 공원을, 체육공원은 주로 운동경기나 야외활동 등 체육활동을 통하여 건전한 신체와 정신을 배양함을 목적으로 설치된 공원을 말한다.

〈표 6-8〉 우리나라 법정공원의 종류

구분		정의
도시공원	어린이 공원	어린이의 보건 및 정서생활의 향상에 기여함을 목적으로 설치된 공원
	근린공원	주로 근린거주자의 보건 · 휴양 및 정서생활의 향상에 기여함을 목적으로 설치된 공원
	도시자연공원	자연경관지를 보호하고, 시민의 보건 · 휴양 및 정서생활의 향상에 기여함을 목적으로 설치된 공원
	묘지공원	묘지이용자에게 휴식 등을 제공하기 위하여 일정한 구역 내에 묘지와 공원시설을 혼합하여 설치한 공원
	체육공원	주로 운동경기나 야외활동 등 체육활동을 통하여 건전한 신체와 정신을 배양함을 목적으로 설치된 공원
자연공원	국립공원	우리나라의 자연생태계나 자연 및 문화경관을 대표할 만한 지역으로서 환경부 장관이 지정한 공원
	도립공원	특별시 · 광역시 및 도의 자연생태계나 경관을 대표할 만한 지역으로서 특별시장 · 광역시장 또는 도지사가 환경부 장관의 승인을 얻어 지정한 공원
	군립공원	시 · 군 및 자치구의 자연생태계나 경관을 대표할 만한 지역으로서 시장 · 군수 또는 자치구의 구청장이 시 · 도지사의 승인을 얻어 지정한 공원

한편 자연공원법에서는 자연공원을 국립공원 · 도립공원 및 군립공원으로 세분하고 있다. 국립공원은 우리나라의 자연생태계나 자연 및 문화경관을 대표할 만한 지역으로서 환경부 장관이 지정한 공원을, 도립공원은 특별시 · 광역시 및 도의 자연생태계나 경관을 대표할 만한 지역으로서 특별시장 · 광역시장 또는 도지사가 환경부장관의 승인을 얻어 지정한 공원을, 군립공원은 시 · 군 및 자치구의 자연생태계나 경관을 대표할 만한 지역으로서 시장 · 군수 또는 자치구의 구청장이 시 · 도지사의 승인을 얻어 지정한 공원을 말한다.

우리나라의 자연공원은 국립공원 20개소, 도립공원 22개소, 군립공원 31개소 등 총 71개소에 7,650㎢가 지정되어 있으며, 이 중 육지가 4,814㎢, 해면이 2,836㎢로 전 국토면적의 7%를 차지하고 있다.

〈표 6-9〉 우리나라 자연공원 지정현황

단위 : km²

공원명	위치	면적	지정일자	공원명	위 치	면 적	지정일자
계	73개소	7,644.156		선운산	전북	43.700	1979.12.27
국립공원	20개소	6,473.113		팔공산	대구, 경북	122.080	1980.5.13
				대둔산	충남	24.860	1980.5.22
	(해상 2,648,543)			문경새재	경북	5.300	1981.6.4
지리산	전남·북,경남	440.485	1967.12.29	경포	강원	9.471	1982.6.26
경주	경북	138.160	1968.12.31	청량산	경북	48.760	1982.8.21
계룡산	충남	61.148	1968.12.31	연화산	경남	22.260	1983.9.29
한려해상	전남, 경남	510.323	1968.12.31	태백산	강원	17.440	1989.5.13
	(해상 344.763)			팔영산	전남	9.881	1998.8.4
설악산	강원	373.000	1970.3.24	천관산	전남	7.594	1998.10.13
속리산	충북, 경북	283.400	1970.3.24	군립공원	31개소	429.017	
한라산	제주	149.000	1970.3.24				
내장산	전남·북	76.032	1971.11.17	강천산	전북 순창군	15.694	1981.1.7
가야산	경남·북	80.163	1972.10.13	천마산	경기남양주시	12.714	1983.8.29
덕유산	전북, 경남	219.000	1975.2.1	보경사	경북 포항시	8.509	1983.10.1
				불영계곡	경북 울진군	25.140	1983.10.5
오대산	강원	298.500	1975.2.1	덕구온천	경북 울진군	6.053	1983.10.5
주왕산	경북	105.582	1976.3.30	상족암	경남 고성군	5.106	1983.11.10
태안해안	충남	328.990	1978.10.20	호구산	경남 남해군	6.584	1983.11.12
				고소성	경남 하동군	3.144	1983.11.14
	(해상 290.3)			봉명산	경남 사천시	2.645	1983.11.14
다도해해상	전남	2,344.910	1981.12.23	거열산성	경남 거창군	4.252	1984.11.17
	(해상 2,004.480)			기백산	경남 함양군	2.011	1983.11.18
북한산	서울, 경기	78.450	1983.4.2	황매산	경남 합천군	17.988	1983.11.18
치악산	강원	182.090	1984.12.31	웅석봉	경남 산청군	18.200	1983.11.23
월악산	충북, 경북	284.500	1984.12.31	신불산	울산 울주군	11.660	1983.12.2
소백산	충북, 경북	320.500	1987.12.14	운문산	경북 청도군	16.200	1983.12.29
변산반도	전북	157.000	1988.6.11	화왕산	경남 창녕군	31.283	1984.1.11
	(해상 9.0)			구천계곡	경남 거제시	5.871	1984.2.4
월출산	전남	41.880	1988.6.11	입곡	경남 함안군	0.995	1985.1.28
도립공원	22개소	742.026		비슬산	대구 달성군	13.000	1986.2.22
금오산	경북	37.910	1970.6.1	제주조각	제주남제주군	0.370	1986.5.30
남한산성	경기	36.447	1971.3.17	장안산	전북 장수군	6.380	1986.8.18
모악산	전북	42.220	1971.12.2	빙계계곡	경북 의성군	0.840	1987.9.25
무등산	광주, 전남	30.230	1972.5.22	고복저수지	충남 연기군	1.949	1990.1.20
덕 산	충남	21.045	1973.3.6	아미산	강원 인제군	3.982	1990.2.23
칠갑산	충남	32.542	1973.3.6	명지산	경기 가평군	12.730	1991.10.9
대둔산	전북	38.100	1977.3.23	방어산	경남 진주시	2.588	1993.12.16
낙 산	강원	9.100	1979.6.22	대이리	강원 삼척시	6.590	1996.10.25
마이산	전북	16.900	1979.10.16	마라해양	제주남제주군	49.228	1997.8.19
가지산	경남, 울산	105.463	1979.11.5	성산일출해양	제주남제주군	16.156	1997.8.19
조계산	전남	27.380	1979.12.26	추 자	제주북제주군	95.292	1900.8.31
두륜산	전남	33.390	1979.12.26	우도해양	제주북제주군	25.863	1900.8.31

* 자료 : 환경부, 자연보전국자연공원과

우리나라의 도시공원은 도시자연공원이 443개소, 근린공원이 2,658개소, 어린이공원이 7,653개소, 묘지공원이 46개소, 체육공원이 49개소가 지정되어 있다.

〈표 6-10〉 도시공원 지정현황

단위 : 천㎡

시도별	계		자연공원		근린공원		어린이공원		묘지공원		체육공원	
	개소	면 적	개소	면 적	개소	면 적	개소	면 적	개소	면 적	개소	면적
계	10,849	1,004,452	443	582,839	2,658	366,539	7,653	16,779	46	28,235	49	10,060
서 울	1,413	98,068	20	64,084	267	29,331	1,121	1,633	4	2,990	1	30
부 산	417	53,933	11	24,910	97	24,902	302	540	5	1,367	2	2,214
대 구	415	75,701	6	61,065	86	11,972	322	687	0	0	1	1,977
인 천	503	53,000	20	31,916	132	17,495	341	1,121	2	2,278	8	190
광 주	288	16,667	0	0	71	14,361	214	513	3	1,793	0	0
대 전	327	49,509	7	35,862	57	9,740	260	581	1	3,227	2	99
울 산	357	32,007	4	13,307	63	16,276	287	597	2	915	1	912
경 기	1,921	157,634	54	89,792	494	58,366	1,353	3,831	8	4,328	12	1,317
강 원	694	44,080	29	22,827	174	19,714	487	974	2	296	2	269
충 북	465	45,096	32	27,492	159	15,177	269	615	1	1,580	4	232
충 남	689	55,614	62	39,429	148	14,869	477	976	2	340	0	0
전 북	449	48,524	28	21,476	163	25,019	247	546	4	871	1	612
전 남	797	68,966	85	43,021	207	22,108	497	996	4	2,107	4	734
경 북	1,002	61,521	25	22,949	260	35,648	713	1,527	3	1,370	1	26
경 남	890	126,884	45	75,923	213	43,924	620	1,286	3	4,325	9	1,426
제 주	222	17,249	15	8,786	61	7,637	143	356	2	448	1	23

* 자료 : 건설교통부

(2) 리조트

『웹스터사전』에서는 리조트를 "휴가중에 보양과 레크리에이션을 위해 사람들이 방문하는 곳(a place to which people go often or generally, esp. one for rest recreation, as on a vacation)"이라고 설명하고 있다. 일본의 리조트법에서는 리조트를 "양호한 자연조건을 가진 토지를 포함한 상당규모의 지역으로, 국민이 여가 등을 이용하여 체재하면서 스포츠, 레크리에이션, 교양문화활동, 휴양, 집회 등의 다양한 활동을 할 수 있도록 종합적인 기능이 정비된 지역"으로 정의하고 있다.

서양에서의 리조트 기원은 고대 로마의 왕후와 귀족들에 의하여 시작되었는데, 특히 18세기에서 19세기 전반에 걸쳐서 전개되었던 산업혁명이 직접적인 계기가 되어 부유층의 등장과 교통 시스템의 발달로 리조트의 활성화는 본격화되었던 것이다.

유럽의 리조트 개발은 20세기 중반과 후반에 접어들면서 지중해와 알프스 산맥 지역에 집중하여 건설되었다. 지중해 지역에는 코스타 델 솔, 코트 다 쥐르 외에 랑그독 루시옹 일대가 개발되었고, 알프스 지역에는 샤모니, 몽트리, 셍 모리츠 등이 리조트로서 개발되었다.

독일의 경우 3세기 초에 Baden에 카라카스 황제가 온욕탕을 건설해서 왕후와 귀족들의 휴식장소로 이용하게 되면서부터 리조트가 시작된다. 17세기에 들어오면서부터 오늘날의 리조트 원형이라고 할 수 있는 Badishe Hof가 건설되었고, 1848년에는 프리드리히 욕탕과 카지노가 건설되어 온천과 카지노를 중심으로 한 리조트로서 형식을 갖추게 되면서 현재와 같은 리조트로 발전하게 되었다.

영국에서는 리조트라는 의미의 욕탕이 17세기경부터 잉글랜드의 귀족들과 왕족들에 의하여 이용되었는데 이 욕탕은 휴식의 장소로서뿐만 아니라 상류층의 사교장으로서 오락의 장소로서도 활용되었다. 그리고 18세기에 접어들면서부터는 산업혁명으로 인해 새롭게 등장한 신생 부유층들에 의하여서 더더욱 발전하게 되었으며, 19세기에 들어오면서 상류층과 평민층의 신분계급이 점차 그 의미가 퇴색되어지면서 광범위한 사람들이 이용하게 되었다. 그리고 19세기 중반 이후부터는 많은 사람들의 호응에 의하여 경관이 수련한 관광지에 새롭고 다양한 리조트들이 개발되기에 이르렀다.

미국의 리조트 개발은 19세기 유럽의 국가들에서 일어났던 리조트 붐에 힘입어서 리조트의 개발이 전개되었는데 사라토가 스프링스 팜 비치 등이 리조트로서 명목을 갖추어 나가게 되었다. 20세기에 들어와서는 1937년부터 진행된 마리나 델 레이의 해양레저 등은 대표적인 것들이다.

〈표 6-11〉 리조트의 분류

기 준		분 류	
입지	지형입지	산악형 리조트, 내수면형 리조트, 해안형 리조트, 도서형 리조트	
	지역입지	도시형 리조트, 교외형 리조트, 농촌형 리조트	
주 도입시설		스포츠형 리조트	스키전용, 골프전용, 요트 등 수상스포츠전용, 종합스포츠전용
		휴양형 리조트	온천형, 삼림욕형, 한방치료형
		위락형 리조트	문화형, 교육교양형, 예술형, 쇼핑형, 관광형
주 이용계층		청소년 위주의 리조트, 가족형 리조트, 노인형 리조트, 동호인전용 리조트	

* 자료 : 관광산업연구회, 『관광사업경영론』, 학문사

리조트의 개발에는 여러 가지 패턴이 있기 때문에 어느 한 가지만을 기준으로 하여 리조트를 분류하기란 어려운 일이다. 그러나 입지 · 도입시설 · 이용계층을 기준으로 하여 리조트를 유형화하면 <표 6-11>과 같다.

〈표 6-12〉 국내 리조트의 유형

<table>
<tr><th colspan="2">문헌기준</th><th>국내 유형</th><th>현 황</th><th>대표적 사례</th></tr>
<tr><td colspan="2">헬스 · 스파</td><td>온 천 리조트</td><td>헬스 개념보다 온천욕장의 개념, 전국적 고른 분포</td><td>수안보, 도고, 온양, 부곡, 유성 등</td></tr>
<tr><td rowspan="3">스포츠</td><td>비 치</td><td>비 치 리조트</td><td>해수욕장 중심
호텔보다 콘도위주 소규모</td><td>제주, 해운대, 경포대, 낙산 등</td></tr>
<tr><td>골 프</td><td>골 프 리조트</td><td>경기장 위주, 전형적 형태 부족, 스키와 복합사례 다수</td><td>골드훼밀리, 용인 한화 리조트</td></tr>
<tr><td>테니스</td><td>-</td><td>부속시설로 존재, 전형적 형태 전무</td><td>-</td></tr>
<tr><td colspan="2">스키</td><td>스 키 리조트</td><td>가장 활발한 개발추세, 골프와 복합된 사례다수</td><td>현대성우, 용평, 휘닉스 파크 등</td></tr>
<tr><td colspan="2">마리나 리조트</td><td>마리나 리조트</td><td>대규모 전무, 대중성 부족, 소규모 개발조차 미흡, 유사한 호반리조트 존재</td><td>충무마리나, 수영만 등</td></tr>
<tr><td colspan="2">관광 · 유람 리조트</td><td>관 광 리조트</td><td>설악산, 속리산, 지리산 등 국립공원에 많음</td><td>설악산, 지리산 주변의 콘도 다수</td></tr>
<tr><td colspan="2">휴양촌</td><td>-</td><td>전형적 형태 전무</td><td>-</td></tr>
<tr><td colspan="2">생태관광</td><td>-</td><td>전형적 형태 전무, 휴양림은 개념상 상이</td><td>-</td></tr>
<tr><td colspan="2">카지노</td><td>-</td><td>전형적 형태 전무(호텔 내 도박장 위주)</td><td>-</td></tr>
<tr><td colspan="2">컨퍼런스</td><td>-</td><td>전형적 형태 전무, 부대시설로서 유치</td><td>-</td></tr>
<tr><td colspan="2">테마파크</td><td>테 마 파 크</td><td>대규모(서울근교), 소규모(지방) 체제성 결여</td><td>에버랜드, 롯데월드, 민속촌 등</td></tr>
<tr><td colspan="2">복합리조트 콤플렉스</td><td>복 합 리조트</td><td>대규모 개념 미흡, 2가지 이상의 목적 개념 지닌 복합 다수. 개발증가</td><td>제주중문, 경주보문, 용평리조트</td></tr>
</table>

(3) 주제공원

주제공원(theme park)이란 특정한 주제에 기초를 두고 다양한 소재와 과학기술이 접목되어 입장객들에게 감동과 즐거움을 줄 수 있는 형태로 만들어진 공원을 말한다. 공원전체가 하나의 주제에 의해 구성되기도 하고, 다양한 세부 주제에 의해 구성된 여러 개의 공간이 하나의 주제로 통합되기도 한다.

현대의 주제공원은 도시민의 욕구를 가장 잘 반영한 레저공간으로 최근 들어 시민들이 즐겨 찾는 최고의 관광지가 되고 있다. 주제공원은 기존 유원지보다 한 단계 앞선 형태를 의미한다. 따라서 주제공원이라는 공간은 역사, 문화, 민속, 자연, 예술 등의 각종 소재와 과학기술이 접목되어 방문객들에게 감동과 즐거움을 줄 수 있는 개발 소재를 발굴하여 그에 맞는 시설과 놀이 프로그램, 캐릭터, 분위기 등이 일체성을 갖도록 마련해놓은 레저공간으로 이해할 수 있다.

주제공원의 역사는 그리 오래되지 않았다. 현대적 주제공원의 시초는 미국 로스앤젤레스에 자리한 디즈니랜드(Disney Land : 1955년에 개원)라고 할 수 있다. 그러나 본래 주제공원은 중세유럽 및 아시아에서 발달된 박람회, 축제, 서커스 등과 더불어 제공된 오락프로에서 발전되었으며, 근대 주제공원의 원형은 17세기에 성립한 플레저 가든(pleasure garden)이다. 플레저 가든은 현재의 유럽형 주제공원의 원형이기도 하지만 미국으로 건너가 많은 변화 끝에 미국형 주제공원의 형태로 변하게 되었다.

디즈니랜드(Disney Land)는 월트 디즈니(Walt Disney)에 의하여 1955년에 LA 애너하임(Annaheim)에 문을 연 이래 주제공원의 대명사처럼 되어왔다. 디즈니랜드의 탄생으로 '가족개념으로 가족이 함께 즐길 수 있는 일종의 가족공원 내지 가족오락(family entertainment)'이 탄생하게 되었다. 다양한 주제로 이루어진 복합적인 디즈니랜드는 엄청난 성공을 가져와 지금은 일본, 중국 등 미국 이외의 나라에서도 많은 사람이 방문하는 세계적 관광명소가 되었다.

이러한 주제공원은 기존의 일반공원, 위락공원과는 성격이 다른 새로운 성격의 공원으로 구미지역에서는 일반공원(public park)에서 위락공원(amusement park)을 거쳐 주제공원(theme park)으로 발전하였고, 일본 및 우리나라에서는 일반공원(public park)이 유원지(amusement park)를 거쳐 주제공원(theme park)의 형태로 발전하였다.

여기에서 일반공원이라 함은 국가나 지방자치단체가 소유하고 있는 부지에 기본적인 시설만을 갖추고 있는 공원, 즉 수목, 잔디, 산책로, 화장실, 벤치 등을 구비한 우리가 주변에서 볼 수 있는 공원을 말한다. 위락공원이라 함은 단조로운 일반공원 기능에 동적인 각종 유기시설과 게임장, 음식점 등을 갖추고 잔디광장, 화원 등의 휴식공간을 추가한 공원을 말한다.

대표적인 위락공원으로는 미국 서부 LA에 있는 '매직 마운틴(Magic Mountain)'과 샌프란시스코에 있는 '그레이트 아메리카(Great America)'가 있고 일본의 경우에는 관동지방의 '요미우리랜드', 관서지방의 '엑스포랜드(Expo Land)', '포토피아랜드(Portopia Land)'를 들 수 있다.

주제공원은 공원의 다른 유형이라기보다는 발전된 형태의 공원관리 기법이라고 보는 것이 더 정확할 것이다. 현대의 거의 모든 공원은 주제공원의 형식을 취하고 있다고 보아도 무리는 없다. 주제공원은 급속도로 발전하고 있는데, 1971년에 LA의 '디즈니랜드'보다 150배가 큰 규모로 부지가 3천3백30만 평에 이르는 세계 최대의 종합휴양업 시설인 '월트 디즈니월드(Walt Disney World)'가 개장되었으며, 이어 일본에서는 오리엔탈랜드(Oriental Land)가 디즈니 프로덕션(Disney Production)과 계약을 체결하여 동경에 '도쿄 디즈니랜드(Tokyo Disney Land)'를 1983년에 개장하였다.

도쿄 디즈니랜드는 동경만을 매립하고 1,800억 엔을 투자하여 총면적 25만 평의 거대한 공원을 건설하였는데, 전체적인 개념은 디즈니랜드와 동일하나 최신의 공법과 기술 그리고 일본 특유의 분위기를 가미하여 깔끔하고 잘 정리정돈되어 연출과 운영, 서비스 등에서 거의 완벽에 가까울 정도로 고객에게 행복과 체험, 그리고 추억을 만들어주고 있는데 이는 매년 입장객 중 70% 이상이 재방문객이었다는 것으로도 증명이 되고 있다. 잇따른 주제공원의 성공으로 1992년 5월 파리 근처에 세워진 '유로 디즈니랜드(Euro Disney Land)'는 1,934ha로 파리의 1/5규모이며, 유럽에서 가장 큰 주제공원으로 현재 운영되고 있다.

우리나라의 경우 주제공원의 효시로서는 규모나 주제의 성격이 미흡하기는 하지만 1909년 일제시대부터 창경원(현재의 창경궁)이 동물원과 식물원으로부터 시작한 것을 주제공원의 기원으로 삼을 수 있다. 그 후 1973년 어린이 대공원이 개장되었고 1977년 용인자연농원(현재의 에버랜드)이 과수단지, 식물원, 동물원, 사파리 및 놀이시설을 도입하여 주제공원의 특성을 갖춘 공원으로 등장하였다. 1980년대에 들어서면서부터 주제공원은 본격적으로 일반인들의 관심을 끌게 되었다. 1988년 5월 서울랜드가 개장되고, 1989년 7월 롯데월드가 개장됨에 따라 주제공원에 대한 관광수요는 절정을 이루게 되었다.

그런데 세계 주제공원의 역사상 한국의 롯데월드(Lotte World)는 주제공원의 일대 전환기를 제공하였다. 그것은 대다수의 주제공원이 실외 테마파크(Theme Park)의 형태라고 한다면 그와 반대로 롯데월드는 세계 최초의 실내 테마파크로, 이는 4계절 전천후 레저공원으로 볼 수 있기 때문이다. 주제공원의 종류는 공간, 형태, 주제에 따라 분류할 수가 있다.

〈표 6-13〉 주제 공원의 분류

구 분	분 류 내 용	
공간적 분류	· 자연공간 테마형 : 동식물 파크, 수족관, 바이오 파크 · 자연공간 활동형 : 자연휴양 파크, 바다 공원, 온천형 파크 · 도시공간 테마형 : 외국촌, 역사촌, 사이언스 파크, 기념 파크 · 도시공간 활동형 : 시티리조트형, 위락공원, 워터파크	
형태별 분류	· 환경재현형, 정보전시형, 문화관광형, 자연공원형, 체험시뮬레이션형, 이벤트형	
주제별 분류	· Culture & Historic Park · Animation Park · Science & Hi-tech Park · 복합형	· Studio Park · Garden & Art Park · Water Park

〈표 6-14〉 주제에 따른 주제공원의 분류와 사례

종 류	특 성	개발 소재	사 례
Culture & Historic Park	· 어느 시대, 어느 지역을 특징짓는 민가, 건축물, 역사적 내용, 인물에 중심 · 환경과 상황을 재현하는 민속적, 문화적, 시대성을 표현하는 형태 · 지역에 연관된 소재가 많고 사실과 비현실의 조화를 도모하는 형태	신화 · 전설, 역사, 외국건축, 민속풍속, 고대 유적지 등	· 폴리네시안 컬처센터(미국, 하와이) · Bush Garden(미국, 플로리다) · 니고 에도 빌리지(일본 후지와라 마키), 나가사키 홀랜드(일본 나가사키) · La Vilette(프랑스 파리) · 민속촌(한국)
Animation Park	· 동화와 애니메이션, 풍자 소설 등의 캐릭터를 중심으로 이야기의 일부를 재생 · 가공의 동물, 인물 및 로버트의 세계 등을 테마 · 비일상성에 중점	캐릭터, 사이언스 픽션, 동화, 만화 등	· 디즈니월드 매직킹덤(미국, 올랜도) · 도쿄 디즈니랜드(일본) · 유로 디즈니랜드(프랑스 파리) · 롯데월드(한국)
Science & Hi-tech	· 과학기술(우주, 통신, 교통, 에너지, 바이오 테크놀로지 등)의 모습을 정보와 전시 · 우주체험시뮬레이션 도입 · 우주 및 과학의 체험의 장을 구성	우주, 로봇, 바이오, 통신, 컴퓨터 등	· 디즈니 월드 매직 킹덤(Tomorrow Land) · 디즈니월드 Epcot Center · 스페이스 월드(일본, 기타규슈) · Futurescope(프랑스) · 엑스포 과학공원(한국)
Studio Park	· 기존의 영화스튜디오 이용 · 유명영화들의 촬영현장을 그대로 재현 · 각종 시뮬레이션 및 첨단 장비를 이용 · 주인공으로 영화를 체험	영화, 스튜디오, 영화 주인공	· 디즈니월드 MGM Studio · 유니버셜 스튜디오(미국, LA) · 서울종합촬영소(한국)
Garden & Art Park	· 꽃, 조명이 있는 정원에서 야외 갤러리 · 음악 이벤트 · 자연 친화적 테마파크	꽃, 정원, 음악, 미술 등	· 티보리 파크(덴마크, 코펜하겐)
Water Park	· 바다 및 온천 등을 포함한 물을 주제 · 입체적인 놀이공원과 다양한 볼거리를 제공 · 종합 물놀이 공원	온천, 바다, 계곡, 수중 동물 등	· Adventure Island(미국, 플로리다) · Center Park (영국, Nottinghamshire) · Water World(홍콩) · 오션 돔 (일본) · 캐리비안베이(한국)
복합형	· 두 가지 이상의 테마 포함 · 주제복합형 테마파크	-	· 롯데월드(한국, 서울) · 디즈니월드(미국, 올랜드) · 디즈니랜드(미국, LA) · 도쿄 디즈니랜드(일본, 동경) · 유로 디즈니랜드(프랑스, 파리)

〈표 6-15〉 우리나라의 주제공원

지역	공 원 명	소 재 지	시 설 내 용	개장연도
수도권	에버랜드	경기 용인	음식점 : 식당 4개, 동물원 · 식물원 유기농(24종), 민속관, 야영장, 눈썰매장	1977
	어린이대공원	성동구 능동	동 · 식물원, 식당, 전시관, 도서관 운동시설 · 유기시설(88열차 외 12종)	1973
	서울랜드	과천	오락시설(29종 33개소) 교양시설(9종 20개소) 편의시설(16종 74개소) 조경시설(11종 51개소)	1988
	드림랜드	강북구 번동	운동시설 : 수영장, 탁구장 오락시설(16종)	1987
	롯데월드	강동구 잠실	운동시설 · 오락시설(47종) 식당 · 동식물원	1989
	63빌딩	영등포 여의도	관람시설 : 63골든타워(전망대) 63씨월드(수족관), 63MAX(영화관) 식당 가족휴게소 등	1985
기타지역	도투락 월드	경북 경주시	교육문화시설, 관람시설 운동시설 : 롤러스케이트장 등 유희시설 12종	1985
	부곡하와이	경남 부곡	숙박시설 · 동식물원 운동시설 : 수영장 등, 오락시설(11종)	1986
	금호랜드	경북 영천	숙박시설 : 방갈로 9동 운동시설 : 수영장 등 5종 오락시설 : 회전목마 등 15종 기타 휴식공간, 낚시터	1988
	프라자 랜드	강원 속초	식당, 운동시설 : 정구장 10면 수영장, 승마장 유희시설 : 18종	1984
	제주민속촌	남제주	운동, 오락, 휴양, 식당, 시설완비	1987

(4) 마리나

마리나(marina)는 유람선(pleasure boat)을 위한 정박지 또는 중계항으로서 시설 및 관리체계를 갖춘 곳으로 유람선을 위한 모든 수변(해변, 강변, 호반) 시설을 말한다. 여기에서 말하는 유람선이란 범선(요트), 동력선(모터보트), 카누, 견인선(로우보트) 등 각종 레크리에이션용 선박을 총칭하며, 서비스는 각종 시설(선박출입시설, 급유시설, 수리장, 구난사무소, 관리사무소, 정화시설 및 각종 유관시설) 및 설비로부터 이용자에게 편리를 줄 수 있는 보관, 수리, 급유, 급수, 구난, 숙박, 휴식, 정보

제공 및 안내, 시설이용 등을 말한다.

마리나의 기능은 단순한 정박성에만 국한되지 않고 선박대여 서비스 제공 등, 해안 레크리에이션을 즐기는 데 필요한 각종 서비스를 제공하며 레크리에이션을 즐기고자 하는 관광객들의 안전까지 책임지는 것이다.

육상관광이 자동차가 주축을 이루듯이 해상관광은 보트가 주축을 이루고 있는데, 이러한 관광에 안전하고 충실한 서비스를 제공하기 위해서는 완벽한 시설이 갖추어져야 한다. 마리나의 개발에 있어서 가장 중요한 기본요소는 위치, 성격, 규모, 시설내용, 배치 등이다. 마리나의 위치 선정시 매우 신중해야 하고, 사업성격과 조화를 이루는 것이 무엇보다도 중요하다고 하겠다.

미국의 경우 플로리다주, 멕시코만, 캘리포니아, 하와이 등지에, 일본의 경우 관동지방(104곳)에 마리나 시설이 되어 있으나, 우리나라는 시작 단계에 해당하며, 충무 도남단지가 마리나 시설을 갖춘 최초의 본격 종합해저레저시설로서 요트호텔, 콘도, 계류장, 유람선터미널 등을 갖추고 있으며, 부산수영만의 올림픽 요트경기장 등이 마리나 시설로 이용되고 있다.

(5) 카지노

카지노(casino)의 어원은 이탈리아어의 'casa'라는 말에서 유래되어 17~18세기 유럽의 귀족사회에서 사교수단의 하나로서 자리잡아 현재에 이르고 있다. 카지노의 의미는 여러 가지 오락을 통하여 즐길 수 있는 연회장으로서 일종의 서양의 도박이라고 하겠다.

산업의 발달과 여가활용으로 활동이 활발해지면서 회원제 중심의 카지노가 유럽과 호주, 아시아, 아프리카, 미국 등에서 성공리에 성업되어 1960년대 이후에는 대형카지노가 미국을 중심으로 급속하게 확산되기에 이르렀다. 세계적으로 유명한 카지노는 미국의 라스베이거스, 아틀랜틱시, 모나코의 몬테카를로, 프랑스의 칸느와 니스, 우루과이의 몬테비데오, 푸에르토리코의 산탄 등이 유명하다.

오늘날 대부분의 국가들은 카지노사업을 국가의 기간산업으로 장려하여 외화수입과 자국민의 외화유출을 방지하고 세수확대와 카지노에 관련한 관광객들을 유치하여서 자국의 경제 활성화를 위하여 적극적인 정책을 추진하고 있다.

우리나라에서의 카지노업은 전용영업장을 갖추고 주사위 · 트럼프 · 슬러트머신 등 특정한 기구 등을 이용하여 우연의 결과에 따라 특정인에게 재산상의 이익을 주고 다른 참가자에게 손실을 주는 행위 등을 하는 업(관광진흥법 제3조)으로 보고 있다. 종전에는 경찰청에서 사행행위업으로 관리하던 것을 관광진흥법의 개정(1994.

8. 3)에 의해 1994년 12월 4일자로 관광사업으로 전환되었다. 현재 전국의 카지노업체 현황은 <표 6-16>과 같다.

〈표 6-16〉 카지노업체 현황

2002. 6. 현재

시·도	업 소 명 (법 인 명)	운 영 형 태	호 텔 등 급	종사원수 (명)	2001매출액 (백만 원)
서 울	파라다이스워커힐 카지노 [(주)파라다이스]	임 대	특1	855	211,979
부 산	파라다이스 카지노 부산 [(주)파라다이스부산]	직 영	특1	296	54,056
인 천	파라다이스오림포스카지노 [(주)파라다이스인천]	직 영	특2	171	18,549
강 원	설악파크호텔 카지노 [제원산업 관광개발(주)]	임 대	특2	73	637
경 북	웰리치 조선호텔 카지노 [(주) 웰리치]	직 영	특1	108	8,019
제 주	제주칼 카지노 [제주칼관광(주)]	임 대	특1	161	19,464
	파라다이스 그랜드 카지노 [(주)파라다이스 제주]	임 대	특1	202	30,191
	크라운플라자카지노 [(주) 정봉]	임 대	특1	135	14,362
	제주 오리엔탈호텔카지노 [(주)오리엔탈관광]	직 영	특1	120	6,910
	롯데호텔제주 [두성(주)]	임 대	특1	195	16
	하얏트호텔 카지노 [(주) 골든타임]	임 대	특1	22	1
	신라호텔 카지노 [(주) 콘티넨탈]	임 대	특1	148	18,334
	라곤다 카지노 [(주) 공정관광]	임 대	특2	137	21
강 원	강원랜드 카지노 [(주)강원랜드]	직 영	특2	661	453,173
계	14개 업체	직영 : 5 임대 : 9	특1 : 10 특2 : 4	3,152	835,772

(6) 유원시설업

유원시설업은 유기시설 또는 유기기구를 갖추고 이를 관광객에게 이용하게 하는 업으로서 종전 보건복지부에서 공중위생법상의 유기장업 중 종합유원시설업과 기타 유기장업을 관광진흥법의 개정(1999. 2. 8)으로 관광사업으로 전환되었다.

유원시설업에는 종합유원시설업, 일반유원시설업, 기타유원시설업 등 3개의 업으로 분류되며, 종합유원시설업은 대규모의 대지 또는 실내에 안전성검사 대상 유기기구 6종류 이상을 설치·운영하는 업을 말하고, 일반유원시설업은 안전성검사대상 유기기구 1종류 이상을 설치·운영하는 업이며, 기타유원시설업은 안전성검사 대상이 아닌 유기기구를 설치·운영하는 업을 말한다.

2001년 6월 현재 전국의 유원시설업체는 <표 6-17>과 같다.

〈표 6-17〉 유원시설업체 현황

2002. 6. 현재

시·도	총 계	종 합	일 반	기 타
서 울	15	4	6	5
부 산	16	2	10	4
대 구	12	3	6	3
인 천	17	-	11	6
광 주	6	2	3	1
대 전	9	3	1	5
울 산	7	-	5	2
경 기	44	7	24	13
강 원	24	2	14	8
충 북	15	2	9	4
충 남	14	2	9	3
전 북	15	1	11	3
전 남	6	-	3	3
경 북	10	2	4	4
경 남	10	4	2	4
제 주	9	-	7	2
계	229	34	125	70

제 7 장

관광자원의 이용

■ 접근성의 개선
■ 관광자원의 보전과 관리
■ 관광자원해설

관광자원의 효율적 이용을 도모하는 것은 관광객이 안전하고 편리하게 관광자원에 접근하여 자신들이 원하는 혜택을 얻을 수 있도록 하는 데 그 기본적인 목적이 있다.

과거에는 관광자원의 효율적 이용을 단순히 잠재적 관광자원을 찾아내고, 인위적인 개발을 통하여 이용이 용이한 형태로 바꿔줌으로써 자원이 가지고 있는 효용을 극대화시키는 것으로 보았다.

그러나 이것은 관리자중심적 관점으로, 근래에 발전한 이용자중심적 관점에서 보았을 때 적절하지 않은 부분이 많다. 마케팅 이론의 발전은 소비자 또는 고객의 만족을 통하여 장기적인 이익을 얻고자 하는 소비자(고객) 중심주의의 확산을 가져왔으며, 그것은 모든 분야에 적용되고 있다.

관광객은 관광자원을 이용하는 소비자에 해당한다. 소비자 즉 자원의 이용자인 관광객의 만족을 이끌어내지 못하는 이용은 부적절한 이용이 될 것이다. 따라서 다음과 같은 내용을 포함하는 통합적인 이용이 이루어져야 할 것이다.

- 관광자원으로서의 매력이 크고 흡인력이 강한 이용가능한 자원을 찾아낸다.
- 관광객의 이용에 편리하도록 지리적·정보적·경제적 접근성을 개선한다.
- 관광객의 욕구를 충분히 충족시키도록 자원의 형태와 내용을 개선하여 가치를 부여한다.
- 자원해설과 같은 접객시스템을 개선하여 이용효율을 극대화시킨다.
- 자원을 장기적이고 환경친화적인 관점에서 지속 가능하도록 적절히 유지·관리한다.
- 사업자와 지역사회에 대한 경제적·사회적 이익의 환원이 이루어질 수 있도록 한다.

이러한 관점에서 보았을 때 넓은 의미에서 관광자원의 이용이란 관광자원의 조사, 관광객 접근성 증대, 관광자원의 가치증진을 위한 개발, 관광자원의 유지·보전을 위한 관리, 경제적·사회적 이익의 증대를 포함한다.

이 장에서는 이중 접근성의 개선과 관리, 자원해설만을 다루기로 한다. 자원의 조사와 개발에 관해서는 별도의 장으로 처리하였다.

제 1 절 접근성의 개선

접근성이란 지리적 접근성과 정보적 접근성, 경제적 접근성 이 세 가지 측면을 포함한다. 정보적 접근성은 관광객들이 자원의 존재를 인식하고 관심을 가지며 선택의사 결정을 하는 데 있어서 요구되거나 필요한 정보에 쉽게 노출될 수 있도록 하는 것을 의미한다. 지리적 접근성이란 의사결정 후의 행동단계에서 일상의 거주지에서 관광지로의 이동과 관계된 것으로서 시간거리, 공간거리, 교통수단, 접근로 등의 구성요소에 의해 결정된다. 경제적 접근성은 경제성이라고도 불리는데, 관광객들의 이용시 저렴한 비용이 소요될 수 있도록 하는 것으로 사업적 측면에서의 경제성과는 구분된다.

1. 정보서비스

정보서비스(information service)는 관광객의 관광자원 이용기회에 대한 인식을 일깨우고, 자원이용에 있어서 존재하는 제약요소들을 알려주고, 또한 관광객과의 공개적인 의사소통을 유지하기 위해 필요하다. 이것은 관광객을 위한 정보의 제공과 기타 방문객의 일반적인 복지증진 및 관광지에 설치된 자원의 효율적인 이용을 위해 편의를 제공하는 것들이다.

정보서비스는 지방에 관한 것인지 혹은 지역에 관한 것인지에 따라 다양한데, 지방정보 프로그램은 목적지에 도달하기 전에 제공되어야 하는 반면, 지역 프로그램의 경우는 방문객이 목적지에 도달한 다음 개인에게 알리는 것이다.

(1) 지방정보시스템

지방정보시스템(regional information system)은 관광자의 여행계획에 영향을 주게 되고, 각 개인이 관광활동을 선택하는 데 영향을 주게 된다. 따라서 정보가 효과적이 되기 위해서는 관광객이 그의 여행을 계획하고 있는 동안에 각 개인에게 정보가 주어져야 한다.

우리나라의 경우 관광에 대한 정보시스템은 몇몇 공공기관에 의해 관광지 또는 국립공원의 자료제공 활동 정도로 제한되어 있는 실정이다. 그러나 효과적인 정보 시스템을 위해서는 모든 기관(공공과 개인)의 활동을 포함해야 하며, 관광객에게 쉽게 접근할 수 있어야 한다. 즉, 모든 사용자에 대해 편리한 접근성의 확보를 위한 시스템이 확장되야 하고, 또한 국민들의 신뢰를 가질 수 있도록 해야 한다.

정보는 끊임없이 갱신되고, 새로운 정보가 관광객에게 피드백되는 것이 필수적이다. 그래서 관광객은 어떤 자원이 이용가능하며, 다른 사람들은 어떻게 그 자원을 이용하고 있는지를 알게 된다.

피드백을 유용하게 하기 위해서는 관광객의 이용상황을 모니터하는 보다 세련된 기술이 필수적이다. 대부분의 이용객 통계가 한정된 관찰 또는 설문에 의존하여 통계적인 타당성이 거의 없는 설정이며, 따라서 신뢰성을 부여하고 정당성을 제공하기 위해서는 정보를 다루는 데 컴퓨터 프로그램을 사용해야 하며, 타당성 문제를 극복하기 위해서 모니터하는 기술과 견본추출의 절차를 개선할 필요가 있다. 적절한 견본추출 절차 없이 수집되고 보급되는 정보는 가치가 없다. 정보시스템은 오직 정보의 훌륭함에 의의가 있는 것이다.

(2) 지역정보 시스템

지역정보 시스템(area information system)은 관광안내소(visitor centers), 지역표지판(area signing), 출판홍보물(publications), 대량전달매체(mass media), 현장접촉, 기타 등으로 구성되며, 특정지역에 대한 정보시스템으로 대개 한 개 기관의 관리하에 있다. 지역정보 시스템은 관광객과의 접촉을 통한 보다 다루기 쉬운 일로서 최신의 정보는 사용자에게 쉽게 전달된다.

1) 관광안내소

관광안내소는 두 가지 유형으로 만들어진다. 하나는 공항, 철도역, 버스터미널, 교통중심지, 주요관광지에 만들어지는 것으로서 관광객과 직접적인 대면접촉에 의해 안내서비스를 제공하는 것이고, 다른 하나는 전화를 통하여 안내서비스를 제공하는 것이다. 통상적으로 관광안내소라고 하면 안내데스크에서 직접 안내하는 방식을 일컫는 경우가 많다.

안내데스크 방식은 안내원이 상주하며 관광객이 필요한 내용을 안내할 뿐만 아니라 출판홍보물 등을 함께 비치할 수 있으므로 가장 효과적인 안내 수단으로 여겨졌다. 그러나 근래에는 휴대폰이나 인터넷과 같은 유·무선 통신 수단의 보급이 일반화되면서 전화안내 서비스의 활용도도 높아지고 있다.

2) 지역표지판

도로와 탐방로의 시스템, 이용가능한 레크리에이션 기회, 개발된 시설들을 나타내는 지역표지판이나 지도는 관광객이 그 지역에 익숙해지도록 주요접근장소에 전략적으로 비치해야 한다. 이 같은 형태의 지역정보표지판은 관광객 정보시설이 없는 지역에 비해 친밀감을 제공해준다. 이로 인해 관광객은 별 불편 없이 기본정보를 이해할 수 있고, 추가적인 정보는 표지판, 홍보물, 라디오 수신, 현장접촉 등을 통해 그 지역을 통과할 때 얻을 수 있다.

표지판은 정보 · 교육 · 경고의 목적으로 사용될 수 있다. 그러나 표지판의 사용과 위치는 신중하고 치밀하게 조사되어야 한다. 경영관리자가 유의해야 할 표지판에 대한 몇 가지 원칙은 다음과 같다.

- 특정한 지역의 경우 동일한 것이 요구될 수 있다.
- 정보표지판이 관광객에게 혼란을 주어서는 안 된다.
- 각각의 표지판은 오직 한 개의 뜻을 나타내야 하고, 가능한 한 단순하게 만들어야 한다.
- 곳에 따라서는 국제정보표지판을 사용해야 한다.

3) 출판홍보물

출판홍보물(publications)은 정보의 주요한 원천으로서 표현의 기본원칙들을 따라야 한다. 가끔 우리는 관광객들이 외면하는 홍보물을 보게 된다. 관광지에 나와 있는 팸플릿들을 보면 장황하고 읽기 어려운 경향이 있다. 따라서 관광객들은 대충 들여다보거나 아예 무시해버려 팸플릿의 사용은 빈번히 정보기능이 되지 못하고 있다. 관리자들은 관광객에게 필요한 정보를 주는 데 보다 혁신적인 방법을 찾아야 한다.

잘 만들어진 팸플릿은 매우 효과적일 수 있기 때문에 바람직한 홍보물을 제작하려면 다음의 사항들에 유념해야 한다.

① 총체적 외관

총체적인 외관이 사용자에게 매력적이어야 한다. 흔히 그 의미를 읽을 수 있든지 없든지 관여하고 않고 메시지의 기술적 형태에 보다 관심을 갖는 경우가 있다.

② 매력적인 표지

표지가 팸플릿 최초의 인상을 만든다. 표지가 잘 만들어졌다면 관광객이 팸플릿을 열고 좀더 읽도록 촉진시킬 것이고, 조잡하게 만들어진 표지는 좀더 읽고 싶은 마음을 감소시킬 것이다. 제목은 나타내고자 하는 주제를 부각시키는 데 도움이 될 수 있도록 보기 좋게 위치해야 한다.

③ 적당한 규격과 디자인

적당한 규격과 디자인은 계속적인 사용을 촉진시킬 수 있다. 예를 들면, 배낭여행자에게 팸플릿을 참조하도록 하려면 그의 호주머니 속에 쉽게 들어 갈 수 있도록 해야 한다. 그렇지 않으면 사용하는 데 불편을 느끼게 된다. 만약 우편배달을 원한다면 우편배달에 맞는 형태가 되어야 한다. 우편배달을 위해 접혀서 구겨진 팸플릿은 호감을 느끼지 않게 하기 때문이다.

④ 간결성

메시지를 나타내기 위해 최소한의 단어를 사용해야 한다. 일반적으로 장황한 내용은 의미전달을 어렵게 한다.

⑤ 그림과 도표

그림과 도표는 내용을 왜곡시키지 않고 필요한 메시지를 쉽게 나타내는 데 사용할 수 있다. 또한 메시지를 읽고 이해하는 데 필요한 시간의 양을 줄여준다.

⑥ 과장과 편견의 제거

사람들에게 기술적인 전문용어나 인위적인 장황한 문구를 심어주기 위해 노력해서는 안 된다. 또한 관계기관의 편견이나 개인적인 주관을 제거함으로써 사실적이 되도록 해야 한다.

⑦ 지방과의 연락

가능하다면 지방과의 연락을 원하는 사람들이 연락할 수 있도록 연락망에 대한 편의를 제공해야 한다.

⑧ 운영문제

만약 팸플릿이 운영문제에 초점을 맞춘다면 효율적인 운영을 위해 개발된 규정들을 제시하고 이에 대한 이유와 보상을 사용자에게 알려주어야 한다.

4) 라디오

특정 라디오 프로그램들은 관광객에게 정보를 제공하기 위해 사용된다. 자동차 이용관광객은 자신의 자동차 라디오에 의해 멀리 떨어진 송신자로부터 정보를 받거나 머리에 쓰는 수신기를 통해 정보를 받는다.

5) 현장접촉

현장의 관광객 접촉은 매우 직접적이고 필요한 정보전달 수단이다. 하지만 일반적인 지역정보 프로그램으로서 현장접촉은 비능률적이고 비효과적인 경향이 있다. 이 같은 접근방법으로 관광객은 그가 특정지역에서 어떤 활동에 참가하는 동안 정보를 찾고 받아들인다.

6) 기타 관광객 정보형태

① 단체접촉(group contact)

자연보호, 레크리에이션, 사업 또는 다른 집단과의 지속적인 접촉은 의사소통의 훌륭한 수단이다. 오늘날 보다 많은 사람들이 다양한 조직단체나 특별한 관심을 이해하기 위한 시도로 공개적인 대화를 유지하는 것이 중요하다. 동시에 관계기관의 의도와 기대되는 활동을 표현할 수 있다. 관계기관과 단체의 접촉은 단순히 공개적인 토의를 위해 공개토론회를 마련하는 것인데 이러한 접촉들은 또한 조직단체들이 그들 자신의 프로그램을 구성하는 데 도움을 줄 수 있다.

② 여론청취

여론청취(public hearings)는 객관적인 정보를 나타내고 의견의 교환을 고무시킴으로써 편향된 관점을 완화시킬 수 있다.

③ 대량 전달매체

라디오, 텔레비전, 신문 같은 대량 전달매체(mass media)의 사용은 많은 사람들에게 정보를 퍼뜨리는 합리적인 수단이다. 그러나 지나치게 일반적이어서 결과적으로 관여도가 높지 않다. 하지만 이것은 일시에 많은 사람들에게 메시지를 전달할 수 있는 유일한 방법이다. 우리가 얻는 일상의 정보 중에서 많은 것이 대량 전달매체를 통해 나오고 있다. 따라서 전달매체가 사용되어질 때는 언제나 수신자가 개인적인 전달 채널을 알고 있어야 한다. 그래야 수신자가 원할 경우 정보에 대해 적절한 행동을 취할 수 있다.

④ 의사소통

우리는 흔히 정보경영이 의사소통(communications), 즉 지속적인 정보의 교환을 수반한다는 것을 잊어버린다. 상호교환은 그들 자신이 프로그램과 행동양식 등을 재평가하고 조정하기 위해 관계기관과 관광객 모두에게 사용된다. 상호교환은 공식적(여론청취 등)·비공식적일 수 있다. 의사소통이 공공분야에서 사용되어질 때 가끔 명령적이고, 대중들이 어떻게 받아들이고 대답할 것인지 관계하지 않고 행해진다. 이런 일이 발생할 때 의사소통의 경로가 제한되고, 대중은 경영에 대한 신용을 상실한다. 이러한 경로들은 공공기관들이 대중들의 신용을 회복하기 위해 어떤 노력들을 행한 뒤에야 비로소 재확립된다.

2. 관광루트와 코스

교통시설은 관광의 구성요소 가운데 하나인 이동을 담당하는 매체로서 관광산업 발전을 규정하는 관광기반시설이다. 아무리 훌륭한 관광 매력물이라 할지라도 쉽게 접근할 수 없을 때 관광자원으로서 가치를 지닐 수 없으며, 관광객을 제한하는 장애요소로 등장하게 된다. 따라서 누구나 다양한 방법으로, 쉽고, 편하고, 안전하게 접근할 수 있을 때 관광자원의 이용은 증대되고, 본래 지니고 있는 자원의 가치도 달라지지만, 교통수단의 발달에 따라서 제약을 받기도 한다. 또한 단일관광자원으로서는 가치가 적은 것일지라도 관광자원간의 연계성을 높임으로써 자원간의 보완성을 높일 수 있다.

(1) 관광루트

관광루트는 관광목적지까지 각종 교통수단(공로, 철도, 해운, 항로 등)이 연결되어 관광객으로 하여금 관광지의 이용이 용이하도록 연결함으로써 이용 패턴과 관광대상의 다양성(여행목적, 기간, 거리 등)이 배합되도록 관광동기를 충족시켜주는 교통로를 의미한다.

즉 관광루트란 관광객 유동이 발생할 수 있거나 현재 관광객 유동이 발생하고 있는 통로를 말하는데, 이러한 통로를 관광통로로 해석해도 된다. 관광루트는 주거지와 관광거점으로 연결되는 통로이기 때문에 관광객 유동의 방향성이 없다. 즉 두 지점간의 관광루트는 관광객 유동이 서로 다른 방향으로 발생하고 있다. 관광루트는 특정관광 교통로와 그 교통수단에 국한되는 것이 아니다. 다만, 관광루트의 명칭이 루트 설정목적에서 특정교통로를 명시할 수 있는데, 예를 들면 항공 관광루트, 고속도로 관광루트, 철도 관광루트 등이 그것이다.

관광루트는 루트를 설정하는 공간범위에 따라 다르게 나타난다. 한 국가의 국토범위에서 보면 전국적인 관광루트가 있고, 지방자치단체의 행정구역 범위에서 보면 지방 관광루트가 있다. 관광지 내에서도 주요관광자원이 분포하고 있는 장소와 장소 사이에도 관광객 유통이 두 지역 상호간에 발생하고 있다면 그것은 관광루트가 된다.

관광루트는 일종의 연결망(network)이며, 일반적으로 노선(link), 교통거점(terminal, node), 도시(sink)의 세 가지를 그 구성요소로 삼게 된다. 관광루트를 설정하기 위해서는 기본적으로 이들 3가지 요소에 대하여 다음 사항들을 파악해야 한다.

- 노선 : 길이, 폭, 포장상태, 주변경관
- 터미널 : 위치, 수용능력, 각 지역과의 연계성 여부
- 관광지 : 관광지를 방문하는 사람 및 지역민의 유동량

이밖에 관광루트를 설정할 경우에는 장래성, 관광지의 분산, 터미널 정비상황, 도로의 정비상황 등도 아울러 고려해야 한다. 이상의 상황들을 고려하여 관광루트 개설이 미비한 지역에는 도로를 개설하든지, 교량을 건설하든지, 또는 도로를 확장하든지 하게 되면 기본의 관광패턴에 변화를 초래할 수 있게 된다.

우리나라의 관광루트는 1970년대의 10대 관광권에서 주요관광지를 연결하는 관광루트가 형성되었고, 오늘에 이르러는 전국관광계획에 의한 관광권역 내에서 주요관광지와 관광명소간을 연결하는 관광루트를 표준화하여 관광활동이 편리하고 쾌적하게 이루어질 수 있도록 권역 내 관광루트를 설정하고 있다.

(2) 관광코스

관광코스는 관광객이 관광목적으로 거주지를 출발하여 관광지를 방문한 후 다시 거주지로 돌아올 때까지의 경로를 말하며, 코스를 미리 정해둔 계획성 관광일 경우일지라도 관광객이 그때의 상황에 따라 임의로 변경이 용이할 뿐만 아니라, 관광루트와는 달리 반드시 방향성을 가진다.

〈표 7-1〉 우리나라 관광루트 설정내역(제1차 관광개발 기본계획)

• 전국관광루트

○ 육로관광루트
– 내륙관광루트 • 서울–천안–온양–부여–대전–무주–진안–전주–남원–순천–광주 • 서울–춘천–원주–충주–단양–안동–대구–경주–양산–부산 – 내륙, 해안관광루트 • 서울–인천–당진–서산–군산–전주–남원–함양–섬천–대구–경주–부산 • 서울–춘천–고성–속초–강릉–삼척–울진–백암–영덕–포항–감포–울산–부산 • 서울–이천–수안보–대전–무주–전주–정주–변산–목포–해남–순천–여수 • 서울–여주–원주–단양–안동–대구–부곡–진주–순천–충무–거제–마산–부산 – 해안관광루트 • 인천–당진–서산–대천–군산–변산반도국립공원–목포 • 목포–진도–완도–순천–여수–충무–거제–마산–진해–부산 • 고성–속초–강릉–삼척–울진–영덕–포항–감포–부산
○ 해상관광루트
• 인천–당진–태안해안국립공원–고군산군도–흑산도·홍도–거차군도–제주도–거문도 백도–거제–부산–포항–울능도–동해 • 인천–당진–태안해안국립공원–고군산군도–변산반도국립공원–흑산도·홍도–목포–진도–완도–추자도–제주도 • 동해–울릉도–포항–부산–거제–충무–여수–완도–추자도–제주도
○ 항공관광루트
• 서울–부산, 서울–제주, 서울–대구, 서울–광주, 서울–강릉, 서울–속초, 서울–포항, 서울–여수, 서울–진주, 서울–울산, 서울–예천 • 제주–부산, 제주–대구, 제주–광주, 제주–여수, 제주–진주, 제주–예천 • 부산–광주

• 권역별 관광루트

○ 중부관광권
– 산악, 문화관광루트 • 서울–용인–이천–여주–원주–오대산국립공원–강릉–동해–삼척–태백–속초–수변, 위락관광루트 • 서울–가평–춘천–소양호–파로호–속초–화진포 　　　　　　　　　　　　　　└─강릉 – 해안, 도서관광루트 • 서울–강화도–영종도–서포리–아산호–수원–서울–통일안보관광루트 • 서울–강화도–판문점–철원–평화의 댐–고성–속초

ㅇ 충청관광권
– 산악, 수변관광루트 • 대전–청주–충주–월악산–단양팔경 • 대전–청주–속리산–영동–대둔산도립공원–해안, 문화관광루트 • 대전–공주–부여–대천–안면도–천리포·만리포–서산–당진–온양–천안–청주
ㅇ 서남관광권
– 산악, 문화관광루트 • 광주–정읍–전주–진안–무주–장수–남원–구례–순천–여수–해안, 도서관광루트 • 공주–군산–고군산군도–변산반도국립공원–선운산도립공원–목포–흑산도·홍도–목포–광주 – 산악, 해상관광루트 • 광주–영암–해남–진도–거차군도–토말–완도–거문도·백도–여수–순천–화순
ㅇ 동남관광권
– 내륙, 해상관광루트 • 부산–양산–경주–대구–고영–섬천–진주–남해대교–삼천포–충무–거제 – 내륙, 해안관광루트 • 부산–울산–감포–경주–대구–부곡–마산–진해–김해 – 해안, 문화관광루트 • 대구–경주–포항–주왕산국립공원–울진–청량산도립공원–안동–문경새재–구미
ㅇ 제주관광권
• 제주–용두암–제주민속박물관–함덕–만장굴–성산일출봉–표선–남원–서귀포–수악계곡–한라산–산천단–민속자연사박물관–제주 • 제주–한라산–중문관광단지–안덕계곡–대정–협재–애월–용두암–제주

즉, 관광코스는 관광객이 집을 출발하여 이동장소를 옮겨가면서 최종적으로 집으로 다시 돌아오는 일련의 통행경로를 뜻하며, 관광코스는 관광객의 특성, 관광기간, 교통조건, 관광목적지의 위치와 관광자원의 특색 등에 따라 그 유형이 다르다.

관광코스에는 피스톤형, 키형, 안전핀형, 템버린형 등 4가지의 기본유형이 있다.

1) 피스톤형

관광객이 집을 떠나 목적지에 도착한 다음 현지에서 관광활동을 한 후 다시 집으로 돌아오는 관광코스를 말한다. 거주지와 목적지 사이의 통로를 동일한 관광객이 방향을 유지하고 두 번 통과하는 경우를 의미한다. 관광객이 방문하는 목적지가 대체로 산악의 계곡이나 해안도서일 경우, 즉 교통의 장애요소가 되는 산악·바다·사막 등이 목적지에 분포하여 목적지에 도달하는 통로가 하나일 때 주로 나타나며, 특히 당일귀환형 관광형태에서 많이 나타난다.

2) 키형

관광객이 집을 떠나 목적지에 도착한 다음 현지에서 관광활동을 하되, 2곳 이상의 목적지가 근접되어 있어서 이들 목적지에서 관광활동을 한 후 피스톤형과 같이 동일한 루트를 따라 돌아오는 형태이다. 관광목적지는 서로 다른 관광자원이 다수 분포하고 있고, 피스톤형보다 여행시간과 경비가 많이 든다.

3) 안전핀형

관광객이 집을 나서서 목적지에 도착하여 현지에서 관광활동을 한 다음 올 때와는 다른 루트로 귀가하는 형태를 말한다. 역시 목적지가 2곳 이상이 근접해 있는 경우에 나타난다.

4) 탬버린형

관광객이 주거지를 떠나 한 목적지를 방문하고 곧바로 거주지로 돌아오지 않고 제2의 목적지를 방문하는 형태를 말한다. 2개 이상의 목적지가 존재하고 있어 관광객은 다른 목적지를 방문할 때마다 다른 교통로를 선택하게 된다. 여행시간과 여행경비가 가장 많이 소요되는 관광형태이며, 체재형의 관광코스로 관광객들이 일반적으로 가장 만족해하는 형태이다.

관광코스의 설정은 관광루트 가운데서 비용, 시간, 주변경관, 기타 요인 등을 고려하여 가장 적절한 루트를 선정하는 일련의 행위로 불변적인 것이 아니라 상황이 변화함에 따라 변할 수 있는 가변적인 것이다. 양질의 관광경험을 할 수 있도록 편리하고, 쾌적하고, 안전해야 한다는 원칙 아래 시간과 공간구조에 따라 체계적으로 설정되어야 한다. 관광코스를 설정할 때 고려해야 할 사항은 다음과 같다.

- 이용자의 욕구와 요구
- 이동소요시간과 체재시간
- 관광자원 및 시설의 종류
- 관광자원 및 시설의 위치
- 관광자원 및 시설의 용량
- 관광자원의 내용
- 이용가능 교통수단
- 주변과의 연계성
- 관광제약요인

• 지역사회와의 관계

제 2 절 관광자원의 보전과 관리

효율적인 관광자원의 이용은 관광자원의 유지 · 보전을 목적으로 하는 관광자원의 관리를 포함한다. 관광자원의 관리는 다양한 방법을 통하여 관광자원의 가치를 지속시키고 부가적인 가치를 부여하고자 하는 것으로 법적 · 제도적 제약을 통한 방법과 이용방식의 다양화를 통한 방법이 있다.

1. 법적 장치

거의 대부분의 국가에서는 관광자원의 보호를 위하여 특정지역을 보전지역으로 선포하거나 특정자원을 보호자원으로 지정하거나 관광자원에 대한 금지행위를 법적으로 규정하고 이를 어기고 자원을 손상시킨 관광객이나 관광사업자, 일반국민 등 관련자에게 벌금, 징역, 과징금, 과태료 등 다양한 처벌을 가하고 있다.

우리나라의 경우에는 관광진흥법에 의하여 관광지 내 금지행위, 관광객 금지행위 등을 규정함으로써 자원의 훼손을 방지하고 있다. 또한 문화재보호법, 수질오염방지법, 자연환경보전법, 자연공원법 등 다양한 법규가 직 · 간접적으로 관광자원의 보호 · 보전에 기여하고 있다.

(1) 자연적 관광자원 보호

우리나라는 관광진흥법을 비롯한 다양한 법규에 의하여 자연적 관광자원을 보호하고자 노력하고 있다.

〈표 7-2〉 자연적 관광자원 보호 관련법규

구 분	관 련 법 규
관광지보전	관광진흥법
생태계보전	산림법, 문화재보호법, 동물보호법, 조수보호및수렵에관한법률, 자연환경보전법, 습지보전법, 독도등도서지역의생태계보전에관한특별법, 자연공원법
환경보전	수질환경보전법, 수도법, 먹는물관리법, 폐기물관리법, 대기환경보전법, 토양환경보전법, 발전소주변지역지원에관한법률, 오존층보호를위한특정물질의제조규제등에관한법률, 지하생활공간공기질관리법, 호소수질관리법, 하수도법, 폐기물처리시설설치촉진및주변지역지원등에관한법률, 한국자원재생공사법, 폐기물의국가간이동및그처리에관한법률, 자원의절약과재활용촉진에관한법률, 환경친화적산업구조로의전환촉진에관한법률, 환경관리공단법, 환경개선비용부담법, 환경기술개발및지원에관한법률, 환경범죄의단속에관한특별조치법, 유해화학물질관리법, 환경영향조사등에관한규칙, 환경·교통·재해등에관한영향평가법, 환경정책기본법, 환경영향평가법,
해 양	공유수면관리법, 내수면어업법, 어업허가및신고등에관한규칙, 수산업법, 수산자원보호령, 해양오염방지법, 연안관리법, 공유수면매립법,
기 타	소하천정비법, 하천법

이러한 법들에 의해 지정된 우리나라의 보전지역과 보호야생동·식물, 멸종위기야생동·식물은 각각 다음과 같다. 또한 이 책의 자연적 관광자원에서 소개한 바와 같이 천연기념물은 141종이 지정되어 있다.

〈표 7-3〉 법정 자연환경 보호지역 현황

보호구역명칭	근거법(지정권자)	지 정 목 적	지 정 현 황
생태계보전지역	자연환경보전법 (환경부장관)	생태계보전	총 20개소, 약 191.712㎢ · 환경부 지정(8개소) : 낙동강하구, 지리산, 대암산, 우포늪, 무제치늪, 섬진강수달서식지, 고산봉 붉은박쥐서식지, 동강유역 · 해양수산부(2개소) : 신두리사구해역, 문섬 등 주변해역 · 시·도 지정(10개소) : 대덕산·금대봉, 광양백운산, 조종천상류·명지산·청계산, 거제고란초자생지, 한강밤섬, 둔촌동 자연습지, 방이동 습지, 탄천, 진관내동습지, 암사동 습지

습지보호지역	습지보전법 (환경부장관)	습지보전	총 9개소, 약 81.31㎢ · 환경부 지정(7개소) : 낙동강하구, 대암산, 우포늪, 무제치늪, 물영아리오름, 화엄늪, 두웅습지 · 해양수산부 지정(2개소) : 무안갯벌, 진도갯벌
특정도서	독도 등 도서지역의 생태계보전에 관한 특별법	생태계우수 무인도서 보전	독도 등 128개소, 약 9.174㎢
자연공원	자연공원법 (환경부장관)	자연풍경지보존 및 적정한 이용 도모	73개소, 7,644㎢ · 국립공원 : 20개소, 6,473㎢ · 도립공원 : 22개소, 742㎢ · 군립공원 : 31개소, 429㎢
문화재보호구역 (천연기념물 보호구역)	문화재보호법 (문화재청)	문화재 보존으로 국민의 문화향상 도모	290개소(종), 840.5㎢(2002.12.31. 현재)
보전임지 (산림보전지역)	산 림 법 (산림청장)	산림의 보전과 이용	49,770㎢(총산림면적의 75%, 1995년말 기준)
조수보호구 및 금렵구역	조수보호 및 수렵에 관한 법률 (환경부장관)	야생조수보호	조수보호구 : 666개소 1,439㎢
개발제한구역	도시계획법 (건설교통부장관)	도시의 무질서한 확산방지 및 환경보전	5,385㎢(2001.1.31. 기준)

〈표 7-4〉 보호 야생 동·식물 지정현황

구 분		내 용
멸종위기 및 보호야생동·식물 (국내 서식종)	근 거 법	자연환경보전법 제2조 제6호, 제7호
	지정기준	국내생물종 중 개체수가 현저히 감소되어 멸종위기에 처할 우려가 있거나 보호가치 및 학술적 가치가 높은 야생동·식물
	지정현황 (2001)	- 총 194종 · 멸종위기 야생동·식물 : 43종 · 보호야생동·식물 : 151종
국제적 멸종위기종	근 거 법	자연환경보전법 제2조제8호
	지정기준	멸종위기에 처한 야생 동·식물의 국제거래에 관한 협약(CITES)에 의하여 국제거래가 규제되는 종
	지정현황 (2001)	- 총 401종 · 고래목, 양서, 파충류, 곤충, 수산생물, 식물 등
생태계 위해 외래동·식물	근 거 법	자연환경보전법 제2조제18호
	지정기준	국내 자연생태계 균형 유지에 위해를 가져올 우려가 있는 종
	지정현황 (2001)	- 총 10종 · 동물 4종 : 황소개구리, 블루길, 큰입배스, 붉은귀거북 · 식물 6종 : 단풍잎돼지풀, 돼지풀, 서양등골나물, 도깨비가지, 물참새피, 털물참새피

〈표 7-5〉 우리나라의 보호 및 멸종위기 야생동 · 식물

구분		종류
멸종위기 야생동 · 식물 (43 종)	포유류 (10 종)	붉은박쥐, 늑대, 여우, 표범, 호랑이, 수달, 바다사자, 반달가슴곰, 사향노루, 산양
	조류 (13 종)	노랑부리백로, 황새, 노랑부리저어새, 저어새, 흑고니, 흰꼬리수리, 참수리, 검독수리, 매, 두루미, 넓적부리도요, 청다리도요사촌, 크낙새
	양서 · 파충류 (1 종)	구렁이
	어류 (5 종)	감돌고기, 흰수마자, 미호종개, 꼬치동자개, 퉁사리,
	곤충류 (5 종)	장수하늘소, 두점박이사슴벌레, 수염풍뎅이, 상제나비, 산굴뚝나비
	무척추동물 (3종)	나팔고둥, 귀이빨대칭이, 두드럭조개
	식물 (6 종)	한란, 나도풍란, 광릉요강꽃, 매화마름, 섬개야광나무, 돌매화나무
보호 야생동 · 식물 (151 종)	포유류 (7 종)	삵, 담비, 물개, 큰바다사자, 물범, 물범류, 하늘다람쥐
	조류 (46 종)	아비, 쇠가마우지, 알락해오라기, 큰덤불해오라기, 흑기러기, 큰기러기, 개리, 큰고니, 고니, 가창오리, 호사비오리, 물수리, 벌매, 솔개, 참매, 조롱이, 털발말똥가리, 큰말똥가리, 말똥가리, 항라머리검독수리, 흰죽지수리, 독수리, 잿빛개구리매, 알락개구리매, 개구리매, 새홀리기, 쇠황조롱이, 비둘기조롱이, 흑두루미, 재두루미, 뜸부기, 느시, 검은머리물떼새, 흰목물떼새, 알락꼬리마도요, 검은머리갈매기, 적호갈매기, 뿔쇠오리, 수리부엉이, 긴점박이올빼미, 올빼미, 가막딱따구리, 아물쇠딱따구리, 팔색조, 뿔종다리, 삼광조
	양서 · 파충류 (4 종)	맹꽁이, 금개구리, 남생이, 까치살모사
	어류 (7 종)	다묵장어, 묵납자루, 모래주사, 두우쟁이, 부안종개, 꺽저기, 좀수수치
	곤충류 (14 종)	꼬마잠자리, 고려집게벌레, 닻무늬길앞잡이, 물장군, 주홍길앞잡이, 멋조롱박딱정벌레, 소똥구리, 비단벌레, 울도하늘소, 큰자색호랑꽃무지, 깊은산부전나비, 쌍꼬리부전나비, 왕은점표범나비, 붉은점모시나비
	무척추동물 (21 종)	별혹산호, 측맵시산호, 망상맵시산호, 둔한진총산호, 착생깃산호, 갓산호, 흰수지맨드라미, 밤수지맨드라미, 연수지맨드라미, 자색수지맨드라미, 검붉은수지맨드라미, 유착나무돌산호, 잔가지나무돌산호, 진홍나팔돌산호, 해송, 장수삿갓조개, 대추귀고둥, 기수갈고둥, 긴꼬리투구새우, 선침거미불가사리, 의염통성게
	식물 (52 종)	솔잎란, 물부추, 파초일엽, 고란초, 섬천남성, 솔나리, 자주솜대, 큰연령초, 진노랑상사화, 노랑무늬붓꽃, 대청부채, 털개불알꽃, 으름난초, 백운란, 천마, 대홍란, 죽백란, 지네발란, 풍란, 삼백초, 죽절초, 개가시나무, 순채, 연잎꿩의다리, 세뿔투구꽃, 산작약, 깽깽이풀, 한계령풀, 고추냉이, 끈끈이귀개, 둥근잎꿩의비름, 개병풍, 나도승마, 히어리, 개느삼, 만년콩, 애기등, 황기, 갯대추, 망개나무, 황근, 왕제비꽃, 가시오갈피나무, 섬시호, 노랑만병초, 홍월귤, 기생꽃, 박달목서, 미선나무, 섬현삼, 무주나무, 솜다리

(2) 문화적 관광자원 보호

문화재는 우리 민족의 유구한 자주적 문화정신과 지혜가 담겨 있는 역사적 소산이며 우리의 문화를 소개할 수 있는 문화 관광자원으로 문화재보호법에 의해 지정되며, 그 종류는 유형문화재, 무형문화재, 기념물, 민속자료로 구분된다.

이러한 문화재 중 가치가 큰 것을 지정하여 지정문화재라 하는데 이 지정문화재는 국가지정문화재, 시 · 도지정문화재, 문화재자료로 구분된다.

국가지정문화재는 문화재청장이 문화재위원회의 심의를 거쳐 지정하는 것이고, 시 · 도지정문화재는 시 · 도지사가 그 관할구역 안에서 국가지정문화재로 지정되지 않은 문화재 중 보존가치가 인정되는 것을 시 · 도지정문화재로 지정한다. 또한 문화재자료는 시 · 도지사가 국가지정문화재, 시 · 도지정문화재가 아닌 문화재 중 향토문화 보존상 필요하다고 인정되는 것을 문화재자료로 지정한다.

문화재는 관광자원 중에서 가장 중요한 자원의 하나로서 관광지와도 많은 상관성을 가지고 있으며, 특히 관광지개발사업에 있어서 상당수의 관광지가 문화재를 포함하고 있어 서로간 상호보완적 관계를 가지고 있는 경우가 많다. 예를 들어 7대 문화권 정비사업의 경우 동 지역의 문화재는 문화재보존 정비차원에서 문화재청에서 사업을 시행하고, 관광객을 위한 각종 편의시설 및 부대시설에 대한 사업시행은 관광지개발 차원에서 문화관광부에서 사업을 시행한다.

이에 따라, 정부는 문화재보존 정비사업과 관광자원 개발사업이 상호보완적이고 효과적인 사업추진이 이루어질 수 있도록 노력하고 있다.

2. 제도적 장치

(1) 세계유산 · 세계기록유산 · 세계무형유산

세계유산이란 '세계유산협약'에 따라 세계유산위원회가 협약 가입국의 문화 및 자연유산 중에서 인류전체를 위해 보호되어야 할 현저한 보편적 가치가 있다고 인정하여 유네스코 세계유산 일람표에 등록한 유산을 말한다. 세계유산위원회가 등록하는 세계유산에는 자연적 소산물을 대상으로 하는 자연유산과 인간작업의 소산물을 대상으로 하는 문화유산, 인간과 자연의 공동 소산물을 대상으로 하는 복합유산 등 3가지가 있다.

'세계유산협약'이란 세계 각국에 소재한 유산 중 현저한 보편적 가치를 가지는 문화유산 및 자연유산을 자연적·인위적 파괴와 손상으로부터 인류 공동으로 보호하기 위하여 1972. 11. 16 유네스코 제17차 총회에서 채택된 '세계문화유산 및 자연유산 보호에 관한 협약'을 말한다.

이 협약의 주요내용은 세계문화유산 및 자연유산 보호를 위한 세계유산위원회 설치 운영, 세계유산기금 설립 운영, 세계유산 보호를 위한 국제적 원조 및 교육활동 등이다. 1997년 말 현재 이 협약의 가입국은 151개국이며, 우리나라는 1988년 세계 108번째로 가입하였다. 한편 세계유산협약에 의거하여 1975년 구성된 '세계유산위원회'는 문화유산 및 자연유산 보호, 세계유산 등록대상에 대한 문화재 심의결정 등을 목적으로 하는 유네스코 산하 국제위원회이다. 세계유산 등록건수는 총 730건(125개국)에 이르며, 이 중 문화유산이 563건, 자연유산이 144건, 복합유산이 23건에 해당한다.

한편, 세계유산 이외에도 인류의 유산을 보전하기 위한 제도로서 세계기록유산(memory of the world)과 세계무형유산(masterpieces of the oral and intangible heritage of humanity : 인류구전 및 무형유산 걸작)이 있다.

세계기록유산이란 세계적 가치가 있는 귀중한 기록유산을 가장 적절한 기술을 통해 보존할 수 있도록 지원하며, 유산의 중요성에 대한 전세계적인 인식과 보존의 필요성을 증진하고, 기록유산 사업 진흥 및 신기술의 응용을 통해 가능한 한 많은 대중이 기록유산에 접근할 수 있도록 하기 위하여 완성도 또는 완전성에 있어 탁월하고 독특하거나 희귀한 기록자료를 관리하기 위한 제도이다. 세계기록유산 등록건수는 2002년 10월 현재 33개국 총 68건에 이르고 있다.

세계무형유산이란 공식적으로는 인류구전 및 무형유산 걸작(masterpieces of the oral and intangible heritage of humanity)이라고 지칭하며, 국제화 시대를 맞이하여 소멸 위기에 처해 있는 문화유산의 보존과 재생을 위하여 가치있고 독창적인 구전 및 무형유산을 선정하여 정부와 각종 단체, 지역공동체로 하여금 이러한 구전 및 무형유산을 확인, 보호, 증진하도록 고무하기 위하여 인간의 창조적 재능에 의하여 탄생된 무형의 유산 중 걸작들을 관리하기 위한 제도이다. 세계무형유산은 2002년 10월 현재 19개국 19개가 지정되어 있다.

현재 우리나라는 창덕궁, 수원화성, 불국사 석굴암, 팔만대장경, 종묘, 경주역사유적, 고인돌 등 7개가 세계유산에 등록되어 있고, 삼년산성, 공주무령왕릉, 강진도요지, 설악산 천연보호구역, 안동하회마을, 월성양동마을, 남해안일대 공룡화석지, 제주도 자연유산지구 등 8곳이 세계유산 잠정목록으로 선정되어 등록절차를 밟고 있다. 또한 『훈민정음 해례본』, 『조선왕조실록』, 『승정원일기』, 『직지심체요절』 등 네 가지가 세계기록유산으로, 종묘제례 및 제례악이 세계무형유산으로 등록되어 있다.

세계유산 · 세계기록유산 · 세계무형유산에 대한 상세한 내용은 제8장에서 따로 다루기로 한다.

(2) 관광권

1) 관광권역

관광활동은 인간인 관광자에 의해서 행해지며, 관광활동을 하는 지역인 관광지는 공간이론에 기초한다. 권역의 개념에서 가장 중심되는 내용은 인간생활의 복지와 편의향상이므로 이는 관광권역 개념설정에도 준용될 수 있다(이장춘, 1997 : 204~205). 따라서 관광권역의 개념을 보다 명확히 하기 위해서는 관광권역 설정의 목적을 구체화할 필요가 있다. 관광권역의 설정목적은 일면적인 것이기보다는 관광자 개인뿐만 아니라 사회 · 국가 · 민족 모두에게 큰 의미를 갖게 한다.

관광권역 개념정립을 위하여 도입해야 할 요소는 관광자원의 개발 · 보존 · 관리의 효율성과 형평성 증대이다. 관광권역에 다른 개발계획의 기본방향은 관광자원 개발과 보존 그리고 관리는 관광자의 관광자원 이용과 국가의 전국토 균형개발과 이에 따른 공간관리라는 측면 모두를 충족시켜야 한다.

관광자원으로서의 잠재가치가 있는 자연자원과 인문자원을 개발하여 관광자의 관광욕구를 충족시키고, 관광산업 발전의 기반을 제공하며, 나아가 낙후된 지역사회 개발을 통한 균형적 사회발전을 도모하기 위하여 관광권역은 각 지역특성에 맞추어 상호연계하여 개발이 가능한 지역들을 하나의 관광권역으로 설정하였다.

그러므로 관광권역은 "관광자원을 과학적 · 효율적으로 보전 · 개발 · 관리하여 관광자의 관광욕구 충족을 용이하게 하기 위하여 전국토의 관광자원을 합리적으로 적정화한 일정지역" 또는 "관광자의 관광동기를 충족시켜 관광활동의 편의를 제공하고 관광자원의 효율적 · 형평 지향적 개발 · 보존 · 관리를 목적으로 국가가 국토공간을 적정하게 배분한 지역"을 의미한다. 다시 말해 관광권역은 동질성을 가지면서 제각기 지역마다 지역 고유 특성에 맞게끔 관광자원을 특화함으로써 관광객에게 보다 매력적이고 다양한 관광자원을 제공하여 관광자의 관광활동이 활발하게 이루어지도록 구획 개발하는 공간인 것이다.

관광권역을 설정하는 데는 우선적으로 관광자원의 가치, 관광자원의 지역대표성, 관광권 주변지역의 토지이용 유형, 산업시설, 접근성, 지역현황 등을 고려하여야 한다.

관광권역 설정이 갖는 효과는 다음과 같다.

첫째, 관광자원의 개발·보존·관리를 위하여 관광관련 기관의 제반정책 수립이 용이하며, 행정의 효율성을 제고시킨다.

둘째, 관광지의 지역편중 현상을 방지하기 위하여 관광지개발에 따른 지역간 균형발전을 도모한다.

셋째, 관광권역 내 각종 관광자원을 종합적으로 개발하는 한편, 관광권역의 중심지와 연결시킴으로써 관광자의 다양하고 체계적인 관광활동을 도모한다.

넷째, 관광권역 중심지에 각종 기반시설과 편의시설의 집중배치로 산발적 개발로 인한 자연환경의 훼손방지와 투자의 효율성을 제고시킨다.

우리나라 관광권역은 국토종합개발계획상의 국토공간의 체계적 변화를 비롯하여 경제여건의 양적·질적 변화, 사회인식과 가치관 변화에 따른 관광객 욕구와 성향 변화 그리고 관광활동 관련시설과 접근성 제고 등의 국토공간과 사회적 여건변화에 따라 몇 차례에 걸쳐 조정되어왔다.

전국을 대상으로 한 관광권역은 1972년 교통부에서 제안한 것으로 제2차 경제개발 5개년 계획시 제안된 10대 관광권에서 출발하였는데, 국립공원과 역사문화 유적지를 중심으로 하였다. 구체적인 지역범위나 관광개발소권의 미설정 그리고 거점개발식의 불균형 개발을 촉진할 수 있는 등의 비현실적 문제가 등장함에 따라 활용되지 못하였다.

이에 보완·수정된 새로운 관광권역이 1979년 8대관광흡입권 24개발소권이었다. 8대관광흡입권 24개발소권은 국제관광수요와 국민관광수요를 충족시킬 수 있는 관광공간으로서 목표년도를 1991년으로 설정되었다. 8대관광흡입권 24개발소권은 목표연도인 1991년 중국의 관광문호개발에 대비하여 지역간 불균형을 타개하기 위하여 변산반도를 관광단지로 개발하는 내용을 포함시킨 미래지향적 관광권역으로서 높이 평가할 만하다.

국내 관광수요가 점차 급증함에 대응하기 위하여 1983년 8대관광흡입권 24개발소권을 26개발소권으로 조정하였다. 8대관광이용권 26개발소권은 24개발소권의 내용을 그대로 수용한 것에 2개발소권만 추가하였다.

현재 사용하고 있는 관광권역은 1989년 완성된 전국관광장기종합개발계획에서 근거하여 1990년 7월 13일 관광정책심의위원회의 심의를 거쳐 정부계획으로 확정된 5대이용권 24개발소권으로 확정되었다.

〈표 7-6〉 관광권역과 관광개발소권

구 분	관광권역	관광개발소권
10대관광권 (1972)	수도권	서울, 북한산성, 남한산성, 인천, 청평, 판문점
	부산권	해운대, 동래, 태종대, 범어사, 통도사, 해인사
	경주권	경주
	제주권	한라산, 용연, 만장굴, 정방폭포, 천제연
	부여권	부여, 공주, 계룡산, 유성
	설악산권	설악산, 강릉, 대관령
	한려수도권	해금강, 충무, 삼천포, 노량, 금산, 오동도
	속리무주권	속리산, 법주사, 무주구천동
	지리산권	구례화엄사, 남원, 조계사, 송광사
	내장산권	내장산, 백양사, 무등산
8대관광흡입권 24개발소권 (1979)	수도흡입권	수도북부권, 수도동부권, 수도남부권
	태백흡입권	설악산권, 오대산권, 치악산권
	중부흡입권	서산해상권, 부여공주권, 속리산권
	내장흡입권	내장산권, 덕유산권, 지리산권
	경주흡입권	경주권, 주왕산권, 가야산권
	서남해상흡입권	서해도서권, 대흥사권, 남해도서권
	한려해상흡입권	부산권, 충무권, 여수권
	제주흡입권	북제주권, 한라산권, 남제주권
8대관광이용권 26개발소권 (1983)	도시권	동부권, 남부권 북부권
	태백권	설악산권, 치악산권, 오대산권, 영월권
	중부권	충주권, 속리산권, 서산해안권, 부여공주권
	호남권	내장산권, 덕유산권, 지리산권
	영남권	안동권, 가야산권, 경주권
	한려해상권	여수권, 충무권, 부산권
	다도해상권	서다도해권, 남다도해권, 대흥사권
	제주권	북제주권, 남제주권, 한라산권
5대관광이용권 24개발소권 (1989)	중부관광권	서울근교권, 인천해안권, 춘천권, 강릉태백권, 설악산권
	충청관광권	태안해안권, 공주부여권,충주속리산권, 충주호권
	서남관광권	전주군산권, 지덕산악권, 변산해안권, 광주근교권, 서다도해안권, 남다도해안권
	동남관광권	안동권, 주안산권, 대구근교권, 부산경주권, 합천권, 한려해상권, 울릉도권
	제주관광권	제주권

〔그림 7-1〕 관광권역도

또한 기존 7대권 24개발소권 체제하에서 그간 제기되어왔던 관광권역과 집행권역의 불일치로 인한 계획의 실천성 미비를 개선하기 위하여 관광권역의 구분을 16개 광역지방자치단체를 기준으로 재설정하고 각 관광권역별 관광개발기본방향을 제시하였다.

2002년에 수립된 '제2차 관광개발기본계획'은 2002년부터 2011년까지 단계별로 추진될 예정이며, 이 계획에서 제시하는 관광권역별 관광개발방향을 기초로 하여 각 지방자치단체별로 2001년 중 제3차 권역관광개발계획을 수립, 2002년부터 시행할 예정이다.

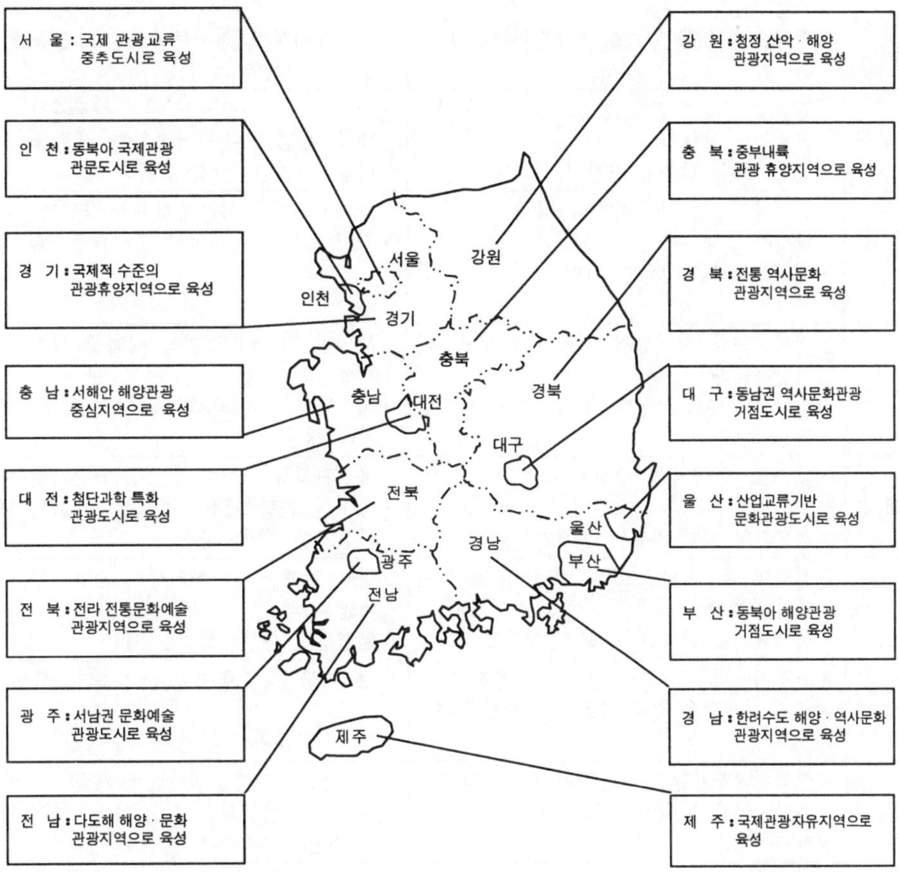

〔그림 7-2〕 시 · 도 관광권역별 개발방향

〈표 7-7〉 시도 권역별 개발방향

구 분	시도 관광권역별 개발방향	
서 울	• 국제교류의 핵심 역할을 수행할 수 있는 관광시설기반 확충 • 역사문화자원의 관광자원화 지속 추진	• 다양한 도시관광 교통운영체계 구축 • 한강 및 녹지공간 등의 관광자원화 촉진
부 산	• 해양관광 거점기능 제고를 위한 해양관광 시설기반의 확충 • 영상문화 등을 주제로 한 관광자원화 촉진	• 지식기반 관광도시 이미지 제고를 위한 선진 교통 · 안내시스템 개발 • 자연생태계와 역사문화자원을 활용한 다양한 관광지역 개발
대 구	• 팔공산, 비슬산권을 중심으로 역사문화자원의 관광자원화 • 전통한방을 활용한 관광자원 개발	• 밀라노 프로젝트와 연계한 관광자원 개발 • 내륙 동남권 관광거점기능 강화를 위한 관광시설기반 정비 · 확충
인 천	• 인천국제공항 배후지역의 국제적 관광시설기반 확충 • 해양체험기능 강화를 위한 해양 관광자원 개발	• 강화지역의 역사문화자원의 관광자원화 • 차이나타운 등 테마형 도시관광자원 개발
광 주	• 역사문화적 상징성이 뛰어난 도시공간의 관광자원화 • 남도 문화예술시설의 정비 · 확충을 통한 관광자원화	• 서남권 관광 거점기능 강화를 위한 관광 시설기반 확충 • 비엔날레, 김치축제 등 고유 관광자원의 지속 개발
대 전	• 엑스포과학공원을 중심으로 관광지구 개발 • 첨단과학 체험 자원의 관광자원화	• 유성관광특구 정비 및 도시관광시설 확충 • 중부권 관광 거점기능 강화를 위한 관광 시설기반 정비 · 확충
울 산	• 산업교류를 기반으로 한 산업 및 해양 관광자원 개발 • 선사유적을 활용한 문화관광자원화	• 영남 알프스 등 산악생태 체험 관광자원 개발 • 친환경적 관광시설기반 확충
경 기	• 접경지역의 친환경적 관광개발 추진 • 국제 경쟁력을 갖춘 특화 관광개발 추진	• 내륙 산악 · 수변자원의 지속가능한 관광 개발 • 역사문화자원의 관광자원화 촉진
강 원	• 산악 · 해양자원의 친환경적 관광자원화 • 설악 · 금강권 국제관광자유지대 개발 추진	• 수도권 배후 휴양관광벨트 개발 • 낙후지역 활성화를 위한 폐광지역 관광개발 추진
충 북	• 산악자원의 환경친화적 관광개발 추진 • 인접지역과의 연계를 통한 중부내륙 관광 휴양지대 조성	• 중원역사문화를 활용한 관광자원 개발 • 지역의 특성을 활용한 체험 관광시설 개발
충 남	• 국제적 수준의 해양관광단지 조성 • 해양과 온천을 연계한 국민휴양관광지 확충	• 백제문화권의 관광자원개발 지속 추진 • 농산어촌 및 해양생태자원의 환경친화적 관광개발 추진
전 북	• 개성 있는 역사문화 · 예술자원의 관광자원화 • 농산어촌 자연 및 생활문화 체험 관광자원의 개발	• 산악, 해양자원을 활용한 친환경적 관광 개발 추진 • 지역협력을 통한 지 · 덕 문화관광권의 개발 추진

전 남	• 다도해 해양자원의 관광개발 추진 • 남도 역사문화자원의 관광자원화 추진	• 갯벌, 습지, 공룡화석지 등을 활용한 생태관광자원화 추진 • 숙박, 안내체계, 관광교통 등 관광시설기반 확충
경 북	• 신라 및 가야 등 역사문화 관광자원의 보전적 개발 • 유교문화자원을 활용한 국제적 관광개발 추진	• 북부 유교문화권 관광시설기반 확충 및 관광상품 개발 • 산업관광과 연계한 청정 휴양관광지 조성
경 남	• 한려수도 해양자원을 활용한 국제적 휴양관광지대 조성 • 가야 역사문화자원 등을 활용한 관광자원화 추진	• 지리산 산악 및 생태자원 등을 활용한 친환경적 관광개발 추진 • 관광숙박, 관광안내시설 등 관광시설기반 확충
제 주	• 국제적 수준의 관광휴양지역 개발 • 독특한 섬 문화를 활용한 특화 관광자원 개발	• 산악·해양 관광자원의 환경친화적 보전·개발 • 국제관광자유지역 지원 관광시설기반 확충

〈표 7-8〉 문화관광 거점지역 선정현황

권역별	시·도	거점지역				
		합계	1단계(1999~2001)		2단계(2002~2003)	
			개소	지역명	개소	지역명
합계	16	30	15		15	
수도권	서울	4	3	종로구, 중구, 용산구	1	송파구
	인천	2	1	중 구	1	강화군
	경기	3	1	수원시	2	용인시, 인천시
강원권	강원	3	1	속초시	2	춘천시, 강릉시
충청권	대전	1	1	유성구	-	-
	충북	1	-	-	1	충주시
	충남	2	1	공주시	1	부여군
대구·경북권	대구	1	1	중 구	-	-
	경북	2	1	경주시	1	안동시
부산·경남권	부산	2	1	중·동구	1	해운대구
	울산	1	1	남 구	-	-
	경남	1	-	-	1	통영시
호남권	광주	1	1	동 구	-	-
	전북	1	-	-	1	남원시
	전남	3	1	목포시	2	진도군, 영암군
제주권	제주	2	1	제주시	1	서귀포시

2) 7대 문화관광권

7대 문화관광권 진흥방안은 1998년 초에 '국민의 정부' 100대 국정과제 사업의 하나로 선정되어 한국관광연구원의 연구용역과 관계부처와 협의를 거친 후 1999년 1월 관광정책심의위원회 심의로 확정한 사업으로 집중육성기간(1999~2003) 동안 적극적으로 추진하고 있다.

동 사업은 전국을 수도권, 강원권, 충청권, 호남권, 대구경북권, 부산경남권, 제주권 등 7대 문화관광권으로 나누어 관광개발을 추진하는 것으로 문화관광 거점지역 육성사업과 특화관광사업 추진으로 대별된다.

문화관광 거점지역 육성사업은 전국 주요 시·군·구 30개 지역을 선정 외국인의 체재관광에 불편이 없도록 기반여건을 개선하는 것으로 주요 내용은 관광안내소 설치, 안내표지판 개량, 안내지도 제작·보급, 화장실 개량 및 신축, 해외홍보물 제작·배포, 관광서비스 개선, 친절·청결운동 전개 등이다.

특화관광사업은 거점지역을 중심으로 지역의 독특하면서도 외국인 관광객의 선호도가 높은 관광자원을 발굴·육성하는 것으로 50개의 중점사업과 80개의 연계사업으로 구분하여 추진하는데, 연계사업은 원칙적으로 지방자치단체의 자체사업으로 추진하지만 중점사업의 경우는 중앙정부가 적극 지원하여 육성하는 사업이다.

3) 남해안 관광벨트

남해안의 수려한 자연자원과 다양한 문화유적자원을 관광자원으로 연계 개발하여 이 지역을 국제적 수준의 대표적 관광거점지역으로 육성하기 위한 '남해안 관광벨트개발계획'이 2000년부터 본격적으로 추진되고 있다.

'Rainbow Coast 21'로 명명된 이 사업의 대상지역은 부산~목포간의 총 23개 시·군이며, 이들 지역은 '부산도시관광권'(동부산 그린시티 조성, 김해 가야민속촌 등), '해양레저스포츠관광권'(통영, 거제·통영항 정비, 장목지구 정비 등), '종합휴양관광권'(남해, 보성·남해 하모니리조트, 보성만 지구개발 등), '역사문화관광권'(목포, 해남·목포항 정비, 삼학도 복원사업 등) 등 크게 4개의 권역으로 나누어 개발된다.

남해안을 21세기 동아시아의 세계적인 관광지로 변모시킬 남해안 관광벨트개발사업은 국내외 관광객 유치를 통한 지역경제 활성화, 동서 지역간 균형발전과 지역화합에 그 목표를 두고 있다.

(3) 관광지 · 관광단지 · 관광특구

1) 관광지

관광지는 관광자원이 풍부하고 관광객의 접근이 용이하며 개발제한요소가 적어 개발이 가능한 지역과 관광정책상 관광지로 개발하는 것이 필요하다고 판단되는 지역을 대상으로 관광객의 관광활동에 필수적인 진입도로, 주차장, 상 · 하수도, 식음료대, 공중화장실, 오수처리시설, 관리사무소, 관광지 안내도 등 기반시설과 야영장, 어린이 놀이시설, 청소년 수련시설, 체력단련장, 샤워 · 탈의장, 물품보관소 등 편익시설을 공공사업으로 추진하고 그 외 이용관광객의 편의를 위한 운동 · 오락시설, 휴양 · 문화시설, 숙박시설, 상가시설 등은 민간자본을 유치하여 개발하는 사업이다. 정부에서는 이러한 관광지를 확대 개발함으로써 국민이 자유롭고 쾌적하게 이용할 수 있는 관광환경을 조성함은 물론 관광을 통하여 국민의 삶의 질을 향상시키는 복지관광정책의 일환으로 활용하고 있다.

정부는 자연적 또는 문화적 관광자원을 갖추고 관광 및 휴식에 적합한 지역을 대상으로 관광지를 지정하여 공공 · 편의시설, 숙박 · 상가시설 및 운동 · 오락시설, 휴양 · 문화시설, 녹지 등을 유치, 개발하고 있다.

한편, 지역특성을 살린 관광지 개발을 촉진하기 위해 관광지 지정 및 조성계획의 승인권한이 1994년 6월 30일자로 시 · 도지사에게 위임되었으며, 2002년 6월 말 현재 전국에 지정된 관광지는 모두 212개소이다.

2) 관광단지

관광단지라 함은 관광산업의 진흥을 촉진하고 국내외 관광객의 다양한 관광 및 휴양을 위하여 각종 관광시설을 종합적으로 개발하는 관광거점지역을 말하며, 지금까지 관광진흥법에 의하여 총 9개 관광단지가 지정되어 있다.

2002년 6월 현재 제주 중문, 경주 보문, 원주 월송, 평창 봉평 관광단지는 일부시설을 완공하여 운영중에 있으며, 김천 온천관광단지는 기반시설을 공사하고 있다. 해남 화원, 경주 감포관광단지는 토지매입 및 토지매입 준비중에 있으며, 인천 용유 · 무의와 평창 용평 관광단지는 행정절차를 추진하고 있는 중이다.

정부는 관광단지 개발 활성화를 위해 관광단지를 사회간접자본시설에 대한 민간투자법상 사회간접자본시설로 규정하여 민자를 적극 유치케 하고 있으며, 세제상의 혜택을 주기 위하여 지방세법의 규정에 의하여 취득세와 등록세를 50% 감면하며, 조세특례대한법상의 규정에 의하여 특별부가세의 100분의 50에 상당하는 세액을 감면해주고 있다.

〈표 7-9〉 전국 관광지 지정 현황

2002. 6월 말 현재

시·도	지정개소	관 광 지 명
부 산	3	태종대, 황령산, 해운대
인 천	3	서포리, 마니산, 을왕리
경 기	14	용문산, 대성, 소요산, 신륵사, 평택호, 공릉, 한탄강, 산정호수, 산장, 수동, 장흥, 백운계곡, 임진각, 내리
강 원	36	춘천호반, 고씨동굴, 무릉계곡, 망상해수욕장, 화암약수, 고석정, 송지호, 장호해수욕장, 팔봉산, 삼포·문암, 옥계, 파로호, 맹방해수욕장, 구곡폭포, 속초해수욕장, 주문진해수욕장, 삼척해수욕장, 간현, 연곡해수욕장, 청평사, 초당, 화진포, 오색, 광덕계곡, 홍천온천, 후곡약수, 석현, 등명, 방동약수, 용대, 영월온천, 강릉온천, 화천온천, 어답산, 구문소, 직탕
충 북	21	송호, 무극, 장계, 칠금, 충온온천, 능암온천, 교리, 온달, 돈산온천, 수옥정, 능강, 금월봉, 고수, 천동, 다리안, 속리산레저, 만뢰산, 계산, 차곡, 괴강, 지촌
충 남	23	대천해수욕장, 구드래, 신정호, 삽교호, 태조산, 예당, 무창포, 덕산온천, 곰나루, 용연저수지, 아산온천, 금강하구둑, 칠갑산도림온천, 천안온천, 춘장대해수욕장, 마곡온천, 안면도, 마곡사, 죽도, 각원사, 공주문화, 간월도, 난지도
전 북	19	남원, 은파, 사선대, 방화동계곡, 금마, 운일암·반일암, 석정온천, 금강호, 위도 해수욕장, 성수온천, 모악산, 김제온천, 상송온천, 익산 웅포지구, 죽림온천, 내장산리조트, 약수온천, 정읍 목욕리온천, 모항
전 남	21	담양호, 장성호, 영산호, 화순온천, 우수영, 땅끝, 성기동, 회동, 녹진, 지리산온천, 도곡온천, 도림사, 대광해수욕장, 율포해수욕장, 성두도, 불갑사, 나주호, 지석강, 월출산온천, 대구도요지, 사포
경 북	29	백암온천, 성류굴, 장사해수욕장, 오전약수, 가산산성, 경천대, 문장대온천, 경산온천, 울릉도, 청도온천, 치산, 청운, 경주양남, 도산온천, 의성탑산온천, 문경온천, 영주순흥, 영일만, 고래불, 임하댐, 청도용암온천, 안동댐, 예천온천, 용유계곡, 풍기온천, 선바위, 하회, 상리, 다덕약수
경 남	20	부곡온천, 충무도남, 당항포, 표충사, 미숭산, 수승대, 오목내, 합천호, 합천보조댐, 중산, 금서, 가조, 농월정, 벽계, 장목, 송정, 마금산온천, 곡안온천, 실안, 산청전통한방휴양
제 주	15	용머리, 만장굴, 김녕해수욕장, 돈내코. 함덕해안, 협재해안, 제주남원, 토산, 봉개휴양림, 미천굴, 송악산, 신흥, 수망, 오라, 묘산봉
합 계	212	

〈표 7-10〉 관광단지 현황

2003. 3. 현재

단지명	위 치	개발면적 (㎢/만평)	투자규모 (억 원)	개발기간	개발주체
보 문	경북 경주시 신평동, 천군동 일원	8.006 (242)	8,887	1973-2010	경북관광 개발공사
중 문	제주도 서귀포시 중문동, 색달동 일원	3.562 (108)	17,539	1976-2005	한국관광 공 사
해 남 화 원	전남 해남군 화원면 주광리, 화봉리 일원	5.084 (154)	10,516	1991-2004	한국관광 공 사
감 포	경북 경주시 감포읍 대본리, 나정리 일원	3.975 (120)	7,305	1997-2005	경북관광 개발공사
원 주 월 송	강원도 원주시 지정면 월송리 일원	11.298 (342)	10,250	1995-2010	한솔개발 주식회사
김 천 온 천	경북 김천시 부항면 파천리 일원	1.424 (43)	4,994	1997-2004	주식회사 우촌개발
평 창 봉 평	강원도 평창군 봉평면 면온리/무이리/진조리 일원	3.979 (120)	7,952	1994-2004	(주)보광
인 천 용유/ 무의	인천 중구 을왕동 덕교동, 무의동 일원	7.030 (213)	30,900	1997-2012	미정
평 창 용 평	강원도 평창군 도암면 용산리, 수하리 일원	17.189 (520)	12,223	1986-2015	(주)용평 리조트

① 경주보문관광단지

경주보문관광단지 개발은 경주지역을 우리나라의 대표적인 사적관광지로 조성하기 위하여 신라고도 경주시내 곳곳에 산재하고 있는 귀중한 문화재의 보존발굴사업과 함께 경주관광종합개발사업의 일환으로 국제수준의 관광단지를 조성하기 위하여 1974년부터 개발중에 있다.

관광단지의 위치는 경주시 신평동 및 천군동 일대이며 단지 면적은 8.006㎢이다.

단지 내의 주요시설계획으로는 숙박시설(관광호텔, 국민호텔, 콘도미니엄, 고급여관 등), 상업시설, 운동·오락시설, 골프장, 관광홍보관, 관광교육원 등이 있으며, 현재 이들 시설 중 완공된 시설로는 관광교육원, 육부촌(국제회의장, 공사사옥 등), 주차장 등을 비롯하여 관광호텔, 콘도미니엄, 여관, 호반장, 상가, 회원제 골프장(36홀), 대중골프장(18홀), 휴게시설, 경주월드 등이 있다.

현재 건설중에 있는 시설은 신라촌, 관광숙박시설 등이 있으며, 경북관광개발공사에서 단지 내에 온천을 개발하여 단지 활성화를 기하고 있다.

앞으로 정부는 보문관광단지 활성화 사업을 내실있게 추진, 다양한 숙박시설 확충과 운동·오락시설인 경주월드 시설의 보강, 신라촌 건설, 종합오락장, 종합스포츠시설 등을 건립·개장하고 자연휴식공간, 체력단련장 등 국민여가시설 등을 개발 확충함으로써 전통과 현대가 잘 조화된 매력있는 관광단지로 개발할 계획이며, 또한 인접한 감포관광단지와 연계하여 국내외 관광객이 함께 즐길 수 있는 국제적인 관광명소로 발전시켜나갈 계획이다.

② 제주중문관광단지

제주도의 독특한 자연경관과 지리적 조건을 활용하여 국제적인 휴양지로 개발하고자 1978년부터 제주도종합개발계획에 의하여, 단계별로 제주도 서귀포시 색달동, 중문동 일대에 국내외 관광객을 위한 국제수준의 관광단지를 조성하고 있다.

정부는 기반시설건설에 일부 투자하고 한국관광공사는 개발사업주체가 되어 사업을 추진하되 숙박시설, 상업시설 등은 민간자본을 유치하여 개발하고 있다.

개발면적은 1985년 3월 7일 제주도 특정지역 종합개발계획에 의거, 3.74k㎡로 확정되었으며, 1996년 8월 실지적에 의한 개발면적과 천제연계곡 등 보전지역을 포함, 총개발면적을 3.562k㎡로 변경하였다. 동 개발계획에 따르면 2005년까지 1단계 사업으로 마금골계곡과 천제연계곡 사이의 중부지역 2.25k㎡, 2005년까지의 2단계 사업으로 천제연계곡 동편 1.31k㎡를 단계적으로 개발완료할 예정인데, 관광단지 내에 설치되는 주요 시설은 숙박시설(관광호텔, 콘도미니엄 등), 상업시설, 종합위락·스포츠시설, 관광식물원, 골프장, 해양수족관, 전망휴게소, 천제연공원, 기타 편의시설 등이다.

제1단계 사업지구인 중부지역에 1989년도에 기반시설공사를 완료하여 관광호텔, 콘도 등 숙박시설과 상가, 관광식물원, 완구박물관, 대중골프장(18홀)을 운영중이며, 2002년 6월 말 현재 미분양부지인 종합위락·스포츠센터, 관광호텔(2개소) 시설을 민자 유치하기 위하여 추진중이다.

한편 2단계 사업인 동부지역에 대하여는 한국관광공사에서 제주도 개발특별법에 의해 수립된 도 종합개발계획을 근거로 조성계획을 수립하여 개발을 추진중으로 1996년 12월에 도로, 부지조성 등 기반시설공사에 착수하여 2002년 6월 말 현재 공사중(35%)에 있으며, 국제회의 시설인 제주국제컨벤션센터(동시수용인원 3,500명)가 2002년 말 완공목표로 현재 신축중(80%)에 있고, 미분양된 숙박시설인 관광호텔(5개소), 상가시설(4개소), 중문랜드 등의 시설에 대하여 민자 유치중이다.

③ 해남화원관광단지

해남화원관광단지는 전국토의 균형발전을 도모하고 서남해안의 해상관광자원을 활용한 대단위 휴식공간을 조성하여 한·중수교에 따른 서해안시대의 개발에 대비한 국제적 수준의 거점 관광단지로 조성할 방침으로 개발을 추진중이다.

1991년 11월에 기본계획을 수립하여 1992년 10월에 관광단지로 지정하였고, 2004년 개발완료를 목표로 한국관광공사가 개발중이다.

전남 해남군 화원면 주광리, 화봉리일대, 5.084㎢ 규모의 해남화원관광단지는 낮은 구릉지와 굴곡이 심한 리아시스식 해안 및 서다도해의 풍부한 관광자원 등 자연조건을 잘 활용한 환경친화적 개발을 추진할 계획이다. 동 단지 내에는 마리나시설을 포함한 다양한 해양위락시설, 관광호텔, 콘도, 가족호텔, 골프장, 민속촌, 휴양병원, 기업휴양촌, 상가 및 공공지원시설 등을 조성할 계획이다. 1994년 6월 조성계획을 승인하여 1997년 12월 기반시설조성공사 실시설계를 완료하였으며, 2002년 6월 말 현재 토지매입(88%)과 기반조성 공사를 추진중이며, 단지 내 골프장 진입도로(740m) 공사 1차분을 2000년 11월부터 시작하여 2002년 6월에 완공하였고, 골프장 진입도로 2차분(604m) 공사를 2002년 7월부터 시작하였다.

④ 감포관광단지

감포관광단지 개발사업은 경주관광종합개발계획에 의거, 경주보문관광단지와 연계하여 상호 보완기능의 해안관광단지를 개발하는 사업으로서 변화하는 관광행태에 부응하는 국민휴식공간으로 조성하여 지역개발을 촉진하고, 주민 소득을 증대하는 데 개발의 목적이 있다.

1990년 3월 기본계획을 수립하였고, 1993년 8월에 국토이용계획변경을 거쳐 1993년 12월에 관광단지로 지정하였으며, 경북관광개발공사가 주체가 되어 개발을 추진하고 있다.

동 단지는 경상북도 경주시 감포읍 대본리 나정리 일대 3.975㎢ 규모에 자연경관이 수려한 동해안 해변에 입지하고 있으며, 주변에 경주국립공원, 문무대왕수중릉, 감은사지, 이견대와 호국불교의 발생지인 기림사 및 해수욕장 등 풍부한 관광자원이 분포되어 있다.

동 단지에는 도로, 주차장, 해양관광시설(해양박물관 등), 운동오락시설, 문무청소년수련원, 휴양시설 등을 조성할 계획이다. 다양한 계층이 이용할 수 있는 대중적이고 종합적인 관광단지로 개발하여 2000년대 관광수요 충족 및 국민휴식공간 확충을 목표로 1996년 4월 환경영향평가 협의와 1996년 5월 기본설계를 완료하고

1997년 3월 조성계획 승인하였으며, 관광단지 개발 활성화를 위해 골프장 지구를 우선 조성할 계획이며, 이에 따라 2001년부터 2002년 6월 말 현재까지 234천 평의 토지를 매입하였고, 2003년까지 총 38만 평을 매입할 계획이며, 2002년 말에는 골프장 진입로 공사를 시작하였다.

⑤ 원주월송관광단지

원주월송관광단지 개발사업은 국민이 여가를 이용하여 스포츠, 레크리에이션, 휴양, 기업연수, 교양·문화 등 다양한 활동을 할 수 있는 공간을 제공하기 위하여 종합적인 기능을 갖춘 리조트로 개발하는 사업이다.

특히, 최근들어 여가시간의 증대, 생활양식의 다양화에 따라 국민생활의 질적 향상을 도모하고 지역경제를 활성화할 필요성이 증대되어 민간개발자도 관광단지를 개발할 수 있도록 관광진흥법이 개정되었는데 원주월송관광단지 개발사업은 이 개정규정에 따라 민간이 추진하고 있는 최초의 관광단지 개발사업이다.

동 관광단지는 강원도 원주시 지정면 월송리, 판대리 일대 11.211㎢ 규모의 수려한 산악경관 및 주변자원을 이용하여 생태, 문화·예술이 어우러진 생태관광단지로 조성된다. 동관광단지 개발에 필요한 행정절차로서 1994. 4 국토이용계획 변경, 1994. 12 환경영향평가 협의, 1995. 3 관광단지 지정, 1996. 1 조성계획 승인 및 사업시행허가 등 제반 행정절차를 완료하였다.

동 관광단지는 2010년 완공을 목표로 도로, 주차장, 전기·통신, 상·하수도 등 기반시설과 스키장, 골프장, 수영장, 관광호텔, 가족호텔, 휴양콘도미니엄, 박물관 및 미술관, 생태관광코스 및 공공편익시설 등을 다양하게 조성할 계획이며, 2002년 6월 말 현재 골프장(27홀), 대중골프장(9홀), 콘도 및 상가 등이 완료되어 운영중이다.

⑥ 김천온천관광단지

김천온천관광단지개발은 온천자원을 이용하여 우리 고유의 특성을 갖춘 세계적 종합온천관광단지로 개발하여 지역 균형발전 및 주민소득 증대에 기여할 목적으로 추진되고 있다.

경상북도 김천시 부항면 안간리, 파천리 일원 1.424㎢를 개발대상지로 지정한 동단지는 2004년을 완공목표로 민간자본에 의해 개발을 추진중이다. 주요 도입시설로는 관광호텔, 전통호텔, 휴양콘도미니엄 등 숙박시설과 유스호스텔, 컨벤션센터, 종합온천장, 대중탕, 종합쇼핑센터상가, 온천문화관, 국제민속촌, 전시관, 스포츠센터, 종합유희시설, 노인휴양촌, 궁도장, 식물원 등이 건립될 계획이다. 1996년 3월 관광단지의 지정을 거쳐 1997년 1월 조성계획 승인을 거쳐 2002년에는 도로, 부지 조성 등 기반시설과 온천장 등을 공사할 계획이다.

⑦ 평창봉평관광단지

평창봉평관광단지 개발사업은 산악자원을 이용한 관광개발사업으로 국토의 균형 개발과 지역경제 및 국가경제 발전을 위해 민간자본과 외국자본을 유치하여 개발할 목적으로 추진되고 있다.

강원도 평창군 봉평면 면온리, 무이리 일원 3.978㎢를 개발대상지로 지정한 동 관광단지는 2004년을 완공목표로 민간자본에 의해 개발을 추진중이다. 주요 도입시설로는 관광호텔, 가족호텔, 휴양콘도미니엄 등 숙박시설과 스키장, 골프장, 상가, 체육관 및 빙상장 등이 건립될 계획이다. 1998. 10. 1 관광단지로 지정되었고, 1999. 3. 16 조성계획 승인을 거쳐 2002년 현재 골프장, 스키장, 숙박시설 등 일부시설을 완공 운영중이다.

⑧ 용유 · 무의 관광단지

인천 용유 · 무의 관광단지는 동북아 허브공항인 인천국제공항 배후에 국제적인 관광명소를 개발한다는 계획하에 인천광역시에 의해 추진되고 있다.

인천광역시 중구 용유 · 무의도 일원 7.030㎢를 관광단지로 지정 고시하고, 2012년까지 엘리스랜드 115만 평, 마린월드 53만 평, 드레곤시티 45만 평에 관광호텔, 콘도미니엄, 마리나, 카지노 등 환경친화적이고 문화중시형 관광개발을 계획하고 있다. 개발과정상 행정절차는 1999년 10월 20일 관광단지로 지정된 후 민자유치로 관광단지 개발을 위해 행정절차를 추진중이며, 2002년 6월 말 현재 실시협약체결을 위한 협상중이다.

⑨ 평창용평관광단지

평창용평관광단지는 해외자본 유치에 의한 국제적인 관광단지 조성과 동계스포츠 시설 완공으로 외국인 관광객의 유치를 확대하고, 레저 및 문화활동에 직접 참여하는 관광형태 변화를 수용하고 국민의 여가활동 공간을 제공하기 위해 추진되고 있다. 강원도 평창군 도암면 용산리, 수하리 일원 17.189㎢를 개발 대상지로 지정한 동단지는 이미 관광사업으로 1986~2000년까지 추진되어 관광호텔, 회원제골프장, 대중골프장, 실내수영장, 안내소 등을 설치 · 운영중이고, 관광단지로서 2015

년을 완공목표로 민간자본에 의해 개발 추진중이다.

주요 도입시설로 관광호텔, 가족호텔, 휴양콘도, 골프콘도 등 숙박시설과 박물관, 자연학습장, 체력단련장, 컨벤션센터, 테마파크, 스키장 등 휴양 · 놀이운동시설 및 공공편익시설 등을 조성할 계획이다. 2001년 2월에 관광단지 지정이 되었고, 2002년 6월 말 현재 조성계획수립을 위해 환경 · 교통 · 재해영향평가 준비중이며, 골프장(18홀) 및 3차 콘도 공사중이다.

3) 관광특구

관광특구는 외국인 관광객이 많이 오는 일정구역에 식품 및 공중위생업소의 영업시간 제한을 완화하여 관광활동을 활성화시키고자 1993년에 도입된 제도로서 법령상으로는 외국인 관광객의 유치 촉진 등을 위하여 관광활동과 관련된 관계법령의 적용을 배제하거나 완화하기 위하여 관광진흥법 제67조의 규정에 의해 지정된 곳을 말한다.

1999년 3월 식품 및 공중위생업소의 영업시간 제한에 대한 전국적인 해제로 사실상 지정혜택이 반감되어 침체된 관광특구를 활성화하기 위하여 1999년 6월 관광진흥법령을 개정하여 시 · 도지사가 관광특구진흥계획을 수립 · 시행할 수 있도록 하였으며, 관광특구에 일정규모의 종합휴양업을 설치할 경우 외국인 투자지역으로 지정이 가능하고, 특구 내 상가의 경우도 '사후 면세점' 지정이 가능토록 하는 등 각종 제도의 개선으로 관광객 수용태세를 확립할 수 있도록 지원하였다.

앞으로 관광진흥개발기금 융자 확대를 비롯하여 특구활성화를 위한 재정 · 행정적 지원방안을 다각적으로 모색할 것이나, 기본적으로 관광특구는 관할 지방자치단체와 특구 내 민간단체가 자체진흥 계획 아래 자율적으로 운영하고 정부는 뒤에서 지원하는 제도로 정착되어야 할 것이다.

관광특구 지정신청의 요건은 관광진흥법 시행규칙 제59조에 의하여 다음과 같다.

첫째, 지정하고자 하는 지역 안에 접객시설, 쇼핑 · 상가시설, 휴양 · 오락시설, 숙박시설, 공중편익시설, 관광안내시설 등이 분포되어 있어 외국인 관광객의 다양한 관광수요를 충족시킬 수 있을 것.

둘째, 통계전문기관의 조사결과 당해 지역의 최근 1년간 외국인 관광객이 10만 명 이상일 것.

셋째, 지정하고자 하는 지역이 다른 지역과 바다 · 산림 · 하천 또는 도로 등에 의하여 명확히 구분될 것 등으로 정해져 있다.

〈표 7-11〉 관광특구 지정현황

번호	시·도	특구명	지정지역	면적(㎢)	지정시기	비고
1	서울	명동·남대문·북창지역	서울 중구 소공동, 회현동, 명동 일원	0.63	2000.3.30	남대문로, 태평로, 을지로, 퇴계로 인근지역
2		이태원	서울 용산구 이태원동, 한남동 일원	0.38	1997.9.25	이태원로 인근지역
3		동대문 패션타운	서울 중구, 을지로 5·6·7가, 신당1동, 광희동일원	0.58	2002.5.23	동대문 패션타운, 동대문 운동장, 재래시장
4	부산	해운대	부산 우동, 중동, 송정동, 재송동 일원	6.22	1994.8.31	관광지, 해수욕장, 온천, 공원
5	인천	월미	인천 중구 신포동, 연안동, 신흥동, 북성동, 동인천동 일원	3.00	2000.6.26	월미도 문화거리, 차이나타운, 자유공원, 신포시장
6	대전	유성	대전 봉명동, 구암동, 장대동, 궁동, 어은동, 도룡동	5.86	1994.8.31	엑스포과학공원, 온천유양지
7	경기	동두천	경기 동두천시 일원	0.40	1997.1.18	동두천시, 소요산 입구
8		평택시송탄	경기 평택시 일원	0.49	1997.5.30	신장 1·2동, 지산동, 송북동
9	강원	설 악	강원 속초시, 고성군 및 양양군 일부지역	148.58	1994.8.31	관광단지, 집단휴양시설지구
10		대관령	강원 강릉, 동해, 평창, 횡성 일원	564.18	1997.1.18	강릉 동해시, 평창 횡성군
11	충북	수안보온천	충북 충주시 상모면	9.22	1997.1.18	수안보온천지구
12		속리산	충북 보은군 내속리면 일원	43.75	1997.1.18	법주사 집단 시설지구
13	충남	아산시온천	충남 아산시	3.71	1997.1.18	온양, 도고, 아산온천지
14		보령해수욕장	충남 보령시	2.52	1997.1.18	대천, 무창포지역, 죽도
15	전북	무주구천동	전북 무주군 설천면	7.61	1997.1.18	무주리조트
16		정읍내장산	전북 정읍시	3.50	1997.1.18	내장산 집단 시설지구
17	전남	구 례	전남 구례군 일원	78.02	1997.1.18	지리산온천, 화엄사 등
18	경북	경주시	경북 경주시내지구, 보문지구, 불국지구	32.65	1994.8.31	관광단지, 시가지
19		백암온천	경북 울진군 일원	1.74	1997.1.18	온정도시계획구역
20	경남	부곡온천	경남 창녕군 부곡면 일원	4.82	1997.1.18	부곡온천지구
21		미륵도	경남 통영시 일원	32.90	1997.1.18	미륵도, 오비도, 월명도
22	제주	제주도	제주도 전역(부속도서 제외)	1,809.56	1994.8.31	3개 관광단지, 10개 관광지구

또한 체계적인 특구 관리를 위해 총량제 개념을 도입하여 시·도지사가 관광특구 지정 및 면적 변경을 신청하는 경우 당해 특별시·광역시(기 지정된 관광특구가 2개소 이상인 때에 한함) 또는 도 안에 이미 지정된 관광특구가 있는 때에는 이미 지정된 관광특구 전체 면적을 넘지 아니하는 범위 안에서 다른 관광특구의 면적을 조정한 후 지정 및 변경을 할 수 있도록 함으로써 특구가 무분별하게 확대·지정되는 것을 방지하였다.

관광특구는 제주도, 경주시, 설악산 등 5곳이 1994. 8. 31 처음으로 지정된 이래, 지난 2001. 6. 26 인천 중구 신흥·신포·동인천동의 패션·쇼핑·밀집지역, 연안동의 어시장·해수탕 등 친수공간, 북성동의 차이나타운, 문화·공원지역을 고려한 월미관광특구의 지정 등 2002년까지 22곳이 지정되었다.

(4) 자연공원

자연공원은 자연자원과 유적, 휴양자원 등 공원자원을 포함하고 있는 수려한 자연경관지를 보전함과 동시에 합리적 이용을 도모함으로써 국민의 보건휴양 및 정서생활을 기하고 후손에게 영구히 계승시키기 위하여 지정한 일정구역으로서 자연공원법에 의거 국립공원, 도립공원, 군립공원으로 구분한다.

국립공원 20개소, 도립공원 22개소, 군립공원 31개소 등 총 71개소에 7,650km²가 지정되어 있으며, 이 중 육지가 4,814km², 해면이 2,836km²로 전 국토면적의 7%를 차지하고 있다.

1) 국립공원

국립공원은 우리나라를 대표할 만한 수려한 자연풍경지로서 관련 부·처·청의 장과 협의를 거쳐 관할 시·도지사의 의견을 들은 후 국립공원위원회와 국토건설종합계획심의회 심의를 거쳐 환경부 장관이 지정한다. 1960년대에 지리산, 경주 등 4개 공원, 1970년대에 설악산, 속리산 등 9개 공원, 1980년대에 다도해 해상 등 7개 공원을 지정하는 등 20개의 국립공원을 지정하였으며, 그 현황은 <표 7-12>와 같다.

〈표 7-12〉 국립공원 현황

공 원 명	위 치	면적(㎢)	지 정 년월일	비 고
지 리 산	전북, 전남, 경남	440.485	1967.12.29	경북도 위탁관리
경 주	경 북	138.160	1968.12.31	
계 룡 산	충 남	61.148	1968.12.31	해상 344,763
한려해상	전 남, 경 남	510.323	1968.12.31	(오동도 전남도 위탁관리)
설 악 산	강 원	373.000	1970. 3.24	
속 리 산	충 북, 경 북	283.400	1970. 3.24	
한 라 산	제 주	149.000	1970. 3.24	제주도 위탁관리
내 장 산	전 북, 전 남	76.032	1971.11.17	
가 야 산	경 북, 경 남	80.163	1972.10.13	
덕 유 산	전 북, 경 남	219.000	1975. 2. 1	
오 대 산	강 원	298.500	1975. 2. 1	
주 왕 산	경 북	105.582	1976. 3.30	
태안해안	충 남	328.990	1978.10.20	해상 290.300
다도해해상	전 남	2,344.910	1981.12.23	해상 2,004.480
북 한 산	서 울, 경 기	78.450	1983. 4. 2	
치 악 산	강 원	182.090	1984.12.31	
월 악 산	충 북, 경 북	284.500	1984.12.31	
소 백 산	충 북, 경 북	320.500	1987.12.14	
변산반도	전 북	157.000	1988. 6.11	해상 9,000
월 출 산	전 남	41.880	1988. 6.11	
계	20개소	6,473.113		육지 3,824.57 해면 2,648.543 (전국토의 6.5%)

* 자료 : 환경부

2) 도립공원

도립공원은 시 · 도 관내의 경관을 대표할 만한 수려한 자연풍경지로서 도립공원 위원회와 시 · 도 건설종합계획심의회 심의를 거쳐 환경부장관의 승인을 얻어 시 · 도지사가 지정한다.

1970년대에 금오산 등 13곳, 1980년대에 팔공산 등 7곳을 지정하였고, 1990년대에는 팔영산 등 2곳을 추가로 기정하여 22개소의 도립공원이 있으며, 그 현황은 <표 7-13>과 같다.

〈표 7-13〉 도립공원 현황

2002. 6. 현재

공 원 명	위 치	면적(㎢)	지정년월일
금 오 산	경북 구미, 칠곡, 김천	37.910	1970. 6. 1
남 한 산 성	경기 광주, 하남, 성남	36.400	1971. 3.17
모 악 산	전북 김제, 완주, 전주	42.220	1971.12. 2
무 등 산	광주, 전남 담양, 화순	30.230	1972. 5.22
덕 유 산	충남 예산	21.045	1973. 3. 6
칠 갑 산	충남 청양	32.542	1973. 3. 6
대 둔 산	전북 완주	38.100	1977. 3.23
낙 산	강원 양양	9.100	1979. 6.22
마 이 산	전북 진안	16.900	1979.10.16
가 지 산	경남 양산, 울산, 밀양	105,463	1979.11. 5
조 계 산	전남 승주	27.380	1979.12.26
두 륜 산	전남 해남	33.390	1979.12.26
선 운 산	전북 고창	43.700	1979.12.27
팔 공 산	대구, 경북 칠곡, 군위, 경산, 영천	122,080	1980. 5.13
대 둔 산	충남 논산, 금산	24,860	1980. 5.22
문 경 새 재	경북 문경	5.300	1981. 6. 4
경 포	강원 강릉	9.471	1982. 6.26
청 양 산	경북 봉화, 안동	48.760	1982. 8.21
연 화 산	경남 고성	22,260	1983. 9.29
태 백 산	강원 태백	17.440	1989. 5.13
팔 영 산	전남 고흥	9.881	1998. 8. 4
천 관 산	전남 장흥	7.954	1998.10.13
계	22개소	742,026	

* 자료 : 환경부

(3) 군립공원

군립공원은 시장 · 군수가 군립공원위원회의 심의를 거친 후 도지사의 승인을 얻어 지정하는 공원이다.

1980년도에 24곳, 1990년도에 3곳을 지정하여 전국에 31개소가 있으며, 그 현황은 <표 7-14>와 같다.

〈표 7-14〉 군립공원 현황

2002. 6. 현재

공원명	위 치	면적(㎢)	지정년월일
강천산	전북 순창군 팔덕면	15.694	1981. 1. 7
천마산	경기 남양주시 화도읍, 진접면, 호평면	12.714	1983. 8. 29
보경사	경북 포상 송라면	8.509	1983. 10. 1
불영계곡	경북 울진군·읍, 서면, 근남면	25.140	1983. 10. 5
덕구온천	경북 울진군 북면	6.053	1983. 10. 5
상족암	경남 고성군 하일면, 하이면	5.106	1983. 11. 10
호구산	경남 남해군 이동면	6.584	1983. 11. 12
고소성	경남 하동군 악양면, 화개면	3.144	1983. 11. 14
봉명산	경남 사천시 곤양면, 곤명면	2.645	1983. 11. 14
거열산성	경남 거창군 거창읍, 마리면	4.252	1984. 11. 17
기백산	경남 함양군 안의면	2.011	1983. 11. 18
황매산	경남 합천군 대병면, 가회면	17.988	1983. 11. 18
웅석봉	경남 산청군·읍, 금서·삼장·단성	18.200	1983. 11. 23
신불산	경남 울산 울주군 상북면, 삼남면	11.660	1983. 12. 2
운문산	경북 청도군 운문면	16.200	1983. 12. 29
화왕산	경남 창원군 창녕읍	31.283	1984. 1. 11
구천계곡	경남 거제시 신현읍, 동부면	5.871	1984. 2. 4
입곡	경남 함안군 산인면	0.995	1985. 1. 28
비슬산	대구 달성군 옥포면, 유가면	13.000	1986. 2. 22
제주조각	제주 남제주군 안덕면	0.370	1986. 5. 30
장안산	전북 장수군 장수읍	6.380	1986. 8. 18
빙계계곡	경북 의성군 춘산면	0.840	1987. 9. 25
고복저수지	충남 연기군 서면	1.949	1990. 1. 20
아미산	강원 인제군 인제읍	3.982	1990. 2. 23
명지산	경기 가평군 북면	12.730	1991. 10. 9
방어산	경남 진주시 지수면	2.588	1993. 12. 16
대이리	강원 삼척시 신기면	6.590	1996. 10. 25
마라해양	제주 남제주군 대정읍, 안덕면	49.228	1997. 8. 19
성산 일출 해양	제주 남제주군 성산읍	16.156	1997. 8. 19
추자	제주 북제주군 추자면	95.292	2000. 8. 31
우도해양	제주 북제주군 우도면	25.863	2000. 8. 31
계	31개소	429,017	

* 자료 : 환경부

3. 이용방식의 다양화

(1) 환경정보 시스템의 구축

복잡한 환경문제를 효율적으로 대처하기 위해서는 환경정보 시스템의 구축이 필수적이다. 환경정보 시스템은 계획수립 단계에서는 목표설정에 도움이 되고, 계획실행 단계에서는 계획목표의 달성상황을 확인해줌으로써 계획의 수정기회를 마련해준다. 계획완료 단계에서는 계획성과에 대한 평가작업을 수월하게 해준다.

이러한 관점에서 본다면 환경보전상의 과제뿐만 아니라 환경이용상의 과제에 대하여 적절히 대응하기 위해서는 자연환경이나 환경오염, 경관자원 등의 지역환경 정보는 물론 사회경제구조 동향, 환경이용 동향 등의 지역사회동향, 그리고 환경관련 정보를 종합적으로 조사·해석·평가·관리하는 환경정보 시스템을 신속히 구축하여 관광개발의 계획수립과 사업실행 및 평가에 활용하는 것이 바람직하다.

또한 환경보전의 지침으로서 명확하고도 확고한 환경관리 원칙을 확립해야 한다. 그 내용으로는 실질적인 환경영향평가제도의 도입과 실시, 환경보전을 고려한 관광시설물의 공간배치, 오염인자가 비용을 부담하고 기업 스스로 환경을 보호하는 기업 환경주의 도입, 자연환경 보전지역의 지정확대, 환경보전 투자촉진제 도입, 관광개발 허가와 같은 공권력 억지, 환경전문인력의 양성과 지원 등을 들 수 있다.

(2) 관광객 유인 개발방식에 의한 관리

관광객 유인 개발방식(honeypot development)이란 환경적으로 보다 민감한 지역에 대한 압력을 경감시키기 위해 환경적으로 덜 민감한 지역에 관광시설의 개발을 촉진하는 방법을 말한다. 예컨대 인구밀집 지역에 위락공간을 개발하여 이용자들을 유인함으로써 환경적으로 민감한, 보다 멀리 떨어져 있는 지역을 보호하는 방법이다. 또한 관광객 유인 개발방식은 훌륭한 관광자원이 있는 지역에 관광시설을 개발할 경우 야기될 주변환경이나 관광자원의 불가피한 훼손을 근본적으로 방지하기 위한 개발방식이다.

즉, 주요 관광자원이 있는 곳에서 멀리 떨어진 곳이나 환경훼손의 우려가 없는 유휴지에 관광시설지구를 설정하고 필요한 시설을 개발하여 관광객이 그 주요 자원으로부터 일정거리 떨어진 곳에서 체재하도록 함과 동시에 아울러 숙박, 식사, 오락 등의 휴식활동을 위한 시설들은 설정된 관광지구 내부에서 이루어질 수 있도록 하여 환경보전과 관광자원보전 및 관광객 이용편의 도모는 물론 유휴지 개발효과를 거둘 수 있는 개발방식이다.

(3) 최적 수용력에 의한 관리

일반적으로 최적 수용력이란 환경을 훼손하지 않으면서 관광객이 관광시설을 최대한 사용하며 만족을 얻을 수 있는 최대 관광객 수라고 말할 수 있다.

그러나 관광지 개발시 관광객의 이용편의 측면만을 강조하면 자연환경이 훼손될 우려가 크고, 지나치게 환경보호에 치중하면 관광객의 욕구나 필요한 민간투자 의욕을 충족시키기가 어려운 까닭에 이를 적정하게 이용하여 환경보전과 이용을 동시에 도모하기 위해서는 생태계 수용력을 정확히 측정하여 과다한 이용과 포화상태가 발생하는 수준을 알고 있어야 일시에 집중하는 과다한 관광객의 흐름을 규제하거나 분산시키는 정책을 추진할 수 있다. 따라서 한계 내에서 관광객의 관광활동을 허용하여야 한다.

요컨대 적정 수용력을 초과하여 환경이 이용될 때에는 환경은 물론 관광활동의 질까지도 손상되는 것이다. 그러므로 환경적으로 민감한 지역에서의 관광관리는 수용력의 개념을 이용해야 하며, 수용력의 결과 이러한 수용력을 초과하지 않게 하는 관리기법의 적용이야말로 관광지계획에 있어서 기본이라 할 수 있다.

(4) 이용강도의 배분에 의한 관리

이용강도를 배분(rationing use intensity)하는 방법으로서 다음과 같은 기법들이 활용될 수 있다.

1) 순환이용제

이용이 집중되는 지역에서는 생태계의 파괴를 영구화시키지 않기 위하여 적정시간을 설정하여 윤번제로 이용을 금지시킨다.

2) 입장객 수의 제한

일정지역을 출입하는 방문객의 수를 조절하기 위하여 단체 또는 개인의 수를 제한시키는 것이다. 예컨대 관광지를 일반여행지역, 시범지역, 통제지역으로 분류하여 일반여행지역은 개인여행자와 단체여행객에게 개방하고, 시범지역은 단지 단체방문객에게만 개방하며, 통제지역은 특권과 감독권을 가진 단체객에게만 개방하는 것이다. 또한 관광시간을 설정하여 관광지역이 환경적으로 영향을 받기 쉬운 상태에 있을 때 출입을 금지할 수도 있다.

3) 예약제 및 선착순 이용제

우편, 전화 또는 직접예약을 통해 관광지 이용을 예약하게 함으로써 이용자 수를 관리할 수 있다. 그런데 예약제만 의존하게 되면 사전계획을 수립하지 않은 사람의 이용을 배제하기 때문에 형평의 문제가 발생함으로 선착순 이용제를 병행하는 것이 효율적이다.

(5) 접근성의 조성

1) 교통수단의 한정

관광지에 이르는 접근로가 몇 개로 한정되어 있는 관광지에서 도착하는 교통수단을 규제함으로써 관광객을 자연 도태시켜 절대수를 감소시킬 수 있다. 이를테면 자가용을 규제하여 버스만 통과시키는 기법을 적용할 수 있다.

2) Park and Ride 시스템 도입

이는 자가용이 지방교통체계에 영향을 주고 많은 사람들의 관광경험을 손상시키는 곳에서 채택되면 유용한 방법이다. 방문객들은 관광지의 입구에 주차를 하고 그 내부로 관광을 위해서는 셔틀버스 같은 공공교통체계를 이용해야 한다. 이러한 시스템을 도입하기 위해서는 관광지 내 셔틀버스, 미니열차, 미니카 등과 같은 내부교통체계가 잘 정비되어야 한다.

3) 접근로의 조성

과잉 이용되고 있는 접근로의 끝 부분을 막아버리거나 접근로를 지정하여 이용량 및 이용패턴을 조성할 수 있다. 또한 새 도로의 건설시 환경적으로 민감한 지역은 우회하도록 만들어져야 한다.

(6) 기 타

1) 요금의 자동화

이용자가 밀집되는 장소와 이용자가 적은 장소, 그리고 성수기와 비수기 등에 따라서 입장료 또는 사용료를 차등 부과시킴으로써 과잉이용을 관리할 수 있다. 즉 밀집된 곳, 성수기에는 요금을 비싸게 부과함으로써 이용을 간접적으로 규제할 수 있다.

2) 정보제공의 확대

간단한 지도나 안내서 및 팸플릿을 이용해 해당관광지 내뿐만 아니라 주변 관광자원의 매력적인 곳을 안내·홍보하고 이용패턴에 대한 정보를 제공함으로써 특정지역의 이용집중을 분산시킬 수 있다.

제 3 절 관광자원해설

관광자원해설은 자연생태계나 야생동물계에 관한 것은 물론, 자원이 지니고 있는 문화적 가치와 역사적 가치 등을 관광객에게 알려주는 활동으로, 웰즈(Y.E. Wals)는 "관광자원해설이란 정보서비스, 안내서비스, 교육적 서비스, 여흥서비스, 선전서비스, 그리고 영감적 서비스 등이 적절히 조합된 것으로 자원해설을 통하여 관광객에게 새로운 이해, 새로운 통찰력, 새로운 열광과 흥미를 불러일으킬 수 있다"고 말하고 있다.

즉, 관광자원해설이란 관광객이 방문하고 있는 지역에 대해 보다 깊은 인식과 감상 및 이해를 가질 수 있도록 돕는 것이고, 관광자원의 관리기관과 그들이 운용하고 있는 프로그램에 대해 관광객의 이해를 촉진시킬 수 있고, 자원 관리의 목표를 달성하고자 하는 것으로 관광객으로 하여금 방문지에서 적절한 행동을 하게끔 고무할 수 있으며, 과다이용으로 인하여 훼손된 지역이나 위험성을 내포하고 있는 지역에서는 특정한 행동을 못하도록 안내함으로써 관광자원에 대한 인간의 영향을 최소화시킬 수 있다. 이렇듯 자원해설은 이용하는 관광객의 입장은 물론, 수용자의 입장에서도 의미 있는 일이라 하겠다.

관광지는 자원해설이 이루어지고 있는 작은 공간인데, 이곳에서 이루어지는 자원해설 프로그램의 효과는 관광지 밖으로 확산되는 것이 바람직하다. 자원해설은 자연현상이나 문화적 사실에 대한 이해를 돕기 위해 필요하므로 일정한 원칙이 지켜져야 한다.

자원해설을 위한 방법으로는 안내자 서비스기법(personal sevice), 자기안내기법(selfguiding program), 전자장치 이용기법(electronic gadgetry) 등이 있고, 신종의 정교한 매체들이 관광객을 위한 자원해설 프로그램 매체로 역할을 하고 있다.

〈표 7-15〉 관광자원해설기법

구 분	내 용
자기안내기법 (self-guiding)	자원해설자가 없고 프로그램으로 특수한 경관, 환경의 변화, 특이한 생물 등에 대해 관광객 스스로 읽어보고 그 내용을 이해할 수 있도록 고안된 방법으로 자기안내 프로그램은 유인물이나 해설간판을 이용한다.
전자장치 이용기법 (electronic gadgetry)	전자장치에 자원해설내용을 실어서 관광객(방문자)에게 들려주는 방법으로 이 기법을 이용하려면 대사를 작성해야 하고, 음향효과도 고려해야 하며, 충분한 연습을 거쳐 녹음을 해야 한다. 스미스-화이트(J. Smith -White)는 이 방법의 장·단점을 다음과 같이 정리하고 있다. ■ 장 점 ① 인쇄물이나 해설간판보다는 미적·시각적 폐해가 적다. ② 방문자들이 전시물, 축소모형, 풍경 등에 시선을 집중시킬 수 있게 해준다. ③ 인쇄물보다 더 긴 시간 동안 주의를 집중시킬 수 있다. ④ 소리의 크기나 장치의 모양을 다양하게 할 수 있다. ⑤ 자주 반복해야 하는 경우 다른 기법보다 효과적이다. ⑥ 여러 가지 언어를 준비해 두면 방문자들이 선택할 수 있다. ⑦ 음향효과를 잘 내게 하여 상황재현과 유사한 효과를 낼 수 있다. ■ 단 점 ① 기계이기 때문에 고장이 날 수 있으므로 정기적으로 보수를 하거나 예비품을 만들어두어야 한다. ② 반복되는 것이기 때문에 몇 번 들은 사람에게는 짜증스러울 수 있고, 특히 종업원들에게는 고통일 수 있다. ③ 전기를 이용해야 하는데, 야외에서는 사정이 허락되지 않을 수도 있다. ④ 소리의 크기나 장치의 모양을 다양하게 할 수 있다. ⑤ 자주 반복해야 하는 경우 다른 기법보다 효과적이다. ⑥ 여러 가지 언어를 준비해 두면 방문자들이 선택할 수 있다. ⑦ 음향효과를 잘 내게 하여 상황재현과 유사한 효과를 낼 수 있다.
인적서비스기법 (personal service)	1. 내용 : 해설자가 현장에서 해설을 하거나, 일정한 프로그램을 가지고 상황을 재현해 보이는 등의 활동. 이때 해설자가 갖추어야 할 요건으로는 용모, 성격, 공손한 태도의 세 가지이며, 시간을 적절하게 활용할 줄 알며, 참을성도 있고, 자기 확신적인 능력이 있는 사람이 적절하다. 인적 서비스를 제공하기에 적절한 장소로는 출입구, 방문자안내소, 캠프장, 사무실, 거점식 자원해설, 이동식 자원해설 등이 있다. 2. 종류 1) 담화(talks) : 자원해설을 위한 담화는 말하는 기능을 이용하는 것이다. 말을 하거나 말에 대신하는 몸짓 등을 통하여 관광객들을 이해시키고, 또 일정한 반응을 유도해낸다. 목적을 달성하려면 자원해설자의 감수성과 이용자들의 이해 정도가 높은 수준에 있을 때만 가능한데, 이를 위해서는 다음 몇 가지 사항이 요구된다.

<table>
<tr><td>인적서비스기법
(personal service</td><td>① 청중을 읽어야 한다. 청중이 무엇을 요구하고 있는가를 분석하는 것으로 공식 · 비공식 담화를 통해 청중과 접하는 동안 계속된다.
② 자원해설자 자신의 이미지를 좋게 해야 한다. 자원해설자에 대해 갖게 되는 이미지에 따라 자원해설에 대한 반응이 달라지게 되므로 이미지를 좋게 해야 한다.
③ 담화의 골격을 구성해서 이용해야 한다. 자원해설내용을 암기하여 기계적으로 외워 나가거나 중요사항 메모 카드를 이용하는 것은 효과적인 기법이 되지 못한다. 자원해설내용의 중요부분을 충분히 이해하고 있으면서 담화전단계, 준비단계, 담화단계의 3단계로 접근하는 것이 효과적이다. 담화전단계(pre-talk period)에서는 설비를 점검하고, 간단한 기능 테스트를 해보며, 도착하는 이용자들을 맞으면서 잡담도 주고받는다. 준비단계(warm-up period)에서는 모인 이용자들에게 인사를 하고, 자신의 이름을 알려 줌과 동시에 간단히 소개한다. 담화단계에서는 해설할 내용의 주제가 무엇인가를 알려주고 해설을 시작한다. 끝내면서도 무엇을 이야기했던가를 간략하게 정리해준다.

2) 재현(demonstration) : 다루고자 하는 주제를 보다 잘 이해시키고 인식시키는 방법으로 역사적 시기, 생활, 사건들을 재현해 보이는 것이다. 재현을 해 보이면 역사적 · 물리적 · 인종적인 이해를 훨씬 돕게 된다는 점에서 다른 기법보다 탁월한 효과가 있다. 관광자가 직접 참여해볼 수 있는 이점이 있으나 준비하는 데 시간이 많이 걸린다는 단점도 있다.

3) 동행(walks) : 관광객들과 함께 걸으며 자원을 해설하는 방법으로 직접 경험하고 궁금한 사항을 물어볼 수 있기 때문에 가장 동기부여가 잘 되는 형태이다. 갖추어야 할 사항은 자원을 해설할 장소에 일찍 도착해 있어야 하고, 정시에 시작해야 하며, 해설할 내용을 정확하고 명료하게 설명하여 내용을 주지시켜야 하며, 분명한 끝맺음이 있어야 한다.</td></tr>
</table>

여기에서 중요한 점은 이러한 자원해설 프로그램은 관광자원 관리기관이나 정부를 위한 것이 아니라 보다 많은 관광객을 위해 필요한 것이고, 관광객이 자원해설을 통해 얻은 정보를 그들의 생활에 관련시킬 수 있을 때 이것은 더욱 바람직해진다.

틸든(F. Tilden)은 자원해설의 원칙을 다음과 같이 요약하고 있다.

• 방문자의 경험 또는 개성과 아무런 관련성이 없으면 자원해설은 의미가 없다.
• 정보를 제공하는 것만이 자원해설은 아니다. 물론 자원해설은 정보를 기초로 이루어지지만, 그것은 별개의 것이다.
• 자원해설은 과학적 · 역사적 · 건축학적인 많은 소재들을 결합시키는 기술이다.
• 자원해설의 주요목적은 교육이 아니라 자극에 있다.
• 자원해설은 어느 한 부분보다는 전체를 나타내도록 해야 한다.
• 자원해설은 연령층에 따른 별도의 프로그램을 준비해야 한다.

제 S 장

세계유산 · 무형유산 · 기록유산

- 개 요
- 우리나라의 등록유산

제 1 절 개 요

세계유산이란 '세계유산협약'에 따라 세계유산위원회가 협약 가입국의 문화 및 자연 유산 중에서 인류전체를 위해 보호되어야 할 현저한 보편적 가치가 있다고 인정하여 유네스코 세계유산 일람표에 등록한 유산을 말한다. 세계유산위원회가 등록하는 세계유산에는 자연적 소산물을 대상으로 하는 자연유산과 인간작업의 소산물을 대상으로 하는 문화유산, 인간과 자연의 공동 소산물을 대상으로 하는 복합유산 등 3가지가 있다.

'세계유산협약'이란 세계 각국에 소재한 유산 중 현저한 보편적 가치를 가지는 문화유산 및 자연유산을 자역적 인위적 파괴와 손상으로부터 인류 공동으로 보호하기 위하여 1972.11.16 유네스코 제17차 총회에서 채택된 '세계문화유산 및 자연유산 보호에 관한 협약'을 말한다.

이 협약의 주요내용은 세계문화유산 및 자연유산 보호를 위한 세계유산위원회 설치 운영, 세계유산기금 설립 운영, 세계유산 보호를 위한 국제적 원조 및 교육활동 등이다. 1997년말 현재 이 협약의 가입국은 151개국이며, 우리나라는 1988년 세계 108번째로 가입하였다. 한편 세계유산협약에 의거하여 1975년 구성된 '세계유산위원회'는 문화유산 및 자연유산 보호, 세계유산 등록대상에 대한 문화재 심의결정 등을 목적으로 하는 유네스코 산하 국제위원회이다. 한편, 세계유산 이외에도 세계기록유산(Memory of the World)과 세계무형유산(Masterpieces of the Oral and Intangible Heritage of Humanity : 인류구전 및 무형유산 걸작)이 있다.

세계기록유산이란 세계적 가치가 있는 귀중한 기록유산을 가장 적절한 기술을 통해 보존할 수 있도록 지원하며, 유산의 중요성에 대한 전세계적인 인식과 보존의 필요성을 증진하고, 기록유산 사업 진흥 및 신기술의 응용을 통해 가능한 한 많은 대중이 기록유산에 접근할 수 있도록 하기 위하여 완성도 또는 완전성에 있어 탁월하고 독특하거나 희귀한 기록자료를 관리하기 위한 제도이다.

세계무형유산이란 공식적으로는 인류구전 및 무형유산 걸작 (Masterpieces of the Oral and Intangible Heritage of Humanity)이라고 지칭하며, 국제화 시대를 맞이하여 소멸 위기에 처해 있는 문화유산의 보존과 재생을 위하여 가치있고 독창적인 구전 및 무형유산을 선정하여 정부와 각종 단체, 지역공동체로 하여금 이러한 구전 및 무형유산을 확인, 보호, 증진하도록 고무하기 위하여 인간의 창조적 재능에 의하여 탄생된 무형의 유산 중 걸작들을 관리하기 위한 제도이다.

현재 우리나라는 창덕궁, 수원화성, 불국사 석굴암, 팔만대장경, 종묘, 경주역사유적, 고인돌등 7개가 세계유산에 등록되어 있고 삼년산성, 공주무령왕릉, 강진도요지, 설악산 천연보호구역, 안동하회마을, 월성양동마을, 남해안일대 공룡화석지, 제주도 자연유산지구 등 8곳이 세계유산 잠정목록으로 선정되어 등록절차를 밟고 있다. 또한 『훈민정음 해례본』, 『조선왕조실록』, 『승정원일기』, 『직지심체요절』 등 네 가지가 세계기록유산으로, 종묘제례 및 제례악이 세계무형유산으로 등록되어 있다.

1. 세계유산

(1) 의의 및 목적

세계유산(World Heritage)은 '세계유산협약'에 따라 세계유산위원회가 인류전체를 위해 보호되어야 할 현저한 보편적 가치가 있다고 인정하여 유네스코 세계유산일람표에 등록한 문화재로, 자연재해나 전쟁 등으로 파괴의 위험에 처한 유산의 복구 및 보호활동 등을 통하여 보편적 인류 유산의 파괴를 근본적으로 방지하고, 문화유산 및 자연유산의 보호를 위한 국제적 협력 및 각 나라별 유산 보호활동을 고무하기 위함을 목적으로 한다.

(2) 종 류

세계유산은 문화유산, 자연유산, 복합유산 이 세 가지로 분류한다.

1) 문화유산

① 유 적

역사와 예술, 과학적인 관점에서 세계적인 가치를 지닌 비명(碑銘), 동굴생활의 흔적, 고고학적 특징을 지닌 건축물, 조각, 그림이나 이들의 복합물

② 건축물

건축술이나 그 동질성, 주변경관으로 역사, 과학, 예술적 관점에서 세계적 가치를 지닌 독립적 건물이나 연속된 건물

③ 장 소

인간 작업의 소산물이나 인간과 자연의 공동 노력의 소산물, 역사적, 심미적, 민족학적, 인류학적 관점에서 세계적 가치를 지닌 고고학적 장소를 포함한 지역

2) 자연유산

- 무기적 또는 생물학적 생성물로 이루어진 자연의 형태이거나 그러한 생성물의 일군으로 이루어진 미적 또는 과학적 관점에서 탁월한 가치를 지닌 것
- 과학적 보존의 관점에서 탁월한 세계적 가치를 지닌 지질학적, 지문학(地文學)적 생성물과 멸종위기에 처한 동식물의 서식지
- 과학, 보존 또는 자연미의 관점에서 탁월한 세계적 가치를 지닌 지점이나 구체적으로 지어진 자연지역

3) 복합유산

문화유산과 자연유산의 특징을 동시에 충족하는 유산

(3) 등록기준 및 절차

1) 세계문화유산의 등록기준

세계문화유산으로 등록하기 위해서는 다음과 같은 기준을 충족해야 하며, 해당 유산이 진정성(authenticity : 신빙성, 출처가 분명함)이 있어야 하고, 유산의 보존을 보장할 수 있는 적절한 법적 보호와 관리체계를 갖추고 효과적 시행도 보장되어 있어야 한다. 또한 다수 관람자들에게 개방되는 유산의 관리와 그 보존에 대한 적절한 행정적 체계의 증거를 제출할 수 있어야 한다.

① 문화유산

- 독특한 예술적 혹은 미적인 업적, 즉 창조적인 재능의 걸작품을 대표할 것.
- 일정한 시간에 걸쳐 혹은 세계의 한 문화권내에서 건축, 기념물 조각, 정원 및 조경디자인, 관련예술 또는 인간정주 등의 결과로서 일어난 발전사항들에 상당한 영향력을 행사한 것.
- 독특하거나 지극히 희귀하거나 혹은 아주 오래된 것.
- 가장 특징적인 사례의 건축양식으로서 중요한 문화적, 사회적, 예술적, 과학적, 기술적 혹은 산업의 발전을 대표하는 양식.

• 중요하고 전통적인 건축양식, 건설방식 또는 인간주거의 특징적인 사례로서 자연에 의해 파괴되기 쉽거나 역행할 수 없는 사회·문화적 혹은 경제적 변혁의 영향으로 상처받기 쉬운 것.
• 역사적 중요성이나 함축성이 현저한 사상이나 신념, 사진이나 인물과 가장 중요한 연관이 있는 것.

② 자연유산

• 지구의 주요한 진화단계를 대표하는 현저한 사례
• 현재 진행되고 있는 중요한 지질학적 과정, 생물학적 진화 및 인간과 자연환경의 상호작용을 나타내는 현저한 사례
• 독특하고 그 희귀하거나 최상급의 자연현상, 인간에게 가장 중요한 생태계, 자연적인 지형으로서 특별히 빼어난 자연미를 지닌 조성물이나 지형 혹은 지역, 대집단의 동물들에 의해 제공되는 장소, 자연식물들로 뒤덮인 포괄적인 조망
• 희귀하거나 멸종위기에 처한 동·식물의 종이 아직 생존하고 있는 서식지 범주에 보편적인 관심과 중요성이 있는 동·식물이 집중되어 있는 생태계

2) 등록효과 및 절차

세계유산에 등록하게 되면 국내·외로부터의 관광객이 크게 증가되며, 이에 따라 고용기회와 수입이 늘어날 뿐만 아니라 정부의 추가적인 관심과 지원으로 지역의 계획과 관리를 향상시킬 수도 있고, 또한 지역 및 국가의 자부심을 고취·보호를 위한 책임감을 형성한다. 등록으로 인한 소유권이나 통제권에 변동이 없으며, 소유권은 지정 이전과 동일하게 유지되고 국내법도 여전히 적용된다.

또한 세계유산으로 지정되면 세계유산기금(World Heritage Fund)으로부터 기술적, 재정적 원조를 받을 수 있다. 다만 등록된 유산의 보전과 관리를 위하여 협약국이 세계유산 지역의 보존상태를 모니터하고 그에 따른 조치를 취하기 위하여 보고하는 것과 세계유산센터나 다른 기구들이 위험에 처한 유산의 상태에 관하여 보고하는 것이 의무사항으로 되어 있을 뿐이다.

세계문화유산으로 등록하기 위한 등록절차는 <표 8-1>과 같다.

3) 등록현황

세계유산 등록건수는 총 730건(125개국)에 이르며, 이 중 문화유산이 563건, 자연유산이 144건, 복합유산이 23건에 해당한다.

〈표 8-1〉 세계유산 등록절차

1. 잠정목록 유네스코 제출	◎ 세계유산 등록신청을 위한 사전예비단계 ◎ 문화재위원회 · 현지조사 등을 거쳐 잠정목록선정
↓	
2. 등록신청 대상 문화재 선정	◎ 문화재위원회 심의로 선정 ◎ 등록신청 서류 유네스코 제출 : 매년 2월 1일까지 ◎ 접수처 : 세계유산위원회 사무국 ◎ 제출서류 : 신청서(영문) 및 부속자료(사진, 슬라이드, VTR)
↓	
3. 1차 평가 : 제출익년 2월	유네스코의 자문기구인 국제자연보존연맹(IUCN))과 국제기념물 유적협의회(ICOMOS)에서 전문가를 해당국가에 파견, 현지 조사 후 평가서 작성
↓	
4. 2차 검토 : 매년 4월	세계유산위원회 집행이사회(BUREAU)회의에서 1차 평가결과를 토대로 목록대상 검토 후 세계유산위원회에 권고(세계유산목록에 등재 권고, 등재하지 말 것을 권고, 추가자료 제출요구를 위해 세계유산위원회 사무국 환부, 심층연구가 필요하여 검토 연기)
↓	
5. 최종 심의 · 결정 : 제출 매년 6월 중	세계유산위원회 정기총회에서 등록여부 최종심의 · 결정, 공표

2. 세계기록유산

(1) 의의 및 목적

세계기록유산(Memory of the World)은 세계적 가치가 있는 귀중한 기록유산을 가장 적절한 기술을 통해 보존할 수 있도록 지원하고 유산의 중요성에 대한 전세계적인 인식과 보존의 필요성을 증진하고, 기록유산 사업 진흥 및 신기술의 응용을 통해 가능한 많은 대중이 기록유산에 접근할 수 있도록 하기 위한 제도이다.

세계기록유산은 도서관, 문서고 등에 보관된 세계적 가치가 있는 값진 소장문서로서 그 유형에는 필사본, 도서, 신문, 포스터 등 기록이 담긴 자료, 그림, 프린트, 지도, 음악 등 비기록 자료, 전통적인 움직임과 현재의 영상 이미지, 오디오, 비디오, 원문과 아날로그 또는 디지털 형태의 정지된 이미지 등을 포함한 모든 종류의 전자 데이터 등이 포함된다.

〈표 8-2〉 국가별 세계유산 등록현황

국 가 명	문화유산	자연유산	복합유산	합계	국 가 명	문화유산	자연유산	복합유산	합계
가나	2	-	-	2	모잠비크	1	-	-	1
과테말라	2	-	1	3	미국	8	10	-	18
구 유고연방	3	1	-	4	미국/캐나다	-	2	-	2
구 유고/마케도니아공화국	-	-	1	1	방글라데시	2	1	-	3
그루지아	3	-	-	3	베네수엘라	2	1	-	3
그리스	14	-	2	16	베냉	1	-	-	1
기니/코트디브와르	-	1	-	1	베트남	3	1	-	4
나이제리아	1	-	-	1	벨기에	8	-	-	8
남아프리카공화국	2	1	1	4	벨라루스	1	-	-	1
네덜란드	7	-	-	7	벨라루스/폴란드	-	1	-	1
네팔	2	2	-	4	보츠와나	1	-	-	1
노르웨이	4	-	-	4	불가리아	7	2	-	9
뉴질랜드	-	2	1	3	벨리제	-	1	-	1
니제르	-	2	-	2	볼리비아	5	1	-	6
니카라과	1	-	-	1	브라질	8	5	-	13
덴마크	3	-	-	3	사이프러스	3	-	-	3
도미니카	1	1	-	2	성크리스토퍼와 네비스	1	-	-	1
독일	27	-	-	27	세네갈	2	2	-	4
라오스	2	-	-	2	세이셸	-	2	-	2
라트비아	1	-	-	1	솔로몬제도	-	1	-	1
러시아	10	6	-	16	수리남	1	1	-	2
루마니아	6	1	-	7	스리랑카	6	1	-	7
레바논	5	-	-	5	스웨덴	10	1	1	12
룩셈부르크	1	-	-	1	스위스	4	1	-	5
리비아	5	-	-	5	스페인	33	2	1	36
리투아니아	1	-	-	1	슬로바키아	4	-	-	4
리투아니아/러시아	1	-	-	1	슬로베니아	-	1	-	1
마다가스카르	1	1	-	2	시리아	4	-	-	4
말라위	-	1	-	1	아르메니아	3	-	-	3
말레이시아	-	2	-	2	아르헨티나	2	4	-	6
말리	2	-	1	3	아르헨티나/브라질	1	-	-	1
말타	3	-	-	3	아이티	1	-	-	1
멕시코	10	2	-	22	아일랜드	2	-	-	2
모로코	7	-	-	7	아제르바이젠	1	-	-	1
모리타니아	1	1	-	2	아프가니스탄	1	-	-	1
칠레	2	-	-	2	알바니아	1	-	-	1
카메룬	-	1	-	1	알제리	6	-	1	7
캄보디아	1	-	-	1	에티오피아	6	1	-	7
캐나다	5	6	-	11	에스토니아	1	-	-	1
케냐	1	2	-	3	에콰도르	2	2	-	4
코스타리카	-	2	-	2	엘살바도르	1	-	-	1
코스타리카/파나마	-	1	-	1	영국	19	5	-	24

예루살렘	1	-	-	1	코트디브와르	-	2	-	2
예멘	3	-	-	3	콜롬비아	4	1	-	5
오만	3	1	-	4	콩고	-	5	-	5
오스트레일리아	-	10	4	14	쿠바	5	1	-	6
오스트리아	7	-	-	7	크로아티아	5	1	-	6
오스트리아/헝가리	1	-	-	1	탄자니아	2	4	-	6
온두라스	1	1	-	2	태국	3	1	-	4
요르단	2	-	-	2	터어키	7	-	2	9
우간다	-	2	-	2	투르크맨	1	-	-	1
우루과이	1	-	-	1	튜니지	7	1	-	8
우즈베키스탄	1	-	-	1	파나마	2	1	-	3
우크라이나	2	-	-	2	파라과이	1	-	-	1
이라크	1	-	-	1	파키스탄	6	-	-	6
이란	3	-	-	3	페루	6	2	2	10
이스라엘	2	-	-	2	폴랜드	9	-	-	9
이집트	6	-	-	6	포르투갈	11	1	-	12
이탈리아	33	2	-	35	프랑스	26	1	-	27
이태리/홀리시	1	-	-	1	프랑스/스페인	-	-	1	1
인도	18	5	-	23	핀랜드	5	-	-	5
인도네시아	3	3	-	6	필리핀	3	2	-	5
일본	9	2	-	11	한국	7	-	-	7
잠비아/짐바브웨	-	1	-	1	헝가리	6	-	-	6
중국	21	3	4	28	헝가리/슬로바키아	-	1	-	1
중앙아프리카공화국	-	1	-	1	홀리시	1	-	-	1
짐바브웨	2	1	-	3	합 계	563	144	23	730
체코	11	-	-	11					

(2) 등록기준 및 절차

1) 세계기록유산 등록기준

세계기록유산은 다음과 같은 기준에 부합하는 자료로서 ① 완성도 또는 완전성에 있어 탁월하거나, ② 독특하거나 희귀한 자료를 등록하게 된다.

- 한 국가를 초월하여 세계사와 세계문화에 중요한 영향을 준 자료
- 역사적 중요시기를 이해하는 데 중요하거나 그 시기를 특별한 방법으로 반영하는 자료
- 세계사 또는 세계문화 발전에 기여한 지역에 대한 정보를 지닌 자료
- 세계사 또는 세계문화에 기여한 인물에 관련된 자료
- 세계사 또는 세계문화의 중요한 주제를 기록한 자료
- 형태와 스타일에서 중요한 표본이 된 경우, 뛰어난 미적 양식을 보여주는 자료

• 하나의 민족문화를 초월하는 뛰어난 사회적 · 문화적 또는 정신적 가치를 가지는 자료

2) 등록효과 및 절차

세계기록유산에 등록하게 되면, ① 국제적 보존 · 보호를 받을 수 있는 법적기구로 발전 가능성 대비, ② 보존관리에 대한 유네스코의 보조금 및 기술적 지원, ③ 홍보와 인식 제고를 위한 세계기록유산 로고 사용 및 유네스코를 통한 지속적 홍보 가능, ④ CD-ROM, 디지털 테이프와 오디오 CD 같은 디지털기술을 활용하여 세계기록유산을 가능한 한 많은 대중에게 제공할 수 있음 등의 효과가 발생한다.

세계기록유산의 등록절차는 <표 8-3>과 같다.

〈표 8-3〉 세계기록유산의 등록절차

1. 등록신청 대상 문화재 선정	문화재위원회에서 세계기록유산 신청대상 문화재 선정
↓	↓
2. 등록신청 서류 유네스코 제출	매2년마다 6월말까지 제출처 : 유네스코 사무국에 제출 제출서류 : 영문신청서 및 부속자료(사진, 슬라이드, VTR 등)
↓	↓
3. 사전심사	매년 9월 초 유네스코 일반정보사업국(PGI)에서 신청서 사전심사
↓	↓
4. 국제자문위원회 최종심사	제출익년 유네스코 세계기록유산 국제자문위원회에서 최종 심사 및 등록권고
↓	↓
5. 유네스코 사무총장 승인	격년마다 유네스코 국제자문위원회 개최, 세계기록유산 등록여부 결정

3) 등록현황

세계기록유산 등록건수는 2002년 10월 현재 33개국 총 68건에 이르고 있다.

〈표 8-4〉 세계기록유산의 등록현황

국 가 명	유산수	등록유산목록(등록연도)
남아프리카공화국	1	블릭의 기록물(1997)
노르웨이	2	베르겐의 나병기록문서(2001), 입센의 인형의 집 필사본(2001)
뉴질랜드	2	와이탄기 조약(1997), 1893년 여성 참정권 탄원서(1997)
독일	5	베를린 표음문자 기록소의 세계전통음악 초기 실린더 기록물(1893~1952)(1999), 드비히 반 베토벤 교향곡 D 마이너(2001), 괴테의 생가(2001), 구텐베르그 성경(2001), 영화 메트로폴리스(2001)
덴마크	4	덴마크 해외무역공사 기록물(1999), 린네 전집(1997), 안데르센의 원고 필사본과 편지(1997), 키에르카고르 고문서(1997)
라트비아	1	다이누 스카피스 전래민요 캐비넷
러시아	7	1092년의 복음서(1997), 키트로프 복음서(1997), 15세기 키릴 활자 슬라브 간행물(1997), 신문 컬렉션1997), 러시아 제국의 지도와 18세기 컬렉션(1997), 19세기 말과 20세기 초의 러시아 포스터(1997), 성 피터스부르크 음성 기록보관소의 기록물(2001)
말레이시아	3	케다 술탄의 서신(2001), 히카야타 항 투아(2001), 세자라 멜라유(2001)
멕시코	3	멕시코 성경사본 전집(1997) 옥사카 계곡의 성경사본(1997), 콰지말파즈의 성경사본(1997)
모리셔스	1	프랑스의 모리셔스 점령 기록물(1997)
베네수엘라	2	에스크리토스 해방자(1997), 19세기 라틴아메리카 사진 전집(1997)
베닌	1	식민시대 기록물(1997)
벨기에	1	플라틴박물관의 상거래 기록물(2001)
세네갈	1	프랑스령 서아프리카 기록물(1997)
슬로바키아	2	브라티스라파 성당 서고의 성서 사본(1997), 이슬람 필사본 모음집(1997)
아르메니아	1	마쇼토 마텐나다란의 고대 필사본(1997)
아르헨티나	1	리오 플라타 총독 기록물(1997)
에디오피아	1	국립 기록보존소 및 도서관의 귀중품
오스트레일리아	2	제임스 쿡 선장의 엔데버호 일기(2001), 마보의 소송 필사본(2001)
오스트리아	5	비엔나 디오스쿠리드 필사본(1997), 비엔나 의회의 마지막 기록물(1997), 역사적 음악 기록문(1899-1950)(1999), 에르츠헤르초크 라이너의 파피루스(2001), 슈베르트 콜렉션(2001)
우즈베키스탄	2	오트만 무스하프의 코란(1997), 알비루니 동양연구소 기록물(1997)
이집트	1	수에즈 운하 비망록(1997)
인도	1	타밀의 의료 필사본(1997)
중국	2	전통 음악 기록물(1997), 청조시대 기록물(1999)
터키	2	보가즈코이의 히티에 설형문자판(2001), 칸딜리 천문대와 지진 연구기관의 필사본
탄자니아	1	국립기록보존소의 독일 기록물(1997)
트리니다드토바고	2	데렉 왈코트 기록물(1997), 에릭 윌리엄 기록물(1997)
파키스탄	1	진나 기록물(1999)
폴란드	3	코페르니쿠스 자서전(1999), 바르샤바 게토 기록문서(1999), 쇼팽의 작품 기록물(1999)
핀란드	1	노던스키올드 기록물(1997)
필리핀	1	필리핀 고문서(하누누, 비드, 타가바투아, 팔라완)(1999)
한국	4	『훈민정음 해례본』(1997), 『조선왕조실록』(1997), 『승정원일기』(2001), 『직지심체요절』 (2001)
헝가리	1	칼멘 티하니의 라디오 스코프(2001)

3. 세계무형유산

(1) 의의 및 목적

공식적으로는 인류구전 및 무형유산 걸작(Masterpieces of the Oral and Intangible Heritage of Humanity)으로 칭해지는 세계무형유산은 1998년 유네스코에서 설치되었다. 세계무형유산은 인간의 창조적 재능의 걸작으로서 뛰어난 가치를 지닌 문화사회의 전통에 근거한 구전 및 무형유산으로 언어, 문학, 음악, 춤, 놀이, 신화, 의식, 습관, 공예, 건축, 기타 예술 형태로 표현된다. 세계무형유산의 지정 목적은 국제화 시대를 맞이하여 소멸 위기에 처해 있는 문화유산의 보존과 재생을 위하여 가치 있고 독창적인 구전 및 무형유산을 선정하여 정부와 각종 단체, 지역공동체로 하여금 이러한 구전 및 무형유산을 확인, 보호, 증진하도록 고무하기 위함에 있다.

(2) 세계무형유산의 등록기준 및 절차

세계무형유산의 등록은 <표 8-5>와 같은 기준에 맞는 유산 중 보유자의 신청에 따라 유네스코국제심사위원회에서 결정한다.

〈표 8-5〉 세계무형유산의 등록기준

구분		내용
문화적 기준	기준	• 뛰어난 가치가 있는 무형 문화유산의 집합체일 것 • 역사적, 예술적, 민족적, 사회학적, 인류학적, 언어학적, 문학적 관점에서 뛰어난 가치가 있는 대중적이고 전통적인 문화적 표현일 것
	보조기준	• 인간의 창조적 재능에 관한 걸작으로서의 뛰어난 가치 • 지역사회의 문화적 전통이나 문화적 역사의 기원 • 민족과 문화사회의 문화적 정체성을 확인하는 수단으로서의 역할, 영감과 문화 상호간의 교류원천으로서의 중요성, 민족이나 지역사회를 가깝게 하는 수단, 관련 지역사회에서 현행의 문화적, 사회적 역할의 중요성 • 기능과 기술의 적용에 있어 우수성 • 살아 있는 문화전통의 독특한 증거물로서의 가치 • 보호할 수단의 부족, 빠른 변화과정, 도시화, 문화적 적응에 기인해서 사라질 위험성
조직적 기준	기준	• 구전 및 무형유산의 보호, 보존, 지지와 증진을 위해 다음 10년 동안 취해진 법적, 실천적 조치계획 • 유네스코의 목적뿐만 아니라 전통문화와 민속의 보호에 관한 권고서에 개설된 조치와 조치계획의 양립성에 관한 세부 사항 • 구전 및 무형 유산을 보호하고 증진하는 데에 관련 지역사회를 연계시키기 위해 취해지는 조치의 세부사항
	보조기준	• 문화적 가치의 보존, 보호, 법적 보호, 전승, 보급을 보증하는 것에 관한 공공당국이나 NGO의 명령체계 및 취해지는 조치, 그 실행을 감독하기 위한 관리 장치, 관련 지역사회에 부여된 역할과 이점, 유산 보유자에게 부여된 역할 등을 기준으로 계획의 적합성 평가

세계무형자산의 등록절차는 <표 8-6>과 같다.

〈표 8-6〉 세계무형자산의 등록절차

단계	내용
1. 잠정목록 유네스코 제출	• 구전 및 무형 유산의 미래 상태를 보증할 관련 정부 또는 지역사회 구성원의 명칭 • 세계무형유산 등록신청을 위한 사전 예비단계 • 관련기관 및 전문가의 추천을 받아 문화재위원회(무형문화재분과위원회)에서 선정 • 제출처 : 유네스코 사무국
2. 등록신청 대상 문화재 선정	• 무형문화재분과위원회 심의로 선정
3. 등록신청 서류 유네스코 제출	• 제출처 : 유네스코 사무국 • 매2년마다 6월 말까지(1국 1건 원칙) • 제출서류 : 신청서(영문) 및 부속자료(사진, 슬라이드, VTR, 구전자료), 향후 10년간 잠정목록
4. 사무국 및 관련 전문가 평가	• 사무국에 의한 사전 검토 • 국제심사위원회가 추천하고 사무총장이 임명한 NGOs와 기타 전문가들에 의한 평가
5. 유네스코 국제 심사위원회 심사 및 최종심의	• 제출익년 4월 유네스코 국제심사위원회의 심사 및 최종심의 • 유네스코 사무총장에게 2년 후에 재검토될 입후보 목록과 즉각적 선언을 요한다고 추천된 입후보 목록 제출
6. 유네스코 사무총장 선언	• 제출익년 6월

(3) 세계무형유산의 등록효과

1) 등록의 이점

• 문화적 다양성 보존을 위한 세계무형문화유산의 역할을 인식, 문화간 관용과 조화의 상호교류 및 발전을 모색하는 계기가 될 수 있을 뿐만 아니라 한국전통문화의 우수성과 가치를 드높이고 이를 보존하여 생명력을 불어넣을 수 있다.

• 사업 계획과 관련하여 추진되고 있는 각종 활동에 관한 최근 정보 고지 및 확실한 재정보조 체계를 수립하는 계기가 되며, 정부의 추가적인 관심과 지원으로 무형유산 지역사회의 계획과 관리의 향상, 지역사회 및 국가의 자부심을 고취하는 한편 보호를 위한 책임감을 형성할 수 있다.

2) 국제협력 및 지원

- 인류구전 및 무형유산걸작으로 선정되면 세계무형유산의 보존 · 재현 · 증진을 위해 '세계무형유산 선언서 실행지침'에 따라 유네스코로부터 보조금 및 전문가지원을 신청할 수 있다.
- 회원국의 기금 지원을 통해 특별상을 제정하여 걸작 중에서 선정하여 수여

3) 등록된 유산의 보전, 관리

- 구전 및 무형 문화재 관련 정보의 수집 및 배포
- 세계무형유산의 보존 및 보존환경에 영향을 미칠 우려가 있는 사업을 하는 경우 사전에 문화재청장과 협의
- 무형유산의 관리 책임기관이 걸작 신청서 및 선언서에 제시된 보존 및 관리 계획에 따른 보존 · 관리 상태를 모니터링
- 세계무형유산의 보존 · 관리에 위험이 발생한 경우 문화재청장은 행정적 · 기술적 · 재정적 지원을 할 수 있음

〈표 8-7〉 세계무형유산 현황

국 가 명	유산수	등록유산목록(등록연도)
그루지아 공화국	1	그루지안 합창음악 [차크룰로](2001)
기니	1	나이가솔라 지역의 [쏘쏘발라](2001)
도미니카 공화국	1	멜라지역 성령단체 문화행사(2001)
러시아	1	세마이스크 문화공간와 구전문화(2001)
리투아니아	1	십자공예와 상징(2001)
모로코	1	다자마 엘푸나 광장 문화의식(2001)
볼리비아	1	오루라 카니발(2001)
베닌	1	겔리드 구전유산(2001)
벨리즈	1	가리푸나 언어 · 무용 · 음악(2001)
스페인	1	엘체 신비극(2001)
우즈베키스탄	1	보이선 지역 문화(2001)
이탈리아	1	시실리안 인형극(2001)
인도	1	쿠티야탐 산스크리트 연극(2001)
일본	1	노가구 극(2001)
에콰도르 및 페루	1	자파라족 구전유산(2001)
중국	1	경극(2001)
코트디부아르 공화국	1	에이파운카하의 지보페(2001)
필리핀	1	이푸가오의 '후드후드'송(2001)
한국	1	종묘제례 및 제례악(2001)

(4) 세계무형유산 현황

세계무형유산은 2002년 10월 현재 19개국 19개가 지정되어 있다.

제 2 절 우리나라의 등록유산

1. 세계유산

(1) 등록세계유산

1) 창덕궁

창덕궁은 조선왕조 제3대 태종 5년(1405) 경복궁의 이궁으로 지어진 궁궐이며, 창건시 창덕궁의 정전인 인정전, 편전인 선정전, 침전인 희정당, 대조전 등 중요 전각이 완성되었다. 그 뒤 태종 12년(1412)에는 돈화문이 건립되었고, 세조 9년(1463)에는 약 6만2천 평이던 후원을 넓혀 15만여 평의 규모로 궁의 경역을 크게 확장하였다.

임진왜란 때 소실된 것을 선조 40년(1607)에 중건하기 시작하여 광해군 5년(1613)에 공사가 끝났으나 다시 1623년의 인조반정 때 인정전을 제외한 대부분의 전각이 소실되었다가 인조 25년(1647)에 복구되었다. 그 후에도 여러 번 화재가 있었으며, 1917년에 대조전과 희정당 일곽이 소실되어 1920년에 경복궁의 교태전 · 강녕전 등 많은 건물을 철거하여 창덕궁으로 이건하였다. 창덕궁은 1610년 광해군 때 정궁으로 사용한 후부터 1868년 고종이 경복궁을 중건할 때까지 258년 동안 역대 제왕이 정사를 보살펴온 법궁이었다. 창덕궁 안에는 가장 오래된 궁궐 정문인 돈화문, 신하들의 하례식이나 외국사신의 접견장소로 쓰이던 인정전, 국가의 정사를 논하던 선정전 등의 치조공간이 있으며, 왕과 왕후 및 왕가 일족이 거처하는 희정당, 대조전 등의 침전공간 외에 연회, 산책, 학문을 할 수 있는 매우 넓은 공간을 후원으로 조성하였다.

정전 공간의 건축은 왕의 권위를 상징하여 높게 하였고, 침전건축은 정전보다 낮고 간결하며, 위락공간인 후원에는 자연지형을 위압하지 않도록 작은 정자각을 많이 세웠다. 건물배치에 있어 정궁인 경복궁, 행궁인 창경궁과 경희궁에서는 정문으로부터 정전, 편전, 침전 등이 일직선상에 대칭으로 배치되어 궁궐의 위엄성이 강조된 데 반하여, 창덕궁에서는 정문인 돈화문은 정남향이고, 궁 안에 들어 금천교가 동향으로 진입되어 있으며 다시 북쪽으로 인정전, 선정전 등 정전이 자리하고 있다. 그리고 편전과 침전은 모두 정전의 동쪽에 전개되는 등 건물배치가 여러 개의 축으로 이루어져 있다.

오늘날 자연스런 산세에 따라 자연지형을 크게 변형시키지 않고 산세에 의지하여 인위적인 건물이 자연의 수림 속에 포근히 자리를 잡도록 한 배치는 자연과 인간이 만들어낸 완전한 건축의 표상이다. 또한, 왕들의 휴식처로 사용되던 후원은 300년이 넘은 거목과 연못, 정자 등 조원시설이 자연과 조화를 이루도록 함으로써 건축사적으로, 또 조경사적 측면에서 빼놓을 수 없는 귀중한 가치를 지니고 있다. 후원은 태종 5년(1405) 창덕궁을 창건할 때 후원으로 조성하였으며, 창경궁과도 통하도록 하였다. 창덕궁 후원은 우리나라의 대표적인 전통 조원시설로서 자연적인 지형에다 꽃과 나무를 심고 못을 파서 아름답고 조화 있게 건물을 배치하였다.

대부분의 정자는 임진왜란 때 소실되었고, 지금 남아 있는 정자와 전각들은 인조원년(1623) 이후 개수·증축된 것이다. 이곳에는 각종 희귀한 수목이 우거져 있으며, 많은 건물과 연못 등이 있어 왕과 왕비들은 이곳에서 여가를 즐기고 심신을 수양하거나 학문을 닦고 연회를 베풀었다. 창덕궁은 조선시대의 전통건축으로 자연경관을 배경으로 한 건축과 조경이 고도의 조화를 표출하고 있으며, 후원은 동양조경의 정수를 감상할 수 있는 세계적인 조형의 한 단면을 보여주고 있는 특징이 있다. 창덕궁의 역사에 대한 기록은 『조선왕조실록』, 「궁궐지」, 「창덕궁조영의궤」, 「동궐도」 등에 기록되어 있다. 특히 1830년경에 그린 「동궐도」(국보 제249호)가 창덕궁의 건물배치와 건물형태를 그림으로 전하고 있으며, 궁궐사와 궁궐건축을 연구·고증하는 데 귀중한 자료가 되고 있다.

창덕궁은 사적 제122호로 지정 관리되고 있으며, 돈화문(보물 제383호), 인정문(보물 제813호), 인정전(국보 제225호), 대조전(보물 제816호), 구선원전(보물 제817호), 선정전(보물 제814호), 희정당(보물 제815호), 향나무(천연기념물 제194호), 다래나무(천연기념물 제251호) 등이 지정되었다.

1997년 12월 유네스코 세계문화유산으로 등록된 창덕궁은 동아시아 궁전 건축사에 있어 비정형적 조형미를 간직한 대표적 궁으로 주변 자연환경과의 완벽한 조화와 배치가 탁월하다. 세계문화유산기준 (Ⅱ) 일정한 시간에 걸쳐 혹은 세계의 한 문화권 내에서 건축, 기념물조각, 정원 및 조경디자인, 관련예술 또는 인간정주 등의 결과로서 일어난 발전사항들에 상당한 영향력을 행사한 유산, (Ⅲ) 독특하거나 지극히 희귀하거나 혹은 아주 오래된 유산, (Ⅳ) 가장 특징적인 사례의 건축양식으로서 중요한 문화적, 사회적, 예술적, 과학적, 기술적 혹은 산업의 발전을 대표하는 양식 등에 부합된다.

2) 수원 화성

수원 화성은 조선왕조 제22대 정조대왕이 선왕인 영조의 둘째왕자로 세자에 책봉되었으나 당쟁에 휘말려 왕위에 오르지 못하고 뒤주 속에서 생을 마감한 아버지 사도세자의 능침을 양주 배봉산에서 조선 최대의 명당인 수원의 화산으로 천봉하고, 화산 부근에 있던 읍치를 수원의 팔달산 아래 지금의 위치로 옮기면서 축성되었다.

화성은 정조의 효심이 축성의 근본이 되었을 뿐만 아니라 당쟁에 의한 당파정치 근절과 강력한 왕도정치의 실현을 위한 원대한 정치적 포부가 담긴 정치구상의 중심지로 지어진 것이며, 수도 남쪽의 국방요새로 활용하기 위한 것이었다.

화성은 규장각 문신 정약용이 동서양의 기술서를 참고하여 만든 「성화주략」(1793)을 지침서로 하여, 재상을 지낸 영중추부사 채제공의 총괄 아래 조심태의 지휘로 1794년 1월에 착공에 들어가 1796년 9월에 완공하였다. 축성시에 거중기, 녹로 등 신기재를 특수하게 고안 · 사용하여 장대한 석재 등을 옮기며 쌓는 데 이용하였다. 화성 축성과 함께 부속시설물로 화성행궁, 중포사, 내포사, 사직단 등 많은 시설물을 건립하였으나 전란으로 소멸되고 현재 화성행궁의 일부인 낙남헌만 남아 있다.

화성은 축조 이후 일제 강점기를 지나 한국전쟁을 겪으면서 성곽의 일부가 파손 · 손실되었으나 1975~1979년까지 축성직후 발간된 「화성성역의 궤」에 의거하여 대부분 축성 당시 모습대로 보수 · 복원하여 현재에 이르고 있다. 성의 둘레는 5,744m, 면적은 130ha로 동쪽지형은 평지를 이루고 서쪽은 팔달산에 걸쳐 있는 평산성의 형태로 성의 시설물은 문루 4, 수문 2, 공심돈 3, 장대 2, 노대 2, 포(鋪)루 5, 포(砲)루 5, 각루 4, 암문 5, 봉돈 1, 적대 4, 치성 9, 은구 2등 총 48개의 시설물로 일곽을 이루고 있으나 이 중 수해와 전란으로 7개 시설물(수문 1, 공심돈 1, 암문 1, 적대 2, 은구 2)이 소멸되고 4개 시설물이 현존하고 있다.

화성은 축성시의 성곽이 거의 원형대로 보존되어 있을 뿐 아니라, 북수문(화홍문)을 통해 흐르던 수원천이 현재에도 그대로 흐르고 있고, 팔달문과 장안문, 화성행궁과 창룡문을 잇는 가로망이 현재에도 도시 내부 가로망 구성의 주요 골격을 유지하고 있는 등 200년 전 성의 골격이 그대로 현존하고 있다. 축성의 동기가 군사적 목적보다는 정치·경제적 측면과 부모에 대한 효심으로 성곽자체가 '효'사상이라는 동양의 철학을 담고 있어 문화적 가치 외에 정신적, 철학적 가치를 가지는 성으로 이와 관련된 문화재가 잘 보존되어 있다. 성곽의 전돌, 건조물의 기와 등이 독특한 방법으로 제작되어 있어 현재의 기술로 이를 재현하기 어려워 보수시 문제점으로 나타나고 있으나 계속 연구해야 할 과제로 남아 있다.

화성은 중국, 일본 등지에서 찾아볼 수 없는 평산성의 형태로 군사적 방어기능과 상업적 기능을 함께 보유하고 있으며, 시설의 기능이 가장 과학적이고 합리적이며, 실용적인 구조로 되어 있는 동양 성곽의 백미라 할 수 있다. 성벽은 외측만 쌓아올리고 내측은 자연지세를 이용해 흙을 돋우어 메우는 외축내탁의 축성술로 자연과 조화를 이루는 성곽을 만들었으며, 또한 화성은 철학적 논쟁 대신에 백성의 현실생활 속에서 학문의 실천과제를 찾으려고 노력한 실학사상의 영향으로 벽돌과 돌의 교축, 현안·누조의 고안, 거중기의 발명, 목재와 벽돌의 조화를 이룬 축성방법 등은 동양성곽 축성술의 결정체로서 희대의 수작이라 할 수 있다. 특히, 당대학자들이 충분한 연구와 치밀한 계획에 의해 동서양 축성술을 집약하여 축성하였기 때문에 그 건축사적 의의가 매우 크다.

축성 후 1801년에 발간된「화성성역의궤」에는 축성계획, 제도, 법식뿐 아니라 동원된 인력의 인적 사항, 재료의 출처 및 용도, 예산 및 임금계산, 시공기계, 재료가공법, 공사일지 등이 상세히 기록되어 있어 성곽축성 등 건축사에 큰 발자취를 남기고 있을 뿐만 아니라 그 기록으로서의 역사적 가치가 큰 것으로 평가되고 있다. 화성은 사적 제3호로 지정 관리되고 있으며, 소장 문화재로 팔달문(보물 제402호), 화서문(보물 제403호), 장안문, 공심돈 등이 있다. 화성은 1997년 12월 유네스코 세계문화유산으로 등록되었다.

화성은 18세기에 완공된 짧은 역사의 유산이지만 동서양의 군사시설이론을 잘 배합시킨 독특한 성으로서 방어적 기능이 뛰어난 특징을 가지고 있다. 약 6km에 달하는 성벽 안에는 4개의 성문이 있으며 모든 건조물이 각기 모양과 디자인이 다른 다양성을 지니고 있다. 세계문화유산기준 (Ⅱ) 일정한 시간에 걸쳐 혹은 세계의 한 문화권 내에서 건축, 기념물조각, 정원 및 조경디자인, 관련예술 또는 인간정주 등의 결과로서 일어난 발전사항들에 상당한 영향력을 행사한 유산, (Ⅲ) 독특하거나 지극히 희귀하거나 혹은 아주 오래된 유산 등에 부합한다.

3) 불국사 석굴암

석굴암은 서기 751년 신라 경덕왕 때 당시 재상이었던 김대성이 창건하기 시작하여 서기 774년인 신라 혜공왕 때 완공하였으며, 건립 당시의 명칭은 석불사로 칭하였다. 석굴암의 석굴은 백색의 화강암재를 사용하여 토함산 중턱에 인공으로 석굴을 축조하고 그 내부 공간에는 본존불인 석가여래불상을 중심으로 그 주벽에 보살상 및 제자상과 금강역사상, 천왕상 등 총 39체의 불상을 조각하였다. 석굴암의 석굴은 장방형의 전실과 원형의 주실이 통로로 연결되어 있는데 360여 개의 판석으로 원형주실의 궁륭천장 등을 교묘하게 구축한 건축 기법은 세계에 유례가 없다. 석굴암의 입구 쪽에 위치하고 있는 평면방형의 전실에는 좌우로 4구씩 8부신장을 두고 통로 좌우 입구에는 금강역사상을 조각하였으며, 좁은 통로에는 2구씩의 사천왕상을 조각하였다.

주실 입구에는 좌우로 8각 석주를 세웠고, 이곳을 지나면 평면원형의 주실로 본존은 중심에서 약간 뒤로 안치되어 있으며, 입구 좌우로부터 천부상 2구, 보살상 2구, 나한상 10구로 주벽을 채우고 본존 정후면에는 십일면관음보살상이 있다. 조각에 있어서 원숙한 조법과 사실적인 표현에서 완벽에 가까운 석가여래상, 10구의 얼굴과 전신이 화려하게 조각된 십일면관음보살상, 인왕상의 용맹, 사천왕상의 위엄, 주실 내의 보살들의 유연 우아한 모습, 나한상들의 개성있는 표현 등은 동아시아 불교조각의 최고의 걸작품이라 할 것이다.

특히, 주실 내에 봉안되어 있는 굽타양식의 본존불 석가여래불은 고요하고 결가부좌한 모습, 가늘게 뜬 눈, 온화한 눈썹, 미간에 서려 있는 슬기로움, 금방이라도 말할 듯한 입과 코, 길게 늘어진 귀 등 그 모든 것이 내면에 깊은 숭고한 마음을 간직하도록 조성된 것으로서 세계에서도 가장 이상적인 미를 대표하고 있다.

이 석굴은 신라시대의 전성기에 이룩된 최고 걸작으로 평가되며, 그 조영계획에 있어 건축, 수리, 기하학, 종교, 예술이 총체적으로 실현된 것이다. 석굴암 석굴은 국보 제24호로 지정 관리되고 있으며, 석굴암은 1995년 12월 불국사와 함께 유네스코 세계문화유산으로 공동 등록되었다. 경주 토함산 정상에 못 미친 깊숙한 곳에 동해를 향해 앉아 있는 석굴암은 완벽하고 빼어난 조각과 독창적 건축으로 전세계에 이름이 높다. 인공으로 석굴을 축조하고 그 내부공간에도 본존불을 중심으로 총 39체의 불상을 조각하였다. 석굴암은 전실, 통로, 주실로 이루어졌다.

방형 공간인 전실에는 팔부중상과 금강역사상이 있고, 사천왕상이 있는 좁은 통로를 지나면 궁륭(dome) 천장으로 짜여진 원형공간의 주실이 나온다. 주실의 중앙에는 석가모니대불이 있고, 벽면에는 입구에서부터 범천상(梵天像)과 제석천상, 보현 · 문수보살상, 그리고 십대제자상이 대칭을 이루도록 조각되어 있다.

일찍이 당나라의 현장(AD 602~664)이 17년간 중앙아시아와 인도의 성지를 순례한 후 지은 풍물지리지 성격의 대당서역기에는 "석가모니가 정각을 이룬 바로 그 자리에 대각사가 세워져 있고, 거기에 정각을 이룬 모습의 불상이 발을 괴어 오른 발 위에 얹고, 왼손은 샅 위에 뉘었으며, 오른손을 늘어뜨리고 동쪽을 향해 앉아 있었다. 대좌의 높이는 당척 4척2촌이고, 넓이는 1장2척5촌이며, 상의 높이는 1장1척5촌, 양 무릎폭이 8척8촌, 어깨폭이 6척2촌이다"라는 기록이 있다. 석굴암의 본존불 크기와 이 기록이 일치하고 있는데, 현장이 보았던 대각사의 그 불상은 현존하지 않고 있어 석굴암에 역사적 무게를 더해주고 있다.

천체를 상징하는 둥근 공간에 이르면 한가운데에 높이 350cm의 당당하고 부드러운 모습을 지닌 석가모니대불이 동해를 향해 앉아 있다.

얼굴과 어깨를 드러낸 옷의 주름에 생동감이 있어 불상 전체에 생명감이 넘친다. 깊은 명상에 잠긴 듯 가늘게 뜬 눈과, 엷은 미소를 띤 붉은 입술, 풍만한 얼굴은 근엄하면서도 자비로운 표정을 짓고 있다. 손모양은 항마촉지인(降摩觸地印)으로 왼손은 선정인(禪定印)을 하고 오른손은 무릎에 걸친 채 검지손가락으로 땅을 가리키고 있다.

석가모니가 큰 깨달음을 얻어 모든 악마의 방해와 유혹을 물리친 승리의 순간, 즉 깨달음을 얻은 모습을 나타낸 것이기 때문에 성도상(成道像)이라고 한다. 감실은 주실에서의 위치로 보아 지상계와 천상계의 중간을 뜻한다. 이는 교리적인 면에서 보면 보살이 각자(覺者)인 여래와 무명(無明)중생의 중자적인 존재라는 점과 잘 어울린다. 미륵보살상의 오른쪽 어깨, 손목, 오른쪽 무릎으로 이어지는 직삼각형이 안정감을 주는 반면 세운 무릎, 비스듬히 얹은 팔, 숙인 얼굴이 그리는 곡선은 변화와 운동감을 주고 있다. 전실 벽면에 있는 8구의 팔부중상은 무사의 성격을 띠고 불법을 수호하는 여러 가지 모습의 신들이며, 치마를 입은 금강역사상 또한 불법을 수호하는 한 쌍의 수문장으로서 상체의 근육이 발달한 용맹스런 모습을 하고 있는데 금강으로 만든 방망이를 들고 있다 하여 금강역사라 칭했다.

석가모니대불이 앉아 있는 곳인 둥근 주실 뒷벽 가운데 가장 깊은 곳에 숨어 있다 나타나는 십일면관음보살상의 아름다운 자태는 우리의 마음을 사로잡는다.

머리 둘레에 열구의 얼굴이 화려하고 섬세하게 조각되어 눈길을 끄는데, 약간의 미소를 머금은 표정, 화려하게 전면을 장식한 영락(瓔珞 : 구슬이나 귀금속을 꿰어 만든 장신구) 장식, 유려하게 흘러내린 천의(天衣), 손가락 발가락의 미묘한 움직임, 왼손은 한송이 연꽃이 꽂혀 있는 병을 들고 오른손은 내려서 영락을 잡고 정면관의 자세로 서 있는 모습에서 화려함과 원숙함을 느끼게 한다.

8세기 중엽 통일신라 문화의 황금기에 건립된 석굴암은 불교사상과 매우 발달한

수리적 원리를 바탕으로 한 고도의 건축 기술, 뛰어난 조형감각으로 완성되었다. 우리가 석굴암에서 느끼는 장엄미와 숭고미는 이러한 바탕과 그 속에 내재하는 조화율에 있다 하겠다.

석굴암은 석가모니가 정각, 즉 깨달음을 얻은 순간을 가시적인 건축과 조각으로 재현한 것이며, 조각에 있어서도 인위적인 기교나 부자연스러움없이 생명력이 넘치며 원숙한 조법과 탁월한 예술성이 돋보인다. 절대적인 경지인 정각을 통해 인간 석가모니는 형이상학적 존재인 석가여래가 되고, 속세는 법계라는 이상향이 된다.

석굴암은 신라시대 전성기의 최고 걸작으로 그 조영계획에 있어 건축, 수리, 기하학, 종교, 예술이 총체적으로 실현된 유산이며, 불국사는 불교교리가 사찰 건축물을 통해 잘 형상화된 대표적인 사례로 아시아에서도 그 유례를 찾기 어려운 독특한 건축미를 지니고 있다. 세계문화유산기준 (Ⅰ) 독특한 예술적 혹은 미적인 업적, 즉 창조적인 재능의 걸작품을 대표하는 유산, (Ⅳ) 가장 특징적인 사례의 건축양식으로서 중요한 문화적, 사회적, 예술적, 과학적, 기술적 혹은 산업의 발전을 대표하는 양식 등에 부합한다.

4) 팔만대장경

해인사 장경판전은 13세기에 만들어진 세계적 문화유산인 고려 대장경판 8만여장을 보존하는 보고로서 해인사의 현존 건물 중 가장 오래된 건물이다. 장경판전은 정면 15칸이나 되는 큰 규모의 두 건물을 남북으로 나란히 배치하였다. 장경판전 남쪽의 건물을 수다라장, 북쪽의 건물을 법보전이라 하며, 동쪽과 서쪽에 작은 규모의 동 · 서사간판전이 있다

건물을 간결한 방식으로 처리하여 판전으로서 필요로 하는 기능만을 충족시켰을 뿐 장식적 의장을 하지 않았으며, 전 · 후면 창호의 위치와 크기가 서로 다르다. 통풍의 원활, 방습의 효과, 실내 적정 온도의 유지, 판가의 진열 장치 등이 매우 과학적이며, 합리적으로 되어 있는 점은 대장경판이 지금까지 온전하게 보존되어 있는 중요한 이유 중의 하나라고 평가받고 있다.

장경판전의 정확한 창건연대는 알려져 있지 않으나 조선 세조 3년(1457) 어명으로 판전 40여 칸을 중창하였고, 성종 19년(1488) 학조대사가 왕실의 후원으로 30칸의 대장경 경각을 중건한 뒤 보안당이라 했다는 기록이 있다. 광해군 14년(1622)에 수다라장, 인조 2년(1624)에는 법보전을 중수하였다. 장경판전은 가야산 중턱의 해인사에 위치한 관계로 서기 1488년 조선 초기에 건립된 후 한번도 화재나 전란 등의 피해를 입지 않았으며, 보존가치가 탁월한 팔만대장경이 고스란히 간직되어 있

는 것은 매우 다행스러운 일이다. 장경판전은 세계유일의 대장경판 보관용 건물이며, 해인사의 건축기법은 조선 초기의 전통적인 목조건축 양식을 보이는데 건물 자체의 아름다움은 물론, 건물 내 적당한 환기와 온도·습도조절 등의 기능을 자연적으로 해결할 수 있도록 설계되었다.

이 판전에는 81,258장의 대장경판이 보관되어 있다. 글자 수는 무려 5천2백만 자로 추정되는데 이들 글자 하나하나가 오자·탈자 없이 모두 고르고 정밀하다는 점에서 그 보존가치가 매우 크며, 현존 대장경 중에서도 가장 오랜 역사와 내용의 완벽함으로 세계적인 명성을 지니고 있는 문화재이다.

대장경판은 고려 고종 때 대장도감에서 새긴 목판이다. 대장경은 경(經)·율(律)·논(論)의 삼장(三藏)으로서 불교경전의 총서를 가리키는 말이다. 일반적으로 해인사 대장경판은 고려시대에 판각되었기 때문에 고려대장경이라 하며, 또한 판수가 8만여 판에 이르고 8만4천 법문을 수록했다 하여 8만대장경이라고도 한다.

고려 현종(1009~1031) 때 새긴 초조대장경은 몽고의 침입에 불타버려 다시 새겼다 하여 재조대장경이라 일컫기도 한다. 초조대장경이 불타버리자 고려 고종 19년(1232)에 몽고의 침입을 불력으로 막기 위하여 강화도로 수도를 옮기고 국가적인 차원에서 대장도감을 설치하여 대장경판을 다시 조각하기 시작하였다. 대장경판은 당초 경상남도 남해에서 판각하여 강화도 대장경판당으로 옮기고 보관하였으나 고려 말 왜구의 빈번한 침범으로 조선 태조 때인 1398년 현재의 해인사 장경판전에 옮겨 보관중이다. 이 대장경판은 개태사의 승통인 수기(守其)가 북송관판과 거란본 및 우리의 초조대장경을 대조하여 오류를 바로잡은 대장경이다.

이규보가 지은 「대장각판군신기고문」에 보면 현종 2년(1011)에 거란병의 침입 때 대장경을 새겨 거란병이 물러갔음을 상고하고, 몽고의 침입으로 이 대장경판이 불타버려 다시 새기니 몽고의 침입을 불력으로 물리치게 해달라는 염원을 기록하고 있다. 대장경판은 고종 24년(1237)부터 35년(1248)까지 12년 동안 판각하였는데 준비기간을 합치면 모두 16년이란 기간이 걸려 완성된 것이다. 해인사 동·서사간판전에 봉안되어 있는 불교 경전은 국가에서 새긴 고려대장경판과는 달리, 고려시대에 사찰에서 새긴 고려각판이다.

팔만대장경은 불교의 경·율·논 삼장을 집대성하였기에 세계불교연구의 귀중한 문헌으로, 이 대장경은 일본이 신수대장경을 만들 때 표준으로 삼았으며, 중국에도 역수입되고, 영국·미국·프랑스·독일 등 서구 선진국에도 전해져 세계불교 연구에 매우 커다란 영향을 끼치고 있다.

해인사 장경판전은 국보 제52호로 지정 관리되고 있으며, 소장 문화재로서는 대장경판 81,258판(국보 제32호), 고려각판 2,725판(국보 제206호), 고려각판 110판(보물 제734호)이 있으며, 1995년 12월 유네스코 세계문화유산으로 등록되었다.

해인사 팔만대장경은 오랜 역사와 내용의 완벽함, 그리고 고도로 정교한 인쇄술의 극치를 엿볼 수 있는 세계 불교경전 중 가장 중요하고 완벽한 경전이며, 장경판전은 대장경의 부식을 방지하고 온전한 보관을 위해 15세기경에 건축된 건축물로 자연환경을 최대한 이용한 보존과학 소산물로 높이 평가되고 있다.

세계문화유산기준 (Ⅳ) 가장 특징적인 사례의 건축양식으로서 중요한 문화적, 사회적, 예술적, 과학적, 기술적 혹은 산업의 발전을 대표하는 양식, (Ⅵ) 역사적 중요성이나 함축성이 현저한 사상이나 신념, 사진이나 인물과 가장 중요한 연관이 있는 유산 등에 부합된다.

5) 종 묘

종묘는 조선왕조 역대 왕과 왕비 및 추존된 왕과 왕비의 신주를 모신 유교사당으로서 가장 정제되고 장엄한 건축물 중의 하나이다. 종묘는 태조 3년(1394) 10월 조선 왕조가 한양으로 도읍을 옮긴 그해 12월에 착공하여 이듬해 9월에 완공하였으며, 곧이어 개성으로부터 태조의 4대조인 목조, 익조, 도조, 환조의 신주를 모셨다. 56,503평의 경내에는 종묘정전을 비롯하여 별묘인 영녕전과 전사청, 재실, 향대청 및 공신당, 칠사당 등의 건물이 있다.

정전은 처음에 태실 7칸, 좌우에 딸린 방이 2칸이었으나 선조 25년(1592) 임진왜란 때 불타버려 광해군 즉위년(1608)에 다시 고쳐 짓고, 그 후 영조와 헌종 때 증축하여 현재 태실 19칸으로 되어 있다. 영녕전은 세종 3년(1421)에 창건하여 처음에는 태실 4칸, 동서에 곁방 각 1칸씩으로 6칸의 규모이었는데, 임진왜란 때 불타버려 광해군 즉위년에 10칸의 규모로 지었으며, 그 후 계속 증축하여 현재 16칸으로 되어 있다. 현재 정전에는 19실에 49위, 영녕전에는 16실에 34위의 신위가 모셔져 있고, 정전 뜰앞에 있는 공신당에는 조선시대 공신 83위가 모셔져 있다.

조선시대에는 정전에서 매년 춘하추동과 섣달에 대제를 지냈고, 영녕전에는 매년 춘추와 섣달에 제향일을 따로 정하여 제례를 지냈으나 2003년부터는 전주이씨 대동종약원에서 매년 5월 넷째 일요일을 정하여 종묘제례라는 제향의식을 거행하고 있으며 제사드릴 때 연주하는 기악과 노래와 무용을 포함하는 종묘제례악이 거행되고 있다.

종묘의 주전인 정전은 건평이 1,270㎡로서 동 시대의 단일 목조건축물로는 세계에서도 그 규모가 가장 큰 건축물로 추정되며, 종묘의 건축양식은 궁전이나 불사의 건축이 화려하고 장식적인데 반하여 유교의 검소한 기품에 따라 건립된 특수목적용 건축물이다. 종묘는 한국의 일반 건축물과 같이 개별적으로 비대칭구조를 하고 있지만 전체적으로 대칭을 이루고 있으며, 의례공간의 위계질서를 반영하여 정전과 영녕전의 기단과 처마, 지붕의 높이, 기둥의 굵기를 그 위계에 따라 달리 하였다.

중국 주나라에서 시작된 종묘제도는 7대까지 모시는 제도로 시작되어 명나라 때에 와서 9묘 제도로 확대되었는데 중국의 태묘에서는 태실이 9실에 불과하나 한국의 종묘만은 태실이 19칸인 매우 독특한 제도를 가지고 있으며, 정면이 매우 길고 수평성이 강조된 독특한 형식의 건물모습은 종묘제도의 발생지인 중국과도 다른 건축양식으로 서양건축에서는 전혀 그 유례를 찾아볼 수 없는 세계적으로 희귀한 건축유형이다.

종묘제례는 종묘인 의례공간과 함께 의례절차, 의례음식과 제기, 악기와 의장물, 의례음악과 의례무용 등이 조화되어 있으며, 1462년에 정형화된 형태를 500년 이상 거의 그대로 보존하고 있다는 점에서 현재 세계에서 가장 오래된 종합적 의례문화라고 할 수 있다. 종묘제례와 종묘제례악에 나타난 의례절차, 음악, 무용 등은 중국의 고대문명을 바탕으로 형성된 하, 은, 주 시대의 의례문화에 기원을 두고 있을 뿐만 아니라 동양의 고대문화의 특징과 의의를 거의 그대로 보존하고 있기 때문에 동양 고대문화를 연구하기 위한 귀중한 자료로 활용될 수 있는 문화유산 중의 하나이다.

종묘제례악은 기악, 노래, 춤으로 구성되는데 세종 때 처음 짓고 세조 때 다듬은 보태평과 정대업 22곡을 연주하고, 그 동작이 단순하면서도 장엄한 것이 특징인 일무 등의 춤을 춘다. 신라향가나 고려가요가 오늘날 가사만 전하여지는 데 비하여 종묘제례악은 500년 전의 선율을 오늘날까지 그대로 전하고 있어 그 의의가 매우 크다. 종묘는 조선시대의 전통건물로서 일반건축이 아닌 신전건축임에도 불구하고 건축의 보편적 가치를 지니고 있어 많은 현대 건축가들의 연구대상이 되고 있으며, 종묘의 뛰어난 건축적 가치는 동양의 파르테논이라 칭하여지고 있을 만큼 건축사적 가치가 크다. 종묘는 사적 제125호로 지정 보존되고 있으며, 소장 문화재로 정전(국보 제227호), 영녕전(보물 제821호), 종묘제례악(중요무형문화재 제1호), 종묘제례(중요무형문화재 제56호)가 있으며, 1995년 12월 유네스코 세계유산으로 등록되었다.

종묘는 제왕을 기리는 유교사당의 표본으로서 16세기 이래로 원형이 보존되고 있으며, 세계적으로 독특한 건축양식을 지닌 의례공간이다. 종묘에서는 의례와 음악과 무용이 잘 조화된 전통의식과 행사가 이어지고 있다. 세계문화유산기준 (Ⅲ)

독특하거나 지극히 희귀하거나 혹은 아주 오래된 유산에 부합된다.

6) 경주역사유적지구

경주역사유적지구(Gyeongju Historic Areas)는 신라천년(BC 57～AD 935)의 고도인 경주의 역사와 문화를 고스란히 담고 있는 불교유적, 왕경(王京)유적이 잘 보존되어 있으며, 이미 세계유산으로 등록된 일본의 교토, 나라의 역사유적과 비교하여 유적의 밀집도, 다양성이 더 뛰어난 유적으로 평가된다.

세계유산으로 등록된 경주역사유적지구는 신라의 역사와 문화를 한눈에 파악할 수 있을 만큼 다양한 유산이 산재해 있는 종합역사지구로서 유적의 성격에 따라 모두 5개 지구로 나누어져 있는데 불교미술의 보고인 남산지구, 천년왕조의 궁궐터인 월성지구, 신라왕을 비롯한 고분군 분포지역인 대능원지구, 신라불교의 정수인 황룡사지구, 왕경 방어시설의 핵심인 산성지구로 구분되어 있으며, 52개의 지정문화재가 세계유산지역에 포함되어 있다.

경주 남산은 야외박물관이라고 할 만큼 신라의 숨결이 살아숨쉬는 곳으로 신라 건국설화에 나타나는 나정(蘿井), 신라왕조의 종말을 맞게 했던 포석정과 미륵곡 석불좌상, 배리 석불입상, 칠불암 마애석불 등 수많은 불교유적이 산재해 있다. 월성지구에는 신라왕궁이 자리하고 있던 월성, 신라 김씨왕조의 시조인 김알지가 태어난 계림, 신라통일기에 조영한 임해전지, 그리고 동양에서 가장 오래된 천문시설인 첨성대 등이 있다.

대능원지구에는 신라 왕, 왕비, 귀족 등 높은 신분계층의 무덤들이 있고, 구획에 따라 황남리 고분군, 노동리 고분군, 노서리 고분군 등으로 부르고 있다. 무덤의 발굴조사에서 신라문화의 정수를 보여주는 금관, 천마도, 유리잔, 각종 토기 등 당시의 생활상을 파악할 수 있는 귀중한 유물들이 출토되었다.

황룡사지구에는 황룡사지와 분황사가 있으며, 황룡사는 몽고의 침입으로 소실되었으나 발굴을 통해 당시의 웅장했던 대사찰의 규모를 짐작할 수 있으며 40,000여 점의 출토유물은 신라시대사 연구의 귀중한 자료가 되고 있다. 산성지구에는 AD 400년 이전에 쌓은 것으로 추정되는 명활산성이 있는데 신라의 축성술은 일본에까지 전해져 영향을 끼쳤다.

경주역사유적지구는 한반도를 천년 이상 지배한 신라왕조의 수도로 남산을 포함한 경주 주변에 한국의 건축물과 불교 발달에 있어 중요한 많은 유적과 기념물들을 보유하고 있다. 세계문화유산기준 (II) 일정한 시간에 걸쳐 혹은 세계의 한 문화권 내에서 건축, 기념물조각, 정원 및 조경디자인, 관련예술 또는 인간정주 등의 결과로서 일어난 발전사항들에 상당한 영향력을 행사한 유산, (Ⅲ) 독특하거나 지극히 희귀하거나 혹은 아주 오래된 유산 등에 부합한다.

7) 고인돌

고인돌은 선사시대 돌무덤의 일종으로 영어로는 돌멘(Dolmen)이라고 한다. 고인돌은 거석기념물의 하나이며 피라미드(Pyramid), 오벨리스크(Obelisk) 등 이집트나 아프리카 대륙의 각종 석조물과 영국의 스톤헨지, 프랑스 카르낙의 열석(列石) 등이 모두 거석문화의 산물이다. 우리나라 청동기시대의 대표적인 무덤 중의 하나인 고인돌은 세계적인 분포를 보이고 있으며 지역에 따라 시기와 형태가 다르게 나타나고 있다. 동북아시아 지역이 세계적인 분포권에서 가장 밀집된 곳으로 그 중 우리나라가 그 중심지역이라고 할 수 있다.

우리나라에는 전국적으로 약 30,000여 기에 가까운 고인돌이 분포하고 있는 것으로 알려져 있는데 그 중 세계유산으로 등록된 고창 · 화순 · 강화고인돌유적(Gochang, Hwasun and Ganghwa Dolmen Sites)은 밀집분포도, 형식의 다양성으로 고인돌의 형성과 발전과정을 규명하는 중요한 유적이며 유럽, 중국, 일본과도 비교할 수 없는 독특한 특색을 가지고 있다. 또한 고인돌은 선사시대 문화상을 파악할 수 있고, 나아가 사회구조, 정치체계는 물론 당시인들의 정신세계를 엿볼 수 있다는 점에서 선사시대 연구의 중요한 자료가 되는 보존가치가 높은 유적이다.

고창, 화순, 강화의 선사유적들은 거대한 석조로 만들어진 2,000~3,000년 전의 무덤과 장례의식 기념물로서 선사시대 문화가 가장 집중적으로 분포되어 있으며, 당시의 기술과 사회현상을 가장 생생하게 보여주는 유적이다. 세계문화유산기준 (Ⅲ) 독특하거나 지극히 희귀하거나 혹은 아주 오래된 유산에 해당하는 유적들이다.

① 고창 고인돌유적

전라북도 고창군 죽림리와 도산리 일대에 매산마을을 중심으로 동서로 약 1,764m 범위에 442기가 분포하고 있으며, 우리나라에서 가장 큰 고인돌 군집을 이루고 있는 지역이다. 10톤 미만에서 300톤에 이르는 다양한 크기의 고인돌이 분포하고 있으며, 탁자식, 바둑판식, 지상석곽형 등 다양한 형식의 고인돌이 분포하고 있다. 고창 지석묘군은 국내에서는 사적 제391호로 지정되어 있다.

② 화순 고인돌유적

전라남도 화순군 도곡면 효산리와 춘양면 대신리 일대의 계곡을 따라 약 10km에 걸쳐 500여기의 고인돌이 군집을 이루어 집중분포하고 있으며, 최근에 발견되어 보존상태가 좋다. 또한 고인돌의 축조과정을 보여주는 채석장이 발견되어 당시의 석재를 다루는 기술, 축조와 운반방법 등을 확인할 수 있는 유적으로 평가된다. 화순 효산리 및 대신리 지석묘군은 사적 제410호로 지정되어 있다.

③ 강화 고인돌유적

인천광역시 강화군 부근리, 삼거리, 오상리 등의 지역에 고려산 기슭을 따라 120여 기의 고인돌이 분포하고 있다. 이곳에는 길이 7.1m, 높이 2.6m의 우리나라 최대의 북방식 고인돌이 있으며, 우리나라 고인돌의 평균고도보다 높은 해발 100~200m까지 고인돌이 분포하고 있다. 강화지석묘는 사적 제137호로, 내가지석묘는 인천광역시기념물 제16호로, 강화 대산리고인돌은 인천광역시기념물 제31호로, 강화 부근리점골지석묘는 인천광역시기념물 제32호로 각각 지정되어 있다.

(2) 세계유산 잠정목록

세계유산 잠정목록은 세계유산 등록과정중에 있는 유산들로서 아직 지정을 받지는 못하였지만 충분한 가능성을 갖고 있는 유산들이라고 할 수 있다. 우리나라의 세계유산 잠정목록에 등록되어 있는 유산으로는 삼년산성, 공주무령왕릉, 강진도요지, 설악산 천연보호구역, 안동하회마을, 월성양동마을, 남해안일대 공룡화석지, 제주도 자연유산지구 등 8개가 있다.

1) 삼년산성

1994년 9월에 세계유산 잠정목록에 등록한 삼년산성(사적 제235호)은 신라 자비왕 13년(470)에 성을 쌓기 시작하여 3년 만에 완성하고, 소지왕 8년(486)에 개축한 석축산성이다. 『삼국사기』에는 축성기간이 3년이 걸렸기 때문에 삼년산성이라 했다는 기록이 있다. 성의 길이는 1,680m이고 성의 내외벽은 납작한 자연석으로 한층은 가로쌓기를 하고 한층은 세로쌓기를 하여 매우 견고하며, 높이는 13~20m로 지형에 따라 다르다. 성 내외벽은 돌을 이용해 쌓거나 흙을 다져쌓는 두 가지 축조방식을 사용하고 있다.

성 안에는 형식이 다른 문지(門址) 4개소와 옹성 7개소, 우물터 5개소, 수구지(水

口址) 등의 시설이 있다.

1983년 발굴조사 당시 삼국시대에서 고려, 조선시대에 이르는 토기조각과 각종 유물이 발견되어 이 성이 신라시대에서부터 조선시대까지 오랫동안 사용되었음이 확인되었다. 이러한 사실은 삼년산성이 위치한 지역이 군사적 요충지일 뿐 아니라 성의 견고함과 수성의 용이함 때문인 것으로 생각된다.

성벽의 견고함은 현재 남아 있는 성벽을 통해 확인이 할 수 있으며, 삼년산성의 성벽축조 방식은 우리나라 고대 축성법 연구자료로서 매우 중요하다.

삼년산성은 지형의 특징을 고려해서 축조한 삼국시대의 대표적인 포곡(包谷)형 산성으로 삼국시대 이후 조선시대에 이르기까지 오랜 기간 동안 사용되어왔으며, 견고하게 축성한 성벽은 우리나라 고대 산성의 축성법 연구자료로 중요한 문화적 가치를 지닌다. 등록기준 : 세계문화유산기준 (Ⅱ) 일정한 시간에 걸쳐 혹은 세계의 한 문화권 내에서 건축, 기념물조각, 정원 및 조경디자인, 관련예술 또는 인간정주 등의 결과로서 일어난 발전사항들에 상당한 영향력을 행사한 유산, (Ⅲ) 독특하거나 지극히 희귀하거나 혹은 아주 오래된 유산, (Ⅳ) 가장 특징적인 사례의 건축양식으로서 중요한 문화적, 사회적, 예술적, 과학적, 기술적 혹은 산업의 발전을 대표하는 양식, (Ⅴ) 중요하고 전통적인 건축양식, 건설방식 또는 인간주거의 특징적인 사례로서 자연에 의해 파괴되기 쉽거나 역행할 수 없는 사회·문화적 혹은 경제적 변혁의 영향으로 상처받기 쉬운 것, (Ⅵ) 역사적 중요성이나 함축성이 현저한 사상이나 신념, 사진이나 인물과 가장 중요한 연관이 있는 유산 등에 부합된다.

2) 공주무령왕릉

1994년 9월에 잠정목록에 등록한 무령왕릉은 백제 웅진도읍기의 왕들과 왕족의 무덤으로 알려진 공주송산리고분(사적 제13호) 중 하나로 백제 제25대 무령왕과 왕비가 합장된 무덤이다. 1971년 배수로 공사중 발견된 무령왕릉에서는 무덤의 주인을 기록한 지석(誌石)과 금제관식(金製冠飾) 등 많은 유물이 출토되었다.

무령왕릉은 산 경사면을 판 다음 벽돌의 쌓아 무덤방과 널길을 만들고 물길을 낸 뒤 그 위에 아치형의 천장을 만든 벽돌무덤이다. 벽은 길이쌓기와 모쌓기를 번갈아 쌓았으며, 아치형의 천장을 만들기 위해서 천장부분에 벽돌의 숫자와 형태를 달리 하였다. 연꽃무늬가 새겨진 벽돌이 주로 사용되었으나 길이쌓기와 모쌓기 방식의 차이에 따라 다른 무늬의 벽돌을 사용했다.

무덤의 구조와 형식은 중국과 고구려의 영향을 받고 있지만 남쪽으로 머리를 둔 관의 위치(왕의 관은 동쪽, 왕비의 관은 서쪽)는 북쪽으로 머리를 두는 중국과 차이를 보인다. 무령왕릉에서는 모두 108종 2,906점의 유물이 출토되었으며, 이 중 금제관장식을 포함한 왕과 왕비의 각종 치레거리[裝身具]들과 청자육이호(青瓷六耳壺), 동발(銅鉢), 지석(誌石) 등이 대표적이다.

무령왕릉은 발견된 지석의 기록을 통해 삼국시대 왕릉 중 피장자와 축조연대를 파악할 수 있는 최초의 고분이며, 무덤 축조 이후 전혀 손상되지 않은 처녀분이라는 점에서 우리나라 삼국시대 고분연구의 중요한 자료로 평가되고 있다. 또한 무령왕릉에서 볼 수 있는 무덤의 형식과 왕과 왕비의 관을 비롯한 부장품은 백제의 문화수준과 풍속의 일면을 알려주는 중요한 자료이며, 중국 남조와 밀접히 관련된 것이라는 점에서 백제문화의 국제적 성격을 잘 나타내고 있다.

세계문화유산기준 (II) 일정한 시간에 걸쳐 혹은 세계의 한 문화권 내에서 건축, 기념물조각, 정원 및 조경디자인, 관련예술 또는 인간정주 등의 결과로서 일어난 발전사항들에 상당한 영향력을 행사한 것, (III) 독특하거나 지극히 희귀하거나 혹은 아주 오래된 것, (IV) 가장 특징적인 사례의 건축양식으로서 중요한 문화적, 사회적, 예술적, 과학적, 기술적 혹은 산업의 발전을 대표하는 양식, (V) 중요하고 전통적인 건축양식, 건설방식 또는 인간주거의 특징적인 사례로서 자연에 의해 파괴되기 쉽거나 역행할 수 없는 사회 · 문화적 혹은 경제적 변혁의 영향으로 상처받기 쉬운 것, (VI) 역사적 중요성이나 함축성이 현저한 사상이나 신념, 사진이나 인물과 가장 중요한 연관이 있는 것 등의 기준에 부합한다.

3) 강진 도요지

1994년 9월에 잠정목록에 등록한 전라남도 강진군 대구면 일대에는 고려시대 청자와 도기를 구웠던 183개의 가마터가 분포하고 있으며, 이 중 보존상태가 좋은 98개의 가마터를 사적으로 지정 관리하고 있다. 이 지역은 지리적으로 남쪽은 바다와 인접해 있어 해로를 통한 수송이 발달했으며, 북쪽에는 크고 작은 산이 있어 땔감이 풍부했다. 또한 도자기의 원료인 고령토와 규석이 산출되어 도자기 생산에 좋은 조건을 갖추고 있었다.

대구면 용운리의 대부분의 가마터는 10세기 후반에서 11세기 중엽에 성립된 초기 청자가마터로서 청자의 기원과 초기청자의 특징을 밝힐 수 있는 중요한 지역이다. 이 가마터에서는 중국의 월주요(越州窯)와, 요주요(耀州窯), 여요(汝窯)와의 관계를 확인할 수 있는 조각들이 발견된다.

계율리 가마터에서는 대체로 11세기 후반에서 12세기 후반까지의 양식화된 상감청자 조각이 많이 발견된다. 사당리 당전마을의 가마터는 12세기 전반에서 13세기에 이르는 것이 대부분이며, 이곳에서 생산되었던 도자기는 우수한 비색과 상감기법을 보여주는 고려청자 최고 전성기의 것으로 평가된다. 수동리 가마터는 14세기 무렵의 고려후기에 해당하며, 도자기의 형태와 기법이 다양하고, 유약의 색과 모양도 매우 다채롭다. 이처럼 대구면 일대의 도요지는 고려시대 전시기의 가마터가 다양하게 분포되어 있으며 구조에 있어서도 각 시기의 특색을 잘 보여주고 있다.

강진 도요지는 1914년부터 가마터가 있는 것으로 알려진 이후 도자사 연구에 있어서 학계의 관심이 집중되고 있다. 이곳의 가마터들은 최초 발견 이후 최근에 이르기까지 수차에 걸친 발굴조사가 진행되었으며, 발굴된 요지 중 그 원형이 비교적 잘 남아 있던 가마 1기는 국립중앙박물관에 이전 복원되어 있다.

강진군 대구면 일대는 고려시대 전시기(10~14세기)의 도요지가 집중적으로 분포되어 있으며, 이곳에서 출토되는 도자기 조각들은 기형(器形)과 기법, 채색 등이 다양하여 고려자기의 발생 및 그 발전과정을 한눈에 볼 수 있는 중요한 자료이다. 사적 제68호로 지정되어 있는 강진 도요지는 다른 지역에서는 그 유례를 찾아볼 수 없는 특징과 한국도자사 연구에 있어서 중요한 위치를 차지하고 있는 문화유산이다.

세계문화유산기준 (Ⅱ) 일정한 시간에 결쳐 혹은 세계의 한 문화권 내에서 건축, 기념물조각, 정원 및 조경디자인, 관련예술 또는 인간정주 등의 결과로서 일어난 발전사항들에 상당한 영향력을 행사한 것, (Ⅲ) 독특하거나 지극히 희귀하거나 혹은 아주 오래된 것, (Ⅳ) 가장 특징적인 사례의 건축양식으로서 중요한 문화적, 사회적, 예술적, 과학적, 기술적 혹은 산업의 발전을 대표하는 양식, (Ⅴ) 중요하고 전통적인 건축양식, 건설방식 또는 인간주거의 특징적인 사례로서 자연에 의해 파괴되기 쉽거나 역행할 수 없는 사회·문화적 혹은 경제적 변혁의 영향으로 상처받기 쉬운 것, (Ⅵ) 역사적 중요성이나 함축성이 현저한 사상이나 신념, 사진이나 인물과 가장 중요한 연관이 있는 것 등에 부합한다.

4) 설악산 천연보호구역

1994년 9월에 잠정목록에 등록한 설악산은 163.6㎢에 이르는 지역이 천연보호구역으로 지정되어 있으며, 최고봉인 1,708m의 대청봉을 비롯해 1,200m를 넘는 높은 봉우리들로 이루어져 있다.

'설악'이라는 이름은 주봉인 대청봉이 1년 중 5~6개월 동안 눈에 덮여 있어서 붙여진 이름이다. 이 지역은 연평균 기온이 섭씨 10도를 넘지 않는 저온지대에 속하며, 연 강우량은 1,000㎜~1,300㎜ 정도이다. 설악산은 화강암과 현무암의 차별침식으로 웅장한 경관을 보여주고 있으며, 이러한 광대한 자연경관이 설악산의 지리적 특징이다. 설악산 천연보호구역은 약 1,292종의 다양한 식물과 1,936종의 동물이 분포하고 있다. 또한 생물학적으로 중요하면서도 희귀한 열목어나 버들치와 같은 어류들도 서식하고 있다. 이 가운데 반달가슴곰, 사향노루, 산양, 수달, 하늘다람쥐, 열목어, 어름치 등은 천연기념물로 지정되어 있다. 특히 금강배나무, 금강봄맞이, 설악금강초롱 등 특산물 65종, 눈측백 노란만병초, 난쟁이붓꽃 등의 희귀식물 56종과 크낙새와 같은 동식물들은 멸종 위기에 놓여 있어 보존해야 할 가치와 중요성이 크다.

설악산 천연보호구역은 뛰어난 자연경관과 함께 전통사찰인 백담사, 신흥사 등의 문화유산이 분포되어 있다. 이 지역에는 신흥사 향서사지 3층석탑 등 보물 5점, 설악산 천연보호구역 등 천연기념물 2점과 지방유형문화재 4점, 지방기념물 2점, 문화재자료 2점이 문화재로 지정되어 있다.

설악산 천연보호구역에는 학술 및 보존가치가 두드러진 많은 생물종이 서식하고 있으며, 아름다운 자연경관은 이 지역의 독특한 특징이다. 또한 설악산 천연보호구역은 많은 문화유산이 분포되어 있어 관광지로서도 보존가치가 높은 중요한 자연유산이다. 이 지역은 1965년 천연보호구역으로, 1970년에는 국립공원관리법에 의거 국립공원으로 지정되었으며, 이후 두 차례에 걸쳐 그 면적이 확대되었다. 1982년에는 유네스코 생물권보존지역으로 설정되었다.

세계자연유산기준 (Ⅲ) 독특하고 그 희귀하거나 최상급의 자연현상, 인간에게 가장 중요한 생태계, 자연적인 지형으로서 특별히 빼어난 자연미를 지닌 조성물이나 지형 혹은 지역, 대집단의 동물들에 의해 제공되는 장소, 자연식물들로 뒤덮인 포괄적인 조망, (Ⅳ) 희귀하거나 멸종위기에 처한 동 · 식물의 종이 아직 생존하고 있는 서식지 범주에는 보편적인 관심과 중요성이 있는 동 · 식물이 집중되어 있는 생태계 등에 부합된다.

5) 안동 하회마을

1998년 7월에 잠정목록에 등록한 안동 하회마을은 조선 중기인 1600년대부터 풍산 유씨들이 모여 주택과 서원 등을 건축하고 마을을 조성한 풍산 유씨의 집성촌이다. 혈연을 중심으로 한 집성촌은 전국 여러 곳에 형성되었으나, 오늘날에는 대부분 소멸되거나 변형되어 그 본래의 모습을 찾아보기 힘들다.

그러나 안동 하회마을은 그 원형을 그대로 보존하고 있을 뿐만 아니라 양반의 주거문화를 대표하는 양진당과 충효당, 북촌댁과 서원건축의 백미인 병산서원과 같은 옛 건축물들은 빼어난 건축미를 자랑하고 있다. 하회마을은 주변 자연경관과 잘 조화를 이루고 있으며 낙동강의 넓은 강류가 마을 전체를 동·남·서 방향으로 감싸고 있어 풍수지리적으로 '연화부수형' 또는 '태극형'이라는 명국으로 알려져 있다. 이곳에는 풍산 유씨 겸암파(풍산 유씨 14대손인 겸암 유운룡의 대종가 계열)와 서애파(조선 선조 때 명재상 서애 유성룡의 지파)가 살고 있다. 마을은 중앙 길을 중심으로 북촌과 남촌으로 크게 나뉘어져 있는데, 북촌의 대표적인 주택으로는 양진당(보물 제306호)과 북촌댁 (중요민속자료 제84호)이, 남촌의 대표적인 주택은 충효당(보물 제414호)과 남촌댁(중요민속자료 제90호)이 있다.

이 마을에는 크고 작은 양반집들과 노비들의 주택인 가람집들, 그리고 원지정사와 병산서원과 같은 독특한 건축들이 자연친화적인 마을구성과 건축배치를 이루면서 산재해 있고, 별신굿과 별신굿 때 쓰이던 하회탈, 부용대에서 벌어지는 줄불놀이 같은 독특한 민간놀이가 전승되고 있다.

또한 「징비록(懲毖錄)」(국보 제132호), 「군문등록(軍門謄錄)」(보물 제160호) 등을 비롯하여 서애선생의 수많은 전적과 교지들이 영모각과 충효당에 소장되어 있다.

안동 하회마을에는 국보 2건(징비록, 하회탈), 보물 2건(충효당, 양진당), 사적 1건(병산서원), 중요민속자료 10건(북촌댁, 남촌댁, 원지정사 등), 중요무형문화재 1건(하회별신굿탈놀이)의 문화재가 지정되어 있다.

안동하회마을은 마을구조, 가옥배치 등이 조선중기 이후의 모습을 간직하고, 자연과 조화를 이루고 있어 우리나라의 전통생활문화와 건축양식을 잘 보여주는 뛰어난 문화유산이다. 세계문화유산기준 (Ⅰ) 독특한 예술적 혹은 미적인 업적, 즉 창조적인 재능의 걸작품을 대표할 것, (Ⅱ) 일정한 시간에 걸쳐 혹은 세계의 한 문화권 내에서 건축, 기념물조각, 정원 및 조경디자인, 관련예술 또는 인간정주 등의 결과로서 일어난 발전사항들에 상당한 영향력을 행사한 것 등에 부합된다.

6) 월성 양동마을

2002년 1월에 잠정목록에 등록한 양동마을은 신라의 고도 경주에서 형상강을 따라 동북쪽으로 16km에 위치하고 있으며, 중요민속자료 제189호로 지정된 민속마을이다.

이 마을은 조선시대 초기에 입향(入鄕)한 이래 지금까지 세거(世居)해온 월성손씨와 여강이씨가 양대문벌을 이루고 있다. 양동마을에는 월성손씨의 종가인 서백당과 여강이씨의 종가인 무첨당을 비롯하여 관가정, 향단 등 조선시대 양반주택들과 하인들이 살았던 초가집들, 그리고 이향정, 수심정 등의 정자와 서당인 강학당 등 조선시대를 대표하는 옛 건물들이 조선시대부터 이어온 민속과 함께 잘 보존되고 있다.

마을의 지세는 산등성이와 골짜기의 구성이 勿자형으로 작은 산등성이와 골짜기에는 반가(班家)들이 비교적 높은 위치에 자리잡고, 그 아래에는 가람집들이 위치하고 있어 조선시대 신분제도의 일면을 엿볼 수 있는 공간적 특징을 보여주고 있다.

현재 양동마을은 번성 당시의 마을 구성을 잘 간직하고 있으며, 풍수지리적으로 좋은 위치(穴자 형상의 위치)에 배치된 주요 건물들은 모두 보물(무첨당 등 3건)과 중요민속자료(수졸당 등 11건)로 지정되어 있다. 현재 이곳은 중요민속마을 지정 이후 엄격한 고증에 의해 보수 · 관리되고 있어 본래의 모습을 가장 잘 간직하고 있다.

산계곡을 따라 펼쳐진 수려한 자연경관과 어우러져 오랜 전통을 간직하고 있는 양동마을은 수많은 전통건조물과 양반가문의 예법, 혼례, 장례, 제사 등의 생활문화 전통이 그대로 보존 계승되고 있으며, 우리나라 민속마을 중 원형이 가장 잘 보존되어 있어 중요한 가치가 있는 전통마을로 평가받고 있다. 세계문화유산기준 (Ⅰ) 독특한 예술적 혹은 미적인 업적, 즉 창조적인 재능의 걸작품을 대표할 것, (Ⅱ) 일정한 시간에 걸쳐 혹은 세계의 한 문화권내에서 건축, 기념물조각, 정원 및 조경디자인, 관련예술 또는 인간정주 등의 결과로서 일어난 발전사항들에 상당한 영향력을 행사한 것 등에 부합한다.

7) 남해안일대 공룡화석지

2002년 1월에 잠정목록에 등록한 남해안일대 공룡화석지는 해남, 화순, 여수, 고성덕명리 등 주로 남해안 일대에 널리 퍼져 있는 공룡관련 화석지다. 한국은 중생대 백악기에 해당하는 세계 최대규모의 공룡발자국 화석산지로서 매우 다양한 공룡화석이 산출되고 있다. 해남 화석지는 많은 공룡발자국과 익룡발자국, 새발자국, 규화목(나무화석), 생흔화석 등이 발견된 지역이다. 공룡발자국 화석은 전체적으로 조각류가 많은데 이곳에서 발견된 초대형 발자국과 별모양 발자국은 세계적으로 유명하며, 두 종류의 물갈퀴새 발자국은 세계에서 가장 오래된 것이다.

특히 익룡발자국은 아시아에서 최초이자 최대규모로서 세계적 신종으로 세계학회에 보고되고 있다. 보성 화석지는 보존상태가 완벽한 공룡알 및 공룡알 둥지가 해안에 넓게 분포되어 있고, 알둥지에서는 공룡알 150여 개가 산출되었다. 알둥지 가운데는 세계적 규모의 공룡알 둥지(최대 직경 1.5m)가 발견되었으며 공룡알 껍질이 8겹이나 중첩되어 있어 세계적으로 드문 초식 공룡 집단산란지로서 공룡의 부화습성 및 산란지 환경을 밝힐 수 있는 세계적인 학술자료로 평가된다.

화순 화석지는 세계적으로 희귀한 중생대 백악기 후반기(약 1억 년 전)의 육식공룡(수각류) 발자국들이 긴 보행렬(일정한 간격으로 걸어간 흔적)을 가지고 나타난다. 이곳에서는 규화목 및 식물화석과 다른 종류의 생흔화석이 다수 발견되고, 연흔(물결이 만들어낸 무늬), 건열(거북등 구조흔적 : 높은 온도로 인해 갈라진 점토질의 균열에 모래가 쌓여 형성됨) 등의 퇴적구조가 뛰어나 강가(하안가) 식생연구와 초식공룡의 먹이사슬 연구에 큰 가치가 있다.

여수 화석지는 5개 섬(사도, 추도, 낭도, 적금도, 목도) 지역의 백악기 퇴적층에 광범위하게 분포되어 있다. 현재 3,546점의 공룡발자국이 발견되어 세계 최대규모일 뿐만 아니라 세계 최대 길이로 평가되는 84m의 조각류 공룡발자국 보행렬이 있다. 이곳은 남부지방과 일본, 중국을 잇는 범아시아의 고생태 환경을 복원할 수 있는 중요한 지역이다.

고성 덕명리 화석산지는 총 420여 개의 발자국 보행렬에 약 3,800여 개의 공룡발자국이 산출되어 양이나 다양성에 있어 세계적이다. 이곳에는 공룡발자국들이 무질서하게 나타나 전형적인 공란구조를 보이는 곳도 있다. 또한 중생대 조류발자국과 물결자국, 사층리, 건열 등 퇴적구조들이 관찰되고 있어 당시의 해륙분포, 퇴적환경, 고환경 및 공룡의 생활상을 보여주고 있다.

남해안의 공룡화석지는 대부분 바닷가에 분포되어 있고 다도해 해상국립공원과 연계되어 있기 때문에 비교적 잘 보존되고 있으며, '거대한 공룡공원'으로서 한국의 공룡화석지를 대표할 수 있다.

남해안일대 공룡화석지는 매우 넓은 규모이면서 보존상태가 완벽한 공룡알 화석산지이며, 세계최대 규모의 익룡발자국 화석과 가장 오래된 물갈퀴 발자국 등이 특징적이다. 또한 이곳은 중생대 백악기 세계최대 규모의 공룡발자국 화석산지이며, 매우 다양한 공룡화석이 산출되고 있어 학술적·역사적 가치가 매우 크다. 세계자연유산기준 (Ⅰ) 지구의 주요한 진화단계를 대표하는 현저한 사례, (Ⅱ) 현재 진행되고 있는 중요한 지질학적 과정, 생물학적 진화 및 인간과 자연환경의 상호작용을 나타내는 현저한 사례, (Ⅳ) 희귀하거나 멸종위기에 처한 동·식물의 종이 아직 생존하고 있는 서식지 범주에는 보편적인 관심과 중요성이 있는 동·식물이 집중되어 있는 생태계 등에 부합한다.

8) 제주도 자연유산지구

제주도 자연유산지구는 2002년 1월에 잠정목록에 등록하였다. 제주도는 한반도에서 약 130km 남쪽에 위치한 화산도로 한라산을 중심으로 섬 전체가 흑갈색의 화산암과 화산토로 덮여 있다. 한라산 보호구역을 중심으로 동북사면은 기생화산군(개월오름 - 바늘오름 - 산굼부리거문악 - 알밤오름 - 체오름)과 용암동굴지대(반티굴 - 만장굴 - 금편사굴 - 당처물동굴), 서남사면의 법정악 - 병악 - 산방산 - 송악산 지대와 오백나한 자연경관 등은 제주도의 형성과정을 이해하는 데 귀중한 자료로서 자연유산적 가치가 크다.

제주도에는 '오름'이라고 불리는 약 360여 개의 측화산(기생화산)이 독특한 경관을 보여주고 있다. 특히 산굼부리 분화구는 특이한 모양과 식물상으로 유명하다. 또한 천연용암동굴이 세계적인 규모로 존재한다. 이 중 만장굴은 총길이가 8,924m로 세계적 규모의 화산동굴이며, 동굴 속 지형 · 지물들은 그 규모와 특수성이 세계적이다. 당처물동굴은 석회질 석순 등 2차 생성물이 다양하고 화려하게 발달해 있다.

이처럼 제주도의 동굴은 학술, 문화, 산업 및 관광 자원의 면에서 매우 중요하고, 수많은 측화산 및 용암동굴은 지구의 화산 생성과정 연구에 있어 큰 학술적인 가치를 지니고 있다.

서귀포 해안에는 주상절리대가 발달하여 아름다운 경관을 보여주고 있으며, 특히 이곳에서는 패류화석 및 동물화석이 많이 산출되어 퇴적 당시의 고환경에 대한 학술적 연구에 귀중한 자료가 된다. 서귀포의 문섬과 범섬은 제주도의 기반 암석인 현무암과 달리 독특하게 조면암으로 구성되어 파식대, 주상절리, 해식동굴 등이 발달하여 경관이 매우 수려하며, 다양한 희귀생물의 서식지로 잘 알려져 있다.

제주도는 생물다양성 보전의 측면에서도 매우 중요하다. 한국산 관속식물의 약 절반이 제주도에 자생하며 약 200여 종의 한국 특산종이 분포한다. 또한 한국의 멸종위기종 및 보호야생종의 약 1/2이 제주도에 분포한다. 제주도의 정상부에는 빙하시대에 남하했던 한대성 식물종이 서식하고 있으며, 저지대와 섬의 난림대에도 많은 고유종과 멸종위기종이 서식하고 있다. 특히 한라산은 생태계의 보고로서 식물 총 1,565종과 동물 1,179종이 자생하고 있다.

제주도의 해발 약 800m 이상은 국립공원으로 보호되고 있어 생태계가 거의 원형을 유지하고 있다. 천연보호구역으로 지정된 서귀포 앞바다의 범섬과 섭섬도 보존상태가 양호하며, 제주도 동북능선 오름지대도 전체적인 지형과 지하 동굴이 비교적 원형을 잘 유지하고 있다.

제주도는 수많은 측화산과 세계적인 규모의 용암동굴, 다양한 희귀생물 및 멸종위기종의 서식지가 분포하고 있어 지구의 화산 생성과정 연구와 생태계 연구의 중요한 학술적 가치가 있으며, 한라산 천연보호구역의 아름다운 경관과 생물·지질 등은 세계적인 자연유산으로서 가치를 지니고 있다. 세계자연유산기준 (Ⅰ) 지구의 주요한 진화단계를 대표하는 현저한 사례, (Ⅳ) 희귀하거나 멸종위기에 처한 동·식물의 종이 아직 생존하고 있는 서식지 범주에는 보편적인 관심과 중요성이 있는 동·식물이 집중되어 있는 생태계 등에 부합된다.

2. 우리나라의 세계기록유산

(1) 훈민정음

훈민정음이란 백성을 가르치는 올바른 소리란 뜻이다. 조선 제4대 임금인 세종은 그때까지 사용되던 한자가 우리말과 구조가 다른 중국어의 표기를 위한 문자체계이기 때문에 많은 백성들이 배워 사용할 수 없는 사실을 안타까워하여 세종 25년(1443)에 우리말의 표기에 적합한 문자체계를 완성하고 '훈민정음'이라 명명하였다.

세종 28년(1446)에 정인지 등이 세종의 명을 받아 설명한 『한문해설서』를 전권 33장 1책으로 발간하였는데 책의 이름을 『훈민정음』이라고 하였다. 해례가 붙어 있어서 훈민정음 해례본 또는 훈민정음 원본이라고도 한다. 현존본은 1940년경 경북 안동 어느 고가에서 발견된 것으로서 국내에서 유일한 귀중본이다.

세종은 새로 만든 새 문자에 대하여 창제의 목적을 밝힌 서문과 새 문자 하나하나에 대하여 개괄적으로 예시하고 설명한 글을 짓고, 집현전의 학자들에게 이에 대한 자세한 설명과 용례를 짓도록 하여 책을 만들고, 이것을 백성들에게 널리 공표하였다.

이 책에는 세종어제 서문과 훈민정음 음가 및 운용법을 밝힌 예의편이 제자해, 초성해, 중성해, 종성해, 합자해, 용자례 순으로 기술되어 있다.

세계의 많은 민족들이 자기의 언어를 표기하기 위하여 문자를 만들려고 노력하였으나, 한글과 같이 일정한 시기에 특정한 사람이 이미 존재한 문자에서 직접 영향받지 않고 독창적으로 새 문자를 만들고 한 국가의 공용문자로 사용하게 한 일은 세계적으로 유례가 없는 일이다. 더욱이 새 문자에 대한 해설을 책으로 출판한 일은 유례가 없었던 역사적인 일이었다. 특히, 이 책에서 문자를 만든 원리와 문자 사용에 대한 설명에 나타나는 이론의 정연함과 엄정함에 대해서는 세계의 언어학자들이 매우 높게 평가하고 있다.

이 책에 실린 정인지의 서문이 1446년 음력 9월 상순에 쓰여졌다고 되어 있어 늦어도 음력 9월 10일에 출판된 것으로 추정된다. 정부에서 이 책의 출판일을 기념하여 한글날로 제정한 것이나 유네스코에서 문맹퇴치에 공헌한 사람들에게 세종대왕상을 주는 것은 이 책의 문화사적 의의를 나타낸다.

훈민정음은 국보 제70호로 지정되어 있으며 1997년 10월 유네스코 세계기록유산으로 등록되었다.

훈민정음, 곧 한글은 28자로 된 알파벳으로, 오늘날에는 24자만 사용되는데, 한국어를 완벽하게 표기할 수 있을 뿐 아니라 배우기와 사용하기에도 편리한 문자체계이다. 문자체계 자체로도 독창적이며 과학적이라고 인정되고 있어 그 의의가 크다 할 것이다.

이 책은 정인지, 신숙주, 성삼문, 최항, 박팽년, 강희안, 이개, 이선로 등 집현전의 8학자가 집필한 것으로 훈민정음의 내용을 살펴보면 두 부분으로 되어 있는데 제1부는 세종이 지은 것으로 책의 본문에 해당된다.

본문의 내용은 새 문자를 창제한 목적을 천명한 훈민정음 서문과, 새 문자 28자를 초성 11자로 나누어 차례로 예시하고 설명한 다음에 이들을 결합하여 우리말을 표기하는 방법으로 제시한 예구로 되어 있다.

제2부는 세종의 명령에 따라 젊은 학자들이 지은 본문에 대한 주석이다. 그것은 새 문자의 제작원리를 설명한 제자해, 음절 두음을 표기하는 자음 17자를 설명한 초성해, 모음 11자를 설명한 중성해, 음절말지음을 설명한 종성해, 초성 · 중성 · 종성이 결합하여 음절을 표기하는 방법을 설명한 합자해, 새 문자로서 단어를 표기한 예를 보인 용자례의 6장으로 나뉜다. 끝에는 정인지의 훈민정음 해례본 서문이 붙어 있다.

훈민정음은 전체 분량이 본문 4장, 주석과 정인지의 서문 29장으로 된 33장에 지나지 않으나, 이론 전체가 정연하고 서술이 과학적인 내용의 책이다. 문자를 만든 원리와 문자사용에 대한 설명에 나타나는 이론은 현대의 세계 언어학자들이 높이 평가하고 있다.

훈민정음을 서지학적으로 살펴보면 본체가 33장, 표지가 2장으로 된 책인데, 세로 32.3cm, 가로 20cm의 크기로 되어 있다. 장정은 전통적인 방식에 따라 5침안으로 된 선장본이다. 책의 크기가 당시 중국과 일본의 책들보다 크다. 이 책은 유려한 글씨로 정교하게 새긴 목판으로 인쇄되어 있다. 사용된 종이나 먹도 우수하여 한국의 15세기 출판문화의 우수함이 드러나 있다. 책장은 각기 2면이 인쇄되어 있는데, 인쇄된 1면의 크기는 세로 23.3cm, 가로 16.5cm이다. 이 책에는 구두점과 성조 표시의 구너점이 사용되어 있다. 세종이 창제한 새 글자는 오늘날까지 자형이 조금씩 변화되어왔으나 이 책의 자형이 가장 초기의 모습이다.

(2) 조선왕조실록

『조선왕조실록』은 조선왕조의 시조인 태조로부터 철종까지 25대 472년간(1392~1863)의 역사를 연월일 순서에 따라 편년체로 기록한 책으로 총 1,893권 888책으로 되어 있는 가장 오래되고 방대한 양의 역사서이다. 『조선왕조실록』은 조선시대의 정치, 외교, 군사, 제도, 법률, 경제, 산업, 교통, 통신, 사회, 풍속, 미술, 공예, 종교 등 각 방면의 역사적 사실을 망라하고 있어 세계적으로 그 유례가 없는 귀중한 역사 기록물이다. 또한 『조선왕조실록』은 그 역사기술에 있어 매우 진실성과 신빙성이 높은 역사기록이라는 점에서 의의가 크다.

『조선왕조실록』의 기초자료 작성에서 실제 편술까지의 편수 간행작업을 직접 하였던 사관은 관직으로서의 독립성과 기술에 대한 비밀성을 제도적으로 보장받았다. 실록의 편찬은 다음 국왕 즉위한 후 실록청을 개설하고 관계관을 배치하여 편찬하였으며 사초는 군주라고 해도 함부로 열람할 수 없도록 비밀을 보장함으로써 이 실록의 진실성과 신빙성을 확보하였다.

실록이 완성된 후에는 특별히 설치한 사고에 각각 1부씩 보관하였는데, 임진왜란과 병자호란을 거치면서 사고의 실록들이 병화에 소실되기도 하였으나 그때마다 재출간하거나 보수하여 20세기 초까지 정족산, 태백산, 적상산, 오대산의 4사고에 각각 1부씩 전하여 내려왔다.

정족산, 태백산 사고의 실록은 1910년 일제가 당시 경성제국대학으로 이관하였다가 광복 후 서울대학교 규장각에 그대로 소장되어 현재에 이르고 있다. 오대산 사고의 실록은 일본으로 반출하여 갔다가 관동대지진으로 소실되어 현재 27책만 남아 있다. 적상산본은 구황궁 장서각에 소장되어 있다가 1950년 한국전쟁 당시 북한이 가져가 현재 김일성종합대학에 소장되어 있다. 1984년 서울대학교 규장각에 함께 보관되어 있는 『조선왕조실록』 정족산본 및 태백산본을 분리하여 안전하게 보관하고 있다.

『조선왕조실록』은 정족산본 1,181책, 태백산본 848책, 오대산본 27책, 기타 산엽본 21책을 포함해서 총 2,077책이 일괄적으로 국보 제151호로 지정되어 있으며, 1997년 10월에 유네스코 세계기록유산으로 등록되었다.

실록편찬시 이용되는 자료는 정부기관에서의 보고문서 등을 정리해둔 춘추관시

정기, 전왕 재위시의 사관들이 작성해 둔 사초(史草), 『승정원일기』, 의정부등록, 일성록 등 정부 주요기관의 기록과 개인의 문집 등이었다.

특히 사초는 사관들이 국가의 모든 회의에 빠짐없이 참가하여 왕과 신하들이 국사를 논의, 처리하는 것을 사실대로 기록하는 동시에 그 잘잘못 및 인물에 대한 비평, 그리고 기밀사무 등을 직필(直筆)하였다. 조선시대에는 사법(史法)이 매우 엄하여 사관 이외에는 아무도 볼 수가 없었으며, 기록의 진실성을 확보하기 위해서 왕까지도 보지 못하게 하였다.

『조선왕조실록』의 세계적 기록유산으로서의 의의는 다음과 같다.

첫째, 『조선왕조실록』은 25대 군주의 실록이며, 472년간의 역사를 수록한 것이기에 한 왕조의 역사적 기록으로 세계에서 가장 장구한 세월에 걸친 실록이다. 세계적으로 알려진 중국의 대청역조실록(大淸歷朝實錄)도 296년간에 걸친 실록에 불과하다.

둘째, 『조선왕조실록』은 가장 풍부한 내용을 담은 세계적인 역사서이다. 일본의 삼대실록(三代實錄)은 빈약한 것이고, 남원조(南院朝)의 대남실록(大南實錄)은 548권으로 편성되었다. 중국의 황명실록(皇明實錄)은 2,964권으로 된 대질이나 권수만 많을 뿐이지 기록내용은 소략하다. 『조선왕조실록』이 총 6,400만 자인데 대해 황명실록은 총 1,600만 자에 불과하다.

셋째로, 『조선왕조실록』은 내용이 다양하여 가히 백과전서적 실록이라고 이해되고 있다. 『조선왕조실록』은 조선시대의 정치, 외교, 사회, 경제, 학예, 종교 생활로부터 천문, 지리, 음악, 과학적 사실이나 자연재해나 천문현상과 동북아시아의 외교적 관계가 수록되어 있는 종합사서요, 국왕에서 서민에 이르기까지의 생활기록이 담겨져 있는 민족문화서인 것이다.

넷째, 『조선왕조실록』은 그 역사기술에 있어 매우 진실성과 신빙성이 높은 역사기록물이다. 『조선왕조실록』의 기초자료 작성에서 편술까지 담당했던 사관은 관직으로서의 독립성과 기술에 대한 비밀성을 보장받던 전문 관료였다. 사관의 기록은 군주라고 해도 함부로 열람할 수 없었고, 비밀이 보장되는 제도가 이 실록의 진실성과 신빙성을 보장하였다.

다섯째로, 활자로 인쇄 간행된 『조선왕조실록』은 한국 인쇄문화의 전통과 높은 문화수준을 보여주는 역사서인 것이다. 조선은 세계적으로 금속활자를 가장 앞서 실용한 고려시대의 전통을 이어, 활자개량에 힘쓰고, 각종 도서를 간행해온 전통이 있었다.

여섯째, 조선말기까지 이들 실록이 완전하게 보존되어온 것도 세계적으로 유례를 보기 힘든 일이다. 선왕의 실록편찬 사업이 끝나면 최종원고 4부를 인쇄하여 서울의 춘추관과 불의의 사고에 대비하기 위해 각지 깊은 산중에 소재하던 사고에 보관해왔다.

끝으로, 『조선왕조실록』은 일본, 중국, 몽고 등 동아시아 제국의 역사연구, 관계사 연구에도 귀중한 기본 자료이기도 하다

(3) 직지심체요결

『백운화상초록불조직지심체요절』은 백운화상이 75세였던 고려 공민왕 21년(1372)에 노안을 무릅쓰고 선도(禪徒)들에게 선도(禪道)와 선관(禪觀)의 안목을 자각케 하고, 선풍(禪風)을 전등(傳燈)하여 법맥을 계승케 하고자 저술한 것으로서, 그 제자 석찬과 달담이 비구니 묘덕의 시주를 받아 청주 홍덕사에서 1377년 7월에 금속활자로 인쇄하였다.

『불조직지심체요절』은 「경덕전등록(景德傳燈錄)」, 「선문염송집(禪門拈頌集)」 등의 사전부(史傳部)의 여러 불서를 섭렵하고 역대의 여러 불조사(諸佛祖師)의 게(偈), 송(頌), 찬(讚), 가(歌), 명(銘), 서(書), 법어(法語), 문답(問答) 중에서 선(禪)의 요체를 깨닫는 데 필요한 것만을 초록(抄錄)하여 찬술(撰述)한 것이 그 주된 내용이다.

『불조직지심체요절』의 '직지심체'는 "직지인심 견성성불(直指人心 見性成佛)"이라는 수신오도(修身悟道)의 명귀에서 채록한 것으로 "참선하여 사람의 마음을 직시하면, 그 심성이 곧 부처님의 마음임을 깨닫게 된다"는 것이다. 본서는 우리나라의 학승들이 대교과(大教科)를 마치고 수의과(隨意科)에서 공부하는 데 사용되는 대표적인 학습서인 것이다.

『불조직지심체요절』을 편찬한 백운화상은 백운이 그의 호이며, 법명은 경한이다. 고려 충렬왕 24년(1289)에 전라도 고부에서 출생하여, 공민왕 23년(1374)에 여주의 취암사에서 77세를 일기로 입적하였다. 화상은 어려서 출가하여 불학을 익히고 수도하는 데에만 전념하였다. 후에 백운화상은 중국 호주 하무산 천호암의 석옥청공화상으로부터 직접 심법을 전수받았으며, 인도의 지공화상에서도 직접 법을 물어 도를 깨달았던 것이다. 귀국한 뒤에는 태고 보우국사(1301~1382)나 혜근 나옹화상(1320~1376)과 더불어 대선사로서 어깨를 나란히 하였다. 뿐만 아니라 황해도 해주의 안국사에서 11년 동안이나 선림(禪林)의 정업(精業)에 전력하였고, 뒤에는 해주의 신광사에서 후학들을 계도하였다.

『불조직지심체요절』이 해외로 유출된 경위는 조선시대 고종 때 주한 불란서대리

공사로 서울에서 근무한바 있는 꼴랭 드 쁠랑시(Collin de Plancy)가 수집해간 장서에 포함되어 있던 것이 그 후 골동품수집가였던 앙리베베르(Henry Vever)에게 넘어갔으며, 그가 1950년에 사망하자 유언에 따라 프랑스국립도서관으로 이관되어 오늘에 이르고 있다. 이 책은 상 · 하 2권으로 되어 있으나, 현재 하권만이 유일하게 프랑스에 소장되어 있다. 하권은 39장으로 이루어져 있는데, 첫째장은 없고 2장부터 39장까지 총 38장만이 보존되고 있다.

홍덕사의 창건년대와 규모는 알수 없으나, 『불조직지심체요절』 하권 간기에 고려 우왕 3년(1377)에 청주 홍덕사에서 금속활자로 책을 인쇄하였음을 명기하고 있는데, 이것은 독일의 구텐베르그보다 70여 년이나 앞선 것으로 1972년 유네스코가 지정한 '세계 도서의 해'에 출품되어 세계에서 가장 오래된 금속활자본으로 공인된 것이다.

그러나 홍덕사지의 위치를 확인할 수 없던 중 발굴조사 결과 출토된 청동으로 만든 북과 청동불발에 '서원부 홍덕사(西原府 興德寺, 서원은 신라 때 청주의 이름)'라는 글자가 음각되어 있어 이곳이 바로 「백운화상초록불조직지심체요절」을 간행한 홍덕사임을 입증하게 되었다.

이 책은 금속활자를 이용하여 인쇄하였는데, 인쇄술을 보다 편리하고 경제적이며 교정을 쉽게 해주었고 이 모든 것은 책의 신속한 생산에 공헌하였다. 또한 활자 인쇄술에 적합한 먹, 즉 기름먹을 발명하는 계기가 되었으며, 한국이 혁신한 실용적인 활판 인쇄술은 동양 인쇄사에 지대한 영향을 끼쳤고, 유럽 등지로 전파된 것으로 보인다.

이 책은 이러한 가치를 인정받아 2001년 9월 유네스코 세계기록유산으로 등록되었다.

(4) 승정원일기

승정원은 조선 정종대에 창설된 기관으로서 국가의 모든 기밀을 취급하던 국왕의 비서실이라 할 수 있는 곳으로, 1623년(인조 1) 3월부터 1894년(고종 31) 6월까지 272년간 승정원에서 처리한 국정 기록과 승선원, 궁내부, 비서감, 규장각으로 명칭이 바뀌면서 1910년(융희 4)까지 총 3,243책의 기록이 남아 있다.

『승정원일기』는 조선왕조 최대의 기밀 기록인 동시에 사료적 가치에 있어서 『조선왕조실록』, 『일성록』, 『비변사등록』과 같이 우리의 역사와 문화를 세계에 자랑할 만한 자료이며, 또한 세계기록유산으로 등재된 『조선왕조실록』을 편찬할 때 기본자료로 이용하였기 때문에 실록보다 오히려 가치있는 자료로 평가되고 있음은 물론, 원본이 1부밖에 없는 귀중한 자료로 국보 제303호(1999. 4. 9)로 지정되어 있다. 이는 세계 최대 및 1차 사료로서의 가치를 인정받아 2001년 9월 유네스코 세계기록유산으로 등록되었다.

내용을 보면 국정 전반에 걸친 광범위한 사실의 기록으로 계품(啓稟), 전지(傳旨), 청패(請牌), 청추(請推), 정사(呈辭), 상소(上疏), 선유(宣諭), 전교(傳敎) 등에 관한 것이다. 이 책의 기재 방식을 보면 한 달을 기준으로 책머리에 월간 경연상황, 내전의 동향을 기록하고 다음으로 승정원의 관리 및 당직자의 표시와 출근실태를 표시하고, 마지막에 승정원의 업무현황, 왕 및 내전의 문안, 승정원의 인사관계 등의 내용을 실었다.

『승정원일기』는 일기식으로 한 달에 1책씩 작성하는 것을 원칙으로 하였으나 후기로 올수록 내용이 많아져 한 달에 2책 이상이 되는 경우도 있다. 또한 조선 건국 초부터 정리되었으나 조선전기분(朝鮮前期分)은 임진왜란 등의 병화로 대부분 소실되었고 현재는 3,243책만이 남아 있으며, 국사 연구뿐만 아니라 한국의 정치, 경제, 사회, 외교, 문화, 군사 등 모든 학문 연구에 필수적인 자료이다.

그 사료적 가치는 중국의 『중국 25사』(3,386책, 약 4,000만 자) 및 우리나라 『조선왕조실록』(888책, 5,400만 자)보다 더 방대한 세계최대의 연대 기록물(총 3,243책, 글자 수 2억4천250만 자)이며, 『조선왕조실록』이 국왕 사후 사관들에 의해 편집된 2차 자료라면 『승정원일기』는 당시의 정치·경제·국방·사회·문화 등에 대한 생생한 역사를 그대로 기록한 조선시대 1차 사료인 것이다. 고종 31년 갑오경장 이후의 일기 내용은 일제에 의한 내정 간섭기 궁중기록이므로 조선왕(황제)의 결제를 요하는 사건과 기타 궁중의 비화를 기록한 것이므로 근대사 연구의 1차 기본 사료가 된다.

또한 17세기부터 20세기 초까지 일기로 300년간의 국문학의 변천과정을 확인할 수 있는 국문학적 가치가 인정되고 있으며, 288년간 매일의 날씨 정보를 기록한 것으로서 특히 『조선왕조실록』의 날짜는 60갑자로만 표기되어 있어 오늘날 우리가 쓰는 태양력으로 환산하는 데 많은 혼란을 겪고 있으나 『승정원일기』는 60갑자와 수시력역법의 일자를 동시에 표기하고 있어 역사의 기초자료가 되고 있다. 또한 전통적인 유교사회 내부로부터 자생적인 천주교 수용이 민중들 사이에 어떻게 전개되었으며, 이에 대한 정치권의 대응 등을 자세히 살필 수 있다.

서울대학교 규장각에 소장되어 있는 『승정원일기』 원본은 보존을 위하여 공개하지 않고 있으나, 영인본 『승정원일기』(국사편찬위원회 1961~1977년 간행)와 정신문화연구원에서 철종 2년(1851)부터 순종융희 4년(1910)까지의 일기 필사본은 인터넷으로 제공하고 있으며, 향후 국사편찬위원회에서는 영인본 전체를 디지털화하여 인터넷으로 일부 제공하고 있다.

3. 우리나라의 무형유산

현재 우리나라는 종묘제례와 제례악(Royal Ancestral Rite and Ritual Music in Jongmyo Shrine)이 인류구전 및 무형유산 걸작에 등록되어 있다. 또한 잠정목록으로 강릉단오제(중요무형문화재 제13호), 옹기장(중요무형문화재 제96호), 처용무(중요무형문화재 제39호), 제주칠머리당굿(중요무형문화재 제71호), 나전장(중요무형문화재 제10호)이 선정되어 있다.

(1) 종묘제례 및 제례악

종묘제례란 종묘에서 행하는 제향의식으로, 조선시대의 나라제사 중 규모가 크고 중요한 제사였기 때문에 종묘대제라고도 한다. 종묘는 조선시대 역대 왕과 왕비, 그리고 나라에 공적이 있는 공신들의 신주를 모셔놓은 사당으로, 사직과 더불어 국가의 근본을 상징하는 가장 정제되고 장엄한 건축물이다. 종묘 정전의 19개 신실에는 태조를 비롯한 19분의 왕과 왕비 30분의 신주가 모셔져 있으며, 영녕전 16실에는 추존된 왕과 왕비의 신위 등 33분의 신주를 봉안하고 있다.

종묘제례는 왕실에서 거행되는 장엄한 국가제사이며, 임금이 친히 받드는 존엄한 길례였다. 유교사회에서는 길례(吉禮) · 흉례(凶禮) · 군례(軍禮) · 빈례(賓禮) · 가례(家禮)의 다섯 의례(五禮) 중 길례인 제사를 으뜸으로 여겼으며, 이를 '효' 실천의 근본으로 삼았다. 유교가 국가의 근본이념이었던 조선시대에도 조상에 대한 숭배를 인간의 도리이자 나라를 다스리는 가장 중요한 법도로 여겨 제사를 특히 중시하였으며, 예로부터 종묘와 사직을 세우고 나라를 건국하고 번영시킨 왕과 왕실의 조상과 국가 발전에 공헌한 문무대신들에게 제사를 드렸다.

종묘제례는 크게 정시제와 임시제로 나뉘며, 계절에 따라 햇과일이나 곡식을 올리는 천신제(薦新祭)도 있었다. 정시제는 봄 · 여름 · 가을 · 겨울의 첫달인 1월 · 4월 · 7월 · 10월과 납일(臘日 : 12월에 날을 잡아 지내는 섣달제사)에 지냈으며, 임시제는 나라에 좋은 일과 나쁜 일이 있을 때마다 지냈다. 종묘제례는 광복 이후 한때 폐지되었다가 1969년부터 전주이씨대동종약원이 행사를 주관하여 현재는 매년 5월(양력) 첫번째 일요일에 봉행되고 있다.

종묘제례는 제사를 지내는 예법과 예절에 있어서 모범이 되는 의식이기 때문에 제례는 매우 엄격하고 장엄하게 진행된다. 종묘제례의 절차는 신을 맞이하는 절차, 신이 즐기도록 하는 절차, 신을 보내드리는 내용으로 구성되어 있다.

그 절차를 보면 선행절차 → 취위(就位, 제사가 시작하기 전에 제관들이 정해진 자리에 배치됨) → 영신(迎神, 조상신을 맞이함) → 신관례(神官禮, 왕이 제실까지 가서 향을 피워 신을 맞아들임) → 진찬(進饌, 음식과 고기를 드림) → 초헌례(初獻禮, 초헌관이 술을 올리고 절하며 축문을 읽음) → 아헌례(亞獻禮, 신에게 둘째 술잔을 올림) → 종헌례(終獻禮, 마지막 술잔을 올림) → 음복례(飮福禮, 제사에 쓴 술이나 음식을 나누어 먹음) → 철변두((撤籩豆, 제상에 놓인 고기나 과일을 거둠) → 송신(送神, 조상신을 보냄) → 망료(望燎, 제례에 쓰인 축문과 폐를 태움) → 제후처리(祭後處理)의 순서로 진행된다.

종묘제례는 최고의 품격을 갖추고 유교절차에 따라 거행되는 왕실의례이며, 이를 통해 동양의 기본이념인 '효'를 국가차원에서 실천함으로써 민족공동체의 유대감과 질서를 형성하는 역할을 하였다. 이와 함께 종묘라는 조형적인 건축공간에서 진행되는 종묘제례의 장엄하고 정제된 아름다움은 자연과 어우러진 동양적 종합예술의 정수이며, 500년이라는 시간과 공간을 초월한 우리의 소중한 정신적 문화유산이다.

종묘제례악은 조선왕조 역대 임금과 왕비의 위패를 모신 종묘에서 제사를 드릴 때 의식을 장엄하게 치르기 위하여 연주하는 기악과 노래·춤을 말한다. 이는 조선 세종 때 궁중연회에 사용하기 위해 만들어졌던 보태평과 정대업에 연원을 두고 있으며, 세조 10년(1464년) 제례에 필요한 악곡이 첨가되면서 종묘제례악으로 정식 채택되었다. 종묘제례악은 이후 임진왜란과 병자호란을 겪으면서 일시적으로 약화되거나 중단되기도 하였지만, 영조 때 일부 변화를 거치면서 오늘날까지 전승되고 있다.

종묘제례악은 제례가 진행되는 동안 각각의 절차에 따라 보태평과 정대업 11곡이 서로 다른 악기로 연주된다. 정전 앞 계단 위(상월대)에서 노랫말이 없는 음악을 연주하는 악단은 등가라 부르고, 계단 아래 뜰(하월대)에서 노랫말 있는 음악을 연주하는 악단은 헌가라고 부르는데, 악기편성은 시기에 따라 조금씩 변화를 보이며 현재에 이르고 있다.

보태평과 정대업의 간결하고 힘찬 노래는 위대한 국가를 세우고 발전시킨 왕의 덕을 찬양하는 내용으로 되어 있으며, 종묘제례악이 연주되는 동안 문치와 무공을 상징적으로 보여주는 무용인 문무와 무무가 곁들여진다. 문무는 역대 선왕들의 문덕을 기리는 춤으로 보태평지악에 맞추어 왼손에는 피리종류인 약(약)을 오른손에는 깃털을 단 적(翟)을 들고, 무무는 선왕들의 무공을 칭송하는 춤으로 정대업지악에 맞추어 나무로 만든 칼과 창, 활과 화살을 들었다.

종묘제례악은 편종, 편경, 방향과 같은 타악기가 주선율이 되고, 여기에 당피리, 대금, 해금, 아쟁 등 현악기의 장식적인 선율이 부가된다. 이 위에 장구, 징, 태평소, 절고, 진고 등의 악기가 더욱 다양한 가락을 구사하고 노래가 중첩되면서 종묘제례악은 그 어떤 음악에서도 느끼기 어려운 중후함과 화려함을 전해준다.

종묘제례와 종묘제례악은 중요무형문화재 제56호와 제1호로 지정되어 보존 · 전승되고 있으며, 2001년 5월 18일 유네스코로부터 '세계무형유산걸작'으로 선정되었다.

제 9 장

관광자원의 개발

■ 관광자원 개발의 개념과 유형

■ 관광개발의 새로운 방향

제 1 절 관광자원 개발의 개념과 유형

1. 관광자원 개발의 개념

개발이라는 말의 의미는 자연자원이나 인문자원에 인간이 지닌 기술·인력·자본 등을 도입하여 자원이 지닌 잠재력을 현재화시켜 인간생활에 편익을 줌으로써 인간의 복지를 증진시키려는 일련의 행위를 가리킨다.

관광개발은 원시상태의 미개발단계에서 관광객의 새로운 차원의 다양한 욕구를 충족시킬 수 있는 단계까지 이끌어가는 과정으로 규정할 수 있다. 우리나라 관광진흥법에서 말하는 관광개발이란 관광자원 개발만을 의미하는 것으로 관광지개발과 관광단지조성, 지원시설의 마련을 뜻한다고 할 수 있다.

관광개발의 개념을 파악하는 데는 두 가지의 견해가 있을 수 있는데, 첫째는 관광자원의 개발, 즉 관광자원을 정비하여 그것을 관광객들에게 이용하도록 하게 하는 것으로서, 이는 관광자원의 이용을 통해 관광행동이 촉진된다고 보는 견해이다. 이 견해는 관광진흥법에서 말하는 관광개발이 된다. 둘째는 인간들이 가지고 있는 관광욕구를 만족시켜주기 위해 잠재적 관광자원을 관광객이 이용 가능한 상태로 만들고 관광과 관련된 각종의 시설을 설치함으로써 관광레크리에이션 지역을 만들어주는 것이라는 것이다.

관광지는 전술한 바와 같이 관광객이 그의 일상생활 공간을 떠나서 자신의 관광욕구를 충족시키면서 일정시간 동안 체재하는 지역이다.

그러므로 관광지 개발은 관광자원의 현재상태를 인간의 지혜, 노력, 자본투입으로 현재 현상보다 나은 지역으로 개발하는 일련의 행위를 말한다.

통상 관광개발과 관광지 개발이 혼동되고 있는데 관광지 개발은 관광회유, 관광대상, 관광시설 측면에서의 개발이고, 관광개발은 이의 요소에 교통사항까지 고려하는 것을 의미한다.

관광개발을 관광자원 개발, 즉 관광자원을 정비하여 그것을 일반이 관광목적으로 이용할 수 있도록 제공하는 일이라고 보는 협의의 관광개발과 사람들이 가진 관광욕구를 충족시키기 위하여, 관광자원의 활용과 관광관련 기능을 가진 각종 관광시설을 설치하여 관광행동을 가능하게 하고 촉진할 수 있는 관광지를 조성하는 일이라고 보는 광의의 관광개발로 구분할 수 있는데, 관광개발이라면 위의 두 가지 정의가운데서 후자가 더 보편적인 개념으로 받아들여지고 있다.

오늘날 현대의 관광사업경영에서 보면, 관광개발을 단순히 관광자원의 관광대상화라는 의미로만 인식해서는 안 되고, 관광자원에 이용가치를 부가시켜 유형·무형의 수용자세를 개발·정비하는 일들이 모두 관광개발에 포함되는 사업내용이어야 한다는 점에서 현대 관광개발은 두번째의 견해에 중점을 맞추어나가야 한다는 것을 시사하고 있다.

이러한 관광개발의 목표로는 다음과 같은 사항을 들 수 있다.

- 관광의 경제적 혜택을 통하여 지역주민들의 생활수준을 향상시키는 기틀을 제공한다.
- 사회간접시설을 개발하고, 방문객과 지역주민 모두를 위한 레크리에이션 시설을 제공한다.
- 지역의 관광개발 목적에 맞는 관광객 센터와 휴양지 내 각종 이용시설의 개발을 보장한다.
- 관광국, 지방 정부 및 주민들의 문화적·사회적·경제적 역할과 일치하는 개발 계획을 수립한다.
- 관광객 만족도를 최적화한다.

한편 관광개발이 가져오는 효과는 다음과 같다.

- 관광자원의 가치상실 또는 감소를 최대한 줄이고, 관광자원 고유의 경관미를 보호, 육성하게 된다.
- 관광지 내의 사적, 고유문화재 및 천연기념 등이 제자원을 합리적이고 효과적인 방법에 의하여 학술적인 연구와 정서적 교육에 제공함으로써 문화와 발전과 국민정신의 순화를 기하게 된다.
- 숙박시설을 비롯하여 오락, 스포츠시설, 쇼핑, 교통기관 등에 필요한 제반시설의 수용능력을 증대시키게 된다.
- 계절에 구애받음이 없이 많은 외래관광객 및 내국인 방문객들을 유치하여 관광대상의 종류가 늘어나고, 다양화를 기하게 된다.
- 관광의 경제적 효과를 통해 국민과 주민의 생활수준을 향상시키는 일종의 개념들을 제공하게 된다.
- 관광기반시설의 개발을 통해 방문자나 지역주민에게 동등한 레크리에이션 시설과 이익을 제공함으로써 국민의 보건 향상과 정서함양을 기하게 된다.

2. 관광개발의 유형

관광개발의 유형은 개발주체, 지역범위와 관광객 유치반경, 개발기간, 관광자원 의존도 등에 따라 분류할 수 있다.

(1) 개발주체에 따른 유형

1) 공공주도형 관광개발

공공주도형 관광개발은 국가, 지방자치단체 또는 관광공사, 토지개발공사 등과 같은 정부투자기관에서 직접 또는 간접적으로 개발의 주체가 되는 것을 의미한다. 관광개발의 공공주도형은 공익성을 확보하기 위해 국토개발과 자연환경을 중심으로 한 관광자원의 효율적인 보전과 일반국민 대중에게 관광활동에 보다 많은 참여기회를 제공함으로써, 궁극적으로는 복지를 증진시키고자 하는 것이 그 목적이라고 할 수 있다.

공공주도형 관광개발은 민간자본에 의한 민간주도형 관광개발에 비하여 자연보호, 환경보존 및 공익우선이라는 공공적인 측면이 강조되어 공공성이 높은 반면, 서비스를 위주로 하는 관광산업의 경영적 측면에서 보면 공공성과 영리성을 양립시키기 어려운 점도 있다. 이와 같은 공공개발의 환경문제가 심각해지고 관광자원의 적극적인 보호가 강조되는 현대사회에서 그 중요성이 점차 인식되어 이러한 공공개발 방식이 더 늘어나리라 예상되지만 정부재원의 한정성을 고려할 때 경제적 합리성과 개발에 따른 경제효과를 동시에 고려하여야 할 것이다.

우리나라의 경우 관광지(국민관광지)는 문화관광부가 주관이 되어 지방자치단체와 합동으로 개발이 진행되어오고 있으며, 자연공원 중에서 국립공원은 내무부가 국립공원관리공단을 통해 개발과 관리를 담당하고 있고, 도립공원은 시·도지사, 국립공원은 해당 시장과 군수가 개발과 관리를 담당하고 있다. 그리고 유원지와 도시공원은 각 지방자치단체에서 개발을 담당하고 있다.

2) 민간주도형 관광개발

민간주도형 관광개발은 개인 또는 기업이 영리를 목적으로 토지를 확보하여 관광시설과 공간을 개발하는 것을 의미한다. 대체로 민간주도형 관광개발은 개발규모와 투자 및 재원조달 방법에 따라 다르지만, 토지를 완전히 매입한 후에 개발을 추진하게 되므로 부동산개발에 의한 개발이익의 독점을 하게 되며, 개발자금의 조달 및 투자방법도 수지타산에 맞추어 진행하거나 결정한다. 사회구조의 변화에 따라 관광수요가 다양한 형태로 변화하고, 관광산업의 계절적 특성, 즉 수요의 불안전성을 갖고 있기 때문에 관광사업의 계절적 편차가 큰 것을 감안하면, 민간부문에 의한 관광개발 사업은 관광수요 변화에 탄력적으로 대응할 수 있고, 영리를 위한 종합적인 개발이 가능하다는 장점이 있다.

그러나 관광개발 사업이 토지자원의 개발이라는 점에서 공공성과 입지적 의존성이 높은 점을 고려하면 공익성을 위한 자연보호, 또는 환경보존과 같은 비영리적 분야에 대한 투자는 소홀히 하는 단점도 있다. 그리고 영리성을 추구하는 과정에서 지역주민의 복지증진이나 지역경제의 활성화에 의한 지역발전 효과에 기여하지 못함으로써 지역의 주민과 갈등을 초래하는 원인이 되기도 한다.

민간주도형의 관광개발이 공익성의 확보와는 다소 상반되는 점이 있다고 해도 민간부문의 투자능력과 관광부문의 시장이 다양한 형태로 변화하고, 관광재 또는 관광상품에 대한 수면주기가 점점 짧아지고 있는 것을 고려하면 관광개발에 있어서 민간부문의 역할은 중요하다고 할 수 있다.

3) 공동주도형 관광개발

지주 공동주도형 관광개발 방식은 개발대상 지역의 토지를 소유한 지역주민을 중심으로 지역주민과 상가 번영회, 지역의 관광협회 등이 공동으로 투자하기 위해 조합이나 협회를 구성하여 개발하는 방식을 의미한다. 이러한 개발방식은 개발에 참여하는 주민들이 자기 소유의 토지를 근간으로 민박, 상가, 또는 숙박시설 등과 같은 관광사업에 참여하기 때문에 관광개발에 따른 이익이 지역 내에 정착되는 장점을 나타내고 있다. 특히, 외부자본에 의존한 대부분의 관광개발 사업은 개발의 이익이 재투자되어 지역 내에 정착되지 못하고 있는 것을 감안하면 주민이 개발의 주체가 되는 지주 공동개발방식은 바람직한 방법이라고 할 수 있다.

그러나 도로, 주차장, 전기, 통신, 상·하수도 등과 같은 기반시설에 대한 투자도 지역주민이 부담을 하게 됨으로써 지역주민의 영세한 자본과 재원조달의 어려움을 감안한다면, 지역주민들의 지속적인 노력과 협력이 없으면 성공하기 어려운 방법이라고 할 수 있다.

한편, 지역주민 공동개발방식은 토지소유자인 지역주민들의 영세한 투자능력을 보완하기 위해 민간기업을 개발사업의 시행자로 선정하는 경우가 대부분이라고 할 수 있다. 이러한 개발방식은 주택건설을 위한 택지개발의 방식과 온천지역과 같이 특정관광자원을 중심으로 한 개발에서 그 사례를 찾아볼 수 있는 유형이라고 할 수 있다.

〈표 9-1〉 민간부문의 참여형태

참여형태	내 용
민관합동개발형	지방자치단체와 민간기업 등이 공동출자하여 민관합작형태의 주식회사를 설립하여 사업에 참여하는 방법(지방공기업형 개정을 통해 민간 출자비율이 조정될 경우 비교적 많은 활용이 가능함)
사 업 특 허 형	특정 민간기업에 특전을 부여하면서 지방자치단체의 지도하에 사업을 실시하는 방법(지자체가 관광개발사업을 신속히 수행하기 위해 사용할 수 있음)
특 별 협 정 형	민간기업과 특별협정을 체결하여 관광토산품, 지방특산품의 판로 개척, 수요확보를 도모하거나, 관광지에 특산물 단지조성, 민자유치 등의 일부를 위임하는 방법
공 설 민 영 형	지방자치단체가 건설자금의 전부 또는 상당부분을 부담하여 시설을 건설하고 사업의 경영, 관리일체는 전문적인 민간법인, 제3섹터, 공공단체에 위임하는 방법(지자체의 부족한 인력을 해소하고, 공공부문의 직영에 의한 단점을 보완할 수 있음)
주 민 참 여 형 (제4섹터)	관광개발사업을 지방자치단체에서 주도하여 주민을 참여시키는 방법(공동체의식의 조성과 지방자치단체의 개발정책에 대한 지역주민의 참여의식 고취를 위해 필요하고, 개발대상지역의 토지소유를 중심으로 한 지주 공동개발방식에 유용한 방법임)
고 향 연 대 형	대도시 주민의 자금을 주식, 회원제 등으로 모집하여 지역관광지 개발과 시설경영에 참여하게 하는 방법(본격적인 지방자치제의 실시로 연고지역(고향)에 대한 관심이 높아짐으로써 지역기업을 중심으로 제5섹터의 형태까지도 취할 수 있음)
사 무 위 탁 형	비용절감 차원 및 공공성 정도에 따라 기능, 노무 등 업무의 일부를 민간에 위탁하는 방법(지방자치단체에 의한 운영수익이 낮거나 공공성 정도가 비교적 높은 공원, 유원지 등과 같은 여가공간 및 시설의 관리 및 운영을 점진적으로 민영화시키기 위한 과정의 한 방법으로 사용할 수 있음)

(2) 지역범위와 관광객 유치반경에 의한 유형

관광개발의 유형은 지역범위와 관광객 유치반경에 의하여 구분될 수 있는데, Bykart 등은 지방, 준지역, 지역, 전국 등으로 구분하였고, 이장춘은 전국단위의 관광계획(national tourism planning), 광역관광계획(metropolitan tourism planning), 지역관광계획(regional tourism planning), 지방(국지)관광계획(local tourism planning), 지구관광계획(area development)으로, WTO는 전국규모(national), 지역규모(regional), 지방규모(local), 지구규모(area) 등으로 구분하였다.

1) Bykart 등

- 지방(5～10마일)
- 준지역(20～30마일)
- 지역(50마일)
- 전국(제한없음)

2) 이장춘의 연구

- 전국단위의 관광계획(national tourism planning)
- 광역관광계획(metropolitan tourism planning)
- 지역관광계획(regional tourism planning)
- 지방(국지)관광계획(local tourism planning)
- 지구관광계획(area development)

3) WTO의 연구

- 전국규모(national)
- 지역규모(regional)
- 지방규모(local)
- 지구규모(area)

(3) 개발기간에 의한 유형

모든 계획은 실행에 옮기기 위한 계획의 시간적 범위에 따라 달라지는데, 이러한 시간적 구분은 절대적인 것이 아니며, 계획의 편의를 위하여 다음과 같이 네 가지의 유형으로 나눈다.

- 초·장기계획 : 20년 이상의 개발계획
- 장기계획 : 10～20년 사이의 개발계획
- 중기계획 : 5～10년 사이의 개발계획
- 단기계획 : 1～5년 사이의 개발계획

(4) 관광자원 의존도에 의한 유형

1) 자연관광자원 의존형

산악, 해양, 하천, 산림, 온천 등과 같은 어떤 특정한 자연관광자원의 가치가 다른 동일 종류의 자원에 비해 뛰어날 때 이에 의존하여 개발하는 방법이다. 자연관광자원을 이용한 개발형태는 이와 같이 산악관광지를 비롯해 해안관광지와 온천관광지가 있으며, 이곳에서 관광객들은 자연의 감상, 피한, 피서, 스키, 해수욕 등의 관광활동을 즐기게 된다.

2) 인문관광자원 의존형

건축물과 같은 유형문화재와 무용 등의 무형문화재, 신앙 등의 민속자료, 유적과 경승지 등의 기념물 등에 의존하여 관광지를 개발하는 것이다. 특히, 이 경우 개발을 추진하는 과정에서 자원의 가치가 상실되지 않도록 잘 보존하는 일이 중요하다.

3) 교통수단 의존형

위에 열거한 자연관광자원과 인문관광자원만으로는 관광개발이 성공할 수 없고, 그 관광자원이 있는 곳까지 관광객 이동이 용이하도록 교통수단의 정비가 이루어져야 비로소 관광지의 활성화가 가능하다. 지역주민의 생활향상과 경제활동의 활성화를 주목적으로 교통수단이 정비되고, 파생적으로 관광개발이 이루어지는 것이 일반적이다. 철도의 정차역과 고속도로 인터체인지 주변에는 그다지 가치가 뛰어난 관광자원이 존재하고 있지 않더라도 관광지 개발이 이루어지는 경우가 많고, 국제관광분야에서 보더라도 이러한 형태에 속하는 것으로서 공항과 항만이 잘 정비된 지역에 관광지가 개발되어 있는 사례를 많이 찾아볼 수 있다.

4) 유명도 의존형

특정한 곳이 관광매력을 형성하는 높은 유명도를 가지고 있으면, 그것을 활용하여 관광지를 개발할 수 있다. 일반적으로 관광객이 어떤 장소를 특별히 찾는 것은 그곳에 있는 관광자원의 가치가 뛰어나다는 것을 알고 있고, 또 알게 되었기 때문이다. 비교우위성이 매우 높은 관광자원이라 할지라도 사람들이 그것을 알고 있지 못하다면 실제로 관광행동과는 결부되지 않는다.

5) 관광대상 창조형

관광개발은 관광자원, 교통조건, 유명도 등 어느 면에서나 특별히 뛰어난 것이 없을 경우에도 인위적으로 관광대상을 창조하는데, 이는 크게 성공할 수 있다. 이러한 예로는 월트디즈니, 롯데월드, 에버랜드 등과 같이 인위적인 놀이시설을 창조하기도 하고, 프랑스의 랑독 루시용과 같이 인위적으로 개발저해 요인을 제거시켜 관광개발을 하는 방법이 있다.

제 2 절 관광개발의 새로운 방향

1. 대안적 관광개발

(1) 대안관광의 개념

관광환경과 여건의 변화, 관광객 욕구의 다양화 등은 관광의 형태를 변화시켰다. 기존의 획일화된 '대량관광', '대중관광' 형태의 '보는 관광' 에서 5감을 모두 사용하는 관광으로 변화하는 추세로 단순한 여행 행태에서 벗어나 보다 활동적 · 체험적 · 교육적 · 환경친화적이며, 테마가 있는 관광을 즐기려는 경향이 늘고 있는 것이다. 체험과 학습, 자연 · 문화적 행위 등은 지금까지 크게 중시되지 않았던 것들에 대한 관심이 고조되고 있으며, 자연을 대상으로 하는 생태관광이나 역사 · 문화탐방 등의 문화관광, 녹색관광, 건강 · 미용관광 등에 대한 관심이 확산되고 있다.

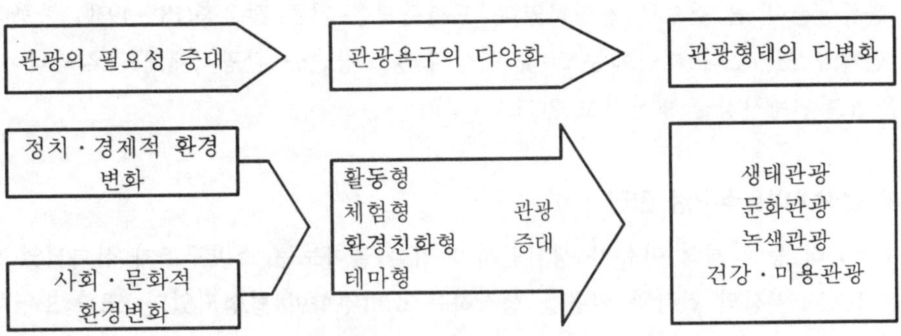

〔그림 9-1〕 관광형태의 변화

다시 말해서 대중관광에서 특화방법으로 관광행태가 변화하고, 획일적이고 부자연스러운 단체관광보다는 개별관광이나 가족단위의 소그룹 관광을 선호함으로써 개인적이고, 새로운 체험을 충족시키는 방향으로 바뀌고 있는 것이다. 이처럼 기존의 관광에 대한 대안적 형태로 새롭게 등장한 관광형태를 대안관광이라고 부른다.

1) 환경친화형 관광

최근 자연환경에 대한 관심고조 등을 배경으로 생태관광, 녹색관광 등 환경친화형 관광형태가 확산되고 있는데, 이는 자연보호가 자원 및 지역문화의 보전, 생태계의 보호로 이어져 장기적인 관광발전에 기여할 수 있는 시각에서 출발하는 것이다.

자연환경을 보전하면서 여가활동의 장으로서 활용하는 자연관찰 및 야외활동을 중심으로 하는 새로운 관광 행태로서 자연에 대한 인간본연의 향수와 맞물려서 그 수요가 확대되고 있다.

기존의 관광지 개발은 대규모 시설투자를 중심으로 한 관광지 조성에 국한되는 등 지역여건에 부합되지 않은 과잉투자로 저조한 시설이용을 야기시키고 이는 다시 시설 노후화와 환경 훼손이라는 부작용을 유발하는 경우가 많았다.

이에 따라 자연보전과 관광개발이라는 상충된 목적간의 갈등을 해소할 수 있는 방안으로서 이러한 환경친화형 관광의 역할 및 필요성이 강조되고 있다.

2) 모험추구형 관광

1998년 리스본에서 개최된 오세아니아의 새로운 관광자원에 대한 정부부처간 회의에서 WTO(세계관광기구)는 관광객들은 기존의 관광지에 식상해 있으며, 생태관광과 '극적인(extreme)' 관광지로의 여행과 같은 모험관광상품들이 21세기에는 새로운 관광상품이 될 것으로 전망하였다. 모험관광은 기존 젊은층(18~49세) 관광객에게 인기가 있었으나 최근에는 50대 이상의 중·장년층 관광객에게도 각광받아 새로운 모험관광시장을 형성하고 있다.

3) 건강 · 미용추구형 관광

소득증대 등 경제적 여유가 생기면서 자기를 돌아보는 소비구조가 심화되었으며, 우선적으로 자신의 건강과 미용을 생각하는 소비경향이 형성되었다. 또한 노령화사회가 진행되면서 언제까지나 젊고 건강하게 지내고자 하는 욕구가 고조되고, 관광에도 이러한 경향이 높아져 최근에는 건강과 미용을 주체로 한 관광상품의 개발이 활발하게 이루어지고 있다. 이러한 추세에 따라 이제까지 온천 일변도의 건강추구형 관광에서 지역특성을 접목시켜 미용과 휴양이 결합된 다양한 형태의 관광상품이 등장하고 있다.

4) 체험형 관광

관광에 대한 수요가 다양화·개별화되면서 단체여행 등의 정형화된 관광상품보다는 개인 또는 가족여행, 특수목적관광 등 비정형의 특화된 관광활동 수요가 증가되고 있으며, 그 대표적 형태로서 참여활동과 체험중심의 적극적인 체험관광을 들 수 있다.

핵가족의 보편화, 자녀교육에 대한 부모의 관심 증대 등으로 체험·학습류의 관광활동이 증가하고 있으며, 초·중·고교에서 시행중인 현장체험학습의 수가 증가하고 있어 관광 비수기를 해소하는 주요 관광시장으로 대두되고 있다.

또한 자유시간을 충실히 영유하고, 장기간에 걸쳐 특정한 취미 등을 습득하고자 하는 의지가 높아지면서 역사, 문화, 예술 등을 실제적으로 체험하고자 하는 관광형태가 나타나게 되었다. 따라서 과거의 단순한 명승·유적지 관람에서 벗어나 방문지의 역사·문화를 직접 체험하기를 원하는 관광객 행태에 부응하기 위해 역사·문화를 주제로 하는 등 다양한 체험형 관광상품이 개발되고 있다.

(2) 대안적 관광개발

대안적 관광개발은 경제적 수익의 극대화만이 아니라 자연환경과 사회문화적 요소를 고려하고 최대화가 아닌 적정화의 목표하에 비교적 소규모의 관광개발을 통해 관광의 경제적 이익을 직접적으로 해당 지역사회에 가져다준다. 또한 비차별적 마케팅 전략을 통한 대중시장에 소구하는 대중관광시대의 마케팅 방법과는 달리 차별적 마케팅을 통해 환경보전 중시 사고의 경향이 있는 특수한 관광세분시장에 소구하려는 관광개발방법이다.

따라서 이러한 대안적 관광개발이야말로 관광의 환경에 대한 부정적 영향을 감소시켜나갈 수 있다. 이는 곧 경제적·기술적 측면만을 강조한 하드웨어 중심형 개발전략보다는 환경보존과 지역주민의 의사를 고려한 소프트웨어 중심형 개발전략을 도입해야 한다는 것과 동일한 의미로 볼 수 있다.

따라서 지금까지의 일률적인 대단위 리조트형 관광개발을 지양하고 지역특성에 맞는 소규모의 관광개발을 지역주민이 주체가 되어 행해진다. 지역의 고유성에 바탕을 둔 다양한 프로그램의 지역특화형 관광개발을 추구하며, 생태관광과 같은 질적 관광 및 특수목적 관광, 지역주민 혹은 인근지역의 기존촌락으로 운영되는 비교적 소규모의 관광시설을 이용케 하는 촌락관광, 농장활동에 참여하는 농장관광 등과 같은 대중관광의 표준화된 형태에서 탈피한 관광개발의 방식을 활성화하고 촉진하려는 관광개발의 새로운 조류라고 볼 수 있다.

2. 지속가능한 개발

(1) 지속가능한 개발의 개념

지속가능한 개발은 경제성장과 환경정책을 통합시킨 개념으로서 생태계를 파괴하지 않고 환경을 훼손하지 않는 범위 내에서 경제의 지속적 성장을 보장하는 개발방식을 의미한다. 따라서 지속가능한 개발의 특징은 개발과 환경보전의 사회적 형평성 유지를 목표로 하기 때문에 필연적으로 경제성장을 제한할 수 있다는 것이다. 따라서 경제성장과 환경보전의 동시달성을 추구하는 지속가능한 개발에 있어서는 양자간의 우선순위가 문제될 수밖에 없으나 적절한 환경보전이 전제되지 않는 한 지속적, 항구적 자원이용은 불가능하기 때문에 적극적 개발보다는 보전에 더 큰 비중을 두어야 한다. 지속가능한 개발은 적절한 환경보전 없이는 지속적 경제개발이 더 이상 불가능하기 때문에 환경보전을 염두에 둔 경제개발을 통하여 미래세대가 환경자원을 이용할 수 있도록 현세대의 적극적인 자원개발을 제한해야 한다는 의미를 내포하고 있다.

그러므로 지속가능한 관광개발은 관광자원의 적극적 개발을 지양하고, 환경보호, 자연보전을 고려한 적절한 개발과 활용으로 관광자원 이용의 지속성을 보장하는 것이다. 생태환경이 공간적으로 특정 생물자원의 보호, 보전, 균형을 강조하는 반면 지속가능한 관광은 장기적으로 후세대 사람들이 자원을 이용할 수 있도록 효과적 보전과 활용에 초점을 두고 있다. 또한 현재의 경제적 활동이 자연적으로 재생될 수 있는 자원의 소비를 최소화하는 것을 전제로 하며, 지역주민과 관광객들이 현재와 미래에 누릴 수 있는 환경적, 문화적 자원을 보호하면서 관광개발과 관광활동을 통한 경제적 이득을 높이는 것이다.

지역정책이라는 측면에서 보면 지속가능한 개발의 패러다임은 지금까지의 성장과 재분배, 하향식개발과 상향식 개발, 효율과 형평의 구도가 변화되어 이러한 것들이 지속가능한 환경이 보장되지 않는 한 의미가 없다. 물론 지속가능한 생태시스템이 개발 우선순위에서 성장이나 복지증진의 패러다임을 완전히 대체하는 의미는 아니다.

지속가능한 개발의 개념을 처음으로 정립한 세계환경개발위원회(The World Commission on Environment and Development : WCED)의 동경선언은 지속 가능한 개발을 "미래의 후손들이 자신들의 욕구(needs)를 충족시킬 수 있도록 그 능력과 여건을 저해하지 않으면서도 현세대의 요구를 충족시키는 개발"이라고 규정하고 있다. 이 개념은 우리 세대가 누리고 있는 만큼 미래세대도 잘 살 수 있도록 우리에게 주어진 자연자원과 환경을 잘 이용하고 보존해야 한다는 것을 의미한다. 즉 지속가능한 개발 개념은 미래세대도 현세대와 똑같이 잘 살 수 있도록 배려해야 한다는 전제조건을 명시하고 있다는 점에서 경제성장과 환경보전의 조화라는 막연한 개념보다는 더 발전되고 구체화된 목표를 갖는다고 할 수 있다. 1990년 캐나다 밴쿠버에서 열린 지구관광행동전략회의에서는, 미래세대에게도 자원의 이용기회를 보장하는 지속 가능한 관광개발방식은 전통문화, 생태계, 생물다양성을 보전하고 현세대가 경제적, 사회적, 심미적 필요를 충족할 수 있도록 모든 자원을 관리하는 것이라고 규정하였다.

지금까지 제시된 지속가능한 개발의 다양한 개념들에 있어서는 세 가지 공통점이 발견되고 있는데, 첫째 지속가능한 개발이란 모든 사람의 삶의 질 향상이라는 포괄적인 의미를 내포하는 공익성(welfare), 둘째 자원의 활용에 있어서 세대내 및 세대간의 형평성(equity), 셋째 단기적 영향뿐 아니라 장기적인 영향을 고려한 사전 예방조치의 필요성을 강조하는 위기관리대책(futurity)이 바로 그것이다.

지속가능한 개발은 시간적으로 개발자원의 세대간 공평한 배분을 유지함으로써 우리가 가지고 있는 자연자원의 질과 서비스 기능을 보다 더 좋은 조건으로 후손들에게 넘겨주자는 의미를 갖고 있기 때문에 자원의 세대간 공평배분이라는 목표를 실현하기 위해서는 현세대에 있어서 자원을 균형 있게 개발하는 것이 필요하다.

(2) 지속가능한 개발의 배경

1) 리우 선언

1992년 브라질의 리우데자네이로에서 열린 유엔 환경개발회의는 국가간의 불균형과 빈곤 및 지속적인 생태계 파괴를 막기 위해 환경과 개발의 통합이 필요하고, 이를 위해 전세계가 협력해야 한다는 인식 위에 기초하고 있다. 이러한 배경에서 등장한 것이 곧 지속가능한 개발(sustainable development)의 개념이다. 지속가능한 개발은 현세대와 미래 세대의 필요를 공평하게 충족시키는 범위 내에서 개발을 한다는 의미로, 인간이 자연과 조화를 이루는 건강하고 풍요로운 삶을 누리기 위한 전제조건으로 제시된 것이다(리우 선언 원칙 1, 2, 3).

지속가능한 개발의 개념은 관광에도 도입되어 지속가능한 관광의 개념을 등장시켰다. 유엔 환경개발회의에서 채택된 리우 선언은 특히 여성, 청소년, 원주민과 지역공동체의 환경관리 역할을 중요시(원칙 20, 21, 22조)하고 있다. 여성인력을 활용하여 환경관리와 개발, 소득증대를 동시에 실현하고, 청소년들에게 자연학습과 체험의 장을 제공하며, 지역사회와 주민들에게 환경과 전통문화 관리의 참여기회를 제공하는 내용을 담고 있다.

2) 의제 21

의제 21(Agenda 21)은 리우 선언에서 제시된 원칙들을 구체화하는 행동강령으로 채택된 것이다. 의제 21은 성장 위주의 개발정책을 피하고 환경을 보호하는 범위 내에서 개발을 추진하는, 환경과 개발의 조화를 기본방향으로 내세우고 있다.

의제 21은 지속가능한 인간정주 개발 증진(제7장), 정책결정시 환경과 개발의 통합(제8장), 지속가능한 산지 개발(제13장), 지속가능한 농업 및 농촌 개발(제14장), 생물다양성 보존(제15장) 등의 정책방향을 제시하고, 이같은 정책결정과 실천과정에서 여성, 아동과 청소년, 원주민과 그 지역공동체, 농민 등이 적극 참여할 것을 규정(제24, 25, 26, 32장)하고 있다.

특히 환경에 건전하고 지속가능한 지역사회나 농촌 개발을 위해 제도적 장치를 마련하고, 지역사회 주민이나 농민들이 자신들의 가치나 전통적 지식을 긍정적으로 평가하며, 정책결정에 반드시 참여할 것을 보장하고 있다.

(3) 지속가능한 관광개발

이상의 내용을 정리해보면, 지속가능한 관광개발은 해당지역의 자원활용, 관광객 만족, 향토문화보전을 기하면서 주어진 공간을 최대한 활용하고 동시에 공간의 수용능력을 지킴으로써 주민의 삶의 질 향상을 도모하고 방문자의 만족을 동시에 달성한다는 개념이다.

공식적으로 관광부문에 지속가능한 개발이라는 표현이 등장한 시기는 1991년 PATA의 환경보전 결의에서 볼 수 있다. 이 결의에서는 ① 아태지역의 독특한 자연, 사회, 문화자원의 보전과 복구를 뒷받침하기 위한 환경윤리요강 제정의 시급성, ② 지속가능한 개발을 보장하기 위한 재정지원, ③ 환경적으로 민감한 관광을 통한 이익 등으로 채택하였다. 또한 생태관광에 관련하여 1991년 WWTC는 푸른지구

보전운동을 전개하기 위해 전세계 관광업계가 지켜야 할 환경보호지침을 제정하였는데, 환경적으로 동시달성 가능한 개발, 양호한 환경보전과 만족스러운 사업성과의 효과를 높이는 목적으로 제정하였다. 관광부문에도 지속가능한 발전개념을 도입하여 지속가능한 관광을 발전시키고 현재의 관광객, 관광지의 수요충족과 함께 다음 세대를 위해 관광자원의 보호와 관리에도 관심을 가져야 할 필요성을 제기했다. 그리고 1995년 APEC 워킹그룹(Working Group)에서 생태관광관련 건의안이 제출되었는데, 아·태지역의 경제발전의 한 수단으로 관광의 중요성을 강조하고, 관광이 발전하자면 자원보전이 있어야 한다고 주장하고 있다.

여기서 생태관광이 지향하는 방향은 환경보전과 경제발전의 조화를 유지하는 데 도움을 주고, 생활수준향상·고용촉진·귀중한 자원의 보전과 활용을 통하여 지속가능한 관광발전을 기하는 데 있다고 밝혔다.

3. 환경친화적 개발

(1) 관광과 환경

환경을 바라보는 시각은 크게 두 가지 견해가 존재한다. 기술중심주의와 생태중심주의 환경관이 있다.

기술중심주의 환경관은 자연의 효율적인 개발과 관리를 옹호한다. 자연환경을 효율적으로 이용하여 인류의 발전은 물론 궁극적으로는 자연환경의 보전까지도 기대할 수 있다는 입장이다. 그러나 생태중심주의 환경관은 자연환경의 보존에 절대적인 가치를 부여함으로써 자연은 인간의 이용대상이 될 수 없으며, 더 나아가 어떠한 형태의 자연개발과 관리도 정당화될 수 없다는 입장이다. 이와 유사하게 관광과 환경을 보는 시각도 개발지향적인 접근을 옹호하는 입장과 생태계 보존을 강조하는 생태중심적 접근을 옹호하는 입장이 있다.

개발지향적 접근을 옹호하려는 입장에서 보면 관광자원 개발은 특별히 양질의 환경을 유지시키는 데 큰 관심을 가지고 있으며, 관광은 단순히 그 환경을 지속시키는 것보다도 직접적으로 보전을 도와줄 수 있다는 것이다.

생태중심적 접근을 옹호하는 입장은 관광으로 인해 많은 자원이 통제되지 않고 지나치게 이용되면 관광지 매력물의 질적인 저하뿐만 아니라 수질, 대기질, 야생동물 등의 환경파괴를 초래한다는 것이다. 또한 교통혼잡, 급수문제, 소음공해, 건축공해, 성수기의 시설부족 현상, 지역주민과의 분리 등과 같은 심각한 문제를 야기시킨다는 것이다. 그러나 환경에 대한 관광의 영향은 일률적인 것이 아니라 관광지의 경제 · 사회 · 문화 · 정치조건에 따라 상이한 것으로, 그 영향 정도는 관광지의 이용강도, 생태계의 탄력성, 관광개발인의 시간적 관점, 관광개발의 변형 특성에 따라 달라진다.

자연은 관광의 최대자본이기 때문에 최근 자연관광자원 중심의 관광수요가 늘고 있는 추세이다. 이에 따라 현대 관광객과 관광산업은 세계를 변화시키는 중요한 촉매자일 뿐더러 사람의 생명주지와 환경관리에 중요한 영향자이다. 과거에는 관광산업을 무공해산업이라 하여 '클린 인더스트리(lean Industry)', '스모크리스 인더스트리(Smokeless Industry)'라고 불렀지만 관광객의 대이동현상과 개발 등으로 이제는 자연과 환경파괴의 주범으로 인식되고 있다. 향후 관광에 참여하는 기회는 계속적으로 증가할 것이고, 또한 이를 뒷받침하는 관광자원 개발의 사업도 늘어나 관광수요와 공급간에 따른 불균형문제는 새로운 문제 거리로 등장하게 된 것이다.

동시에 한정적인 자연적 관광자원에 대한 과다한 관광자원개발과 관광객의 과밀현상으로 인한 자연관광자원의 가치하락도 중요한 해결문제로 등장하게 될 것이다.

이러한 입장에서 볼 때 대부분의 환경이 곧 관광대상이 될 수 있어 환경의 이용은 관광사업의 성공을 위해 필요한 도전요소이며, 필수조건이 된다. 이처럼 관광경험의 질이 환경조건에 의해 크게 의존된다면 한정된 자연관광자원은 관광분야에 있어서 매우 중요한 분야이다.

세계관광기구(WTO)에서 "환경은 관광의 기본이다"라고 규정하고 있듯이 환경은 관광활동의 촉진과 관광의 질을 결정하는 중요한 자원이므로 관광과 환경간의 관계를 상호 배타적인 것으로 간주해서는 안 될 것이다. 특히 현대 관광이 대량화 추세를 보임에 따라 환경의 질을 유지하고 개선하는 것이 관광에 있어서 무엇보다도 중요하다.

관광을 위한 환경적 질을 결정하는 요소에는 대기의 질, 수질, 환경적 청결, 소음수준, 하수처리능력, 차량 및 보행자의 혼잡정도, 건축환경의 미학, 그리고 건물, 조경, 도로 등이 포함되며, 이러한 환경적 요소의 질을 개선하기 위하여 관광객과 지역주민 양자의 노력이 필수적이다.

따라서 관광은 환경문제에 대하여 오염과 훼손의 원인 제공자이기도 하며, 반대로 환경문제로 인한 피해자이기도 하다, 결국 환경은 관광을 위해서뿐만 아니라 관광으로부터 보호를 받아야 하므로 양자가 상호 배타적일 필요는 없다. 그러므로 관광자원 개발은 관광과 환경 사이의 공생적 관계를 극대화함과 동시에 갈등관계를 극소화할 수 있도록 주의 깊고 균형 잡힌 계획을 통해 다른 어떤 산업보다도 환경에 대하여 적극적이고 능동적인 대응을 필요로 한다.

전세계적으로 지난 30년간 관광개발은 경제논리가 지배적이었다. 그러나 환경문제가 심각하게 대두됨에 따라 관광개발 분야에도 새로운 물결이 일어나기 시작하였다. 1990년 'Globe '90 Conference'에서는 자연환경 없이는 관광이 존재할 수 없음을 강조하면서 관광개발은 경제적, 사회적, 그리고 환경적 영향이 균형을 이루는 상태에서 개발되어야 한다고 선언하였다. 그리고 그 대안으로서 지속가능한 관광개발(sustainable development of tourism planning)이 제시되었으며, 환경파괴의 위험이 없는 이른바 환경친화적 관광개발을 천명하였다. 이러한 맥락 속에서 1990년대 새로 등장한 것이 생태관광(eco-tourism)이며, 이는 최근 심각하게 거론되고 있는 환경문제와 관광개발을 적절하게 결합한 대안으로서 평가되고 있다.

관광이 급속도로 발전하면서 초기 관광개발은 경제적 목표달성에 초점을 두고 있었지만 그에 따라 많은 부작용을 초래하였다. 관광객들이 혼잡하고 지저분한 관광지보다는 새로운 학습경험에 대한 욕구를 충족시킬 수 있는 쾌적한 관광공간을 요구하게 되었고, 이것은 곧 환경친화적 관광개발의 필요성을 증대시켰다.

관광을 개발하는 측과 환경을 보존하는 측과의 사이에는 다음과 같은 서로 다른 세 가지 관계가 존재한다.

첫째, 관광과 환경의 보전은 양쪽이 각각 개별적인 상태로 진전되고 있거나 고립적인 관계를 유지한다.

둘째, 관광과 환경이 각각 다른 면에서 편익을 받는 방법에 있어서 조직화된 경우 관광과 보전은 상호보완해서 하나의 공생관계를 유지한다. 즉, 보전주의자 입장에서는 환경의 특징이나 상태는 될 수 있는 한 처음의 상태를 유지하며, 그 위에 동시에 관찰하거나 체험하거나 하는 관광객에 대해서도 편익을 제공하는 일이다.

셋째, 관광이 환경에 대해 유해한 영향을 가지고 올 경우 관광과 보전은 서로 대립관계에 있게 된다. 대부분의 기존 관광과 환경과의 관계는 이 부류에 속해 있다.

1) 대립적 관계

자연계와 생태계의 균형관계는 자연상태 그대로 두었을 때 가장 조화로울 수 있다는 것이 환경측면에서의 기본전제인 반면 관광측면에서는 제한적이고 적절한 개발을 통한 보존이 유리하다고 본다. 관광개발이 가져오는 부정적 영향은 환경에 치명적인 영향을 줄 수 있는 것이 사실이다. 관광개발로 인해 초래되는 환경에 대한 대표적인 악영향은 다음과 같다.

- 관광객들의 무차별한 채집활동, 화재, 쓰레기나 오물의 투척 등으로 식생의 변화와 파괴를 가져오며, 심지어 종의 구성변화까지도 초래하게 된다.
- 관광개발은 하수방류, 선박의 원유유출, 세제방류 등 수자원에 치명적인 악영향을 미치는 요소들을 가져올 경우가 많으며, 이것은 결과적으로 물의 부영양화, 물고기의 수종 구성변화, 성장률 변화, 생존위협 등을 초래한다.
- 관광은 자동차의 집중현상을 초래하여 대기자원을 오염시킨다.
- 무분별한 동물사냥과 야생생물 촬영활동으로 먹이사슬 위협, 번식지 상실 등을 가져와서 야생동물 생태계를 파괴한다.
- 차량, 모터보트, 비행기 등이 집중됨에 따라 소음공해를 야기시켜 인근 주민이나 동식물에게 피해를 주게 된다.
- 과도한 사용, 오용, 습기증가, 진동, 낙서, 고의 파손 등으로 고고학적, 역사적 유적지를 파괴한다.

2) 공생적 관계

관광은 환경의 질을 향상시키는 역할을 한다. 성공적인 관광개발은 관광과 환경의 관계를 적절히 다루는 방식에 달려 있다. 관광에 있어서 환경은 단지 제약요소가 아니라 자원이며 기회이다. 관광과 관광목적지와의 관계는 인간과 환경과의 관계로 인식한다.

1962년 미국 야외레크리에이션자원 조사위원회가 자연자원을 보존하기 위해 관광자원을 분류함에 있어서 고밀도 관광지역, 일반관광지역, 자연환경지역, 특수경관지역, 야생지역, 역사유적지역 등으로 나누어 자원의 활동수용능력을 기준으로 활동에 대한 자원보전적 성향을 보이고 있는 것이나, 1973년 Dasman이 관광자원보전의 관점에서 자원을 인류학적 보호지역, 역사 또는 고고학적 보호지역, 자연보호지역, 다목적이용지역 등으로 분류하여 환경을 보호하면서 관광활동의 활성화를 시도한 것, 그리고 1978년 Driver와 Brown이 자원을 야생지역, 준야생지역, 자동차 진입가능야생지역, 도로가 있는 자연지역, 시설집중지역, 도시화지역으로 분류한 관광기회스펙트럼 개념 등은 관광과 환경의 합리적인 개발지침을 제공하는 것들로서 관광객들의 만족을 극대화시키면서도 동시에 자연자원의존형 관광자원의 보전효과도 갖는 관광자원 계획, 개발, 관리방안이라고 볼 수 있다.

관광이 환경에 가져다주는 긍정적인 영향을 살펴보면 다음과 같다.

- 역사유적지와 사적지를 관광자원으로 활용하기 위해 복원시킨다.

- 낡은 건물과 슬럼지역을 새롭고 아름다운 건물과 경관을 갖춘 지역으로 변모시킨다.
- 관광은 자연자원을 자원으로 활용하기 위하여 자원확보 측면에서 아프리카 지역 국립공원 설립과 같이 제도적으로 자연자원의 보존을 강화시키도록 한다.
- 관광은 환경파괴를 가장 적게 수반하고 가장 많은 환경보존 노력을 기울임으로써 다른 산업에 의해 환경이 파괴될 가능성을 배제시켜준다.
- 관광은 환경보호를 위한 재원을 마련할 수 있는 기회를 제공한다.

(2) 환경친화적 관광개발

오늘날 환경이라는 개념은 모든 분야에 있어서 성장논리를 뒷받침하는 가장 중요한 규범으로 자리잡았다. 또한 인류의 생존은 환경을 어떻게 관리하느냐에 달렸다고까지 이야기된다. 60년대 말부터 70년대 초에 등장한 지속가능한 개발이라는 용어가 모든 분야에서 적용되기 시작하였는데 이것은 단순히 환경과 조화를 이루는 개발차원을 넘어서 환경을 보전하면서 이상적인 생태 공동체로서 기능을 잘 발휘할 수 있는 개발방식을 의미한다.

유엔 환경기구는 환경친화적 개발에 대하여 "기존의 세계자원과 환경을 효율적으로 관리하고 이미 피해를 받은 환경의 복구를 기반으로 하여 미래의 세대들이 그들의 수요를 충족시킬 능력을 저해하지 않는 범위 내에서 현재의 수요를 충족시키는 것이며, 당장의 환경문제를 처리하는 것도 중요하지만 앞을 내다보는 예방정책이 환경친화적 개발을 성취하는 데 가장 효과적이고 경제적인 방법"이라고 제시하고 있다.

환경친화적 관광개발이란 미래세대의 기회를 보호 증진해주면서 현재의 관광객과 지역의 욕구를 충족시키는 것으로, 환경의 보호와 고양, 인간의 욕구충족, 현재와 미래세대간의 형평성 제고, 만인의 생활의 질 향상 등 기본적으로 네 가지 목표를 가지고 있다. 결국 환경친화적 관광개발은 경제적 이용과 생태계의 보전간에 조화를 추구하려는 데 초점을 두고 있다.

환경친화적 관광개발은 크게 두 가지 측면에서 그 가치와 필요성을 인정받고 있는데, 첫째, 지역사회의 발전에 도움이 되고 둘째, 환경공해를 탈피하려는 관광객이 증가하고 있기 때문이다. 환경친화적 관광개발은 소규모·고부가가치형 관광을 창출하기 때문에 현상적인 측면에서는 대량관광과 상반되는 흐름이지만 경제적인 면에서는 대량관광이상의 가치를 지닌다고 할 수 있다. 비록 환경친화적 관광은 대중관광보다 적은 체재일수를 보이나 소비액수는 더 많으며, 따라서 실질적인 소득증대효과를 가져와 장기적으로는 지역사회의 발전에 기여하게 된다. 또한 환경친화적 관광개발은 지역주민에게 쾌적한 환경의 질을 제공한다. 기존의 관광개발이 성장위주의 목표에 의해 획일적 개발방식으로 이루어져 지역의 자연환경과 역사적 풍토, 문화유산 등을 손상시키고 파괴해왔으며 수많은 오염문제를 야기시킨 반면 환경친화적 관광개발은 지역특성에 맞게 관광자원을 활용하고 관광대상지의 물리적·생태적 특성이 파괴되지 않고 이루어진다. 뿐만 아니라 기존의 대량관광에 따른 경제적 안정에 더하여 사회간접자본의 확충을 가져와 생산환경, 주거환경, 교육환경, 레크리에이션 환경 등 지역 생활공간의 질적인 향상을 가져오게 된다.

〈표 9-2〉 대중관광과 환경친화적 관광개발의 속성 비교

대중관광	환경친화적 관광개발
급속한 개발	점진적 개발
극대화 지향	적정수요량 지향
단기적 관점	장기적 관점
무계획적 개발	계획적 개발
외부의 개발업자 참여	지역의 개발업자 참여

* 자료 : Colinter Hunter, and Howard Green, Tourism anh Environment : A Substainable Relationship london : Routlege, 1995, p.118

(3) 생태관광

1) 생태관광의 개념

최근 들어 관광의 추세가 점점 더 다양화·전문화되는 한편, 현대의 산업공해와 지나친 개발로 인한 자연공간의 부족은 새로운 관광의 형태인 생태관광(ecotourism)을 낳았다. T. Var(1992)는 「생태관광과 환경친화적 관광개발」이라는 논문에서 환경친화적 관광개발은 지역공동체와 사회가 의존하는 생태학적 체계와 사회적 체계를 붕괴시키지 않는 범위 내에서 모색되는 적극적인 사회경제적 변화로 정의하고 있다.

생태관광은 1965년 Heizer(Grenier et al., 1993)가 『Links』라는 잡지에 관광이 개발도상국에 미치는 영향을 비평하는 글을 기고하면서 그 대안으로 문화, 교육, 그리고 관광을 연계하여 생태적 관광이라고 부른 것이 시초인 것으로 알려졌다. Hetzer는 생태적 관광에 대하여 ① 최소의 환경영향, ② 관광대상문화에 대한 최소영향 및 최대만족, ③ 관광대상주민에 대한 최대한의 경제적 이익, ④ 참가 관광객에 대

한 최대만족 등 네 가지 기준을 제시하였다.

이를 시작으로 여러 분야에서 연구가 진행되었다. 현재 쓰이고 있는 생태관광이란 용어는 1983년 Hector Ceballos Lascurian에 의해서 만들어졌고, 1980년대 후반부터는 미국관광업계가 생태관광을 보급하기 시작했다. 국제관광기구로서 생태관광에 대하여 공식적으로 구체적인 이론정립과 실천강령을 마련한 것은 전 미국여행자협회(ASTA)로 1990년 6월 ASTA 환경위원회가 뉴욕에서 개최한 관광·환경회의에서 'ecotourism'이란 용어를 공식 사용하였고, 환경과 조화되는 여행으로 자연과 환경을 파괴함 없이 자연과 문화를 이용하고 즐기는 것을 목적으로 한다고 명시하였다. ASTA 환경위원회는 생태관광을 "여행객이 생태계나 지역문화에 악영향을 끼치는 일 없이 자연지역을 이해하고, 감상하며, 즐길 수 있도록 환경을 배려한 시설 및 환경교육이 제공되어 지역의 자원과 문화의 보호, 지역경제에 공헌하는 것을 목적으로 하는 여행형태"라고 정의하였다.

1993년 제1회 동아시아 국립공원 보호지역회의에서는 생태관광을 환경을 배려한 여행의 추진 또는 여행자가 생태계나 지방문화에 대한 현저한 악영향을 끼치지 않고, 자연 및 문화지역을 방문하고, 이해하며, 감상하고, 즐길 수 있도록 시설 및 환경교육을 제공하는 것이라고 정의하였다. 세계자연보존연맹(IUCN)에서는 탐방자들이 그들의 생태계 혹은 지역문화에 손상 또는 용납할 수 없을 정도의 악영향을 일으킴이 없이, 자연적·문화적 지구를 탐방, 이해 및 감상, 그리고 즐길 수 있도록 환경교육 및 시설설비와 환경적으로 민감한 관광의 실천이라고 정의하고 있다. 또한 세계야생동물 보호기금(WWF)은 생태관광을 자연지역에서의 관광과 동시에 자연자원의 보존과 경제적 이득을 얻기 위한 수단으로 정의하고 있다.

현재 생태관광은 학자나 기관에 따라 상품으로서 정의되기도 하고 목적지로서 그리고 경험으로서 정의되는 등 다양한 의미로 사용되고 있다. 생태관광에 대해 세계 여러 환경단체가 내린 정의를 종합하면, 희소하거나 아름다운 생태계와 문화자원을 감상, 학습하고 보전을 도모하며, 개발이익이 지역주민에게 환원되는 관광으로 사람들을 자연지역으로만 유도하지 않고 다양한 체험과 감상을 즐길 수 있도록 하는 것이라고 설명하고 있다.

여기서 생태관광은 반드시 자연자원에만 국한된 것이 아니며 문화자원을 포함하고 있는 개념임을 보여주고 있다. 따라서 생태관광은 비교적 도시지역과는 멀리 떨어진 자연공원, 생태보전지역, 산림지, 도서 등의 자연공간 및 야생 동·식물 서식지, 지방의 역사·문화적 자원을 대상으로 이루어지게 된다.

〈표 9-3〉 생태관광의 다양한 정의

학자 / 기관	내 용
Klaus Kreher	환경에 최소한의 자극을 주고 자연자원의 소비를 최소화시키는 관광
California Legislature	방문의 부정적 영향은 최소화하면서 자연경관이나 문화자원을 즐긴다는 특정한 목적을 가지고 여행하는 것이고 또 광범위한 의미에서 계몽된 관광객이 보전을 위한 하나의 압력으로 작용할 수 있다.
Turgat Var	협의 : 관광사업자가 사용하는 생태관광상품, 광의 : 모든 자연자원과 문화적인 면을 기초로 한 관광활동의 제 형태를 포함하는 것. 관광대상에 대해 매우 목표지향적이고 환경의식적인 인식하에 원시성이 두드러진 자연환경지역이나 특이한 야생동물과 생물자원을 가진 관광생태계를 관찰, 학습, 체험하는 여행.
The Canadian Environmental Advisory Council	원상 그대로 보존되어 있는 지역사회를 방문하면서 생태계의 보전에 기여하는 계몽적인 자연관광경험을 가지는 것
U.S travel data center	자연서식지와 인류학적 유물을 감상하고 보호하는 것을 위주로 하는 환경적으로 건전한 여행
Weiler	자연에 근거한 관광으로서 풍경과 야생의 동식물을 연구하고, 찬미하고, 즐기는 특수한 목적 하에 비교적 조용하고 오염이 되지 않은 자연지역을 여행하는 것
Wight	지역사회의 원상태로의 보존을 고려하면서 생태계의 보전에 기여하는 계몽적인 자연관광의 경험
Eagles	자연의 보존과 경제개발의 조화에 대해 상당한 가능성을 지니고 있는 형태의 관광
Snepenger	자연자원시설, 지역사회, 관광객이 관광활동으로부터 편익을 얻는 지속가능한 관광개발을 위해 최근에 등장한 개발전략
ASTA	환경과 조화하는 여행, 즉 자연과 환경을 파괴함 없이 자연과 문화를 이용하고 즐기는 것

Fennell(1990)은 전통적인 관광여행과 모험여행의 관계를 제시하였는데, Fennell에 따르면 여행결과의 불확실성과 위험성이라는 축 상에 한쪽 끝을 모험여행으로, 다른 한쪽 끝을 일반 관광여행으로 분류하고 생태관광을 모험여행과 관광여행의 중간에 위치하는 개념으로 생태관광의 구성요소 및 활동 스펙트럼을 제시하고 있다.

확실성/안전성 증대 ------------>

불확실한 결과/위험성 | 모험여행 〈----- 생태관광 ------〉 관광여행 | 알려진 결과/위험성

<----------- 준비/훈련의 증대

〔그림 9-2〕 생태관광의 스펙트럼

이용과 보전이라는 측면에서 생태관광의 긍정적 요소와 부정적 요소를 구분하면 다음과 같다.

〈표 9-4〉 생태관광의 긍정적 요소와 부정적 요소

구 분	개 념	유 형
긍정적 요소	자연지역에 대한 관광의 관심추구 자연보전 수단으로서의 효과 기대 지역주민의 사업기회 제공 및 경제적 이익제고	자연관광 녹색관광
부정적 요소	환경영향증대 경제활동증가 원시지역의 일반지역화 우려	모험관광

긍정적인 측면에서 열거된 바와 같이 자연탐방과 관찰을 통하여 습득하고, 자연보호 사상을 고취하며, 자기정체성을 회복하는 계기가 될 것이 확실하다. 그러나 부정적인 요소로 열거한바 생태관광의 속성을 고려할 때 생태관광의 활성화는 생태계의 원형이 항구적으로 보전될 수 있을 것인지에 대하여 매우 회의적이다.

이상의 여러 개념을 분석하여 볼 때 생태관광의 특성을 나타내는 다음과 같은 네 가지 공통요소가 있다.

첫째, 생태관광의 대상이 되는 관광자원에 관한 것으로 생태관광은 비교적 훼손이나 오염이 되지 않은 자연자원을 근거로 이루어진다는 점이다. 구체적으로는 국립공원이나 우수한 자연자원을 가지고 있는 지역으로 특히 새, 야생동물, 고고학적 가치가 있는 지역, 저습지, 희귀동물 서식지 등의 자원을 대상으로 한다.

둘째, 생태관광을 발생시키는 관광목적 및 이에 따라 추구되는 관광활동에 관한 것으로서 자연적 경관, 문화적 양식을 감상하고 문화사, 자연사를 이해하고자 하는 생태관광의 목적은 기존관광과는 뚜렷하게 구별되는 것으로 기존의 자연관광 프로그램과는 다른 생태관광 프로그램을 제공하도록 유도하게 된다.

셋째, 관광지의 자연환경 및 지역문화에 미치는 부정적인 영향을 최소화하는 개발 및 관리방식에 관한 것으로 생태관광의 개발 및 관리방식의 특성은 생태적 지속가능성 및 자원소비의 최소화, 부정적인 영향의 최소화로 설명되고 있다.

넷째, 생태관광이 자연보전에 미치는 긍정적인 영향, 즉, '관광효과'에 관한 것으로 생태관광은 자연체험을 통해 관광객들로 하여금 자연보전의 필요성을 마음으로 느끼게 하는 교육적 효과가 발생하고, 관광수입이 지역사회 및 자원관리에 환원되는 경제적 효과로 인하여 자연보전에 기여하게 된다.

2) 생태관광의 특징

이러한 생태관광의 특징은 다음과 같다.

첫째, 생태관광은 주로 학술적, 교육적, 문화적 내용을 현장에서 체험하는 관광으로, 주 수요자가 지식층, 자연 애호가 등 경제적, 문화적 수준이 높은 층으로 생태관광객들은 일반적으로 교육수준이 높고, 수입이 많으며, 고도수준의 생태학적인 정보를 원하고 있는 사람들로 나타났다.

둘째, 생태관광은 특정기간에 행해지고 대체적으로 체재일수가 길며, 원시적인 시설을 이용하는 것을 감수하고, 경우에 따라서는 스스로 불편할 뿐만 아니라 비위생적인 시설과 여행코스까지도 감수하는 것으로 나타났다. 지역적 분포를 보면 원시림이 풍부한 아열대의 개발도상국에 집중 분포되어 있으며(남미, 네팔, 탄자니아, 인도, 푸에르토리코 등), 개발관점에서 소규모이므로 전통적 관광행태에 비해 사회적·환경적 문제를 덜 야기시키는 것으로 나타났다.

셋째, 생태관광은 오지나 벽지에 경제활동을 가져다주고, 지역경제 활성화의 도구가 될 수 있다. 생태관광의 경제적 효과는 대단히 가치가 있는 것으로 흔히 "Low Volume, High Tourism"이라는 말로 표현된다. 생태관광은 오늘날 관광산업분야에서 가장 빠르게 성장하고 있으며, 1988년 WWF(World Wildlife Fund)에 의한 브라질, 코스타리카, 에콰도르, 도미니카와 멕시코로 오는 관광객에 대한 조사에서 관광지를 찾아오는 주목적이 공원과 환경보전지역을 감상하는 것으로, 생태관광객 만명당 소비액은 총 2,588달러 또는 하루에 156달러를 지출하였다. 이와 비교하여 공원과 환경보전지역을 중요하지 않게 생각하는 Holidaymaker들은 총 $1,531로 하루에 $156을 지출하였다. WWF의 추정에 의하면 1988년 개발도상국에서 관광으로 벌어들인 소득은 555억 달러 중 120억 달러가 생태관광에 의한 것으로 추정되고 있다. 생태관광은 연간 200억 달러의 시장규모를 가지고 있기 때문에 개발도상국들에게 위기에 처한 야생을 보존하기 위한 기금과 인센티브를 제공하며, 새로운 일자리가 창출되어 지역주민들이 생계 때문에 밀렵을 하는 것을 방지한다. 또한 관광객들이 가지는 전통문화와 공예에 대한 관심은 자신의 역사를 등한시할 수도 있는 젊은 세대들의 시각을 넓히는 역할을 한다. 무용수들과 공예가들이 보상을 받음으로써 결국 전통문화가 이어지도록 하고 있다.

넷째, 생태관광은 자연의 재생과 회복기능을 중요시하는 소극적인 개발로써, 최소한의 피해와 훼손만 용인하므로 관광수요의 제한이 필수적이다. 생태관광은 독특한 자연환경에 관심을 가지는 관광객을 유인함으로 이를 위해 매우 제한되고 통제된 개발과 선택적 마케팅 기법을 추구하게 되는 특징을 가지게 된다.

〈표 9-5〉 생태관광의 특징

① 생태관광은 다른 유형의 관광보다 건전한 유형의 관광이다. ② 생태관광은 오지나 벽지에 경제활동을 가져다주고 지역경제 활성화의 도구가 될 수 있다. ③ 생태관광객은 원시적인 시설을 이용하는 것이 일반적이고, 그와 같은 불편을 그들이 갖고 있는 특별한 관광욕구로 인해 참아내고, 경우에 따라서는 자원하여 불편하고 비위생적인 시설과 여행코스를 선택한다. ④ 생태관광객은 다른 관광객들보다 대체로 체재일수가 길다. ⑤ 생태관광상품은 다른 관광상품과 비교하여 경제적인 수익성이 높다. ⑥ 생태관광은 생태계나 환경에 대한 위협요소에 많은 관심을 불러일으켜준다.

3) 생태관광의 개발원칙

- 생태관광은 자연의 질을 저하시켜서도 안 되고 환경적으로 건전한 방법으로 개발되어야 한다.
- 생태관광은 직접적이고 참가적 계몽적인 경험을 제공해야 한다.
- 생태관광은 관광 전후나 관광 중에 있어서 지역사회, 정부, 비조직정부, 산업, 관광객 등 다양한 집단들 사이의 교육을 포함해야 한다.
- 생태관광은 자연의 본질적 가치를 모든 집단이 이해하도록 장려해야 한다.
- 생태관광은 자체 낱말에 자원을 포함시켜야 하고 공급지향적 관리를 포함하는 그것의 한계를 인식해야 한다.
- 생태관광은 정부, 비정부조직, 산업, 과학자, 지역주민 등 다양한 역할자들간의 협력과 이해를 증진시켜야 한다.
- 생태관광은 모든 역할자들 간의 자연적 문화적 환경에 대한 도덕적·윤리적 책임과 행동을 장려해야 한다.
- 생태관광은 자원, 지역사회, 산업에 과학적, 사회적, 문화적, 경제적, 보전적인 장기적 이익을 제공해야 한다.

4) 생태관광의 이점과 한계점

생태관광은 여러 가지 장점에도 불구하고 동시에 몇 가지 한계를 가지고 있다. 생태관광의 이점과 한계점들을 살펴보면 다음과 같다.

〈표 9-6〉 생태관광의 이점과 한계점

이 점	한 계 점
① 지역의 균형발전을 도모할 수 있다. ② 장기적인 경제적 안정을 가져온다. ③ 장기체류와 높은 지출로 수입이 크다. ④ 지역경제를 활성화시킨다. ⑤ 기반시설을 개발하는 계기가 된다. ⑥ 외화 가득률을 높인다. ⑦ 자연과 인간의 상호 공존에 대한 인식을 높인다. ⑧ 관광의 질적 향상을 가져온다. ⑨ 자연에 대한 학습효과를 가져온다. ⑩ 황무지와 유휴지의 활용 ⑪ 새로운 관광수요를 충족시켜줄 수 있는 대체관광으로서의 역할을 수행한다. ⑫ 깨끗한 환경에서 삶의 질을 향상시킨다.	① 시장규모가 적고 재방문객 수도 적다. ② 생태관광객들의 배타적 속성으로 인하여 사회적 수용능력이 약하다. ③ 생태관광을 수용할 만한 관리능력 부족으로 환경파괴라는 역효과를 가져올 수 있다. ④ 생태관광 개발로 인한 지역주민들의 피해 가능성을 배제할 수 없으므로 지역주민과의 갈등의 소지를 안고 있다. ⑤ 일반적인 관광개발에 비해 더 많은 비용이 소요된다. ⑥ 생태관광지는 일반적으로 마케팅 능력이 부족하다. ⑦ 지역의 생태관광 수용능력이 부족하여 외래 사업자들에게 수입이 돌아가는 경우가 많다.

(4) 녹색관광

1) 녹색관광의 개념

녹색관광, 즉 그린 투어리즘(green tourism)은 농어촌지역의 자연적, 사회문화적 관광자원의 중요성을 인식하고 이를 관광매력물로 개발하고 이용하려는 것이다. 그린 투어리즘이란 원래 나무가 푸르게 우거진 전원에서 즐기는 관광을 말하며, 따라서 주로 농촌지역과 농가를 목적지로 하는 관광을 의미하는 것으로 알려져왔다. 농촌의 쾌적한 자연환경 속에서 전통문화와 농촌생활을 체험하고 익히며, 전통음식을 즐긴다는 것이다. 그린 투어리즘이라는 말은 프랑스에서 관광활동이 일어나는 지역의 특성에 따라 푸른 해안에서의 관광을 블루 투어리즘(blue tourism), 눈덮인 산악지역에서의 관광을 화이트 투어리즘(white tourism), 녹음이 짙은 전원에서의 관광을 그린 투어리즘(green tourism)이라 부른 데서 연유하였다. 그린 투어리즘의 핵심은 농가에서 겸업으로 운영하는 숙박시설, 즉 농가 민박이며, 농촌이 가지고 있는 생활·문화자원을 포함한 각종 자원을 도시와 농촌주민간의 교류를 통해 지역활성화에 기여하는 것이다.

그러나 환경의 중요성이 널리 인식되면서 그린투어리즘의 영역도 확대되어 농촌뿐만 아니라 산촌, 어촌 기타 자연환경을 접하고 느낄 수 있는 지역에까지 그 범주에 포함시키고 있다.

녹색관광은 국가에 따라 그 표현이 다르다. 예컨대 영국에서는 녹색관광(green tourism), 독일에서는 전원관광(rural tourism)이라 하고 있으며, 프랑스에서는 관광성은 녹색관광(green tourism)으로, 농업관계기관은 농업관광(agri-tourism)이라고 하는 등 관계자에 따라 더욱 자세한 표현을 사용하고 있다.

개념상으로는 농산물이나 농촌경관, 농촌자원의 활용에 한정된 관광을 농업관광(agri-tourism)이라고 하고, "도시가 아닌 바다나 산 그리고 농촌지역을 무대로 하여 전개되는 관광" 전체를 전원관광(Rural Tourism)이라 정의하는 것이 일반적인 경향이다. 따라서 녹색관광은 전원관광(Rural Tourism)의 일부를 구성하는 것으로 생각할 수 있을 것 같다.

그린 투어리즘은 쾌적한 자연환경을 훼손하지 않고 환경을 보존하는 친환경적 관광을 통해 관광의 부정적 효과를 지양하고, 도시와 농어촌 등 지역사회간의 교류를 확대함으로써 도시와 지역사회 모두가 공생하는 새로운 관광의 형태를 제시하고 있다. 즉 그린 투어리즘은 인간과 자연이 조화를 이루는 관광을 통해 자연환경을 보존하고, 현세대뿐만 아니라 미래세대의 필요성을 모두 충족시키는, 이른바 지속가능한 관광(sustainable tourism)의 방식으로 받아들여지고 있다.

그린 투어리즘은 기본적으로 다음의 세 가지 중요한 측면을 가지고 있다.

첫째, 관광목적지로서 농어촌의 잠재력을 활용하는 것이다. 관광행태는 보는 관광에서 직접 참여하고 체험하는 관광으로 점차 다양해지고 있으며, 관광목적지도 기존의 리조트나 관광지를 벗어나 농촌이나 어촌, 문화유적지, 발길이 닿지 않는 오지 등으로 확대되고 있다. 따라서 농·어가에서 체류하면서 무공해 농산물을 직접 재배하고 수확하거나, 농어촌지역의 문화와 전원생활을 체험하는 그린 투어리즘은 관광목적지를 다양화하는 데 기여할 수 있다.

둘째, 지속가능한 개발전략이라는 점이다. 그린 투어리즘은 대규모 외부자본에 의해 개발하는 것이 아니라 관광자원을 개발하고 관광객들에게 서비스를 제공하는 주체가 주민들 자신이기 때문에 소득의 외부유출을 최소화할 수 있다. 또한 다른 지역과는 차별화되는 독특한 관광상품을 제공하고, 관광객들의 재방문을 유도하기 위해서는 고유한 문화와 자원을 보존하고 쾌적한 환경을 가꾸지 않을 수 없게 된다.

셋째, 그린 투어리즘은 농어촌지역 활성화의 새로운 수단으로서 파악되어야 한다. 우리의 농어촌은 도시화, 공업화로 인하여 노동력의 유출과 노령화를 초래하였으며, 1990년대 들어와 농산물의 가격불안정, 농수산물 시장의 국제개방 등으로 많은 어려움을 겪고 있다. 관광객을 위해 농가민박과 향토요리, 특산물의 개발, 각종

이벤트를 개최하는 등 그 지역의 독특한 생활과 문화를 자원으로 농업지역의 활로를 찾을 수 있다.

〈표 9-7〉 그린 투어리즘과 대중관광의 특징 비교

구 분	그린 투어리즘	대중 관광
일반적 특징	·개발속도가 느림 ·소규모적 단계로 진행 ·적정화가 목표 ·사회적, 환경적 수용력 제고 ·통제되고 계획된 관광 ·장기적 여행기간 ·가치 지향적 여행기간 ·질적 관광	·개발속도가 빠름 ·대규모적 단계로 진행 ·최대화가 목표 ·사회적 수용력 제고 ·통제되지 않고 비계획적 관광 ·단기적 여행기간 ·가격지향적 인식 ·양적관광
관광객행동	·혼자, 가족, 친구와의 여행 ·시간적 여유가 있음 ·적당한 교통수단 ·현장에서 자연스러운 결정 ·지방적 라이프스타일 ·관광객이 결정 ·체험이 중심 ·능동적 행동 ·개방적 접근 ·새로운 지식 추구 ·조용한 관광활동	·대규모 단체여행 ·시간적 여유가 없음 ·빠른 교통수단 ·고정된 프로그램 ·함축된 라이프스타일 ·관광객이 지시받음 ·구경이 중심 ·수동적 행동 ·수동적 접근 ·우월감, 기념품이나 선물 ·시끄러운 관광활동
관광개발전략	·먼저 계획, 다음이 개발 ·지역간 협력 ·집중개발전략 ·기존정주권 내에서의 개발 ·훌륭한 경관 보전 ·확고하고 제한된 개발 ·지역개발업자에 의해 개발 ·지방의 잠재력에 따라 고용 ·생태적, 사회적, 그리고 경제적모든 요소를 종합적으로 검토 ·개발업자가 사회적 비용부담 ·교통계획은 대중교통수단에 의존 ·평균수요에 맞는 수용력 ·자연적, 역사적 대상물을 유지 ·고유시설 ·낮은 기술수준과 선택으로 상업화된 시설	·기획없이 개발 ·단지 지역수준의 기획 ·분산개발전략 ·기존정주권 밖에서의 개발 ·가장 훌륭한 경관지역의 집약적 개발 ·정확히 알 수 없는 미래수요를 위한 개발 ·외부개발업자에 의해 개발 ·주로 비지역주민의 고용 ·경제적 배경에서만 검토 ·지역사회가 사회적 비용부담 ·교통계획은 자동차에 의존 ·높은 계절적 수용에 맞는 수용력 ·자연적, 역사적 대상물을 제거 ·도시적 시설 ·높은 기술수준과 상업화된 관광시설

그린 투어리즘의 구체적인 활용형태로는 농가에서 경영하는 민박, 레스토랑, 캠프장, 농산물판매소 등이 있으며, 모두 저렴한 요금으로 신선한 음식을 제공하고 있다. 이러한 그린투어리즘의 핵심은 농가에서 겸업으로 운영하는 숙박시설 즉 '농가민박'이라고 할 수 있다. 유럽 각국 정부는 농가 부업 권장정책의 일환으로 농가에서의 숙박에 주력하고 있으며, 이것은 독일에서는 '농가에서 휴가를', 프랑스에는 '지트(Gtes)', 네덜란드에서는 '비엔비(B&B)', 영국에서는 '농가휴가(Farm-Holiday)'로 잘 알려져 있다.

2) 그린 투어리즘의 배경과 발달

그린 투어리즘은 제2차 세계대전 직후 프랑스에서 처음으로 도입된 관광 개념이다. 그 당시 전쟁으로 버려진 많은 농촌가옥과 문화재를 활용하는 방편으로 관광객을 유치하려는 시도가 성공하면서 그린 투어리즘이 점차 발달하기 시작했다. 독일과 영국, 이탈리아의 경우도 조금씩 차이는 있지만 농촌 민박을 통해 농가소득을 증대시키고 농촌지역을 활성화시키려는 의도에서 그린 투어리즘을 권장하였고, 이러한 배경에서 유럽국가들은 이미 그린 투어리즘이 보편화되어 있다. 영국, 프랑스 등 선진국에서는 이미 1960년대부터 정책적으로 녹색관광을 육성하여 전국적인 조직으로 확대되는 등 성공을 거두고 있다.

미국과 캐나다, 멕시코의 경우는 주로 자연환경과 생태계를 둘러보는 생태관광이 주를 이루고 있으며, 카우보이 목장체험 등의 농장체험을 포함한 농촌체류도 큰 인기를 끌고 있다. 일본은 사과와 벼 등의 농산물을 판매하고 농가의 지붕잇기나 눈치우기, 낚시하기, 민박과 같은 다양한 농촌체험을 제공하고 있으며, 그린 투어리즘이 각 지역별로 상당히 발달되어 있다. 일본에서는 민숙(民宿)과 펜션(Pension)이 있으나 최근 농촌리조트 또는 팜인(Farm-Inn)이라는 형태로 녹색관광을 본격적으로 도입하고 있다. 전국적인 조직망을 갖추고 마케팅 활동을 펼치거나 품질관리 시스템과 예약 시스템을 운영하며 각종 정보 및 연수 · 교육프로그램을 제공한다.

1990년대에 들어오면서부터 환경보전의 중요성이 강조되고 있으며, 이러한 시대의 흐름에 따라 그린 투어리즘에 대한 관심도 더욱 높아지고 있다. 우리나라에서도 이미 관광농원이나 민박, 어촌관광마을, 자연휴양림 등 그린 투어리즘의 범주에 포함시킬 수 있는 형태가 없는 것은 아니다. 그러나 해외에서 말하는 의미의 그린 투어리즘 개념을 개발 컨셉(planning concept)으로 한다고 볼 수는 없다. 우리나라는 농어촌 증대사업의 일환으로 관광농원, 민박마을, 휴양단지 등을 조성하여 도시관광객을 농어촌으로 유치하고 있으나 엄밀한 의미에서 아직 그린 투어리즘이 자리잡고 있다고 보기는 어렵다.

유럽 및 일본 등 선진국에서 그린 투어리즘의 등장배경을 살펴보면 다음과 같이 크게 세 가지로 나눌 수 있다.

우선 농촌지역에서 점차 고용기회와 소득이 감소하였으므로 관광으로 이러한 상황을 개선하고자 그린 투어리즘이 시도되었다. 그 동안 산업화 정책으로 농촌인구의 도시유입이 가속화됨으로서 농업취업인구는 급격히 감소하였다. 이로 인해 농업생산이 감소하고 나아가 농업의 경제적 기반이 붕괴될 뿐만 아니라 공공 교통수단이나 학교 등 생활서비스의 제공이 곤란해지는 상황이 초래되었다. 농가는 경영을 계속하기 위해 경영을 다각화할 필요가 있다. 특히 농촌지역의 아름다운 경관, 문화자원을 활용한 관광사업이 유망한 대안으로 부각되었다. 관광수입으로 농가의 경영을 안정시켜 농촌지역의 사회경제구조를 유지하려는 생각에서 녹색관광에 관심을 갖기 시작했다.

다음으로 관광욕구의 개성화, 차별화를 들 수 있다. 교육수준이 향상되고 여가시간이 증가되면서 기존의 관광지에서 벗어나 농촌지역에서 개성있는 휴가를 즐기는 형태의 관광이 등장하고 있다. 특히 자연·역사·문화적 유산에 대한 관심이 고조되었다. 도로망의 정비와 자동차보급의 확대로 접근성이 개선됨에 따라 물리적인 거리의 극복이 보다 용이하게 된 점도 영향을 미쳤다.

마지막으로 대규모 리조트에 대한 비판과 그 대안으로서 그린 투어리즘이 등장하였다. 대규모 외부자본에 의한 리조트 개발은 그동안 자연환경을 파괴하였고, 자금의 역외유출로 주민들의 소외감은 오히려 증가하게 되었다. 또 리조트는 젊은층을 주요 표적시장으로 하여 고비용 가격구조를 가지고 있다. 이에 대한 비판이 높아지면서 그 대안으로서 자연파괴를 최소화하면서 풍부한 농촌의 문화, 평화로움과 조용함, 따뜻함을 느낄 수 있도록 개발하는 그린 투어리즘이 등장한 것이다.

3) 그린 투어리즘의 효과

그린 투어리즘이 가져다주는 직접적인 효과로는 첫째, 친환경적인 관광을 통한 자연환경 보존효과를 들 수 있다. 기존의 관광사업은 상업주의적 이익 추구에 치우친 나머지 관광단지를 개발한다는 명목으로 자연을 마구 훼손하는 경우가 적지 않았다. 또한 관광객들도 환경의 중요성을 깨닫지 못하고 관광지를 오염시키는 경우가 많았다. 그린 투어리즘은 쾌적한 자연환경을 보존하는 데 중점을 두고 있기 때문에 이같은 폐단을 극복하고 자연환경을 보존시킬 수 있다.

그린 투어리즘이 주는 두번째 효과는 지역사회의 활성화이다. 무엇보다도 수익

증대로 인한 지역경제의 활성화를 통해 지역 전체가 활발하게 움직이는 효과를 가져오게 된다. 특히 민박이나 전통음식 제공 서비스 분야에서는 여성들의 인력을 활용할 수 있어 여성 소득을 높이는 데도 기여할 수 있다. 또한 지역주민들은 지역사회가 지니고 있는 생태적, 환경적, 문화적 가치를 도시인들에게 제공해준다는 자긍심을 갖게 되어 지역사회가 자신감에 가득 차게 된다. 이같은 소득 향상과 자신감 고취로 인하여 지역사회의 삶의 질이 향상되어갈 수 있게 된다.

세번째 효과로는 도시와 지역사회의 교류를 통한 상호 거리감 해소를 들 수 있다. 도시의 복잡한 생활을 벗어나 전원에서의 휴식을 원하는 도시인들에게 제공되는 농어촌 지역사회의 정감어린 서비스는 도시와 지역사회간의 거리감을 좁혀주고, 격의없는 교류를 통해 도시와 지역사회 모두 상호 공존하는 삶의 방식을 자연스럽게 익히게 되는 것이다.

(5) 관광객 유인 개발방식

관광객 유인 개발방식(Honeypot Development)이란 환경적으로 보다 민감한 지역에 대한 압력을 경감시키기 위해 환경적으로 덜 민감한 지역에 관광시설의 개발을 촉진하는 방법을 말한다. 예컨대 인구밀집지역에 위락공간을 개발하여 이용자들을 유인함으로써 환경적으로 민감한 보다 멀리 떨어져 있는 지역을 보호하는 방법이다. 또한 관광객 유인 개발방식은 훌륭한 관광자원이 있는 지역에 관광시설을 개발할 경우 야기될 주변환경이나 관광자원의 불가피한 훼손을 근본적으로 방지하기 위한 개발방식이다.

즉, 주요 관광자원이 있는 곳에서 멀리 떨어진 곳이나 환경훼손의 우려가 없는 유휴지에 관광시설지구를 설정하고 필요한 시설을 개발하여 관광객이 그 주요 자원으로부터 일정거리 떨어진 곳에서 체재토록 함과 동시에 아울러 숙박, 식사, 오락 등의 휴식활동을 위한 시설들은 설정된 관광지구 내부에서 이루어질 수 있도록 하여 환경보전과 관광자원 보전 및 관광객이용 편의도모는 물론 유휴지 개발효과를 거둘 수 있는 개발방식이다.

(6) 구획제의 실시

구획제(zoning)란 관광객 활동을 집중시키거나 분산시키기 위해 특정토지의 이용을 제한하는 것이다. 즉 환경에 민감한 지역에 대한 극도의 압력을 제한시키기 위해 보전지구, 위락 및 관광객 시설용도지구 등과 같이 특정지역을 환경의 민감도에 따라 다차원적으로 분류하여 관광공간을 창출하는 것이다. 이러한 구획제는 토지관리에 대한 광범위한 프레임워크를 제공해주며, 보전과 관광객이용이라는 두 가지 요구 사이의 균형을 맞춰주는 전략이라고 할 수 있다.

따라서 환경영향을 최소화하기 위해서는 전술한 환경정보 시스템을 기초로 구획제를 실시함으로써 환경에 민감하거나 회복력이 약한 지역을 보호지역으로 지정하여야 한다.

이를 통해 각 지구의 제약조건과 잠재력을 도출하여 관광지 관리를 위한 지구별 관리계획의 수립과 환경보전을 위한 세부적인 지침을 제시하고, 아울러 지구별로 관광개발과 도입시설 및 관광객의 활동을 제한할 필요가 있다. 이러한 구획화를 실시하는 경우에는 관광자원 이용행위를 구역에 따라 제한시키는 행위의 구획화뿐만 아니라 체재기간을 제한하는 것과 같은 시간의 구획화도 고려해볼 필요성이 있다.

(7) 최적수용력 평가에 의한 관광개발

일반적으로 최적수용력이란 환경을 훼손하지 않으면서 관광객이 관광시설을 최대한 사용하며 만족을 얻을 수 있는 최대 관광객 수라고 말할 수 있다.

그러나 관광지 개발시 관광객의 이용편의 측면만을 강조하면 자연환경이 훼손될 우려가 크고, 지나치게 환경보호에 치중하면 관광객의 욕구나 필요한 민간투자 의욕을 충족시키기가 어려운 까닭에 이를 적정하게 이용하여 환경보전과 이용을 동시에 도모하기 위해서는 생태계 수용력을 정확히 측정하여 과다한 이용과 포화상태가 발생하는 수준을 알고 있어야 일시에 집중하는 과다한 관광객의 흐름을 규제하거나 분산시키는 정책을 추진할 수 있다. 따라서 한계 내에서 관광객의 관광활동을 허용하여야 한다.

요컨대 적정수용력을 초과하여 환경이 이용될 때에는 환경은 물론 관광활동의 질까지도 손상되는 것이다. 그러므로 환경적으로 민감한 지역에서의 관광관리는 수용력의 개념을 이용해야 하며, 수용력의 결과 이러한 수용력을 초과하지 않게 하는 관리기법의 적용이야말로 관광지계획에 있어서 기본이라 할 수 있다.

(8) 이용강도의 배분

이용강도를 배분(rationing use intensity)하는 방법으로서 다음과 같은 기법들이 활용될 수 있다.

- 순환이용제 : 이용이 집중되는 지역에서는 생태계의 파괴를 영구화시키지 않기 위하여 적정시간을 설정하여 윤번제로 이용을 금지시킨다.
- 입장객 수의 제한 : 일정지역을 출입하는 방문객의 수를 조절하기 위하여 단체 또는 개인의 수를 제한시키는 것이다. 예컨대 관광지를 일반여행지역, 시범지역, 통제지역으로 분류하여 일반여행지역은 개인여행자와 단체여행객에게 개방하고, 시범지역은 단지 단체방문객에게만 개방하며, 통제지역은 특권과 감독권을 가진 단체객에게만 개방하는 것이다. 또한 관광시간을 설정하여 관광지역이 환경적으로 영향을 받기 쉬운 사태에 있을 때 출입을 금지할 수도 있다.
- 예약제 및 선착순 이용제 : 우편, 전화 또는 직접예약을 통해 관광지 이용을 예약하게 함으로써 이용자 수를 관리할 수 있다. 그런데 예약제만 의존하게 되면 사전계획을 수립하지 않은 사람의 이용을 배제하기 때문에 형평의 문제가 발생하므로 선착순 이용제를 병행하는 것이 효율적이다.

제 10 장

관광자원 조사

■ 관광자원 조사의 개념과 범위
■ 관광자원의 조사 종류와 방법
■ 자료의 정리
■ 자료의 분석
■ 보고서 작성

제 1 절 관광자원 조사의 개념과 범위

1. 관광자원 조사의 개념

관광조사는 조사의 주체에 따라 그 목적이 달라진다. 정부나 지방자치단체와 같은 공공부문에서 실시하는 조사의 목적은 자원이용의 효율성을 극대화시키고 균형있는 개발을 이룸으로써, 자원의 보전과 공공의 이익을 도모하기 위함이다. 반면 개발자나 사업자 입장에서 실시하는 조사의 목적은 자원의 이용 효율성을 높여 이윤을 극대화시키고자 하는 데 있다. 양자의 차이는 결국 공공의 이익이냐 이윤의 추구냐 하는 조사를 통해 달성하고자 하는 목표의 차이에 있다. 이러한 목표의 차이는 조사내용의 차이를 수반하게 되어 각기 다른 관점에서 조사를 수행하게 된다. 즉 전자는 거시적 관점에서 후자는 미시적 관점에서 조사를 실시하는 것이다.

양자 모두 관광조사의 내용으로 관광객에 대한 조사, 관광환경에 대한 조사, 관광시장에 대한 조사, 관광자원에 대한 조사 등을 포함하고 있다.

관광객 조사는 관광활동의 주체인 관광객의 욕구와 기호의 변화, 행동패턴 등을 조사하는 것이다. 관광환경에 대한 조사는 관광을 둘러싼 현상이 벌어지는 외적 환경인 법적·정치적·사회적·경제적 여건의 변화를 조사하는 것이다. 관광시장에 대한 조사는 수요의 변동과 경쟁상황, 시장의 크기 등을 조사하는 것으로, 엄밀한 의미에서 관광객 조사는 관광시장 조사의 영역에 포함되고, 관광시장 조사는 관광환경 조사에 포함되는 것이다. 관광자원 조사는 관광객의 욕구를 충족시켜주는 관광대상에 대한 조사를 의미하는 것으로, 관광자원에 대한 연구, 개발, 보호 등을 목적으로 한다.

관광개발자나 사업자의 입장에서 조사를 실시할 때는 단순히 외부적 환경에 대한 조사와 내부적 환경에 대한 조사로 구분하기도 한다. 이때 외부환경 조사는 해당사업을 실시하기 위하여 직면하는 외부적 여건에 대하여 조사하는 것으로서 시장에서의 경쟁상황이나 시장규모, 법적·정치적·사회적·경제적 여건의 변화, 관광객의 욕구나 기호의 변화 등을 조사하는 것이다. 내부환경 조사는 자신이 가지고 있는 내적 여건인 인적·물적·정보 자원의 양과 질을 확인하는 것으로, 활용 가능한 관광자원에 대한 조사를 포함한다.

관광조사의 목적이 어디에 있는지, 주체가 누구인지에 무관하게 관광조사는 관광자원 조사를 포함하고, 그것은 관광조사 중에서 큰 비중을 차지한다.

관광자원은 관광의 목적물로, 어떤 국가의 관광사업도 그 국가에서 보유하고 있는 관광자원의 우열에 의해 좌우되므로 관광자원에 대한 조사는 국가적인 차원에서 중요시되고 있으며, 그 실제적인 조사과정 및 조사방법은 과학적이고 객관적으로 이루어져야 한다.

관광자원 조사의 가장 큰 특징은 2차자료에 의존한 간접적인 조사로 완료되는 경우가 거의 없고 대부분 1차자료를 수집하기 위한 직접적인 현장조사가 필요하다는 것이다. 또한 그것이 관광자원 조사라고 해서 관광자원에 대한 조사만으로 그치지 않고 환경여건이나 시장여건에 대한 조사가 병행되는 것이 일반적이다.

관광자원 조사를 수행하는 절차는 일반적으로 자료의 수집, 자료의 정리, 자료의 분석, 보고서 작성이라는 절차를 따른다.

2. 관광조사의 범위

관광자원 조사는 개발대상이 가지고 있는 자원여건, 환경여건, 시장여건 등을 검토함으로써 관광개발시 강점요인과 약점요인, 기회요인과 위협요인을 발견하여 관광개발의 기본구상 및 부문별 기본계획에 반영할 수 있는 객관적인 근거를 마련하는 데 그 목적을 두고 있다. 따라서 관광자원조사는 반드시 실행되어야 하며, 능률적인 방법으로 계획·실시되어 관광발전에 기여할 수 있도록 해야 한다.

(1) 환경여건 조사

환경여건 조사는 개발대상자원에 대한 광역환경여건, 부지환경여건 등을 종합·분석하여 대상자원의 개발가능성에 대한 분석을 실시하기 위하여 여러 가지 정보를 수집하는 것을 말한다. 환경여건 조사의 목적은 지역특성에 적합한 개발의 유형을 결정하기 위한 단계로 지역 내에 잠재된 자원에 적절한 도입활동과 활동적지를 찾아내는 데 필요한 기초정보를 작성하여 차별화된 특성을 명확히 제시하는 데 있다.

1) 광역환경여건의 조사

광역환경여건 조사는 광역입지, 관광산업구조, 환경자원, 개발방향 등으로 구분하여 조사한다. 광역환경여건 조사에 포함되어야 할 내용은 다음과 같다.

① 광역입지 조사

광역입지 조사는 계획대상부지가 어떠한 지리적·행정적 위치에 있으며, 영향을 미치는 세력권의 범위와 그 범위 내에 포함되는 도시의 지역인구구조 및 경제구조를 파악하는 것이다.

② 관광산업구조 조사

관광산업구조 조사는 계획대상지역이 기존의 관광중심지역의 일부를 포함하고 있어 관광지로서의 역할을 수행하고 있는가, 아니면 기타 지역으로써 관광지역 기능을 수행할 것인가, 또는 중심지역이 형성되어 있지 않다면 관광중심지역 사이와 연결이 될 수 있는가 등을 파악하는 것이다. 그리고 지역인구구조 및 경제구조를 이용하여 이용수요, 방문형태, 고용시장의 규모를 파악하는 것이다.

③ 환경자원 조사

환경자원조 사는 관광이용에 중요한 자연자원이 있는 구역을 조사하는 것으로서 조사대상은 관광용도로 이용가능한 자연자원과 보전가치가 있는 자연자원 등이다.

④ 개발방향 조사

개발방향 조사는 광역위치 조사, 관광지역구조 조사, 환경자원 조사의 내용을 포함하고, 여기에 지역사회의 생활·관습·이미지 등과 같은 항목을 이용한다. 그래서 이들 항목이 보편적 성격을 띠고 있는가, 지역성을 갖는가를 대비해봄으로써 주제설정을 용이하게 한다.

2) 부지환경여건의 조사

부지환경여건 조사를 하는 목적은 개발대상부지의 형태파악, 환경보존 필요구역의 존재유무 판단, 개발제약조건(물리적 장애요소, 시각적·후각적 장애요소)의 종류와 위치, 영향정도 등을 파악하여 관광개발 가능구역의 상호 연관성 규명 등을 하는 데 있다.

① 자연환경 조사

자연환경의 조사는 일반적으로 배후지역과 주변지역을 포함해서 아래에서와 같은 항목에 대한 조사가 이루어져야 한다. 조사목적은 지형상의 특성을 규명하고 조사를 통해 부지의 개발잠재력과 개발을 집행하는 과정상의 제한조건이 무엇인가를 파악하며, 개발가능 지역을 설정하여 관광활동의 도입가능성 및 수용 정도와 적지 분포를 파악하는 데 있다.

주요 조사항목으로는 대상지역의 토지조건, 수문, 식생, 기후, 야생 생태계 등을 들 수 있다. 그러나 이러한 항목들이 필수적인 조건이라고는 볼 수 없으며, 개발의 성격에 따라 자세한 조사항목과 개략적인 조사항목으로 구분되어야 한다. 즉 자원조건의 조사를 위한 항목설정은 그 조건과 관련되는 도입활동 유형에 따라 결정되어야 한다.

자연환경 조사에 포함되어야 할 구체적인 조사항목은 다음과 같다.

- 토지조건 : 고도, 경사도, 지질, 토양(지표면, 지하수면 깊이) 등
- 수문 : 지표수(계곡, 강, 호수, 저수지)의 형, 유역면적, 수계 등
- 야생생태계 : 종류, 서식지 등
- 기후 : 온도, 습도, 풍향, 강우량, 적설량 등

② 인문 · 사회환경 조사

인문 · 사회환경 조사는 주변 지역에 있는 기반시설의 서비스 체계와 대상지역간의 연계성, 접근여건, 대상지역의 토지이용 현황, 구조물, 공급처리시설, 역사적인 보존지역 등과 관련된 내용을 대상으로 한다.

인문 · 사회환경 분석은 대상지와 연계할 수 있도록 하기 위해 주변지역에 있는 기반시설들의 서비스 체계를 자세히 검토해야 하고, 교통조건 및 토지이용 현황은 개발대상지의 부지 용도구분과 접근성을 파악하기 위해 조사항목으로 반드시 포함되어야 한다. 또한 토지이용 현황과 관련하여 토지이용 규제에 관한 정보, 생활 · 산업에 필요한 자원정보가 필요하게 되는 경우도 있다. 공급처리시설은 활동공간 배치를 효과적으로 하기 위해 공급시설 · 처리시설 등을 살펴보아야 하고, 구조물은 용도 · 형태 · 밀도측면에서 조사해야 하며, 역사적 보존구역은 분포현황 · 유형 · 구역크기 등에 대해 자세히 파악해야 한다.

인문 · 사회환경 조사에 포함되어야 할 구체적인 조사항목은 다음과 같다.

- 건물 : 용도, 형태, 밀도 등
- 토지이용현황 : 토지용도 구분, 소유권, 이용규제, 재해사례 등
- 공급처리시설 : 공급시설(상수도, 전기, 전화, 가스 등), 처리시설(배수, 하수도, 쓰레기 등)

- 접근여건 : 접근성, 교통기반시설, 주차시설, 철도, 고속도로 등
- 역사보존구역 : 분포현황, 유형, 생활양식, 향토역사, 구역크기 등

③ 시각구조의 조사

시각구조 조사는 개발대상자원의 주요한 미적 요소를 판단하기 위해 이용되며, 대상자원의 자연적 특색이나 특별한 형태를 자원으로 활용하기 위한 조사이다. 시각구조 조사의 주요내용은 자연적 특징, 조망조건(view), 투경선(vista) 등에 관한 것이 주를 이루며, 이러한 요소들의 적절한 정리·조정을 통해 개발대상자원의 특징을 부각시킨다.

시각구조 조사에 포함되어야 할 구체적인 조사항목은 다음과 같다.

- **자연적인 특징** : 개발대상지는 흙·암석·물·식물 등 여러 가지 자연적 특징들 중에서 지형, 노출암석, 기암괴석, 수림대의 형성 등과 같은 경관적 가치를 가지며, 이러한 가치는 대상지 내에서 개발시설물과 연결할 수 있는 중요한 자원이다. 이러한 경관적 가치들은 하나의 미적 가치로 보고 대상지의 개성을 부여하는 충분한 요소가 된다.
- **조망조건** : 개발대상지의 조망은 시설물의 위치에 따라 크게 좌우된다. 훌륭한 조망은 적절한 보존과 강조가 되도록 개발해야 하고, 가장 아름다운 지점에서만 관상시켜야 한다. 조망계획에 있어서 주의해야 할 점은 조망이 흩어지지 않도록 하기 위해 조망계획과 각 부문 시설간의 계획이 조화를 이룰 수 있게 고려되어야 한다. 예를 들어 광고판·전력선·주차장들은 시각상 문제를 발생하지 않도록 처리한다.
- **투경선** : 비스타(vista)는 자연 그대로이거나 완전히 인공적인 것으로 구성되며, 대상지역의 유력한 초점이 되는 지점이나 종점(終點)을 갖고 있다. 따라서 전망이 좋은 지점이나 비스타의 시선을 강하게 하는 요인들은 사람들을 보다 쉽게 초점 쪽으로 유도한다.

3) 관광관련 상위계획 및 법규의 검토

관광지개발과 지역개발에 대한 기존의 계획을 검토함으로써 상위계획과의 연관성을 파악할 수 있고, 기존계획의 자료를 확보함으로써 개발계획시 발생될 수 있는 문제점을 보완·개선시킬 수 있다. 따라서 관광지를 개발할 때에는 관련되는 상위관련계획 및 법규를 검토해야 하는데, 일반적으로 관광개발관련 주요계획은 국토종합개발계획, 경제사회개발 5개년계획, 관광진흥 중·장기계획, 전국관광장기종합개

발계획, 권역별 관광개발계획 등이 있으며, 관련법규로는 국토건설종합계획법, 국토이용관리법, 도시공원법, 온천법, 산림법, 체육시설설치이용에 관한 법률, 청소년기본법, 조수 및 수렵에 관한 법률, 농어촌정비법, 사회간접자본시설에 대한 민간자본 유치촉진법 등이 있다.

(2) 관광시장여건 조사

관광시장여건 조사는 계획대상지역이 관광지로 개발을 구체화하기 위해 사용되는 방법으로 이를 통해 개발의 방향과 주제를 결정하며, 일반적으로 관광객 행태, 관광시장여건 등을 조사한다.

1) 시장여건 조사

관광시장을 조사하는 목적은 방문 가능성이 있는 사람들이 어디에, 얼마나 어떤 목적을 가지고 존재하고 있는가를 현재와 미래에 걸쳐 면밀히 파악하여 계획지역에 기대되는 관광활동유형, 개략적인 개발규모, 인접관광지와 개발루트, 개발시기의 결정에 도움이 되는 정보를 작성하는 것이다.

① 시장여건 조사의 범위

계획지역에 내방할 가능성이 있는 사람들이 거주하는 범위이며, 통상 유치권이라고 부르기도 한다. 계획지역의 유치권은 계획지역이 갖는 관광활동의 대상지로서의 매력의 크기 정도에 따라 좌우된다. 시장분석시 분석의 공간적인 범위는 일반적으로 다음과 같이 3가지로 분류된다.

- 방문객이 거주하는 범위, 즉 유치권 또는 1차 시장
- 방문객이 상호 왕래하는 범위, 즉 보완권 또는 2차 시장
- 경쟁대상이 되는 관광지가 존재하는 범위, 즉 경합권 또는 3차 시장

② 시장여건 조사의 대상

유치 · 보완 · 경합의 대상이 되는 관광지 및 이들과 계획지역을 연결하는 교통로를 갖는 지역이 되며, 조사내용으로는 일반적으로 다음과 같이 3가지 조건으로 구분된다.

- 관광행태의 발생조건
- 대상지 선택의 조건

• 접근성 관련조건

관광행태의 발생조건 및 대상지 선택의 조건은 개발대상지에서 어떠한 유형의 관광개발이 가능하고, 수요는 어느 정도인지에 대한 정보를 얻을 수 있고, 접근성 관련조건에서는 개발시기, 주변지역과의 연계성 확보, 관광루트 등을 어떻게 할 것인가에 대한 정보를 얻게 된다. 이러한 작업내용은 계획년도에 걸쳐 어떠한 동향을 보이는가를 정확히 파악 · 평가 · 종합하여 시장을 분석하는 데 이용된다.

2) 관광행태 조사

관광행태 조사의 목적은 관광지 여건조사 및 시장여건 조사의 결과와 관광객의 행동이나 태도를 비교 분석함으로써 계획의 방향이나 현재의 개발과 이용이 적절한가, 혹은 균형 있게 이루어지고 있는가를 평가하는 데 있다. 개발대상지의 이용자행태를 분석하는 내용은 다음과 같이 세 가지로 분류할 수 있다.

• 이용자의 선호도와 만족 조사
• 참여수준과 비이용수준 조사
• 잠재수요 조사

반면 현지에서 직접 이용자의 행태를 조사할 수 없을 경우에는 간접적인 방법으로 타지역의 이용자, 연간 유입량 및 연평균 증가율, 계절별 변동량, 이용자층(연령, 직업, 교통시간, 체재기간, 지출액 등) 등을 비교해 봄으로써 이용자 행태를 알아볼 수 있는데, 이를 위해서는 실증적 자료를 수집하는 것이 바람직하다.

그리고 이러한 이용자 행태 조사는 특수계층의 관광활동에 대한 욕구를 파악, 개발계획의 주요 문제점과 잠재력을 식별, 여론을 기술하고, 기존의 시설과 프로그램의 효과를 결정할 수 있다.

(3) 관광자원 현황조사

관광자원 현황조사는 계획대상지의 관광자원 · 문화자원에 대한 분포정도를 조사하는 데 그 목적이 있다. 조사항목으로는 대상지역의 특성을 반영할 수 있는 자원으로서 자연관광자원과 인문관광자원으로 분류되며, 산 · 계곡 · 폭포 · 동굴 · 역사문화재 · 관광농원 등의 분포를 파악해야 하고, 문화자원은 대상지역의 특성을 연출하는 데 중요하므로 국보, 보물, 사적, 천연기념물, 민속, 문화행사, 특산품 등의 존재 여부에 대해 자세히 살펴보아야 한다.

관광자원 현황조사에 포함되는 항목은 다음과 같다.

- 자연관광자원 : 산, 계곡, 폭포, 강, 동굴
- 인문관광자원 : 문화재(예술제, 문화제), 관광농원, 농업지구 등
- 문화자원 : 국보, 보물, 사적, 천연기념물, 무형문화재, 민속놀이문화, 특산품 등

제 2 절 관광자원의 조사 종류와 방법

1. 관광자원 조사의 종류

관광자원 조사의 종류는 조사시점에 따라 사전조사, 본조사, 사후조사로 구분하기도 하고, 조사목적에 따라 탐색적 조사, 기술조사, 인과관계조사로 구분하기도 한다.

(1) 탐색적 조사

예비조사라고도 불리는 탐색적 조사는 본격적인 조사방법을 실시하기 이전에 그 분야에 필요한 예비지식을 얻기 위하여 시행하는 조사로, 참고문헌을 찾아보거나 종래의 연구결과를 이용·검토하는 문헌조사의 방법과 특정분야의 전문가를 만나 의견을 들어보는 전문가 의견조사 방법, 유사한 사례를 찾아내어 분석하는 사례연구 등이 있다.

(2) 기술조사

관광조사는 변수들의 특성을 기술하기 위한 경우가 대부분이므로 기술조사는 관광조사에서 가장 많이 활용되고 있는 조사이다. 기술조사는 자원의 특성파악과 빈도조사, 자원들간의 관련성 정도 파악, 자원의 변화에 대한 예측 등을 목적으로 한다.

기술조사의 형태는 크게 종단조사와 횡단조사로 구분되는데 종단조사는 일정한 간격을 두고 반복적으로 측정을 실시하는 시계열법을 말하며, 횡단조사는 단 한번의 측정만이 이루어지는 방식이다.

(3) 인과관계 조사

인과관계 조사는 어떤 사건이나 현상이 발생한 원인요인과 결과요인 사이의 영향관계를 규명하고자 실시하는 조사이다. 가령 관광지 내의 자연적 관광자원인 자생수림이 축소되어가는 이유가 어떤 원인에 의한 것이고, 원인이 되는 요인이 수림축소에 어느 정도 영향을 미치는지에 대하여 인과관계를 규명하고자 하는 것이다.

2. 관광자원의 조사방법

일반적으로 자료를 수집하는 방법에는 실사법(the survey method)과 실험법(experimental method)이 있다. 실사법은 조사자가 실제로 시장에 뛰어들어 조사목적에 적합한 1차자료를 수집하는 방법을 말하는데, 1차자료를 수집하는 방법은 커뮤니케이션 방법과 관찰방법으로 구분된다. 커뮤니케이션 방법은 조사목적에 적합한 자료를 수집하기 위하여 설문서라는 자료수집 도구를 사용하여 질문을 실시하는 방법으로서 문의법이라고도 한다. 관찰법이란 질문을 사용하는 것이 아니라 응답자의 행태를 기록하여 1차자료를 수집하는 방법이다. 한편 실험법이란 통제된 상황하에서 시험단위에 대하여 특정변수를 조작적으로 처지(시험처치)하여 시험단위의 반응(관찰치)을 확인해내는 방법을 말한다.

(1) 실사법

1) 커뮤니케이션 방법

커뮤니케이션 방법을 통하여 1차자료를 수집하는 데 있어서 조사자가 이용할 수 있는 도구는 개인면접, 전화면접, 우편설문 등 세 가지가 있다.

① 개인면접

개인면접(personal interview)이란 조사자가 현장에 나가 중간상인이나 소비자를 대면 접촉하여 직접 질문함으로써 1차자료를 수집하는 방법이다. 이와 같은 개인면접은 가장 융통성 있는 실사방법이지만, 비용과 시간이 많이 소요되며 실사오차에 취약하다는 단점을 갖고 있다.

② 전화면접

전화면접(telephone interview)은 개인면접과 유사하지만 양식의 융통성이 적고, 개별응답자로부터 얻어낼 수 있는 자료의 양이 크게 제한된다. 그러나 전화면접은 개인면접에 비하여 비용과 시간상의 경제성을 가질 뿐만 아니라, 넓은 지역에 산재되어 있는 응답자로부터 용이하게 자료를 수집할 수 있다는 장점이 있다. 또한 전화면접은 우편 설문에 비하여 신속하게 자료를 획득할 수 있으며, 반복호출(callbacks)을 통하여 무응답에 기인하는 실사오차를 감소시킬 수 있다.

③ 우편설문

우편설문(mail questionnaires)은 대체로 조사배경에 관한 설명과 반환용 우편봉투와 함께 설문서를 응답자들에게 직접 우송하는 것인데, 널리 산재해 있는 많은 응답자들에게 도달할 수 있는 커뮤니케이션 방법이다. 우편설문은 넓은 지역을 포괄하기에 가장 저렴하고 용이한 실사방법으로서 면접자도 필요로 하지 않는다.

또한 면접자와 응답자 사이의 교호작용에 의해 도입되는 실사오차도 피할 수 있으며, 응답자를 익명으로 할 수도 있으므로 개인의 나이와 소득과 같이 민감한 정보를 구할 때 유용하다.

2) 관찰법

관찰법(observation method)이란 질문을 사용하는 것이 아니라 응답자의 행태를 인식하여 기록함으로써 1차자료를 수집하는 방법이다. 이러한 관찰방법은 자료를 제공하려는 응답자의 의도에 의존하지 않으며, 면접과정에서 면접자와 응답자 사이의 교호작용에 기인하는 잠재적 왜곡 가능성도 적기 때문에 커뮤니케이션 방법보다 비교적 정확한 자료를 산출할 수 있다. 또한 소비자 자신이 인식하고 있지 못한 행동패턴의 경우에서와 같이 관찰에 의해서만 수집될 수 있는 자료의 형태가 있다.

그러나 인지, 신념, 선호도와 같은 심리적 특성은 관찰할 수 없을 뿐만 아니라, 대단히 개인적인 활동은 관찰하기 곤란하다. 이 방법은 관찰되는 현상이 장기간 지속되며, 자주 일어나지 않는 경우라면 많은 비용과 시간이 소요될 것이기 때문에 순전히 관찰방법에만 의존하여 1차자료를 수집하는 조사는 극히 드물다.

(2) 실험법

실험법이란 통제된 상황하에서 시험단위에 대하여 특정변수를 조작적으로 처치하여 시험단위의 반응을 확인해내는 방법을 말한다. 이때 시험단위란 실험을 위하여 추출된 실험대상을 의미하며, 실험을 위한 조작을 시험처치라고 한다. 그리고 시험단위의 처치에 대한 반응을 관찰치라고 한다. 실험은 조사자가 독립변수를 직접 조작하고 통제할 수 있으므로 종속변수와 독립변수 사이의 명확한 인과관계를 설명할 수 있다. 따라서 간혹 인과적 조사(causal research)라고도 불린다.

실험법은 조사자가 통제할 수 있는 변수(내생적 변수)와 통제할 수 없는 변수(외생적 변수)의 효과를 분리하여 측정하기가 수월하다. 따라서 독립변수가 종속변수에 대하여 갖는 효과를 계량적으로 측정해내기가 용이하며, 두 개 이상의 독립변수가 갖는 효과를 동시에 검증할 수 있으며, 독립변수들이 소규모로 조작되므로 위험이 적을 뿐만 아니라, 현실적 환경에서 실시되므로 수요예측모델을 구성하는 데 유용한 자료를 산출해준다는 장점을 가지고 있다.

반면, 외생적 요인으로부터 시험단위들이 완전히 독립적이기 어렵기 때문에 이를 해결하기 위해서 많은 수의 시험단위를 선정해야하나 시험단위의 수가 한정되어 있는 경우가 많아 현실적으로 적합성의 문제를 안고 있다. 또한 시험단위간 상호영향, 조사자의 시험단위 통제상의 어려움, 시험단위의 망실, 기간의 문제, 실험노출의 수위조절, 기술적 제약으로 인한 실험의 제한, 비용의 문제 등도 실험이 가지고 있는 문제이다.

제3절 자료의 정리

조사를 통해 수집된 관광자원에 관한 각종 자료를 정리·분석하는 과정을 거쳐 보고서를 작성하게 된다. 자료의 정리작업은 문헌적 자료와 야외관찰과 관측에서 얻은 자료 그리고 설문지 조사자료, 면접자료 등을 조사목적에 따라 집계하는 것이다.

1. 자료의 검토

조사한 자료를 종합하는 과정으로 수집된 자료의 신빙성에 대한 충분한 검토와 잘못 기입된 것이나 누락된 것을 발견·시정하여 정리한다.

2. 자료의 기호화

자료를 컴퓨터로 전산처리하기 위한 조사항목을 기호화(coding)하는 과정으로, 먼저 각 조사항목을 분류하고, 이를 숫자 · 기호를 부여하여 기호화한다. 이렇게 함으로써 각종 자료를 전산화할 수 있다.

3. 자료의 도표화

이 과정은 기호작업이 끝난 뒤 각 항목별로 회답에 대한 집계를 도표화(graphing)하는 것으로, 이것은 조사결과를 지도나 도표로서 요령있고 명확하게 표현하여 연구상의 정확한 추론의 기초를 얻는 데 도움을 준다. 정확한 도표화는 관광자원의 연구뿐만 아니라 관광 전반에 걸친 연구의 유력한 수단으로서 이용가치를 갖는다.

제 4 절 자료의 분석

문헌자료, 기존자료, 전문가 의견청취에 의한 자료, 설문지조사자료, 면접자료, 기타 수집된 자료 등을 계획목표와 대조하여 자료의 내용, 정밀도에 따라 계획의 기초자료가 될 수 있는가를 검토하고, 각각의 자료를 정리할 때 항상 계획 가운데 어떤 부분을 뒷받침하기에 적절한가를 염두에 두고 계통적으로 파악 · 정리해야 한다.

1. 자료의 분석내용

(1) 관광자원 및 시설조건

관광자원 및 시설조건의 분석은 계획목표, 개발방침, 관광활동의 종류, 관광활동의 적지, 환경보전과 관광이용을 위한 토지이용 구분 등에 이용할 수 있도록 관광자원 및 시설의 분포상태를 분석해야 한다.

(2) 시장여건

시장여건을 분석하는 목적은 방문가능성을 가진 사람들이 어디에, 얼마나, 어떤 목적을 가지고 존재할 수 있는가를 현재와 장래에 걸쳐 밝힘으로써 계획지역에서 기대되는 관광·위락활동 형태를 검토하고 개발규모를 설정하여 인접관광지와의 사이에 관광루트 설정, 개발시점의 결정 등을 위한 정보를 작성하는 데 있다.

1) 분석범위

분석범위는 계획지역을 방문할 가능성을 가진 사람들이 거주하는 넓은 지역으로서 보통 유치권이라고 부른다. 계획지역의 유치권이 설정되면 그것의 약 2배 넓이에 계획지역에 의해 경쟁상대가 되는 관광지가 존재하는가 어떤가를 탐색하는 범위가 된다. 그리고 유치권의 20~30%의 넓이는 방문자들의 회유 및 주유가 일어나기 쉬운 범위로서, 이 가운데서 보완가능한 관광지가 있는가도 분석해보아야 한다.

2) 분석항목

관광활동의 발생조건, 대상지역의 선택조건, 교통조건 등의 세 가지 조건이 계획목표연도에 어떠한 동향을 보이게 될 것인가를 평가하고, 이들을 종합하여 예측하는 일을 작업내용으로 하게 된다.

① 발생조건

계획지역의 1차시장 가운데 어디에 어떤 형태의 인구가 집적하고 있고, 그들이 어떤 활동을 어느 정도 하려고 하는가 하는 수요의 양과 질에 관한 동향이 분석대상이 된다.

② 대상지역 선택조건

경합권과 보완권 가운데서 어떤 형태의 관광지가 분포하고 있는가, 또 이들의 현재의 이용실적과 장래의 동향, 신규개발 움직임 등이 분석대상이 된다.

③ 교통조건

1차시장, 2차시장과 계획지역과의 사이에 어떤 교통기관을 이용하여 몇 시간 걸려서 얼마의 요금으로 올 수 있는가, 그리고 그 용량 및 서비스 수준은 어떠한가, 특히 고속도로, 페리보트, 공항 등이 신설되거나, 철도의 전철화, 국도 및 지방도의 포장, 교량건설 등에 의해 종래의 시간거리가 비약적으로 개선되는 경우, 이를테면 숙박을 해야 하는 거리에 있던 것(숙박권)이 밤에 귀가가 가능하게 된다든가, 인접 관광지까지의 이동이 용이하게 되는 것과 같은 교통조건의 변화가 일어날 것인가를 판단하는 일이 중요하다.

(3) 관광이용 현황

관광활동의 종류·규모 등을 설정하기 위하여 특히 필요한 자료로, 분석대상은 대상지역 내의 관광위락시설(관람시설, 오락·유희시설, 전망시설, 운동시설 등)인데, 이들 시설을 둘러싼 관광위락 서비스가 전달되는 현상이 어떻게 전개되어 어떤 효과를 발생하게 되는가를 분석한다.

1) 개발현황

각종 시설의 규모, 수준, 종업원 수, 연간 매출액 등을 분석범위 내외의 관광지와 비교하여 얻게 된다. 또 한 개개의 시설가동률(유효율, 혼잡률), 자원의 개발률, 수요의 연속성(주변관광지와 비교), 시설의 경영효율 등을 분석하여 어디에 개선의 여지가 있는가를 분석한다.

2) 이용현황

연간 방문자 수, 연도별 증가율, 월별 변동 및 계절변동, 발생지역 범위, 유동구조, 이용자층의 구성을 타지역과 비교하여 파악한다. 이 항목을 모두 파악한다는 것이 어려울 경우 최소한 처음 4항목은 관광지이용 성격파악을 위해서는 중요하므로 가능한 한 자료를 갖추어야 한다.

2. 자료의 분석방법

(1) 통계학적 방법

1) 모수통계 분석방법

- 빈도분석 : 도수분포표의 산출과 변수값들이 갖는 분포의 특성을 파악하는 데 이용한다.

- T-검증 : 독립된 두 집단의 표본평균의 차이를 검증할 때나 동일 표본에서 두 변수의 평균값을 비교할 때 이용한다.
- Z-검증 : T-검증과 같이 두 집단간의 평균을 비교하는 분석방법으로 모집단의 분산을 알고 있을 때 주로 사용한다. 또 모집단의 분산을 알 수 없을 때라도 표본크기가 30개 이상이 되면 정규분포를 가정할 수 있으므로 이 방법이 사용된다.
- F-검증 : 두 개 이상의 집단평균을 비교하는 데 사용하는 분석 방법으로, 다변량통계의 근간을 이루며, 특히 분산분석의 기본구조를 이룬다.
- 분산분석(ANOVA) : 2 이상의 모집단의 평균차이를 검증하기 위해 사용되며, 독립변수가 하나일 때 사용하는 일원량분산분석(one-way ANOVA)과 독립변수가 둘 이상일 때 사용하는 다원량분산분석(multi-way ANOVA)이 있다.
- 다변량분산 분석(MANOVA) : 집단간의 종속변수에 대한 평균의 차이를 검증할 때 사용한다.
- 상관관계(correlation) : 변수들 사이의 상관관계를 분석하는 데 사용한다. 두 변수간의 인과관계(어느 변수가 원인변수이고 어느 변수가 결과변수인지의 관계)를 규명할 수는 없고 관계의 정도만을 확인할 수 있다. 적률상관관계(단순상관관계), 다중상관관계, 부분상관관계 등이 있다.
- 정준상관관계 : 변수군 사이의 상관관계를 분석하는 데 사용한다.
- 회귀분석(regression) : 변수들간의 상호관계를 분석하고 독립변수의 변화로부터 발생하는 종속변수의 변화를 예측하기 위해 사용된다. 독립변수와 종속변수의 관계식인 회귀방정식을 도출한다. 단순회귀분석, 곡선회귀분석, 다중회귀분석, 다항회귀분석, 비선형회귀분석 등의 모형이 있다.
- 판별분석(discriminant analysis) : 명목자료로 된 종속변수의 집단분류를 예측하는 데 사용된다.
- 요인분석(factor analysis) : 변수들간의 상관관계를 이용하여 서로 유사한 변수들을 집단화하는 방법으로서, 자료의 요약, 변수의 구조파악, 불필요한 변수의 제거, 측정도구의 타당성 검증, 다른 분석에 필요한 요인점수 산출과 같은 용도로 사용된다.
- 군집분석(cluster analysis) : 다양한 특성을 가진 대상들을 유사성이 높은 집단이나 동질적인 집단으로 분류하는 데 사용한다.
- 다차원척도법(MDS) : 정해진 특정 평가차원을 제시하여 평가하는 것이 아니고 평가대상들간의 유사성이나 선호도를 평가할 수 있는 평가기준을 발견하고 각 기준에 따라 측정대상들의 측정값을 추정해내고자 하는 분석방법이다. 따라서

평가기준의 발견과 그 기준에서 보았을 때 평가대상이 어디에 위치하는지에 대한 정보를 제공한다.

- 컨조인트 분석(conjoint analysis) : 둘 이상의 독립변수들이 종속변수에 대하여 갖는 순위나 가치를 부여함으로서 영향의 정도를 분석하는 방법이다.
- 로짓 분석(logit analysis) : 선택분석방법 중의 하나로서 메트릭스 척도인 독립변수와 비메트릭스척도인 종속변수 사이의 관계를 분석하는 데 쓰인다.
- 경로분석(path analysis) : 둘 이상의 독립변수 가운데 어느 것이 더 종속변수에 영향을 미치는가를 알기 위해 사용한다. 회귀분석과 응용면에서 비슷한 방법이다.
- 구조방정식분석(structural equation analysis) : 연구자가 설정한 인과관계에 대한 모형을 검증하기 위해 사용한다. 선형구조관계분석을 검증하는 방법으로 LISREL(Linear Structural Relationships)이 가장 널리 사용되고 있다.

2) 비모수 통계 분석방법

- x^2검증 : 한 변수의 변수값(명목값)들의 빈도가 기대빈도와 일치하는지의 여부를 검증(적합도 검증)하는 경우에 이용된다.
- 콜모코로프-스미르노프 검증 : 무작위로 추출된 표본의 값이 갖는 분포가 특정한 분포와 얼마나 일치하는지의 여부를 검증할 때 이용한다.
- 연의분석(run test) : 연속적인 관찰값이 무작위로 나타난 것인지 아니면 앞의 관찰값이 뒤의 관찰값에 어떤 영향을 미치는지의 여부를 검증할 때 사용한다.
- 이항분포 검증 : 이항변수의 각 관찰값이 기대빈도와 일치하는지의 여부를 검증하거나 특정값이 나타날 기대확률과 실제로 나타날 확률이 얼마나 일치하는지를 검증할 때 사용한다.
- 부호 검증 : 두 변수가 이루는 확률분포상의 차이가 있는지를 검증하는 것으로서 두 변수 값을 비교하여 +, −방향만을 이용하여 분석하므로 부호검증이라고 한다.
- 윌콕슨 서열 검증 : 부호검증이 변수의 확률분포 차이를 방향만으로 분석한 것에 반하여 그 크기도 고려하여 두 변수간의 차이를 분석하는 방법이다.
- 맥네마르 검증 : 이항변수로 되어 있는 두 변수간의 분포간의 차이를 검증하는데 사용된다.
- 코크란 큐 검증 : 이항변수로 되어있는 3개 이상의 변수들의 빈도분포상의 차이를 검증하는 방법이다.

- 프리드맨 검증 : 2개 이상의 변수들의 서열평균의 차이가 있는지의 여부를 검증하는 경우에 이용된다.
- 켄달의 일치도 검증 : 서열자료로 측정된 N개의 변수값들이 동일한 분포를 갖는 모집단으로부터 추출되었는지의 여부를 검증하기 위하여 사용된다.
- 맨-휘트니 검증 : 어떤 변수에 대한 측정치가 서열척도에 의해 얻어졌을 때 두 개의 표본이 동일한 확률표본을 갖는 모집단으로부터 추출되었는지의 여부를 검증할 때 사용한다.
- 왈드-월포비츠 검증 : 두 표본이 추출된 모집단의 분포가 동일한지의 여부를 검증하는 데 사용한다.
- 중앙값 검증 : 두 개 이상의 표본이 추출된 모집단의 분포가 동일한지의 여부를 검증하기 위한 방법으로 중앙값을 이용하여 검증한다.
- 크루스칼-왈리스 검증 : 맨-휘트니 검증이 두 집단에 대한 것임에 반하여, 세 집단 이상으로부터 추출된 표본에 대하여 모집단의 확률분포가 동일한지의 여부를 검증할 때 사용한다.
- 스피어맨 서열 상관분석 : 서열척도로 표시된 두 변수간의 상관관계를 분석할 때 사용한다. 스피어맨 상관계수는 로(rho)라고 하고, 부호로는 γs라고 표기한다.
- 교차분석(crosstabs) : 일반적으로 분야를 막론하고 가장 많이 사용되는 분석방법으로 명목자료를 이용하여 두 변수간의 상호관계를 검증할 때 이용된다. 기대빈도와 실제빈도간의 차이를 검증하는 x^2검증이 통계량으로 사용된다. x^2값이 작을수록 적합도는 높아지고 커질수록 적합도는 떨어진다.

(2) 지리학적 방법

관광자원이나 시설의 조건을 분석하기 위한 방법들로서 망분석법, 임의지점법, 직관적 방법 등이 있다.

1) 망 분석법

망분석법(mesh analysis method)은 계획대상지역을 모두 분석하기 위하여 전지역을 균등한 작은 단위로 세분하고 각 단위의 특성을 파악함으로써 대상지역 전체의 특성을 알아내는 방법인데, 컴퓨터 이용이 쉽기 때문에 가장 많이 사용된다. 이 방법은 1929년 핀란드의 지리학자 그라노(J.G. Grano)가 지형분석에 사용한 것이 최초였다.

군단위 정도의 구상계획에서는 각 단위의 길이는 가로・세로가 500m～1km, 시・읍・면 단위 정도의 기본계획에서는 250～500m 단위가 많이 사용되며, 각 단위의 표고・지표대상・식생・규제상태・시설내용 등 정보를 입력시킨 후 이용목적에 따라서 특징의 조건을 설정하고 그 조건에 적합한 단위를 선정함으로써 계획지역 전체를 판단할 수 있게 된다.

예를 들면, 경사도가 15～30도가 되는 지역으로써 초지에 적당한 지역을 알아내기 위해서는 표고를 이용하여 각 단위마다의 경사도를 산정하고 지표상태를 판단하여 이 두 가지 조건이 충족되는 단위를 추출할 수 있게 된다.

2) 임의 지점법

임의 지점법(random point method)은 망 분석법 원리와 동일하며, 다만 대상지역이 방대할 경우에 대상지역의 부분을 분석해보고, 이를 토대로 하여 전체를 추측하는 방법이다.

3) 직관적 방법

시각적으로 동일지역을 이루는 범위 등을 직관적으로 판단하여 이것을 구획하는 방법으로서 객관성이 결여되나 광범위한 자원분포 상태를 개략적으로 파악하는 데는 효과적이다.

〈표 10-1〉 분석목적에 따른 관광조사 결과의 분석기법

분석목적	분석방법
관광객 태도 및 동기 분석	척도법, 기대-가치모형, 컨조인트분석
관광시장 수요 예측	추세외삽법, 중력모형, 확률여행모형, 델파이기법
관광업체 입지 분석	체크리스트법, 유사방법론, 잔차분석, 귀납적추론입지모형
관광지 공간 분석	집중도분석, 로렌츠곡선을 이용한 분포곡선, 공간밀집지수, 접근성지수, 방향편의지수, 디퍼트의 관광지수, 최근린지수, 선형최근린지수, 공간결합지수
관광자원의 가치 측정	서베이법, 여행비용방법, 여행비용감소 추정방법, 비용차이 추정방법
관광의 경제적 효과 추정	지역효과모형, 크루츠와이저 추정방법
산업간 연관관계 분석	산업연관분석
관광가격지수 측정	여행자물가지수, 여행물가지수, 숙박가격지수

(3) 분석의 적용

이러한 분석방법 이외에도 계량경제학 분야에서 발전되어온 분석기법들을 이용하여 분석을 실시할 수 있다.

제 5 절 보고서 작성

조사과정은 보고서의 작성으로 종결되게 된다. 조사자는 이상에서 얻은 각종 자료를 정리하고 해석단계를 거쳐 최종적으로 보고서를 작성하여 조사결과의 이용자에게 보고를 하게 된다. 이때 조사결과의 이용자란 상황에 따라 달라지며, 정부 · 국민 · 경영자 등 모든 관련자를 포함한다.

보고는 여러 가지 형태로 이루어지는데, 결과의 공개여부에 따라 크게 공개보고와 비공개보고로 구분하기도 하고, 보고방식에 따라 구두보고와 서류보고, 혼합보고로 구분하기도 한다. 서류보고에는 보고서보고와 약식보고서 보고가 있고, 구두보고에는 전화보고, 강연, 화상보고 등이, 혼합보고에는 차트 설명, 슬라이드 설명 등이 있다. 요즈음에는 보고서 보고와 함께 컴퓨터와 빔프로젝터 등을 이용하여 혼합방식으로 보고하는 것이 일반적이다.

누구에게 어떤 형태로 조사를 보고하든지 보고서에 포함되어야 할 주요항목들은 개략적으로 <표 6-2>와 같다.

〈표 10-2〉 조사보고서의 내용

1. 조사배경
2. 조사설계
   1) 조사의 목표
   2) 조사의 형태
   3) 자료수집방법
   4) 표본설계
   5) 자료처리방법
3. 자료의 분석
4. 분석결과의 해석 및 시사점
5. 결론

참 · 고 · 문 · 헌

[국내문헌]

김병문, 『관광자원학』, 백산출판사, 2000
김원인, 『관광학원론』, 학문사, 1995
김재관, 『관광한국지리』, 백산출판사, 1994
김재민, 『관광자원개발론』, 대왕사, 2001
김재민, 『관광계획 · 개발론』, 대왕사, 1996
김정배, 『관광자원관리』, 형설출판사, 1995
김정옥, 『관광자원론』, 2000
김정옥, 『관광자원관리론』, 대왕사, 2000
김정옥, 『우리 음식의 관광상품화』, 관협, 1996
김종근 · 길용현, 『관광지리학』, 집문당, 1988
김진관 외 1인, 『세계 관광여행지리』, 학문사, 2002
김천중 외 1인, 『현대 관광상품론』, 백산출판사, 2002
김홍운 · 김사영, 『관광개발론 : 지역개발적 접근』, 형설출판사, 1997
김홍운 · 김사영, 『관광자원론』, 형설출판사, 1996
김홍운 · 권충희, 『세계관광지리』, 형설출판사. 1993
김홍운, 『관광자원론』, 일신사, 1994
김홍운 · 김사영, 『관광개발론』, 형설출판사, 1996
노춘희, 『도시학개론』, 형설출판사, 1994
내외통신사, 『북한실상 종합자료집』, 1995
류무선 외 5인, 『그린투어리즘 이론과 실제』, 백산출판사, 2003
박선희, 『관광자원론』, 형설출판사, 1999
박석희, 『신관광자원론』, 일신사, 1997
박석희, 『관광조사연구기법』, 일신사, 1993
박석희, 『나도 관광자원 해설가가 될 수 있다』, 백산출판사, 1999
북한연구소, 『북한총람』, 동아출판사, 1994
배기찬, 『신북한지리지』, 다나, 1994
서태양, 『관광자원론』, 대왕사, 1994
서태양, 『문화관광론』, 대왕사, 2002

석동일,『한국의 동굴』, 아카데미, 1987
서울특별시,『서울의 문화』, 신생인쇄, 1991
서철현 외 2인,『관광자원해설론』, 대왕사, 2002
송정일,『지금은 관광연출시대』, 백산출판사, 2000
신우성,『우리나라 민속놀이』, 대왕사, 1994
안원태 역,『농촌에서 휴가를 보내자』, 주봉문고, 1995
양태진,『북한의 문화유적 순례』, 1995
염형민,『북한의 문화유적 순례』, 공보처, 1994
양태진,『미리 가보는 북한의 문화유적 순례』, 백산출판사, 1995
이강로,『세시풍속과 민속놀이』, 세종대왕기념사업회, 1988
이 근,『관광자원론』, 학문사, 1990
이미혜,『관광개발론』, 대왕사, 1999
이봉석 외 5인,『관광자원론』, 대왕사, 2001
이상춘,『관광자원론』, 백산출판사, 1999.
이영진 외 1인,『문화와관광』, 학문사, 1999
이영진 외 1인,『문화관광자원의 이해를 위한 문화재조사연구입문』, 학문사, 2000
이재천,『관광어촌』, 백산출판사, 1994
이장춘,『통일과 관광개발』, 한국관광진흥원, 1994
이장춘,『관광계획 · 개발론』, 대왕사, 1991
이장춘,『관광과 통일』, 대왕사, 1991
이장춘,『최신 관광자원론』, 대왕사, 1997
이장춘,『최신관광자원학』, 대왕사, 1998
이종규,『리조트 개발과 경영』, 부연사, 1997
이지호 · 홍시환,『지도의 연구(지도법)』, 1956
이혁진 외 1인,『관광한국지리』」, 대왕사, 2000
임은순,『관광조사분석론』, 형설출판사, 1996
임주환 외 3인,『환경친화적 관광지개발론』, 백산출판사, 2001
원융희,『관광과문화』, 학문사, 1999
전경수,『관광과 문화』, 서울 : 도서출판 까치, 1987
전경수 역,『관광과 문화』, 일신사, 1994
정경훈,『문화이벤트 연출론』, 대왕사, 2002
정태홍 외 3인,『한국의 자연관광』, 백산출판사, 1998
정석중 외 6인,『관광조사론』, 대왕사, 1997
최규태,『한국관광자원론』, 대왕사, 1999
최승이 · 이미혜,『관광상품론 : 신관광상품 개발과정을 중심으로 한 마케팅론 접근』, 대왕사, 1999

최인섭, 『세계관광지리자원』, 대왕사, 2002
표성수 · 장혜숙, 『최신 관광계획 · 개발론』, 형설출판사, 1997
임한수 외, 『관광지리』, 백산출판사, 1993
정경숙, 『한국온천과 약수』, 하나의 학사, 1989
정태홍, 『한국관광지리』, 서하문화사, 1987
조완묵, 『한민족의 놀이문화』, 정신세계사, 1988
홍시환, 『한국동굴대관』, 1990
국립공원관리공원, 『한국의 국립공원』, 1994
최규태, 『세계관광지리』, 대왕사, 1998
천경화, 『한국문화재총설』, 백산출판사, 1993
한국관광공사, 『국내문화행사관광상품화방안』, 1995
한국관광공사, 『국민관광연구의 이론과 실제』, 1996
한국관광공사, 『국제관광동향과 전망』, 1979
한국관광공사, 『북부지역 관광자원 활용방안』, 1995
한국관광공사, 『북한의 관광자원』, 1991
한국관광공사, 『백제의 숨결』, 1995
한국관광공사, 『한국관광자원총람』, 1985
한국관광공사, 『한국 민속축제 관광상품화방안』, 1993
한국관광공사, 『향토음식 관광상품화방안』, 1993
한국관광공사, 『해안관광자원 조사연구』, 1993
강헌만, 「EXPO 과학주제공원의 효율적 운영방안에 관한 연구」, 경희대 경영대학원 석사학위논문, 1995
문화관광부 · 한국관광공사, 「관광동향에 관한 연차보고서」, 2001
이광호, 「한국의 국립공원 관리개선방안에 관한 연구」, 경기대 대학원 박사학위 논문, 1994
이승건, 「개발도상국의 투자자유지역에 관한 사회학적 비교연구」, 연세대 대학원 박사학위 논문, 1994
사회환경신문사, 「환경정책의 세계화 방안 : OECD와 NAFTA를 중심으로」, 『환경연감』, 1996
이광호, 「한국의 국립공원 관리개선방안에 관한 연구」, 경기대학교 대학원, 박사학위논문, 1995
정근환, 「관광진흥으로서 카지노업 활성화에 관한 연구」, 관광개발논총, 제4호, 1995
교통개발연구원, 「관광지 시설물 배치에 관한 모델연구」, 1991
교통개발연구원, 「역사문화 관광코스의 개발방안」, 1994
현중영, 「외국의 생태공원 사례 : 미국의 도시 및 지역 생태공원」, 96추계학술대회 발표, 대한지리학회, 1996
한국관광공사, 「개방화 · 세계화시대의 관광교육」, 1994

[외국문헌]

Boniface, Brian G. & C.P. Cooper, *The Geography of Travel and Tourism*, Heinemann Professional Publishing, 1987.

Bryden J.M., *Tourism and Development : A case Study of Commonuealth Carribean*, Cambridge : Caambridge Univ. PRESS, 1973.

Emanuel, de Kadt, *Tourism: Passport to Development*, London: Oxford Univ. Press, 1979.

Inskeep, Edward, *Tourism Planning : An Intergreted and Sustainble Development Approach*, New York : VNR, 1991.

Lunderberg, D,E., E.M. Barnet & J.L. Crompton, *The Tourism Business*, Honolulu : Univ. Hawaii, 1970.

McCannell, Dean, *The Tourist : A New Theory of the Leisure Class*, New York : Schoken, 1976.

Sessa, A., *Elements of Tourism Management*, Roma : Catal, 1983.

Sessa, *Tourism : Develpoment, Research, Theory, Education, Policy*, Rome : Editrice Agnesotti, 1983.

Arwel, Jones, "Green tourism", *Tourism Management*, Vol. 8, No. 4, 1982.

Butler, R.W., "Alternative Tourism : Pious Hope or Trojan Horse", *World Leisure & Recreation*, Vol. 31, No. 4.

Jenner, Paul & Christine, Smith, "The Tourism Industry and the Environment", *E.I.U. Special Report*, No. 2453, 1992. 2.

Kelly, J.R., "Social Benefits of Outdoor Recreation : An Introduction", *Recreation Planning & Management*, London : E. & F.N. Spon, Ltd., 1983.

찾 · 아 · 보 · 기

【ㅅ】

【ㅈ】

【기타】

관광자원론

2판 1쇄 발행 2009년 1월 10일

저 자 박종찬 · 김성동
발행인 남 승 우

발행처 **남두도서**
서울특별시 동작구 사당3동 220-43
TEL : (02) 595-1692~4
FAX : (02) 595-1394
E-mail : namdoo6@unitel.co.kr
신고 : 5-76호 (1998. 11. 4)

정가 23,000 원

ISBN 978-89-5780-089-8 93980